U0583643

〔美〕弗里茨·斯特恩 ／ 著

季大方 ／ 译

历史学家的人生深深嵌于"五个德国"的
复杂历史之中
既是一段充满深情的私人回忆
也是一部严谨的公共历史记录

FRITZ STERN

FIVE GERMANYS I HAVE KNOWN by Fritz Stern

Copyright© 2006 by Fritz Stern

Published by arrangement with Farrar, Straus and Giroux, New York.

我的五个德国

历 史 与 回 忆

社会科学文献出版社
SOCIAL SCIENCES ACADEMIC PRESS (CHINA)

可以毫不夸张地说，对于美国人和德国人而言，斯特恩是一位活着的国宝、一位受人尊重的历史学家，他的历史杰作彰显了德国问题，有助于我们理解这个国家复杂和扭曲的灵魂。作为一个出生于德国的美国人，他总结了自己的人生经历，并通过自己的故事，用深深打动人的个人光芒照亮了两个截然不同的国家。他在这两个国家里留下了经久不衰的标记。此书是一部重要的回忆录，无疑将成为经典之作。

——理查德·霍尔布鲁克，美国前驻德国大使

弗里茨·斯特恩撰写了一本可被称为"学者回忆录"的著作，其将学术的客观性、思想的严谨性与回忆录的温情高度融于一体。

——罗杰·K.米勒，《巴尔的摩太阳报》

这是一部令人着迷的书卷……既是一部内容丰富的回忆录，也深刻地揭示了斯特恩笔下的"五个德国"的复杂历史。

——《外交事务》

《我的五个德国：历史与回忆》……为困难时期的幸福生活提供了有历史价值的文献。

——亚当·基尔希，《纽约太阳报》

《我的五个德国：历史与回忆》融合了斯特恩的经历和学识……

个人和历史就像一辆精心调校过的奔驰车，在嗡嗡声中一路向前飞驶。

——弗朗辛·基弗，《基督教科学箴言报》

这部引人入胜的回忆录所记录的，是一位历史学家在目睹德国和欧洲的变革之后所产生的沉思。《我的五个德国：历史与回忆》一书充满了洞察力、戏剧性和智慧。

——小亚瑟·M.施莱辛格

这是一本精彩的书，是健在的最伟大的历史学家对现代德国的解读，也是充分理解自己经历的人所撰写的一部罕见的20世纪生活回忆录，值得每一个人认真阅读。

——托尼·朱特，著有《战后欧洲史》

这是一本理性的日记，记录了作者不受感情左右的对自由的信念，这种自由脱胎于残忍暴行并由严谨的历史研究所培育。弗里茨·斯特恩向德国和美国提出了富有学识且更具针对性的呼吁，希望各自能展现出其更好的一面，并以此不断地丰富着这两个国家。

——马克斯·弗兰克尔

这种精彩而富有洞察力的回忆和分析是当代历史教师和学生的宝贵财富。

——埃利·维瑟尔

从出生并成长在一个消失了的德国，到成为艾伦·金斯伯格的大学辩论队队友，再到美国驻德国大使馆的第一位历史学家，弗里茨·斯特恩的生活经历非同凡响。能读到这本书非常幸运，因为作者没有听从年轻时阿尔伯特·爱因斯坦给他的忠告：研究医学，而不是历史。

——亚当·霍赫希尔德，著有《利奥波德国王的鬼魂：贪婪、恐惧、英雄主义与比利时的非洲殖民地》

此书再一次表明，弗里茨·斯特恩是当代德国杰出的历史学家，是德国文化和政治演变的"参与者和观察者"，同时也是一位迷人的叙述者，他讲述了自己生活经历中涉及学术和公共事务的方方面面。

——索尔·弗里德伦德尔，加州大学洛杉矶分校历史教授

这是一位具有卓越品质的学者所撰写的回忆录，充满智慧，深刻动人，亦可作为对过去75年德国历史的精细的导读。

——路易斯·贝格利

弗里茨·斯特恩的其他著作

《爱因斯坦的德国世界》
Einstein's German World

《梦想与妄想：德国历史剧》
Dreams and Delusions
The Drama of German History

《金与铁：俾斯麦、布莱希罗德与德意志帝国的建立》
Gold and Iron
Bismarck, Bleichröder, and the Building of the German Empire

《反自由主义的失败：现代德国政治文化论文集》
The Failure of Illiberalism
Essays on the Political Culture of Modern Germany

《文化绝望的政治：对日耳曼意识形态崛起的研究》
The Politics of Cultural Despair
A Study in the Rise of the Germanic Ideology

《权力的责任：纪念豪约·霍尔本历史论文集》（参编）
The Responsibility of Power
Historical Essays in Honor of Hajo Holborn (coeditor)

《历史的变体：从伏尔泰到现在》（主编）
The Varieties of History
From Voltaire to the Present (editor)

我的五个德国：历史与回忆

★ ★ ★ ★ ★

弗里茨·斯特恩

献给我的孩子们
弗雷德和凯瑟琳

于是，里厄大夫决定撰写到此结束的这部纪事，以免跻身沉默者的行列，旨在挺身做证，为鼠疫的受害者说话，至少给后世留下他们受到不公正和粗暴待遇的这段记忆，也旨在扼要谈一谈在这场灾难中学到什么，即人身上值得赞美的长处多于可鄙视的弱点。

…………

……他了解这欢乐的人群并不知晓的事实：翻阅医书便可知道，鼠疫杆菌不会灭绝，也不会永远消亡，这种杆菌能在家具和内衣被褥中休眠几十年，在房间、地窖、箱子、手帕或废纸里耐心等待，也许会等到那么一天，鼠疫再次唤醒鼠群，将其大批派往一座幸福的城市里死去，给人带去灾难和教训。[*]

阿尔贝·加缪《鼠疫》

---

[*] 引自〔法〕阿尔贝·加缪《鼠疫》，李玉民译，湖南文艺出版社，2018，第280—281页。——译者注（本书脚注除特别标明为译者注外，其余均为作者注）

Contents /

/ 引 言

1944—1945 年的冬季，当夏尔·戴高乐将军首次访问苏联时，他去了斯大林格勒，这是德国军队涉足最远也是败得最惨的地方。在第一次世界大战期间，戴高乐在凡尔登与德国人作战时受伤并被囚禁两年多，然而在第二次世界大战中，他成为抵抗德国人的自由法国阵线的领袖。在颇为逼真的传说中，戴高乐将军站在斯大林格勒的废墟间，对一位助手低声说道："Quel peuple！"（这是什么样的人民啊！）翻译询问道："您是指苏联人？""不，"戴高乐回答说，"是指德国人。"

戴高乐将军在这块饱受战火摧残的土地上所做出的简洁精准的判断很好地描述了过去一个世纪中充满戏剧性的德国事件，这一点他有清晰的把握。他所提及的"人民"曾经在 1870—1939 年三次攻击了他的国家，德国人破坏并几乎摧毁了有着悠久历史的欧洲，他们犯下了在欧洲历史上独一无二的种族灭绝罪。但是他也知道，德国人民具有非凡的创造力，对于战后欧洲的复苏而言，他们是不可或缺的。他掌握了围绕在德国伟大之上深奥的晦涩之处。

本书记录了我这一代亲眼所见并亲身经历的五个德国。我出生在戴高乐能充分理解的德国的艰难时期。我记得在我年幼时父母对魏玛共和国的缓慢灭亡以及随后迅速建立起来的纳粹暴政的惊愕及沮丧：这种纳粹暴政被如此多的人接受，反对者却如此之少。我记得他们那些身为勇敢的民主捍卫者的朋友，个个面临失败的厄运，其中有些人被谋杀，有些人被监禁，还有人遭到流放。尽管我在国家社会主义工人党控制下的德国只生活了五年，但在那段短暂的时期我想到了一个悬而未决的棘手问题，对于这个问题，我用了整个职业生涯来试图回答：普遍存在于人类内心深处的潜在的邪恶为什么且怎么会在德国成了现实？

数十年的研究和经验使我确信，包括国家社会主义工人党在内的通往穷途末路的德国道路既不是偶然的，也不是必然且不可避免的。德国的纳粹主义根深蒂固，然而其发展原本是可以被遏制的。我所出生的这个世界，当时正处于一个可避免的灾难的风口浪尖上。我逐渐意识到，对于打压一切异端的伪宗教运动的诱惑，例如德国所屈从的那种，没有哪个国家能够不受其影响。自由的脆弱是我生活和工作中所获得的最简单、最深刻的教训。当一幅过去岁月的未加掩饰的画面——那是永远不可或缺的——初看上去难以看懂时，我就会想起恩斯特·罗伊特于 1913 年发表的伟大信念："民主的命运取决于对历史的信仰。"

作为一名历史学者，在战后的工作中，我只是间歇性地意识到我的生活和研究之间的关系。在我全身心地投入历史学者的工作中时，我知道虽然克利俄*允许效劳于她的方式可以多种多样，但所有这些方式需要有一定程度的超脱——合乎希望的是，借助于移情作用和缜密的想象，趋于活跃且富有生气。我以美国人的眼光研究并为美国学生和读者讲授德国的过去。但我的美国生活经历最终有了一个重要的德国成分，因为作为一个美国的德国史学者，我被卷入了有关德国的过去的纷争之中，这些争论把一个失败了的和分裂了的国家搅得动荡不安，其本身就成了冷战的主要战场。也许我没有预料到，当一个人完全经历了他个人所处的时代的剧变——破坏和独特的建设轮流交替——之后，此人会开始以一种全新的、更为复杂的方式看待过去。而且，我越来越意

---

* Clio，希腊神话中的缪斯之一。——译者注

识到，我所了解到的有关德国历史的教训与今天的美国具有一种令人不寒而栗的相关性。渐渐地，我又获取了另一种德国人的生活，这种生活平行并从属于我的美国生活。我逐步同时生活在两个世界里，并从两者中获取了知识。非黑即白的思想残余消退了，过去变成了一方不断变换色彩的织物。

慢慢地，我了解到一些关于我的第三个和第四个德国的情况——在德意志联邦共和国，不寻常的民主制度伴随着争议得到了发展；在苏联控制下的德意志民主共和国，则有着完全不同的制度——运气和对公民行动的倾向使我成为"一个积极介入的观察者"，此处借用的这个说法来自雷蒙·阿隆的自称，对此他是名副其实的。我被时断时续地从书房里和课堂上吸引到德国和美国这两国政治生活的边缘，并且自认为很幸运地能够看到并回应一些重大的历史事件，这些历史事件正在塑造与美国产生了新的关系的新的欧洲。我仍然将此看作历史的公共事业。

数十年来，我一直回避去写我的个人经历：我想在我的专业和个人之间保持恰当的距离。然而，就在我第一次返回我的故乡——当年德国的布雷斯劳，如今波兰的弗罗茨瓦夫——之后不久，我为我的孩子们写了一篇个人返乡记，我把它称为"1979回乡记"。只是到了现在，我才完全意识到这篇文章的标题具有讽刺意味，甚至可能有自欺欺人的性质：所谓"回乡"实质上并非真正的回乡。我是怀着最深切的好奇心去弗罗茨瓦夫的；我不认为我当时意识到那次旅程是一种探索，不知出于何因，我想要去看看我那已经被摧毁了的家乡，我那已经不复存在的养育了我的国家。我的失落感被一种无处不在的感恩之情覆盖，感谢我们在美国找到了第二个更美好的家园。但这篇短文确实是我第一次动笔写有关回到我的诞生之地的情景，我将它附在下面，作为我最早的回忆印象的记录。

　　我们开车去弗罗茨瓦夫（布雷斯劳），我们走的东北路线
非常奇怪，对此我们一点都不熟悉。在过去的日子里，我们
一直被吸引前往南部，去捷克－波希米亚山脉，或前往西部，
去柏林及其他地区。东北部——波兰人于1918年在这块土地
上重新建立了自己的国家，确立了自己的独立地位——曾经
看上去是一片遥远的、似乎充满敌意的土地。对于大多数德
国人来说，波兰人充其量只是一个令人感觉困惑的对象，最
糟糕的看法则是只能对其加以蔑视。

　　波兰的路标显示我们已经接近弗罗茨瓦夫；我们无从
知道我们是在什么时候穿越了旧时的波德边界的。1945年，
在波兰遭受了一场最严重的破坏性战争（以及德国人和苏联
人各自对波兰的精英阶层策划的清算）之后，苏联吞并了该
国的东部地区，将其纳入乌克兰的版图；同盟国同意作为赔
偿，波兰人应"管理"奥得－尼斯线*以东的德国领土，其
中包括西里西亚及其首府布雷斯劳。成千上万的波兰人从他
们的东部省份被逐出之后，不得已只能向西迁徙。他们"清
理"了原先属于大约300万德国人的一片土地，在这块土地
上，每一个前德国人的标记都被一丝不苟地抹得一干二净。

　　在布雷斯劳，我的内心承受了太多的折磨，既为这座城
市已经被转手给了新的主人而感到遗憾，又对被从中驱逐出
去的德国人感到同情。对于我来说，我的家族近乎灭绝，以
至于我对不明身份的德国人难以表示同情，不论是已经亡故

* 第二次世界大战末期同盟国制定的波兰与德国的边界线。——译者注

的还是被驱逐出境的。战后，我的基本回应是这个样子：是怎样就怎样吧，驱逐他人者最终也被他人驱逐。但是，难以抹去的还是对这个地方的好奇心，以及对过去的领土完整性的某种缺乏理智的、顽固的忠诚。

我查阅过布雷斯劳在 1944—1945 年的命运，但是看到它的结局给人的感受还是不一样的。随着德军在东部的撤退，希特勒下令将布雷斯劳打造成一座堡垒城市，以此来阻挡苏联军队的前进步伐。1945 年 1 月，该城的党卫军指挥官下令立即撤离，迫使成千上万的男人、女人和孩子在最寒冷的冬季离开家园，并在这座陷入绝境的城市里迫害了不计其数的人。布雷斯劳经受了苏联人 45 天的围困，其间伴随着残酷的逐门逐户的争夺战和苏军不间断的炮击，以及由德军指挥官发动的可怕的破坏行动。在围困期间，以及在野蛮的破坏达到狂热的程度时，希特勒的下属下令在该市的中心修建一条简易跑道，也许是为了让补充物资能够运进城内——这是以成千上万的德国人和非德国人的生命为代价的，并且破坏了整个街区的面貌。当布雷斯劳最终投降时，希特勒已经死了，柏林也已经被攻陷了。布雷斯劳的这种倔强的抵抗转变为针对自己的疯狂，当不再有其他受害者可供屠戮时，取而代之的是一场自我谋杀。在那几个可怕的月里，到处是盲目的牺牲：最后一道防线已经起不到任何作用，只是作为对希特勒毫不质疑地顺从，这种盲从已经把世界变成了一个灾难性的噩梦。

弗罗茨瓦夫同时展现出战时遭受到的破坏和战后单调的社会主义重建的迹象。我已经什么都无法辨认出来了，直到我们来到城镇的中心，遇到了阻碍我们前往酒店的多条复杂的单向街道时，我才一瞬间识别出——由此也能立即确定我的方位——那栋用红砖建成的市警察局（Polizeipräsidium）大楼。这栋大楼一直作为一座堡垒矗立在那里。1933年初，纳粹冲锋队的突击队员在那里杀害了我父亲的病人同时也是朋友恩斯特·埃克斯坦；1938年，我和父母为准备移民于早上8时在那里参加了"一场面试"。此时它仍然是警察局总部，只不过是波兰的警察局总部。

在莫诺普尔酒店——布雷斯劳的古老酒店中最好的一家，但现在已经变得过时且衰败了——他们告诉我没有双人间，只有一间套房。事实上，这是这家酒店最好的套房，有一个巨大的阳台对着街对面的老城区剧院。社会名流（Prominenz）或那些上年纪的精英以前通常住在这个套间里。当1938年7月希特勒访问布雷斯劳时，他是否曾下榻这个套房呢？我很想知道。对于一个本地出生的男孩子来说，这是多么奇怪的一次返乡啊！别具风格的是，随行的是一位美国妻子，并且是美国驻华沙大使馆给订的房——我却没有一个回来要探访的人。在这座曾经是我的故乡的城市里，现在街道上却是波兰的名称，耳边回响的也都是波兰语，这使我感到自己与这座城市已经格格不入了。

那天晚上，我们搭乘古老的8路有轨电车，沿着我每天上学放学必经的路线，前往我们家的公寓房所在的位置。我原以为这是一段相当长的距离，走路的话太远了；事实上，坐电车才只有四站路。这条路线经过的街道上曾经有布雷斯劳最好的商店和高雅的公寓房与别墅；现在，在那些陈旧的楼房之间有大量闲置的空间，一路上还夹杂着一些单调的新建筑物——煤渣砖砌成的建筑物，毫无色彩，缺乏形态，四四方方，肮脏又丑陋。

位于角落的我们家的公寓房已经不复存在，然而坐落在宽阔的街道对面的那栋宏伟的办公大楼却幸存了下来。我们在 1930 年搬到这条街上，直到 1936 年，当时我十岁，这条街一直叫作恺撒威廉大街，然而在希特勒于 1934 年对冲锋队的首脑清洗后不久（我记得很清楚，其中包括令人憎恨的当地冲锋队领导人埃德蒙·海因斯），这条街便被更名为冲锋队大街，每次提到它时，我都会特别注意。

我们继续前行，前往位于一条小街上的我父亲的小诊所；那栋楼房也幸存了下来，现在成了一家养老院。我们通过了一个是交通要道的十字路口，那里有一个邮局，小时候我常常到那里去寄信，因为当时我们全家在设法移民，信就是写给国外相关人士的——那些年里移民国外是全家人的迫切愿望。然后我在一条平行的街道上，去寻找一家犹太人医院（Israelitisches Krankenhaus），离我们家原先住的地方大约十分钟路程，因为我的父亲是一个出生时就受过洗礼的犹太人，所以他只能在那家医院担任顾问，而不是作为正规的医护人员。因为属于一个群体而受到迫害，而这个群体中的部分人也拒绝接受你，这肯定是非常艰难的。这家我们小时候称之为 I.K. 的医院仍然在那儿，医院有很大的红砖楼房，后面的那些红楼显然还是医院。我们最终发现了凿刻在墙上的一个日期（1902）和字母 I.K.——这是这家德国医院遥远的过去唯一幸存下来的标识，告诉人们这家诊所是当年布雷斯劳兴旺的犹太人开的。

第二天早上，我尝试着从酒店出发前往舍尼希区。舍尼希区在小城的东部，夹在一条河流和一个巨大的老公园之间。经过几次不成功的寻找之后（所有靠近市中心的旧地标都消失了），我看到了一座熟悉的桥梁，记忆中还有一座桥，然后就直接朝玛丽亚·马格达莱纳文理中学走去，1936—1938年我在那里上学。就像我记忆中的那样，学校还矗立在那里，只是陈旧了一些，外表有点褪色，但是其魏玛后期的设计仍然不乏"现代"因素。我们走了进去——同样的石头阶梯，同样的楼层，上了锁的教室和校长办公室。

瓦尔丹大街13号是我祖母家的房子，距离我的学校大约三分钟路程。这栋房子也幸免于难，但留下了四十年来磨损的痕迹。两个年轻人让我们进了屋后面的花园：花园面积减少了，其中一部分给了邻居，以及被附近的社区作为运动场，但里面仍然有同样美味可口的醋栗，同样的草莓苗圃，同样的楼梯弯曲着直通房子的主楼层。在第一次世界大战期间，我父亲的姐姐洛特和理查德·科布拉克就是在这个花园里举行的婚礼。他们后来死在了奥斯威辛集中营。

我拍摄了很多照片，也放开肚子吃了许多醋栗——好像是在伸张我的权利，不是针对这个花园，也不是针对这栋房子，而是针对我的过去——当我们即将离去时，一位老先生下了楼，然后走出前门，跟随他的妻子朝他们的车走去。我赶上去问他——我们用法语交流——我们是否可以到楼上去一趟，我解释说我的祖母曾经住在这里，我想再次去看看。他善意地答应让我们进去，一到楼上，我一眼就认出了一切。他带我们进了祖母的客厅，现在是他的客厅。墙上挂满了油画、素描和复制画——在我还没来得及细细品味这些画作的意义时，此人掀开衬衫，给我们展示了他胸部上方的文身标记。他解释说，他在奥斯威辛、比克瑙和布痕瓦尔德度过了五年，这些图片反映的都是身穿囚服的他、集中营里的儿童以及其他集中营的场景。在一张桌子上放着一个科尔贝神父木制雕像，这位神父曾在集中营里自愿牺牲以换取另一个人的生存。这位老先生名叫切斯瓦夫·奥斯坦科维奇，他说他是一位作家，他给了我妻子佩吉一本他写的有关集中营经历的书，他把这本书的第一部分称为"anus mundi"（"世界肛门"）。

此时此刻，我的感觉回来了。眼前这位波兰前骑兵军官——在很大程度上并不在意我的德国人以及犹太人身份——现在就住在我祖母的房子里，他遭受的苦难经历几乎就是我和我父母侥幸逃脱的经历。我祖母家曾经非常气派，现在住在这里的是位健壮、给人印象深刻的先生，这让我感到非常满意；我觉得我充满了感激之情。我请求再看一眼相邻的一间房间，那是我姑妈格蕾特住过的，房间有个巨大的阳台，可以俯瞰花园；我们朝阳台走去，佩吉拍下了我和他在那里握手的照片——这象征着一种所有权的转移，由我由衷并快乐地予以执行，突然之间，就是一个片刻，仿佛所有纠结的过去都变得有意义了。我告诉他，他住在这里我很高兴。这样的接受是突如其来的，也是令人愉悦的：在那个疯狂的世界里，总算有些歪打正着的事情。看到我姑妈美丽的地毯仍然铺在房间里，我的感情没有受到丝毫的干扰。然后我们离开了，这对于他妻子的耐心确实是个不小的考验。这一篇章就此结束。

我们继续开车行驶在周围一些毗连的街道上，去看看邻近的房屋，然后返回我的学校，又去了格蕾特姑妈搬进我祖母家之前住过的街道。恰好就在我的母校对面，我看到了一块街道指示牌，表明这条街道现在叫"ulica Rosenbergow"（罗森堡夫妇路）。我曾因为是个犹太人而在这条街道上遭到殴打，现在这条街却以两个美国犹太人的名字来命名，他们因被审判、定罪和处决而成为欧洲左翼的烈士！也许这是弗罗茨瓦夫唯一以犹太人名字命名的大街。

不知怎的，尽管有如此多的变化，我仍然对布雷斯劳的某些角落有种占有欲，虽然回到一个建立在否定过去之上的城市，会比接受我自己的消失的过去更加容易些。我不得不承认，在某些方面，回到一个波兰的城市要比它仍然属于德国容易得多；在布雷斯劳的德国人，住在那里就好像什么都没发生过一样，这是会引起怨恨的。事实上，我对此毫无怨言，只是对波兰人抹去了这座城市的（还有我的）所有过去的德国痕迹偶尔会有点恼火——仿佛那时他们本可以做些其他什么事情！

离开以朱利叶斯和埃塞尔·罗森堡夫妇命名的大街后，在返回的路上，我们驾车沿着舍尼希公园前行，然后再次穿过奥得河，到我记忆中的大学诊所的所在地。那些楼房依然矗立着——19世纪的红砖楼房，同我记忆中的孩提时代的一模一样，那时我们就住在附近。或许最令我兴奋的就是看到那些房子了——这里是我父母和他们的朋友联系最紧密的地方，我的父亲曾在这里工作，如果命运没有把我打发到别处的话，我很可能也会在这里工作。佩吉问道：为什么布雷斯劳有这么一所杰出的医学院，那里的犹太人还特别优秀？该怎么回答这个问题，我并不完全知道，但布雷斯劳医院残留下来的东西和医生们住过的别墅并没有对曾经的幸福生活激起任何不愉快的想象，那时之所以幸福，是因为在成就和奖励之间，在希望与满足之间，大体上是协调的。

因为我在本书中试图记述的内容多种多样，所以我有许多次目的不同的返乡之行。我在欧洲的工作同我在美国的一样，经常（也许太过频繁）会脱离轨迹，朝计划之外的方向发展，但其中一些会转向家乡方向，在这种情况下，我在政治和历史方面的兴趣就会把我带回已经发生变化的童年时代的老地方。例如，在20世纪80年代，我从远方观察到弗罗茨瓦夫取得了一个新的重要意义：它成了团结工会的大本营，这个波兰运动引领了东欧自我解放的道路，并且导致了德国的统一（我的第五个德国）。所以从某种意义上说，这本书是一个有偏好的人生回忆录，这个人生是由一个用五种不同的政治化身为它的灵魂及和解而奋斗的国家塑造的，就是这样的精神引领着我踏上了意想不到的、我所偏好的回乡之路。

生活和学习已经让我相信历史的开放性。历史是没有必然性的。去思考一下可能会发生的事情，以及原本会发生的事情，是理解确实发生了的事情的一个必要元素。如果像我所相信的那样，个人的正派和有勇气的行为能够起到作用的话，那么它们就需要被记录下来并永垂青史。我们认为，在一个自由社会中，不论怎样受到先前存在的条件的制约，未来都是开放的，如果情况确实如此，那么公民参与也就成为一种道德上和政治上的需要。这一点也是本书的一个主题。

当然，我在美国写作和教学的大部分经历受到了过去我的德国背景的影响。尽管此处我主要关注的是五个德国，但也写了一些我个人的美国经历，虽然省略了其中对我来说一直是最重要的许多事情——我的发现和失望，与家人和朋友在一起的欢乐，以及我的悲伤。这是因为我越来越担心这个国家慷慨的自由精神，尽管其本身也需要更新和修正，然而在过去的半个世纪里一直受到攻击。我反对 20 世纪 60 年代激进的自由主义的反对者，从那以后，我注意到伪保守派和宗教激进主义者破坏了国家对理性和宽容的著名承诺。

我在历史领域的工作中，记录下了德国对自由主义的攻击是如何在 19 世纪开始，并且在几十年后的国家社会主义中达到高潮的。在做这项工作时，我试图探究理性和魔性这两方面因素的一些渊源，这些因素将德国的高尚同其兽性的爆发联系在一起。红衣主教纽曼（Newman）在 19 世纪 60 年代写道，自由主义"现在几乎不成其为一个党派；它是受过教育的世俗世界……丝毫无异于那种深刻的、貌似可信的怀疑主义，我认为这是人类理性的发展，正如由自然人实际上付诸实践的那样"。纽曼笔下的宽容、质疑的精神几乎总是会煽动起左右翼极端分子疯狂的仇恨。

此处，只要将我所了解的五个德国的历史，与我在专业上研究过的几个德国、我的个人经历，以及我自己常常无意识的情绪联系在一起时，我就是在试图融合记忆和历史——那些遥远的孪生体，相互支持又彼此破坏。众所周知，记忆是容易出差错的，不论是对国家还是个人而言，它都会倾向于适合我们意志的、自私的变形体，这一点令我们非常苦恼。我知道还存在一种所谓的诚实的（和健康的）遗忘。然而，尽管存在缺陷和扭曲，但确实能回忆起过去的戏剧性情景，并暗示一些掩盖了事实的感受。借助于我家三代人以书信形式保存的文字记忆宝库（其规模之大令人惊讶），我在这里提供一些关于重建过去的专业知识；我自己也有五十多年的日记，以及在过去几十年里积累的大事记。我们都在寻找过去的真实的痕迹，这种吸引力是我们无法抗拒的，而且试图用生命来加以填充。我们希望在分散的遗迹中和过去的各种文件中发现其之间的关系和意义。希望我可以说，接下来的是一种"诗意与真理"的混合体——我只能希望两者在其中会有所包含。

在写作这本关于历史和回忆的书时，我很快就从专业和个人的角度对历史学者的真实面貌产生了一种看法。在佛罗里达州墨西哥湾沿岸卡普蒂瓦岛的短暂假期中，我观察到一群鹈鹕潜在一条有着丰富鱼类的水道中捕鱼；它们漂浮在水道湍急的河流上顺流而下，但坚定不移地面向后方，然后，当水道扩大成一个潟湖，水流速度减缓时，它们飞回水道的源头并再次潜入水中。它们无休止地重复着这个动作。这些鹈鹕就像史学家，我沉思着。我们也是生活在时代的潮流中，飞速前进，但也回溯过去，我们的观点随着每一朵浪花而变化，一路上都在寻求养分。只是我们不能重复过去的旅程，我们无法从头开始。

我所认识的几个德国，尽管是不完全的也是一时的，但它们共同勾勒出了一个我们无法回归的历史性欧洲的终结，并且赋予了这个大陆一个更加谦逊、更加团结、更加和平的时代的开端。近几十年来，我们在欧洲看到了奇妙而不可思议的和解，其本身也许就暗示着部分回归。因此，这五个德国的历史，可以将其视为一本关于政治和道德课程的教科书，或者是一个充满恐惧和希望的剧本。对于沦落在 20 世纪这个有组织的兽行的地狱中的受害者，我们欠他们一座不朽的、充满敬畏的纪念碑：请保持谨慎的警惕——须知杀死他们的鼠疫杆菌并没有随着他们的死亡而消失。加缪是对的。

/ 第一章　祖传的德国

　　自 1926 年出生以来，我知道已经存在过五个德国，但我认为其中我了解最透彻的，正是那个我不熟悉的德国，即第一次世界大战前那些岁月里的德国。那个德国是我职业生涯中的研究对象，在时间上与我有一定的距离，从而使我具有一定程度的超脱感。只是到了开始动手写作这本书时，我才发现我父母的数千封信件，那是我们在 1938 年移民到美国时他们带来的。一捆捆信件或被整齐地包裹着，或被放置在木箱中，这些信件自被带到这里以后，就从未被打开过，其中有些出自我家前几代人，也有些来自我父母的朋友和同事，大都是在德国的和平时期写的家信，还有一批是我父亲在第一次世界大战的前线与家中的通信。这些信件都是关于日常的或不同寻常的事件的会话。虽未言明，但这些信里的事件都发生在早前的那段时间里。信件涉及的主题多种多样，其中的内容或确认或放大或改变了我从书本中学到的知识。他们说话的口吻特别直接，甚至他们的沉默也表达了那个时代的习惯。我现在认识到，其中大多数信件会对我起到很好的作用，不仅能作为我早期工作的说明性附注，还能引发我重新思考。

　　作为德国东部西里西亚首府的布雷斯劳，至少曾经是我家中四代人的家乡。这座城市拥有过不同的主人，也有过有争议的历史。它的起源可追溯到中世纪时期，其发展得益于坐落在流入波罗的海的奥得河河畔这一得天独厚的位置。几个世纪前，这里是一座名为弗罗茨瓦夫的波兰城市——德国人后来往往有意忘记这一事实。我在那里长大，我了解到它曾经是哈布斯堡帝国的一部分，直到 1741 年的一天，年轻的普鲁士国王腓特烈二世——后来被称为腓特烈大帝，从玛丽亚·特蕾莎女皇手中夺取了被称为"奥地利帝国的珍宝"的西里西亚全部领土，这是一个重要的时刻，代表普鲁士王国惊人的崛起。1871 年后，布雷斯劳成为德意志帝国的一部分，这个国家实行联邦制，其成员国享有部分权力，并允许诸如普鲁士、巴伐利亚和萨克森等伟大的德意志古王国保留其君主制。普鲁士凭借其规模和传统在帝国中占有优势地位，普鲁士君主兼任帝国皇帝，这一双重身份就是这个事实的象征。

布雷斯劳的市民有多重公民身份：他们是西里西亚人，有自己的方言；他们又是普鲁士人，守着简朴的传统；他们也是德国人，传承着一个古老的民族的文化。布雷斯劳是普鲁士第二大城市。在 19 世纪，布雷斯劳的许多市民是为实现统一和自由这个双重目标而进行斗争的坚定支持者——也就是说，为了一个现代宪法所保证的拥有基本公民自由的德意志民族国家。1848 年革命失败后，他们的自由梦想破灭了。普鲁士国王于 1850 年颁布了一部宪法，保留了君主的执政权（仍然被视为神权），尽管它规定立法机构有一定的预算权力，这个立法机构是由（几乎是）清一色的男性选举人根据三级投票系统（取决于所支付的直接税税额）选举出来的。跳过那些细节，人们需要记住，这是一个公然的富豪制度——当然它有意想不到的后果。在经历了十年的反攻和镇压之后，这期间德国经济有了显著增长，西里西亚和其他地方富裕的资产阶级向普鲁士议会派出了构成其多数的自由派人士。

面对这种自由主义的反对派，国王自然要竭尽全力维护他的君主权力，他任命奥托·冯·俾斯麦为首相。俾斯麦是一位热情但不依惯例出牌的君主主义者，他与自由派进行斗争并分裂了他们——通过满足他们实现国家统一的愿望。在他的领导下，普鲁士仅仅用了八年时间就打赢了三场战争，在 1871 年以战胜法国而达到顶点，同时建立了一个统一的德国，其联邦结构为成员国保留了重要权力。虽然普鲁士旧贵族阶层和军队努力维持其政治统治地位，但俾斯麦仍然建立了一个德国议会——德意志帝国国会——由男性普选产生。他之所以采用这一革命性的普选原则（为此还常常被贴上"白色革命者"的标签），是因为他认为保守的农民会在人数上超过可恶的自由派资产阶级。这是一个错误的估计：德国工业资本主义的蓬勃发展创造了一个不同的社会——不断膨胀的无产阶级淹没了萎缩中的农民阶级，并且把他们自己信奉社会主义的代表送进了国会大厦。

大多数中产阶级和从事脑力劳动的德国人非常高兴，最终国家获得了统一——他们乐意面对或接受一个在国内将法治与君主专制秩序相结合、在国外权力不断获得增长的国家。这个新的德意志帝国内部日益加深的分裂——俾斯麦本人开始将社会主义者和在政治上组织起来的天主教徒称为"帝国的敌人"——被各种惊人增长的权力以及看到德国崛起成为欧洲支配力量而产生的强烈自豪感掩盖。左派自由主义者恪守承诺，主张民众主权和宽容，在帝国内部却成了正处于下滑状态的少数派；日益保守且决意保存不合时宜的政治制度的普鲁士议会与日益进步的德意志帝国国会之间的矛盾，预示着一个最终的冲突。但只有极少数同时代人才认识到在一个充满活力的现代社会与一个抱残守缺的政治体制之间存在这一矛盾，这个体制的标志是重叠的精英人物组成的联盟——东德的地主（容克）、强大的实业家、军队和高级公务员。换句话说，在一个蓬勃发展的资本主义国家里，一个经济上正在衰退的农业贵族在拼命地紧紧抓住权力不放，而一度追求自由主义的中产阶级感觉被夹在旧日的统治者和方兴未艾的社会民主党人中间；作为德国工业化的政治副产品，社会民主党正在不断扩大其势力。有许多德国人已经认识到进行政治改革的必要性——对于根深蒂固的权势来说，这是一个可怕的前景。

我的祖先身上能反映出这个世界的成功和矛盾。在他们眼里，"德国问题"似乎在 1871 年之后已经得到了解决；他们绝大部分专心于其他事情，而不是国家政治。1890 年俾斯麦被解职后，他成了许多人心目中的偶像——实际上出现了一种赞颂"强大的领导者"的迷信，我的部分家人也屈从于这样一种危险的观点。然而，城市政治是不同的：在城市地方事务中，投票制度依然有利于繁荣的资产阶级，而这个阶级碰巧是自由主义的。

我的曾祖父母和他们的后代都参与了布雷斯劳这个城市的建设。布雷斯劳凭借广袤的农业腹地和东南部丰富的煤矿资源，扩张成一个充满活力的商业和工业中心，日益繁荣，声名远扬。其城市人口增长迅速，1861—1910 年人口翻了两番，从 12.8 万人增加到了 50 万人，其中 60% 为新教徒，35% 为天主教徒，约 5% 为犹太人。布雷斯劳有充满活力、值得自豪的市民生活和文化生活，这两者是密切相关的。德国的城市在文化独特性上争先恐后，他们的资产阶级父辈在为复辟他们的阶级和时代而竭尽全力，这正是以往君主朝廷做过的事情。

布雷斯劳文化生活中的一个重要机构是西里西亚的弗里德里希·威廉大学（Friedrich-Wilhelms-Universität），其现代形式的建立是在 1811 年，即在普鲁士改革时代，这是对法国大革命释放出来的力量做出的回应，是一场"自上而下的革命"。这所大学取代了奥地利皇帝利奥波德于 1702 年建立的一所天主教大学，它是普鲁士第一所非教派大学，拥有天主教和新教两种神学院。在经历了四十多年平庸无奇且缺乏建树的发展之后，这所大学突然间声名显赫——在医学领域更加出类拔萃，并且在国际上享有盛誉。国家大力支持这所大学，而市政府的要员们则促进了布雷斯劳的文化生活——这一点在剧院和音乐及其艺术学院方面表现很明显，由此吸引了各个领域的人才。虽然布雷斯劳不能与柏林或慕尼黑或维也纳相媲美，但它是雄心勃勃的，而且是成功的。

鉴于其工业部门的重要性，以博尔西希工程制造厂为例，布雷斯劳的无产阶级也在壮大。19世纪60年代初期，费迪南德·拉萨尔，一个改变了信仰的犹太人，一个布雷斯劳商人的儿子，成了德国工人阶级运动的第一位领导人，一个非革命性的马克思。几十年来，布雷斯劳形成了一个强大的社会民主党派和不少左倾激进团体。

同德国土地上的任何犹太人社区一样，布雷斯劳的犹太人社区是形形色色的。自1744年犹太人第一次被重新接纳进这个城市以来，一些犹太人家庭就一直住在这里；受布雷斯劳城市里的机遇的吸引，其他人也从乡村小镇迁移到了这里。有些人来自更远的东部，被称为东方犹太人（Ostjuden），他们把普鲁士视为一个有希望的避风港。布雷斯劳的犹太人有富有穷；有信仰东正教的，也有信仰更正教的；有传统主义的，也有被完全同化了的。正如我们将要看到的那样，一些犹太男人过着丰富的市民生活，而妇女则在社会工作和社区责任上担当先驱。在某些领域，如军队，犹太人是被禁止进入的；在其他一些领域，如公务员，犹太人则受到阻碍。因此，犹太人只能过度集中在贸易及其他行业，而且，他们中的很多人达到了公共教育系统的最高层次。此外，他们十分富有，换言之，他们是主要的纳税人和慈善家。

在很多方面，我的祖先们——追溯到我的曾祖父母辈，他们出生于 19 世纪二三十年代——例证了这种共性和多样性。我的曾祖父，我的祖父和外祖父，还有我的父亲，都是内科医生，他们的成功和挫折体现了他们阶级的特点——至少在 1914 年之前，他们一帆风顺，并且在专业上卓越超群、独具创新，具有独特的气质。

我的四位祖父母是特别亲密的朋友，他们中我只见过外祖母海德薇格·布瑞格，1939 年她在皇后区我们的小公寓里去世；她的丈夫奥斯卡早在 1914 年就去世了。我的祖父理查德·斯特恩于 1911 年去世，一年后他的遗孀丢下了时年十七岁的我的父亲鲁道夫也辞世了，成了孤儿的父亲，与一个姐姐和一个妹妹相依为命。

斯特恩夫妇和布瑞格夫妇都属于我们后来所称的受过教育的中产阶级（Bildungsbürgertum），即拥有一定财产的资产阶级公民，他们珍视的是他们这个阶级的所有德国人所珍视的东西——教育（Bildung），这是自我塑造和教育的目标，这个目标部分源于对伟大的文化作品、诗歌和音乐经典以及艺术作品的通晓与陶醉。人们认为，这种文化遗产或继承物塑造了一个人的行为准则，即一个人所宣称并试图依循的价值观。许多德国人默默地相信他们的国家是一个诗人和思想家的国家；其他人穿上这身文化外衣则不免显得过分招摇，到 1873 年，当时尚不出名的弗里德里希·尼采为他们杜撰了一个术语 Bildungsphilister（受过教育的市侩）。到 19 世纪后期，这种文化遗产越来越融合在对科学和进步的热忱信仰之中。德语中的 Wissenschaft（科学）一词具有一种特殊的神圣的光环，它既包含有序和可验证的知识体系，也包含追求真理的奉献精神；Wissenschaft 还具有道德品质，隐含着彻底的严肃性。对于许多人来说，Bildung 和Wissenschaft 成了一对孪生神祇，是被不断进步的科学强化的一种信仰，成为一种改变生命的现象，而科学家所坚持的严谨的精神使其更加吸引人。歌德用自己常常援引的格言给这个观点提供了证明："拥有艺术和科学的人拥有宗教信仰；缺乏艺术和科学的人需要宗教信仰。"在那些年代里，对于许多人来说，科学仍然是无罪的，它是一种解放力量，与基督教教会的恐吓性观念恰恰相反。

我祖母的父亲名叫西吉斯蒙德·阿希，出生于 1825 年，是布雷斯劳的一位传奇人物。1848 年，他刚刚成为一名医生，就领头参加了当年的革命运动。当时，在米兰起义和巴黎起义的激励之下，德国人走上街头，堆筑路障，虽然他们怀着各式各样的目的，但共同点是希望实现民族团结和公民自由。阿希添加了他自己的激进的社会目标，因为他对现存的不公正和贫穷感到十分愤慨（他是在下层阶级的环境中长大的），并充满民主的热情；在演讲中，他要求取消间接税和 10 小时工作制，这在当时是最激进的观念。阿希经常提到发生在 1844 年的西里西亚纺织工人起义，那是早期针对资本主义势力和个体工匠剥削的抗议。1892 年上演的格哈特·豪普特曼的著名戏剧《纺织工》，揭露了导致纺织工人奋起反抗的恶劣工作条件，虽然他们的反抗以失败告终。

报纸报道了这位高挑精瘦的年轻医生的行为，他在各种抗议集会上发表演讲时的修辞力量给人留下了深刻印象。1848 年 9月，在又一次威胁要摧毁布雷斯劳皇室住宅并由此引发了革命分子与武装士兵之间的战斗的示威活动中，阿希毫不畏缩，勇敢地站在人群的最前面，警告对方不得使用暴力。他不断地大声疾呼，士兵们是"黑暗反动势力不情愿的工具"，伤害他们将是"最大的不公"，因为他们受制于镇压抗议示威者的命令，并且他们应该得到"尊重"。那次抗议活动以及其他抗议活动都保持了和平的方式。然而，到了 1848 年 12 月，因为对盟友的不宽容和对激进主义感到失望，阿希离开了民主联盟。当只不过略有改良的旧秩序卷土重来时，他早先的希望彻底破灭了。

由于他曾参与制作标语牌，抨击以牺牲穷人为代价的皇家奢侈品巨额花费，当局指控阿希冒犯君主。经过一阵子司法拖延之后，他于 1851 年 5 月被判处在特别苛刻的条件下监禁一年。在被释放之后，他与一个成功的犹太商人的女儿结了婚，此后专注于医疗实践，并因在黎明时分为贫困患者医治而获得关注。他对富有的病人收费较高，由此就能够免费为穷人诊治，并且还经常在贫穷病患的家中悄悄留下钱，以便让他们能够购买他所开处方的药品。1863 年，他当选为市议员，或叫作市议会代表，他在这个职位上足足待了十六年，为改善城市和公共卫生等各种事业尽心尽力、任劳任怨。他成为一名有声望的人物，他的事迹光荣地成为各种戏剧的主题，并因其家庭与全德国进步运动的关系而闻名。他的嫂子，名叫莉娜·摩根斯坦——娘家名为莉娜·鲍尔——是早期的女权主义领袖。

阿希有三个孩子。一个叫贝蒂，十四岁时皈依了新教。一个叫托妮，嫁给了一位年轻的医生——理查德·斯特恩，就是我的祖父。阿希于 1901 年去世，在他生前居住的城市中他被亲切地称为"阿希老爹"，人们公开哀悼他并将他埋葬在犹太人墓地里。他的儿子罗伯特也是一名医生，在我出生时曾经是我母亲的

产科医生。我一直为有这么一位民主的祖先而自豪！ *

阿希老爹可能亲眼见到了他的革命希望的落空，但他能够在医疗实践以及参与自由主义改革工作中寻求满足。而他的孩子们，面对不同的条件，却感到没有足够的动力去参与政治活动。他们的公共生活围绕着他们的工作而展开；他们的私人生活则是以家庭和朋友为核心，但是悄悄地影响着他们的，不是"德国"问题，而是"犹太人"问题的一个新阶段。正如我们将要看到的那样，犹太性构成了众多最深层的困境，如此之深以至于无人愿意谈论它们。

几个世纪以来，犹太人和德国人之间被有形和无形的壁垒隔开。犹太人一直生活在各种不利条件之下，并且因他们习以为常的沿街兜售和货币兑换行当、奇特且排他的正统性，以及对一种原始的神圣的宗教体系的依附而遭到鄙视，而非犹太人相信此类体系只能在基督教之中得到实现。区分犹太人和基督徒的是他们共同的上帝。但是，就在德国思想界百花齐放的重大时期，巨大的变革不期而至——这是可媲美于德国启蒙运动和古典主义的伟大的理想主义时代。在这个时代，莱辛、赫尔德、康德、歌德和席勒改变了德国文化。也正是在这个时代，一些德国犹太人开始感受到解放了的欧洲生活的吸引力，并开始希望所谓的同化甚至整合。到 18 世纪末，一些德国的邦政府颁布了部分解放犹太人的法令；1812 年普鲁士紧随其后。

随后的德国犹太人的历史——审判、胜利和最终的悲剧——在

---

* 我的第二个表兄，诗人达格玛·尼克，写了一本有关我们共同的祖先阿希的传记，书中详细记录了他的生平，书名为《布雷斯劳犹太人的成就》（*Jüdisches Wirken in Breslau*，1998 ）。

世界历史上始终保持着超乎寻常的重要性，为包括我在内的每个家庭的生活提供了不断变化的背景。在我的职业生涯中，我一直在努力思考这个话题并就此进行写作，这里最简单明了的总结就足以说明问题。

18世纪后期，犹太人首次在德国的知识分子生活中崭露头角。摩西·门德尔松（1729—1786）于1743年来到柏林，1754年遇到了与他同时代的戈特霍尔德·埃夫莱姆·莱辛，这两位哲学家都是启蒙运动思想和相关的神学问题的诠释者，他们成了好朋友。莱辛是一位哲学家和伟大的戏剧家，他的戏剧《智者纳旦》被认为是宽容所有宗教的最有说服力的论据。门德尔松有六个孩子，其中两个皈依了新教，两个女儿皈依了天主教；他的孙子费利克斯是一个天才作曲家，在音乐中赞美了基督教宗教改革。

由此，在德国犹太人现代阶段的开始时期，出现了皈依基督教的趋势，并成为德国犹太人生活中的一个主题。其动机自然因人因时而异：海因里希·海涅是在1825年皈依基督教的，如他所言，他是考虑到洗礼已经成为欧洲文化的入场券。皈依基督教变得越来越普遍，直到纳粹时期；但所有居住在德国土地上的犹太人，皈依者仍然只占极少数。

合法地给予犹太人平等权利的解放行动是分阶段展开的，该行动始于1812年普鲁士颁布的法令，该法令消除了绝大多数对公民权益的剥夺。到1869年，犹太人拥有德国公民的一切合法权利和义务被得到承认。尽管非常短暂，这条从犹太人聚居区和排斥走向合法平等和物质机会均等的道路却一直是令人痛苦不安且充满危险的。合法的平等并没有消除过时的偏见，在新时代，犹太人仍然被心照不宣地禁止担任握有政治权力的职务，事实上被禁止拥有所有明显有权力的身份；在 1871 年后统一的德国中，至圣所的大门对他们是关闭的。在德国，几乎与犹太人共存的每个方面都存在某种不对称。尽管犹太人在某些领域受到限制，但他们在其他领域所取得的成就超出了所有人的预期：在自由职业中，犹太人在法律、医学和新闻领域的成就尤其突出；他们在贸易和银行业中占有重要地位；其富裕程度也超过了其他人，他们的孩子在高等教育方面的成功也非常显著。19 世纪末，德国犹太人在自然科学领域取得了前所未有的卓越成就，在这些领域，日耳曼人和犹太人相互补充，并在一个完全可以被称为非凡天才的熔炉中进行合作。但是，由传统所灌输的追求卓越的需要却是由敌意所培育的。

回顾往事，德国犹太人的崛起构成了欧洲历史上最引人注目的社会进步，但也成功孕育了怨恨。19 世纪 70 年代初，当巨大的经济泡沫破碎，从而暴露了许多腐败丑闻时，这种怨恨被再次激化。犹太金融家被卷入一些丑闻之中，一场仇恨运动开始把犹太人归为腐败的全能代理人。正是在这样的背景下，一位德国时事评论员杜撰了反犹太主义这个词。这些攻击，其中一部分出现在权威期刊和请愿书中，要求至少部分撤销给予犹太人的平等的公民权利。这种情况并没有发生，但德国的反犹太主义仍在继续，其形式并不是稳定的、不可阻挡的，而是起伏不定的，尽管明确表述的、潜在的且连续存在的偏见是罕见的，就像在每个国家所发生的那样——在另外一些国家，情况甚至可能比德国更严重，那里的犹太人遇到的善意和敌意是同等的。因此，难怪德国犹太人的认同感是不稳定的，他们普遍拥有一种矛盾心理——然而，德国人通常在他们的身份识别上存在困难，正如海涅所说的那样，犹太人与和他们生活在一起的人是一样的，只是更加突出。

对于许多德国犹太人来说，犹太性是一种个人情感，对此他们极少加以评论。然而犹太性却给他们的生活打上了烙印。在欧洲人的生活中，特别是在第一次世界大战之前，礼仪是极其重要的，任何人不会在公开场合谈论性和金钱等话题。某些犹太人认为他们对犹太性的内心感受也值得默默地传承下去。不过，犹太人也是这种礼仪的极大的干扰者：海涅是日耳曼民族多愁善感的杰出讽刺者，马克思是货币和资本的力量的分析家，弗洛伊德则是性的探索者。正如弗洛伊德所说的那样：

> 一位伟大的富有想象力的作家可能允许自己——不论是不是开玩笑地——表达被严格禁止的心理真相。由此海涅承认道："我的性情是最平和的。我的愿望是：有一间屋顶覆盖茅草的简陋小屋，但必须有一张舒适的床铺，还有可口的食物以及最新鲜的牛奶和黄油，在我的窗前要有鲜花，门前要有几棵好看的树。如果上帝想让我的幸福足够完美，他会赐给我这样的喜悦：我能亲眼见到我的六七个敌人被吊死在那些树上。在我死前，从心底里深受感动的我，将原谅他们一生中对我犯下的所有错误。真的，任何人必须原谅他自己的敌人——但不能在他们被绞死之前。"

尽管如此，许多德国犹太人在德国环境中感觉到他们如同在自己家中，这种感受是那么真切，他们对德国文化又是那么热爱，以至于他们生活在这样的希望之中：恰恰是因为其前现代的根源，反犹太主义将会消失在他们的新的、光明的、现世的和科学的世界之中。犹太人和基督徒在一起生存，尽管多半是分开的，但在规定的领域，如学校、义务兵役、商业、市政事务以及许多自愿或专业组织、会所和业余爱好，他们是在一起的。但是在任何领域，犹太人都不能像内科医生那样亲密地进入非犹太人的生活之中——在心理治疗前的那些日子里，医生就像知己密友和安慰者一样。在德意志帝国，内科医生的白大褂象征着尊严，犹太人对此可能梦寐以求，一旦穿上白大褂，他们就能感受到一定程度的尊敬和充满感激的信任。

我的祖父母，两位医生和他们的妻子，以及由他们的朋友、同事和助手组成的那个圈子，就是对一个曾充满诱惑和敌意的世界做出广泛回应的例证。在一个教育和科学深刻地改变了许多宗教的传统观念的文化环境中，犹太人面临非常特殊的困境。人们如何调和古老的仪式和禁忌与盛行的后达尔文世俗科学观之间的关系呢？如同许多受过教育的新教徒，我的祖父母也形成了一个世界观，这个世界观将基督教伦理的升华与理性的戒律和民族情绪融合在一起，并将其整个包裹在一种适当的敬畏意识之中。对于他们这样的犹太人来说，朝整合迈出的另一步就是对德国的"民族"宗教——新教路德宗——的皈依。事实上，因为那时宗教在神学上已经变得不那么严格了，并且与现代生活、资本主义精神和科学和平共处，所以迈出这一步变得相对容易（这与教宗庇护九世所规定的严格的天主教义大相径庭，他依照教规对现代生活做出了谴责）。

我的曾祖父母和祖父母完全共享了这种文化宗教，这使他们与非犹太人拥有一种不言而喻的共性。我猜想，他们对德语抒情诗作的熟悉程度，远远超过他们对希伯来语诗篇的熟悉程度（如果他们也了解这些诗篇的话）；他们感到与犹太人的仪式和习俗有一种令人不安的疏远。而这种转变发生得如此迅速！不过是两三代人，德国犹太人便失去了他们独特的方言，一种意第绪语或犹太德语的形式，并且完全被德语化了；尽管当无法以其他任何方式来表述某种东西的时候，他们可能偶尔会求助于一些意第绪语词语。他们乐于使用德语这种语言，凭借努力，通过阅读散文和诗歌，轻松地、优雅地掌握了这门语言。虽然如此，他们依旧保留着对过去遭到隔离的记忆。我认为他们把犹太性既看作耻辱，也看作特性。

许多犹太人的家庭，尤其是那些富裕的家庭，如果他们与流行的改良形式，即自由派犹太教，更加和谐相容的话，那么他们就会沉湎于这种公民－文化宗教之中，而与正统派犹太教的要求则相距甚远。但他们中的一些人还希望进一步打破与其祖先的联系，而皈依基督教。在19世纪初期迈出的主要作为哲理－情感的一步，现在逐渐获取了极其实用的外观。这种多数人所称的信仰改变，以及其他人口中的叛教，缓解了大多数形式的社会和经济的发展问题——俾斯麦的一些大臣就是有着犹太血统的新教徒——因此，信仰改变毫无疑问有许多不同动机，即使最纯粹的理由也带有机会主义。

细想我祖父母的一位朋友，弗里茨·哈伯（1868—1934），他的生平就是一个很好的例子。他是一位具有卓越天赋和极大抱负的化学家，他于1892年改变了信仰——这令他父亲非常沮丧。信仰改变无疑使弗里茨的学术生涯变得更加顺畅，使他终于成为德国科学界的一个杰出人物，并摘取了诺贝尔奖桂冠作为最终的认可。哈伯曾经渴望在大学里得到一个职位，但因为他是犹太人而遭到拒绝。这就是为什么非犹太人导师会要求他们的研究生学生改变信仰，尽管自尊、孝顺或自重阻止了许多人迈出这一步，比如哈伯最亲密的朋友理夏德·维尔施泰特和著名的实业家兼政治家瓦尔特·拉特瑙。同其他许多人一样，这两人认为采取这一精神上的举措是不光彩的，尽管这样做会带来物质上的利益。许多改变了信仰的犹太人仍然感觉与他们以前信仰同一宗教的人之间有一种难以用言语表达的密切关系，但是在一两代人之后，有些犹太人的后裔甚至连他们源自《旧约圣经》的根都不知道了。他们开始觉得他们属于"福音派"（或者在极少数情况下属于"天主教"），这是他们的身份证上所标明的。他们成为基督徒是出于他们自己的选择，并且往往还是出于他们自己的信仰。

至少在第一代人身上，皈依者经常被新老相同宗教信仰人士怀疑。但是——这一点现在常常被人遗忘——在第三帝国时期，通过宣布种族而不是宗教作为一个人的公民身份和价值的决定因素，犹太血统的基督徒被重新定义为"非雅利安人"，并且与犹太人一样成为遭受迫害的对象。因此，简单地说，他们就是犹太人。在这方面，希特勒是成功的。今天的大多数人会认为费利克斯·门德尔松或者弗里茨·哈伯是犹太人，尽管在德国，这并不是他们一生中的身份（以色列人也将这些"叛教者"视为犹太人，尤其是如果他们赢得了诺贝尔奖或者在其他方面出人头地的话）。

我的祖父母——理查德·斯特恩和他的妻子托妮，娘家姓阿希——是在成年后改变信仰的，并且让他们的孩子在出生时就接受洗礼：最大的孩子洛特出生在1893年，我父亲是两年后出生的，马尔加是1900年出生的。我的外祖父母——奥斯卡·布瑞格和他的妻子海德薇格，娘家姓利翁——从未改变过信仰。然而，大量的通信却清晰地表明他们对基督教的倾向，并在他们的孩子出生时为他们施洗，其中我母亲凯特排行老二，她出生于1894年。在我的记忆中，我的外祖母海德薇格认为她自己是基督徒。换句话说，改变了信仰的斯特恩夫妇比起未改变信仰的布瑞格夫妇能更深刻地意识到他们的犹太性。

几十年来，这两个家庭一直是特别亲密的朋友。双方的父亲是同事，多年来这两个家庭实际上还是邻居。他们主要的朋友都是志同道合的改变信仰者，是能够宽容和理解他们受洗的犹太人。犹太人和改变信仰者之间通婚，后者可能更多地与犹太人通婚，而不是与真正的基督教徒通婚，尽管在这三个群体之中存在亲密的友情。我的祖父和外祖父这两个家庭经常一起出门去度假，他们的孩子也上同一所学校，甚至一起参加同一个非常正式的舞蹈班，这些舞蹈班中混合了各种信仰或无信仰的年轻人。

我的祖父和外祖父给予他们的基督徒患者和犹太人患者同样的护理和关照，并在工作上与基督徒同事和睦相处。两家都有基督徒护士和佣人，他们数十年来一直留在这两家，之间的关系即使不平等也是可信赖的。在这一切之中，这两个家庭似乎对我们称为身份的东西保持沉默，既没有公开吹嘘他们的德国的和基督教的归属，也没有公开否认他们的犹太人根源。他们采纳了一种特定的生活方式，并具有一种明确的精神气质，其中大部分是不言而喻的和习惯性的。

我的祖父和外祖父与他们的同事有一种"使命感"（德语是Beruf），这是他们生活中的核心，这种家长式的使命感在家庭中占有支配地位。在诸如医学、法律和神职人员这类具有伟大的使命的领域中，医学可能是最受尊重的，它融合了福利、牺牲和科学。我们知道大量的德国犹太人跻身于医学这个行业；在19世纪末，布雷斯劳近一半的医生是犹太人或犹太人后裔。我的直系男性祖先都是医生，这一点可以在一定程度上说明父权制模式的有效性，追随父亲的脚步是可以让人心安理得的，或者是后继有人的。但除此之外还有更多的含义：到 19 世纪末，古代的医术变得更加吸引人，因为它现在也是一门科学，并且医学上的发现证明了生命的转变。

我从医的祖先是一代临床医生的直接继承人，他们致力于为医学创造并扩大其科学基础。他们着手去发现疾病的微生物来源，并通过免疫学和化学寻求治疗方法。在此期间，专业组织和期刊大量增加，医学研究也成为一项国际性事业。这些德国医师的先驱之一是伯恩哈德·瑙宁，他的座右铭是："医学将是一门科学，否则便一无是处。"对于瑙宁及其所有追随者而言，科学——也就是在实验室里不断地工作——是对医生的直觉及其对病人的不懈关怀不可或缺的补充。在病人的床边，信任和人文关怀这一医生的古老美德永远占上风：最好的医学依然是一门艺术和一门科学。即使在医学变得越来越"科学化"时，我的祖先也是忠诚的临床医生。

我的祖父和外祖父的通信中蕴含着一种特殊的责任感，他们的后代延续了这一传统。这两个人在诊所和医学界合作，他们生活在一个纯科学的世界中。在他们最随性的通信中也可以看清这一点。例如，1896 年哈伯在一张明信片上用潦草的笔迹写了一封信给"尊敬的斯特恩"（用了熟悉的您），回答了一个有关化学的复杂的问题。保罗·埃尔利希，这位化疗的创始人，最终成为布雷斯劳最伟大的科学名人，就科学上的问题分别写信给我的两位祖父，感谢他们为他的实验提供了临床材料的样本。在理查德·斯特恩去世后，埃尔利希向斯特恩的遗孀寄出了一封他手写的吊唁信："我可以告诉您，我一直以最高程度的尊重和热爱对待这位突然逝去的人——不论是作为一个男人还是作为一个名人，或是作为科学的一位杰出代表，他同等地掌握了理论研究和临床责任，这是极少数人才能做到的。"这封信是埃尔利希用他独特的拼字法书写的，没有大写字母，这样就节省了时间。科学是一种信念、一种纽带、一种职业。我祖父布瑞格的讣告是由他的首席助理撰写的，其中有句话说得很好："工作对他来说……不只是责任，也是生活的需要（Lebensbedürfnis），在他眼里，这是一种乐趣。"

也许我们已经忘记了工作对于那一代人来说是如何的重要。它赋予生命以意义，也能维系健康，即使过度努力会给健康造成损伤。他们是能够理解托尔斯泰所赞美的所谓的劳动疗法（Arbeitskur）的那一代人。那时的从业者认为这种理念是理所当然的，值得我们尊重。我想，身为这个享有特权的也是充满冲突的阶级的后代，我会感到一定程度的真诚，也会具有习惯上的矛盾心理。我不得不问自己，我对他们的精神气质极端的崇拜是不是一种补偿性的姿态。我的崇拜可能是补偿性的，但他们对自己的使命的忠诚是毋庸置疑的。

他们的妻子在文化水平上通常与他们不相上下，而在审美问题上就可能优于他们了。她们选择了她们自己所负的责任——不仅在家中，而且在外面，在社区和教育工作中——她们也有使命感，体现在为全家购买食品和杂物以及操持家务上，并确保孩子们受到良好的道德教育。我的主张女权主义的寡言少语的祖母肯定不符合针对德国女性的老一套观点，依照这种观念，女性被局限于 KKK（Kinder，Küche，Kirche，即孩子、厨房、教堂）之中。我还记得，在布雷斯劳，我的外祖母分担了当时相当普通的一家企业的责任：一家托儿所（Kinderhort），专职照顾贫困儿童。

在我的家中，不论男女，对待职业选择都是极其认真的。我的祖父理查德·斯特恩写给他父亲海因里希的一封没有标明日期的信件，就可以清楚地说明这一点。（海因里希享有卓越的声望；1862年，德国最著名的一位内科医生特奥多尔·弗雷里希——曾经是布雷斯劳的一名教授并短暂地担任过俾斯麦的医生——他亲自出面为年轻的斯特恩推荐职位，给出的推荐理由是作为"一个在全圣医院尽心尽责的熟练助手以及穷人的医生"，斯特恩有着"丰富的经验"。）这位父亲曾建议儿子去研究医学或法律，但儿子决心去学习数学和物理学。"在选择职业生涯时，"他写道，"每个人都必须考虑两个因素：物质条件和该职业可能提供的内心幸福。无视前者意味着是一个不假思索的狂热分子（Schwärmer），而忽略后者则是一个肤浅的愤世嫉俗者。"

这个当儿子的要想发现自己是否具有天赋去追求自己的选择，最好是在一所小规模的大学里，因为在那样的大学里他可能最终会得到一份助教工作，从而开始自己的学术生涯。医学，他补充说，引起了他的厌恶，而学法律的话，除了缺乏法律所要求的修辞天赋之外，他还能预见到一种无聊的生活。事实上，这封信是家庭中保存下来的极少数早期信件之一，之所以被保存下来，很可能是出于偶然原因，但更可能是因为它堪称典范。这封信肯定能够证明我祖父严格的律己精神和抱负，以及他对自主权所押下的一种恭敬的赌注。我不知道我的祖父在他转向医学之前是否探索过这些早期的兴趣，而在医学领域，正如我们所知，他是出类拔萃的。

这些家信表明了某种天性的东西以及所期望的家庭纽带的亲密。它们给我们描绘了祖先的日子是怎样度过的，或者执笔者所希望的生活方式；它们表达了那些理所当然的东西，以及那些看起来古怪或异常的事物。父母和他们的朋友提供了建议和告诫，肯定了基本的行为准则。信中还有丰富的文学典故，轻松或幽默的笔触使苛刻的说教或严肃的语调变得温和且易接受。

我手头有外祖父奥斯卡·布瑞格每日写给他未婚妻海德薇格的信件，这些信件从1889年开始，平均篇幅为6—8页。他当时在维也纳和哈雷，攻读耳鼻喉科这一新领域的专业，这是主治耳朵、鼻子和咽喉疾病的专科。（他的父亲是上西里西亚科塞尔的一位医生；而她的父亲利翁博士，是布雷斯劳的一位医生，并且是一家自由主义日报的共同拥有者。）他们的情书写得非常坦诚，除了炽热的爱情之外，也包含了关于生活的反思。6月，奥斯卡从哈雷寄出的信中写下了他对萨克森方言的极端厌恶，这种方言令他作呕并"心情忧郁"。他写下了这样一段话："随着时间的推移，在我身上发生了一个重大转变：我变成了一个热情的犹太人的朋友……我在街上看到每一个典型的勾鼻子都难以置信地感到兴奋。这让我想起了布雷斯劳。当然，在这种反犹太人的肮脏场所，所能见到的就只有令人厌烦的金发，还有那些肿大的啤酒脸，上面装饰着决斗留下的伤痕。"因为他本人是一头金发，所以他被认为是个基督徒，由此听到了各种反犹太人的奇谈怪论。

这些信件中经常提到的另一个话题是理查德·斯特恩。1889年，奥斯卡暗示道，理查德的行为伤害了托妮·阿希——一位闻名遐迩的美女，出身于一个地位显要的家庭——并且如果他现在胆怯地放弃她，她将被迫永久地过一种独身生活。究竟理查德如何冒犯了托妮，这一点并不清晰，但间接的证据表明，他曾经公开宣示他的爱意，但后来被证实他的态度是优柔寡断的。他以某种方式违反了当时的道德规范——虽然他不太可能给她造成身体上的伤害，况且奥斯卡也不会原谅这种行为；无论如何，在一年左右的时间里，理查德与托妮结了婚，他们的关系依然完好无损、亲密无间，尽管几十年来感情稳定，但多愁善感的布瑞格夫妇常常会嘲笑令人啼笑皆非且易发脾气的斯特恩夫妇。对此我可以做证。

社会习俗能决定性地影响礼貌，即道德的外在形式。道德教育和正确的行为是非常重要的，每个人都被期待着去遵守着装、言语和经济生活各方面的规范，更不用提爱情、婚姻、真诚和忠实等更为严肃的问题了。违反行为规范会反映在全家人身上。父母随意给出的告诫可以在其中一些信件中找到。因此，托妮·斯特恩在写给她十四岁的儿子鲁道夫的信中，重申了在其他家庭做客时应遵守的"行为规范"，同时嘱咐他要关心妹妹，在他离家期间，妹妹将独自待在家里，留给可信赖的保姆照料。他不需要带她去糕点铺："在自己身上不断地聚集善意，培养乐意助人的精神，这对她来说更有价值，对你来说也更为困难。通过给她树立良好的榜样，你能给她更深刻的教育，这比任何形式的说教和不断的告诫更有用。你偶然目睹的一些超越自我的例子，难道不比你接受的所有冠冕堂皇的指示更能有效地影响自己的行为吗？"鲁道夫在学校里不优秀的功课也被提及，但可以肯定的是，在假期后他会有所改进。鲁道夫的父亲在信的底部特别添加了两行话，给他"最亲爱的鲁迪"，确认他完全赞同鲁道夫母亲的嘱咐。

还有一次，鲁道夫的母亲解释说，她已经理所当然地把这封写给孩子的密信给他父亲看过了，他应该珍惜他父亲的看法，而且必须明白，"夫妻之间是不能有秘密的，尤其是在关于他们亲爱的孩子的事情上"。此外，他终究会在他父亲身上感受到同样的"无条件的信任",就像他早已在他母亲身上感受到的那样。一个小孩子与母亲的自然依赖会发展成两者之间的一种特殊关系,"但同样自然的是,这个成长中的人在必须踏上一条充满危险和斗争的人生道路的同时,也应该向成功人士——他的父亲——寻求忠告和支持;父亲有过这一切经历,而且与母亲的经历完全不同"。"你很幸运,"她补充说,"能同时拥有你的父亲和母亲,而许多贫穷的孩子必须独自面对这个世界。"

这些告诫和嘱咐似乎听起来很老套,但它们表达了几代人之间一种强烈的隐含的纽带:这种直率的忠告是父母为子女的教育所能尽的责任的一部分。这也是一个世俗和理性的世界的一种表现,其中道德教育的责任落在了父母身上,尽管很明显其他声音也是存在的。(例如,我刚好知道,有一位名叫瓦克纳格尔的牧师主持的查经班给我的父母留下了非常深刻的印象。)因此,父母的确定性——其本身反映了一个有序世界的普遍意义——影响着年轻人的观点。和睦与反抗是共存的:在德国人的生活和文学作品中,父子冲突是一大主题,一般是公开处理;每个人都知道,最终的惩罚不外乎解除父子关系或剥夺继承权。这种纠纷所造成的痛苦是无限的,但这也是他们道德上的严肃性的一个标志,与之后的时代里父母缺乏自信是大不相同的。

在第一次世界大战之前的几年里,我的祖父母对生活应该如何过下去有一种确定的看法,并认为应该将此传递下去。他们所借助的就是生活中与描写主人公成长过程的教育小说(Bildungsromane)相似的例子,一代又一代的年轻德国人就是靠这类小说长大成人的。书籍在这两个家庭中占有重要地位:每一个孩子都是从在家中阅读经典开始,然后到学校继续求学(在我父亲去世前的几个小时里,他用希腊语引用了荷马的话);到了青春期，每一个孩子都被期待着能超越所指定的角色，就是说，要活在伟大的小说和戏剧中。席勒称剧院是一种道德机构，斯特恩和布瑞格这两个家庭中的孩子们都追随他们的长辈，对伟大的戏剧或表演怀有一颗敬畏之心，尽管不一定是出自他们自己的喜好。

我父亲的藏书室堪称一座德国文化的宝库，我将其与他的巨大医学图书馆里的一部分继承了下来。他的藏书室里收藏了歌德和海涅的作品，还有需要集中精力去阅读的哲学和宗教书籍，书中都夹着藏书标签，标签上的图案是田园诗般的冰雪覆盖的村庄，还有购买该书的日期（通常是在1912年，即他父亲去世后的那一年，也是他母亲去世的前一年）。我特别喜爱这样的一个世界，其中伟大的文学作品是一种活生生的表现形式，这可能是我的专业偏见（déformation professionelle）。也许这种对书籍的热爱并没有使那几代人比他们的后代更加聪敏或更具吸引力，也许这就鼓励了某种阶级的自豪感，一种典型的优越性——其中的严肃性和确定性是有助于培养他们的。当然，也可能存在一种过度的被埋葬的精神以及屈服于教育庸俗化（Bildungsphilistertum）的危险。

在服完兵役之后，奥斯卡·布瑞格完成了他在耳鼻喉科这一新领域的医学学习；他在二十岁时，就成为布雷斯劳首屈一指的市立医院——全圣医院——耳鼻喉科的第一任主任，并于1907年成为教授。他发表的论文范围很广，不久他被吸收进了德国耳科学会理事会，并在该领域创办了一份国际期刊，还促进了私人诊所的蓬勃发展。与此同时，理查德·斯特恩——他很可能是一位极其雄心勃勃和简朴的人，但我相信他也是一个脆弱和犹豫不决的人——成了受人尊敬的内科医生和杰出的诊断专家，在X

射线还未被应用到医疗的那些日子里，比起我们现在用试验装备起来的世界，诊断需要更多的直觉天赋。他在工作中全力以赴；他不仅是一位很受欢迎的临床医生，也是一位研究员，1896年，他根据自己的观察和现有的国际文献，发表了一项关于内科疾病创伤起因的开创性研究。当时工业事故非常普遍，自俾斯麦进步的社会立法规定了对工人的赔偿之后，医生必须确定身体上的（甚至精神上的）创伤是否可能造成内脏器官衰弱甚至致命的疾病。理查德写的书成为国际上法医学的工作标准，这是因为该书出自一个充当了社会保障实验室的国家。他在法庭案件中成为专家证人，常常被聘请去证实某一特定的创伤是否会导致随后的疾病或死亡。在这类案件中提出医学意见在科学上是非常复杂的，对于受害者或其家庭来说，这是极其重要的，同样对于国家及其财政责任来说也是非常重要的。

除了此项备受推崇的开拓性工作之外，理查德·斯特恩在临床细菌学和疾病的细菌病因学方面都有重大发现，从而跻身医学科学的前沿。1900年，他成为布雷斯劳大学的副教授，该大学本身就在医学领域占有特殊的重要地位。与此同时，他被任命为大学的门诊部（Poliklinik）主任，这个职务所负的责任是相当重要的。他还被任命为全圣医院的内科主任，布瑞格则在这家医院的耳鼻喉科任主任。他获得的最高的职称是正教授（Ordinarius），这个职称对于任何人来说都是极难得到的，对于具有犹太血统的人来说更是难上加难。1909年，位于德国北部的格赖夫斯瓦尔德大学授予了理查德·斯特恩这个职称，大学位于靠近波罗的海的一个城市，该市没有任何布雷斯劳的文化优势，到那里去意味着他要去接替奥斯卡·闵可夫斯基——一位极其出色的内科医生。闵可夫斯基还是一名年轻的医生的时候，就在动物实验中发现了糖尿病的病因，这是数年后发现胰岛素 [*] 的关键。闵可夫斯基曾经是瑙宁奖学金的获奖学生，但作为一名犹太人，他一直被拒于门外。最终他收到并接受了布雷斯劳大学授予的正教授职称。

理查德被格赖夫斯瓦尔德大学吸引——毕竟它赋予了其重要的教学责任和高度的声望。他的妻子带着孩子们准备在当年秋季搬家。但是，理查德显然陷入了一种忧郁的迟疑不决的状态之中，他先是接受然后又拒绝了这项提议。1910 年 6 月，他写信给朋友弗里茨·哈伯，感谢后者对这个问题的关心，并说他正在缓慢地从前一年秋天来势汹汹但未造成严重后果的状态中恢复过来，但"对过去发生的事情仍然想得太多"。被他婉拒的机遇不断困扰着他；用他自己的话来说，这种心理上的创伤加剧了他的忧郁性情，并使他陷入了沮丧之中，而他本来是希望能从中完全康复的。他在同一封信中提到，他计划去北海度假，并询问哈伯是否还对圣莫里茨附近田园诗般的阿尔卑斯山村蓬特雷西纳情有独钟。但是一年后，他突然就去世了，年仅四十五岁。我所找到的关于理查德·斯特恩死因的报道，给出了他所患疾病长期或短期的不同说法。（作为一个孩子，我总是被告知他是死于流感。）他被葬在布雷斯劳的玛丽亚·马格达莱纳公墓。医学期刊上的许多讣告强调了他的科学研究、卓越的临床表现，以及以特别热情的笔触赞美了他作为教师和导师的素质。

1911 年他的逝世影响了我半个世纪后的生活。1962 年，在父亲生命的最后几天里，我不得不决定是留在哥伦比亚大学还是

---

[*] 第二次世界大战后，赫斯特制药公司创立了每年一度的闵可夫斯基奖，颁发给 40 岁以下最具创新性的糖尿病研究人员。

接受邀请去其他地方教书。我的父母认为，这个决定至少并不像在布雷斯劳和格赖夫斯瓦尔德之间的选择那么难。几年之后，我的亲戚及好朋友物理学家奥托·斯特恩偶然提到了我祖父的自杀。我大吃一惊，立刻问母亲祖父究竟因何去世。面对我的疑问，她特别诚实地承认我祖父死于服用过量的安眠药；事实上，正是她的父亲被叫到理查德临终时的床前，签署了死亡证明书。我对父母在这件事情上的隐瞒颇为生气，并且对他们的欺骗感到遗憾，尽管我意识到父亲在失去我祖父时内心的痛苦有多大，但随后隐瞒真相更加剧了他的痛苦。

也许理查德·斯特恩是因为做出了比较容易的选择而感到极度痛苦，毕竟布雷斯劳是他熟悉的地盘，他和他的妻子都是杰出的人物，既是同事，又是精英。在他最亲近的人中，不仅有布瑞格夫妇，还有保罗·埃尔利希和皮肤科医生阿尔伯特·奈塞尔。奈塞尔是淋病的发现者，也是一位改变了信仰的犹太人医生的儿子。1909 年，奈塞尔被聘为皮肤病学教授，这是德国在这一领域设立的第一个职位。据大家所说，阿尔伯特和托妮·奈塞尔在布雷斯劳享有非常特殊的社会地位，拥有精心设计、装饰豪华的别墅和花园，他们的家成了艺术家和作家相聚的著名沙龙，经常来此做客的有格哈特·霍普特曼、建筑师汉斯·珀尔茨希、画家弗里茨·厄勒尔以及音乐家阿道夫·布施和阿图尔·施纳贝尔。阿尔伯特的兄弟古斯塔夫是一位律师，他在各种企业担任法律顾问，还是一个自由派市议员，也是斯特恩和布瑞格家族几代人的密友。阿尔伯特·奈塞尔于 1916 年去世。（他在大学里的后继者是约瑟夫·雅达松，此人后来被认为是"世界上最著名的皮肤科医生"。早在 19 世纪 90 年代，雅达松就已经是布瑞格和斯特恩家族的朋友了，我们称他为泽普或普叔叔，在他1936年去世之前，他一直是我父母的好朋友。他的形象我至今记忆犹新。）

还有些朋友和同事是非犹太人，其中最著名的是杰出的精神病学家卡尔·朋霍费尔，他们的孩子们和我的父母一起去舞蹈学校上课。几十年来，与朋霍费尔一家的关系一直很紧密。听说另一个精神病学系的教员是阿洛伊斯·阿尔茨海默，他观察并描述了老年性痴呆的症状，并且是第一个将其与大脑中的病理变化联系起来的人。1890年，约翰·米库利兹被聘为外科学教授，他是维也纳无与伦比的特奥多尔·比尔罗特的学生，并做过约瑟夫·李斯特的助理；他以在无菌条件下开展的新的手术技术而享誉全球；他的学生费迪南德·绍尔布鲁赫又让鲁道夫·尼森担任他的明星助手，鲁道夫·尼森是我父亲和我的终生朋友。

布雷斯劳大学医学院最近的一段历史记录显示，许多外国游客和学生涌入该大学，其中包括美国医生，如神经外科医生哈维·库欣（1869—1939）和梅奥兄弟，他们于1889年回到明尼苏达州家乡开设了著名的诊所。难怪他们会来到布雷斯劳：此地确实拥有一大群声名显赫的医生！

布瑞格和斯特恩两家人与其他三个家庭在一个名叫卡尔帕奇的小村庄度过了许多个暑假，这个村庄在布雷斯劳南部的山区，位于与波希米亚接壤的西里西亚边界。孩子们在那里建立了一个"俱乐部"，其拥有自己的领导人和章程，俱乐部的主要活动是编写和演出戏剧，为他们自己和赏识他们的大人创作娱乐节目。在某种程度上，他们的活动复制了布雷斯劳的一个成人俱乐部——Akademisch-Literarischer Verein（学术－文学俱乐部），这是一个犹太人学生组织，成立的最初目的主要是替代把犹太人排除在外的非犹太人大学联谊会。这个俱乐部由校友和学生组成，其中有一项可供成年男女参与的代际活动，伴随讲座和充满诗意与诙谐的演讲。俱乐部常常举行丰盛的宴会。多年来，古斯塔夫·奈塞尔一直是俱乐部的领导。

出生于 19 世纪 60 年代的一代人，在克服了偏见并从当时的科学和物质进步中受益的同时，逐渐成长并功成名就。他们开始过上了舒适、受人尊重的生活。在 20 世纪初期的某个时候，奥斯卡·布瑞格为布雷斯劳艺术学院院长汉斯·珀尔茨希做了治疗。汉斯·珀尔茨希早已是一位知名建筑师，而且注定将更加出名。家族中流传着这样的说法，为了感谢布瑞格挽救了他的生命，珀尔茨希提议为布瑞格全家在国王广场（Königsplatz）宽敞的新住宅设计全套家具，这套住宅既是家又是诊所。我相信珀尔茨希善意的行为得到了丰厚的回报。就如我们将要看到的那样，那套家具也拥有自己的历史。

我的印象是，出生于 19 世纪 90 年代的我父母那一代人，比起他们的父母，有着更为轻松的童年和更光明的前景。他们在一段平静又顺利的航程中开始了生活——只不过遭遇了一场暴力的狂风骤雨，这是他们的长辈甚至都未曾想到的。也许早年的这种幸福和严苛的混合体给了他们一些心理上的承受力，从而能应付晚年的恐惧。

这两代人都不怎么关心国家政治，尽管做妻子的以及姐妹们试图解决当时所谓的"社会问题"，比如，希望改善贫困儿童的命运，而男人们却习惯于一个在国际科学界既有合作又有竞争的世界。在一个没有国家偏见的世界里，他们都是爱国者。有些是自由派人士，还有一些是保守派人士，但他们都认为法治（Rechtsstaat）是公民存在的不容置疑的基石。他们目睹了维多利亚女王的女婿腓特烈三世的统治以及德国自由主义希望的体现，他在 1888 年登基时就因食道癌而无法开口说话，经历了三个月的痛苦之后就去世了。他的儿子威廉二世则有着不同的模式，是一个典型的傲慢、反动、极其严肃且不知进退的人物，尽管他也以自己的方式对科学和技术创新持开放态度。我的家人中多数对这个不负责任的年轻君主感到不解，甚至对他表示谴责。但是他们逐渐意识到政治可能威胁或摧毁他们的生命，对于大多数德国人来说，这种情况只是在第一次世界大战中才会出现。1907 年，我十二岁的父亲开始创办"一份报纸"，但留存下来的只有其中的"第一期"。在那一期报纸上，他满意地提到，在那一年的选举中，民主党派没有取得进一步的成果。他的这种受到阶级约束的政治观点肯定受到了他父母的影响。

对于这群安静地享有特权的人来说，最重要的还是他们的私人生活——家庭、职业和友谊。外部世界可能看起来遥不可及且一成不变，然而德国社会却丝毫都不稳定：其中，一个日益增长的、有组织的、受过教育的无产阶级，被灌输了社会民主主义的希望，对统治着一个半独裁的君主国家的旧式精英分子提出了挑战。到 1912 年，社会民主党在德意志帝国国会中拥有最多的代表人数，其权力虽受限制但确实在不断扩大。在激进的改革或革命最终危及社会秩序之前，我们究竟还有多长时间呢？德意志帝国是一个奇怪的混合体，虽然是一个纪律严明的现代社会，却有着陈旧过时的政治秩序。正如瓦尔特·拉特瑙在 1907 年所写的那样："什么样的文化标准能够证明德国比几乎所有其他文明国家更加绝对地得到了治理？……我们无法为自己永远保持一种独特的气候。"

那么德国在世界上的冒险角色，比如，其被大肆吹捧的对世界事务的插手、用来挑战英国权威而建立的深海舰队，它的帝国野心及其触犯了其他大国权益的追名逐誉的政策究竟是怎么样的呢？威廉二世的傲慢与普遍的焦虑混合在一起，人们担心德国强大的邻国正在"包围"德国，试图遏制其合法的发展。德国在地理上处于欧洲的中心，与其交界的邻国比其他任何国家都要多。很长一段时间以来，德国的领土是欧洲的铁砧；然而新的德国却是锤子。

我的印象是，我的祖先属于那些成功的德国人，他们对当时重大的政治问题只是给予断断续续的关注。他们了解那些重要的文化创新者，如豪普特曼和珀尔茨希——德国现代主义的早期代表。但他们是否意识到发生在第一次世界大战前美好年代里的伟大的文化和解放运动？很可能不会。毕竟德国没有因一桩德雷福斯事件*而分裂（在德国可能不会有德雷福斯，因为在德国总参谋部有一名犹太军官是不可想象的），也没有像英国的爱尔兰问题那样遭到定时炸弹的威胁。自信的爱国主义是成功的公民与生俱来的权利；当地的慈善活动是公民的关注焦点。

当然，年轻人要考虑的还有些其他事项。我的父母是在布雷斯劳接受的教育；我的母亲凯特·布瑞格在开始几年上的是一所私立学校，后来去了一所女子公立学校，洛特·斯特恩是她在那里的同学，也是她最好的朋友。这所实科中学（Realgymnasium）——那里没有传统意义上的女子文理中学（gymnasia）——提供的是一种实用的较高层次的教育形式，强调现代语言、数学和科学。高中会考文凭（Abitur）允许中学毕业生直接进入大学；凯特于1912年5月通过了毕业考试，随后进入布雷斯劳大学学习

---

* 德雷福斯事件是法国历史上发生的一起诬陷犹太裔军官的轰动世界的反犹事件。——译者注

数学和物理。对于当时的女性来说，选择这两个专业学习是罕见的——就女性的职业生涯来说，这个选择整体上仍然令人怀疑。但她父亲对她的抱负持积极的态度，温柔地鼓励她选择这条道路；她父亲充满自信的期望激励了她的整个人生。

我父亲上的学校是约翰内斯文理中学，这所学校成立于1872年，德国和布雷斯劳的公民自由主义在这一年达到了高潮，其明确目标是要成为宗教宽容的堡垒。这所文理中学是布雷斯劳唯一拥有犹太教师的学校，截至19世纪末，学校的教职工中有四分之一是犹太人。普鲁士国家以怀疑的眼光看待这所学校，但市议会内强大的自由派则对它表示珍惜。我父亲于1913年通过了高中毕业考试，然后在那年春天进入布雷斯劳大学开始了医学专业学习；下一个学期他是在慕尼黑度过的——接连在几所大学求学是德国的一种学术惯例。

1912年我父亲成为孤儿。他的两个姐妹既是他的安慰又是他的责任，他父亲的妹妹格蕾特一直与他们保持着联系。（我记得她是一个有点缺乏幽默感的人，她曾尝试投身学术研究却又放弃了，但保持了在文学和科学上的兴趣。）这个家庭有着维持代际友谊的传统，在他们的朋友中，布瑞格夫妇成了他们父母的替代者，例如，他们邀请我父亲和他们一同到瑞士蓬特雷西纳度假，哈伯也在那里度假。阿尔伯特和古斯塔夫·奈塞尔也一直关照着我父亲——在他刚刚进入的医学界，许多内科医生能认出他的名字。正是在他父母去世后的那些年里，他建立了自己的图书室——他和书相依为命。

书籍是生活中严肃的一面，他的家庭认为书籍是道德教育的一部分。家中的长者传递下来的忠告也是如此。在祝贺我母亲通过了中学毕业考试时，托妮·奈塞尔传递了一种有影响力的精神，她用一串珠玑般的语言来修饰她的忠告："我今天非常想要告诉你，在我看来生活中最重要的是：能积极向上，能摒弃所恶，能感受快乐，能吃苦耐劳，能爱所爱，能钦佩所敬之人事。如果你能够做到这一点，并且完成你的学业，你就能说你的生命是高尚的（herrlich）。"这确实是对生活所规定的态度，尽管它没有减少尤其是我母亲所能享有的快乐。

托妮·奈塞尔绝非随口说说而已，而是紧紧抓住了她那一代人所认为正确的道理，这与我们这一代人是不同的：在一个充满舒适和享乐的世界里，懂得什么时候该放弃，懂得如何在缺乏必要条件下也能达到目的，这是非常被看重的。人们担心的是骄奢淫逸、炫耀卖弄、过度安逸，所有这些都具有衰落和颓废的危险。对这种自我放纵的批评并不是像实用的忠告（担心天下雨）那样的道德原则，而是属于现在已经世俗化，但曾经是基督教的——更具体的是加尔文教派的——信仰的一部分。它是对谦虚和节俭这些美德的一种世俗的顺从。我回想起二十六岁的托马斯·曼在 1916 年出版的小说《布登勃洛克家族》，此书描绘了一个资产阶级家庭的衰落。曼的笔触史诗般地表达了一种普遍的恐惧，即财富和奢侈标志着走向毁灭的道路——更不用提他对炫耀财富所持的同等程度的蔑视了。他是我父亲最喜欢的现代作家。"体面"人物也害怕耻辱；德·阿尔特·阿希为那些失败者开了一个颇有几分尖锐的处方：给他们一把左轮手枪或指出一条逃往美国的通道，这对于冒险家或者歹徒来说是最终的解脱。

日常节俭能给家庭庆祝和节日增加乐趣，节日大餐是这些重要场合的标志，反过来也能够证明举止的恰当。我不知道前几代人是什么时候停止纪念犹太人的宗教节日的，但我确实知道，从我父母那时候开始，基督教的节日就得到了广泛的庆祝——复活节；降临节主日；圣尼古拉斯节，伴随着手持鞭子的可怕角色；还有圣诞节，伴随着圣诞树及点燃的蜡烛、颂歌、礼物和特别的美食。

与平凡的生活形成鲜明对照的是每年的休假，带上孩子或偶尔不带孩子，携带着沉重的行李去海边或高山旅游，能让自己在习惯性的过度劳累后有一段恢复健康的时间；也可以把假日时间用在阅读上，去与朋友见面或结交新朋友；休假时间还往往会被用在去意大利或法国的文化朝圣上，用在去庞大的奥匈帝国享受传说中的水疗或去简朴的乡村原始旅舍品味地道的乡情上。毕竟边疆地区都是开放的，很少需要签证，而现行的金本位制被作为一种共同货币也十分方便。

这些经过压缩的我家人的生活写照，来源于我持有的家信和照片，也有少量出自口耳相传。我曾经试图去聆听当时的各种不同的声音，我也知道那些声音可能听上去像田园诗一般令人难以置信，当它们在纸上被保存下来时可能早已经被净化或"拔高"了。当然，他们描述的场景与之后所揭示的相比似乎是田园诗般的。但是在那个时候，那些场景是不能够——或者不应该——被他们看成田园诗般的，因为那时太贫困，疾病太多，人的寿命太短。几乎没有哪个家庭没有遭遇过致命的疾病——结核病、梅毒、白喉——许多人承受过最惨烈的痛苦：婴儿的死亡。医生们的家人知道所有的详情。到处是不断提醒人们死亡的标志，那种公开表达的私人的悲痛：哀悼中的妇女按规定至少要穿一年黑色孝服，男人手臂上要佩戴黑臂纱。死亡被公开承认，而生命的来临——怀孕——却被隐藏起来，或仅仅用有礼貌的委婉表述提及。

当然，外部世界总是对这些私人生活产生影响——有时是急剧的，就像在 1871 年德国统一时那样；有时又是渐进的，就如德国的工业化以及日益加剧的政治纷争一样。偶尔还有炸弹投掷者，大多数是无政府主义者针对皇室成员和其他令人厌恶的阶层的代表发泄他们的愤怒。但是我怀疑许多德国人——或者实际上是欧洲人——是否充分衡量了大国之间尖锐对抗的后果。诚然，世界上突如其来的危机——1905 年的俄国革命，奥匈帝国于 1908 年兼并波斯尼亚 - 黑塞哥维那，1911 年的第二次摩洛哥危机等——威胁到了各盟国，还有越来越庞大的军事开支，但鉴于《海牙公约》和第二国际反对一切战争的承诺，可以推定总的趋势还是持续的和平，甚至可能强化国际谅解。也许和平、进步和繁荣是能够持续下去的。

在这种情况下，奥地利大公弗朗茨·费迪南——哈布斯堡王朝的继承人，1914 年在萨拉热窝被暗杀了，一开始很少有人意识到该事件会造成更加严重的威胁。据推测，这次暗杀是塞尔维亚地下组织的人员干的，是反对奥匈帝国统治的民族主义者愤怒的表现。几乎用了一个月时间，人们才意识到欧洲正处于战争的边缘。7 月 28 日，正在忙于大学学业的凯特·布瑞格在给父母的信中写道："我不想对战争发表任何意见，因为我一直在全方位地讨论这个话题，而且得不到任何乐趣。简而言之，我希望这次我们仍然能找到一条和平的出路。"但事实并非如此：在德国领导人的鼓励下，奥地利对塞尔维亚宣战，俄国也动员了起来。三天后，德国向俄国宣战，然后向法国宣战，并开始入侵中立的比利时——这反过来导致英国向德国开战。

大多数德国人听信官方的立场和谎言，相信这是一场"防御性"战争，目的是保护受到威胁的祖国。他们以高涨的爱国热情和对宗教的虔诚去迎接战争。至少德国的精英们，特别是大学教授们是这样做的，他们给予战争的是道德和宗教上的祝福，他们假定一个伟大的牺牲将净化这个国家，并结束道德败坏的和使人萎靡不振的和平。神职人员也加入了民族主义者的大合唱：上帝已经将这种道德考验施加给了一个民族，他们必须再次把握住牺牲和死亡的高尚品德，去捍卫一个正义和濒临灭亡的国家。甚至社会民主党人也加入进来，他们放弃了几十年来作为和平主义者对所有帝国主义战争的反对，并接受了祖国正处于危险之中的官方立场。来自外部的威胁最终统一了德国并超越了所有政治上的分歧。一种怯懦的单调乏味的生存方式，一种自我满足的放纵和金钱崇拜，终于被解除了。一个民族的重生将出自这个伟大的考验。许多德国人很快就对得意扬扬的"8月里的日子"大唱赞歌了——只有极少数人（包括阿尔伯特·爱因斯坦在内）意识到欧洲陷入了一场耗费巨大的灾难。没有人，哪怕是最有先见之明的怀疑论者，能够想象到随之而来的大屠杀。

德国人的反应类似于民族主义狂欢，是一种道德上令人振奋的超爱国主义和宗教激情的混合物。其他交战国家则经历了程度上轻微许多的这种疯狂，但德国人似乎特别容易受到这种神秘的狂热的影响。这种新精神最重要也是最令人吃惊的例子是1914年9月的"93人宣言"，这是一份致"文明世界"的声明，由德国大多数最知名的艺术家和科学家签署，其中有我祖父母的朋友和知识分子。"宣言"否认了德国对战争爆发所应负的责任，为比利时的中立遭到破坏而辩护，并公开宣布了德国军国主义和德国文化的同一性。"宣言"激怒了那些原本被期望留下深刻印象的人——中立国家中制造舆论的精英分子。这是因战争而加重的政治自闭症的标志吗？

十九岁的鲁道夫·斯特恩和其他许多年轻人一样，立即表示愿意服兵役。他本可以继续医学学习，或者在军队中从事医疗服务，就像他的许多朋友和同学一样。相反，他选择了军队，也许这是一种更勇敢的选择，因为他也被那种普遍的想法迷惑，即战争不过是赢得胜利的一段短途行军。他把姐姐洛特和妹妹马尔加留在了家中，对于姐姐他是非常珍惜和钦佩的，对于妹妹他则感觉怀有一种特殊的责任。

有两种制服在 20 世纪上半叶可以说具有绝境中的生命的特征：士兵的军服和集中营囚犯的囚服。前者在某种程度上是荣誉的象征，但它也揭示出一种生活的中止：穿着者现在属于另一个世界，在空间和精神上被连根拔起，生存在一种强迫性的友情状态之中，但几乎总是在某一时刻必须目睹或经历非自然的死亡。后者是完全无能为力的遭遇囚禁的受害者，面临的是酷刑和死亡。我看到了两者之间存在一种遥远的联系：士兵们在第一次世界大战中经历的野蛮兽行可能已经为一个宽恕了集中营暴行的世界做好了准备。

鲁道夫于 1915 年 3 月抵达西部前线，最初被分配到一个炮兵团。无论是在密集的炮火中，还是在相对平静的战斗间隙，炮兵的日子总是在防空洞和战壕中度过的，有时也会在某个后方阵地得到短期修整，也会有非常难得的探亲假。随着士兵情绪和营地的变化，烦恼和恐惧交替出现。一个人的行动总是在别人的指挥之下，而这些上司往往被认为是低劣的。但是，一个人的内心生活是自由的，鲁道夫在这种陌生而危险的环境中经受了强烈的、焦虑的自我审视，充满了对未来可能永远不会到来的思考。正如弗洛伊德和其他人观察到的那样，这种始终存在的死亡威胁增强了生命的意识。这一点对于许多留在家中的人来说也是如此，他们为正在前方作战的亲属担忧，越来越担心预期中的悲痛会来临。

我父亲的战时通信有好几组被保存了下来，其中包括他和他的好朋友凯特·布瑞格之间的许多书信——他们俩在信中的语气并不像两个要结婚的人，还有来自他的教父（我不知道是真实的还是他自己指定的）古斯塔夫·奈塞尔的信，以及他的姐妹和朋友的信。

第一批被相互交换的消息中有的是灾难性的：凯特的父亲奥斯卡出于纯粹的爱国主义，自愿在一家军队医院服务（他还要求他的女儿凯特和他未来的儿媳妇凯特·弗雷登塔尔——一个来自有着犹太血统且富裕的布雷斯劳家族的女孩，到他所在的科室担任护士，从东部前线下来的伤员挤满了他的科室）。1914 年 10 月 20 日，他因两次大面积中风而突然死去。他一直在照顾士兵和平民，为处于紧急状况的伤员做手术，没给自己留片刻休息时间。阿尔伯特·奈塞尔在写给奥斯卡的长子恩斯特——他早已在西部前线为军队医疗效力——的慰问信中称，尸检结果显示了严重的动脉硬化；令人欣慰的是，他从未恢复知觉，从而幸免于"临死前唯一真正可怕的时刻——告别"（这句话表明奈塞尔的担心或者他希望让这个当儿子的宽心，后者不应该因父亲去世时不在场而更加痛苦）。奈塞尔告诫年轻的布瑞格要以他的父亲为榜样，他父亲是一个"永远只为他人生活和工作的人"，他将永远珍视和他父亲的友谊。

各种各样的证据告诉我们，奥斯卡·布瑞格是一位格外亲切、慷慨的人，他具有天生的魅力，并且在作为全圣医院耳鼻喉科负责人的二十五年间，表现出了与许多人建立友谊的巨大能力。他的主要助手戈尔克博士有一次在治疗我痛苦的中耳感染时，怀着令人难忘的热爱与我谈起了我的祖父。我父亲一直对他怀有深深的感激之情。布瑞格夫妇是一对幸福的伴侣，同时布瑞格也是一位备受崇拜的父亲。他的突然死亡使家人陷入了最深切的悲痛之中。

我的祖母现在不得不照顾两个最小的男孩，他们还在上学，但已经接近被征召入伍的年龄。她在抚养孩子的同时，很快承担起了她丈夫的一些责任，以及给她在前线的最亲近的人写慰问信。一封由恩斯特在 1915 年春从法国朗斯写给他母亲的回信中写道："现在我们完全平静了下来。在如此明显的靠近最激烈的战斗的地方，怎么可能会有绝对的安静？如果你有这样的想法，这并不惊奇。对于我们来说，这种战争与和平令人难以置信的共存显得更加难以置信。"他母亲的生活因死亡和悲伤，不论是实际的还是预期的，变得混乱不堪。她面对着各种各样的实际挑战，更不用说不确定的经济收入了，还有因英国的封锁而不断恶化的食物供给。她的信件透露了有时候她会设法去抢一些奢侈品，这样她就可以把东西送到前线或者留给休假回家的男人。我们知道，像她这样相对富裕的人能得到比普通人的定量更多的东西：事实上这就是这个国家日益增长的不满和分裂的主要根源。

鲁道夫的大部分信件有一个共同之处：对凯特的沉默表示遗憾或责备。他渴望获得消息，渴望与被他留在身后的世界接触，曾经是如此接近，如今却如此遥远。他们交流了各自家庭的消息，并叙述了各自的经历——鲁道夫有时会说几句讽刺话，凯特则一直是友好的，有时也会戏弄性地责备几句。鲁道夫的姐姐洛特与理查德·科布拉克订了婚，这令她的兄弟感到几分懊恼——他曾希望有一个更有前途和更可爱的伙伴——短暂的交流似乎排除了他和凯特采取类似的步骤。

科布拉克家族是斯特恩－布瑞格朋友圈子的外围部分。理查德是一个皈依了天主教的犹太人，但并非其所有家庭成员都改变了信仰。奈塞尔在一封信中称弗里茨·科布拉克即将加入野战炮兵，"但先承诺会加入体面的国教"。这封涉及宗教主题的信因其接下来的话而变得更加奇怪："因为犹太教正如我们所知道的那样，它不是一种宗教，而是一种不幸。"洛特和理查德的一张婚礼照片显示，他们站在我祖母的花园里，身边一些参加聚会的男人穿着华丽的制服。

因此，鲁道夫和凯特之间继续以兄弟般的方式通信。除了通信这个事实本身之外，他们之间更深层次感情的唯一迹象就是不断重复的和令人遗憾的误解。他们经常讨论文学，包括古典和当代作品。鲁道夫在信中和凯特讨论书籍时，会流露一种略带嘲讽甚至居高临下的语气（虽然他在化学和物理学领域的特定问题上会向她寻求帮助）。他们的兴趣与天主教徒的一样，经常会提到康德和歌德、叔本华和尼采。1916 年，作为一支新空军部队的成员，鲁道夫要坐在气球上到空中观察战线后面的敌人活动，有时候他会随身带上叔本华和尼采写的书：这才是真正的高空阅读！

1916 年 7 月，当协约国的攻势在索姆河边展开时，他写道："我必须要说，我的阵地未必就一定能被视为人寿保险，有几次全靠我特殊的运气。同样在军事方面，我一直是一个乐观主义者，我见到过我们的步兵向前推进，同伴们都笑了，我也笑得流出了眼泪。当然还有些其他情况，但我们仍然是值得尊重的。"

1917 年的某个时候，他自愿参加了刚成立不久的空军部队，特别是作为一个观察兵从气球上观察敌人的阵地。偶尔能发现一页他的私密笔记，1917 年 11 月，在奉命转到另一支气球部队的时候，他经过布鲁塞尔并在那里购物："但那时我的理想主义被唤起，就匆忙赶去画廊，在那里……我一直待到下午 5 时……晚上，我真是个白痴，我赶到了前线。第二天中午，我极其顺从地去科卢夫特7号（气球部队的指挥部）报到，但实际上为时过早，我原本可以在布鲁塞尔逗留更长时间的。"

经过两年的战争，其他想法也悄悄地进入了他的脑海。从1916年至1918年，他一再徒劳地努力请到一个长假，以便可以参加医科考试（Physikum），这是在一个人的医学学习过程中规定必须要参加的考试。其他人已经得到了这样的假期，还有一些人根本没有中断他们的学业，而是在短时期内考完了试，之后才去军队的医疗部门服役。气球部队一再拒绝鲁道夫的请求，如果不是因为他不可或缺，他本来是可以请到假的。

随着战争的持续，凯特的职业生涯经历了各个成功的阶段。在她父亲去世后，她重新回到了物理学学习上，这是她父亲的心愿。她还短暂地给文理中学的高年级学生讲授科学这门课，她的学生只比她小几岁。1918年，她获得了物理学博士学位，她的关于晶体结构的博士学位论文是根据马克斯·冯·劳厄最新的实验撰写的。然后，她凭借所获得的博士学位，开始了一个新的职业生涯，这在当时对女性来说是非常罕见的。她给鲁道夫解释说她更喜欢和孩子们一起的工作："去寻找一份不涉及仪器而是与人打交道的工作，特别是同你能给予帮助的孩子们在一起，而且如我所希望的那样，其中不会有可能威胁到我的才能的破坏性障碍，总之，不会有身处无尽的深渊边上却还玩弄手腕的无聊之徒——对于我来说，这样的工作不是工作，而是乐趣。"1918年的春天，她在各个城市举办了一些关于女性选举权的讲座，并在上西里西亚城市卡托维兹做了同样的事。

我父亲的信中较少提到前线的情况。我认为，这不是出于对审查的担心，因为他非常自由地提到过他曾经驻扎的地方，他去过的法国和比利时的城镇与乡村，以及他骑马去拜访凯特的兄弟时到过的城镇。他还描写了一些地方的风景，以及几次月光下的骑行，这使他想起了家乡，触动了各种伤感的心思。

他在 1916 年至 1917 年短时间内写下的一本日记，透露了他最深刻的反省，正如他所写的那样，他先前的生活就像纸牌屋一样轰然坍塌了。就在战争爆发前的几年里，他一直被束缚在对他父亲的怀念中，尤其是希望实现他父亲那样的卓越成就。他回忆说，他在 1910 年经历了一场宗教危机（那是他和凯特确认关系后的一年），并最终逐渐接受了他的怀疑。他的战时通信充斥着他对前线神职人员所抱幻想破灭的议论。他认为他需要人，但人们并不需要他，因为他是一个不友好的人。像许多士兵一样，他发现战争是一种向外和向内的旅程，既是去发现一个全然不熟悉的外部世界，偶尔也会寻觅制服下面的自我。

1915 年春天，古斯塔夫·奈塞尔——我们称这位博学又慈善的朋友为古斯特尔叔叔——写信给我父亲，信中没有对父亲的礼物和关心表示感谢，只承认他平静的心灵（Seelenruhe）已经枯萎："可是甚至为你担忧也能丰富我的生活，而且我也不想不为你担心或对你的命运漠不关心。究竟身处怎样的环境中，现在你必须找到你自己!! 事实上，从自己身上去观察一个紧张和受过培养的人回归最原始的（ursprünglichsten）生活形式，一定是非常有趣的。但我非常希望这些对你来说崇高的经历不会持续太长时间。"他补充说，他认为它们不会的，因为"老哈伯（弗里茨的父亲）昨天轻声告诉我"，他儿子的秘密发现正在经受实际检验。这里提到的是弗里茨·哈伯在生产毒气武器上的狂热实验——事实上这种武器是在 1915 年 4 月被首次使用的。奈塞尔以讽刺的口吻结束了这封信："为哈伯和兴登堡欢呼!"（兴登堡是陆军最高指挥官——将他们两人这样连在一起会让哈伯感到高兴，而那位陆军元帅却未必。）

奈塞尔捕捉到了战时生存的陌生感，意识到野外生活的原始性，引发了对"正常的"文明生活的反思。他肯定一直很关心自己的儿子汉斯，他也是军队中的一员。他觉察到疲惫和劳累、危险和放松的不断循环在如何影响着士兵。他也知道战争将来自不同阶级、地区和宗教信仰的最多样化和最意想不到的背景的士兵聚集在一起。对于某些人来说，这是一次民主化的经历。我父亲有一位来自东普鲁士的上司——冯·哈滕少校，父亲与他逐渐建立了良好的关系——这种关系在和平时期是绝不可能的。

我父亲在西部前线时，就已经被提升为士官，并在1915年底荣获了一枚二等铁十字勋章；再晚些时候，他因特别勇敢而被授予一等铁十字勋章，这是一种非常珍贵的奖章。在恐怖的伊普尔和索姆河战役中幸存下来之后，他自愿去正在扩大的空军部队服役，特别是作为一名气球观察兵。作为一个孩子，我最喜欢听他坐在气球上升到空中去观察敌人活动的故事。气球通常是用绳索拴在地上的，一阵机枪火力就足以点燃气球，使其坠毁到地面上。到1918年，协约国已经拥有明显的空中优势。但在此之前，古斯塔夫·奈塞尔就已经警告过我的父亲："难道这样一个大梨子（气球的形状）不会成为英国人的绝佳目标吗？"尽管如此，这项新的任务仍值得冒险。他可以离开战壕，而且在两次飞行之间，可以远离前线，在营房里过几天更舒服的日子。到1917年5月，他已经被提升为预备队的中尉，这个职位有新的职责，如为这支刚建立的空军部队培训新兵，并得到了新的特权，其中最重要的是勤务兵的服务。

我父亲从古斯特尔叔叔那儿收到的信对当时的政治氛围做出

了令人惊讶的评论，因为奈塞尔在柏林被委以各种各样的半官方职责，并且在各地都有极好的关系。毫无疑问，他也认为战争将在短时间内获胜，因为在敌人的领土上德国军队无处不在，只是胜利在躲避他们。但逐渐地，奈塞尔的评论反映出一个压倒一切的担忧：结束恐怖。他在有关政治操纵的谣言以及军事问题上的坦率直言非常引人注目，多年来，他变得越来越"失败"，然后毫不含糊地批评德国的政策。在第二次世界大战中，任何一条奈塞尔的政治评论都足以使受到失败主义指控的人被判处死刑。

奈塞尔关于家人和朋友的叙述经常插入一些政治性的内容。他属于能够进入统治阶级的有产阶级精英，但他也抓住了他们的罪责。他写道，作为德国爱国者，他觉得自己是——而且仅仅是逐渐地意识到，那些嘈杂、自封的超级爱国者代表着对德国最严重的威胁。在 1915 年初，他对德国的胜利感到高兴，想当然地认为他们将加速战争的结束。他指出，哈伯的毒气武器为伊普尔的胜利做出了贡献——然而只字不提这种新武器的恐怖性，或者该武器的使用违反了国际条约这个事实。4 月，就在伊普尔战役之后，他报道了有关与英国的谈判正在进行的传闻，以及高层人士想知道英国是否需要支付 150 亿马克或 200 亿马克的赔偿金。（他在一个方面是正确的：德国领导人认为被击败的协约国将支付给德国战争期间产生的债务。协约国赔偿的先例是俾斯麦在 1871 年强加给法国人的 50 亿法郎的赔偿。）

信中还有奇怪的轻松言论，我父亲找不到奈塞尔想要的书，但是"一旦你进入巴黎并开始抢劫卢浮宫，就继续想想我"。但在同一封信中他又变得很严肃，并且想知道二十年来人们对这样的事实会说些什么：六个月来，欧洲人一直在争夺当地某个战略要点，而日本人却"一言不发地吞噬了亚洲最大的一片地区"。

他还提到了我们现在所知但事实上毫无根据的消息——与法国的和平即将来临，德国准备放弃阿尔萨斯 – 洛林的部分地区，让英国和俄国为战争付出代价。

1915 年 6 月，奈塞尔再次报道了和平的传言——他本人并不相信——但指出官方媒体已经降低了其仇恨论调，而"享有特权的战争爱好者则逐步升级了他们的愤怒"。至此，他开始相信，对于这场战争德国是负有大部分责任的。海军上将提尔皮茨提出建立一支深海舰队，这一宏伟计划对英国造成了致命的威胁。在奈塞尔以及其他许多人的头脑中，提尔皮茨是一种"不幸"，是一种毫无理性的强大力量。奈塞尔报道了德国领导层内部的许多分歧：他蔑视将提尔皮茨视为英雄的极端主义者，支持平民出身的首相特奥多尔·冯·贝特曼·霍尔维格，这位首相顽强地试图保持温和的路线，据理反对宣布无限制的潜艇战。当他在 1917 年 2 月惨遭失败时，可预见的结果便是美国的参战。奈塞尔沮丧地回忆起早期德国人企图"掌控全世界的疯狂"，他们未能理解英国是不可战胜的。在残酷的索姆河战斗的高潮期间——我父亲近距离经历过——奈塞尔写道，他希望德国人吃些败仗，因为只有"痛苦的教训"才能够使兼并主义者知难而退。随着战争持续，奈塞尔的语气变得更加苦涩。德国人为何而战？国家的战争目标是什么？战时的保密制隐瞒了细节，但人们逐渐了解到，军事领导权越来越多地掌握在兴登堡及其名义上的下属但实际上的上司——军需总监埃里希·鲁登道夫将军手中，其支持者有工业巨头和职业性的右翼沙文主义者，他们制定了最极端的战争目标，旨在确保德国在欧洲的永久霸权地位。首相贝特曼·霍尔维格是一位小心谨慎的现实主义者，他在其他人面前表现得越来越无能为力；事实上，他在这个职位上所起到的作用，只不过是给那些极端分子打掩护而已。

尽管如此，奈塞尔的信依然保持着旺盛的精力、亲密的口吻以及不那么恭敬的语气。他曾经提出他可以更频繁地写信，如果鲁道夫承诺这些信件永远不会被公开，即使他晋升到更高的职位上——实际上晋升是不太可能的，他补充道，因为他不会放弃他的"无政府主义者"的观点，之所以有此观点，是因为即便是社会民主党，也成了妥协主义者。至于用笔写在纸上留下的风险，他重复了德意志帝国议会副议长海因里希·德夫告诉他的一则逸事，说的是在他家乡罗加森认识的一位拉比曾经对他说："我无钱无物，不能给我的孩子们留下什么，但是他们每个人都能得到一些终身受益的教训。"德夫要求得到类似的礼物，拉比告诉他，"千万不要在纸上写下任何文字"。在自相矛盾的犹太人的智慧中寻找乐趣是很常见的，这个特殊的例子在随后的信件和战后的谈话中成了大家的谈资。

我父亲对来自奈塞尔的消息有一种不能满足的渴望，他曾经写道，这些信件是他唯一的精神食粮。1915 年 9 月，奈塞尔解释了他偶尔的沉默："只有急性战争精神病才会瘫痪我的思维表达。对于我们注定要经历的巨大的疯狂，我是完全绝望了，以至于不知道该给你或其他人写些什么。"这确实成了他最深刻的信念，与当时传统意义上的说教截然不同，甚至可能与收信人的观点也有所不同，收信人在很长的时间里都相信战争的必要性。

到 1916 年底，形势变得很明朗了，帝国议会中最大的社会民主党分裂在即，来自左右两翼的杰出领导人，因他们顺从的同事支持帝国主义战争而义愤填膺，由此脱离了社会民主党并成立了一个激进的反对派团体，名叫独立社会党。即使是温和派人士也认识到，如果战争要顺利地打下去的话，就必须进行内部改革。普鲁士保守派变得非常激进，他们动员了他们的所有力量来反对这些改革以及争取理性和平的任何努力。1916 年，奈塞尔受邀成为"德意志协会 1914"（Deutsche Gesellschaft 1914）的成员，这是一个由德国精英组成的自成一体的俱乐部，参与者有保守派人士，也有右翼社会民主党人士，且包括一些著名的犹太人——实业家瓦尔特·拉特瑙、银行家马克斯·沃伯格，伟大的戏剧导演马克斯·莱因哈特也在其中。成员们互相讨论政治问题，有些成员利用俱乐部来提出合理的政策。奈塞尔显然支持政治上的温和派，如哲学家和神学家恩斯特·特罗尔奇，他要求走改革主义的道路。至此，奈塞尔认识到德国的超级爱国者是最大的内部危险分子。我相信，他在西部前线的儿子汉斯分享了他父亲的幻想的破灭，但是我父亲则用了更长时间才丧失该信念。

1918 年 3 月，在鲁道夫二十四岁生日那天，他陷入了深深的沉思之中，对自己延迟了的职业生涯和不确定的生活充满了疑虑。他一直对战争感到厌倦，并写信给凯特，"我为牺牲所做的准备也是有时限的，随着时间的推移，个人的欲望也浮出水面了"。他对他的上司非常恼火，他觉得他的上司"残忍、虚伪、愚不可及"，令人恶心。凯特可能因这些言论而责备过他，因为在随后的一封信中，他做出了这样的答辩："你们这些人对战争的真实情况一无所知……某些类型的卑鄙有时真的会使人失去平衡。"

在这一点上，鲁道夫很明显同每个人一样有很高的期望，即鲁登道夫对西部战线上协约国阵地的大规模进攻将获得成功，因为列宁在布列斯特－立陶夫斯克接受了德国的和平条约，由此获得了从东部前线解脱出来的另外 100 万人的支援，他们都是迦太基人。德国军队确实突破了协约国军队的战线，但是攻占巴黎这一巨大的战绩，却与他们失之交臂，部分原因是普遍的疲惫。这种疲劳令鲁道夫难以摆脱。他很轻易地就陷入了忧郁的沉思——或正如他所说的那样——情感上的软弱之中。3月下旬，他不得不下令拔掉八棵果树，为气球升降整理出一块平台。"所有良好的精神状态消失殆尽，我感到对我的童年有一种不可思议的渴望，想要一个不错的显微镜……"然后他对和平的希望也变得渺茫了。他在4月底提到，他打算读一些书，"我的伙伴们在第一个三十年战争中有过非常不错的生活"，虽然"所谓的家属发现，即使与我们的面包和肉类配给相比，这种生活也是相当令人不愉快的，尤其是如果他们属于第三种宗教（忏悔）"。（当我第一次看到这条含蓄的评论，说1914—1918年是第二个三十年战争的开始时，我吃了一惊；在看到这封信之前的几十年里，我自己就用过"第二个三十年战争"这种说法来指代1914—1945年那个时期。第一个三十年战争，1618—1648，曾经蹂躏了德国的国土，人民遭受了可怕的暴力、饥饿和掠夺，三分之一的德国人口在战争中死亡，由此，战争的记忆困扰了德国人好几个世纪，这是可以理解的。）

在我父亲的信件中，"第三种宗教"是一种典型的隐晦且非常罕见的对犹太教的表述。然而我们知道，在国内后方，反犹太主义在战争中变得愈来愈恶毒。1916年，战争部下令对德国武装部队中犹太人的数量进行秘密调查，这是对广泛流传的犹太人是逃避责任者这一谣言的回应。直到战后才公开的结果反驳了这种恶意指控，但是这样一种调查的成立表明了认为犹太人是可疑的异类的程度。1917年，祖国党以其疯狂的泛日耳曼主义和反犹太主义计划大获全胜。1918年3月，鲁道夫向他妹妹询问了打击反犹太主义联盟的地址。

1918 年 7 月中旬，德国军队接近巴黎，但随后协约国在美军的增援下开始成功反攻，迫使德国人不断撤退。9 月底，事实上的独裁者鲁登道夫将军突然失去了勇气，担心德军可能随时崩溃。因此，他要求德国皇帝立即任命一个议会制政府，包括民主党派的代表在内，这样做可能会让德国立即吁请美国总统伍德罗·威尔逊停止战争。这是一个聪明的、讽刺性的策略，可以将德国的失败归咎于政治上的责任：军队是胜利之父，而平民以及民主人士应该承担失败的责任以及对战败的清算。威尔逊和德国政府之间的谈判进行了好几周；与此同时，罢工和持续的战斗与死亡所引发的巨大愤怒困扰着整个德国。然而，到 10 月下旬，形势变得很明朗了，只有停战——尽管条件极其苛刻——才能最终结束战争带来的杀戮。

奈塞尔意识到等待德国的是巨大的困难，他坚决否认因预见到灾难而幸灾乐祸。然而，他写道，年轻人应该振作精神，因为一个新的世界将要诞生："世界各地的人们都想要和平。现在，很多人睁开了双眼，因此，在黑暗中操纵的权力将不能够很快再次为非作歹，置人于死地。"他反思了他的政治经历；对于他这一代人来说，生活已经变了样子：

> 生活随着德意志帝国的新的辉煌而重新开始了，此后我们所经历的，就只有衰落。最广泛的中产阶级（Bürgertum）与旧势力相结合，参与进对物质利益的最残酷的追求，从而破坏了真正的自由主义的每一项努力。虚伪和缺乏内在自由在各地取得了胜利，年复一年，有产阶级和崛起中的第四阶层（即新闻界）之间的裂缝在扩大。所有这些因素是如何影响我们的外交政策的呢？这个问题必将成为未来的一项研究

课题。我们正处于最低点，内在的更新即将开始，这不仅会
发生在我们身上，而且会发生在世界上其他文明国家里。

他可能不会活着看到这个新世界，他写道，但也许会像摩西
一样，至少可以获准看一眼这片应许之地。但即便这个要求也没
有实现：1918 年 12 月中旬他突然死去，成了流感疫情的一个受
害者。他没能活着去见证过去的邪恶势力如何以更加强烈的报复
性仇恨和虚伪来毒害这片"应许之地"。

奈塞尔政治观的演变——这里不过是简要地总结了一番——
表明，随着时间的推移，德国人是怎样揭开谎言的面纱，发现事
情真相的。到 1918 年，他们大声疾呼，要求和平，有些人甚至
要求和平与社会正义。但是，奈塞尔没有提及的主题也同样值得
注意：他的笔下很少触及针对民主改革的激烈的政治斗争，尽管
他对这些斗争的看法绝对是很明确的，至于始于 1917 年，之后
急速加剧的狂热的政治反犹主义，他也只字未提。

奈塞尔的判断与令人钦佩的温和派有共同之处。在 1918 年
至 1919 年，恩斯特·特罗尔奇写了几篇匿名文章，阐述了对帝
国政权的类似判断。1918 年，拉特瑙发表了一篇对德国青年的
呼吁书，谴责了"发生在这场战争中的最可耻和最非日耳曼的事
情……大量毫不顾忌、厚颜无耻的自我吹嘘。没有什么会像这种
长期的自吹自擂一样，能促使这个国家的道德衰落和对法律的蔑
视……"（一年前，他曾警告鲁登道夫不要继续欺骗德国人民。）
许多德国人在私底下和他们的信中表达了这些观点，但在公开场
合则保持沉默，因为他们担心德国人公开认罪会助长协约国的
报复心理；他们可能无法想象，沉默会助长国内民族主义者的虚
伪，而且所谓的战无不胜的德国军队被人在背后捅刀子的错误神

话会得到鼓励。

到了 1918 年 8 月，战争的局势发生了决定性的变化，协约国军队突破了德国的战线，这加剧了鲁登道夫对可能的崩溃的担忧。鲁道夫经历了那些可怕的秋日的痛苦和士气的急剧下降。9月 28 日，也就是鲁登道夫要求德国皇帝任命一个民主政府的那一天，鲁道夫写信给凯特，"在过去的三天里，我又一次看到了如此大量的苦难和悲惨景象，甚至连我这个已经铁血心肠的人都无法正视"。他希望凯特在冬天能做一些舒适的工作，尤其是在他将不得不去承担一项永无休止的苦活之时。他被要求去打击"军队中的颠覆性和破坏性的宣传。是的，如果你可以在这方面帮助我，或者说如果我有你的十分之一的勇气、年轻的精力和乐观主义，但是适合我的是掘墓人那样的角色，去充当一个人寿保险代理人"。

直到 10 月中旬，他仍然坚持着自己对这个事业的信心，对那些支持"失败主义"的人非常生气。他看到了"在德国的广泛领域里，凝聚力正在"丧失，取而代之的是大规模的自私自利，对此他感到十分痛苦。他讽刺了这样一种看法："如果阿尔萨斯完蛋了，这有啥关系呢，甚至整个德意志帝国都垮掉了，也与我无关，在我眼里最主要的是要让我吃饱肚子。"他认为，德国青年是在"愚蠢的爱国主义的欢呼声"中接受教育，但丝毫不知"一个国家的真实本质及其公民的地位"。他严厉地指责了一些朋友和亲戚，他们站在左派以及可能是社会主义者的立场上，开始对德国事业持批评态度，虽然他也承认，不言而喻，德国人"因为愚蠢、恶意和妄想而犯下了许多罪恶"。"在这个流氓无赖的时代，真的很难知道一个人究竟应该做什么"，他补充说，当然，他也会满意的，"只要我活跃的战友们（Kameraden）和那些希望以此形象出现的人认为我是一个不可靠的战士（Kantonist）和红色的失败主义者，而我的朋友们……古斯特尔叔叔等，把我看作一个好人，还是一个受到泛德主义污染的勉强的军事家就行"。几天后，凯特写道，她和其他许多人认为德国本可以在1916 年取得更好的和平，"许多生命被白白地牺牲了"。

直到 1918 年秋末，鲁道夫试图在忠诚和责任这种主导意识和"情感软弱"的间歇性高潮之间寻求保持一种内在的平衡。"我父亲在十二年前曾告诉我，"他写道，"针对悲观厌世（Weltschmerz）的最佳武器就是工作。他说，即使在他去世之后，我也应该记住这一点。正是父亲的这一遗训，让我对那次谈话记忆犹新，并且父亲的遗训也已经被反复证明是具有恢复性疗效的。"工作所具有的愈合或净化能力（Arbeitskur）的信念，可能对德国犹太人有特殊的吸引力。

但是，随着我父亲逐渐意识到德国战时领导人的虚伪和阶级利己主义毫无意义地延长了人民的苦难，他对他们的背信弃义感到愤怒。当他从战争中走出来时，当然清除了身上所有民族主义的观点，代之以对德国政治的幻灭和愤世嫉俗的态度。他后来很少谈及战时在战壕中的经历，尽管他还比较愿意讲述他在气球部队时的故事，而作为一个德国小孩子，我默默地为他的服役、军衔和奖章感到骄傲。但是，一旦德国不再是一个家园——就是说，当希特勒上台后——我认为他过去是在为错误的一方而战斗，后来当我成为一个美国少年时，我甚至对他的参战经历感到尴尬。

到 10 月底，鲁道夫不仅饱尝了因国家失败而带来的创伤，对毫无意义的四年战争感到愤怒，而且忍受着一种非常危险的疾病的折磨。7 月中旬，他患上了黄疸病，直到 8 月初才康复；到了 9 月，他回到了气球部队；但在 10 月下旬，他又感染上了流感而被匆匆送往一家军队医院——这场流感引发了全球性的瘟疫，造成了 1000 多万人死亡。主治医生注意到他高烧不退，宣布他已病危，并嘱咐立即通知他的家人，也许还可以见上最后一面。

我父亲在病床上听到了这个诊断，他坚决反对这样的宣判。他知道高烧会给心脏造成最大危险，需要给心脏增加刺激来对抗，他派他的勤务兵找了两瓶香槟酒和一些浓咖啡。他喝下了这种"药"，并度过了这场危机。这个故事现在当然成了家中的一个传奇，尽管它可能缺乏医学上的合理性，但足以证明用香槟来庆祝美好时刻的确是一个家庭乐趣。在战时最后的那几个星期里，最令人啼笑皆非的乱况是，他的亲戚和布瑞格一家先是收到电报表明他已经脱离危险，然后才接到去看临终前最后一眼的通知。

我手头还有一些其他信件。在听到病危诊断后，我父亲当时并不完全相信自己会康复，于是在 10 月 25 日给凯特写了一封告别信。面对死神，他承认了在过去四年里他从未提到过的感受和期望："我必须感谢你，因为自从我成年以来我所拥有的每一次真正的幸福经历都归功于你……今天你要相信我，如果能以最神圣的严肃态度的话，我向你保证，同我在一起你不会很幸福，比起你已经给我的幸福，你也不会给我更多。因此，振作起来，要实现我最大的愿望：去争取你的幸福，因为你拥有获得幸福所必需的东西，这是极少数人才有的……晚安，一如既往爱你的，鲁迪。"

1918 年 11 月 9 日，这一天是德国皇帝耻辱退位的日子，也是德意志共和国临时宣布成立的日子。我父亲在这一天离开一家野战医院后，差点落入协约国军队之手，他不得不自行组织撤离。前一天，主治医生拒绝让他出院，因为他的身体仍然太虚弱。他加入军队以及离开军队生活的过程颇有几分象征意义：他是在 1914 年健康又满怀自信地自愿参军的；然而现在的他却是身心疲惫，未老先衰，所有幻想也几乎破灭。他的这种经历正是当时成千上万人的写照。

在我父亲艰苦跋涉返回家乡的途中，他亲眼看到了自己的国家在被打败之后处于革命的混乱状态之中。弗莱堡是他返回德国途中的第一站，在那里他佩戴的军官肩章被人从肩膀上撕掉了，因为愤怒的群体（整个德国有许多此类群体）力图消除所有代表旧秩序的象征，该有人对这四年毫无意义的战争负责。火车拥挤不堪，上车毫无指望。他掏出了身上最后一块金币买通了一名车长，将他抬起来从火车窗口塞进了车厢。

战前能得到国家保护的生活已经一去不复返；公共事件曾经被视为遥不可及，现在这样的感觉也已荡然无存。像大多数德国人那样，我父亲也发现，政治或戏剧般的公共事务对私人生活有不可避免的掌控力。以往确定无疑的感觉消失殆尽，取而代之的是对国家和自我的忧虑和不安。

鲁道夫回到了布雷斯劳，虽然因战争而疲惫不堪，因流感而耗尽体力，然而经过几周的恢复之后，他准备开始新的生活。在最初的那几个星期里，凯特每天都去看望他，坐在他的床边，在他清醒时念书报给他听。他终于恢复了，但是死里逃生的经历以及对眼前一切事物的不知所措使他的情绪难以平复；在不那么严重的情况下，他的这种情绪在怀疑或犹豫不决中可能已经得到了平复。

圣诞节到了，他和凯特订了婚，并在大学里恢复了他的医学研究。他们于1919年4月结了婚，先在布雷斯劳举行了一次世俗婚礼，然后在卡尔帕奇附近的一个小教堂里又举行了一次宗教婚礼仪式，战前他们在那里的一个小山村度过了许多无忧无虑的夏季。我怀疑，如果没有他们的战时分离，没有他们的独立成长和共同经历的危险，我的父母可能无法克服他们巨大的气质差异引起的犹豫和感情阻力。我觉得，我的存在应归功于我父亲在一个濒临毁灭的世界中幸存了下来，在某种程度上我是一个世界大战的孩子。

虚弱的鲁道夫·斯特恩在布雷斯劳这座变化极大的城市中休养着，也许此时他没有那份内心的平静来清理自己对德国命运的感受。10月，他仍然坚持对旧秩序持怀疑态度的信念，而对那些遵循社会主义与和平主义、要求立即无条件结束战争的士兵和平民则毫无同情之心。因为那些撕掉他的肩章的人侮辱过他，我认为，说他在11月就接受了他后来的激进观点，去反对阶级驱动的盲目性或更糟的德国统治者，这是绝无可能的。（比我父亲年长的那些温和派并非没有立即意识到所发生的事情。卓越的历史学家弗里德里希·梅尼克10月下旬在一封信中表达了他对"敌人的粗野和贪婪"的仇恨，但是"对于德国玩弄权术的政客，他们傲慢且愚蠢地把我们推进了战争深渊，我的怒火和愤慨是同等激烈的"，绝大多数"值得尊敬的"德国人是不会同意的——尤其是历史学家！）但是我的父亲同大多数德国人一样，未能把握住所发生的情况，因为四年来往他们耳中灌输的，就只有大肆吹嘘的德国人的优势和必然的胜利。就在几个月前，苏维埃俄国已接受了迦太基式的和平*，德国人也几乎成功攻打了巴黎，这些似乎为新的乐观提供了保证。

多年的战争狂热和数十年来对国家权威的信任使德国人民对这一突如其来的命运逆转毫无准备。德国的崩溃发生得如此迅速，这使他们惊慌失措——在这种情况下，就有可能对所发生的事情做出虚假的解释。与此同时，整个国家陷入了一场双重革命——既来自上面，又来自下面：旧的统治者将政治权力强加到平民头上，其中有以前对帝国政权的批评者，此时数百万厌倦了战争且饥肠辘辘的民众走上街头，激化他们的是对战争目的的怀疑。他们捍卫的不是属于他们的利益，而是其他阶级的利益；他们大声疾呼，要求和平，要求结束公然的不平等和政治上的奴役。当基尔港的水手发动兵变拒绝服从命令在紧急关头同英国海军打一场很可能是自杀式的战斗时，当巴伐利亚和其他地方的革命者推翻了王位时，一个曾经似乎是不可动摇的社会和政治秩序突然分崩离析了。

左右两翼的极端主义者拥有一个共同的令人吃惊的想法：最真实、最直接的敌人现在就在国内。士兵委员会和工人委员会——这样的名字让人联想起俄国的布尔什维主义——大量涌现，当他们提出的让倒霉的皇帝退位这个最直接的要求被忽视之后，大街上的人越来越多，而且变得更具挑衅性，最终迫使极不情愿的社会民主党于11月9日宣布德意志共和国成立——那一天正是我父亲回家的日子。皇帝逃往荷兰，德国的文官政府将权力移交给了迟疑不决的社会民主党人及其更加激进、更强烈反对帝国

---

* 对败者苛刻的和平协定。——译者注

主义的兄弟党——独立社会民主党；新政府称自己为人民代表议会——这个名称再次引起了有产阶级和特权阶层心中的恐惧。

　　到此时，绝大多数德国人渴望和平——他们推测威尔逊总统的理性将胜过英法两国的复仇。但他们很快就醒悟了：德国的文职领导人不得不签署一份停战协议，而这份停战协议实际上使德国毫无防御之能力，寄托在威尔逊身上的希望破灭了。尽管如此，11月11日上午11点，枪声沉寂了，屠杀结束了，世界上绝大多数人为此欢欣鼓舞。饥肠辘辘的德国人——英国的封锁仍然有效——至少感到有些宽慰。但他们没有经验的新统治者面临艰巨的任务：维护秩序、组织德国军队撤离敌方领土、遣散军队、养活人民、维持自己的权力以及准备建立新的政治秩序。

　　也许11月出现的这种革命形势部分阻碍了走向全面革命的动力。那些新的"议会代表"实际上都是旧的社会民主党人，他们害怕激进分子会像布尔什维克在俄国那样试图夺取权力，他们担心布尔什维克革命后俄国的军事失败模式可能会重演。的确，苏俄特工正在暗中鼓励他们的德国同志，但是这种危险被夸大了。（我们今天对所谓的"红色危险"以及共产主义道路上的同伴有了足够的了解，但我们对精心操纵的反布尔什维主义以及得到充分资助的右翼利用民众忧虑的历史却知之甚少。）当年可能有数百万德国人渴望消除阶级障碍，而想要布尔什维克体制的人也许只有几千人而已。

　　当时德国人一直不知道也无法知道的是，新的人民代表议会的主席，厌恶"社会革命就像厌恶罪行一样"的弗里德里希·艾伯特，在11月9日那天晚上，与留在德国的唯一有组织的武装力量——陆军，达成了一项协议。协议规定，只要新政权把国家引向一个非革命的民主制度，那么后者就承诺忠于这个政权。社会党多数派的"议会代表"是破产政权的改革派受益者，拥有日耳曼气质的他们想要的是秩序和变革——在此秩序中的变革。他们希望通过早期的民众投票确立自己的合法性，并拒绝了一种可能的替代方案，即利用士兵和工人委员会去实施激进的社会变革，削弱他们的死敌，其中包括容克和其他商业巨头。因此事实证明，"革命"使那些老资格精英受到了惊吓，但并没有剥夺他们的继承权。社会民主党人对后者的担心要比对他们的激进的左翼敌人更少，因为他们面对的是激进派控制街道的直接危险，而他们的长期敌人——旧资本主义－军事秩序的守护者，却暂时是安静的。但值得注意的是，社会党多数派选择了民主道路，并且对人民的信任要远远超过他们的右翼敌人，因为前者决心建立一个民主政权，以便合法地建立一个更平等的社会。为此，历史学家给予他们的评价是严厉的。

但是，由于社会党多数派与独立派之间的分歧日益扩大，这一新政权未能建立自己的武装力量——一支在思想和组织方面都支持共和的军队。因此，艾伯特的人依靠旧军队来维持新秩序。匆忙成立的由右翼退伍军人组成的自由兵团被派去镇压许多地方发生的叛乱，并于 1919 年 1 月中旬杀害了国际共产主义运动的领袖——卡尔·李卜克内西和罗莎·卢森堡。卢森堡是阶级斗争的激进支持者，至今仍然是一个备受争议的人物，对于左派来说，她是一个烈士，对于多数人来说，她是无产阶级专政的支持者。我认为，有一点是不容置疑的：假如她还活着，她将成为对列宁统治的最有力批评者，或许还是对手。

这四年战争所造成的差异是多么巨大呀！1914 年 8 月的精神，加上对民族团结的颂扬，其本身已经升华为一个强大的神话，被最深刻的争执和猜疑取代。战争期间已经成熟的敌意现在爆发出全面的意识，因为新的分裂成了这个被击败的国家的标志。更令人无比惊讶的是，在 1919 年 1 月中旬的全国大选中，四分之三的选民（妇女也首次包括在内）投票赞成支持民主议会制度的三方（社会民主党、民主党和天主教中央党），即使他们在重大问题上各持已见。剩下的四分之一选民是支持保守的民族主义政党的，他们带有激烈或愠怒的心情，在数量上处于劣势。新成立的国民议会从动荡的激进的柏林迁至魏玛，其任务是起草新宪法。国民议会的第一个行动就是选举艾伯特为新的共和国的第一任总统。这个出身低下的男人——工人阶级出身，成长为一个改革派的社会民主党官员，谦虚、谨慎、真正的爱国（在战争中他失去了一个儿子）——在许多方面与德国皇帝完全相反。

布雷斯劳也发生了动乱。当激进团体走上街头示威时，有产阶级受到了惊吓，因而组织了自卫队（Bürgerwehr），由武装起来的志愿者保护财产和维持公共秩序。我相信布瑞格家族和科布拉克家族的一些人也参与了进去，而其他家庭成员和朋友则属于士兵和工人委员会。1918 年 11 月底，当时处于革命骚乱的高峰期，我母亲受妇女福祉俱乐部（Frauenwohl）邀请就妇女的选举权和妇女的政治责任做演讲，这肯定是因为她作为进步人士的声誉。我怀疑她是否真的去做了演讲，因为她正在全身心地照顾刚返回家乡的鲁道夫。

布雷斯劳因其地理位置，特别强烈地感受到了一些民族的不满。1918 年 10 月波兰国家恢复后，其西部边界尚未确定，这使人们感到不安；同样还有南部捷克斯洛伐克共和国的成立，其境内尚有约 300 万德国人。布雷斯劳的人们开始意识到，他们生活在一个暴露于危险之中的边境小镇。一些自由兵团的队伍试图来保护东部地区，布雷斯劳也拥有了这种有武装的临时住客。同样，1月举行的选举产生了极其出人意料的结果，布雷斯劳被置于主流的左翼：几乎一半的选民投票支持社会民主党，另外有15%投票给了民主党，投票给天主教中央党的占21%。魏玛联盟看来似乎非常强大。虽然我的父母可能投票给了民主党，但我的祖母布瑞格非常有可能把票投给了魏玛联盟中的右翼政党。

我记得祖母海德薇格，人们都叫她老奶奶，她性格保守，遇事果断，讲究实际，为人慷慨。1915年，她买下了一栋漂亮的大别墅，毗邻布雷斯劳一个著名的公园和一些纪念性建筑物。坐落在瓦尔丹大街的这栋房子有两层楼高，对于她、她的母亲和她的四个孩子来说非常舒适，还有一个地下室可供园丁和勤杂工居住。房后有一个大花园，花园里有果树和无与伦比的醋栗；屋里的珀尔齐希款家具是她从国王广场的旧房子带来的。她是一位女家长：家人和家族朋友是第一位的，就像她特别亲近她的母亲一样，我的母亲也特别亲近她。这栋别墅几十年来一直是全家人的住宅（即使在后来的几年里，她把一楼租了出去）。房子位于小巷的尽头，路在那里终结——在某种程度上，确实如此。

当我的父母在1919年春天结婚时，他们的感受和期望会是什么呢？我只能猜测。鲁道夫和凯特结合，是因为他们有共同的过去、共同的朋友，以及面对巨大的破坏建立新的生活这一共同的愿望。鲁道夫赢得了一位身体强壮、有女人味、第六感很强的妻子，她和她母亲之间的联系非常紧密。而那位母亲长期以来就是成了孤儿的鲁道夫的朋友和代理母亲。所以鲁道夫在一个熟悉的、充满感情的家中获得了新生。他同凯特的哥哥恩斯特尤其亲近，恩斯特是一位医生，是一个强壮、安静、能自力更生的人。（布瑞格和斯特恩这两家人很明显各有所长——前者更温和、更随和、更保守；后者更热情、更有雄心、更脆弱。偶尔的家庭摩擦是不能够动摇他们深厚的信任与和谐的。）双方都想要一个精神上的，也就是说一个宗教仪式来纪念他们开始在一起生活，这并不让我感到惊讶——而卡尔帕奇的小教堂在战争间断期给他们提供了一种内心的连续。他们选择了《约翰福音》中的一段文字作为结婚誓言，他们在十六岁的坚信礼上也用了相同的文字。婚礼结束后是欢乐的晚宴，晚宴上必不可少的诗歌和短剧大部分是由恩斯特写的。（恩斯特在战争期间娶了一位来自布雷斯劳著名家族的女儿，这个家族也是由犹太教皈依天主教的。）

起初，我的父母住在瓦尔丹大街最近去世的凯特祖母的房间里。这不是最吉利的婚姻开端，但鉴于普遍的住宅短缺，这应该是非常实际的了。（我最近发现了一份殷实的嫁妆参考说明——这在谈话中是从未暗示过的。无论如何，大通胀即将彻底毁掉我父母的所有资产。）在布雷斯劳大学，鲁道夫很快就通过了他在战争期间无法参加的医学考试，然后于 1920 年 7 月完成了学业，成绩属于"非常好"一档，有资格去申请一个大致相当于第一年住院医生的职位。他造访了柏林，去求教当年的诺贝尔奖获得者弗里茨·哈伯，哈伯也是他和凯特两人父亲的密友。他还向伟大的精神病学家 – 神经专家卡尔·朋霍费尔当面求教，朋霍费尔已经从布雷斯劳迁居到了首都。鲁道夫正在寻找一个其他城市里有前景的正式助理职位。我猜想他是怀着急切的抱负，渴望弥补失去的时间。最终，他被聘任为布雷斯劳的奥斯卡·闵可夫斯基诊所的助理。1920 年 2 月，他们的第一个孩子——我的姐姐出生了。为了纪念鲁道夫的母亲，她受了洗，并取名为托妮。托妮是一个聪明且早熟的孩子，在宠爱她的父母（和一名保姆）的照看下健康成长；在这个世界里，她是快乐的源泉，尽管这个世界本身不提供这二者，反而充满了暴力和怨恨。

到 1919 年 6 月，协约国之间就将与战败国德国签订的和平条款达成一致意见之后（并且将德国人排除在它们的商议之外），向德国政府提交了该条约。条约中规定了最后期限——6 月 28 日，在此日期之前，相关各国将在凡尔赛宫中的镜厅签署该条约。1871 年，胜利的普鲁士人就是在那个大厅里宣布德意志帝国成立的。（非常清楚这段历史的协约国是存心这样规定的。它们排除了德国人，因为 1814—1815 年于维也纳召开的最后一次伟大的和平会议上，被打败的法国的代表塔列朗曾经在那里成功地分裂了协约国；它们之所以定下 6 月 28 日这个日期，是因为那天是萨拉热窝事件发生五周年；现在德国将接受早先普鲁士人在镜厅的傲慢所带来的报应。）德国政府别无选择，只能接受这些条款；条款引起了几乎所有德国人的愤怒和最深切的怨恨。

《凡尔赛条约》的本意就是要苛刻地对待德国，但更糟的是，在风格上和实质上，该条约都是羞辱性的。德国在东部的领土损失——包括为新波兰提供一条出海口的"波兰走廊"，并在帝国和东普鲁士之间插入一片波兰土地——是最令人愤恨的，尽管失去阿尔萨斯－洛林地区以及所有海外殖民地同样令人愤怒。德国的军事力量已降至可笑的最低水平（尽管其他国家承诺这是为全面裁军做准备——然而这种情况从未发生过）。条约中有关条款规定德国要为德国侵略对协约国造成的所有损害承担无限赔偿的责任，对此，德国人在道义上感到愤怒。有些德国人敦促拒绝签署该条约并采取最后的英雄般的立场，但军方否定了这种徒劳的英雄主义，谨慎占了上风。魏玛的政治家们被迫签署了条约，而对德国的失败负有主要责任的德国民族主义者却因此诋毁他们。该条约被视为歪曲了威尔逊要"让世界为民主而变得更安全"的愿望，抑或证明了这样一个事实：在 1919 年，人们对于建立民主所需的心理和经济上的先决条件的了解程度远远不如三十年或七十年之后的人们。

德国人在表达他们的愤怒上几乎是一致的。在 11 月到次年 6 月，他们中的大多数人躲进了"停战的梦境"之中，就像恩斯特·特罗尔奇所说的那样，那段时间是在 1918 年 11 月之后，当时他们都相信威尔逊总统会给予他们民族自决，这是他慷慨地承诺的。然而现实带来的震惊是毁灭性的。甚至在协约国成员中，也有些人对条约表示怀疑，但没有人能比凯恩斯勋爵在《和平的经济后果》一书中所表述的更雄辩或更有力。从骄傲到卑贱，从感觉强大到无能为力，这样的沦落对任何人来说都是艰难的，但德国人可能会因为他们间歇性自我怀疑的长期发作而遭受特别严重的痛苦。

魏玛的民主人士不得不通过签署条约为他们的帝国前辈的鲁莽行为付出代价，而反对他们的顽固的保守派和民族主义者则因不用承担责任而扬扬得意，转而给旧政权倒霉的继承者打上卖国贼的标记。与此同时，国民议会不得不为这一脆弱的新奇事物制定一部宪法。魏玛宪法体现了妥协：德国的联邦和经济结构保留了下来，私有财产仍然不受侵犯，国家也仍然保持资本主义制度；但是在集体所有权、国有化和工人权利等问题上也摆出了一定姿态。无产阶级对社会共和国的希望仍未实现，但至少所有公民都得到了最充分的公民权利和自由。而议会制度则由一位民选的总统来平衡，该总统被赋予巨大的紧急权力，因为人们认为，即使在 1914 年以前德国人渴望有一位强有力的领导人，现在也需要这样一个人物。旧政权的公务员，更糟糕的还有法官，都可以留在他们的岗位上，只要他们表示接受这个新政权就行。这对于保留权力来说是一个毫无意义的代价——事实上，大多数法官蔑视共和党的命令，并且以表示蔑视的不忠行为来回报其懦弱。魏玛时期最杰出的民主法学家古斯塔夫·拉德布鲁赫理解许多左派人士谴责的是什么：德国的法院在政治审判中执行了有阶级差异的公正。

如此一来，德国确实在没有真正革命的情况下经历了彻底的政府更迭——除了在形式上之外。一部宪法不能够创造出一个民主社会，而德国在1919年是一个分裂严重的国家，处于政治派别两端的力量与自由民主制不可调和地对立。在左边，大量的人渴望一个社会共和国；在右边，军官团、公务员、贵族地主以及农业和工业巨头、基督教神职人员、教授——简言之，旧政权的特权精英——感到被以某种方式剥夺了财产和继承权。他们中的一部分人逐渐与魏玛政权和平相处，但是也有许多人隐藏起了他们对新政权的怀疑，然后等待时机，直到他们能再次将自己的力量依附在国家机器的巨大力量（包裹在伟大国家的高贵庇护斗篷）之中。

在凡尔赛和谈前后，政治运动继续震撼全国：共产党起义被粉碎了，即使最初他们赢得过胜利；右翼团体谋杀了许多共和党人或左翼领导人。德国处于潜在的内战状态，被疯狂的煽动激怒。

在1918年至1919年的革命动荡中，德国犹太人同时经历了成功与痛苦。当然，他们突出地表现了自己，并且在德国的政治舞台上首次亮相。在战争期间，一些犹太人——如拉特瑙和哈伯——也担任过重要但不太明显的职务，但现在这种情况发生了变化。犹太人在民主和激进党派中表现活跃，他们占据了政府职位，其中一些人为起草新宪法做出了重大贡献。重要的是，他们在新闻和出版、法律和专门行业以及魏玛时期文化创新的大爆发中都有代表。

1917 年的祖国党已经将普遍的、潜在的反犹太主义提升到一个明确的政治平台之上；在德国战败和犹太人赢得公众瞩目之后——它们几乎受到了同等程度的接受和诋毁——反犹太主义成为右翼思想和宣传的一个主题。在某些情况下这个主题是：德国民族主义者和魏玛共和国的蔑视者，指责犹太人是德国所有弊病的根源。战前对犹太人的反感——他们被认为是冲动的、狡猾的、贪婪的，而且太过强大——已经普遍存在，但从未被成功地列入一份政治纲领之中。所有这一切在魏玛时期更纵容、充满仇恨的氛围中发生了变化。障碍物被清除了，随着犹太人和德国人比以前交往更加密切，对前者的攻击也愈演愈烈。他们是怎样理解他们的新地位的呢？他们中的许多人热切地相信新的民主德国，并认为反犹太主义会先上升然后衰落。一个小得多的团体转向了犹太复国主义。但那时候大多数德国人不得不忍受不确定性，处于这种状况的犹太人也许更多。

托马斯·曼并没有摆脱对某些犹太人或所谓的"犹太人"特征一定程度的嫌恶，尽管或许是因为他的妻子出身于一个著名的改变了信仰的犹太家庭。他在著作中有一些关于富有、颓废的犹太人的描述，并在战争期间写下了反西方的《对一个非政治人物的反思》一文，这是对他的兄弟海因里希的秘密抨击，海因里希的世界主义令他厌恶。对于托马斯·曼来说，海因里希代表了西方颓废的文明生活，而德国人则培育了一种文明生活，是内心世界（Innerlichkeit）的绝对自由。但恰恰是因为他沉浸在这个充满怨恨的日耳曼人的社会中，他很早就认识到右翼的政治危险，并于 1922 年宣称他对德意志共和国的信仰。他恳求，特别是对年轻人，不要再把他们国家的新秩序看作由"犹太男孩"掌管。

我的姐姐特别受父母的宠爱，也许是为了弥补外界的动荡。在她出生后的几周，民族主义势力发动了令人担心的反革命政变，在柏林夺取了政权，并迫使民主政府逃亡。退伍军人组成了发动这次政变的步兵，这支队伍以其无能的平民领袖沃尔夫冈·卡普命名。在暴动发生后的几天里，布雷斯劳被掌握在叛乱分子手中，自由兵团杀害了伯恩哈德·肖特兰德，他出身于一个著名的犹太家庭，并已成为独立社会党中的一个重要人物。由所有工人——不仅是社会主义工会的成员——参加的大罢工最终导致了政变的崩溃，尽管老资格的精英和一些工业巨头对政变分子表示同情；他们意识到实际推翻现有政权会立即引发法国的干预。在政变中持"中立"立场的正规军——魏玛国防军（Reichswehr），因未支持反叛分子而感到自豪，但也不愿采取积极措施来保卫合法政府。因此，正是工人以及外国干涉的潜在威胁拯救了共和国。

但共和国未能给其国内支持者以回报。更加诡异的是，在1920年6月的议会选举中，魏玛联盟失去了议会中的多数席位，此后好几年，最大的党派社民党退出了权力中心，如此一来，魏玛就不得不在不断变化的成分中沿政治中心招募联合政府。作为自由资产阶级政党的民主党（我怀疑我的父母仍在投票支持它），其影响力急剧下降。在布雷斯劳，该党的得票率从1919年的15%下降到1920年6月的6%。出于对《凡尔赛条约》的愤怒，德国的资产阶级向右转变，对民主形式持蔑视态度。然而，在普鲁士这个德意志帝国最大的邦国中，政治权力仍然掌握在魏玛政党手中。事实上，在那些留给各城邦的事务中——尤其是教育和公共管理——普鲁士将成为进步主义的灯塔，与其过去的独裁专制截然相反。

　　鲁道夫完成了实习期，但事实证明他想要找到一个医疗助手的职位是非常困难的。这时运气帮了忙。1921年1月，我父母在施赖伯豪碰巧遇到了弗里茨·哈伯，那是在布雷斯劳西南对利森山区（Riesengebirge）的一个冬季度假地，他们在那里找到了一个简朴的旅馆住了下来，他们不知道的是，哈伯正在附近的疗养院疗养，而且健康状况不佳。哈伯在战时的责任是令人头疼的，也是耗时耗力的——他作为军队科技组织者的地位与下一次战争中J.罗伯特·奥本海默在美军中的地位并没有什么不同——在他的权力高峰期，他受到了私人方面的打击：他的妻子（用他的军用左轮手枪）自杀了，至少有部分原因是她对丈夫在毒气方面的工作感到绝望。他所做的努力是徒劳的。德国的战败使他陷入了深深的沮丧之中，甚至在1920年获得的诺贝尔化学奖也没能恢复他的精神，更糟的是，德国之外的许多科学家反对这一奖项，他们认为哈伯在战时的工作败坏了他早期从空气中提取氮气这一成就。自签署《凡尔赛条约》以来，他担心协约国将他定为战争罪犯。由于生性多变，他抑郁的原因就更多了，不知何故，他甚至把国家的失败看作自己的失败。哈伯很孤独，因此求助于我的父母，寻求他们的陪伴。我父亲注意到了他身心两方面的症状，陪他下棋并一起谈论政治，哈伯逐渐开始减少对自己身体的抱怨。而我母亲静静地在旁边陪同。哈伯评论道，他从未见过一个做妻子的能如此心满意足地沉默着坐这么长时间。（他曾在1913年在蓬特雷西纳见过我的母亲和外祖父母，并用亲切的笔触把我的母亲写得像他的养女。）他们分享了对侦探故事以及对该类型作品的英国大师奥斯卡·华莱士和菲利普·奥本海姆的喜爱。作为一名经验丰富的导师，哈伯感到遗憾，因为她放弃了在物理科学上一个很有希望的开端，尽管后来在促进她的教学工作方面他做了很多工作。从那时起，他对我的父母怀着一种父母般的关心。

鲁道夫在闵可夫斯基的诊所里把临床诊断和科学工作结合在一起，对异硫氰酸胍的毒性作用进行研究。当这项工作于1921年结束时，哈伯给他在柏林威廉皇帝物理化学研究所提供了一个职位，自1911年研究所成立以来，他一直在那里指导科学研究。一开始我父亲在生物化学家卡尔·纽伯格手下做一名无报酬的助理，然后很快转到了赫伯特·弗伦德里希的胶原化学室担任有报酬的助理。我相信我的父亲在物理科学领域只有一个学医的学生的基本知识，但哈伯认为我的母亲肯定能够从理论基础上为他的研究提供帮助。我父亲发表了有关血液病和胆固醇作用的研究论文；在他后来的医学生涯中，这些实验被证明是很有用的。

我母亲离开布雷斯劳和她的母亲是很不开心的，但她知道这是从外围到中心的一个变动——这是一个什么样的中心啊！哈伯——一如既往，发现工作能暂时摆脱疾病的折磨——再次成为德国科学界的一个领军人物，不仅作为他的研究所的所长，还是科学政策的一个主要创新者；1921年，他帮助成立了德国科学紧急状态委员会，以便支持年轻科学家，这是一个由政府和公司资金支持的捐款基金会。他认为科学成就是德国实力留下的唯一物质支柱，他还希望能够恢复实际上已经被战争破坏的国际关系。（协约国禁止与德国科学家见面，反过来许多德国科学家也希望抵制协约国的会议。）基于他的努力和美国对德国的慷慨，我父亲在柏林获得了洛克菲勒基金会的资助。他还获得了一项西班牙奖，奖金达500比塞塔——在德国货币突然贬值的时候，这笔钱可用来支付一个假期的费用了。

　　一位杰出的、傲慢的生物化学家埃尔文·查戈夫后来回忆说，哈伯的"奇妙的苏格拉底式技巧"使柏林成为"科学的天堂"。但科学的辉煌与物质上的匮乏同时存在。由于住房稀缺，我父母的第一个住处是与布瑞格的亲戚一起住在城里蒂尔加滕区的一个小阁楼里。与哈伯日益深厚的友谊是真正的回报。

　　哈伯有很多朋友，他的圈子里除了阿尔伯特·爱因斯坦之外，还包括诺贝尔奖得主理夏德·维尔施泰特，奥本海姆家的沙龙和传说中的艺术收藏品，《自然科学》期刊的编辑阿诺德·贝利纳，以及维夏德·冯·默伦多夫——瓦尔特·拉特瑙在战争期间的助手，他是一位训练有素的工程师，一位业余的哲学家和经济学家，也是一位有远见的政治思想家。哈伯还是那些毫无保留地团结起来支持新生共和国的学者和科学家之一。他与民主党以及魏玛的许多政治人物关系密切。在研究所里，特别是在国内，他仍然是那个威权的德国教授，但在政治上他已经成为一名民主主义者，在柏林感觉非常自由自在。

　　对于我的父母来说，那段时间是非常令人头痛且折磨人的。我的父亲必须服从两个要求严格的上司——哈伯和弗伦德里希，前者因严格和脾气暴躁而出名。哈伯不顾自己的健康和家庭，全身心投入科研，并且期望他的合作者同样如此。但是，当我的父亲感染了伤寒时，市政府的住房管理部门最终分配给我父母一套公寓，他们终于可以逃离令人几乎无法容忍的阁楼了。

　　柏林也标志着我母亲新的职业生涯的开始。有些家长要求她根据达克罗兹教学法教他们三岁到六岁的孩子韵律游戏，她曾短期学过这种方法。她追随自己对儿童教育的兴趣，转而去研究玛丽亚·蒙台梭利的理念。蒙台梭利1870年出生于意大利，她开发了渐进教育的早期版本，作为一种矫正方法替代当时愚蠢的、压抑智力的方法。她是早期的女权主义者，大胆追求独立——为自己非婚生子而自豪——但变得越来越推崇专制主义。她与弗洛伊德保持着联系，并且希望像他一样，有一个致力于传播其思想的国际组织。她在美国和西欧很有名气，1922年她首次来到柏林，我怀疑我的母亲是否真的出席了蒙台梭利在那里的唯一一次演讲，她演讲中不合时宜的内容得到了冷冰冰的反应——她说，德国的孩子们被视为财产，被家人和学校奴役——但她有关解放的内容符合魏玛时期取得的一个巨大成就：一种摆脱束缚不断进步的教育趋势。我母亲学习了蒙台梭利的方法，经过适当授权，于1923年在柏林开设了自己的蒙台梭利幼儿园。这是她在教育学领域职业生涯的开端；她比蒙台梭利更讲究实际，比专业心理学家少几分学究气，她的学习偏重于实效，我相信，她得益于一个无法估量的天赋：一瞬间孩子们就会信任她。（我曾经告诉她，我认为她的教学原则与她同孩子们之间的这种即时融洽关系相比是次要的；她很在意我的这句话，不过是以一种愉快地认可事实的方式表达的。）此时对她来说，柏林也标志着她在这个临时起意的职业生涯中迈出了决定性的一步；她找到了适合她自己并能发挥她聪明才智的职业。

但是，没有人能够逃脱政治风暴、战争失败带来的后遗症和即将到来的新灾难。《凡尔赛条约》未解决的问题包括上西里西亚的命运，在这块土地上居住的既有德国人也有波兰人。1921年3月，国际联盟监督了一次公民投票，在那次投票中，大多数人支持留在德国。一年之后，仍然将德国排除在外的国际联盟决定分割该地区，把最富裕的有丰富煤矿资源的部分划给波兰。德国人对此非常愤怒，但西里西亚人更加愤怒，因为"失去"这块土地的德国人在他们中间找到了避难所。德国人很蔑视国际联盟，更不用提他们对波兰人的鄙夷了，他们认为波兰人根本不配拥有自己的国家。整个事件被视为西方背信弃义的进一步证据，加强了德国人对魏玛共和国的现有怨恨。

但更令人不安的是德国的战争赔偿问题。当协约国最终在1921年提出赔偿方案时，赔款数额达到了惊人的1320亿金马克，赔款将在几十年内支付。对德国人来说，这进一步证实了协约国决心粉碎他们的国家并将其束缚在永久的贫困之中。违约的诱惑是巨大的，但后果必然是协约国占领德国的其他部分，如鲁尔区。在这种可怕的情况下，进步的信奉天主教的总理与德国最著名的金融家和政治梦想家瓦尔特·拉特瑙进行了接触，首先任命他为复兴部部长，然后在1922年任命他为外交部长。

拉特瑙是犹太人，他对这种遗产怀着极度矛盾的心理——耻辱毒害了自豪；他也是一位狂热的爱国者，与外部世界保持着特殊的联系。他的母亲和他的朋友，包括爱因斯坦，都告诫他不要接受这个职位：一个犹太人怎么能出现在俾斯麦神圣的办公室里，出现在一个有着特殊光环、传统上为德国贵族保留的政府部门中？在野心和爱国主义的驱使下，他还是接受了。以前（或以后）从来没有哪个犹太人在德国政治生活中拥有如此高的职位。

拉特瑙同意了总理的观点，即在短期内，德国必须满足协约国的要求，以避免受威胁的德国领土被法国占领。从长远来看，他希望一个协调一致的欧洲复苏计划能结束德国的孤立局面。但他最令人惊叹的也是意想不到的成就是与苏俄达成了一项协议，在意大利拉帕洛签署，由此建立了正常的德苏外交关系，同时暗示了两国之间存在特殊关系的前景。这项条约的实际成果很少，但长期以来"拉帕洛"保留着一个不祥之兆，暗示着德国的冒险在东方不受欢迎。

　　就在拉特瑙继续忙于处理赔偿问题的同时，德国的右派却仍旧在诋毁他。1922年6月，德国国家人民党领导人在德国国民议会的讲话中指责他犯叛国罪。几天后，拉特瑙乘坐一辆敞篷车去办公室途中被一个资金充足的地下组织的杀手射杀。整个国家为之震惊，因为许多人凭直觉发现了我们后来所发现的情况：谋杀是扼杀共和国战略的一部分。德国总理约瑟夫·维尔特在国民议会发表了一句著名且正确的宣言："敌人站在右边。"即刻得到的回应是对共和国的肯定，政府也通过了反对诽谤的紧急法令；数百万工人参加游行哀悼这位被杀害的实业家。拉特瑙的一生例证了德国犹太人的成功是遭遇偏见的、充满冲突的，他的被杀表达了这个国家肆虐的激情。

　　第二年，即1923年，共和国陷入了最严重的危机之中。1月，协约国宣布德国未支付赔偿金，法国和比利时军队出兵占领了鲁尔区。德国政府颁布了消极抵抗令，命令在这个工业中心地区的工人不要进入矿区并承担这种行动的所有相关费用。

　　往届德国政府早已允许通货膨胀率不断上升，现在随着政府印制的钞票越来越多，价值损失越来越大，通货膨胀率飙升到离谱的数值。（在这场史无前例的恶性通货膨胀结束时，1美元可买入4.2万亿马克。）德国的纸币泛滥成灾，其价值的下跌以天以小时计。一个中产阶级的政府正在批准自己所属阶级的破产，当他们的大部分储蓄被蒸发一空时，一个曾经相信储蓄的民族发现自己已经不再拥有任何财产了。这是又一个难以理解的创伤，意识到物质和道德在同时贬值，情况就变得更加糟糕了。罪恶和腐败甚嚣尘上，同时数以百万计的平民落入可怕的贫困和不确定性的深渊。人们知道，有一些乘人之危的奸商，其中有些是犹太人。对于那些政治上的右派人士来说，所有的奸商都是犹太人，所有的犹太人都是奸商。当然，事实上，犹太人遭受的苦难不亚于其他人：少数人成功了，如某些从残骸中建立起工业帝国的德国巨头以及某些以贬值货币偿还债务的大地主。

我的父母和他们的亲戚朋友一样，大部分的钱损失在通货膨胀中。在哈伯的研究所里，鲁道夫除了科研工作之外，还担负起了一些行政责任，包括工资和薪金的发放。当时，早上发放的工资到了下午就几乎买不起生活必需品了。德国人得以再一次看到，公共事件是如何严重地破坏私人生活和传统价值观的。这是一种没有尊严的创伤，几乎比战争更糟糕，而且似乎是自我造成的。

1923 年还出现了其他情况：共产党政府在萨克森州和图林根州的短暂出现威胁到了德意志帝国的统一，直到魏玛国防军残忍地恢复了秩序。当阿道夫·希特勒首次在国人面前亮相时，更为严重的破坏在慕尼黑发生了。

希特勒曾是战前维也纳的一名失意艺术家，还在德国军队中服役过；1918 年之后，他成为最黑暗的右翼地下组织的代表之一，并加入了一个民族主义党派，其凭借独特的修辞才华，成功地升为党魁。这个仍然是奥地利公民的天才煽动者，在巴伐利亚啤酒馆中大肆攻击"十一月的罪犯"——犹太人和马克思主义者，指责他们背叛了这个国家，投入了敌人的阵营，这激起了观众的狂热和兴奋。他目睹了 1919 年巴伐利亚的革命和反革命运动，看到过犹太人短暂拥有权力的时刻，他开始逐步相信，他是注定要将德国从犹太人这个"祸害"中拯救出来的人。11 月，他在他的纳粹冲锋队（简称 SA，并以褐色衬衫和纳粹袖标为标识）与过去的军事偶像特别是鲁登道夫将军之间建立了一个联盟，并呼吁结束在柏林的犹太人共和国。慕尼黑的政变很快就失败了，因为正规军向试图夺取权力的示威者开了枪；少数死者成为纳粹自称的"运动"的第一批烈士。希特勒本人逃跑了，但很快遭到逮捕，并被指控发动叛乱。在随后进行的一次滑稽可笑的审判中，希特勒狡猾的挑衅使他在国家平台上第一次大获全胜。给他的判决只是轻微的，这是反动的审判工作的一个令人震惊的例证。面对伴随着反犹太主义强烈信息的民族主义阴谋的大爆发，人们是否会感到更加震惊，抑或对其迅速的崩溃而感到放心呢？有一点应该是明确的：德国的创伤和屈辱的真正受益者是民族主义右派中暴徒般的"理想主义者"，他们是共和国的死敌，他们渴望并承诺民族的救赎。

共和国在多重危机中幸存了下来。1923 年 8 月，古斯塔夫·施特雷泽曼成为总理。他首先组织了一个广泛的联盟，包括社会民主党的部长在内。他在战争期间一直是一个热情的兼并主义者，被称为鲁登道夫的"年轻人"，但在战后作为一个接近工业利益的中间偏右政党的领导者，他开始逐步接受共和国。就任总理后，他决心通过和平方式恢复德国在欧洲的地位。他的政府结束了消极抵抗，并迅速结束了当时的金融混乱——这对一个并非经济学家的人来说，是不可思议的。在那年底，一种新的货币出台了，1 万亿旧马克可以兑换新的 1 马克。新货币之所以在短期内就获得了合法性，部分是由于政府大力裁减开支，并且在几个月内，美国贷款为德国经济注入了新的动力。

1923 年 10 月，在通货膨胀的高峰期，鲁道夫和凯特回到了布雷斯劳；柏林之行犹如一场冒险，而布雷斯劳则是家之所在。鲁道夫被任命为闵可夫斯基的助手，在他的大学诊所里，鲁道夫开始了内科医学实践，同时发表了一系列文章，论述各种生化过程的医学意义。1925 年，他完成了博士学位论文，论文内容有关在血清和胆囊中发现胆固醇的临床意义。他现在成了一名编外讲师（Privatdozent），由此在学术阶梯上踏上了第一梯级，并有资格在大学任教。他将通常的三重职责结合在一起，即临床医生、教师和研究员，其中第一项是真正能积聚他的热情的。在当时对他的推荐信中，推荐者适当地列举了他的各种品质，但没有什么职位会比哈伯以及闵可夫斯基选择他作为医生助理对他更为重要。与此同时，在很高兴地与母亲团聚后，凯特在布雷斯劳开设了一所蒙台梭利私立幼儿园。幼教已经成为她的职业，在幼教中寻找新的方法是她面对的特殊挑战。鉴于经济前景不明朗，她还从事低年级的教学工作，以期能得到正式的教师证书。

凯特集一位要求严格的丈夫的妻子、母亲、女儿、教师以及准备参加重要考试的学生等身份于一身，并且有孕在身。我出生于 1926 年 2 月 2 日，也就是在我母亲最后一门教师资格考试的前两周。我是以弗里茨·哈伯的名字命名的，他同意做我的教父；我的另外两个名字是理查德和奥斯卡，为的是纪念我的两位祖父。*名字里有哈伯这两个字意味着我的一生将承载着某样东西：是礼物，也是负担。此外，我的名和姓表明了不同的起源：毕竟弗里茨完全属于日耳曼人，而斯特恩一听就知道是犹太人。

我出生后没几天就受了洗；哈伯原本打算前来布雷斯劳参

---

* 在我出生前几周，哈伯写信给我父亲，他的感情促使他使用了非正式的称呼"你"（du）："你和你的妻子将不得不忍受与我交谈的困难，并且对待我就好像我真的是你们父亲的兄弟，如果你们觉得尴尬，我是完全能给予体谅或同情的。"也许一开始情况确实如此，但很快他就成了"弗里茨伯伯"——这就是我记忆中的他。

加仪式，以便承诺接受责任，但突然发作的痛风让他无法出席。（只是到了现在我才开始怀疑我父母的好心的选择：考虑到哈伯的年纪，一旦遇到麻烦，他可以照顾我吗？而且鉴于他彻底的世俗观念，为什么选他呢？转念一想，也许他的缺席预示着后来我对自己的宗教身份的怀疑。）

回想往事，我意识到自己出现在一个肯定被看作非常幸运的时刻：我的父母刚刚获得成功，国家也走上了稳定的正轨——具有讽刺意味的是，在很大程度上，这是由于美国贷款的涌入！前一年，施特雷泽曼参与了《洛迦诺公约》的谈判，承诺德国接受其西部边界（但不是其东部边界）；他努力实现法德和解，并于1926年使德国成为国际联盟的一个成员。这是一个短暂的、幸运的时刻——这一时刻延续了整整四年。

我找到了1926年6月哈伯对来访的美国医生发表的讲话的单行本，里面有深情题写的一行字："致凯特的儿子的父亲。"他提醒美国人注意这两个共和国之间的巨大差异："你们生活在一个个人自由是最伟大的政治利益的国家中……你们的国家以服务其公民而存在……但在我们过去的岁月中，最高的政治利益不是个人自由，而是公民秩序……我们的国家不为其公民服务，而是公民服务于国家。"他解释说，德意志共和国负担沉重，不仅有工人和资产阶级之间持续三十年的阶级斗争，现在还受到外国的支配，并且所有财富遭到破坏。三年前，他补充说，来访者会认为德国处于崩溃的边缘，也许面临一场新的战争。现在，无论哪个政府掌权，都必须听取大多数人维持和平的愿望，接受法治，并强调工作精神："工作是精神上和物质上遭受痛苦的人的避难所。"

这段话把公与私结合得多么完美无缺！然后哈伯全面介绍了

自然科学的最新进展，在化学、物理学和生物学领域更紧密合作的前景，以及恢复国际科学界的必要性："但学者们（Gelehrte）似乎发现，比起人民自己，更难克服的是战时的对抗。在和解开始时，以前的敌意却在四处泛滥。在战争时期，科学家属于他的国家，但在和平时期他们属于人类。"哈伯呼吁美国人为和解事业效力，他本人也投入了大量精力，与国外不可调和的势力和国内邪恶的顽固分子做斗争。1902 年，他在美国待了十六周。他很快就抓住了这个国家的特殊性和非凡的活力。美国使他着迷，就像当时有那么多人为之倾倒。

的确，以英美为首的世界在支持魏玛走向和解的道路。英国外交已经为洛迦诺铺平了道路——英国对于让法国成为欧洲大陆上首屈一指的强国并不感兴趣。而美国则对德国的对立阵营施加了巨大的影响：企业家们研究了美国的流水线生产，这种方式为消费主义提供了更大、更巧妙的推动力；各种各样的进步使美国文化迅速发展，其表现形式为电影、大胆的生活方式、爵士乐、现实作家等——简言之，它具有现代性和表面上的自由。爱好这种文化的在魏玛也大有人在，他们中有不少人十年后移民去了美国，丰富了美国的文化生活。

尽管美国提供的贷款大部分是短期的，因此具有潜在的风险，但是这些贷款为魏玛共和国一些最重要的城市发展项目提供了资金，而且更重要的是，这使德国有能力支付战争赔偿金，反过来又能使法国和英国偿还它们欠美国的债务。这种三角"贸易"使少数国家受益，最终却伤害了多数国家，这也说明了当时普遍存在的经济上的无知。与此同时，哈伯有自己的补充德国国库的方案：在从空气中提取了氮气之后，他现在寻求从海洋中提取黄金。20 世纪 20 年代中期，他为此配备了一个浮动实验室，这是一个具有独创性但也疯狂的想法，因为海水中的含金量被证明低得几乎不存在。

在我父母的生活中，哈伯变得越来越重要。1926年，他邀请我父亲在圣诞节和新年期间作为朋友和医生陪伴他去蒙特卡洛，只要我父亲可以从诊所和家请到假的话。这又是一个可证实大家都会接受丈夫的职业优先的例子，哈伯以他一贯亲切幽默的风格从蒙特卡洛几乎每天给我母亲寄几首诗歌，从而缓解了他内心任何微弱的内疚感。那年早些时候，我父亲的妹妹马尔加嫁给了哈伯的长子赫尔曼，对于这个结合，哈伯和我父亲出于不同原因都试图劝阻过。（后来，这对年轻的哈伯夫妇和我父母之间逐渐产生了一种亲密和挚爱的关系，所以他们的婚姻适时地又增加了一条纽带，即使哈伯与他第二任妻子离婚使他更加依赖于朋友和他"收养"的侄子和侄女。）

1926年，闵可夫斯基从布雷斯劳大学退休，他的继任者是内科医生威廉·施特普，我父亲与此人相处得不太好。因此，我父亲希望在其他地方找到一个职位，或者申请一项洛克菲勒奖学金，以便去美国学习一年。1928年，哈伯敦促柏林-达勒姆区市长任命鲁道夫担任"我们的"医院的内科主任。哈伯的长信涵盖了他对医学的看法："我知道足够多的……医生写出了最精彩的科学作品，但他们不能正确诊断或治疗疾病，也不具备除专业知识之外所必须具备的人文素质。上帝保佑我患病时不会接受这一类某个著名的医学研究人员的治疗。"因此，他信赖斯特恩，并告诉医院，如果能拥有这样一个人，他具有"诊断专家和临床医师所应具备的专门的特殊才能，并能把真正的医生的心与灵相结合"，那将是十分幸运的。鲁道夫没能得到这个职位，但哈伯给他写的那封信的副本也许减轻了他的失望。哈伯还向普鲁士卫生部询问有关施特普的情况，暗示反犹太主义可能是他推迟斯特恩升为副教授的一个因素。[*]

在接下来的两年里，鲁道夫在其他方面也经历了一些失望，哈伯给他解释说："如果一个人在医学上只是个编外讲师，却有犹太人的祖父母和强烈的左派信念，那么这个人就不得不忍受在寻找医院工作时的徒劳无功，而且如果此人能在第十次尝试中取得成功，那么他就不应该灰心丧气。有耐心的人才会成功，但只有耐心是不够的。当然，假如你满足于在偏远乡村医院工作，能容忍只有十二张病床而没有实验室，那就另当别论！"[**]我认为当时许多犹太人都有与哈伯相同的看法：偏见会造成延误，但真正的成就最终还是会获得认可的。我父亲是个什么样的"左派"呢？我猜想，在1928年之前或更早，他已经开始给社会民主党投票了——很难说这是一个激进的选择，他也没有成为一个党员。我感觉这不是一个投不投票的问题，而是他的政治倾向问题。鲁道夫已经变成了进步的和平主义者，那时他已经确信德意

---

[*] 1926年，在闵可夫斯基七十岁生日那一天，施特普发表了一份令人惊叹的长达十三页的献词。他记录了闵可夫斯基取得的巨大科学成就，非常感人地回忆起他作为教师、导师和临床医生的人文素质，称赞他为布雷斯劳所做的一切，包括完美地扩建了医院以及一个完全现代化的礼堂。"今天（这个礼堂）装饰的闵可夫斯基的半身像，是他的学生和朋友放在那里的。"施特普一直留在布雷斯劳，直到1934年，他被指派去慕尼黑接任一个更有声望的职位，并在这个职位上一直干到1945年。那项任命证实了我在家中所听到的传言：甚至在1933年之前，施特普就是一个希特勒的同情者——当那个荣耀的半身像在1933年被移除时，按照当时的真实情况，他做了些什么呢？什么都没做！

[**] 闵可夫斯基在进步道路上曾经困难重重，尽管他的老师瑙宁认为他是所有助手中最好的。闵可夫斯基是来自东欧的犹太人——这就足以延缓他的进步了。1924年，瑙宁发表了自传，为闵可夫斯基遇到的艰辛表示惋惜，但既不承认其中的真正原因，也不承认他自己不愿意助他一臂之力。

志帝国沙文主义精英们致命地误导了这个国家。做出这种判断的依据，是遭到那些权力崇拜者的背叛后的痛苦感觉，以及他们给国家、他们自己和他人造成的无尽伤害。

我父亲非常喜欢库尔特·图霍尔斯基对德国（和犹太人）资产阶级生活精彩且入木三分的讽刺，以及乔治·格罗茨对德国社会无情的嘲讽。我知道他贪婪地阅读了阿诺德·茨威格和埃里希·玛丽亚·雷马克伟大的反战小说，他们的作品证实了其对战争的清晰看法。他还阅读了激进的周刊《世界舞台》和《日记》，它们的反军国主义立场和对魏玛统治下普遍的"阶级正义"的曝光也对他很有吸引力。贝托尔特·布莱希特和库尔特·魏尔创作的《三便士歌剧》中引人入胜的曲调和颠覆性的台词伴随我长大，这是一部玩世不恭的杰作，嘲弄了一个腐败的社会和虚伪的教会所谓的虔诚。

我父亲逐步接受魏玛文化的过程可能不是非典型的。他相信一个理性的、现代的、科学的世界，并且由于他越来越怀疑普遍存在的资本主义势力和腐败，因此能坚持他的观念。他担心魏玛国防军的权力，这支新的职业军队具有反民主的倾向和日益增长的政治野心。他有智慧和一定程度的不敬倾向。但我怀疑，鉴于他与左翼中大多数"温和派"的友谊，他是否真的会同许多魏玛知识分子一样那么愤世嫉俗。这些困惑的人没有意识到或希望意识到的是，他们对共和国的玩世不恭帮助了右翼的敌人，他们已经从愤世嫉俗发展到了好斗的狂热盲信。

"魏玛"让人联想到两个截然不同的看法：其一是有着辉煌文化的时期，现代主义在所有艺术形式中获得成功，知识领域充满了重大的创新，反资产阶级行为大行其道；其二则是现代民主在痛苦挣扎的现实。这两种看法在有形无形中联系在一起：魏玛的政治敌人发动了文化战争，反对所谓的"堕落的"或颓废的艺术，而今天对魏玛文化的庆祝往往错过了这些相互关联的要点。魏玛文化中最令人印象深刻的大部分内容已经在战前德国的先锋派艺术中得到了体现，当时德国艺术家对一个正在分解中的世界、对某种即将来临的灾难有一种直觉，他们知道资产阶级生活的空虚和欺诈，在一个看似稳定的世界里他们实际上是叛逆者。所以表现主义者预见到了魏玛精神的许多方面。魏玛在其他领域也是真正具有创新精神的，如城市规划、教育、妇女权利和医疗保健等。有一位伟大的创新者——沃尔特·格罗皮乌斯，建筑师和包豪斯建筑学派的创始人，承认他自己有过这样的战时经历：在一栋被炮弹摧毁的房屋下埋了三天之后，他完成了"从扫罗到保罗"的转变*，并使他确信艺术家必须找到集体再生的方法。简言之，与战前德国相比，魏玛外观不同，构造不同，衣着和谈话也不同——其辉煌的创新激起了愤怒、不解和野蛮的怨恨，而这些又被民族主义煽动者巧妙地利用了。

我对魏玛的知识分子一直怀有复杂的感情，几十年过去了，现在魏玛常常被描绘成某种失乐园，我的这种感情就越发浓厚。但其实他们是一群浅薄之人，有说教式的政治和往往是乌托邦式的简单化的观点，时而虔诚，时而争得脸红脖子粗。他们是愤世嫉俗的，就像赫伯特·马尔库塞曾经在谈起他自己的时候告诉我的那样，因为他们"知道这个世界可以变得多么美丽"。他们依赖旧秩序的破产为生并着迷于对手的粗鲁，他们傲慢地忽视一些论点，而反对者为了拒绝自由主义原则并要求新的权威主义却非常成功地调动了这些论点。即使在那些日子里，像卡尔·施密特

---

* 扫罗是保罗的原名，经耶稣点化，从迫害耶稣者转变为耶稣门徒。——译者注

和亚瑟·莫勒·范登布鲁克这样的作家和政论家也被称为"新保守主义者"。

尽管如此，到20世纪20年代后期，共和国看起来似乎更加安全了：到1928年，德国经济已经达到战前水平，在当年的全国大选中，社会民主党取得了显著的成果，这使他们八年来第一次敢于要求得到总理职位。有理性的保守主义者也站到了共和国一边：1925年，右翼政党成功地选举了保罗·冯·兴登堡担任总统，他是第一次世界大战的陆军元帅——在第一个任期内，他就依照宪法免除了自己的部分职责而使他的支持者感到失望，这就证实了有关他不忠诚的记录。施特雷泽曼仍留任外交部长，以便着手进行旨在减少德国赔偿金的谈判，即延长支付期，以及争取让协约国军队提前从莱茵兰地区撤军。这些是在经济复苏中取得的重大成就，但共和国缺乏自我戏剧化的能力，未曾将其自信以任何有说服力的方式表现出来。魏玛的光辉，它对文化创造力无法抑制的创新，在政治-公共领域是无可媲美的，这个领域是一个黯淡的世界，充斥其中的只有偶发的丑闻和争议性的诽谤。

我最早的记忆仍然能触及魏玛的最后一缕光辉和我父母在其中的生活情景。我还能清晰地回忆起1929年有一次探访弗里茨叔叔在维茨曼的农场的部分情景，那是在博登湖附近符腾堡的一个庄园。我所记得的是马厩——之前我从未见过——和敞篷车（一辆传说中的霍希，意思是"听"——今天著名的奥迪是其后来生产的车的拉丁化、更国际化的名字）以及优雅的司机埃瓦尔德。我还记得——虽然我的记忆可能与后来无数类似时刻的场景重叠——我被期望要举止得体，最重要的是，由于哈伯患有持续不断、极度痛苦的失眠症，我必须在早晨保持绝对的安静。早上没有声音——其实我在家里就已经习惯了这个生活规则。我的父亲也有同样的痛苦，而且我被教导说父亲的睡眠是极其重要的，我母亲更是告知我和姐姐要把他的失眠（以及偶尔爆发的愤怒）看作战争中受到折磨的后遗症。*我记得维茨曼——半个世纪之后，在爱因斯坦的档案里，我偶然看到了一封哈伯写给爱因斯坦的信，邀请他于1929年夏天去他的农场做客，在那里，除了其他客人之外，还有一位来自布雷斯劳的年轻编外讲师和他的妻子，"她是一位了不起的女性"。

她就是这么一位了不起的女性。我认为哈伯之所以钦佩凯特，是因为她的为人及其言行，他还注意到她不断扩展的工作。她是一位热心的读者，沉迷于德国人称为浏览（schmökern）的阅读方式，通常是快乐地浏览轻松的读物。她很早就喜欢阅读各个国家的童话故事。她的文学品位反映了她的风格：在可能的情况下，她都保持着一种愉快、俏皮的态度，在必要时，具有分析能力和固执的现实主义。在我的双亲中，她更有直觉，意志坚强、性情平和，甚至能确保自己满足于承担次要角色，喜欢不露锋芒。

到了20世纪20年代末，除了幼儿园之外，我母亲还开办了一个儿童俱乐部。对于已经在校的孩子，他们的父母往往出于职业原因希望他们接受课后培训，这样就可以在下午送孩子去儿童俱乐部。其重点还是让儿童通过特殊的游戏学会各种技能，然后自己去发现事物。孩子们将在自由和自学的纪律氛围中成长。

---

* 我很介意我父亲发脾气，他几乎总是针对我母亲发脾气。有一次，当时我只有四岁，我走到电话机前，假装拨电话给动物园，要求和狮子先生说话，并请他过来吃掉我父亲。这个故事经常出现在我童年时代的记忆里，直到今天我姐姐还记得这个故事。

这些原则可以追溯到卢梭和瑞士教育家裴斯泰洛齐身上，这与德国传统的死记硬背方法不一致。唯一实施的惩罚——一种微妙的严厉惩罚——是被临时驱逐到一个单独的房间里去。

幼儿园的一个标志性特点是闲暇（Leisestunde），在一段绝对安静的时间，孩子们需要专注于外面的声音——风的沙沙声、鸟类或昆虫的声音等。从两岁或三岁开始，我就进了这所幼儿园，作为园长的儿子，我想我被期待能起到模范作用。我唯一的成就来自第一天。当全体孩子被告知"肃静"已经开始时，据说我猛地用拳头砸在桌上并说道，"不"。我的家人能理解这片刻的抗争，我猜想因为这是突然的和罕见的，我是从来不会轻易说不的。

在 20 世纪 20 年代中期，德国的蒙台梭利教育协会分裂成两个派系，一派忠于在罗马的有着新的神秘思想的大师，另一派则在为建立一种更自由的方法而奋斗。我母亲活跃在后一派中，在哈伯的帮助下，争取到了一位重要的公众人物——维夏德·冯·默伦多夫来领导这个非正统的协会。1930 年，哈伯敦促普鲁士教育部长支持蒙台梭利协会的新分会，从而促进了具有独特好处的学前教育。与此同时，我母亲在心理学期刊上发表了几篇文章，并且，主要是在哈伯的要求下，开始写两本关于学前教育的基本原理和实践的书。这两本书在 1932—1933 年分别出版，并恰当地表明了是献给哈伯的，因为哈伯十年来一直孜孜不倦地——有时甚至越俎代庖地——敦促她的写作工作。他还劝告我的父亲要体谅妻子的工作，并提醒我父亲妻子的工作在各方面都与他的工作一样重要。

相对稳定的魏玛时代在 1929 年秋天宣告结束。10 月，古斯塔夫·施特雷泽曼，魏玛这位有能力的政治家去世了，享年五十一岁。（在魏玛，我注意过，考虑到其他英年早逝的骨干以及年龄越来越大的反对者，死神本身就是反共和政体的。）在施特雷泽曼任外交部长的六年里，他逐渐恢复了德国在世界上的地位。虽然他在国外取得了成功，但在国内他的现实政策遭到了来自右派的极大反对。他与自己党派内部右翼的斗争是一场无休止的斗争，付出了可怕的代价。在他生命的最后几个月里，他希望通过与协约国达成关于支付赔偿金的新协议来给他的外交成就最后画上浓墨重彩的一笔。以美国银行家欧文·扬为首的一个委员会制订了一项计划，被称为"杨格计划"。根据这项计划，德国将减少年度付款，但延长支付期。同时，施特雷泽曼说服了协约国提前结束对莱茵兰的占领；《凡尔赛条约》规定 1935 年为结束日期，但协约国同意在 1930 年撤军，从而恢复德国的全部国家主权；这是施特雷泽曼最后的成就。他下一步计划的详情还只能去猜想，但其中肯定包括在东部以波兰为代价通过修正方式获得收益，而且将设法通过和平手段实现。从本质上讲，他一直是一个德国民族主义者，但与大多数人不一样的是，他是一个理性并负责任的人。仅此一点，他的对手就很憎恨他。

即使仍在谈判阶段，"杨格计划"也引发了激进的右翼对施特雷泽曼和共和国新一轮的攻击。身为德国最强大的"媒体沙皇"和德国国家人民党新任主席，阿尔弗雷德·胡根贝格组织了一个阴谋集团，其主要成分是右翼政党和组织，要求针对"杨格计划"进行公民投票，理由是它延长了《凡尔赛条约》对德国的"束缚"，签署它无异于重犯叛国罪。胡根贝格这一卑鄙的阴谋集团包括希特勒的国家社会主义工人党，它们的联盟最终给希特勒以尊重。尽管这场运动中途失去了动力，但仍有足够多的德国人要求举行公民投票，而且当它被作为"自由法"——这个词被滥用的次数太多了！——提交给选民时，几乎有 600 万德国人投票支持。虽然获得通过所需要的票数要多得多，但这场运动本身标志着德国政治的激进化以及早期魏玛时代那种愤怒情绪的复苏，这是令人惊恐的。

施特雷泽曼去世后的几天里，纽约股票市场崩溃了——这是对魏玛有理性的共和党人双重但互不相关的打击。华尔街的恐慌导致美国从对德投资中匆匆撤离，引发了资本主义前所未有的崩溃，其后我们称之为大萧条。受影响最大的两个国家是美国和德国，各自的失业率都大幅飙升。在饱受创伤的德国，大萧条引发了绝望，反过来又煽动了政治极端主义。

甚至在经济危机爆发之前，国家社会主义工人党人就在国家选举和大多数德国大学的学生选举中取得了重大进展。希特勒在慕尼黑暴动之后利用短暂的囚禁时间写出了《我的奋斗》一书，并决定通过"合法"手段获得权力，此时他已经认识到在现代国家里暴动是不会成功的。因此，他的政党将使用它可以使用的一切民主手段，这意味着首先依据故意过分简化的和虚假的主题对选民进行无休止的宣传轰炸。希特勒告诉它的组织者，任何弥天大谎，只要无休止地重复，就会说服人们去相信：他坚信他们都很愚蠢，需要在精神上和政治上给他们灌输热情。在魏玛遭受苦难的随后几年中，希特勒成为唯一的策略天才，一个狡猾无情的天才。纳粹的承诺是，它将结束《凡尔赛条约》对德国的奴役，结束信奉马克思主义的"十一月的罪犯"的统治，将德国人从犹太人的枷锁中解放出来。

纳粹和其他一些政党一样组织了武装部队：身着褐色制服的纳粹冲锋队（SA）和身着黑色制服的纳粹党卫军（SS）。他们渲染内战即将爆发的气氛，并且确实利用人们对内战的恐惧来争取所有阶级的支持。毕竟，他们承诺了超越现有阶级划分的一种大众社会。希特勒实际上认为上帝选择了他作为国家的救星，并且纳粹党对他的举荐结合了军事和教会的仪式。在一个不稳定的世俗化社会中，特别是在新教徒中，这种伪宗教具有很大的吸引力。

德国学生蜂拥去加入这个党，他们要求"日耳曼式"的教育和未来以及立即解雇犹太人。他们的许多长辈很鄙视这些学生的粗鲁举止，但认为他们是"理想主义者"，在为德国过去伟大的民族价值观而战。开始未被注意的一个邪恶联盟，在一些精英阶层的要人，首先是教授，以及战争一代的无父孩子们之间突然出现了。到了这个时候，一群新的"保守派革命者"认为自由主义是国家最大的敌人，并且拒绝帝国的过去的作家们，要求建立一个由强有力的领导人而不是分裂的政党统治的威权政府——简言之，他们所谓的第三帝国的到来。我的父亲曾经目睹了即将发生的事情的离奇序幕：在布雷斯劳的医院礼堂里，当医生正在讲解一名精神病患者的病例时，这名病人突然开口滔滔不绝地大谈起民族主义者观点，充满了对犹太人和其他罪犯的疯狂攻击——而聚集起来的学生和一些医生竟然开始鼓掌。

但是在私人领域，我的家庭还是挺成功的，哪怕为时不长。到 1930 年，我父亲完成了他父亲的著作《内科疾病的创伤起源》的全面修订；这本书很受欢迎。*同年，他成为大学综合医

---

* 从 1926 年到 1933 年，他同他父亲一样作为一名法医专家参与庭审案件，经常涉及退伍军人的诉求。他认为，如果一个人在战时服役之前或在工业事故发生之前是健康的，之后得了冠状动脉疾病，那么这个人也许就有权利获得赔偿，因为特殊的压力也可能会导致这种疾病。

院的副教授，院长是亚历山大·比托夫——一个等得有点不耐烦的梦想终于成真了。"教授"这个头衔颇具分量和声望，可以使普通医生请他参加会诊。我父亲仍然希望成为一所大学的大型医院的医学负责人。与此同时，他开了一家私人诊所，且很快兴旺起来。诊所接纳了各种信仰的人，病人有自费的，也有走公共保险报销的。大量来自上西里西亚乡村的病人使他终日忙碌不停：他们的乡村方言会逗乐他，他们偶尔赠送的猎物和香肠会让我们大家开心。

他已经实现了他父亲和岳父在他之前取得的成就。他父亲的朋友和同事一路上也都帮助了他，比如哈伯、闵可夫斯基和雅达松。他成了他们所有人的医生。在他三十五岁的时候，尽管在战争中失去了多年时间，他仍然取得了很多成就，但我认为，这比他期望中的要少。

鉴于最近的成就，那个夏季的假期一定有一种特殊的氛围。全家人去了席尔瓦普拉纳的一个简朴的乡村酒店，这里是一个山村，靠近美得惊人的疗养胜地圣莫里茨，位于瑞士田园诗般的恩加丁山谷，对于我父母来说，这里承载着他们难忘的记忆。恩加丁的湖泊和山峰是阿尔卑斯山的荣耀，这里原始、空气特别纯净，是一个毫不媚俗的童话般的世界，到 19 世纪末，它已成为德国人特别是德国犹太人的度假胜地。19 世纪 80 年代，尼采在席尔瓦普拉纳旁边的村庄西尔斯·玛利亚找到了他所需要的神圣孤独，他说——或许是根据报道——这里是"天堂的前厅"。我绝不会忘记那壮丽的景观。我父母告诉我，他们问我最喜欢那个地方的什么，我就会回答，"大山和果酱"。这表明我们在布雷斯劳的日常饮食相当节俭，所以在这个大受欢迎的假期时刻可以特别庆祝。对于我父母而言，在席尔瓦普拉纳的那几个星期是他们的最后一个假期，之后他们就再也没有像以前那样的平静和充满希望的前景。对于我来说，这是我第一次领略阿尔卑斯山的壮丽，几十年后，在远离欧洲几年后，我选择了西尔斯·玛利亚作为我的安家之地，这个说德语的家的替代之处寄托着难以忘怀的回忆。

对于我的父母以及他们这一代人中的许多人来说，当他们在私人生活中达到某种安定状态时，公共领域却变得越来越黑暗，这是非常艰难的。1930 年 3 月，第一次由社会民主党把持十年之久的德国内阁垮台了；在失业率上升直接导致了社会保障问题的情况下，包括魏玛国防军头目在内的右翼团体下决心要成立一个强大的政府，最好是一个基本上不受议会控制的政府。魏玛已经习惯了长期的内阁危机，在这种情况下，立即出现了一位长期以来得到右翼支持的新总理，此人就是中间派人士海因里希·布吕宁。他计划用通货紧缩的政策来应对经济萧条，在需求增加的时候削减政府开支。他也对议会政府的能力持怀疑态度，并且在他内心深处，他是一位君主主义者。在 20 世纪 40 年代后期我对他进行的一次长时间的采访中，他解释说，他作为总理的希望是在政治领域重新塑造团结和自我牺牲的精神，当他在第一次世界大战中作为机枪队长在战壕里战斗时，他就发现这种精神非常有效并且能打动人心。我很惊讶地听到他这样证实了批评他的人一直所说的：本质上他是一个君主主义者，生活在一个不同的与政治无关的世界里。严肃、死板、不受人怀疑，他认定人们会接受规定的艰苦；不久，共产党人给他贴上了一个"饥饿总理"的标签。一生都是一位战士的兴登堡总统，授予布吕宁使用紧急状态法令来实施他的经济政策；议会予以阻止但被解散。

1930 年 9 月举行的议会选举是一场灾难，国家社会主义工人党，两年前还只是一个微小的分裂出来的党派，现在却作为第二大党回到了议会。在布雷斯劳，该党在 1928 年的选举中只赢得了 1% 的选票；在 1930 年，它却赢得了 24%（全国平均水平为 18%）的选票。新教徒选民已经从传统的右翼政党转向了这个自我标榜为非党派的党派，转向了这个穿制服的运动，该党有着蛊惑人心的党魁并承诺使国家复兴。至于它对犹太人的立场，人们经常争辩说，国家社会主义工人党在推动反犹太主义方面比在其民意调查中有效协助反犹太主义更有效。在整个国家里，国家社会主义工人党在农村新教地区支持率很高，在各地的上层阶级中获得了全面支持。从纯粹的算术角度来看，一个符合宪法的联合政府仍然可以占据议会多数席位，但这种联盟的时代早已过去了。在魏玛，妥协是一个肮脏的词，到目前为止，社会民主党与右翼政党之间任何形式的合作都是不可能了，原因是社会民主党同其工人阶级支持者早已受到共产主义竞争对手的强烈攻击，被称为"社会法西斯主义者"，而右翼政党则致力于他们自己的狭隘的经济利益以及目空一切的修正主义外交政策。魏玛国防军凭借其与兴登堡的特殊关系，将国家社会主义运动看作转向一种更为自信的外交政策的可能手段，借助一支重新振作起来的军队，就像希特勒一直承诺的那样，就能摆脱《凡尔赛条约》的束缚。

失业率在持续上升，伴随的是政治上的激进主义；布吕宁所追求的经济处方适合于经济衰退期间，而不适合于资本主义制度的实际崩溃期。他把希望寄托在可能的外交成功上——例如，与奥地利的关税同盟——或者战争赔偿的正式结束，但这些也都弃他而去。包括哈伯在内的一些人都明白，1930 年的选举标志着德国人生活的根本转变；然而，大多数人仍然囿于早先的假定和信仰。例如，许多马克思主义者认为，国家社会主义是绝望和固执的资本家的产物，专心于寻找操纵公众的手段。他们之中很少有人明白国家社会主义工人党人的真正力量在于他们出色地组织起来的伪宗教的感召力。

无论我父亲的认知是怎么样的——而且他倾向于政治上的悲观——他现在重新安排了他的生活。我父母在城里一处繁华的地方找到了一套有七个漂亮房间的公寓，足够供家人居住和我父亲行医接诊：餐厅兼作候诊室，我父亲的书房兼作检查室，一个单独的房间里摆放着大型 X 射线机和实验设备。但新公寓也必须得配上适当的家具，我祖母给了我们一些珀尔齐希款风格的家具，而其他一些杂物就必须另行购买了。搬到新公寓后，我的记忆变得更加清晰了；我父母聘请了赫克特先生，我们现在称呼他为室内设计师。我记得他是一个不怎么吸引人的人，他驾驶着一辆带边斗的时髦摩托车，曾带我坐过。有一个房间被隔成两间，较大的一半给我姐姐住，前半间就给我住。这小小的房间有着巨大的优势——拥有一个极小的阳台，从那里可以将下面宽阔的绿荫大道尽收眼底。

我确实常临街观察。不知怎的，摩托车和阳台在我脑海中同街上人们的形象融为一体：熙熙攘攘的人群，因截肢而戴着奇怪装置的男人，面部丑陋的或带着黄色臂章（失明的标志）的男人。对我来说，街道是现代产品的奇怪混合物，到处是摩托车、汽车和电车，同时在不断提醒我一些早期的悲剧。那个二楼的阳台和我的那张现代床——就像一张墨菲床，白天可以折叠存放——我认为这是一张野外便携床：这两件"财产"极大地丰富了我的生活幻想！我可以向下面的人群发表演说，我可以梦想英雄般的生活，比如拿破仑统帅那种——当时我正在读拿破仑的传记。

赫克特先生还带来了三张包豪斯桌子——就像后来一样，感激不尽的病人会给我父亲送来包豪斯设计的礼物。尽管公寓里摆着那么多传统家具，如我父亲书房里的木制书橱和厚重的真皮扶手椅，但仍具有现代风格：明亮开放，有一些魏玛风格以及魏玛精神。

我们的新朋友是这种精神的使者。私人诊所的开张使我父母的朋友圈变得更大更活跃；病人成了我们的朋友，朋友也是我们的病人。与恩斯特·汗布格尔和他的妻子（开始是朋友，然后是病人）建立起来的友谊是最持久的。汗布格尔比我父母年长几岁，是个犹太人，曾获得历史学博士学位，在战前教过中学生。他很有魅力，和蔼可亲，尽管生气的时候有点急躁，还有点摆老师架子。他是一名中间派社会民主党人，致力于各种社会改革，务实，不会空想。当我父母认识他时，他已经是社会民主党的一个重要人物；布雷斯劳既是他的家乡，也是他的选区，从1925年开始，他就是普鲁士议会的成员，在整个魏玛统治时期，议会都受到社会民主党和中间派人士联盟的控制。这个联盟的杰出领导人是奥托·布劳恩，平民出身，来自东普鲁士的社会民主党，是魏玛政治生活中的一个关键人物，现在基本上被遗忘了。汗布格尔与他建立了密切的关系，因此也成了一个有影响力的人。汗布格尔是德国共产党的一个死敌，1928年后，德国共产党开始了一场斯大林主义运动，将社会民主党视为"社会法西斯主义者"，而他则成为反对纳粹的一个不屈不挠的竞选者。因为原先当过教师，他对教育特别感兴趣，同许多魏玛的进步人士一样，他很早就对我母亲的工作产生兴趣。在随后的噩梦中，这两个家庭走得特别近，在关键时刻相互帮助，以求生存。

另一位朋友是赫尔曼·吕德曼，他是下西里西亚省热情激昂的社会民主党省长，有着普通的雅利安血统。另外，齐格弗里德·马克也是犹太人和社会民主党人，在魏玛初期就成为布雷斯劳大学的哲学教授。马克是一位专门研究政治思想的马克思主义者，偶尔为左翼期刊撰写文章，对于右翼同事和学生来说，他尤其是一个眼中钉。他的妻子克莱尔——我从童年以及后来从纽约开始都记得她——是魏玛的一位"新女性"，她的外表和思想都是现代的，嘴里总是叼着一根烟。在布雷斯劳，有人示意她，她的独立和冒险是危险的。还有一个朋友是恩斯特·埃克斯坦，他是一个新分裂出来的党派——社会主义工人党的当地领导人，这个党派要求的是一个真正激进的马克思主义纲领，反对僵化的、官僚化的社会民主党人，并认为自己能积极地取代屈从于莫斯科的共产党。作为一名犹太知识分子，埃克斯坦是一个民众领袖，能对一些工人产生巨大影响的演说家。他的妻子是我父亲的长期病人，埃克斯坦本人则是我父亲的好朋友。（我拥有一本乔治·勃兰兑斯写的《伏尔泰》，是埃克斯坦题了字送给我父亲的，以表示感恩的友谊和知识分子的惺惺相惜。）

经常向我父亲咨询的普通医生，就像他的病人一样，既有犹太人，又有非犹太人，尽管布雷斯劳的犹太医生比例仍然很高。许多犹太医生也是他的朋友，如雅达松的继任者马克斯·耶斯纳，以及汉斯·比贝尔施泰因，他也是一位皮肤科医生（他当医生的妻子埃纳，是皈依和殉难的加尔默罗修会修女伊迪丝·施泰因的妹妹，这位修女后来受到教宗约翰·保罗二世的册封）。他还有一个经常在一起打牌的朋友圈子，除了阅读之外，打牌是他主要的消遣方式。他们打得最多的是斯卡特，一种三人玩的德国纸牌游戏，有时候也会四个人玩。当我父亲和他的朋友亚历山大·加布里尔（约翰内斯文理中学的自由主义派校长）以及两名律师劳特巴赫和卡尔·哈克斯一起打牌时，尽管赌注很少，但他们的情绪很高。这些牌友都是基督徒，在希特勒上台之前，他们成为"雅利安人"，这个事实并不重要。他们继续聚在一起打牌，直到那个最后的关头。

我怀疑我父母明显的、自由的世俗脾气是魏玛这种特定环境的特征。在专业的犹太人士和新教圈子里，宗教往往是私事。当然，对犹太人的偏见不仅存在于非犹太人之中，毕竟还有许多犹太人的自我批评，不论是以严苛的或开玩笑的形式出现。反犹太主义就是这种偏见的恶毒形式，它通过各种方式表现出来，通常是在人事聘任方面。当然，我父母了解反犹太主义对爱因斯坦的攻击，以及因为排犹阴谋，理夏德·维尔施泰特愤而辞去慕尼黑大学的职务。他们遇到的反犹太主义有着各式各样的伪装，留下了无数逸事。我已故的朋友费利克斯·吉尔伯特——20世纪20年代一位具有特别洞察力的见证人——在他的回忆录中回顾了"保守派和反动势力以其傲慢态度和侵略性开始主宰学术界"。那些势力打击魏玛的任何支持者——如果支持者是犹太人，打击就会更加猛烈。

反犹太主义的形式有很多，其中最恶劣的形式是民族主义右翼的主题，而且人们对反犹太主义太掉以轻心，以为它只是一种肮脏的政治，粗俗而令人十分厌恶，太容易认为它是暂时的。与此同时，犹太人在大多数公共生活领域崭露头角。他们曾经被禁止进入的领域，尤其是军官队伍，其公共重要性已经降低了，因为不再采取征兵制，军队成了国中之国，与平民生活分离。左派可能实在太急于去嘲笑和诋毁军队——过去国家的命令给了他们很多无端的伤害。

在许多领域，犹太人和非犹太人在一起工作。我怀疑，虽然有许多非犹太人医生会打电话向我父亲咨询，但有些人也会犹豫不决。同样的情况，即使程度较小，在社会领域也是存在的。我父亲与内科医生莫蒂默·冯·法尔肯豪森有密切的合作关系，还向我们讲述了关于乔治·夸贝的故事，他是布雷斯劳一位著名的律师、作家，也是一位病人，有着压抑不住的机智和真正保守的观点，他在一本大不敬的书中哀叹道：在德国政治中没有真正的保守党了。

　　无论他们怀有何种无声的偏见，基督徒和犹太人在社交中混杂在一起。我怀疑，大多数人，尤其是上层阶层的人，都会意识到人们正式的或放弃的宗教身份；每个人都知道谁是谁——谁是基督徒，甚至谁是天主教徒或新教徒，谁是信徒，谁不是，谁又是犹太人或犹太血统的基督徒。但有意识并不意味着要分离；专业合作程度仍然很高，社会混合度也是如此。参考布雷斯劳的一个例子：保罗·埃尔利希的女儿施特凡妮，人们叫她施戴法，嫁给了一位非常成功的布雷斯劳纱厂老板恩斯特·施韦林。这对谨慎的犹太夫妇有一个沙龙——类似于上一代奈塞尔的沙龙，他们的常客包括托马斯·曼、格哈特·豪普特曼、默伦多夫、阿道夫·布施和其他来访艺术家。（施韦林夫妇是否在慕尼黑访问过托马斯·曼？在他们的熟人中是否存在那种互惠？但是，沙龙举办人和艺术家之间的关系通常是不平等的。我父亲最喜欢的名人逸事之一——他喜欢听笑话并擅长讲故事——是关于布施四重奏组受邀去一个富人家中为一个正式场合演奏。一切准备就绪，包括1000马克的费用，主人有点尴尬地补充说，四重奏将在晚餐前演奏，并且如果他们没有被邀请留下来用餐的话，请他们予以理解。布施的回答是："哦，在那种情况下，500马克就可以了。"）我母亲家与施韦林家有关系，她和施戴法是非常亲密的朋友。

我第一次遇到政治上的不愉快，甚至某种默许的恐吓，是在1931年，当时全家人在度假。我们和汉斯·奈塞尔一起在北海的阿姆鲁姆岛，他的年龄与我大致相仿，父亲是古斯塔夫，有个儿子叫迪克·奈塞尔。在海滩的入口处，站着一个身穿制服的纳粹冲锋队士兵在叫卖纳粹报纸。毫无疑问，父母的厌恶影响了我的第一反应，但那个家伙散发出敌意，并且他的橡皮警棍也暗示着暴力，这幅景象在我脑海中挥之不去，激起了恐惧，我想还有某种病态的蛊惑。回到布雷斯劳后，我看到了很多这种穿制服的暴徒，独自或举着旗帜唱着歌成群结队地在街上游行。我学会了避开他们。

他们仍然算是一种不幸的精神失常。现实存在于其他地方，1931年我舅舅的婚姻就是一个例子。他叫彼得·布瑞格，是布雷斯劳大学教艺术史的编外讲师，长相英俊，颇有魅力，有点冷漠。他娶了一个学生，美丽并具有非凡自制力的芭芭拉·里特，是一个有着古老传统的克里斯蒂安·汉堡家族的女儿，她的父亲是德国最大的哈巴格航运公司的经理。精心准备的婚礼在汉堡举行，我母亲为此安排了婚礼必备的表演节目，都是有关新婚夫妇的完美的戏谑和调侃，大胆但适度，诗句配上了当前流行的曲调，包括《三便士歌剧》中最著名的曲调，以供整个婚礼宴会演出，新娘和新郎的父母都出席了婚礼。

未说出口的看法是什么呢？我的祖母是否觉得里特家族以无可挑剔的祖先渊源在某种程度上要优于她自己的家庭，因为她的家庭中只有孩子们受过洗。（布瑞格家最年轻的儿子——弗里德里希，是布雷斯劳大学教遗传学的编外讲师，有才华但缺乏魅力，有点像害群之马，早些时候娶了一个出身于基督徒海军军官家庭的妻子。）或者她只是因为彼得娶了一个出身于"好人家"的妻子而感到高兴。大约六十年后，在 20 世纪 90 年代，我问芭芭拉当初她的家人对她所选择的新郎的反应。她以她快人快语、直截了当的性格回答我，她记得她母亲曾对她说："我觉得好像你把几滴污水放进了一杯干净的水中。"这是一个挺吸引人的比喻，带着些许奇怪的性暗示，而且也许不是一个不寻常的回应。然而，这两个家庭之间的关系非常密切，而且里特父母支持他们的女儿在爱情上的坚贞，在形势必要的时候，与丈夫一起移民国外——甚至在他们永久离开时还帮她将一幅诺尔德的油画和一幅巴拉赫的素描偷运出德国。

还有一次度假回忆，1932 年夏天在北海的坎彭，同行的有恩斯特·汗布格尔和他的家人，彼得和芭芭拉·布瑞格夫妇以及芭芭拉的弟弟约布斯特。这里的海滩反映了德国生活中愈演愈烈的政治化。每个家庭都有自己的柳条沙滩椅，周围是精心打造的沙墙，这些堡垒大多数插着一面旗帜：有的有着共和党的色彩，有的是民族主义者的帝国旗帜，或者是纳粹标志。快成年的约布斯特为了给我的姐姐和汗布格尔的女儿留下深刻的印象，不知怎么的，突然把我抛向空中，当我落在坚硬的沙滩上时，我的右手腕断了，结果我被送去了当地医院，我因骨折需要在那里动手术治疗。直到今天我都还记得当时的恐惧，我戴上了一个乙醚面罩，一边被要求大声数数，一边担心自己会窒息。（我感觉到在手术室里父亲离我很近，这还是很有帮助的。）回到家后，我的手臂被固定在石膏夹中，母亲定期带我去诊所，在那里，我的被石膏套住的手腕要放在一个简单的机器中，轻轻摇晃，转着圈子活动：不断的运动会带来剧烈的痛苦，但据说有助于手腕恢复灵活性。我把每次去就诊称为"恐惧经历"（Angstweg）——这成了一个频繁被引用的术语。未来的几年里，生活中的大部分将由"恐惧经历"组成。那么，是所有的药物对疼痛都如此没有功效，还是我过早体验了当时仍然流行的一种德国迷信：痛苦是一种高尚的经历？那次事故也有一个好处：由于手腕受伤，我几乎不能写字，便得到了一台破旧的打字机。在以后的六十年或更长的时间里，我一直沉迷于用打字机写作。

但是，在1932年，所有德国人不得不忍受更多更为严重的"恐惧经历"——我也品尝到了些许。恶性通货膨胀后不到十年，德国在经济崩溃的情况下遭受了高失业率的困扰；到了1932年秋天，大约有600万人失业，还有很多人在从事短期工作。失业者及其家人面临饥饿、绝望和羞耻。大多数人陷入了一种集体焦虑状态，像往常一样对政治感到绝望。在这种情况下，共产党人必然证明了自己是资本主义崩溃的获利者，这似乎证实了列宁主义的预言。共产党在选举中的成功引发了恐惧，使保守的中产阶级转向国家社会主义寻求保护——如此针锋相对的极端分子却在互相帮助！甚至富裕的犹太人也不能幸免于反动的观点。

这段时期经历了四次全国选举。1932年春天，刚刚成为德国公民的希特勒在两次总统选举中与兴登堡成为对手——此时，兴登堡这位陆军元帅是社会民主党和天主教中央党两党的候选人。共产党人推出了自己的候选人恩斯特·台尔曼。对于左派和天主教选民来说，八十来岁的新教徒兴登堡看起来罪恶较小。在他们的支持下兴登堡重新当选，然后就马上解除了布吕宁的职务，而布吕宁一直是兴登堡获胜的推动者，取而代之的是他的旧时亲信，被轻蔑地称为卡玛利拉（智囊团），他们被授予总统的法令权利。兴登堡下决心阉割议会制度。此时，兴登堡在东普鲁士的一些地主朋友被怀疑涉嫌各种物质诈骗。捍卫特权和贪婪加速了魏玛的灭亡。

新任总理弗朗茨·冯·帕彭成为一个轻率的掘墓人，葬送了所剩无几的德国民主。到目前为止，魏玛国防军大体上已成为德国政治生活中躲在幕后的主导力量，凭借这支部队的支持，帕彭清算了普鲁士的奥托·布劳恩政权，这是德意志帝国最后一个民主堡垒，有着共和党警察部队和大部分忠诚的公务员队伍。这是一场赤裸裸的政变。社会民主党人和他们的盟友屈服了，觉得自己太弱，不能号召抵抗，但他们自己队伍中的激进分子对他们认为是致命的愚蠢行为感到震惊。帕彭为普鲁士政变找的借口是公共秩序全面崩溃。1932 年夏天，血腥冲突发生在国家社会主义工人党和共产党之间，或者也可以称发生在国家社会主义工人党和帝国战旗的成员之间。帝国战旗是一个激进的共和党人阵营；我很欣赏帝国战旗三支箭的标志，代表法国大革命的三位一体。

尽管许多德国人受到希特勒的蒙骗或者对其意识形态承诺深信不疑，但还是有足够多的人知道妄图篡夺权力的纳粹主义究竟是什么货色。年轻且极有前途的社会民主党议员库尔特·舒马赫说得好："国家社会主义只不过是人类对猪的永久吸引力。"就在 1932 年那一年，身为民主党议员和杰出作家的特奥多尔·豪斯警告说，国家社会主义工人党一旦执政，将创造一个"极权国家"。这种声音是永远不会缺乏的。

7 月又举行了一次议会选举，我父母租了一台收音机收听选举结果，还邀请朋友们一起来听。我感受到了他们的忧郁，因为选举结果比他们的噩梦还要糟糕。国家社会主义工人党赢得了 37% 的选票，这是一种毁灭性的前景，只是因为兴登堡拒绝任命希特勒担任总理，除非他获得议会多数席位，才能带来部分光明。谈判毫无结果。即使希特勒取得了如此大的胜利，许多人仍然低估了他和他的摩尼教演讲词的成功。纳粹主义的盛况，一如意大利法西斯主义的盛况，是教会和军队仪式的一种世俗混合物，继续吸引着被打败了的、被剥夺了权益的、自我鞭挞的人们。笃信暴力的希特勒，在修辞上将政治复杂性融进了纯与不纯、日耳曼英雄和犹太人－马克思主义叛徒之间的一场瓦格纳*式战争之中。

8月，在上西里西亚的一个小镇，五名纳粹冲锋队员当着一名共产党工人母亲的面杀死了这名工人；当这五人被逮捕并被判处死刑时，希特勒给他们拍了封电报，称赞他们坚定不移的忠诚。对于民主党人或仅仅是对于正派人士而言，希特勒对暴力的嗜好应该是显而易见的。同情者为这种过度行为制造了减轻罪责的借口，正如许多人在纳粹上台后所做的那样，但也许还有一种未公开承认的对武力、对进行中的恶魔行为的崇拜。言论和行为中的暴力有其自身的魅力，就像观看斗牛的观众或好莱坞电影的观众所知道的那样。

1932年秋天，暴力在德国随处可见，政治集会经常被迫中断，街头冲突每天都在发生。那年秋天的某个时刻，一枚炸弹扔进了恩斯特·埃克斯坦家的起居室，奇迹般地没有伤到任何人。这是一个令人震惊的消息，我很害怕，我知道是谁投掷了炸弹——是纳粹干的——尽管我不认为我知道婴儿来自哪里。（在政治问题上，我被视为早熟青年，但是性话题仍然是禁忌。）大致就在那个时候，我父亲将汗布格尔和埃克斯坦一起请进他的书房，希望他们

---

* 瓦格纳是20世纪最伟大的音乐家，是德意志精神的代名词，其音乐剧能制造出集体癫狂。——译者注

的两个政党——尽管力量不平等——能够超越分歧，携手共进。但这未能实现，意识形态上的差异和党派利益胜过了对付希特勒的共同阵线的需要：这是普遍失明的一个缩影。

　　下一次选举定于 11 月举行。在星期天这个选举日里，我父亲被请到一个乡间小镇去参加紧急会诊。他雇了一辆车（我们没有车），并希望我陪他前去。我母亲出于对暴力的害怕和对我的过度保护，反对我同他一起去——但反对无效。这辆车的挡风玻璃破了一块，我父亲半开玩笑地指出这一残缺，因为他不想之后为此付钱。司机承认了这一事实，并补充说，在选举日，有很多车窗会被砸，所以他要等一等，选举过后再来修复这块破损。我知道，邻近的城镇里发生了许多暴力事件，但我们毫发无损地回来了，后来还就此开玩笑；我想我之所以能清楚地记得那一天，是因为整个经历让我充满忧虑。

　　11 月的选举记录下了纳粹得票率的第一次下降，从 37% 直接跌到了 33%（在布雷斯劳是从 43% 下降到了 40%），足以使该党的反对者欢呼喝彩了，他们希望这场运动能够大获全胜。已经是第三大党的共产党的票数增加了，他们的实力进一步震惊了社会民主党和反动派。但到目前为止，议会已完全被边缘化了。库尔特·冯·施莱谢尔被任命为总理；他制订了一些切实可行的计划，用以减少失业，以及最终在左翼国家社会主义工人党人和右翼工会之间建立联盟，而魏玛国防军则可以作为一个威权政权的最终担保者。但在几周之内，他成了针对他的宫廷阴谋的受害者。这纯属发生在那几个月的轻率之举！

　　我的生活仍然受到庇护。1932 年 4 月，我到我们家附近的一所名为维因霍尔德的小型私立学校就读；那里的老师被称为

"阿姨"。*上学路上，我要经过父亲安置了一些病人的诊所，还要经过邮局，后来那里变得非常重要。我的第一张成绩单上写着，我的行为"愚蠢且不守规矩"。这句话后来在家里经常被引用，主要是用来开玩笑，但我现在想知道学校里偶尔的顽皮是否会取代家中公开的蔑视。我正在成为一个被宠坏的因此并不快乐的孩子，笼罩在舒适的特权和父母的吹捧之中。我很想知道，假如生活没有发生巨大变化的话，我将变成一个什么样的人。

1933 年 1 月 30 日——我七岁生日的前三天——在放学回家的路上，我听到报童们在大声叫卖号外，标题是《希特勒被任命为总理》。我拿了一张报纸单页带回家给我父亲。他下午一般在患者到来之前会休息一阵，我把号外给了他，我知道这是坏消息，他证实了这一点。

同一天下午，我听到街上传来隆隆声，从我的小阳台上我看到一连串散乱的衣衫褴褛的男人、女人和孩子在红色横幅后面行进着，有节奏地呼喊着"饥饿，饥饿"。这是共产党组织的示威游行——我猜想，这是在布雷斯劳的最后一次游行。我是完完全全同情示威者的，他们后面很快就跟上了一群纳粹分子，沿着街道中间行进，举着令人望而生畏的纳粹旗，还挥舞着警棍和匕

---

* 近年来，维因霍尔德学校的一些同学写信给我；大多数男生在战争中丧生了。一个"雅利安"女孩提醒我，我们的大多数同学或是犹太人或者出身于贵族家庭（包括一个真的疯掉了的俾斯麦人，我记得他从街上捡起马粪然后放进嘴里）。另一个同学名叫蕾娜特·哈普雷希特·拉斯克，她还记得，当她和她的妹妹作为奴隶劳工不得不佩戴一颗黄色星星符号时，那些贵族孩子后来表现得最为正派。因为她的妹妹是一位有天赋的大提琴演奏家，被选入集中营内的管弦乐队，所以她才能在奥斯威辛集中营幸存下来——她妹妹的事迹还成为一部著名电影的主题。蕾娜特与克劳斯·哈普雷希特结了婚，克劳斯一度是德国总理维利·勃兰特的亲密顾问，并且是一位多产的德国作家。他们生活在蔚蓝海岸边上的一个法国小村庄里。

首。即使在今天，对我来说在大街上上演的这种赤裸裸的威吓戏剧也是一个异常清晰的惊人场景。六年后，在另一个国家里，当我读到《苏德互不侵犯条约》时，我都会感到震惊：这是对早期童年错觉的残酷修正。我想，如果这些场景不是一场全方位灾难的前奏的话，我原本是会忘记它们的。

在魏玛即将寿终正寝时，我才真正了解它——而这也是后人对它的看法。半个多世纪以来，魏玛已成为政治失败的代名词；只要有一个民主制度即将沦陷或一种政治体系处于危机之中，人们很快就会称之为"魏玛"，似乎它是一种衰竭性政治疾病的通用名称。

或者，魏玛将被作为一个充满创造力的时期而名垂青史，它当然是的。在大众的想象中，超越极限的野蛮可能也有它的一个特殊位置。德国在艺术、建筑、电影，特别是自然科学领域的惊人创造力和创新标志着一场新的有时不和谐的高潮，所涉及的正是它在第一次世界大战前在文化上做出的承诺。但是，在战争和失败的挑战之后，这十年来所取得的进步却使数百万德国人感到不舒服，他们感觉受到现代性的威胁。他们没有读过图霍尔斯基的著作，甚至可能连托马斯·曼写的书都没有看过；他们不会对爵士乐和《三便士歌剧》亵渎神明的剧本感到兴奋，不会惊叹于包豪斯建筑物的屋顶平台和绚丽采光，也不会认真思考保罗·克利的幽默的抽象艺术。他们中的许多人在难以理解但广为人知的相对论中看到了一个犹太人的欺骗行为。他们认为所有革命性的实验都是对旧习俗的破坏，是外星人、世界主义者和犹太操纵者的无神论作品。他们在一个领域遭受了文化冲击，在另一个领域又遭受了金融灾难，他们中的许多人就此屈服于纳粹种族言论中的怀旧声音，并相信他们所承诺的迅速恢复和蓬勃发展，回归真实、统一的德国。国家社会主义工人党痛恨并最终禁止了魏玛文化中真正属于德国和欧洲的东西：在思想和生活中大胆地迈向现代化。

由于出身和家庭倾向所赐予的机会，我目睹了魏玛勇敢的政治捍卫者，不论男女，他们立下志向，要致力于实现以往的启蒙运动的理想。我们不应该忘记，这个德国艰难地经历了连续的、可怕的、令人麻木的创伤：失败、卑贱、恶性通货膨胀、资本主义崩溃——所有这一切被压缩进了十四个年头里。在这大部分时间里，德国坚持了议会政府，意大利却放弃了民主转而支持法西斯主义，而东欧（马萨里克的捷克斯洛伐克除外）则采纳了专制政权。面对来自自封的爱国者和支持他们的物质利益的无情代表的野蛮反对，德国人对待民主只给予一种冷漠的往往缺乏想象力的辩护，尽管如此，这仍然是对民主的捍卫。

在魏玛结束时，我也一眼瞥见了它开始时的希望——它的结束恰好是我的政治教育的开端。我的所见所闻足以了解到德国的男男女女确实在与国家社会主义工人党做殊死斗争，它的崛起并非不可避免。魏玛为我们所有人提供了丰富的经验教训。

第三帝国在胜利和欺骗中登场。1933 年 1 月 30 日晚——后来这一天被作为纳粹夺权（Machtergreifung）纪念日——一群身穿制服的纳粹突击队员举着火炬上演了一场精心策划的围绕柏林总理府游行的闹剧，聚集起来的势力和对武力的颂扬暗示着他们压抑已久的对暴力和报复的渴望。对于许多人来说，那些自信的青年人迈着正步发出的声音，在全国广播中尽职尽责地播放之后，可能会令人回想起 1914 年 8 月的那些日子，当时德国人民曾纵情于团结和牺牲。但这只是新政权的一个方面。

在非纳粹大众中——他们在德国人中仍占大多数——特别是在"不关心政治"的人群中，许多人可能感到宽慰的是，政治权威可怕的不确定性似乎已经结束，某种布尔什维克政变或左翼卷土重来的威胁已被解除。当他们说服老迈的兴登堡任命希特勒为一个只有三名纳粹分子和九名保守派组成的政府的总理时，他们可能已经相信了右派阴谋家所相信的东西。他们可能真的相信了新政府意味着对民粹主义和凶残的煽动者进行了保守派的驯化，希特勒成了其所负责的利益的俘虏。"凡众神欲毁之人，必先致其哑然无语"，在这种情况下，老派精英们有意的视而不见首先摧毁的是那些无辜者。

但即便是敌人和怀疑者也不可能像亨利·詹姆斯所说的去做出"灾难的想象"，预见纳粹主义的全部恐怖行为，更不用说预测纳粹党获得全部权力的速度了。毕竟兴登堡还在台上，他可以作为某种基本的脸面的守护者，宪法也是如此。在原先的专制政权下就存在的法治国家（Rechtstaat）也肯定会坚持下去。杰出的社会民主党人弗里茨·厄勒尔回忆道，在那些日子里，人们成了"他们自己脸面的牺牲品";尽管纳粹暴力体现在其言论和行为上,但他们根本无法想象即将来临的纳粹党徒彻底的人性丧失。然而,恐惧依然存在,难道这意味着恐怖主义独裁统治的开端吗?纳粹自己也不确定,但事实证明他们是令人印象深刻的即兴演员,在走向绝对权力的道路上堪称杰出而无情的战术家,向其国内外的敌人发动了战争。他们绝没有预料到会有这么多德国人在他们面前兴高采烈,奴颜婢膝。

在对待任何历史,尤其是这段历史时,我们必须牢记一个最基本的事实:这段历史并不知道我们现在所知道的一切。我们的任务是努力重新塑造当时人们可能的希望和忧虑,我们还必须记住那些以前所未有的迅捷速度发生的事件:一些人在新政权的最初几天可能相信或希望相信的事情在随后的几周和几个月里变得越来越不可信。在什么时候,如果有的话,国内外的人们才会看穿国家社会主义的本质呢?这个问题至今仍然萦绕于人们的心头。

在纳粹政权一开始的时候,具有讽刺意味的是,我的家人可能比其他许多人更加"幸运地"接近灾难。别人很快就看到了,也很早就放下了他们的疑虑,特别是对我父亲的担忧;与我情感上坚强但不关心政治的母亲相比,他们在政治上更能适应。我母亲则性格开朗,勇于保护自己的孩子,并且擅长处理冲突和危机,尽管善良的她宁愿避免它们。而现在,鉴于外部的政治威胁,家庭变得越来越重要——当然是对我而言。

1933 年 2 月中旬,哈伯在给我母亲的一封信中对她的第二卷作品表达了谢意,并补充道:"鲁迪信件中出现的对于政治状况的焦虑,以及不那么明确但并非不那么清晰的来自你的信件中的忧虑,只有在你接受了不可避免的东西之后,才能加以克服。

在法西斯主义掌握了权力的那一刻，去抵制特定的变化，特别是让他们对自己的生活产生的影响成为一种痛苦的受罪，这是没有用的。"但在几周之后，他自己的生活也变得难以忍受。

即使在回顾往事时，纳粹对德国所向披靡的征服仍然令人震惊。在当时，人们就对此惊叹不已。大部分人可能对新的权威表示欢迎，而那些仍持怀疑态度的人可能没有意识到有时隐秘的目无法纪的行为会如此迅速地扎下根来。墨索里尼在意大利用了三年才做成的事，希特勒在德国只用了三个月就完成了。新政府要求在3月5日举行议会选举（不到一年内的第五次全国大选），接着在随后的几周里，纳粹分子控制了街头和媒体，尽管反对派的报纸和集会仍然获得允许，但经常受到骚扰。然后，在2月27日，国会大厦被人纵火烧了，纳粹立即指责共产党人应对此罪行负责，声称这是他们起义计划的第一个信号，只有最严厉的措施才能加以阻止或镇压。共产党人所犯罪责的证据是什么呢？据称在燃烧的大楼里发现了一个近乎疯狂的荷兰人，他与共产党人有一些假定的联系。几个小时之内，希特勒政府说服了兴登堡，相信国家面临迫在眉睫的危险，后者尽职地签署了迅速制定的紧急法令，暂停了宪法中所包含的所有公民基本权利，例如，允许不经起诉或剥夺求助法律顾问的权利，直接逮捕任何"受到怀疑的"人。这些法令为随后所有恐怖和镇压行为提供了"合法"依据。

具有讽刺意味的是，事实证明国会纵火案对纳粹和共产党人都大有裨益——对前者有利是因为他们有了借口从而能够"合法"废除所有公民的基本权利；对后者有益是因为在对荷兰人及其所谓"共犯"的公开审判中，被指控纵火的保加利亚共产党人格奥尔基·季米特洛夫引人注目地把矛头指向了纳粹头子和国会议长赫尔曼·戈林，谴责他为肇事者——这一勇敢反抗的姿态把季米特洛夫造就成反法西斯主义的英雄，共产党人因此被合理地视为纳粹主义最勇敢的敌人。历史学家对纵火案真正实施者的看法仍然存在分歧，一些可靠的专家坚持认为，个别荷兰人完全可以独自行动并且也可能做到了。我逐渐赞同这样一种修正主义的观点，但当然，在迅速利用不可预见的机会上，纳粹证明了自己是个高手。

大选在一周之后举行，纳粹获得了43%的选票，在布雷斯劳是50%，加上其民族主义盟友，纳粹勉强地过了半数，但不足以修改魏玛宪法中遗留下来的条款。公开的戏剧性表演和私下的恐怖活动仍在继续。擅长营造壮观场面的纳粹大师们为他们所谓的波茨坦日做好了准备：希特勒身穿黑色燕尾服，头戴大礼帽，向年迈的总统鞠躬致敬，而这位总统却穿着他第一次世界大战时期陆军元帅的制服，佩戴着所有勋章，由旧帝国军队的主要高官簇拥着。这是旧的传统和新的承诺的和解，普鲁士的陆军元帅将他的祝福赐予奥地利下士用纪律约束起来的乌合之众。历史学家们一直在争论普鲁士是何时不复存在的；在道德上，我相信，那一天就是它的末日。

希特勒需要三分之二的议会多数才能获得他所渴望的四年独裁政权的法律依据。他以最相称的政治家风度向国民议会呼吁，要求授权他依法令来治理，并恢复全民的福祉。在议会大厅里面，相应的礼仪得到了遵守，但在外面，报复的威胁却随之而来，纳粹突击队包围大楼，强烈要求新的法律，"否则的话……"除了一个党之外，其他所有政党都屈服了，最具破坏性的是天主教中央党也屈服了。共产党的议员或被捕或被阻止参加议会。只有社会民主党——97名议员全部到场——在一个充满勇气、令人难忘的时刻站出来反对该法律。投票结束后，真实的、残暴的希特勒滔滔不绝地发表了即兴演讲，把他的仇恨发泄在社会民主党头上。那次投票是德国议会制历史上最黯淡的时刻，也是往往太过顺从的社会民主党历史上最令人钦佩的时刻。

尽管取得了胜利，尽管民众逆来顺受的证据越来越多，但新政权仍身处窘境。纳粹突击队渴望一场真正的革命，渴望人头落地的时刻，渴望更多的暴力。但政府不安地注意到国外对纳粹统治的敌对态度，并对犹太人赞助的针对新德国的"仇恨运动"以愤怒的指责。为了满足国内的暴徒并吓唬海外的反对者，纳粹对犹太企业实施了正式的抵制：4月1日，纳粹冲锋队被派驻在犹太商店和专业机构前面，当然也包括医疗机构，警告德国人——此处该说"雅利安人"——不准光顾犹太人的企业；在一些地方，个别犹太人遭到追捕。抵制的目的是向外界发出通告，如果有外国批评或联合抵制，德国犹太人将成为人质，成为报复的对象。

然而，这一广为人知的纳粹行动远未取得普遍的成功，仅在一天之后就夭折了。该政权又回归到了首选模式，即具有假惺惺的合法门面的"国民革命"。门面是非常重要的，只要一切看似"合法"并体现在政府法令中，无数的官员和公务员就会继续他们的工作，而他们的合作是该政权绝对需要的。引人注目的是，由于生存或升迁，德国的精英们或出于热情或出于妄想而屈从于新政权，完全履行了他们对罪恶的统治者的职责，只有少数例外情况。

4月7日，新政权颁布了一道关于"恢复公职服务"的法令；这是一种讽刺性的委婉说法，实则是一项清除所有犹太人

（犹太人被定义为拥有一名犹太祖父母的人，退伍军人可作为例外）以及任何被认为在政治上不可靠的公民担任公职的行动。这项法律将所有犹太人从所有公职、学术界、医院和诊所以及司法界清除了出去——在大多数情况下，是予以辞退。许多世界知名的科学家或被驱逐或主动辞去了职务。学生们嘲笑并在身体上虐待他们的老师，而同事们则以第三帝国统治下德国生活中那种特定的姿态，故意朝另一边看，这种事例不胜枚举。如此一来，德国犹太人从未感到自在的解放进程就此遭遇了残酷的结局。纳粹的宗旨是将犹太人和有犹太血统的人驱逐出帝国。有一段时间，在私营企业工作的犹太人，例如那些在商业和金融方面仍然显耀的犹太人，被认为是不可或缺的，他们基本上没有受到冲击，尽管针对他们的骚扰和排斥也越来越多。

公开反对国家社会主义的非犹太教授，如法学家古斯塔夫·拉德布鲁赫和神学家保罗·蒂利希，也被立即停职或解雇。到1933 年 5 月，工会被取缔，它们的财产被没收；其他所有政党遭到取缔或自行解散；报纸、杂志和广播电台被置于纳粹控制之下。

在 90 天之内，一个一党制国家建立起来了，人们被剥夺了西方世界几个世纪以来一直被认为不可剥夺的权利，如人身保护。但德国人似乎完全没有注意到这一点，该政权也依赖于它在一开始就制定的双轨制：一方面国家的法律仍然适用，特别是在财产方面；另一方面纳粹党可以遵循自己的意图。该政权的第一个受害者——社会主义者、共产党人、民主人士（如果其中任何一个是犹太人的话，他们将受到特别凶残的对待）——没有任何实际的抵抗手段。一些社会主义者，甚至一些犹太人，预计将重新回到旧的被排斥和被镇压的制度上，也许不会比之前的情况更糟糕了。截至 3 月，已有超过一万名男女被捕，并且在慕尼黑郊区建立了第一个集中营，就是臭名昭著的达豪集中营。

那些根据立场和自己的评估而归属于国家法律和道德的守护者的德国人却保持沉默。他们的顺从，也许是奴性或迫切的共谋，锁定了第一批受害者的命运，最终也锁定了国家的命运。一个现代的、受过教育的、自豪的文明阶级却如此轻易地抛弃、出卖并且背叛了公民的最基本权利，这是前所未有的。为什么会这样？是恐惧吗？是心甘情愿地默许和共谋？还是冷漠？这些问题仍困扰着我们，没有现成的简单的答案。

我的父亲，一名有着左倾倾向和朋友的犹太医生，很早就预感到了恐怖。纳粹分子几乎立刻逮捕了恩斯特·埃克斯坦，并将他单独监禁；5 月初，据说他已经死在纳粹监狱中——有人猜测，他不是死于谋杀，就是因酷刑而被迫自杀。官方给出的解释是死于肺病。我父母告诉我他已死亡，我们家里充满了忧郁和恐惧。这只是纳粹在全国范围内搜寻政治对手的一个例子，几天内他们就被拖到纳粹冲锋队的地下室，遭到毒打、辱骂和折磨。布雷斯劳的工人们在埃克斯坦的棺材后面游行，以此作为最后一个挑衅性的反击。（在我父亲去世后，我母亲告诉我，他经过痛苦的思考，最后决定不参加葬礼游行；他担心可能会发生暴力冲突，也担心会被拍照。也许还有其他原因，也许他感觉到一个"资产阶级"医生可能不会被悲伤的工人接受。）此后不久，一位名叫赫尔曼·吕德曼的朋友，被套上一身小丑服装，然后被拖着经过布雷斯劳的街道送往附近杜尔戈伊的一个集中营，旁观者大声嘲笑并朝他吐口水。甚至他的折磨者也对他坚强的忍受力印象深刻。3 月，报纸上刊登了关在达豪集中营的囚犯的照片，讽刺地谈到他们的"再教育"。[*]

　　我父亲的另一位"雅利安人"朋友和病人——阿尔伯特·瓦格纳，是个民主党人和高级公务员，他在 2 月被解职，此后不久被连续关押在不同的集中营里。他被释放后来看我们，他的性情大变，成了一个沉默寡言的人。政治犯都被警告说，如果被释放后谈起他们所见到的或所遭受的折磨，他们将被抓回去。[**]当局希望人们知道集中营的存在，但不想让人知道其中发生的恐怖事件。我父亲用明确无误但掩饰过的措辞，警告恩斯特·汗布格尔不要再返回德国，他恰好在那个春天出国旅行去了。这个警告也许挽救了他的生命。

　　恐惧很快就来到了。我记得有一天，我父亲把那些"危险"的书——库尔特·图霍尔斯基写的书，或者热情的和平主义者卡尔·冯·奥西耶茨基写的书，也许还有阿诺德·茨威格写的书以及雷马克写的《西线无战事》——从他的开放式书架上转移到前排书籍背后不那么明显的地方。人们在打电话时开始变得小心谨慎，以免被窃听，而且人们知道邮件有可能会被截获。我们学会

---

[*] 在随后的几十年里，我坚持认为，如果你不了解 20 世纪 30 年代达豪和其他一些集中营，你必定是一个乡下白痴，有些德国人对此感到不安。因此，不久前我很感兴趣地读到著名的小提琴家阿道夫·布施在 1933 年 7 月写给他的兄弟指挥家弗里茨的信，信中写道：德国人现在祈祷着 "Lieber Gott, mach mich stumm, dass ich nicht nach Dachau kumm（主啊，让我装聋作哑吧，那样我就不会被送到达豪去了）"。

[**] 我想起了哈姆雷特见到的鬼魂：
若不是因为我不能违犯禁令，
泄露我在狱中的秘密，
我可以告诉你一桩事，
最轻微的几句话，
都可以使你魂飞魄散，
使你年轻的血液凝冻成冰……

了只在家里或与我们最亲密的朋友在一起时才畅所欲言。生活变得越来越受控制。

人们常常会忘记，国家社会主义的第一批受害者是其国内的政敌，曾经参加过战斗并且在之前的选举中有时击败了纳粹的勇敢人士；"雅利安人"和"非雅利安人"都遭到围捕，后者无疑受到了特殊的虐待。我们只需要回忆一下几位首批受害者的名字，如恩斯特·罗伊特、库尔特·舒马赫和古斯塔夫·达伦多夫等社会民主党代表。（记录这些纳粹主义早期受害者在集中营中的"生活"的书在国外匿名出版了，这本书是《沼泽战士》，源于囚犯们谱写的一首歌，我是在随家人的一次国外旅行中看到的。）这些男人和女人被正式置于"保护性的监护"——这个词恰好证明了该政权带着讽刺的冷笑——之中，他们发现自己已远离正义，在德国只有极少数人抗议这些对权利和法律的侵犯。我一直认为，对未来德国行为的第一次考验是去评估德国人会如何对待德国人：如果国家社会主义工人党人对自己的同胞都毫不顾忌地施加酷刑，那么他们对所谓的"次等人"和日耳曼种族的死敌犯下更加卑劣的恶行还会让人惊讶吗？

这些暴行的目的就是恐吓，事实上，非纳粹和反纳粹者都意识到他们生活在恐怖的阴影之下，他们怀疑监视无处不在，更不用说被邻居或不满者出卖了。与此同时，这个国家的大部分人陶醉于公共秩序。街道是安全的，并且开放给身穿制服、欢呼雀跃的男女进行聚会游行。人们不时听到元首狂热的呐喊声，带着一种清晰、尖锐的语调，他的仆从们从上到下都在试图效仿。很容易欺骗自己相信秩序是新政权的本质。或者寻找安慰，或者寻找借口，以便解释并减轻对某些事件的一些疑虑：为了制作蛋卷，首先需要打碎鸡蛋。一些过头的事情很快就会消失——毕竟迟钝的兴登堡是不赞成他们的，也许元首本人也对这些事件一无所知。极权主义政权知道该如何动员他们的臣民，激起他们的热情，假装参与公共生活，同时掩盖并放纵他们实际上的无能。当然也有无数的例外，公开的默许与私下强烈的自我反省共同存在，人们求助于德国人所谓的"内心移民"，表明了他们内心的反对以及从公共领域中完全退出。

在1933年3月的最后一次"自由"选举中，我父母去了投票站并投票支持社会民主党。此后不久，他们离开德国去意大利旅行，这是他们很早就计划好的（我相信，这是他们的第一次），他们去了佛罗伦萨、罗马和西西里岛。*我姐姐和我留在家里，由我们的保姆和隔了一段距离的祖母来照料。我父母的旅行在某种程度上抓住了当时模棱两可之处，我们两个孩子留在家里被认为是安全的，因为纳粹政权只攻击政敌，而"度假"已经涉及逃跑计划了：在国外，他们计划与我父亲的妹妹一起度过即将来临的秋天，她现在嫁给了哈伯的儿子，住在巴黎。到了巴黎后，他们会在那里寻找一个移民的地方。这是一个明确而且现实的计划。当他们在4月下旬返回时，反犹太法律和精神的影响已经非常明显了。这道清洗行政机构的法律给生活中的大部分行为做出了规定。我父亲作为一名退伍军人，可以避免该项法律的直

---

* 当时，民主人士将意大利——南方的一个美丽和文化的天堂，一个不涉及政治的旅游胜地，还有仁慈的人民——同其法西斯统治者区分开来。但坚定果断的墨索里尼深深吸引了各种各样的人，当然大多数是右派。著名的德国犹太作家埃米尔·路德维希写了一篇讨好他的人物特写（直到1938年，墨索里尼对反犹太主义毫无用处），甚至温斯顿·丘吉尔都被深深地打动了。只是在墨索里尼于1935年对埃塞俄比亚发动攻击以及一年后他对西班牙内战的大规模干预之后，人们才充分认识到意大利法西斯主义的非人道性。

接影响，但他停止了学术讲座，改在家里会见一些大学生。我父亲的诊所业务仍在扩大，尽管一些公共保险机构已经将犹太医生从他们的名单中剔除，迫使那些希望留在父亲身边就医的病人从自己口袋里掏钱。父亲的工作有很大一部分是参加会诊，全科医生会把他请到病人的病床前征求他的意见。大多数雅利安医生可能不再请他参加会诊，但是，非雅利安同行在布雷斯劳所有医生中几乎占了一半。

作为一个专业团体，德国的医生是早期狂热的纳粹分子，与特别受欢迎的犹太医生的竞争一直困扰着他们。有一次父亲告诉我，曾经和他一起上医学院的一位老同事现在却大摇大摆地穿过马路，不与他打招呼。我父亲很痛苦，甚至可能感到害怕——否则他根本不会提起这件事，而我也不会记得。即使这个男人感到有些羞耻，他也只是遵循着当时一种普遍存在的德国习惯：人们选择不去看，从而没有看见，也不想知道。Zivilcourage——意思是公民的勇气，这是一个极好的德文词语，却不是德国人的一种做法——变得越来越罕见了。

我母亲写的书刚出版就被束之高阁。她放弃了自己的幼儿园，在家里研究算术教学方法。她的三个兄弟或失去了职位或丧失了未来可能的前景。老大恩斯特曾在布雷斯劳附近管理一个治疗结核病患者的创新型国立康复中心，现在他在英格兰的一家类似机构里找到了一个职位。两个弟弟都去了伦敦：美术史学家彼得在考陶尔德学院找到了一个临时职位，后来受聘于多伦多大学；最年轻的弗里德里希最终去了巴西，在圣保罗附近的皮拉西卡巴担任首席植物学家，专事研究兰花——有一个杂交品种就是以他的名字命名的——得益于洛克菲勒基金会的资助，这是哈伯出面协调的。两兄弟都由他们的基督徒妻子陪伴，她们可以不受惩罚地返回德国进行短暂的家庭探访。这两对夫妇很年轻，完全可以在新的环境中开始新的生活。他们属于成千上万的德国犹太人之一，作为新法律的直接受害者，"被迫寻找自由"，被迫离开家园。

对于老一辈人来说，这一切显得更为困难，我的家人从弗里茨·哈伯的命运中可以最深刻地看到他们的痛苦。作为德国科学界的一根支柱，自1911年柏林威廉皇帝物理化学研究所成立以来，哈伯一直担任所长，身为一名退伍军人，他也幸免于"净化"文职人员的政策，留给他的选择有二：保留他的职位，但以解雇他的犹太同事为代价，或是辞职。（5月，因为担心不知道什么灾难会降临到他和他的孩子头上，他向他的战时合作者赫尔曼·盖尔少将求助；少将写了一封信，证明哈伯在前线的勇敢和宝贵的服务，但这无济于事。）像其他少数人一样，例如物理学家詹姆斯·弗兰克和奥托·斯特恩，哈伯选择辞职，尽管他认为他太老了，不能再重新开始。他曾经为科学和他的国家而活，现在他成了一个绝望之人。权利被剥夺，生活上潦倒，导致其产生了绝望。"我已经活得太久了"，他在6月给我父母的信中写道。他离开了德国，前往欧洲各个国家，最后在剑桥"定居"下来，威廉·波普爵士和剑桥大学为他提供了一个实验室职位，但没有工资。（因此，欢迎他的邀请信只是来自最了解哈伯所发明的毒气武器的人。）他在给朋友爱因斯坦的信中写道："在我的一生中，我从来没有像现在这样感觉自己是个犹太人。"

在最后遭受重创的几个月里，哈伯找到了一位朋友和帮手，此人名叫哈依姆·魏茨曼，是位化学家同行，也是犹太复国主义的领袖，他的视野和个性令哈伯着迷，尽管哈伯从未对犹太复国主义表示过同情。他于1934年1月向魏茨曼透露，他认为，如果条件允许，坚定地依附于德国国家的德国犹太人将对犹太复国主义无动于衷。在同一个月，他从他的流亡地英格兰给我父亲写了封信，信中说："那些不是在德国这个国家里长大并且现在也不在那里成长的人是幸运的。但是，远在莱茵河另一端的人们会发现，他们正在欠下一笔反人类的债务，其偿还的难度远比他们想象的大；与我们从我们祖先的福祉那里得到的好处相比，你们的孩子和他们的孩子将从他们父母的苦难中获益更多。"

作为基督教皈依者，哈伯永远不会忘记他的犹太人根源，并且不知何故，他能够将一种名义上的基督教与公民宗教，即德国性，以及私下的犹太身份融合在一起。用他的科学语言来说，这不是一个容易保持其稳定解的化合物，但不知怎的，他已经设法做成功了，就像成千上万的其他犹太人一样，他们或在出生时受过洗礼，或在生命中的某个时刻决定改变自己的信仰——直到希特勒政权以种族取代宗教来定义一个人。尽管种族思想自19世纪下半叶以来已经渗透进欧洲文化中，但只有纳粹德国借助法令让"种族"取代了宗教，使"血统"而不是洗礼成为决定性因素。

在1933年之前，我甚至不知道我们犹太人的根源。但在希特勒掌权后不久，在我与姐姐的一次口角中，我想出了一些反犹太的绰号来攻击她。我立即被唤到父亲的书房里，这本身就是一件罕见的事。我希望我能完全记住他对我说的话，但我知道当我离开他的书房时，我已经很清楚我们的犹太血统了，而且对以那种方式辱骂我姐姐感到羞耻，我父亲的严厉谴责也是一个惊人的启示。在接下来的几星期里，我才逐渐意识到这件事情的全部意义。我之前对纳粹的恐惧只是来自我将他们与暴力和权力联系在一起。毕竟即使是一个孩子也可以凭直觉判断，任何一个正派人士都可能成为暴力的受害者：这个人并不一定是犹太人。现在我的看法不同了。只有七岁，我就开始——至少部分地——有幸得到了启迪。我开始对自己是谁有了初步意识，而且渐渐地，我还知道了自己不属于哪个阶层。

我的父亲和母亲有一些不同的倾向。我母亲能真正感受到基督徒眼中的降临节、圣诞节和复活节的重要性，或者至少她发现新教徒的仪式是表达她宗教情感的唯一方式；我认为她就像一个基督教的自然神论信仰者。但是，我父亲在魏玛时代变得更具挑战性地世俗化了，他对教会公然提倡反犹太主义感到震惊，他热衷于犹太人的笑话，那些笑话以同样的热情嘲弄了犹太人和基督徒的虚荣做作。对我来说，这些令人难以忘怀，它们使我对事物的感觉更加鲜明。下面是我从童年时代就牢记的一个例子。

两个在意大利度假的德国人在他们订的普通酒店相遇了，发现有共同的兴趣，一起长时间虔诚地漫步——简言之，彼此喜欢上了对方的陪伴。在假期的最后一个晚上，他们用一瓶佳酿葡萄酒庆祝他们的偶然相遇。其中一人说："这太特别了！我现在想要非常坦率地告诉你一件事：我是犹太人。"另一人是个基督徒，他回答说："我也想要同样坦诚地对你说：我是一个驼背。"*

---

* 另一个经典的例子也涉及一个假日故事。一位牧师和一位拉比是老朋友，他们在一起度过了许多假期。其中有个假期是在山区度过的，当黑暗降临时，他们迷失了方向，跌跌撞撞地走着，终于看到了一处发出光亮的农家小屋。他们敲门进入后，向欢迎他们的农妇解释了他们的困境。她叹着气解释说，除了鱼之外，没什么可提供给他们吃的。很快她就端上了一个盘子，盘子里盛着两条鳟鱼，一条又大又肥腻，一条又小又瘦瘠。牧师和拉比轮流推让，都不想先下手，最后拉比拿了那条大的。牧师说："你知道，我身上没有一块骨头是反犹太人的，但是我们俩原本都不能那样做的。"拉比问道："不能做什么？"牧师说："吃那条大的鱼。""那么你会怎样做呢？"拉比问道。"当然吃那条较小的"，牧师说道。"可是你不就是吃了那条小的鱼吗！"拉比回答道。

现在我已经知道我不是雅利安人了，这个词对我来说毫无意义。在某些时候，我可能把雅利安人与基督徒等同起来，认为两者都是我不属于的类别。为了回应我现在在周围所看到的一切，我开始觉得我不是德国人。套用今天的语言，人们会说我对自己的身份还不确定。我生活在一种含糊不清的状态中，就像一个被正式定义为负面的人，也就是非雅利安人。因此整个世界都在密谋让我特别意识到我对家庭的依恋和责任，这既是一种幸事，又是一种负担，然后总是想着飞往幻想中的世界。随着时间的推移，我能够想象其他可依恋的事物了。与此同时，我的大多数表兄弟仍然对他们的犹太"血统"一无所知，他们中的一些人确实产生了一个荒诞的想法，即他们和他们的家人之所以被迫离开德国，是因为他们的姨妈凯特——我的母亲——嫁给了一个犹太人医生。

作为一个小孩子，我被教导要在晚上做祈祷，我读过儿童版的旧约和新约。我们所庆祝的节日一直是基督徒的节日，如圣诞节和复活节，即使我们更多注意到的是它们的世俗魅力而不是宗教虔诚，还有基督降临节，有很多花环和蜡烛，以及圣尼古拉斯节。有一两次，一个盛装打扮的圣尼古拉斯闯进孩子们的房间，粗声粗气地问我姐姐和我是否表现良好，然后从他的大口袋里掏出坚果和苹果给我们。到了平安夜，客厅里会摆上圣诞树，然后全家人一起装饰它，用巧克力圆饼、苹果，当然还有蜡烛；奶奶，常常还有汉娜·朗曼——彼得叔叔的一位"雅利安人"前女友，也会来参加。（依据我的看法，汉娜·朗曼过于虔诚，但在我们离开之后，非雅利安人的日子越来越艰难的时候，她表现得非常出色。）

圣诞节前的庆祝活动到了这个环节，客厅里的圣诞树被点亮，桌上摆满了给我们每个人的礼物，在托妮和我未被允许进入之前，父亲会把我带进他的书房并念书给我听，最难忘的是海涅的诗歌。他会给我朗读《德国：一个冬天的童话》中他最喜欢的片段，那是海涅的一段抒情且充满嘲讽的描述，这个受过洗礼在法国流亡的犹太人，带着他对德国和德语的热爱，以及他对普鲁士压迫的诙谐的谴责，短暂地回到德国的家乡。应我的要求，父亲会一遍又一遍地朗读《两个掷弹兵》，这是一首关于拿破仑失败后他的忠实士兵的诗。其中的一些诗行我牢记在心，现在仍然记得。在其他时候，父亲和我会一起读一本古老的家庭圣经，这是一本美丽的 19 世纪中期的《旧约圣经》，其中附有古斯塔夫·多雷画的生动的插图，有一幅参孙拆毁圣殿的插图给我留下了深刻的印象。我们还读了特奥多尔·冯塔纳写的歌谣和康拉德·费迪南德·梅耶尔写的抒情诗。

在这个非基督徒的男性的插曲之后；我父亲嘲笑了一番德国的事情，接着就会重新加入其他成年人，一起点亮圣诞树上的蜡烛；只是在这个时候，姐姐和我才会被叫进去。我们围着圣诞树唱传统的圣诞颂歌。然后，姐姐和我被牵着手带到桌子旁边，桌上放着给我们的礼物：一两个玩具、一本书、一盘糖果，其中包括十分珍贵的杏仁蛋白奶糖。我们当然也为父母准备了礼物，主要是我们自己制作的东西，简单的编织品或剪纸装饰品。在仔细查看过所有礼物后（我想它们没有被包起来），就会去吹灭蜡烛（圣诞树旁边总是放着一桶水），然后所有人进入餐厅享用平安夜晚餐——虽然是过节，但相对来说还是不算丰盛：一盘必不可少的鲤鱼，通常还有果冻甜点。第二天会有圣诞节吃的鹅，还有罂粟籽饼以及 Zitronencreme，一种柠檬慕斯。有一次，在感激不尽的病人（包括同事，不论他们自己生病还是家人生病，我父亲通常会出于同事友谊予以治疗）送的圣诞礼物中，有一只鹿，我们不得不将这只鹿放在阳台上，然后鹿肉便取代了鹅肉。

现在，这种愉快又矛盾的生活彻底改变了。我的父母整日忧心忡忡，下决心要移居国外。9月，我父亲收到了一封笔迹有点僵硬的信，是他战时的上司哈迪纳克·冯·哈滕上尉写的。哈滕回忆说，他在1916年7月索姆河战役开始时成为斯特恩的指挥官，直到1917年9月，斯特恩一直在那支部队服役，"因为在索姆河战役中他（斯特恩）凭借堪称楷模的勇气和尽职尽责，被提升为预备役中尉；在1917年春天的阿拉斯战役之后，我成功地推荐他获得了一级铁十字勋章。真希望德国军队中的每一名士兵都能像中尉那样在最重要的岗位上忠诚而勇敢地去履行他对祖国的责任。1916—1917年在我的指挥下斯特恩做到了，我们本可以免去过去十四年的耻辱的"，他写道。哈滕想不出任何会不把魏玛（或战后时代）视为"耻辱"（这个词就是标准的纳粹说法）的人；在接下来的几十年里，父亲和我一次又一次地引用这句话，非常看重其中讽刺性的不恰当之处。我父亲是否要求过这个证词呢？这很有可能。但同样可能的是，哈滕自己相信，他的证言可以作为对他的中尉的一种预先保护。这是一种尊重的态度——在德国还是有正派的德国人的，正如在德国还有许多犹太人，他们相信自己在第一次世界大战中的服役会保护他们。

在这一个月，我父母离开德国去巴黎，同赫尔曼·哈伯及其家人住在一起。现在人们常常忘记当时法国对希特勒的难民特别热情友好；法国政府延续了给予政治流亡者庇护的传统，这激起了情感上广泛的呼应。（但很快，法国的态度发生了变化。）我父亲曾受到鼓励寄希望于在北非，尤其是突尼斯，找到一个医生职位。弗里茨·哈伯曾经告诉他，在6月，哈依姆·魏茨曼与法国教育部长阿纳托利·德·蒙西讨论过犹太医生在德国被解雇后加入法国在突尼斯的医疗体系的可能性。（在哈伯离开柏林过上流亡生活之后，他和魏茨曼成了亲密的朋友，这是对哈伯的自我批判现实主义和魏茨曼的宽宏大量的敬意。）10 月 6 日，应魏茨曼的请求，蒙西接待了我的父亲和赫尔曼·哈伯，向他们保证在突尼斯得到这样一个职位看起来"非常有希望"。同一天，马尔加·哈伯写信给魏茨曼，说她对这个消息感到喜出望外，我父亲也附上了一段感激的话："当人类的卑鄙和残忍暴行正在庆祝它们最大的狂欢时，我们感受到的真正的人性和仁慈的努力具有特别的力量。如果将来某个时候我可以通过实际行动来证明我的感激之情，我会认为自己是非常幸运的。"在等待实现突尼斯的承诺的同时，我父亲在巴黎圣母院附近古老又著名的主宫医院担任志愿医生。

我姐姐和我被留在布雷斯劳，由我们的祖母和保姆照顾。在一次普通的流行性感冒后，我感染上了一种严重的肾炎，我父亲的一位儿科医生同事来照料我。我记得自己躺在病床上，被宠坏了，也阅读了很多书，包括一本有插图的儿童版旧约和新约。我逐渐喜欢上了一个特定的出版商出版的书籍，我还记得那些书散发的令人愉快的香气。普·雅达松叔叔曾多次来看我，通过教我他所谓的镜像书写*的方式来转移我的注意力。但随后我的病突然发展到了一个临界点，表明我的肾脏功能几乎丧失了。我父母及时得到通知后，立即返回，到家已经半夜了。

就在那天晚上，我父亲很快就给我输了他自己的血，然后嘱咐我严格禁食几天，这是别的医生不愿意强行实施的。几天后，

---

* 倒着书写，从而形成了正常书写的镜像。——译者注

我被迫喝了好几壶清茶。（这种治疗步骤被称为沃尔德促动法，以其发明者、著名的内科医生的名字命名；他的名字将重复出现。）我的肾脏功能开始恢复。渐渐地，我康复了。我患上严重的疾病，被我作为医生的父亲挽救，这种经历可能是我极度崇拜白大褂，或者更确切地说是身穿白大褂的人的原因所在。但是，这段经历也可能造成我对疾病的过度焦虑，父亲的担忧更是增强了这一点。

我的疾病也产生了一个有益的、改变了生活的结果。经过一段时间的恢复后，我们乘上了北线卧铺快车从柏林去巴黎，父亲和我共处一个包厢，我们在巴黎北站下车。当经过布鲁塞尔时，我们突然唱起了《马赛曲》和《国际歌》——后者在成为共产主义的战歌之前一直是社会主义的自由赞歌。我们同哈伯一家住在塞纳河畔的讷伊，这是一片舒适的郊区，尽管大多数时候我仍然躺在床上，但很高兴。我喜欢和三个表兄弟一起玩游戏；我重拾了一些法语，可以用不错的法国口音说一些废话了。我学会了一种法国纸牌游戏，其中速度是关键，我还记得，因为我出牌很快很成功，有位法国朋友称我为"cochon（猪）"，这使我很兴奋。我尤其记得赫尔曼切长棍面包时发出的尖锐声音，这是每日三次家庭聚餐的前奏。我父母逐渐认识了几个哈伯的朋友，最引人注目的是法国工程师、发明家让·梅西耶一家和工业化学家约瑟夫·布卢门菲尔德一家，约瑟夫的妻子出生于苏联，是哈依姆·魏茨曼的小姨子。几年后，梅西耶一家和布卢门菲尔德一家成为我们一家亲密的朋友——在美国。

对于我父母来说，客居巴黎是艰苦的，因为在主宫医院的工作是短暂的，而突尼斯的工作变得越来越不确定。12月中旬，我父亲的姐姐向魏茨曼说道，各种友好人士向她建议，只有法国外交部的干预才能在突尼斯产生有利的回应，因此她向他寻求帮助。她补充说，不然的话，她的兄弟将不得不"回到那个可怕的国家……我认为这会危及他的生命"。魏茨曼动用了他的影响力，但最终蒙西回答说，在突尼斯的法国医生反对难民医生在他们中间蜂拥而至。我相信有三四个德国犹太医生已经在那里寻求避难了。

1934 年 1 月下旬，我父母和年轻的哈伯夫妇从巴黎前往巴塞尔去探望弗里茨·哈伯；哈伯从不幸福的流亡地剑桥来见他们，以便讨论每个人对未来的计划。到了这个时候，由于他对同化的幻灭，以及他与化学家同行魏茨曼不断发展的密切关系，还有他对魏茨曼作为一个伟大的领袖的信心，哈伯正计划到巴勒斯坦去一趟。他们聚在一起谈话，哈伯还同每个人进行了单独会谈，然后回到他自己的房间。几分钟后，他呼唤我的父亲；一次心脏病的突然发作结束了他的生命——一年前几乎同一天，希特勒登上了权力宝座。

葬礼在巴塞尔举行，哈伯最好的朋友理夏德·维尔施泰特在墓地发表了讲话。德国媒体几乎没有提及哈伯的逝世，但消息传得很快，维夏德·冯·默伦多夫立即给我母亲写了一封吊唁信，因为他和她都特别亲近哈伯。他认为哈伯的离世是一种良性的解放。如此伟大的人竟然无法生存下去，因为他是"这个时代的受害者……在所有的尊严全面崩溃之中，他不得不失去镇定，而我们这些他曾经的朋友甚至现在看到他……绝望地蹒跚而行。无法看到他……成了自己本性遭到肢解的囚犯。作为其中一个，我觉得他值得完全失去意识的安宁"。我最近发现了一封爱因斯坦致他第一任妻子米列娃的未发表过的信，信中提到他当然知道哈伯的死讯："柏林的那群猪是如何奖励他的成就的。当然，在战争期间，他们可以利用他。"在给赫尔曼和马尔加的信中，爱因斯坦写道："在我所有的朋友中，哈伯是知识上最渊博、最能激励人，也是最愿意帮助他人的人。"

甚至在全家人从巴塞尔返回之前，我姐姐和我都听到了这个令人遗憾的消息。弗里茨伯伯曾经在我的小宇宙中是一个中心人物，是一位受人尊敬的保护人，我知道这对两个家庭来说都是一次毁灭性的打击。我的父母失去了一位父亲般的朋友、顾问和保护者，我们陷入了阴郁的境地。此时此刻，所有的希望破灭了，父母沮丧地决定我们应该回到布雷斯劳去。（我知道在 1934 年另外有一些德国犹太人从流亡地返回，他们以为最坏的情况已经结束了。但我父母并不这样认为，对他们来说这显然是一个临时步骤。）

在我们离开巴黎之前，也许是在我八岁生日那天，我父亲结束了为了让我彻底康复而对我实施的"软禁"，带我参观了巴黎：凯旋门和香榭丽舍大街、协和广场、拿破仑的坟墓、巴黎圣母院等。早些时候，我收到了一本精彩的少儿图书——《小朋友眼中的拿破仑大帝》。我很高兴地读完了，现在还很珍惜这本书。我对拿破仑传奇以及法国的迷恋就是从此书开始的。

2 月 6 日，我们仍然在巴黎。这一天，右翼团体利用公众对所谓的斯塔维斯基丑闻的愤怒——丑闻涉及一名与中间派政客暗中勾搭的犹太移民贪污犯——而走上街头，引发了一场发生在下议院前河对岸协和广场上的血腥对抗，死了好多人，有 1500 人受伤。协和广场上被推翻的公交车和骚乱的景象给人们留下了深刻的印象。尽管如此，法兰西共和国仍幸免于难。2 月下旬，在我们离开法国返回布雷斯劳之后，当我仍然深陷过度亲法的状态而不能自拔时，我写下了第一份政治信件，信中表达了我们想留在那个伟大而美丽的国家的请求。可叹的是，这封信寄给了一位名叫皮埃尔·拉瓦尔的政府成员。本意是正确的，但收信人是错误的——不必说，这封信从来就没有被投递过。（我父母确实把信寄给了汗布格尔家，他已经定居在巴黎。）

我们一回来就面临公共秩序和私下隐忧之间的巨大反差。德国弥漫着一种和谐的常态气氛：政治上的反对派被投入监狱而缄默不语，经济状况有所改善，每一次成功都被作为公众的胜利而大肆庆祝。纳粹已经建立了为期一年的 Arbeitsdienst，或叫作强制劳动服务，即刻减少了失业人数并提升了民族意识。（这个主意曾经由瓦尔特·拉特瑙提起，而施莱谢尔在一年前付诸实践。）我们已经逐渐接受了一体化（Gleichschaltung）这个说法，其意思是强制整合；更有可能的是，许多人，尤其是"不关心政治的"德国人松了口气，为自己做出了决定，自由地去适应新政权——至于其他人，则交头接耳地说着关于纳粹头子的笑话：肥胖的、挂着奖章的赫尔曼·戈林和足部畸形、滥交的约瑟夫·戈培尔。我记得那些笑话，但我更清楚地记得在家里和朋友之间不同程度的不安和忧郁。

在我们回国几周后，我母亲收到了理夏德·维尔施泰特的一封信，信中很好地表达了对德国状况的一些不同反应。他很高兴我们全家妥善地安顿了下来："今天，我们成了在自己家乡（Heimat）的外国人，就像在外国土地上我们真的是外国人一样。但是在家乡我们还有着千丝万缕的联系，这是不可能被轻易地剥夺的。"维尔施泰特相信，我父亲对医生这个职业的奉献精神，将会或应该成为一种幸福和全身心的投入，这是对所失去的东西的一种补偿。他可以将自己封闭起来以避免染上"国家和时代的疾病"，在他的"布雷斯劳的职业中"去发现"比外国任何新鲜事物更有价值和更充实的东西"。维尔施泰特自己的研究比过去多年来的研究进展得更好、更快乐。然后他补充说："在我看来，在许多地方，例如纽伦堡、曼海姆和法兰克福，犹太人在过去几十年里处理事务很糟糕；他们的生活丰裕、富足，却常常不谦恭，以至于经常变得软弱可欺。人们必须希望我们这个时代的灾难也有其好的一面。"（一年后，他在其他事情上再次写信给我的母亲，并补充说他很高兴她通过了驾照考试，现在家里也有一辆车了，"这对你来说绝不是奢侈品，比起所有雅利安人，我更愿意你拥有它"。）

在缺席半年之后，我再回到学校时没有觉得有什么特别困难之处。我猜想老师们会理解我们为什么延长在国外的逗留期。在早前几个月里，许多德国犹太人（不论什么信仰！）纷纷离开德国；有些人像我们一样回来了。父亲的诊所恢复得相当迅速，就像以前一样，既有雅利安病人，也有非雅利安患者，只是与雅利安医生的接触要少得多。非常奇怪的是，我父亲的一些临床医学论文能够继续发表在主要的医学期刊上。那年春天，他被邀请就内科疾病的创伤起源的某些方面向在布鲁塞尔举行的国际医学大会提交论文。（在离开德国领土后，德国代表团的其他成员很有礼貌地对待他。）我母亲也接受邀请将她的算术教学法论文提交给在伯尔尼召开的学术会议。每一次涉足海外都会提高全家人的情绪；但在精神上，我们早已生活在流亡之中了。

大约就在那个时候，我得到了两只兔子，由我来照管。我把兔子放在我们公寓楼后院的一个板条箱里。一天，我发现箱子上潦草地涂写着纳粹符号。我心烦意乱，于是告诉我的父母，我的兔子不应该生活在纳粹符号下，因此兔子就被安全地送到我祖母家的花园里去了。回想起来，我把这看作对我父母的一种无意识的、不那么微妙的预示。

公共秩序和严格的审查制度掩盖了政权内部日益激烈的冲突。把希特勒送上权力宝座的保守派人士，特别是现任副总理弗朗茨·冯·帕彭及其朋友，对于该政权进一步激进化的前景感到越来越担忧。帕彭用隐晦的语言公开警告不要再进行第二次革命——但这正是数百万纳粹冲锋队员所渴望的目标。他们寻求更多的权力，希望兼并国防军，而后者则反过来拼命反对任何削弱其权力的努力。

6月30日，公众了解到了希特勒的"解决方案"。在"长刀之夜"中，希姆莱的纳粹党卫军——纳粹的精英卫兵——清算了纳粹冲锋队的最高领导层。希特勒承担了全部责任，他声称，正如他就国会纵火案所说的那样，他把国家从一个大阴谋中拯救了出来。他还处死了冯·施莱歇尔将军（以及他的妻子）和冯·布雷多将军。其他各类非政治人物，包括犹太人在内，也被随意谋杀了。* 几天之内，某些残留的体面的担保人、非常受人尊敬但过分软弱的兴登堡总统对希特勒的果断行动表示了感谢。国防军的统帅部付出了他们表面上胜利的代价——他们有两人被谋杀，这在军队历史上是前所未有的。这支军队认为自己是荣誉的化身，但一次又一次地践踏了这种荣誉。

通过用行动来反对他自己的圣骑士，希特勒以最令人吃惊的方式展现出他的冷血无情和获取全部权力的野心。他适时地得到了奖励。8月2日，兴登堡去世了，享年八十七岁，之后军队对

---

* 不知何故，当时我获悉在慕尼黑有一位名叫维利·施密德的音乐老师被无辜杀害了，他被误认为是一个同名的反纳粹记者。在写这本书的过程中，伟大的物理学家维克多·魏斯科普夫的极有魅力的遗孀给我发了一份她的回忆录：原来她就是那个被误杀的男人的女儿！

元首和总理进行了效忠宣誓。这是一个决定性的宣誓，已经在道德上破产的军队领导层妄图凭借此宣誓来坚持到最后。兴登堡的葬礼是一场对过去荣耀的精彩演绎。纳粹的壮观场面令人印象深刻。

我还记得那些日子里的兴奋之情和对纳粹冲锋队领导人的清算，包括布雷斯劳的纳粹警察局长埃德蒙·海因斯，那是一个特别野蛮和可恶的男人，我们为他的死而感到欣喜。（我母亲试图把报纸藏起来不给我看，以免我偶然发现一些事情真相，即一些被杀害的头领是在同性恋放纵的时刻被抓住的。）我们和许多外国人一样，认为这次所谓的大清洗是纳粹政权虚弱的迹象。但事实恰恰相反：已经有100万名步兵服从希姆莱纳粹党卫军里纪律严明的狂热分子。（在其无穷无尽的冷嘲热讽中，布雷斯劳政府不久后重新命名了我们的街道，叫作冲锋队大街。对于失去了领导人和权力的冲锋队的信徒而言，这算是一种什么样的赔偿！）

我们现在知道，就在那一时刻，斯大林完全认可了希特勒恶魔般的性格。费利克斯·吉尔伯特是一位非常敏感的德裔美国历史学家，当时已在流亡之中，他为一份奥地利报纸匿名写了一篇关于他于1934年夏天在德国故地重游的文章："我不知道还能用其他什么词来表述，但实际情况就好像一个人开始失去'他的灵魂'。"这是一个使人悲伤的诊断：大多数人没有认识到正在发生的情况；其他人内心充满了厌恶，拒绝了存在这样一个灵魂的观念。我认为吉尔伯特完全抓住了我的家人所感受到的一切：我们正生活在一个没有灵魂的国度。

那年又发生了一起谋杀案。10月，南斯拉夫国王亚历山大前往法国进行国事访问，在马赛下船时遭到谋杀。法国外交部长路易·巴尔杜不幸也意外中了枪，并在随后的混乱中流血而死，横尸街头。巴尔杜是一位有着无可挑剔的保守派信念的人士，他深刻把握了新德国的威胁，并一直致力于建立一个反对这种威胁的东欧联盟，其中包括苏联。在20世纪30年代早期，像他这样有洞察力的保守派是可遇而不可求的，他的死对法西斯事业而言是件大好事。他应该被列入那些人们可能进行推测的男女名单之中：假如他们生活在……

我很早就开始了解历史的偶然性，目睹了那些为纳粹攫取更大权力铺平道路的意外事件。我父亲鼓励我去适应公共戏剧事件，因这个世界充满了危险和兴奋。当然，我有正常的私下的担忧，但它们已经从我的记忆中淡化了，影响了我们的生活以及我们朋友的生活的政治戏剧占了主导地位。我过早地生活在成人世界的门槛边上。即使在我受到庇护的私立学校里，我们也被要求在特殊的日子里收听广播，如1935年1月，根据《凡尔赛条约》的规定，当时萨尔州人不得不投票决定是留在国际联盟控制之下还是回归德国。电台大吹大擂地报道有90%的人选择回归德国，即接受纳粹统治。我记得当时我感到很难过，尽管在公共场合中我不得不隐藏起这种反应。

每一次像这样的成功都使希特勒更加胆大妄为，并巩固了他在国内的地位。萨尔州的公民投票是他最后一次"合法的"胜利，他只是从中摘取了先前国际协议的成果。两个月后，他在国会大厦发表演讲，在雷鸣般的掌声中宣布德国将无视《凡尔赛条约》的限制，重新启动征兵制度；作为理由，他声称最近签署的法苏条约违反了《洛迦诺公约》。同时，他提出了各种和平建议，但这一朝向打开重新武装大门的决定性步骤应该是明白无误的。德国的军事准备变得显而易见：我能够看到军队的探照灯划亮了夜空，在为未来伴随着空袭的战争进行训练。晚些时候又会有灯火管制。每个人都必须是睁眼瞎，不能去看战争活动的迹象，虽然大多数人也不想看到。（有个笑话准确地捕捉住了这一时刻：学校里有一个班在进行防空演练，当教师发出预先安排好的信号时，所有学生要蹲在讲台和课桌下面。在信号发出后，除了一个名叫莫里茨的犹太孩子之外，其他学生都按照指令做了。怒不可遏的老师质问莫里茨为什么不服从，他的回答是："我想告诉你，即使在犹太人中也是有英雄的。"）

碰巧，我父母计划在 1935 年春天去瑞士奥尔塞利纳度假，这是一个位于洛迦诺上方的山村，可以俯瞰马焦雷湖，我父亲的一个瑞士同事在那里有一家好客的疗养院。沿着湖，就在意大利边界以南，是斯特雷萨，4 月中旬，意大利、法国和英国的领导人——《洛迦诺公约》的签署国——在那里就如何应对希特勒的挑战进行了讨论。我听到湖对岸传来欢迎的呼声，标志着几位领导人的到来——但当时被称为伟大的"斯特雷萨阵线"只不过是一种徒劳无益的抗议，仅仅在德国的手腕上拍打了一下来作为对暴力的回应。法国人和英国人希望墨索里尼能够被征召去牵制他在北方的意识形态上的产物，但在那年秋天，他却着手实施了他计划已久的对埃塞俄比亚的征服。民主国家对意大利实施了温和的经济制裁，希望在阻止这种侵略的同时试图安抚墨索里尼。海尔·塞拉西皇帝这个有尊严但倒霉的人物以集体安全的名义向自身难保的国际联盟请求帮助。

政治侵入了每一个领域。那年春天回到德国后，我们这个经受过不可避免的紧张和可能过多的姐弟冲突的结合紧密的家庭，却因我姐姐希望参加坚信礼课程并接受坚信礼而起了波澜。托妮当时十五岁，有着强烈的宗教渴望，她所知道的唯一传统就是基督教，尽管我知道她不会经常去教堂。通常这可能是件私事，但在这个问题上，考虑到政治形势，私人和公众之间的界限就很难划分清楚。她希望接受坚信礼，这使我们不得不去面对基督教教会和纳粹政权之间非常真实的（也可能是有限的）冲突，纳粹政权早些时候已经下令基督教教会必须遵守公职服务法中非雅利安部分的内容。这项歧视犹太基督徒的纳粹命令是现政权与新教教会不间断的斗争中的一个关键问题，但新教教会就如何应对国家社会主义这个问题存在分歧。官方新教一直对魏玛共和国持敌视态度，它的许多神职人员一直坚守着根深蒂固的反犹太主义，对魏玛的"不信神文化"的仇恨使其变得更加恶毒。甚至在希特勒上台之前，新教教会中已经出现了自称"德国基督徒"的派别，致力于一种极端的种族信仰，强烈要求从教会的教义中删除《旧约圣经》，并禁止任何对基督教的犹太起源的承认。（这种明显荒谬的教义早在 19 世纪末就已经出现在一些新教神学家的言论之中。）随着希特勒的掌权，德国基督徒的自我定义说明了一切：他们现在自称"耶稣基督的纳粹冲锋队"。希特勒希望德国基督徒能够夺取全部新教教徒的机构。这种努力失败了，其他牧师认识到，尽管他们可能会钦佩纳粹的一些特点，但仍然存在一些不能妥协的神学和教会自主的问题。

在马丁·尼默勒——柏林富裕的郊区达勒姆的一个牧师——成立了一个新教牧师紧急联盟，即认信教会的前身之后，纳粹政权与相当数量的其他新教牧师之间的冲突开始公开化。新教在西里西亚特别强大，它的成员拒绝遵守非雅利安人的禁令。（当时有一个被人津津乐道的寓言：有个布雷斯劳牧师要求所有非雅利安人离开，以此开始他的周日布道；他重复了三次这个要求，就在此时，十字架上的人物消失了。这些反政权的故事有一种短暂的麻醉效果，它们是世外桃源般的避难所。）像尼默勒那样的牧师和纳粹之间的斗争随着 20 世纪 30 年代的进展而变得越发激烈。尼默勒本人对犹太人以及教会在该州的地位有着矛盾的感情，他被关在达豪集中营和布痕瓦尔德集中营直到战争结束。在那些年里，成千上万的天主教牧师和新教牧师被投入监狱，他们的立场为纳粹政权的批评者带来了希望。

我母亲对我姐姐的意愿做出了回应并表示强烈支持，她找到了一个认信教会的成员——施罗特牧师，他热切地欢迎托妮参加他的坚信礼课程。（事实上，在第一次上课之前和在她到来之前，施罗特牧师告诉大家，有个非雅利安人会加入他们，对此有个人回应说："那我们必须要对她好点。"）我父母参加了托妮的坚信礼仪式，但我反对并拒绝去，尽管我家人都恳求我去。施罗特牧师因公然蔑视纳粹政权的命令而多次被捕，这给我留下了深刻的印象；他甚至奚落那些来听他布道的盖世太保人员。当我听说施罗特牧师通过在墙上敲打莫尔斯电码来与隔壁牢房的囚犯进行沟通时，我充满了孩子气的兴奋。这些生动的故事加强了我对异议者和抵抗者的钦佩——我从未丧失过这种钦佩。

但是对于姐姐的行为，我是一个不友好的、不谅解的观察者。我本能地觉得这是错误的一步，是"堕落"进一个我认为对我们怀有敌意的机构。我无法清楚地表达自己的观点，但是我对任何被德国基督徒生活同化的努力感到难堪。回想起来，我可以理解她的相反的冲动：她渴望找到一个社区和一个信仰——并且就像她当时的笔记所清楚地表明的那样（她的孩子们最近把她的笔记给了我），她特别感谢施罗特牧师对她的接纳。我现在完全可以想象出她的感受——或许多非雅利安基督徒的感受——由于纳粹的政策而拒绝一个人的基督教信仰，就是接受希特勒的命令，就是对种族教条的投降。

我的家人继续庆祝圣诞节和复活节，在这种节庆场合有许多熟悉的习俗，我却过得很不自在。但到了 1935 年，应该不是在此之前，我感到自己与任何"正式"的基督徒疏远了，并明显与犹太人的身份更加一致，虽然我不知道犹太人的仪式。我常常去看望住在我们家附近的犹太朋友们，去借阅他们的犹太报纸，在纳粹政权下这些报纸仍然得到出版许可。但这些报纸主要是宣告犹太人的文化活动，最重要的是刊登有关移民地点的信息。

在圣诞节和复活节假期之外，其他家庭庆祝活动也变得非常重要。在新年前夕，托妮和我几乎总是会背诵我们父母写的诗歌或者为他们背诵诗歌，表演母亲为我们（有时也为我们的表兄弟）创作的戏剧，并且还有一顿特别的晚餐。有着这种节目的节日——我母亲对活跃这种场合的气氛有着特别的天赋——常常被外部世界投下不祥且冷酷的阴影。也许这个威胁到公众的时代增强了重新确认私人幸福的必要性。

书籍变得越来越重要，A. A. 米恩写的《小熊维尼》在我们家里有重要地位。我坚持认为这本书清楚地描绘了我们的家庭：我母亲显然是维尼，我父亲是兔子，我姐姐是跳跳虎，而我则是小猪。这些名字在家庭和朋友中被接受了，我母亲经常被称为维尼熊，我父亲则被叫作"卡"，来自 Kaninchen（兔子）一词，在给国外的朋友写或多或少编了码的邮件时，这便是一个有用的术语。我母亲与米恩通了信，主动提出将他的一些诗歌翻译成德语。

我还记得一本关于一个在纽约的年轻人的儿童小说，这个年轻人从在大街上卖报纸开始直到成为一个大亨。我读了沃尔特·司各特爵士写的《昆丁·达沃德》以及关于拿破仑和克里孟梭的书——我仍然有这些书。我的阅读辅以大量的对话：在无数次散步时，我父亲会谈论起一些医疗危机或治疗方法，并且往往会涉及历史或政治话题。

1935 年的主题不是宗教，而是移民。从在巴黎的那个夏天开始，我父母的意图就已经很明确了，他们还在继续探索——而且还被鼓励去探索——所有可能的途径。他们询问了美国方面。1934 年 3 月，援助流离失所的外国医生紧急委员会给出了间接答复：“我们已将斯特恩博士的证件存档，他的名字已引起本国医疗机构的注意。”一有机会，该委员会将立即通知他；如果他想移民执业，他必须按照德国移民配额进入并通过必要的考试。

美国看来似乎非常遥远。告别你的家、你的语言、你在德国的过去，一切都很难解决。我父亲希望在欧洲，或者在一个比美国更靠近欧洲的国家寻找一个临床医生职位。他同另一个协助德国学者的紧急委员会进行了协商，这个位于苏黎世的委员会由弗里茨·德穆特负责。由德穆特亲自去寻找的下一个可能的前景，是德黑兰的一个教授职位。雅达松已经举家迁居苏黎世，并由他在监督这些努力，他生病的妻子一直依赖于我父亲的书面建议。7 月，他写道，我父亲过去的老师埃里希·弗兰克——现在住在伊斯坦布尔——曾经告诉他有关他在那里的合同安排；那些信息可以作为与德黑兰商讨的基础。他反复让我们放心，“从气候的角度来看，德黑兰是不错的，除了水之外”。后来的一封信承认德黑兰的卫生状况相当糟糕，但“道路很好”。我父亲拿出了地图集，给我看了一幅波斯地图，然后指出了德黑兰附近的群山。普叔叔以他精练如报文的方式继续说道：“我们完全理解做出这个决定对你来说有多困难，但是没有人可以代你去做这个决定。”我认为我父亲并没有全力以赴地追求这种可能性。9 月，雅达松再次写道：“我对德黑兰的出局并不感到丝毫遗憾。依据我的原则，我从未赞同或反对过它，但我确信它不适合你。”

下一个很大的可能性是在安卡拉。伟大的土耳其现代化主义统治者凯末尔·阿塔图尔克早就决定从希特勒的驱逐政策中渔利，并聘请了最重要的德国移民到土耳其担任一些关键职务。伊斯坦布尔不仅有一个令人惊讶的德国经济学家圈子，还有伟大的医生，包括埃里希·弗兰克和我父亲的老朋友鲁道夫·尼森，他们希望能够帮助我们搬到安卡拉。最终这些磋商也失败了。我父亲后来也考虑过在意大利比萨和中国上海的职位。

移民不仅是我父亲的主要话题，也是他的许多同事的主要话题。接着出现了父亲的大批朋友和同事不断离开，奔向不同的目的地。因此，我对世界之浩瀚的第一印象应归因于我们正在试图离开的恐怖氛围。当承认命运给我们带来的这么一个可疑的礼物时，或任何其他不可能且具有讽刺意味的祝福时，我父亲和我都会援引我们在施工现场或在其他平凡的奇观处所看到的纳粹标语："Das verdanken wir dem Führer！（我们将此归功于元首！）"

长期以来，以充满无限机会的土地著称的美国，现在又被难民们誉为充满"无偿机会"的土地。在经历了突尼斯、波斯和土耳其等地的失望，以及与列支敦士登王子就管理当地一些政府疗养院所进行的认真谈判的短暂插曲之后，我们有关移民到美国的想法就愈加强烈了。1936 年 1 月，理夏德的美国嫂子佛洛伦斯·维尔施泰特给我们发了一份宣誓书。雅达松也提供了帮助，并指出"除了纽约之外，美国还有很多其他城市，不像纽约人满为患"。他在信中还写了在巴勒斯坦的关系——这也是一个被讨论过的选择，随着纳粹政府迫切地想摆脱犹太人，在移民去哪里这个问题上是可以做出额外让步的。

政府中仍然存在一些"保守派"，最著名的是担任经济部长的亚尔马·沙赫特，他试图平衡政府中激进分子的要求，激进分子希望对犹太人的生命和财产发起最后的猛攻，而保守派则警告说犹太人在德国经济中仍然举足轻重，公开的暴力将在国外引起不愉快的反响。（世界犹太人复仇的幽灵！）1935年5月，据犹太信仰德国公民中心联盟估计，有45万"完全的"——未改变信仰的——犹太人还留在德国，同时留在德国的还有5万名皈依基督教的犹太人。在那一年9月召开的纳粹年度党代会上——莱尼·里芬斯塔尔的电影《意志的胜利》中出色地捕捉到了那一主要的场面——纳粹政权选择了一个解决这50万犹太德国人问题的"合法解决方案"，宣布了臭名昭著的《纽伦堡法令》，将犹太人和非雅利安人排除在德国公民身份之外，另行分配给他们"国家臣民"的身份。《纽伦堡法令》是对犹太人的进一步打击，究竟谁是犹太人的定义多年来一直困扰着该政权及其潜在的受害者；另一部叫作《德意志血统和荣誉保护法》的法律禁止犹太人和雅利安人之间的所有性关系；凡涉及"种族污辱"的违法行为均受到严厉惩罚，并禁止犹太家庭雇用任何年龄小于45岁的雅利安妇女。（随后几年里对盖世太保的最大谴责就涉及"种族污辱"的指控。一旦这种指控被证实，涉事的犹太人受到的惩罚比他们的雅利安伙伴要严厉得多。）

《纽伦堡法令》的意图和效果都很复杂。纳粹政权希望满足激进的反犹太人的要求，同时又阻止个人的暴力行为，例如之前所发生的那样。这项法律当然是为了剥夺犹太人的公民权利，并将他们逐出德国的民族社区。此外，由于兴登堡已经去世，成千上万的犹太退伍军人就不再享有豁免权了。

禁止雅利安人和犹太人之间的性关系不仅禁止了通婚，而且对犹太男人具有诱惑德国妇女的天生冲动这种粗俗诽谤施加了官方制裁，甚至在纳粹掌权之前，这已经是流行的德国反犹太主义的普遍现象。这也是尤利乌斯·施特赖歇尔的色情周报《冲锋队员》的淫秽主题，这份小报充斥着令人作呕的漫画和耸人听闻的故事。《冲锋队员》在许多街角有自己的展示柜，通常靠近学校。

因此，这项新的法律使犹太人和非雅利安人的定义更加紧迫和困难。在几年内，生存或死亡取决于新规定的细微区别，即谁具有一半或四分之一的犹太血统。而且，证明纯雅利安人血统的需求也催生了一项专门的行业。批评这项新要求，更不用说嘲讽，都会暗示对元首的信仰不够坚定，以及对种族决定论的有效性有所怀疑。

我认识到新法律的第一部分明确标志着进一步的歧视。我当时并不知道"二等公民"一词——实际上犹太人甚至连这种地位都没有，尽管他们可能认为他们是有的——但我意识到我们是濒临灭绝的被抛弃者。我不记得我的母亲在对女佣的年龄要求上有过什么掩饰，但幸运的是我们的两个家庭佣工——其中一个是上半天班的接待员，帮助接待我父亲的病人——都超过了四十五岁。我们的女佣奥古斯塔是一个友善的女人，住在离我们家不远的一个公寓的地下室里，我偶尔会隔着她家有栏杆的窗户与她打招呼，她会给我一些我们家里没有的有插图的旧报刊。（早些时候，曾经有一次，我半开玩笑地打了一个年轻女佣，我不仅立刻感到懊悔和害怕被告发，而且担心我可能会连累我的父母。）

对我们这些被放逐者而言，生活也在正常和迫害之间交替着。1935 年，我父亲的表妹凯特·尼克和她的雅利安指挥家丈夫离开了布雷斯劳，他希望能在柏林找一个工作，因为他有一个非雅利安人的妻子，他就像一个残疾人一样。（他们的女儿达格玛提醒我，在接下来的几年里，尤其是在战争期间，她的父母互相保护着对方：只要他还活着，她就不会被驱逐出境，只要她还活着，纳粹的规则就认定他没有资格在国防军中服役；事实上他被征召入伍过几天，但最终被丢人地送回了家。）尼克一家在布雷斯劳附近一座不太高的山的山坡上拥有一栋小型度假屋；那时候我们买了一辆二手车，就租了那个地方过周末。在去那里的路上，我们开车穿过了五六个村庄，每个村庄在入口处的牌匾上都写了反犹太人的顺口溜。我忘不掉其中的一些口号："不要相信绿色荒野上的狐狸，也不要相信犹太人赌咒发誓。"为什么这么肮脏的垃圾还会留在我脑海里？

在返回布雷斯劳途中的一个晚上，我们撞上了一辆迎面而来的汽车，结果翻入了一条沟里。错误是我们犯下的，因为我们的车一直开在错误的一侧，而对方那辆车是由一名穿着便服的党卫军军官驾驶的，所以我们又一次倒了霉。在交换了相关证件后，就由律师来解决这个问题，但是我们还留在沟里。一辆公共汽车从旁经过并停了下来，一群身穿制服的男子把车抬了出来，再推回到路上。他们是一个名叫战士俱乐部的退伍军人组织的成员，刚郊游回来，他们很乐意助我们一臂之力。

我父亲的行医生涯中不断发生各种不太可能的情况。从各方面来看，他的病人依然是混杂的：既有雅利安人又有犹太人，既有富人也有穷人。许多病人家在乡村，通过口耳相传，慕名而来。这些老实、简朴的村民有时会用实物作为诊金，例如鸡蛋或家禽，或那种圣诞鹿。针对一位富裕但病情危重的犹太患者，我父亲聘请了著名的法兰克福内科医生沃尔德教授进行会诊，在一次正常但例外的场合中，沃尔德教授留在我们家中与我们共进午餐。

另一个病例涉及一位叫冯·勒贝恩夫人的病人，我们偶尔会被邀请去拜访她所居住的乡村庄园。她突然患上了非常折磨人的头痛病。我父亲怀疑她患了脑瘤，经诊断得到确诊，她唯一的生存机会是要经受一次最精细、最危险的手术。有几位外科医生都拒绝为她做手术，但一位非常优秀的犹太外科医生路德维希·古特曼同意做这台手术。她的女婿是布雷斯劳的一名党卫军高级军官，他身穿便装来询问我父亲，手术是否确属必要，外科医生的选择是不是当然人选。他接受了我父亲的建议。手术当天他们全家人的紧张情绪是显而易见的，但手术很成功。（几天后，我父亲想到了一个主意，由我去医院探望冯·勒贝恩夫人，以便让她振作起来。我怀疑她甚至都没注意到我结结巴巴地出现在病床前，但看到她完全被绷带缠住的头部，我联想起把一个人的头骨钻洞打开后肯定会出现的清晰画面，这种可怕的想法让我哑口无言。）*

作为 1935 年的圣诞节礼物，住在巴黎的赫尔曼·哈伯给了我们一台收音机，是用他们只能在德国境内使用的账户中的钱付的款。就在那天晚上，当我摆弄收音机上的旋钮时，我偶然收到了斯特拉斯堡广播电台的德语广播。我甚至发现了莫斯科广播电台，也用德语播出："全世界无产阶级，联合起来！"接着播放的是《国际歌》。这些广播必须秘密收听，而且只能偶尔收听——早就采取措施来干扰收听外国广播了——我只能在反抗和逃避的过程中需要支持的时刻去听。我们继续过着这种双重生活，无意识地去接受它，就好像这种生活是正常的一样。

1936 年，纳粹的宣传机器——从回忆录中人们可以看到，

---

* 古特曼医生遭受了德国犹太人所遭受过的所有耻辱，他一直在犹太医院照顾病人，直到 1939 年 3 月移居英格兰。1966 年，他因为受伤的英国士兵治疗以及在截瘫病人康复工作中的出色表现而被封为爵士。

那台机器的运作非常狡猾且现代化——为人们精心准备了某个重大的全国性事件。其结果便是 1936 年 3 月 7 日希特勒对国民议会——这是对议会的拙劣模仿——的演讲。我收听了这个长篇大论：首先是关于协约国强加给德国的错误做法；其次是对最近缔结的法苏联盟的攻击，称此结盟涉嫌违反《洛迦诺公约》；最后他令人不寒而栗地宣布，就在此时此刻，德国军队正在进入莱茵河左岸的非军事区。希特勒的风格旨在表现出其戏剧化的果断性：单边即时的掌控与沉闷的谈判形成了鲜明的对照。整个演讲虽然令人恐惧，却很大胆且给人留下深刻印象，包括他从傀儡代表那里得到的歇斯底里的欢呼声。希特勒提出了各种各样的和平建议，但其作用很明显，就是对德国权力的激烈的主张，大多数德国人为之欢呼喝彩。希特勒信守了他的承诺，《凡尔赛条约》的最后一条"锁链"被抛弃了。

那天晚上或第二天晚上，我收听了斯特拉斯堡广播电台（它的德语广播时间是晚上 9 点），其新闻报道称法国的枪炮已经调动到位。我们是多么希望法国和英国能做出决定性的回应啊！毕竟希特勒的举动是对西方列强最明显的蔑视，并且具有深远的军事影响。

我们现在知道，将德国军队派往法国 – 比利时边境这一决定是希特勒这边下的最大赌注，有些将军确信协约国会以最后通牒或者武力来做出回应（在这种情况下，将军们准备废黜希特勒）。但是法国人不愿意在没有得到英国全力支持的情况下采取行动，而英国人则在拖延时间——政府中有些人还在对《凡尔赛条约》的严厉程度感到内疚，有些人受到"我们不应该野蛮地对待德国人"这种观点的影响，有些人则不知为何转而认为德国人毕竟只是"走进了他们自己的后院"。也许，当希特勒声称这是他的"最后的要求"时,有些人信以为真。简而言之,他们自己想要上当受骗。最后一次在没有严重风险的情况下制止希特勒,并对他正在打造的战争巨人喊停的机会就这样错过了。同时,希特勒的权力在国内得到了确认,在欧洲也得到了确立。他的胜利为欧洲的灾难铺平了道路。

那年春天,当德国成功地以穷兵黩武的方式蔑视外部世界,同时吸引外国人来参加柏林奥运会时,我进入了一个新的生活阶段。十岁时,我在舒适的私立学校上学的日子结束了,这所学校离家很近,走路就能到达。法律和习俗规定我要进入文理中学,这是一条通向德国人文教育一度神圣并享有特权的途径。我姐姐已经入读一所女子文理中学,我怀疑父母是否认真地考虑过把我送到犹太文理中学,无论如何这所学校是不可能接受我的。我母亲很中意布雷斯劳的一所最古老的学校,名叫玛丽亚·马格达莱纳文理中学,她的兄弟们曾经在这所学校上学,比我大一些的表哥恩斯特在移居英格兰之前也在这里上学,学校校长康拉德·林德博士过去对人一直很友善。(费迪南德·拉萨尔和保罗·埃尔利希——在当时当然是"遭到冷落的人士"——都是该校的杰出校友。)

由于学校位于城里另一端的繁华街区,我必须换乘两辆有轨电车然后再步行一段距离才能到达那里,单程至少需要40分钟,但距离我祖母的别墅只有3分钟路程。早上8点开始上课。当我第一次长途跋涉到那所新学校时,我产生了正常的焦虑情绪。学校是一栋大型砖结构大楼,屋顶是平的,属于20世纪20年代的现代设计,但我不知道等着我的将会有什么样的不愉快。学校逐渐占据了我生活中很重要的一部分,它在我的经历中建立了一片领域,与我父母的经历区分开来。然而,在这种情况下,很难是一条通往独立的道路。

这所学校的精神是由传统的专制纪律所设定的，又不断地被加以国家社会主义的服从性。每个班级人数相对较少，大概有25个男生，但老师和学生之间的礼貌规矩非常正式。年龄最小的男孩和十八九岁的最高年级的男孩之间的关系是冷淡的或好斗的，前者非常敬畏后者。白天有好几次我们不得不从一个教室赶到另一个教室，课程安排中会有定时的休息，休息时学生们就去操场玩耍或吃从家里带来的零食。我们经常在教室里举行全校集会，纳粹主题在每次集会中都占主导地位。

课程很传统，第一年学拉丁语，第三年学希腊语，同时还有德语、地理、历史、音乐和体育。教师们鱼龙混杂，拉丁语老师埃克特先生是一位脾气暴躁、极其敬业的老师，非常严格又令人兴奋，他之所以在整个学校享有盛名，是因为他会在课堂上响亮地扇学生耳光，为的是一些极小的违纪——行为不当，注意力不集中，甚至指甲肮脏。实施这种惩罚是不分种族的，我最高兴的一次记忆是他抽了我一个同学的耳光，因为这个同学故意把我所有的书扔在地板上，最让我伤心的是有一本珍贵的地图集。我对那一巴掌感到很满意。我也挨过一下，但是身体上挨打比数学老师穆特先生在课堂上讲反犹太主义言论所受的伤害要少。"如果三个犹太人抢劫了一家银行，并且每个人都根据年龄得到了应得的赃物（详细信息已提供），每个人能得到多少钱？"埃克特是一个直截了当的保守派，他对我和其他一些非雅利安同学的行为是正确的、无可挑剔的。而身材矮小的穆特先生，在魏玛时代是个脾气温和的人，或者我听说是那样的，因此现在不得不超级顺从。

从1936年4月开始，我在玛丽亚·马格达莱纳文理中学度过了两年多的时间，每过一个学期，学校就变得越来越令人不愉快，我的排斥感也越来越强烈。我的大多数同学加入了希特勒青年团，在特殊的日子里（例如元首的生日），他们就会穿着制服出现。即使不穿制服，他们对那些日耳曼和纳粹物品的骄傲以及对团体归属感的喜悦也是切实可见的。有时候，我是他们言语攻击的目标，在校园里，则是人身攻击的目标。有一次我予以反击，打了班上喜欢欺负他人的那个男孩。（为此我从父亲那里得到了一份礼物。）学校在各种情况下都要求非常严格，再加上排挤和危险，它变得更加糟糕。

我已经忘记了，也许是压抑了许多不愉快的事情，可能是因为与后来其他恐怖事件相比较，这些事情是如此的微不足道，但我确实记得那些被灌输的东西，那些庆祝集会，我既不能也不愿说的"嗨，希特勒"，那些可恨的歌曲，那些纳粹党的说教。每周六天——星期六我们上半天课——我不得不隐藏自己的思想并保持一种无声的对抗。我偶尔会发现自己在嫉妒其他同学，因为他们有一个共同的信仰从而可以非常明确地融合在一起，如此明显地陶醉在他们穿着制服的情谊之中。我却不得不独自度过遭到排斥的时刻，特别是当整个班级为强化体魄而进行为期一周的远足的时候——一些与纳粹党有关的活动会将非雅利安人排除在外。即使没有课上，我也可以选择去上学，但是作为替代，我被安排在那个星期里去给我父亲的堂兄当学徒，他在布雷斯劳附近有一个苗圃。他是一个严格的独裁主义者，很适合担任监工。

我在那里每一天都是从早上 6 点开始的。我永久的收获是，我学会了如何在看到白色的尖端冒出来时就去割断芦笋。不幸的是，这种技巧在以后的生活中几乎毫无用处。至于表哥奥托，在 1938 年 11 月大屠杀之夜被捕和被他的雅利安妻子遗弃之后，他来到美国，发明了一种非常成功的植物肥料，叫作美乐棵（Miracle-Gro）。

　　学校远远没有提供一个家庭之外的空间和一条独立之路，校园生活是如此令人不愉快，以至于加强了与我所知道的唯一安全的地方的联系，那就是我自己的家。与同龄孩子在一起，我可能会自然而然地感到害羞，但在与成年人相伴中，我获得了训练有素的乐趣。例如，他们的纸牌游戏，我很早就掌握了。但是，对我来说，某种心理倾向、家庭动态和无情的外部压力的混合物结合在一起，给了家一个特殊的中心地位。非常偶然的情况下我确实有过玩伴，我也有书，还有一套非常开发智力的建筑玩具可玩（在乐高之前的乐高玩具）。在我得到一辆自行车后，我有机会四处闲逛——有时我会把父母的信件交给收件人，赚取一些额外的零用钱。有一天，当我骑着自行车行进在家附近的一条安静街道的人行道上时，一些纳粹冲锋队队员拦住我，问我的名字，并表示知道我父亲是谁，威胁说第二天会去我的学校，要求校方对我的违法行为进行公开指责。我逃了一天学，但我不得不忍受永远存在的危险的暗示和挥之不去的恐惧，即使没有实际的迫害。

　　1936 年的夏天因柏林奥运会而被人们留在记忆之中，莱尼·里芬斯塔尔又一次给我们留下了辉煌的体育和政治纪录。看到德国人在奥运会上的表现，外国人无不对德国井然的秩序、繁荣的经济以及接连不断的胜利印象深刻。德国再一次处于优势地位，充满了机械化的能量，而此时其他大多数工业国家却仍然处于衰退时期或因阶级冲突而四分五裂。每一次成功都成为另一个庆祝活动或公共假日的原因。布雷斯劳经常彩旗招展，届时纳粹党的各个单位——冲锋队、党卫队、劳工阵线和希特勒青年团——会举行大规模游行，伴随着军乐和《霍斯特·威塞尔之歌》。到处张贴着日耳曼人满脸笑容、享受着"快乐的力量"*假期的图片。政治成为一项伟大的观赏性运动，被巧妙地与虚假的参与和牺牲的要求混合在一起，例如强制性的冬季援助活动，在冬季月份，每隔一个星期的周日，按规定家中只做一锅饭，节省下的食物由党收集起来提供给穷人。

面包、马戏团和群众动员给予大多数德国人一种确定感，对现在和未来充满了信心；他们眼中的元首是一位得到神启的统帅。假如希特勒在 1936 年的那个夏天去世了，或者确实在战争爆发之前去世了，那么在今天的德国，他很可能仍然会被作为英雄而受到赞美——一个谋害了成千上万人的凶手，是的，但又是数百万人的"救世主"；一个压迫者，也是一个恶魔般的天才。那年夏天的一段短暂的时间里，对于政治上幼稚的人来说，德国变成了一个热热闹闹的波将金村**，武装起来的恶意被隐藏了起来。这个虚假的德国引起了其他地方富裕的保守派人士的大量同情。

作为短暂的逃避，我和家人到海外自由国家生活了一段时间。1936 年的夏天，我们去了丹麦。海边度假在任何情况下都令人兴奋无比，但我们此行还有额外的兴奋点：办理过境手续。火车从德国一边——有着令人讨厌的制服的一边，开到另一边——友好的一边，那里的制服散发出一种保护性的权威。我们首先去了哥本

---

* Strength-Through-Joy 是纳粹德国时期一个大型的国营休闲组织。
** 俄军高官波将金为了使俄女皇对他领地的富足有个良好印象，在女皇必经的路旁建起一批豪华的假村庄。于是，波将金村成了弄虚作假、装潢门面的代名词。

哈根，到达后，我把车停在尼尔斯·玻尔研究所的花园里，我父母在研究所里向詹姆斯·弗兰克咨询有关移民的计划。他们和弗兰克一起回到了花园，弗兰克非常和善地问我多大了。"十岁"，我回答说。"多么不幸的年龄，"他同情地说道，"太年轻了，今晚就别和你的父母一起到我家，而你的年纪又足够大，可以独自留在酒店里了。"我很喜欢这个物理学家的精确性。接下来，我们乘火车和渡轮前往法诺岛（此地因两年前作为新教牧师世界大会所在地而出名，会上纳粹政策的庇护者和批评者做出了妥协，从而至少通过了一项支持认信教会的决议）。在北海海水中游泳，由焦虑的父母细心监督着，是一种快乐；阅读遭到查禁的德文报刊——《新苏黎世报》、《巴斯勒民族报》以及德国人的流亡报刊——是一种更大的刺激。我们沉迷于一些被查禁的、鼓舞人心的文章，例如托马斯·曼对波恩大学取消其荣誉学位所做出的极具讽刺性的回应。每次度假，汗布格尔一家人都会加入我们，看起来他们在巴黎的流亡生活很安全，两家人谈论的主要话题是政治和移民。

　　1937年夏天，我们前往荷兰海岸边的诺德韦克，这里长期以来都是德国和德国犹太上流社会最喜欢的度假胜地，我们住在一家不起眼的酒店，因为我们在经济上从来就没有富足过（这也是父母不和谐的主要原因）。巴黎代表队——汗布格尔一家和赫尔曼以及马尔加·哈伯——也加入了我们的行列。和蔼可亲的赫尔曼，看似漫不经心，带来了一辆我以前从未见过的迷人的雪铁龙汽车，他秘密地答应带我随他们一起回巴黎，然后到巴黎去上学；他会在离别那天告诉我父母。但哈伯一家没有带我离开；他从来就不是认真的，我感到受了欺骗，非常生气。尽管如此，去荷兰旅行还是带来了不可估量的好处：父母带我去海牙参观了伟大的莫瑞泰斯皇家美术馆，在那里我被伦勃朗的画作《解剖课》吸引。这是活人的紧张凝视和尸体的可怕精确之间鲜明的对照吗？画作和画家都铭记在我脑海里；在后面的参观中，伦勃朗的《扫罗和大卫》更加使我激动不已，年轻的竞争对手在试图安慰一位陷入忧郁的国王。

在诺德韦克待了两个星期之后，我们又在英格兰度过了一周。我们乘船从荷兰角港到哈维奇港，在暴风雨中横穿大西洋，在此期间我不停地晕船。旅行中的每一个时刻都是一次冒险，但都成了宝贵的回忆。在伦敦，我们探望了我母亲的兄弟彼得，他是一位艺术历史学家，从多伦多的教授职位上来到了英格兰。我们去了一栋 15 世纪的教区长住宅，位于剑桥附近一个名叫考尔德科特的小村庄。在那里，我母亲的兄弟欧内斯特（他的英国化名字）定居在一所很大但很杂乱的房子里，即使在夏天也很冷，但精神上是暖洋洋的。他在附近的帕普沃思找到了一个职位，这里是结核病患者的一个主要的康复中心。欧内斯特舅舅与布瑞格家族的其他大多数成员明显不同：他一家人独居一隅，自力更生，自得其乐，已经深深植根于新的和原始的环境中；他在花园里以及一大片土地上养了山羊，他的非常能干的妻子和三个孩子还在这块地上种植了各种水果和蔬菜。欧内斯特根据自己的陀螺仪行事——在小事上固执，习惯性地迟到，有时令他的家人感到烦恼，但他是一个聪明而善良的舅舅。在最严重的危机后期，他给了我们很大的帮助。战前我还去过一次考尔德科特，此后又去过多次：它成了我们的又一个家。

但这些外国避风港仅仅在一定时期内是好客的，永久居留权或移民是得不到批准的。不可避免地，假期和他们的双重自由感随着回归熟悉的恐惧、回归德国真正的不愉快和潜在的恐怖而告终。最终，我成了学校里唯一的"非雅利安人"，并且感觉越来越受排斥。我能完成学业，但总感到不舒服，从来不知道下一次侮辱会在何时何地发生。德国的学校从来就不会被人认为是"温和的"；受苦本身被认为是有好处的。我的一些同学是否想通过加重我的痛苦来减轻他们的痛苦？一直到我在那个学校的日子结束的时候，那个认信教会的牧师邦策尔的儿子们始终关注着我，或多或少不明显地在我附近徘徊，至少给我提供了一些心理保护。我母亲可能寻求过这种帮助——我后来这么想的——但这几个男孩子本身都对我很好。

当然也有轻松放心的地方。在家里，我的母亲非常开朗、自信、谦虚且善于保护家人、足智多谋，能制造出许多令人愉快、平和的插曲。有一次，她带着威武的维夏德·冯·默伦多夫到校园里来看我。然后我在奶奶家的别墅里度过了快乐的几个小时，离学校那么近。我的父亲非常镇定，始终非常关心他的病人，但在家里就容易上火；我学会了避开他发脾气的时候，有几次甚至抗议他对我母亲说的一些暴躁的话。大多数时候，他把我当作一个朋友或一个远远超过我实际年龄的知己。因此，我也逐渐开始分担他的一些负担，以及他的一些事出有因的恐惧。

1937 年，纳粹开始实施一项更为激进的政策，剥夺犹太人的财产，将所有财产"雅利安化"。那年冬天，富裕的布雷斯劳实业家恩斯特·施韦林——保罗·埃尔利希的女婿——和他的妻子施戴法不得不连夜逃离德国。一个忠实的会计告诉他，虽然财政部没有在他的生意中发现任何异常，但盖世太保即将逮捕他。当时的策略是抓住一个人，把他关进集中营，然后在他同意以某个低得可笑的价格处置他的财产后再释放他。刚听说施韦林连夜逃离的消息时，无人不感到震惊，但很快这种故事就越来越多，屡见不鲜了。

到处传来令人沮丧的消息。我关注着关于西班牙内战的带有偏见的报道，针对法西斯对西班牙共和国的进攻，民主国家的反应是微弱的，它们所采取的不干涉政策遭到了法西斯国家的肆意践踏——意大利派出了军队，德国人则拿他们羽翼渐丰的纳粹空军来练兵。佛朗哥继续取得进展，以至于在 1937 年春天，德国报纸也不得不报道意大利在瓜达拉哈拉的战败——这令我高兴万分。1937 年 5 月，德国齐柏林飞艇"兴登堡号"坠毁在新泽西州莱克赫斯特时，我也私下里为此感到高兴，我过的是一种多么反常的生活呀！任何看似只胜不败的纳粹的失败都会给我们带来欢呼。他们毒辣的仇恨让我感染了一种针锋相对的仇恨，这是生活在如此不人道的政权下所付出的道德和智慧上的代价。

另一种逃避方式变得越来越重要了。捷克边境距离布雷斯劳只有三个小时的车程。 1936 年，我们在布拉格度过了一个漫长的周末。在那里，我们参观了中世纪的犹太人墓地，有拥挤、破碎、歪歪斜斜的墓碑。我遵循古老的传统，在一张纸上写下一个愿望并将它压在一块墓碑的一片鹅卵石下。我的愿望很清晰：给我们一个逃离这个可怕的国家的机会吧。相比之下，捷克斯洛伐克是托马斯·马萨里克的自由民主国家。我读过卡佩克与马萨里克的谈话，并深受感动，以至于想去看看布拉格的哈诺德卡尼城堡，想象着这座城堡显示的政治权力也可能是良性的。一天晚上，我父母坚持要我和他们一起去歌剧院，我拒绝了，并希望留在酒店，阅读一整套旧版的《布拉格日报》，这是一份有着自由主义观点的报纸。因为轻歌剧《蝙蝠》的序幕已经开演，所以我被送到一个更有理智、更幸福的世界里去了——这是一份永久的收获。

我们在布拉格有朋友，保罗和格雷特·库贝尔卡以及他们的两个孩子。纳粹分子将库贝尔卡夫妇归类为雅利安人；他们属于捷克斯洛伐克 300 万讲德语的公民，完全忠于自己的国家。他们是年轻的哈伯夫妇的朋友：一对充满活力、可爱的情侣，是快乐自信的人。我很喜欢他们，我认为他们的性格反映了生活在一个自由国家是什么样子的。在接下来的两年里，我们在巨人山的捷克一侧一个名叫什平德莱鲁夫姆林的著名度假村里与他们多次见面，那个地方说德语。夏天我们在那里徒步旅行，冬天则滑雪或玩雪橇。（在 20 世纪 70 年代，该地为捷克总统瓦茨拉夫·哈维尔和波兰持不同政见者提供了一个便利的秘密会晤场所。）

我们计划在 1938 年 1 月底再次去什平德莱鲁夫姆林，但是在最后一刻，我父亲决定留在一个危重病人身边，让我姐姐和我一起去。我们在 1 月 29 日寒假开始的时候越过边界——我仍然保留着我姐姐盖了印记的护照。我沉浸在《布拉格日报》中，报纸报道了纳粹政府正在发生的变化：军队高级指挥部发生了重大改组，希特勒自封武装部队的总司令；与此同时，剩余的"保守派"部长，尽管他们的默从已经练习到位了，但仍然在被淘汰，取而代之的是超级忠诚的纳粹分子。因此，外界观察者正确地认为，这是一个预兆，表明了纳粹政策的暴力激进化。

库贝尔卡夫妇和我一起滑雪（那时候的滑雪是多么原始啊！）并聊天，我们制订了一个快乐的计划。从那年夏天开始，我前来和他们一起住在布拉格，在那里的一所法语文理中学念书。事实上，他们十四岁的女儿汉娜是一个安静且十分美丽的女孩，这可能也是一个吸引力；毫无疑问，这促使我更加渴望离开德国。几十年来，每当我回想起这个计划都会特别高兴，有时这会让我怀疑记忆在捉弄我。1977 年，我再次见到了汉娜·库贝尔卡，此时她已经成为巴西的一位杰出的遗传学家。我问她对我们的计划是否还有点印象，她的瞬间反应是："但计划已经完成了！你是要来和我们一起住在布拉格的！"计划是正确的，但地方错了。

回到布雷斯劳和我讨厌的学校后，我对父母提出了去布拉格的计划。我相信这加速了他们移民美国的决定，但政治事件当然增加了紧迫感。几个星期之内，在3月初，希特勒对奥地利提出了戏剧性的要求，当时奥地利在一个专制的天主教政权统治下，该政权试图把那里非法但强大的纳粹党吸收在内。这场戏结果愈演愈烈，在最后一刻，总理库尔特·冯·许士尼格蔑视纳粹并且突然要求就奥地利是否应该保持"自由和独立"举行公民投票。我听了他的演讲——面对希特勒的要求他回敬以明显的蔑视——并给我父母写了一张纸条，那天晚上他们碰巧出去了，我在纸条上告诉他们演讲是多么打动人心。对于我的夸张言辞他们付之一笑。

希特勒被许士尼格激怒了。三天后，3月12日，德国军队侵入了奥地利；希特勒宣称奥地利"回归"了德意志帝国。纳粹在奥地利受到疯狂的迎接不可能是伪造的，希特勒在林兹和维也纳受到了几乎同等歇斯底里的欢迎。（希特勒坚持认为他正在履行上帝的旨意，他是上帝意志的一种天意工具。）不，这是一次真正的、完全自发的奥地利人的大爆发，比1933年在德国发生的任何事情都要更加壮观，就像在维也纳发生的对犹太人虐待狂一般的攻击远远超过了此前在德国发生的任何事件。在那时，希特勒暴虐凶残的统治是众所周知的，但必须还要加上一句，这也是纳粹政权的成功。纳粹逮捕了许士尼格，当时我听说他被关押在集中营时，还被迫不停地去听希特勒对他咆哮怒斥的录音。大多数德国人像奥地利人一样兴奋不已，中欧的地缘政治平衡发生了惊人的变化。德国的力量现在几乎包围了捷克共和国。

　　与此同时，反犹太人的措施在帝国内部升级。3 月，犹太人的护照要么被没收，要么就像我父亲的情况一样，被标记为"仅在国内有效"（这是一种恐吓行为，人们必须重新申请以便解除限制）。4 月底，德国颁布了一项法律，规定所有形式的犹太人财产都需要登记。在这两个日期之间，4 月的某个时候，我父母去了美国，目的是考察我父亲在美国行医和谋生的可能性。* 他们在纽约逗留，向同行和议会咨询有关难民援助的事务。马尔加·哈伯给她兄弟写了一封充满激情的信，敦促他留在美国以逃避危险，并建议我母亲独自返回以准备家人的移民。但是他们俩都回来了——现在我们要做好准备以尽可能快的速度离开。

　　在这几十年间，我经常想知道为什么我的父母等到如此危险的关头才做出决定。早在 1933 年春天，他们就是最先认识到需要移民的那批人之一。然后是就一些有把握的职位进行商谈，从突尼斯开始，当所有这些都失败后，他们仔细查找了其他可能性，但是前景变得越来越暗淡，因为大多数欧洲国家限制移民，就像瑞士所干的丑行那样，声称"船已经装满了"。我父母内心深处可能已经被撕裂，失望可能已经在他们身上产生了令人沮丧的影响。丢下所有你熟悉的一切，然后去面对一些诸如开始一种新的生活、身无分文、在一个完全陌生的国家和语言中生活等如

---

* 我父亲请几位著名的医生为他写了与此行有关的推荐信。德国最著名的外科医生费迪南德·绍尔布鲁赫写了一封信，日期为 3 月 1 日，信中介绍了我父亲发表的论文以及他们共同治疗过的患者，"因此我可以说在内科领域，我的同行斯特恩是一位知名的且非常受人尊敬的医生"，作为闵可夫斯基的学生，他接受过良好的教育。这封正式信件盖着他的办公印章，上面还有一个纳粹标记。这样写是一种谨慎体面的行为，但是他或其他同事是否添加了几句表示同情或遗憾的话，我就不得而知了。战后，一些医生同事"羡慕"我们家的好运，逃避了战争期间他们必须面对的现实。

此不确定的情况，这是极其困难的。另外，他们的朋友和亲戚已经带了头，在德国的生活也变得越来越难以容忍，他们也知道我不开心，在德国无论如何都没有未来。

他们一从美国返回，就尽可能快地行动了起来。一切的先决条件是美国的移民签证，获得那份宝贵的文件也变得一年比一年难。美国仍在努力摆脱令各行各业趋于瘫痪的经济萧条，美国驻外领事馆接到指示要特别警惕最终可能沦为公众负担的申请人。我们早已收到了佛洛伦斯·维尔施泰特于1936年代表我们签署的宣誓书——尽管理夏德·维尔施泰特本人一次又一次地劝告我的父母不要移民。1938年2月1日，他写信告诉我母亲，去美国考察一次无疑是一个好主意，"但你会发现，对我们来说，纽约令人难以忍受，波士顿稍好一些……旅行结束后，在离开布雷斯劳之前，你们要反复斟酌一百次"。一年后，他写信告诉她，他差点被捕，最后终于逃到了瑞士。我父亲的第二个堂兄，物理学家奥托·斯特恩，已经在卡内基理工学院找到了一个职位，他给了我们一份补充宣誓书。

一笔现金保证金也是需要的，涉及金额为3500美元，这是一笔非常可观的数目，显然德国政府不会允许使用自己的货币。在巴黎的哈伯夫妇是唯一拥有这项必要资源的人，但是赫尔曼——他在法国入籍的努力刚刚失败——很不情愿，尽管很明显这只是一笔短期贷款而已。他断然拒绝了他的妻子和已成为亲密朋友的恩斯特·汗布格尔的所有请求；最后恩斯特叔叔从考尔德科特前往巴黎，这个温和的经常有点超脱的人告诉赫尔曼，继续拒绝帮助斯特恩一家将会使他们之间特别密切的关系完全破裂。赫尔曼心软了。当恩斯特从英格兰打来电话告诉我们这个消息时，我碰巧是当时唯一在家的人，他用一种伊索式的语言告诉我他在巴黎的成功。我高兴极了。

仍然有一些其他障碍。首先，我父亲需要一本新护照。我和我母亲把他送到警察总局，在那里他不得不自己去面对盖世太保。这又是非常紧张的一天。纳粹想要摆脱犹太人，但又在他们努力离开的过程中刁难他们。财政部的官员必须要对我们打算带走的财物的价值进行评估，然后我们必须向国家支付一笔相应的金额，即所谓的帝国飞行税（Reichsfluchtsteuer）。一旦这笔税款缴清，剩下的就是为海上航行、为我们和我们的财产去筹钱了。

这时美国驻柏林领事馆突然出现延误：我们的申请文件被"遗失"了或被放错地方了。我母亲设法约见了美国领事雷蒙德·盖斯特——我们现在知道，他对德国犹太人绝望困境的了解远比他在国务院的上级清楚。母亲请求恢复我们的文件，她很自然地流下了恳求的眼泪。她成功了，然而在最后一刻我又成了一个潜在的障碍：我感染上了水痘，美国当局禁止患有传染病的人进入本国。9月，当我们驱车前往柏林进行最后体检时，我的身体已经恢复了一半，一位友好的领事馆医生对着我身上留下的斑点眨了眨眼睛。9月16日，我们收到了移民签证，我的编号为757。从柏林到布雷斯劳的回程是多么快乐呀！

我还清晰地记得1938年的夏天：欧洲处于战争的边缘，我们正在与所有这些障碍做斗争，但也有一些亮点，即期待中的快乐的时刻。6月23日，在我去上学的路上，我听说乔·路易斯不到两分钟就击败了德国纯种拳击宠儿马克斯·施梅林！我很高兴。一个同学挑衅地对我说："你对这个结果感到高兴。"我低声发出一种虚假的否认的声音——这是另一个被强制说出的谎言。我绝不想生活在这种政权之下，我猜想我的脸太容易被人看懂了。

到了7月底，我的学校因为一年一度的暑假即将关闭——因此，我在这个已经变得可怕的地方的最后一天来临了。我母亲已经和学校校长谈过，他们同意不会有任何人提到我要离开学校这件事。但是穆特先生，那个软弱不幸的人，一定要与他的学生分享这个好消息，所以我在玛丽亚·马格达莱纳文理中学最后一天的数学课的黑板上留下了一行粉笔字：斯特恩要去巴勒斯坦了！我的许多同学明显感到很高兴，因为最后一个纯血统的非雅利安人要走了。那天结束的时候，我去找校长林德先生道别。对他所说的最后一句话——"我希望你知道我一直在努力让你在这里的生活尽可能地好"，我回答说，"不，我没有注意到"。在那简短的交流中，所有以前没有说出口的话，所有被压抑在我内心深处的东西，全涌了出来。我带着极大的宽慰、一些惊喜和一点满足感离开了。

与此同时，德国的反犹太运动越来越激烈。7月，法令规定，到9月底，犹太医生的执照将被吊销（虽然有些医生被允许以不同的名义去照料犹太病人）。律师同样被边缘化了。纳粹现在决心没收所有犹太人的财产，并把他们完全排除在德国生活之外，就好像正在建立一个看不见的犹太人区，但他们的目标仍然是大规模的排挤。纳粹分子推断，迫使穷困潦倒的犹太人进入其他国家会煽动其他地方已有的反犹太主义情绪。在那个时候，要找到一个避难场所确实已经变得越来越难。

在整个夏天，德国的宣传机器发动了对捷克斯洛伐克的恶毒攻击，因为据称苏台德的德国人遭受了虐待，他们中有许多人加入了由卑鄙的康拉德·亨莱因领导的纳粹卫星党。但其中也有成千上万的民主人士，如库贝尔卡夫妇和许多犹太人。希特勒——因过去的胜利而兴高采烈，蔑视所有对手，并且根据一些历史学家的说法，他受一种无意识的感觉驱使，即他只有有限的时间来完成他的天命——想要发动一场战争以得到苏台德地区。捷克政府在5月已经下令全面动员以应对希特勒闪电般的威胁，因这种意外的蔑视而感到愤怒的希特勒，决心粉碎这个国家。就在此刻，德国军队内部有一个反对派小集团，在贝克将军的领导下联合了起来，如果希特勒发动一场战争，就决心赶他下台。法国受与捷克斯洛伐克的一项军事援助协议（该协议又涉及苏联）的约束，向英国寻求指导和支持，但英国已经开始实行绥靖政策。

这种绥靖政策的根源可以追溯到第一次世界大战和对任何新战争的合乎情理的恐惧，以及对《凡尔赛条约》的疑虑，还有对布尔什维主义的恐惧。但到了1938年，希特勒的大规模重新武装以及他对欧洲霸权的不懈追求应该是非常清晰的了——许多政治家，包括温斯顿·丘吉尔在内，对此应该是心知肚明的。近来，"绥靖"一词经常被有害地用于轻率的辩论中，好像控制冲突的任何努力在某种程度上都类似于怯懦或背叛。无论如何，9月15日，首相内维尔·张伯伦以一种前所未有的姿态，飞往巴伐利亚阿尔卑斯山上贝希特斯加登的希特勒鹰巢，寻求一种能满足希特勒的大部分要求但不是全部要求的妥协。接下来的几天充满了战争的谣言，而英国和法国则迫使捷克人放弃有争议的领土，以换取国际上对其剩余几个州的保证。紧张的形势是显而易见的。9月22日，张伯伦重返德国，却发现希特勒提高了要求。张伯伦觉得这是不可接受的，此时所有迹象指向了战争。

与此同时，我们在等待前往美国的移民签证，我们已经预定了9月30日离开鹿特丹港的一艘荷兰轮船的船票。9月16日，我们带着附有美国签证的护照从柏林返回。现在的计划是收拾行装——这是一项极其繁重的工作，还必须尽快完成，从而能及时登上停泊在鹿特丹港的"SS史特丹号"邮轮。一天晚上，9点左右——我现在认为是 9 月 19 日或 20 日——门铃响了，我去开门，站在门口的是埃德加·冯·泽博尼少校，他是我父亲的一位病人的丈夫。他是不请而来的，这是前所未有的事。我把他带到我父亲的书房里，小心翼翼地听着，不去睡觉，直到我听明白他们的全部讲话内容。冯·泽博尼先生来我家说，虽然他总是建议我父亲不要移民——希特勒时代会过去的，而他的妻子由于肾功能失常离不开她的医生——现在意识到我们就要离开，他却敦促我们立即离开，他的现役同僚告诉他，希特勒决心在必要时通过战争来摧毁捷克斯洛伐克。"如果战争来临，你将被征召进入军医部门，那样的话你就无法脱身了"，他告诉我的父亲。这是一个多么令人难忘的姿态，他的这种正派行为是由一个关于纳粹的仁慈幻想所引起的：一个雅利安军官前来告诉他的犹太医生立即离开，以免被征召进德国国防军！

我们听从了泽博尼的警告。我们的计划是立即离开布雷斯劳，去考尔德科特度过"SS 史特丹号"邮轮离开之前的那段时间。几天前，我母亲克服了极大的困难成功地将我祖母送去了英国；现在我父母要同他们剩下的亲戚和许多朋友道别了。我父亲决定第二天晚上就和我去柏林，因为如果情况紧急，那里更容易立刻离开德国。第二天我们用来收集他的文件并打包，那天晚上我帮助清空他的桌子。在做这项工作时，我偶然发现了他在1918 年那天晚上写给他姐姐马尔加的告别信，当时他以为他快要死了。他恳求她不要因过度哀伤而毁了她的生活，要好好活下去，"让别人快乐，并且尽全力使自己变得快乐"。就在那个时候，我发现了这个身为我父亲的男人许多年前曾如此接近死亡，这使我感到震撼。我从来没有拿我苦恼的发现去与他对质。我知道他患过流感以及他给自己开的处方，但不知何故，看到他面对死亡的沉思——何况就在我们离开德国前的那一刻——真是一种与众不同的信息顺序。就在午夜之前，我们乘出租车去了车站，然后乘坐卧铺火车连夜赶往柏林。当火车驶离布雷斯劳时，我注意到我父亲眼里饱含泪水。他是在向所有他曾经珍视的人告别，向他一生中的所有希望和梦想告别。而我却丝毫不后悔，我只感到快乐。

在柏林，父亲和我一起住在他姐姐洛特的家中。洛特是一个坚强且极其慷慨的人，她嫁给了理查德·科布拉克，一个退了休的公务员，还是战争中受过伤的老兵，他相信对他来说最糟糕的时候已经过去了。我们等了几天，直到我母亲和姐姐收拾好了行装（处理掉了一些带不走的设备，比如 X 光机，价格低得令人发笑）。他们于 9 月 22 日与我们会合，这一天内维尔·张伯伦第二次也是灾难性地与希特勒会面，希特勒拒绝了英法两国要求德国交还苏台德地区的提议。战争似乎迫在眉睫。

9 月 24 日早晨，洛特姑姑陪同我们前往滕珀尔霍夫机场，机场周围环绕着一圈高射炮。当我们经过最后一个德国岗哨时，我感到一阵绝望的紧张，然后当我第一次坐上飞机开始了我通往自由的航程时，我全身充满了亢奋。这架飞机应该是直接飞往阿姆斯特丹的，但飞机突然降落，未按计划停在汉诺威——由于柏林当局正在囤积物资，飞机要重新加油，我们再一次落在德国土地上，我感到非常焦虑不安。最终航班恢复了，我们到达荷兰史基浦机场。乘车前往阿姆斯特丹的途中我们感到了一种无穷的欢乐。（第二天，当我们飞往英格兰时，发现我们误订了汉莎航空公司的航班，这样我们又一次当了臣民——但是最后一次——德意志主权下的臣民。）我们降落在克里登，我们在伦敦停留了足够长的时间，让我有时间去看海德公园里的防空洞，然后继续前往考尔德科特，在那里我们整天守在收音机旁。

战争几乎是板上钉钉的了。我们回到荷兰，9月30日，我们从鹿特丹港登上了"SS 史特丹号"邮轮。就在这一天，《慕尼黑协定》签署了，法国和英国做出了让步，同意德国吞并苏台德地区，从而使残存的捷克斯洛伐克无法自卫。战争被避免了，希特勒可以庆祝一场伟大的胜利——但他感到愤愤不平，他想要的是一场战争。

当船驶离后，我在远洋客轮上所有的感觉就只是轻松的欢乐和奇妙的兴奋，尽管我意识到父母对我们不确定的未来有些忧虑。我不懂英语，我的拉丁语和希腊语似乎为我在美国的新生活做了些糟糕的准备。对于这个为希特勒如痴如醉并欢呼喝彩的德国，我充满了厌恶，毫不留情地离开了。只是在回顾往事的时候，我才明白，在第三帝国的成长给了我政治教育上第一个也是最深刻的教训。很久之后，在海涅完美的墓志铭中我才找到了我所获得的东西——"对自由的热爱，"他写道，"是一朵监狱中的花。"此外，我开始意识到，在我生命的这一定型——毫无疑问，同时也是变形——阶段中，最幸福的时刻是在欧洲——在法国、瑞士、丹麦、荷兰、捷克斯洛伐克和英格兰，所以我成为一个将欧洲置于一切之先的人。如果说我付出的代价是任何类似于真正的情感教育的东西的话，我所得到的还是不少。我非常高兴终于摆脱了那个令人窒息的政权所带来的痛苦。我感受过恐怖的刺痛；在我们逃离德国的几周内，这种全面的难以想象的恐怖开始减退了。我对意外的生存和命运的善意仍然感到惊讶。

从鹿特丹到纽约的海上航程是一段奇怪的——在某种程度上令人焦虑的——插曲,我们为此支付的仍然是德国货币,这是我们的最后一笔钱。我父亲坐在一张躺椅上,拿着一本英文常用语手册在苦苦记着,我母亲通过阅读小说家 P. G. 伍德豪斯的作品来复习她的英语,而我却沉迷于一些船上的娱乐活动,如乒乓球、圆盘游戏,或无休止地凝视着大海。我感觉从我父母身上流露出的担忧既有短期的也有长期的,迫在眉睫的担心是埃利斯岛——我只是从名字上知道这是纽约的一部分! 我们曾经被告知,那里的美国移民官员可以文件可疑为由扣留船上乘客,无人知悉在他们身上究竟会发生什么。即使是正常的移民签证,就像我们持有的那样,也不能确保免受不愉快的扣留。

当轮船靠近纽约港时,移民官员登上船,并在餐厅摆好桌子,像我们这样的乘客便在他们面前排起队来。我们没有遇到任何麻烦就通过了,但是因为排队被困,我错过了去看进入纽约时的壮观景象,尽管通过舷窗我还是看了一眼自由女神像。无论如何,我知道此时我们很安全,我也知道,就在几个星期之前,美国东部沿海地区遭受了 20 世纪最严重飓风的破坏。我们的运气实在太好了:我们是在我们这个新的国家刚刚遭受自然灾害之后抵达的,并且在被称为"水晶之夜"的人类悲剧发生之前离开了德国。

10 月 9 日,在霍博肯,一位彬彬有礼、善良的美国人前来迎接我们,他名叫伯恩哈德·海勒,是佛洛伦斯·维尔施泰特的兄弟。在码头上,感受到无拘无束的我也想起了几分责任,我绕着巨大的抵达大厅跑开了,试图找到我们的行李箱和手提箱,因为它们不仅被堆放在标有姓氏首字母 S 的行李堆中，而且会被堆在其他不同的姓氏下面。我父母后来告诉我，海勒先生对我去找齐我们财物的行为印象深刻，但这项任务对我来说似乎很自然。这是否就是我扮演家庭共同保护者这一新角色的开始呢？

海勒先生带我们去了曼哈顿。曼哈顿凭借其令人敬畏的摩天大楼，看上去真的就像一个压倒一切的新世界——但摆脱了过去的恐怖。他已经为我们的第一晚住宿做了安排，就住在华盛顿酒店（这名字好听，但地方一般），酒店位于曼哈顿下城区的列克星敦大道上，托妮和我住一个小房间。从高楼往窗外看，我突然感到迷失了方向，有些害怕。"这就是纽约"，我对她说。我想象过它会更热情或更熟悉吗？

最初那些孤独、焦虑的日子，在我的记忆中已所剩无几。我父母总是整天在外，无数次地去联系和做出安排。我记得，因为托妮会讲一些英语，她就会陪伴母亲或去拜访朋友的朋友。他们每天给我留下 1 美元，他们不在的时候就让我自己买东西吃。我在酒店附近闲逛，尽管不习惯街头的节奏，但感觉非常安全。对我而言，最大、最明显的恐惧就是语言：我能学会英语吗？我喜欢霍恩和哈达特自动售货机，因为你不必说话就可以买到东西，靠着墙壁是一排方形的窗式隔间，每样食物都会在里面展示一份样品。你往一个小槽里塞进一枚 5 美分硬币或 1 角硬币，就会出来一个三明治或一块馅饼。我在街边摊上买了一些水果，只要指着想要的东西就行，我惊讶于农产品的品种繁多且价廉物美。在我们到的第一个星期里，有一天，海勒先生带我参观了纽约，包括在弗朗西斯酒馆享用了一顿午餐，这是乔治·华盛顿发表告别演说的地方。（我保留了一份我的感谢信的副本，是在那家酒店里写的，用的是在 1932 年给我的一台用得很旧的打字机，信里解释了我独自在那里守电话以及等候来自德国的家信。其中我还设法写了几句英语。）

我父亲当时希望能够获得一年的资助，以便在他参加获得行医执照必需的考试时能帮助我们度过那段困难时期。他携带着德国医生为他慷慨写的推荐信拜访了一些著名的纽约医生。那时，他还收到了一笔最初的资助金额。已经有许多难民医生来到了纽约，其中有些人是我父亲认识的，其他一些关系很近的医生朋友也很快来了，他们所有人都得到了各种难民援助组织的帮助，其中有些是专门帮助医生的。最亲密的朋友是古斯特尔叔叔的儿子汉斯·奈塞尔，他是宾夕法尼亚大学的经济学家，后来留在"流亡大学"*。在纽约我们还有些远房亲戚，他们几十年前就来到了美国。艺术史学家彼得·布瑞格——我母亲的兄弟，已移居多伦多，他也来看望我们。

与此同时，我母亲在朋友的建议下，四处寻找一个我们能负担得起且大体中意的住处，包括华盛顿高地，那地方因为聚集了大批德国难民，被戏称为"第四帝国"。她喜欢比曼哈顿有更多"绿意"的地方，最后我们定居在皇后区的杰克逊高地，这是纽约市一个更加枝繁叶茂的市区。此地宁静安逸，很有吸引力，属于中层或中下层社区，我们的有三间半房间的公寓还享有"一个特许权"，即第一个月可以免交租金，须知当时美国仍然处于1937年的经济衰退期。在宽阔干净的街道两旁，有一些古老的私人住宅，也有一些六层楼的新公寓，但没有更高的楼了。

我们不得不在华盛顿酒店再住上约两个星期，直到我们从布

* 为对抗纳粹德国的残暴政策，美国人阿尔文·约翰逊创办了"流亡大学"，专门接收来自欧洲各国的流亡科学家。——译者注

雷斯劳运来的所有财物都送达为止，我记得是由一家专门从事难民搬家的德国辛克货运公司承运的。然后，在皇后区，我们从集装箱里卸下了从布雷斯劳运来的东西：我们的珀尔齐希款家具现在放在客厅里显得特别大，我们的床、书、瓷器、玻璃器皿和地毯，我的自行车，还有一台新买的德国冰箱，由于电源功率和美国不同，而且公寓里已经有了一个，因此这台冰箱现在变得无用了。就这样我们搬进了拥挤的新家，这个新家看上去仍然是地道的德国人的家。

我仍然记得获得自由的激动以及为此付出的代价——巨大的不安全感。在以政治恐怖换来的经济贫困这笔交易中，我们的幸运是难以想象的，但毕竟后者是真实的。我们依靠哈伯夫妇借给我们用于签证的钱过日子，眼前还没有明确的有收入的前景，但不管怎样，我的发展轨迹是很明确的：上学，学好英语，去适应完全不同的课程安排。我姐姐的前程则不太明晰，因为她的英语很不错，来自国外的朋友建议她去当保姆，这将有助于我们家摆脱困境；但就在几个星期内，一些别的情况发生了。

美利坚合众国是一个什么样的国家？在一个十二岁的小难民眼里，这个问题的答案似乎特别清晰：这个国家的领导人是世界上唯一有效的民主领袖，一个有着非凡自信和勇气的人——富兰克林·D.罗斯福；纽约州的州长是睿智且富有仁爱之心的赫伯特·莱曼，一个有着德国背景的富裕的犹太人，他在政府治理上精明能干、精力充沛；管理纽约市的是一位火热的、有着英雄色彩的市长——菲奥雷洛·拉·瓜迪亚，他有一半意大利血统，一半犹太人血统，但是一个美国人。我怎么可能没有希望呢？在我们搬到杰克逊高地居住的最初的日子里，有一天我骑着自行车去寻找纽约公共图书馆在当地的分馆，这是另一个新奇事物，结果我迷失了方向。我向一位警察打听了回家的路。就在几个星期之前，身穿制服的男人对我来说是一个恐怖的对象，但是这位纽约警察听懂了我蹩脚的语言，友好地用依地语和德语构成的不完整句子回答了我。

到了 11 月初，我开始在附近的皇后区第 152 公立学校上学，因为我英语较差，就被安排在比我年龄小的孩子的年级里。我在学校里的第一天是另一个令人担心之事，只是在程度上比较轻微。但很快我就发现，我的老师和同学们都很开放、友好、乐于助人——与我在那个国家里的早期学校经历有很大的不同。

然而，我们仍然摆脱不了那个国家带给我们的一直存在的、更为可怕的恐怖。控制着德国政权的野蛮的纳粹主宰了我们的意识，并且这两者越来越难以区分。还在船上的时候，我们就听说了西方列强在慕尼黑屈从于希特勒的细节，它们放弃了一度是中欧唯一的自由民主国家，从捷克斯洛伐克割裂出来的苏台德地区现在变成了隶属于柏林独裁政权的一个州。西方民主国家在节节败退。在西班牙，它们所坚持的不干预政策，只不过是它们消极被动的一种托词，从而使佛朗哥能够稳步获利。我当然是同情保皇派一方的，我在 1939 年的小记事本中记录了共和党的失败，还有我画的在加泰罗尼亚的最后一个堡垒的草图。（我仍然保留着这个记事本。）这样的一出戏在欧洲继续上演着，我们的许多朋友和亲戚还留在那里。

在我们抵达美国的一周内，我一直在用我的打字机给留在那个旧世界的亲朋好友写信（并保留了信件副本）。从我得到那台打字机的那一刻起，我就一直在用它写信，通过这种方式，我们同分散在各地的亲戚保持着联系——在巴黎的哈伯夫妇，在柏林的科布拉克夫妇，在德国其他地方的一些人，在英国的恩斯特叔叔一家，以及在多伦多的彼得叔叔——还有很多朋友，更不用说我们在纽约的新朋友了，比如海勒先生。（我发现，这位善良的人竟然仇视罗斯福。）为什么我会这样做呢？我可能意识到我的父母没有时间去处理来往信件，而我却有，但就我自己而言，我渴望发布和接收消息，给非德国人写一些有关政治的情况。我想我可能并不想失去与欧洲或我自己的过去的联系。我肯定担心着各种各样的事情——日常生活中的琐事，学校，其他孩子可能对我的看法（我是班上唯一的难民，也许是全校唯一的难民）——但是写信的欲望出自不受约束、不经审查的内心冲动。我对现在的自己和过去的自己都是陌生的。我正在承受着一种双重生活：德国的过去，一直存在，一直不祥；美国的现在，直接，不确定，但前途无量。依据需要和心理倾向，我就这样生活在两个世界之中。

希特勒对慕尼黑颇感失望，甚至因为与捷克斯洛伐克的战争被拒绝而感到愤怒，他的怒气很快就转嫁到他最早的、最无防备的目标——犹太人身上。11月9日，戈培尔和希特勒利用一名德国外交官在巴黎被暗杀的事件——此人被一名疯狂的波兰犹太青年射杀，起因是犹太青年的父母被驱逐出德国又被拒绝进入波兰而在一块无主的土地上备受煎熬——决定采纳在他们与犹太人的斗争中最激进、最明显的方式：一场精心组织的、被伪装成众怒引发的大屠杀。在这场大屠杀中，德国所有的犹太教堂被付之一炬，犹太人的商店被捣毁，大约3万名超过十五岁或十六岁的犹太男性被赶进集中营，随即遭到羞辱，然后饱受纳粹训练有素的摧残。"水晶之夜"所引起的震惊是显而易见的。在纽约，我们很快就听说了那些侵入私人住宅的纳粹分子的暴行和蛮横的破坏，以及一些纳粹冲锋队员在执行任务时那种虐待狂般的快乐。

这只是随之而来的有组织的暴行的一场序幕。

11 月 11 日，《纽约时报》的头条新闻以下列文字为开场白："今天，一股……浪潮席卷了整个德国，这是自德国的三十年战争以及欧洲的布尔什维克革命以来见所未见的。针对恩斯特·冯·拉特被一名年轻的波兰犹太人谋杀这一事件，国家社会主义工人党徒展开了一场目标为犹太人商店、办公楼和犹太教堂的大规模报复……"媒体也正确地报道说，这种针对财产和个人的暴力行为引起了德国人民的不同反应，目睹这场精心策划的报复大爆发，他们无法避免那种"由衷的"愤怒。一些人可能提出异议，有些人因批评纳粹的野蛮行为而受到惩罚；但是，比如说在面对神圣的地方遭到破坏时，基督教会却保持沉默，以及普遍的漠不关心或屈从，表达了一种完全的、几乎令人难以置信的道德上的破产。当然，这种甚至对最基本道德的极端蔑视也是与在慕尼黑发生的情况相关的，希特勒认为民主国家已经屈服于它们自己的衰弱；它们可能会抗议他的行为，但是他知道他的反犹太主义在国外也获得了同情，许多国家对接收来自德国的犹太难民越来越持有敌意。*

---

　* 美国在谴责纳粹暴力方面具有独特的力量。在国会选举中他的政府遭到反对后的几天里，罗斯福总统在国务院撰写的一篇讲话稿中加强了语气，宣称，"我个人几乎难以相信在 20 世纪的文明中居然发生这种事情"，并召回了美国驻柏林大使。拉·瓜迪亚市长和其他官员使用了更强烈的语言。另外，这个国家也是有分歧的。一些强大的团体支持由曾经的英雄查尔斯·林德伯格倡导的孤立主义；反犹太主义盛行，也许是在隐匿性地增长；在德裔美国人中有一个强大的亲纳粹团体，即当地领袖弗里茨·库恩领导的所谓的德裔美国同盟，他们四处传播纳粹毒液，当然包括攻击罗斯福及其支持者，更不用说上层社会中同情国家社会主义的那么多代表了。罗斯福派驻英国的大使约瑟夫·肯尼迪成为一名超级绥靖主义者，他声称能"理解"纳粹与犹太人的问题。商人们对德国的经济活力印象深刻，而他们自己的这个国家则被不断招惹麻烦的工会搞得杂乱无章。

这是纳粹针对犹太人的政策中一个残酷无情的新阶段，其目的是把所有犹太人驱逐出德国，并在此过程中窃取他们的财产。犹太人的资产在几个月前已经被精心登记，现在被以种种方式没收。关押在布痕瓦尔德集中营和达豪集中营的犹太囚犯们被逐渐释放了——但必须先宣布放弃他们的财产或证明他们将在某个确定的较早的日期离开德国。然而，到目前为止，移民这个大家迫切想要实现的欲望已经成为一个几乎无法实现的目标了。

我们很快收到航空邮来的信件，信中说我们的朋友或亲戚都"离开"了，这是一种婉转说法，意思是他们要么安全地藏匿了起来，要么就被关押在集中营里。我母亲的表兄海因茨于 11 月 13 日在柏林写道："在这些日子收到我的来信肯定会使你们感兴趣……（原文中的省略号）我和我的朋友 Br. 坐在一起，他要求我陪他一起过夜……理查德（科布拉克）前天来看我，他也在路上。"在这两个例子中，雅利安人一直在庇护这些人，直到逃脱了 11 月 10 日大逮捕的非雅利安人不会再被逮捕。也许一种互相矛盾的民众反应促成了这种政策上的变化。所有信件的主题始终是移民，伴随这一主题的是请求提供信息和帮助。尽管如此，我们的德国亲戚和朋友为我们在美国度过第一个斯巴达式的（清苦的）圣诞节寄来了糖果和其他礼物。

1939 年 1 月初，仍在慕尼黑的理夏德·维尔施泰特写信给我母亲。"我要在这里坚持到最后一刻，我不会后悔的。我在千钧一发之际逃脱了牢狱之灾。我不得不放弃我的家和所有资产。我在耐心地试图拿到我的护照，以便去瑞士，不是去某个大学城，而是去某个偏远的角落，我会满足于过去度过的许多富足的岁月，沉溺在美好的回忆之中。"这么一位六十七岁的第一次世界大战的老兵、诺贝尔奖获得者，就此退隐山林，这就是纳粹干的好事！几个星期后，他在试图非法越过瑞士边境时被捕，但最终他的瑞士朋友和前助手亚瑟·斯托尔想了办法让他越过了边界。*

"水晶之夜"标志着针对犹太人的更为激进和暴力的政策的开始，德国政府和公民加速了进一步剥夺犹太人财产来增加自己财富的进程。赫尔曼·戈林对犹太人社区征收了 10 亿马克的特别罚款，犹太学生被驱逐出德国的学校包括大学，法律条文中不断增加排除犹太人的条款。然而，已退休的或被除名的公务员仍然能收到他们的退休金，相对富裕的犹太人也只是在逐渐步入贫困。

美国媒体一直在忠实地报道这一切，一位受害者的真实遭遇使我们进一步对纳粹恐怖感同身受。1939 年 1 月初，一位住在布雷斯劳我们原先公寓里的年轻邻居来我们的纽约家中探望我们。他的头发被剃光了，这是一个明显的标志，每一个新受害者在被关入集中营时必然要经过这一道无情的侮辱。他的行为举止也完全改变了，长时间的折磨使他有点神志不清，突然变得衰老了。摩西先生告诉我们，他被拖出家门，同其他无数布雷斯劳犹太人一起被扔进卡车，接着又被推上火车，然后被带到一个不知名的目的地，后来发现该地原来就是布痕瓦尔德集中营，

---

* 维尔施泰特和他的结局证明了德国犹太人生活中的一些尖锐的矛盾之处。费迪南德·绍尔布鲁赫于 1942 年 5 月给慕尼黑的一位物理学家朋友的信中写道："就维尔施泰特而言……我一直去看望他，只是最后一次我没能成行。但我会留意他的，几周前的一封信告诉我，他的情况要比以前好很多，而且危险也不大。"绍尔布鲁赫对希特勒政权做出了可悲的妥协，但也承担了些许风险去帮助有名望的犹太朋友：为他们寻找公共住宿，保留短暂的私人体面等。他还为遭遇纳粹迫害的其他受害者提供过短期保护。维尔施泰特于 1942 年 8 月初在瑞士流亡期间去世。

最近经扩建以期容纳大量新囚犯。他告诉我们，纳粹暴徒曾经冲上楼到我们已经空荡荡的公寓里寻找我的父亲，事实上还去过他的几个雅利安病人的家中搜寻他。摩西先生本人通过保证会立即移民从而得以从布痕瓦尔德被释放出来，但只要他稍一耽搁就意味着立即重新被捕。他告诉了我们其他一些朋友的消息，有些人的命运与他相同，还有些人则被纳粹分子从床上拖下来，甚至是病床上，经一番侮辱折磨后，因太虚弱而被遗弃在他们自己的家中。

我们可真是虎口脱险！只要在德国再滞留六个星期，同样的事情就可能——必定会——发生在我们身上。假如我看到父亲遭受虐待然后被带走，假如我经历了数周或数月的担惊受怕以及我母亲绝望地四处努力以求得他的释放，假如我发现父亲性情大变，身体上受到虐待，精神上受到羞辱——假如我有过此种经历，它会让我永远像中了毒一样去仇恨德国的一切，令我义无反顾地去切断与后来的德国的任何接触。事实上，有关来自远方的恐怖的报道加剧了我的仇恨，以及我对留在德国的朋友的关注。

然而，发生在 1938 年 11 月 9 日的纳粹大屠杀却给我们家带来了直接的、反常的好处。在纳粹暴行发生后的一周内，布林莫尔学院的校方、教工和学生决定募集资金，用以支持来自德国的两三名难民学生。美国公谊服务委员会长期以来倡导并部分启动了一些类似项目，这些项目是专门为犹太人和非雅利安基督教学生设计的。布林莫尔学院立刻为两名学生募捐，免除他们的学费和住宿费。美国公谊服务委员会和布林莫尔学院双方与一个叫赫莎·克劳斯的人有密切联系，赫莎·克劳斯是学院里的一个难民学者，在希特勒掌管科隆的公共福利之前以及在 20 世纪 20 年代早期，她就与美国公谊服务委员会合作设法为德国儿童提供食物。她很了解我的母亲，这种关系可能帮助了我姐姐于 1938 年感恩节后被接纳为布林莫尔学院的难民学生之一。*

在我们家庭遭遇到最大困难的时候，我姐姐离开了布林莫尔学院。我父亲正在准备他的英语语言考试，这是朝着参加医疗协会组织的专业考试迈出的第一步，最终能让他有资格在纽约行医；他很担心自己能否在美国谋生，所以拼命地学习。我母亲则更坚强也更开朗，她慢慢地在纽约市内或附近的几所私立学校找到了辅导孩子的工作，并将她的算术教学方法结合了进去。他们白天大部分时间不在家，每日的购物都由我负责，大多数情况下往往由我来准备我们相当简单的晚餐。我们家是如此缺钱，以至于我买第一条长裤都成了家中的一件大事，这条裤子是在第十四大街花了 1 美元买的。我姐姐离开后的某一天，我们家接纳了一个付房租的房客，是一个朋友的儿子，这样一来我们的公寓变得更加狭小了。随着我的英语水平的提高，甚至没多久就超过了我的父母，我对他们的依赖程度也降低了一些，并由此感到要对他们承担起更大的责任。在家里，我们继续说德语，因为用有缺陷的英语说话似乎不那么自然；写信我用的也是德语；偶尔我还阅读德文书籍——尽管我已经有了移民的体验，希望能尽可能快、尽可能完全地融入美国社会。1940 年前后，当我试图改变我最初的两个名字时，出现了一个短暂的小插曲，我偶然在一封信上

---

* 到 1939 年 3 月，其他美国大学总计提供了 200 多个类似这样的奖学金，但一直未发完。它们寄希望于那些合格的候选人，其中许多人仍在德国，还有些人在英格兰，能够获得特别签证。有个资助难民学生校际委员会聘请了罗斯福夫人担任名誉主席。今天有些人知道有哪些人没有给在欧洲遭到迫害的受害者提供帮助，例如，国务院中来自布雷肯里奇·朗的卑鄙狭隘、反犹太主义的阻挠，但他们同样也应该了解各种各样的个人和组织所自发做出的努力。

署上了理查德这个名字。但我很快又放弃了这个主意——部分是出于对哈伯这个名字的骄傲，部分是出于固执。在涉及我是谁、我现在的"身份"该怎么表达这些方面，我遇到过很多麻烦，我也不想做出改变。当时那个沉甸甸的身份用词还没有成为时尚！（我母亲将她的名字改为凯瑟琳，发表文章时也以此名字署名，但朋友们，甚至美国朋友们，都继续称她凯特。）

对于欧洲正在加速发生的事情，我们不仅从媒体上获知，亲戚朋友的来信也是一个渠道，如柏林的洛特·科布拉克、巴黎的马尔加·哈伯和在布雷斯劳的姑妈格蕾特。就在"水晶之夜"之前，巴黎的恩斯特·汗布格尔叙述了法国不断低落的士气和不断高涨的沙文主义，那里公众的情绪变得令人厌恶，德国流亡者的生活变得越来越难，尽管法国曾经是如此热情好客。（1937 年，赫尔曼·哈伯的法国入籍申请被拒绝了——已经过了两年的等待期。）我给他们所有人写信——给那些留在德国的人写信是出于深情的关心，给那些在自由国家的人写信则是出于好奇。与此同时，面对我的美国同学我仍然感到有些腼腆，在这个世界里我还是一个陌生人。我如饥似渴地去阅读来自欧洲的新闻，以至于恩斯特·汗布格尔告诫我要少花些时间在日常事件上，有时间要多看看古希腊历史学家修昔底德写的东西。（他的话太对了，正如我几年后自己所发现的那样，也正如每隔一段时间我不断重新发现的那样。）

1939 年 2 月初，我写信给在布林莫尔学院上学的姐姐，告诉她希特勒 1 月 30 日在德国国会大厦演讲中威胁说，如果全世界犹太人能够成功地发动另一场战争，那么欧洲的犹太人面临的将是彻底灭亡。这是我转给她的唯一一条消息。希特勒说的话我是会严肃对待的。几个星期之后，我在断断续续的日记中记下了教宗庇护十一世去世，驻柏林的前任罗马教廷大使红衣主教帕切利继位，这位新教宗通常被认为对德国的事务有特殊的了解，这点是真的。（汗布格尔告诉了我们一个流传在巴黎的有趣的谣言，当这位新教宗被问及有关他亲法情绪的报道是否正确时，他回答说："我在德国度过了十年，而你却认为我还没有成为法国的朋友？"）当他也接受绥靖主义——而且更糟糕时，对他的失望那就更大了。

灾难的步伐加重也加快了。3 月中旬，纳粹完成了对捷克斯洛伐克的摧毁，宣布波希米亚和摩拉维亚为德国的"保护国"，并承认斯洛伐克（在其自己的冒充法西斯主义的天主教领袖领导之下）为傀儡国。德军进入布拉格的新闻图片——其中有一张表现的是一个在人行道上哭泣的捷克男孩——产生了巨大的影响，当时公众尚未领教过大批量这类影像所造成的冲击力。

公共事件和私人事件继续迅速地交融在一起。与库贝尔卡一家的通信中断了，我对欧洲的非雅利安朋友的担忧变得更加急迫。一个月后，佛朗哥完成了对西班牙的征服，成千上万共和党的士兵最终成为法国不受欢迎的难民。仅采用绥靖政策就能为法西斯统治欧洲铺平道路？抑或在希特勒吞并了波希米亚和摩拉维亚之后，内维尔·张伯伦突然变得强硬是否构成了一个转折点？最后他似乎认清了希特勒无法满足的侵略意图。他的政府不仅向波兰——最有可能的希特勒的下一个入侵对象——提供军事保障，而且在历史上第一次引入了和平时期的征兵制度。

给波兰提供的保障意在警告希特勒，对该国的袭击会引发另一场世界大战，但该保障对波兰的军事价值接近于零。当英国和法国最终开始与苏联探讨对德国进行共同防御的可能性时，他们所进行的却是典型的旷日持久的谈判。因为在"真实的"张伯伦身上仍然存在许多不确定性，当然他就成了一个被嘲笑的对象。我担心他会发现一些什么新的理由来安抚希特勒，就波兰发生的针对生活在波兰的德国少数民族的恐怖事件上，希特勒早就在大放厥词了。在法国，去询问一个人是否愿意"为波兰但泽市献身"这样一个令人伤感的问题，能反映出如果不情愿最终以自杀性方式去使用武力来阻止希特勒的话，这是可以理解的。

那年春天，还留在柏林的科布拉克表兄弟们终于离开了德国前往英国，他们是自己设法成行的，但因年纪偏大，无法加入儿童难民救援运动，该运动是为成千上万的犹太和非雅利安儿童在英国家庭中寻求庇护。洛特寄来的信中充满了对我们的最亲密的关怀，她很想知道我们在美国这段艰难的早期生活是如何度过的。她的丈夫理查德不知何故总是比我的父母更像德国人，他与牧师海因里希·格吕贝尔共事，在牧师的办公室里帮助非雅利安人新教徒，1938 年 11 月 9 日大屠杀之前，他一直没有意识到移民的紧迫性。格吕贝尔属于认信教会，该教会狭隘地将其反对对象限制于纳粹化了的新教教会，其官员们就像古罗马犹太总督彼拉多一样，已经洗过了他们作为基督徒的双手，然而纳粹法律却把他们重新定义为非雅利安人，并和犹太人一样受制于相同的歧视性法律。格吕贝尔一直在试图帮助那些无处可去的人，一开始，纳粹当局还承认他的组织，因为除了给那些人提供物质帮助并为他们的孩子建立一所学校之外，格吕贝尔还帮助他们寻找移民的方法。而排挤犹太人依然是纳粹的政策。

1939 年 1 月，我的父母说服了汉斯·奈塞尔为科布拉克一家出具了一份担保书。那时，要想获得美国签证已经十分困难了：分配给德国人的美国移民配额已被超额用完，甚至连申请签证的要求也变得更加严格。理查德在 5 月写给我们的信中说道，他现在明白了做出"一项转变"（Umschichtung）的必要性，"尽管我早已经把乞丐这门职业视为一个圣职"。因此眼前面临的就是移民——但是到哪儿去呢？我父亲敦促要加快速度，7月下旬，理查德再次来信写道："西方世界的衰落正在如此迅速地逼近，使得所有此类反思毫无益处，但对于这种可能性，我将置若罔闻。"

8月下旬传来了一个令人震惊的消息，我把一份刊载了这个消息的报纸带回了家，报纸的通栏标题是德国和苏联签署了一份互不侵犯条约。我们的整个错误的世界观崩溃了：我们以往相信，正如纳粹和共产党人十多年来一直喋喋不休地所灌输的那样，国家社会主义党的主要敌人是（犹太人）布尔什维主义，而苏联的主要敌人是法西斯主义，特别是纳粹主义，共产党人将其定义为垄断资本主义的最具恐怖主义和军国主义的形式。1935年，当苏联放弃了反对社会民主的运动并宣布支持由社会党人、共产党人和其他反对法西斯主义派别参加的法国人民阵线政权时，他们似乎已经证实了他们的反法西斯主义承诺，在西班牙和莱昂·布鲁姆为法国新政所做的努力中都能看到这一点。

那时我们的思想意识非常简单，并且就像所有思想意识一样都是自私的。最能立见分晓的检验方法就是看一个人是支持还是反对纳粹主义。是否有人将纳粹主义视为唯一最大、最可怕的威胁呢？如果苏联是反法西斯主义的，正如它声称的那样，并且似乎与其无产阶级革命的最初承诺一致的话，那么人们就需要它，把它作为盟友，从而"左翼没有敌人"这种论调也似乎是可信的。但有关苏联大清洗和其他暴行的报道令人震惊，也许这些报道是法西斯授意的或者是反动的夸张之词。1939年初，我们一直相信苏联总会不可避免地反对法西斯主义，不论其内部出现什么劣迹或发生什么罪行。这方面的不祥之兆其实还是有的，我曾经注意到了这些迹象：斯大林于 5 月撤换了他的犹太人外交部长和集体安全的鼓吹者马克西姆·李维诺夫，并且警告说苏联不会为他人火中取栗。何况，难道苏联人不理解，一个被纳粹德国控制的欧洲将是一个可怕的威胁吗？去反对这样的一种结果，按照现实政治的定义，是符合他们自己的利益的。但今年 8 月的新闻报道，以及所配的德国外交部长里宾特洛甫和微笑的斯大林看着苏联外交部长维亚切斯拉夫·莫洛托夫签署那项条约的照片，就像一记闷棍击碎了这些猜测。而我们对条约的秘密附件却一无所知！对我（同样也对其他许多人）而言，这种幻想的破灭后来被证实是一种保护措施，可以抵御沉迷于亲苏幻想的诱惑。

就在德苏条约签署的那一天，理查德·科布拉克又写了封信："我担心，几天之后就会看到欧洲的命运。"他随后写来的信件愈加绝望，同时我们从报刊上得知德国的犹太人遭到越来越严重的剥夺和羞辱。只要美国保持中立，邮寄业务就是被允许的。但是，在德国的犹太人必须亲自到邮局去邮寄发往国外的信件，并将他们的名字填写在信封上；那时，他们还被要求添加"伊斯雷尔"或"萨拉"作为他们的中间名。到了 1941 年 9 月，他们还不得不佩戴黄色星型标志。我们多数使用普通平信邮件，在信封上注明该封信搭乘哪艘轮船；这样，跨越大西洋的邮件要花上一周或十天到达。不久之后我们的朋友就请求发送航空邮件，但由于费用增加，我父亲一直不太愿意；美国的海路信件要花很长时间才能到达德国，有时干脆收不到——由于英国的封锁！而从德国发往美国的信件则途经西伯利亚和日本。

两周后，即 1939 年 9 月 1 日，布雷斯劳附近的一家广播电台上演了一出波兰人对德国的滑稽可笑的嘲讽攻击，随后德国军队入侵了波兰。其后四十八小时，英国向德国宣战，法国也随之在五小时内对德宣战。我们感到了宽慰，只有武力才可能终结希特勒政权的滔天罪恶，当然，同盟国将占上风。拥有"坚不可摧"的马其诺防线的法国人和拥有战无不胜的海军的英国人无疑要比德国人强大得多；军事专家如此告诉我们，我们的信仰也不允许有其他任何想法。

与此同时，德国对波兰的迅速征服以其所有的残暴行为继续着，与其同流合污的是最终的、意想不到的背信弃义：苏联对波兰东部地区的占领。在 18 世纪，波兰的邻国曾三次瓜分这个国家，最后一次干脆将其彻底灭亡了。那么，此次便是第四次对波兰的瓜分。伟大的英国漫画家大卫·罗在他有关英国的愚蠢和轴心国的罪恶的诙谐但绝对可靠的记录中描绘了这个可怕的时刻，他画的一幅素描，表现的是希特勒和斯大林越过一个匍匐着的波兰互相问候致意，就像利文斯通和史丹利一样[*]。希特勒对斯大林说："我想你就是地球上的渣滓？"斯大林回答道："我猜你就是双手沾满工人鲜血的凶手？"

战争的爆发危及我们在法国的家人和朋友，法国当局害怕"第五纵队"（这是几年前由西班牙法西斯主义者杜撰出来的一个术语，当时他们错误地预测他们即将攻陷马德里，凭借的就是城外有他们的四支纵队，城内还有一支"第五纵队"），从而即刻拘禁了大多数德国难民，尽管这些人事实上是反纳粹主义的真正的力量。来自洛特·汗布格尔和马尔加·哈伯的信件透露着绝望的情绪；恩斯特·汗布格尔在几周内被释放了，而赫尔曼·哈

---

[*]　19 世纪 60 年代，美国记者史丹利被派往非洲去寻找失踪的传教士利文斯通。两人见面时，史丹利说了一句相当著名的话："我想你就是利文斯通博士。"

伯则面临在被继续拘禁和加入外籍军团两者之间的选择，最终他选择了后者。但他们现在都在考虑移居美国。与此同时，仍然留在德国与我们保持通信的亲朋好友在信中被迫保持镇定，因为他们必须牢记，他们写的每一个字都会经过盖世太保审查。（我仍然保留着一张来自洛特姑妈的明信片，上面盖着德国国防军集团军司令部的纳粹印记。）

在德国野蛮地征服了波兰之后，欧洲的交战各方逐渐习惯于"非实战状态"，几个月过去了，任何一方都没有采取重大的军事行动。与此同时，德国人在波兰开始实施恐怖统治，但是在开始时我们对他们的暴行知之甚少，尽管我们很想知道法国和英国是否意识到它们所面临的巨大危险。（我们现在知道，自慕尼黑会议以来，罗斯福总统——不同于他的大多数同胞——已经把纳粹德国视为对美国的实际威胁。）尽管在 1939 年至 1940 年的那个冬天，移民到美国仍然非常困难，但携带着必要文件的德国犹太人还是能够逃脱在不断收紧的绞索。正如世界犹太复国主义组织的哈依姆·魏茨曼在 1936 年宣布的那样，对于中欧东部的600 万犹太人来说，"世界被划分为不同的地区，有些地区不允许他们居住，有些地区则可能不让他们进入"。但是，拯救个人的努力仍在继续——有时也获得了成功。

灾难的步伐继续加快。11 月，红军袭击了芬兰，勇敢的芬兰人对最终被证明是一个令人惊讶的衰弱的主宰进行了短暂的抵抗。然后，在 1940 年 4 月，德国人恢复了他们夺取欧洲霸权的进军步伐。在短短的几天之内，德国国防军占领了丹麦并攻击了挪威，在那里遇到了更大的抵抗。但是，即使得到了盟国的帮助，挪威也无法阻止最后的失败：在广泛宣传的第五纵队和本国的法西斯通敌者的帮助下，挪威最终被踏在德国的铁蹄之下。那些法西斯帮凶成立了一个以维德孔·吉斯林为首的傀儡政府，他的名字为我们的政治语言和意识形态取向增添了一个关键词。

5月10日，德国人同时对荷兰、比利时和法国发动了三路进攻。在德国人对鹿特丹实施了野蛮轰炸，旨在展示他们的力量和不可战胜性，并在比利时和法国平民中散布了失败主义之后，荷兰迅速投降了。日复一日，有关同盟国败退的消息大量涌入，德国军队从侧翼攻破了马其诺防线，于6月初打到了英吉利海峡边。已经进入比利时且主要由英国军队构成的盟军现在陷入了德国人的陷阱——仅仅是因为"敦刻尔克奇迹"，大约25万名盟军从这个著名海滩成功撤离，挽救了他们。我们的希望落在了最终成为英国首相的温斯顿·丘吉尔身上，正如德国在西部开始进攻时那样。他试图团结法国人，甚至提议建立一个英法政治联盟，然后当法国准备单独停战时，他发誓说英国将独自继续战斗——尽管困难重重。在5月和6月播出的他的广播讲话令人振奋，他以著名的口才表明了决心，他以对法西斯的蔑视赢得了人们的信任和钦佩："我们永远不会投降。"我听了他的所有演讲，即使这样做意味着会短暂地影响我周末从附近的市场购买杂物的工作。

这个世界惨遭破坏，而且所有的破坏发生在几周之内。德国人实际上已经成为欧洲大陆的主宰，所建立起来的统治权超过了拿破仑权力的高峰期。6月中旬的一天，当德国军队沿着香榭丽舍大街进军的时候，我哭了——而且留在家中没去上学。只有丘吉尔的英国在对抗貌似无敌的希特勒，我们都下意识地停止了怀疑，转而相信丘吉尔。不知怎的，我们无法去想象德国将最终获胜，所以我们说服自己，无论形势如何绝望，正义的事业都不是没有希望的，从长远来看，在其帝国的支持下，英国将最终获胜——当然，倘若美国能出手相助的话。美国是最后最大的希望——尽管其本身四分五裂，但无论如何都是希望之所在。

德国人的进攻刚开始时，在法国的大多数德国政治难民被关押在法国难民营中，条件极其恶劣，骇人听闻；达豪集中营的老囚徒认为那里的条件比臭名昭著的地狱还要糟糕。有些难民被征召加入法国军队的非战斗部队。恩斯特·汗布格尔于 5 月 14 日写信告诉我们，他估计第二天会遭到拘禁。当混乱笼罩着一个国家、笼罩着一个世界时，一切都处于极度惊慌的状态，每天收到的邮件中都是绝望的笔调。就像我的父母一样，我个人再次代表家人投身于书信工作中。5 月 18 日，我写信给纽约的法国信息中心，以令人尴尬的伤感（日耳曼人的？）表达了我对法国的热爱。我说，一名在魏玛共和国担任过民主党议员的德国难民在战争刚爆发就被法国监禁起来，"只是在患有急性心脏病之后，这名五十岁的男子才被释放"。新闻报道表明这些人已经再次被捕，是否有办法帮助他们解脱呢？"我知道法国正处于战败的边缘，可你要明白我是在担心我最好的朋友，他就像我一样热爱法国。"该中心一位名叫 M. 勒·布朗许的主任于 6 月 4 日回答说："几周前法国政府认为有必要对德国国籍的男女采取新的更严格的保护措施。"

与此同时，法兰西第三共和国签署了死刑令，并建立了以贝当元帅为首的新的独裁政府，新政府采取的第一个行动就是与德国签署停战协议，将法国划分为由德国或意大利军队占领的地区、无人占领地区以及直接服从贝当维希政府的地区（法国南部的三分之一）。（停战协议的签署延续了法国和德国相互强加于对方的象征性伤害的悠久历史：和法国曾迫使德国人在德国于

1871 年宣布成立帝国的镜厅接受惩罚性的《凡尔赛条约》一样，此刻希特勒在同一个地方，即 1918 年 11 月德国被迫签署停战协议的贡皮埃涅市，征用了当年签署停战协定的同一节火车车厢。）

停战协议中有一条不好的条款，迫使"法国政府……按要求交出"德国政府所列名单上的德国人（或非法国人），其直接目标显然是德国政治难民。五天后，洛特·汗布格尔从法国的自由区给我们写信说，她最后一次见到她的丈夫是在 5 月 14 日；或许，她补充说，她再也见不到他了。7 月 1 日，我再次写信给法国信息中心的 M. 勒·布朗许，询问他是否还有办法让一个处于危险之中的政治难民离开法国。如果这个人被送到德国人那里，我写道，"他就会被残酷的盖世太保处死"。我们知道那些被移交给德国人的杰出的魏玛政治家都被谋杀了，最著名的例子是汗布格尔的一位社会民主党朋友、前任财政部长鲁道夫·希法亭。

马尔加·哈伯带着她的三个女儿逃到多尔多涅省的多姆，她不确定她的丈夫是否还在阿尔及利亚的外籍军团。7 月 9 日，我向法国信息中心询问多姆是否在自由区，回答是"是的"。一切都处于混乱和恐惧之中，唯恐这些人落入德国人手中。我们现在知道德国人在要求交出他们这件事情上进行得非常缓慢；而另一方面，维希政府却不用德国人督促，几乎立刻就开始自行制订一项反犹太人的计划。

就在德法签署停战协议的当天，一个紧急救援委员会在纽约成立了，发起人中包括莱茵霍尔德·尼布尔、乔治·舒斯特和其他一些对德国民主有浓厚兴趣的人士。在纽约的德国政治流亡者——其中一些是社会民主党人，还有一些是我父亲认识的——动员了美国工会和犹太劳工委员会来拯救他们在法国的同胞。这些团体汇编了一份急需救援者的名单,包括著名的持反纳粹观点的作家和艺术家。到了8月,紧急救援委员会已经派遣一名勇敢的年轻美国人,刚从哈佛大学毕业的瓦里安·弗莱,前往马赛组织一场营救任务,还包括去获取特别提供的美国签证;总统夫人埃莉诺·罗斯福是这些努力的主要支持者。

8月初,我们得到了汗布格尔的消息,在近三个月的军队生活之后,他又和他的家庭团聚了;很可能他所在的部队是一支支援部队。美国驻马赛领事得到了他的住址,给他签发了签证,但他还需要一份法国出境签证,而法国的官僚机构办事非常谨慎。同其他有声望的难民一样,汗布格尔夫妇决定利用非法途径离开法国,他们沿着一条危险的路线穿越比利牛斯山脉进入西班牙——这是瓦里安·弗莱和他年轻的同事阿尔伯特·赫希曼为他们在地图上标出的——背着能够携带的所有物品。哲学家瓦尔特·本雅明几乎在同一时间也走了同一条路线,但在西班牙领土上的第一站,波尔特·博乌由于担心他可能被迫返回法国,结果于9月27日自杀了。

在西班牙,佛朗哥当局很大度地允许汗布格尔一家借道里斯本,这令人感到非常惊讶。(一位西班牙的美国历史学家最近告诉我,佛朗哥的仁慈反映出他希望富裕的西班牙系犹太人能带着他们的银行账户从法国和荷兰返回西班牙。佛朗哥也喜欢"在小事上对希特勒嗤之以鼻"。在希特勒动手消灭犹太人之前的几个月里,佛朗哥出于贪婪而采取了这些措施,这真是一个出色的主意!)从那里,汗布格尔告诉我们,他们一家已经预定了9月28日离开里斯本前往纽约的一艘希腊轮船的船票:"当我回忆起在我退役后于7月30日与我的家庭团聚,并且两个月后有希望到达纽约,这一切似乎是一个奇迹,而你恰恰在其中起到了关键作用。"

当"新希腊号"轮船于 10 月 13 日上午 9 点抵达霍博肯时，我代表家人去迎接汗布格尔夫妇。码头上挤满了紧张焦虑的人——毕竟这是运送来自被占欧洲的难民最早到达的轮船之一——都在等待船员放下跳板。我发现了托马斯·曼，他很容易辨认出来。过了一会儿，我看到一个身材肥胖的男人和他的妻子下了船，托马斯·曼走上前去迎接他；这两人以一种最微妙和迟疑的方式拥抱在一起。此人是他流亡法国的兄弟海因里希，也是一位作家和反纳粹活跃分子，与托马斯有最复杂、最有竞争性的关系。（我当时不知道托马斯·曼的儿子戈洛也在同一艘船上。）其他一些名人相继出现了，其中包括著名小说家弗朗兹·韦尔弗和他的妻子阿尔玛。韦尔弗写了一本阐述亚美尼亚大屠杀的作品——《穆萨达四十日》，我是带着一腔激情读完这本书的。《纽约时报》第二天报道说，韦尔弗拒绝解释他是如何从法国南部前往里斯本的："谈论这件事情非常危险。我的许多朋友仍然在（法国的）集中营里。"我把汗布格尔一家带到七十九西大街的临时住所，我感觉非常高兴，因为我们两家从此可以互相帮助，美国成了我们共同的避风港。

把哈伯一家从法国解救出难度要大很多。我父亲设法将他们的名字列入了危急名单，在 1940 年 7 月中旬，美国驻马赛领事得到指示为他们签发签证。但是直到 9 月底，赫尔曼才退役，得以重新与他的家人团聚。不久之后，马尔加写道，前往马赛需要得到法国当局的安全通行证，这份证件很不容易获得，并且美国领事馆也不会给他们发放入境签证，除非他们一家得到了法国出境签证——然而法国的出境签证必须依据美国的入境签证才能签发。这简直是一场噩梦！马尔加需要经人引荐给"弗雷先生，根据大家的说法，此人是解决所有困难的关键人物"。几天之后的信中提到："谁是弗雷先生？他在马赛被称为'无所不能者'。"战前很早就来到普林斯顿高级研究院的阿尔伯特·爱因斯坦，在四次不同的场合中代表哈伯夫妇给美国领事或我父亲发来了信件。此时必须筹集一笔资金以便支付他们的船票费用，虽然很安全但并不富裕的理夏德·维尔施泰特主动出手相助。1941 年 4 月，哈伯一家终于能够"合法地"离开法国，但他们所乘坐的船离开里斯本后遭到英国人的拦截，船上乘客被短暂地拘禁在特立尼达岛上；他们于 6 月才在纽约登陆。

1940 年，伊冯·梅西耶和她的三个孩子乘坐泛美公司的一艘快船来到了纽约，我在公布的抵达者名单上发现了他们的名字。我们作为哈伯夫妇的朋友于 1933 年在巴黎第一次见面。久别之后再次相见，伊冯·梅西耶，一个活泼、美艳、精明的有着英法血统的女人对我父亲说："啊哈，现在我们又不用担心生病了！"夏天，我和梅西耶一家一起度过了一些日子，她的大儿子雅克同我年龄相仿。不久之后，更多的哈伯的朋友也来了，包括约瑟夫·布卢门菲尔德和他的妻子，他们俩是出生于苏联的法国公民。我频繁地参与这个新欧洲团体的活动，门票便是我在打桥牌上的技巧。我甚至在打牌上还赢了一些钱，但真正的报酬是激烈的政治对话以及布卢门菲尔德的友谊。我很看重奥辛卡，大家都这么称呼他，因为他有着带了几分忧郁的智慧，更像苏联人而不是法国人。这些新来的人员加入了在纽约的大部分是德国难民的圈子，这个圈子提供了增加凝聚力和友谊的场所，也是大家争论的地方。不论是在 19 世纪 40 年代的巴黎，还是在一个世纪后的纽约，流亡生活中充满了和谐融洽，但也少不了针锋相对。

经过不懈的学习，1938 年 12 月，我父亲在到美国仅仅两个月之后，就通过了以外国人为对象的英语考试。对于接下来的医疗委员会的考试，他不得不努力重新学习各种细节（他抱怨在经过近二十年的内科从业之后，现在还得去记住足部的骨骼结构），但他在第一次尝试时就顺利通过了考试，然后在 1940 年的夏天在曼哈顿开了一间诊所。病人逐渐找上门来了，一开始大多是难民同胞，同行医生也介绍了他们的病人和朋友前来。与此同时，我父亲还辅导其他准备参加医疗委员会考试的德国医生。最终美国患者也来了，但我父亲正处于一段困难时期——而且一直没有经济保障。近十年来不断的过度紧张正对他的健康造成影响，他患了胃炎，伴随其他轻微的痛苦。由于是我为家人采购并偶尔准备晚餐，于是我把他的胃病看作一种对我的指责。

　　纽约的杰克逊高地和森林山（这两地的社会地位更高）也住了一部分难民，这些难民也成了我父亲的病人。到了 20 世纪 40 年代中期，我也鼓动自己的一些朋友和同事去找我父亲看病，其中一个人把这层关系戏称为"布雷斯劳圈子"，确实如此，几乎每一个医学专业都能在纽约找到来自布雷斯劳的杰出的执业医生。布雷斯劳圈子还包括外科医生鲁道夫·尼森，他于 1939 年离开了他在伊斯坦布尔的职位，经波士顿来到纽约。尼森曾经是绍尔布鲁赫的首席助手，但实际上他本人也许是更伟大的医生。他建立了一所一流的私人诊所，并在布鲁克林犹太医院担任了一个职务，即便如此，他仍没有得到他该得到的临床医学上的任命。对于我父亲来说，尼森从青春时期就是好友，这次和妻子一起来到纽约，自然是一桩乐事。尼森的妻子露丝是一个美丽迷人的"雅利安人"基督徒，她毫不犹豫地陪同丈夫跋山涉水前往伊斯坦布尔。

　　尼森（就像我父亲和他的许多同事一样）对当时在医生中

仍然流行的酬金分润的做法表示遗憾并公开指责。（该体系很简单，全科医生将患者介绍给专科医生，后者则将就诊费中的一部分分给介绍者。）尼森还是一位颇有激情的骑手，我记得我在中央公园看到过他潇洒地骑在一匹黑马上飞驰而过。对我来说，尼森也很特别，虽然我会不时地同他开玩笑。他在回忆录中写道，他和他的妻子把我看作他们的养子，即使他于1952年离开纽约去巴塞尔担任教授，在那里他度过了离开柏林之后的第一段幸福时光，我们依然是好朋友。当我去他的现代化的、安谧的家中探望他时，他对德国的许多事物，不论是过去的还是现在的，都直言不讳，并嗤之以鼻。

因此，在纽约的最初几年中，我们主要还是生活在一个德国－欧洲的世界里，尽管我们正在与美国人建立联系并发展新的友谊。鉴于我父母工作的性质，我想，我们比很多人更容易同化。我们当然试图在我们生活的两个世界中都能跟上潮流。讲德语的纽约人有他们自己的周报——《结构》，这份报纸报道了有关难民的艰苦生活以及那些仍然在德国控制之下过着更加糟糕生活的人的重要新闻。在这样的环境里，每个人必须保持幽默感；我父亲储存了大量精彩的笑话故事，通常是自我批评的。其中有这么一个例子：希特勒被推翻了，尊严得到了恢复，米勒和施密特两位德国好市民在柏林的一个街角见了面，两人都很高兴地告诉对方，现在各自的犹太医生以及犹太律师都已经回来了，重新有好医生和好律师来照料自己的健康和法律事务，这种感觉太好了；但米勒沮丧地加了一句，"假如他们不在街道上大声说英语就更好了"。

家里的生活对我来说很难，父母都在辛勤工作，我不得不将学校作业——尽管不熟悉但不太难——与大部分家务活结合起来。当多伦多的彼得舅舅给我们寄来一张数额不大的支票以便我们能够在圣诞节买一些特别的东西时，他把支票直接寄给了我，因为他知道，我是"家庭预算的负责人"。1939年7月，我的外祖母布瑞格搬来和我们一起住；她先从英格兰去了多伦多，但现在彼得舅舅正在修理房子，住在考尔德科特，所以她来到了纽约。我不得不睡在客厅里。她帮我做日常家务事。1939年9月，随着战争的爆发，我们之间发生了唯一一次激烈的争论：受到恐怖的第一次世界大战的影响，她的愿望是保持和平，而我的愿望是希特勒的扩张主义恐怖必须被阻止，这意味着要借助武力，武力是唯一可能的方式。

我母亲当时同格式塔心理学创始人马克斯·韦特海默在一起工作，兼任辅导员，他对我母亲的算术教学材料（这些教学材料在1940年获得了一项美国专利）很感兴趣。令他惊讶的是，他认为这些材料是基于格式塔理论的，而凭直觉和实用开发了这种材料的我的母亲却对这种理论几乎一无所知！韦特海默现在是社会研究新学院的明星之一，他希望她成为他的助手，从而能够学习她的实践背后的理论知识。然而，1939年11月，她因胆囊炎发作而病倒，只能在新学院中处理一些最重要的事项，大多数时间不得不卧病在床上。

几个星期后，我从学校回家，发现外祖母也感觉身体不适；多年来她患有高血压，那天下午突然呼吸困难。家里就我们两个人，直到我父亲在傍晚时分回到家中，然后我母亲也回来了——她非常痛苦——我父亲把她扶到了床上。他竭尽所能来帮助外祖母，但几个小时后她去世了，我们不得不告知母亲。母亲和外祖母一直是形影不离的，她的悲伤因为她无比的平静和坚忍而更加感人，这是她试图按照她母亲的愿望行事而表现出来的。几天后，我父亲和我孤独地坐在河滨纪念教堂里出席一场犹太葬礼,在我们面前,摆放着一副典型的朴素的犹太松木棺材,没有鲜花。就这样,我们告别了我的祖先中最虔诚的"基督徒"。我父亲哭了——我认为这是我最后一次看到他哭泣。我母亲病得太重了,无法和我们一起出席葬礼,只好留在家里,但仍在忙碌,更换床单,重新整理房间,默默地做着她母亲希望她做的事情。这年的圣诞节过得很伤心、很压抑。

在新年前夕的下午,我出门去骑自行车,回到家后,我向父亲提到我有轻微的胃痛。他问了我一些问题,给我做了检查,但按照他的惯例,没有告诉我母亲可能的坏消息,她仍然因胆囊炎而躺在床上,父亲只是告诉她说他必须进城,并由我陪他去曼哈顿。医院里的一次快速血液检查证实了他对急性阑尾炎的怀疑。一位"布雷斯劳"医生给我动了手术,我从医院打电话给母亲,告诉她我很好,没有阑尾了。(应我的要求,那节浸泡在甲醛中的阑尾被装在小瓶子里还给了我。我把它作为纪念品带去了学校。)

这最后一次危机的回报对我来说是无法估量的。十天来,也是自我来到美国后第一次身处一个全部是美国的环境中,除了每天二十四小时的英语口语之外,几乎听不到其他任何东西。照顾我的是和善的护士们——我记得,负责看护我的是一位漂亮的护士长,她在护士制服外面套了一件令人难忘的红色毛衣。同样令人难忘的是,隔壁病床上的病人有一台收音机,碰巧他在1月8日听到了罗斯福总统在华盛顿发表杰克逊纪念日的讲话。我被总统充满魅力的声音和热情吸引;我永远不会忘记演讲的开头,他嘲笑共和党人缺席了"这场盛大的宴会",并想知道为什么他们不在那里。他说,这让他想起了一个故事,有位老师问班上的学生"有多少人想去天堂。班上每个小男孩一边眨巴着眼睛想着这个问题，一边纷纷举起了手——除了一个人之外。'老师，'他说道，'我当然想去天堂，但是，'他用手指着教室里其他男孩，'不是同那一群人一起去'"。我以前从未听过这种政治上如此活泼的演讲词，它让我如痴如醉。

我有了新的美国男女英雄形象。一位是伟大的纽约市长菲奥雷洛·拉·瓜迪亚，一提起希特勒，他总是义愤填膺，口诛笔伐。关于1939年世博会的计划，他曾经说当然应该包括一个德国展馆，即为"正在威胁世界和平的那个身穿褐色衬衫的狂热分子"设置一个"恐怖屋"。1939年4月，我听到一则广播，称拉·瓜迪亚正在考虑不再竞选公职，所以我给他写了一封慷慨激昂的信，恳求他再次参加竞选，并为我糟糕的英语道歉。他的回复是："谢谢你4月11日的来信。我很高兴你在纽约，我认为你的英语很不错。"

我继续给亲朋好友写信。1940年8月，我写信给艾丽卡·曼，她的《野蛮人学校》（1938年）是一本关于德国教育的书，我刚读过，感谢她为"我们难民"所做的一切，并回忆起我在德国学校的日子："我特别清楚地记得，那个信仰新教的教师两年多来一次都没有提到过《旧约圣经》的存在。"在我的学校经历中，我"感受颇深的只有两件事，对纳粹的强烈蔑视和仇恨以及作为一个非雅利安人我是如何自豪"。她的回复反映了当时的大部分情绪："我们的回忆非常相似。你可以确信一切都会向好的方面转变，这是我们必须坚持的愿望和希望。"*

---

* 几个月后，我的父亲给她的父亲托马斯·曼写了封信，他对《洛特在魏玛》一书赞不绝口，但也指出了其中两个可能的错误。在曼手写的回信中，他猜测是否会出德文版的第二版，以便纠正可能出现的错误："这取决于战争的结果，就像许多更大的事情一样。想到除了其他事情之外，英国人也在为洛特而战，这不免令人感觉奇怪。"

1940 年夏天，随着不列颠空战的加剧，我们需要的不再仅仅是希望。美国社会继续深深地陷入分裂，一边是干涉主义者，一边是孤立主义者，一边的人理解作为一种自卫，美国应该支持缺乏战争资源的英国，而另一边的人则反对所有这些努力，认为美国不应该纠缠于这场欧洲的冲突之中。对于一些孤立主义者来说，其他动机也在起作用，其中有些人在希特勒和法西斯主义身上看到了"未来的浪潮"，有些人同情他的反犹太主义，即使他们发现有点过分。罗斯福了解德国的危险，但他也知道这是一个大选年，他不得不以政治上的谨慎来中和他帮助英国的愿望。

8 月中旬，威廉·C. 布利特在美国哲学学会赞助下发表了一篇广播讲话，他曾经出任美国首任驻苏联大使，然后担任驻法大使，并刚从巴黎回来。他的这篇讲话是论述法国沦陷的第一手权威的报告，他指责法国毫无准备，指责法国人不愿及时看到德国的危险；他描述了德国战术的恐怖，但最重要的是他强调了德国间谍和特工的狡猾的行动。演讲的目的是向美国吹响号角，警告美国它也受到了威胁，美国是受英国海军保护的，一旦英国海军被摧毁，"将是我们大西洋马其诺防线的转折点……'马其诺防线'这几个令人宽心的字眼，对法国来说不啻是死亡催眠曲的叠句"。他警告要警惕隐藏在美国的纳粹和共产党的特工和间谍，更为直接的是，他要求作为应对危险的第一步，美国应引入征兵制——这是一项闻所未闻的和平时期的措施。他要求有志愿者加入"反对已经在我们国家内部的敌人"的斗争并做出牺牲，最后呼吁"写信给我，我会亲自让你联系上那些男人和女人"，他们知道你可以怎样在自己住的地方给他们提

供帮助。[*]

　　当然我立刻就写了封信，一周之内布利特就回了信，信中说他告诉了民主理事会与我联系。这个设在纽约的理事会的领导人是很受大众欢迎的广播评论员雷蒙德·格拉姆·斯温，该理事会的目标是"向美国人灌输民主的意义、价值和可行性……当整个世界都受到极权主义的威胁时"。理事会中一位名叫玛丽·弗里兰的工作人员写信给我，我和她保持了一年左右的联系。她交代给我的第一个"任务"是去"侦听外语（德语）电台并就任何颠覆性广播提交报告"。1941 年 2 月，我如期汇报说我没有听到任何"令人反感的"东西，尽管我注意到有些广播"非常强烈地建议，所有德国人应该在某一天到这家或那家小酒馆去——究竟在那里发生了什么情况，有着各种各样的猜测"。随后，我被要求给出那些小酒馆的名字和会议的日期。回想起来，我对所做的这些工作感到有点不安，但当时正是德美同盟非常活跃的时候。

　　1940 年 11 月，罗斯福再次当选，创造了史无前例的第三次连任。（10 月，在学校里的选举辩论中，我被选中为罗斯福代言，而一名高年级学生则为罗斯福的对手温德尔·威尔基辩护，那位名叫哈罗德·伊克斯的高年级学生将温德尔·威尔基称为"来自华尔街的赤脚男孩"。这位高年级学生是一个女孩，我非常崇拜她——但只能从远处，因为我对女孩极其腼腆。不过至少我赢得了辩论，并且罗斯福也赢得了选举。）在接下来的几个月

---

[*]　这篇演讲词包含了一个非常引人瞩目的，或许不太得当的，用于更加著名的呼吁中的先例："我们什么时候能对他们（我们的立法者）说，我们不想再听到我们能从我们的国家得到什么，我们真正想听到的是我们能给我们的国家贡献什么。"希奥多·索伦森和约翰·F. 肯尼迪是否听到或看到了这篇演讲词？他还问道："美国人，为什么我们还要长眠不醒？"

里，罗斯福证明了民主领导的真正力量：他和丘吉尔是整个20世纪最有效率的民主领袖，而这个世纪目睹了太多的民主的脆弱。

尽管干涉主义者和孤立主义者之间存在深刻分歧，但罗斯福在帮助英国反对德国方面起到了微妙而坚定的推动作用——首先宣布美国是"民主力量的武器库"，紧接着，1941年3月《租借法案》获得了参议院的批准——这是一个伟大的壮举。一个创立于1940年5月的强大团体，其名称是为保卫美国而援助盟国委员会，大力支持这些努力；对我来说，它仍然是组织良好的公民赢得成功的一个模式。1941年7月，丘吉尔和罗斯福在"威尔士亲王号"战舰上进行了一次戏剧性的会晤，并公布了《大西洋宪章》。那年秋天，由于英国海上损失增加和一艘美国驱逐舰沉没，罗斯福下令美国舰艇"一见面即可开火"。面对美国越来越公开的卷入，希特勒的表现出人意料，非常被动。

在1940年和1941年两年期间，我们都能够与柏林的科布拉克夫妇保持通信，他们现在急于移民，希望全寄托于美国。但自1938年以来，从德国移民到美国的需求远远超过了分配给各地的配额，并且筹措用以支付旅费的足够的美元也是一个大难题。我父亲给柏林的美国领事馆提供了各种保证，证明科布拉克夫妇会在美国获得足够的支持，绝不会成为公共救助的负担。这些不同的任务都由我父亲负责，他还向理查德·科布拉克的兄弟弗里茨求助。弗里茨是波兰但泽的一位富有的商人，他及时发现了危险信号，此刻已身处阿根廷。我认为他是一个有着德国风格、被人们称为"与政治不相干"的人，一心想远离令人痛苦的消息。1940年4月，在回答我父亲的初期询问时，他就评论说，如果同盟国获胜，他们将强加给德国另一个《凡尔赛条约》，随后将又是一场三十年战争。（在完全不同的背景下竟然还做出这种类比！）当年 5 月下旬，他告诉我们，抵达阿根廷的难民声称"在德国的生活尽管不是一种乐趣，但仍然远胜于地狱"。1941 年 2 月，我父亲指出："将犹太人驱逐出德国……并非仅限于巴登……而且几乎等同于判处死刑。"

理查德·科布拉克继续在牧师格吕贝尔的办公室工作，但到那时，正如我父亲告诉弗里茨·科布拉克的那样，格吕贝尔已被逮捕，他的办公室已于 1 月被查封。* 然后，在 4 月，科布拉克夫妇终于在赫莎·克劳斯的帮助下获得了美国领事馆的注册号，他们承诺会得到美国公谊服务委员会的资助。但是，还剩下交通费这个难题，需要 600—800 美元。9 月，洛特·科布拉克写信说，他们听说纽约有人能以 400 美元的价格得到古巴签证，另外需要 1300 美元作为保证金；10 月下旬，科布拉克夫妇发电报给我父亲和哈伯夫妇，说他们拿到了古巴签证，但现在需要 1000 美元购买船票。在纽约和阿根廷的各家是否就如何筹集这笔钱有过争论呢？我没找到相关记录，但每一天都很重要。

与此同时，我继续与我父亲这边的格蕾特姑妈（大家都叫她姑妈）通信，在越来越绝望的情况下她还留在布雷斯劳。1941 年 9 月，洛特告诉我们，早些时候已经搬到一间公寓去的格蕾特姑妈被命令再次搬家，这次是搬进一间屋子。（从那年 9 月开始，纳粹决定将所有犹太人赶到更狭窄的地方居住，要求他们定点定时在商店购物，并强迫他们佩戴黄星标记。）搬家前的那天晚上，姑妈让一位朋友帮她收拾东西，给每个人写下了告别信

---

* 格吕贝尔被囚禁在位于达豪和萨克森豪森的集中营中并受到粗暴对待，1943 年获释。战后，他在东德政权下曾短暂地拥有一个正式的新教职位。近年来，出现了许多有关格吕贝尔的相互矛盾的说法，但没有人对他在 20 世纪 30 年代后期的工作表示过怀疑。

（我们从未见过这些信），然后结束了自己的生命。

在洛特的最后一封信中——至少我没有找到其他信件——她提到她和理查德也不得不搬到一个单间房去住，他们可以随身携带一些家具，在那里购物也比较容易，阳台没有取暖设备，但阳光充沛，可以当作一间额外的房间利用。这封信是 11 月初写的，信中的笔迹还是那么轻柔、那么精确，自她在第一次世界大战期间给她弟弟写信以来，她的笔迹没有丝毫改变。在洛特的信中没有一丝抱怨的语调。相反，她的语气是让人放心的，她一再对我父母的帮助表示感谢并对我们的生活表示关心。她是一位充满爱心、慷慨大度的女人，性格坚强，天生丽质。

接下来所发生的一切令人心碎。在珍珠港事件之后，我们与德国的所有联系都中断了。我们再也不知道科布拉克夫妇究竟发生了什么，他们似乎已经到了需要解救的地步。我们和他们在英格兰的孩子保持着联系。战后——我似乎已经压缩了战争结束的时间和原因——我们获悉科布拉克夫妇已经被放逐到特莱西恩施塔特，这是位于波希米亚的犹太人集中营，那里关押着犹太人和非雅利安人，其中许多人是第一次世界大战的老兵或者其他一些"特殊"人士，在饥饿、疾病和死亡的阴影下过着被囚禁的监狱生活。我们以某种方式了解到，我的洛特姑妈在特莱西恩施塔特是一个无穷尽的安慰的来源，她一直照顾着境况比她和我的姑父更差的人，并始终保持着尊严。当鞋带不得不用普通绳子来代替时，她将她的鞋带浸入墨水中。成千上万的人死在特莱西恩施塔特集中营，还有很多人被从那里"朝东"送往死亡集中营，这也就是我的姑妈和姑父的结局。（几十年后，我收到了以色列的大屠杀烈士和英雄纪念主管部门犹太人大屠杀纪念馆的确认，他们在奥斯威辛集中营中被杀害了。）我的家人经常谈起洛特，回忆起她年轻时的日子以及她的勇敢。我经常想起她，在可预见的和不可预见的瞬间，我的心中会突然充满她和理查德姑父令人恐惧的结局，每次看到德国的牛车就会让我有这样的联想。其余的都是我私下的想法。

在格蕾特姑妈给我的最后一封信中，她谈到她很高兴看到我姐姐和我成了好朋友。确实，托妮和我——尽管我们现在天各一方，她在布林莫尔学院——出于对父母共同的关心，我们之间还是比较亲近的。我仍然以为在整个美国环境中她是非常有特权的，而这种环境对我来说却是如此陌生，我没能充分理解她的困难。她正在攻读心理学和哲学，没有精力与我分享对世界上正在发生的事情的强烈兴趣。当她把一个德国男友带回家时，我毫不客气地发了脾气。但是，这些年来，我们越来越依赖彼此。

紧张关系当然与家庭动态交织在一起。托妮遗传了我父亲的急性子，所以他们俩之间经常会关系紧张，而我母亲因自己基本上没有什么权威，往往会（过度地？）护着托妮。就我而言，我会尽量避免与父母发生冲突，既作为使父亲高兴的知己，也珍惜与母亲默契的关系。出于无数公开的和私下的原因，我同父母二人特别亲近，在受到他们保护的同时也爱护他们。

1941 年春天，我所在学校的全班同学——前一年秋天我进了曼哈顿的一所名叫本特利的私立高中并获得全额奖学金——前往马萨诸塞州诺斯菲尔德进行实地考察，我们住在当地的青年旅馆。我们返程时恰好是在德国入侵南斯拉夫和希腊之后，途中我写信给民主理事会的弗蕾兰夫人，告诉她在我们的旅行中有个老师公开宣扬共产主义观点："她否认在美国这个国家里有任何称得上民主的东西，只有共产主义才能拯救我们。"我曾经慷慨激昂地与这位年轻的实习教师争论美国对英国的援助问题，在她看来，这是一场"帝国主义战争"，美国应该置身事外。我对这些左派新敌人感到异常愤怒，他们的观点太险恶了。这只是我与那些假装圣洁的旅友的许多争论中的一次，在他们眼里，帝国主义英国与法西斯德国之间毫无区别，还暗示在英德两国之间存在道德上的等同性，同时他们认为我们是"干涉主义者"，是资本主义和法西斯主义的工具。我们的老师在这一点上保持沉默，于是我向弗蕾兰夫人求教，询问我能做些什么。

几个星期后，本特利中学的校长召我到她的办公室，就我信中的内容当面与我对质，直截了当地提醒我，我拿的是一年一度的全额奖学金。到了 7 月，我向弗蕾兰女士汇报说，这个学年顺利地结束了，我们学校本身几乎就是"一个完美的缩微民主体制"。当时我感到非常羞愧——现在我仍然很尴尬，都是因为我对一个老师打小报告，随后我竭尽全力对我的轻率行为进行纠正。至少这个事件给了我一个很好的教训。

当然，随着德国入侵苏联，巨大的变化在 1941 年 6 月发生了。原本是一场帝国主义暴行的战争在几小时内变成了一项神圣的民主事业，实在是神乎其神。然而，此时此刻，如果德国战胜苏联，那将是一场难以想象的灾难，激烈的反共主义者丘吉尔立即认识到需要向苏联提供一切可能的援助。但是，德国军队正在突破苏联人的防线，到 9 月时，已经在向莫斯科进军了。那年秋天，苏联首都的保卫战成功了，12 月初，苏联发动的反攻也获得了胜利，我们为此兴奋不已，包围这座城市的德国人终于被赶跑了（事实上，德国人已经推进到离克里姆林宫只有几英里的地方）。我们当时推测，如果 4 月没有发生南斯拉夫对希特勒的突然蔑视的话——这种蔑视迫使德国人借道巴尔干半岛，将矛头转向希腊——对苏联的攻击可能就会提前实施，按照德国的计划，德国人很可能在冬天到来之前就征服了莫斯科。那年的冬天特别寒冷，侵入苏联的德国人对此无丝毫准备。1941 年的整个夏秋两季，来自苏联和北非战场的消息使其他所有新闻黯然失色。

在学校组织的去诺斯菲尔德远足的途中，我遇到了一个年纪比我稍大一点的男孩，名叫戈达德·温特伯顿，他编辑了一份油印周报，共有 85 位订阅者。他要我写一些有关海外形势的文章投稿给他。（那时，我是本特利中学校报的编辑。）他给我的稿件每篇支付 25 美分，更重要的是，他给了我机会发表自己的观点。我的稿子写得非常认真，甚至有点令人尴尬，当然还是强烈反德的。在 1940 年秋天的校报上，我试图提醒同学们注意我们濒临危险的民主的优点："极权主义国家……想要统治世界，假如有人表示不满……集中营已经给他们准备好了。"我还写了一些短篇小说，描写的都是想象中的欧洲抵抗运动的英雄。我对间谍之类的活动没什么兴趣，但是我对想象中的他们在与可恶的德国人及其帮凶（即卖国贼和维希分子）的斗争中所表现出的勇气十分景仰——他们一旦被捕，就将面临酷刑拷打。我非常害怕遭受酷刑，所以我对那些抵抗者无限钦佩——而且我一直保持着对他们的崇拜：在判断一个人的时候，我依据的仍然是我认为此人是否会接待夜间敲门求助的抵抗者；我仍然坚持认为，在那个年代里，那些在黑暗的恐怖之夜证明了他们高尚品德的人是应该被永远记住并受到尊重的。

关于这一点，我经常会与我们的朋友梅西耶夫人争得面红耳赤，还有安德列·莫鲁瓦，在纽约过着流亡生活的著名的法国作家（也是犹太人），我为校报采访过他。他们两人都提到了夏尔·戴高乐的自由法国部队在伦敦的"真相"——法国与希特勒刚签署停战协议，他就立刻去了那里——实际上维希政权是与他相互配合的，是剑与盾的关系！莫鲁瓦希望我相信贝当元帅（他赞助或支持了莫鲁瓦入选法兰西学院）是一个热爱自由的人。他们的论点违背了我最初的观点：你要么支持希特勒，要么反对希特勒。当时的世界似乎就是那么黑白分明。当然，法国的情况实际上极其复杂，要辨明通敌和抵抗之间的界限最为棘手。（路易·马勒的电影《吕西安·拉孔布》非常传神地描绘了在这两者之间做出选择的偶然性，马塞尔·奥菲尔斯的电影《悲哀和怜悯》也是如此。）

1941 年 12 月 7 日星期天下午，我正用收音机收听纽约爱乐乐团的音乐会，突然被一则插进来的公告打断了，公告宣布日本袭击了珍珠港。第二天，总统在国会发表讲话。"必须永远记住这个耻辱的日子"最终把美国卷入了与日本的战争，另外，美国早就已经悄悄地在与德国打着一场未经宣布的战争。"干预主义者们"感到了宽慰，还有忧虑，生怕愤怒的公众要求只对日本发动战争；上至总统下至普通官员，都确信德国是邪恶力量聚集的大本营。但是希特勒夺取了先机，他迈出了历史学家至今仍然感到困惑的一步，立即向美国宣战。此时罗斯福能够在两条战线上同时作战，他悄然采取了"欧洲优先"的战略。丘吉尔在圣诞节期间访问了美国，并在国会两院发表了激动人心的演讲；我再一次逃避了给当地市场送货的任务，留在家里，守着收音机寸步不离。丘吉尔和罗斯福两个伟人一起表达了对盟军最终会胜利的信心，给"联合国"灌输了信仰和希望，罗斯福将这个名词用来称呼与柏林 – 东京轴心国进行战斗的同盟国。

一夜之间，我们斯特恩一家变成了"外国敌人"，面临一系列新施加的限制，最糟糕的是我们的行动也受限。（每次去拜访住在长岛大颈区的梅西耶夫妇，我都需要得到官方的许可。）新学校的校长阿尔文·约翰逊和马克斯·韦特海默签署了一份文件，说明我母亲"被指定担任他（原文如此）目前的职务，是在经过彻底的调查之后，我们能够确信，她过去的经历是清白的，她对民主原则的忠诚是无可置疑的，而且她是守法的，并忠于美国宪法"，但是，"外国敌人"这个词太伤人了。我们再一次被抛弃了，并且同样毫无理由：难道我们不是反对希特勒的战斗最热烈的支持者吗？当然，与在法国和英国的"外国敌人"相比，或者与日裔美国人相比，我们所受到的对待要宽容得多。[18 个月前，在英国，德国国籍的男性难民遭到围捕和拘留，有些被用船运往加拿大。其中有我最喜欢的堂兄弟欧内斯特·布瑞格（他已经将他的名字改为英国人的名字了），他从剑桥的雷斯中学被抓走，并被送往加拿大的一个集中营。直到 1940 年的圣诞节，我才与他联系上了，并获准寄给他一个小包裹。]

最严重的伤害是我们无能为力也无法改变的：我们与欧洲的亲朋好友的联系被完全中断了。（在瑞士的理夏德·维尔施泰特偶尔会在信中提到朋友们的情况，但他于 1942 年 8 月去世了。）我们有心无力，只能完全依赖公共新闻对战争的报道。1942 年春天，形势变得格外严峻：德国人包围了列宁格勒，离莫斯科依然很近，并正在向斯大林格勒进军；6 月中旬，在埃尔温·隆美尔将军为援救被英国人打败的意大利残兵败将曾于 1941 年涉足的北非，德国人重新占领了利比亚的托布鲁克，只有被击败的英国第八集团军还驻守在隆美尔将军和埃及亚历山大港之间。如果德国人在埃及取得成功，那么他们是否会发动巨大的钳形攻势，南路横扫高加索，北路从埃及起兵，然后在巴勒斯坦和盛产石油的中东会师呢？

1943 年 5 月，我父亲应邀去卡茨基尔区的格罗辛格酒店为哈依姆·魏茨曼患病的妻子薇拉·魏茨曼做检查。(向魏茨曼推荐我父亲的是约瑟夫·布卢门菲尔德,他记得我父亲是哈伯的朋友和医生;我打电话给布卢门菲尔德,为我父亲这次出行充当司机而征求他的许可。)当我们到达格罗辛格酒店时,我被安排在魏茨曼的客厅等候,我父亲则进去为魏茨曼夫人做检查。在那里我遇到了年轻的哲学家和历史学家以赛亚·伯林,他新近来到美国,在华盛顿的英国大使馆工作,此时他正在同魏茨曼的助手迈耶·魏斯盖尔交谈,此人是个话痨。第二天,魏茨曼博士,一个浑身散发道德和知识威力的温和的人,带着我在花园里散步,对我谈论着他对巴勒斯坦的愿景。他挥一挥手,指着路边的鲜花说道:"内盖夫沙漠也将鲜花盛开!"听魏茨曼谈论他一生的梦想,这对于一个十七岁的年轻人来说,是极其令人兴奋的事情。魏茨曼令我感到敬畏,当时他正在与更激进的犹太人和顽固的英国人进行最艰难的政治斗争。

我们很清楚德国的暴行。1942 年 6 月,捷克一个名叫利迪策的村庄遭到血洗,这是纳粹实施的报复,起因是莱因哈德·海德里希在捷克斯洛伐克遭到暗杀,此人是盖世太保的副首领,也是希特勒最喜欢的追随者之一。这次屠杀成为德国暴行的持久象征(如同 1944 年 6 月发生在法国小镇格拉讷河畔奥拉杜尔的大屠杀一样)。我们也知道 1943 年华沙犹太区的英勇起义以及德国人就此展开的难以形容的清算。这些公开的野蛮的恐怖主义行为旨在消除欧洲对纳粹占领的抵抗。其中最严重的罪行——对犹太人的斩尽杀绝——是在"夜色和迷雾"的掩盖下更为秘密地进行的。当然,这方面的消息也被泄露了出去,最初是 1942 年 8 月格哈特·里格纳向世界犹太人委员会提交的报告,内容是有关消灭所有欧洲犹太人的纳粹计划。这些信息足以让同盟国在

1942 年 12 月发表声明，"在所有被占领的国家里，处于骇人的恐怖和野蛮的状况下的犹太人，都被押往东欧。所有被赶走的犹太人从此再无音信"。然而，除了根据以前发生的情况——流放和集中营——所做出的推断之外，绝大多数人没有或无法进行更多的想象。我们可以想象到集中营中凶恶的残忍，但想象不到邪恶的毒气室。借用一下战后德国人经常挂在嘴边的一个词，我们在纽约"不了解"奥斯威辛集中营或大规模屠杀，也许出于某种原因我们不想相信谣言，也许我们不想知道。我们可能始终有一种保护自己、远离最坏情况的倾向，因为我们已经知道的以及能够知道的，都足以令我们痛苦、愤恨、忧虑不安。

哪些政府和组织知道这些暴行，它们又是何时知道这些暴行的？这个问题理所应当地成为一个极具争议性的话题。同盟国各国的公众都知道些什么？是什么东西渗透在人们的意识之中？我们最大的恐惧是德国的胜利，由此我们把全部希望寄托于战争本身，因为只有希特勒的失败才能给我们带来解脱。我们当然担心西欧犹太人的生命，我们能够给予他们的帮助微乎其微。我们能够想象施加在他们身上的痛苦是多么恐怖，但我们对于东方数百万陷入战争并且几乎完全束手待毙的人是否有同样的敏感呢？我们是否认识到他们是出生于西方、出生于德国却无辜地陷入疯狂的反犹太人浪潮中的受害者呢？这些最深刻的问题是永远不会消失的；它们一直留在我的记忆之中，带给我痛苦的思考。

在令人绝望的战时状况和狂热的意识形态冲突中，到处弥漫着逃避繁华、返璞归真或为不可宽恕之事寻找借口的强烈愿望。1943 年 3 月，斯大林下令杀害了两名波兰犹太劳工领袖亨利克·埃里奇和维克多·奥尔特，这两人原本已经获得了苏联政府颁发的取道苏联前往美国的安全通行证。这一罪行被揭露之后，美国的劳工领袖，特别是身为俄裔犹太人的国际女士服装工人工会负责人大卫·杜宾斯基，在纽约市中心会场组织了一次抗议纪念会。我的热诚的反共朋友恩斯特·汗布格尔给了我一张票，以便让我参加该集会。（汗布格尔把自己的名字也英语化了。）

这种情况在继续着，与此同时，美国的舆论受到鼓励，要把苏联看作一个重要的盟友，只能以最好的措辞来赞美。《生活》杂志于1943年3月出了一期苏联特刊，封面刊登的是斯大林的照片，其社论还配了一张慈祥的列宁的照片，题为《现代俄国之父》，文章开头如下："也许现代最伟大的人物是弗拉基米尔·伊里奇·乌里扬诺夫……他是一个平凡而又明智的人，全身心地致力于拯救1.4亿人民，去摆脱残酷和无能的暴政。他做成了他打算做的事情……他使革命变得更有意义，并且挽救了革命，使其免遭法国大革命所遭遇的那种很大程度上愚蠢的失败。"那篇社论也谈到言论自由的问题："苏联人……生活在一个信息被国家严密控制的体制之下。但也许对此不应该采取过于激动的态度。当我们考虑到苏联在其存在的二十年中所取得的成就时，我们是能够宽容其某些不足之处的，无论那些缺陷是多么令人震惊。"我藏匿了学校图书馆里的那一期杂志，因为我认为这样做是一种特殊的行为，我不太可能为此道歉，但也不能放弃它；我现在仍然留有这本杂志。

纪念埃里奇和奥尔特的集会是一个给人留下深刻印象的事件，这两个被暗杀的劳工领袖的巨幅画像作为背景被悬挂在讲台的两侧。工会领导人纷纷对谋杀行为进行谴责，然后（这年是选举年）我们的难以征服的市长拉·瓜迪亚出现了，他跳到讲台上，向死者致哀，并用这样一句话来结束演讲："我要告诉乔大叔，'不要再这么干了！'"即便是在当时，他的这种开朗且似非而是的天真也深深打动了我。

但是，我也很容易受到《生活》杂志的观点的影响。一个月后的 4 月，德国人宣布发现了数千名波兰军官的坟墓——他们说是苏联人在斯摩棱斯克附近的卡廷森林"谋杀"的。由于当时我们知道红军正承受着同纳粹作战的最沉重的负担，而且要继续战斗下去，至少要到在西部开辟"第二战场"的那一天，因此很多人愿意相信苏联对德国指控的反击，即波兰军官是被德国人谋杀的，我也是其中之一。毕竟对我而言，"谋杀"这两个字是带有德国标签的，我不想去相信那些吵着要进行独立调查的职业反苏人士。只是在战争结束之后，我才接受了关于苏联在卡廷所犯罪行的真相——那时才义愤填膺。

那年 6 月，我高中毕业（高二我跳了一级，所以比其他同学要年轻一点），接着在 7 月进了哥伦比亚学院，这是哥伦比亚大学内一个规模较小的男生本科学院，当时的院长仍然是杰出的尼古拉斯·穆雷·巴特勒，此人是一位雄心勃勃的国际主义者，私底下也是一个反犹分子。我获得了奖学金，并且在整个大学期间，我都住在皇后区的家里，到哥伦比亚大学上学来回都是坐公交车——一方面这肯定是出于经济上的需要，另一方面也许是因为我在心理上倾向于尽量靠近家里，或者是我母亲将幼雏推出巢穴的母性本能发育不良。

哥伦比亚大学那时有许多犹太学生——它对犹太学生一直比其他常春藤盟校开放——但几乎找不出一个犹太教师。入学第一天，在排队注册的时候，站在我前面的一个男生紧紧抓着一份 PM，这是纽约左翼自由派的午报，随后我们开始交谈。他名叫艾伦·金斯伯格，我们在大一期间成了非常亲密的朋友，在一起度过了很多时间。他会到皇后区来拜访我的父母，声称我母亲比我父亲更具原创性，并且通常都很坦诚，令人耳目一新，不那么因循守旧，有点离谱——却又亲切可人，言谈中充满了诗意警句；他已经成为一位认真的诗人，我从他身上学到了很多东西。我们在 1944 年共同主持了一个支持罗斯福竞选总统的俱乐部。

与金斯伯格的友谊对我来说非常珍贵，当他第一次与学院发生严重的冲突，尤其是他在宿舍肮脏的窗玻璃上写了些淫秽的文字时，我试图说服副院长原谅他的"天真"，请求他放弃处罚。艾伦与学院的几次冲突很快被传开了，结果他被停学一年左右，但我们保持着联系，我看到他与"垮掉的一代"的领军人物在一起——酗酒作乐，放浪形骸。（他在我们的一个派对上醉倒了，是我把他带回家去的。）1947 年，当艾伦在商船队工作时，他经常给我写信——都是些令人捧腹、非常离谱的信件，其中包括满满一页给资产阶级分子下的非常精彩的定义（肯定是我要求他写的）："社会中的一个患了便秘症、缺乏想象力的成员……他特别相信……在政治、艺术、道德和宗教方面的绝对真理，任何偏离他的想象的人都是不能接受的。他相信幸福是邪恶的，换言之，通常情况下快乐就是罪。所以他不赞成任性的（卢梭似的）生活，厌恶性、饮酒、冲突和暴力、吸毒、赌博、反驳父母和权威、爱情（除了美国那种混蛋形式之外）、艺术……"我们还未完全脱离稚气，眼前活脱脱就是一个当代的福楼拜！

当我们还在大学里的时候，我们在一起度过了一段奇妙的时光。哥伦比亚大学曾经接受挑战，与美国西点军校进行辩论赛，当时我是学院辩论队的队长，我选择了艾伦作为同伴。在 1944 年 5 月就"迎刃而解：最能为世界和平效力的是一支国际警察部队"这一主题进行辩论时，金斯伯格和斯特恩出场，我不记得最终是哪一方赢得了辩论，但我确实记得我俩组成的辩论队表现出色，虽然可能在西点军校的眼里有点异国情调；最令我难忘的是这样一个画面，艾伦站在一处崖壁上，俯瞰着脚下的哈德逊河，口中背诵着华兹华斯的《丁登寺》中的诗句。

在哥伦比亚大学，我起初学的是医学预科课程，准备继承我德国祖先的衣钵，但从一开始，我就被哥伦比亚大学必修的历史和文学课程吸引，当时这些课程仍然完全以欧洲为中心。我们学习正遭受德国威胁的文明的历史和经典，德国人从精神上否定了西方所代表的一切，尽管他们已经实质上掌握了西方的科技进步。我的运气好得不可思议，找到并且此后就紧紧跟随两位伟大的老师和文体学大师：雅克·巴尔赞，一个传统法国教育的产物，以及莱昂尼尔·特里林，他比我之前（或许之后）见过的任何人更了解欧洲文学。正是金斯伯格给了我一个提示，让我去听特里林上的英国浪漫主义课程；当时特里林还不具有他后来所有的名望，事实上，在一个伟大的院系里面，他的光辉被其他人掩盖了。那样的经历和特里林的其他课程使人谦恭并改变人生。巴尔赞和特里林不仅教给我们指定的科目，还教我们写作，就我们的努力做出非常贴切的、灾难性的往往具有讽刺意味的评论。由于我缺乏对自然科学的天赋和热情，而在历史和文学上却感受到直接的诱惑，因此我在医学预科上的兴趣逐渐消失了。

1944 年 4 月，当时是我在大学里的第三个学期（战时的哥伦比亚大学实施的是一年三学期的连续课程安排），我必须就我的专业做出决定——有一阵子我左右为难。当时使我陷入困境之中的情况是这样的：我对成为一名医生怀有真正的兴趣，但是否准备好放弃特里林——我正在同他一起发现经典名著的重大问题和欧洲过去的复杂性——而代之以有机化学？我对文学的迷恋，我想因我对正在发生的世界危机的热切关注而得到了强化，这使我希望转向学习历史，且最终有望执教。就这个问题我同巴尔赞谈了好几次。起初，他力劝我继续学医，同时保留历史作为毕生的"情人"，但在我们第二次见面时，当我坦承我仍然希望将历史作为我的专业后，他进一步追问我今后的确切打算。"教书"，我回答说。然后他又询问道我是否想在劳伦斯维尔学校任教，他有朋友在那里。当我说了"是"之后，他对我说了一些非常鼓舞人心的话。我一直很感激他给我的微妙的测试：你的兴趣是否真实，抑或你对大学生涯心存幻想？

就在犹豫不决的关键时刻，我得到了最权威的忠告。1944年4月，我陪母亲去普林斯顿梅塞大街阿尔伯特·爱因斯坦的家中去看望他，母亲要给他展示她的算术教材。我在他的（非常德国化的）客厅里等候，并对他的家充满敬畏，当他从书房出来时我越发敬畏了。他让我母亲放心，她的方法是可靠的，很有价值。然后，他以最简单、最体贴的方式问我正在做什么——语气是如此亲切，以至于我认为自己有些紧张，很少有人能使我变成那样。我承认了自己在职业选择上的不确定性，他回答说："这很简单，医学是一门科学，而历史不是，因此，选医学。"但我还是遵循了我的直觉，选择了历史，毕竟历史也是具有科学元素的，同时对白大褂保留了我的终生敬畏，相信医学所代表的不仅仅是科学。我父亲感到很失望，而且很担心我是否能够闯出一条路子来。

在大学校园里，我继续写作或谈论时事；我甚至在柯蒂斯演讲大赛中获得了二等奖，主题为未来欧洲的召唤。（一等奖未颁发！）我定期在校园广播中发表政治评论。我想我在某种程度上是想把失败的民主制度的教训传递给我的美国同龄人，我担心他们中的许多人要么把自由视为理所当然，要么发现自由受到了美国式的污染。我以激励的语言阐述了民主的独特价值，知道战后的美国将不得不改变其缺陷，尤其是对黑人的歧视和在吉姆·克劳*身上所犯下的罪行。我认为当时我并没有意识到我参与政治的激情正是源于我在德国的经历，感觉是美国式的。

那种德国经历也可能扭曲判断并加深偏见。在那些日子里，作为一个"左翼自由派"几乎自然而然地对资本主义持怀疑态度：我读过关于"强盗贵族"的描述，并确信富人倾向于支持威权主义，甚至可能是法西斯主义；他们肯定是反罗斯福的。但就我而言，在所有广义的犯罪行为中，纳粹政权始终是最大的威胁和最恶毒的敌人，而红军的英雄主义则弱化了我对苏维埃政权的怀疑。在理智上，我试图将德国和纳粹区分开来，但在情感上，我怀疑我是否能做到。与包括丘吉尔在内的许多人一样，我认为 1944 年 7 月 20 日试图刺杀希特勒失败了的实施者，不过只是老式的容克或普鲁士军官，他们追求的是他们自己的民族主义利益。

到目前为止，尽管我是敌国侨民，但我觉得我完全是个美国人；我甚至提出了美国过去的主张，写下了"我们的"祖先和他们在福吉谷所受到的苦难。我相信我就是美国人，从来没有对这种信念有任何冒犯或违背，尽管在内心深处，我知道这不是我与生俱来的权利。1947 年刚满二十一岁时，我就在第一时间合法地申请了公民身份。由于我是民主理事会的成员，我的公民身份听证会被搁置了——也许有个名字相似的组织被列在司法部的亲共组织名单上。我第一次提前尝到了麦卡锡主义的滋味！布利特向我保证他会出手相助，如果需要的话，并补充说："1940 年，

---

*   对黑人的蔑称。——译者注

当我向你推荐理事会时，它绝对不是一个共产主义组织，其中的主要推动者是亨利·R.鲁斯先生。"最终，我没要布利特的帮助，他在他的1940年演讲之后不久就变成了对罗斯福政策的激烈批评者。

在学习欧洲历史和文学的过程中，我学会了不能单纯用民族的眼光去看待欧洲的过去，而应看作一个统一的欧洲的组成部分。这让我摆脱了一些轻率的偏见。阅读尼采的著作则会得到一种不同的启示：我认为他是一位至高无上的心理学家，也是一位对俗气、平庸和民主的苛刻批评者。对于大多数人的暴政，尼采是一个比约翰·斯图亚特·密尔更尖锐、无情的批评者，因此成了一个能加深别人政治设想的批评家。（那时我开始构建我的"温和的尼采"的概念，例如，把有关超人的夸夸其谈解释为对自我超越的一种恳求。）那时把尼采视为纳粹主义先驱的观点对我来说毫无意义，事实上，这让我意识到去探究纳粹的根源究竟是什么这个问题是多么复杂。有关德国不可避免的"从路德到希特勒"的道路的所有书和口号似乎都是幼稚的和执迷不悟的。

在大学之外，我仍然活动在我父母的欧洲和德国圈子里。在他们之中犹如在他们之外一样，人们在看待一个被击败的德意志帝国会出现什么情况这个问题上，持有截然不同的看法。流亡的社会民主党人坚信一个民主德国的可能性并准备为之效力。1943年，我父亲的老朋友，现在在芝加哥教书的哲学教授齐格弗里德·马克，与人合著了一本名为《德国：生存与毁灭》的书，书中坚持认为德国具有民主复兴的潜力，纳粹主义对德国民主人士最为苛刻，且对犹太人的迫害只是纳粹大规模犯罪的一部分。魏玛是被许多势力摧毁的，马克指出，其中包括共产党人，因此允许苏联在战后德国建立"极权主义"制度将是灾难性的。战后占领军会发现，德国的市政当局拥有比该国其他任何政治机构更长久的民主传统。这是一个非常有益的提示。他的书呼应了"德国自由之美国朋友"这个组织的想法和希望，这个组织帮助建立了紧急救援委员会，其中包括雷茵霍尔德·尼布尔和托马斯·曼。

在另一边则是摩根索计划*的支持者，他们持"现实主义"观点，相信只有一个去工业化的农耕的德国才能从精神上和事实上解除其武装。罗斯福的财政部长亨利·摩根索有许多持相同理念的同僚，如英国外交官罗伯特·范斯塔特，他们认为德国人无可救药，天性具有攻击性，穷兵黩武，倾向于犯罪。范斯塔特主义的一个特殊版本出现在由著名的侦探小说作家雷克斯·斯托特领导的"防止第三次世界大战委员会"中，参与这个委员会的还有马克·范·道伦、艾伦·内文斯和威廉·夏伊勒。在该团体的赞助下，由 T. H. 特滕斯（一位德国流亡者）撰写的一本名为《了解你的敌人！》的书于 1944 年面世了，此书由传记作家和著名历史学家埃米尔·路德维希作序——我在孩提时代就读过他写的《七月十四日》。特滕斯认为德国人的性格是一成不变的："德国人民已经证明他们随时准备支持他们政府的罪恶政策，并且为实现他们征服世界的泛德计划而奋斗到底。"因此，这个国家应该完全被肢解，其人民应该在欧洲国家中被视为永久的贱民。针对那本书我写了一篇尖锐的评论，嘲笑特滕斯的观点，即所有德国民主人士只不过是总参谋部手中的工具。那本书犯下了"伪造历史"之罪，是一个"如何肆意涂抹历史文献的例子"。我认

---

*　摩根索计划是在 1944 年 9 月 11 日至 16 日召开的第二次魁北克会议中，美国财政部长亨利·摩根索提出的一个二战后处置德国的计划。——译者注

为，仇恨不是建立和平的基础，我记得埃米尔·路德维希撰写过一本高度颂扬墨索里尼的传记。

在美国的一些德国人圈子里，所有德国流亡者都赞成并成功地传播着对待一个被打败的德国所应实施的一项惩罚性政策，这已成为一个战后神话。毫无疑问，其中有一些大声喧嚣的路德维希似的人物。也许，爱因斯坦是同情这种苛刻的观点的，尽管他基本上保持沉默。但在那些身居要职的人士中，占上风的是一种具有更加细微差别的观点。

与此同时，当我们于1945年在纽约终于看到纳粹暴政的终结时——一个在短短的十二年里就摧毁了世界的暴政——那种无限的宽慰感是与仇恨交织在一起的。就在那些集中营和死亡集中营被盟军解放时，我们目睹了纳粹大规模屠杀和残暴兽行的毫不含糊的铁证，那些铁证远远超出了我们最坏的想象，令最坚强的战士也不禁流下了泪水。从红军于1月27日解放的奥斯威辛集中营，从英国军队于4月15日解放的卑尔根－贝尔森集中营，从美国军队于4月29日解放的达豪集中营，所传来的照片和报道远远超出了我们最深沉的恐惧。那些饥饿的幸存者在生死线上苦苦挣扎，被迫去埋葬同样受尽苦难的受害者——每一帧图片、每一篇报道都构成了对德国人民的强烈控诉。事实上，即使在此之前，我们中间并没有多少人对1943年汉堡遭受狂轰滥炸或1945年2月德累斯顿爆炸事件中的德国受害者产生过多少同情。丧失人性的德国暴力也传染给了德国的敌人，这正是我们逐渐视之为特别邪恶的另一方面。

1945 年 5 月 8 日是德国无条件投降的日子，德国这个国家不复存在了。在德国最终被打败之后，德国威胁变成了德国问题：这个国家现在成了盟军胜利者的牢笼，将来它会变成什么样子呢？这个国家的人民将如何理解其过去并为其未来做好准备呢？英美两国坚持德国必须无条件投降，这一点至今仍有争议，在当时这样做似乎是从第一次世界大战中吸取的一个恰当的教训，因为德国人在一战后沉溺于一个有害的神话，即战无不胜的德国军队是被"左派叛徒"和犹太人从后面猛刺一刀而失败的。这一次，问题得到了解决，德国政府和军队必须承担责任。西方同盟国的要求也意味着向苏联保证，他们与德国的单独媾和将被绝对排除。这些论点对我来说似乎是正当的，比起无条件投降的要求会激励德国人继续战斗并因此延长战争的说法更加具有说服力。无论如何，5 月 8 日是一个该庆幸的获得拯救的日子：纳粹的残酷暴政，尽管直到最后仍得到大多数德国人的支持，还是被一个只有希特勒的疯狂野心才能锻造出来的联盟打垮了。只有希特勒的狂妄和德国的侵略，才能将美国和苏联的军队引到欧洲的心脏——出乎意料的是，它们在那里驻扎了半个世纪。

德国作为一个国家已经消失，但德国人民仍然存在，他们身处残垣断壁、饥寒交迫、忧伤痛苦和凄凉无助之中，大约有 700 万德国人丧失了性命或仍然流落在异国他乡；交通和通信几近瘫痪。家庭都被撕裂了，数以百万计的男人、女人和孩子散落在被遗弃的乡村里；不久，从东方返回的数百万人涌入了这个支离破碎的国家，盟军占领者已经将其分裂成几块。德国人被炸弹炸怕了，当他们开始清除门前的碎砖断瓦时，他们似乎只是模糊地意识到降落在他们头上的道德毁灭。仅仅用了十二年时间，他们和他们的纳粹领袖就破坏了整个世界，给他们自己留下了无法逃避的负罪感和责任感。在 1940 年一年内，他们及其欧洲仆从成了欧洲大陆的主宰和剥削者；然而五年之后，他们就一败涂地，茫然失措，漂泊不定，遭人白眼。直到最后一刻，他们中大多数人仍坚信，他们幸运的元首是能够创造出又一个奇迹来的。在此之前，从没有人能预知这种彻底的失败和耻辱。

身处境外，我们中大多数人一直相信同盟国会最终获胜——这是一种非理性的希望，凭丘吉尔的口才和英国的毅力而神奇地得到了加强，其根源在于我们不相信这种邪恶能够在欧洲获胜。当德国于 1943 年 2 月在斯大林格勒屈膝投降以及 1944 年 6 月盟军攻入法国之后，这种希望逐渐获得了一定的现实基础，即使在那个时刻德国人仍然有能力开发新的武器并发动新的进攻。但到了 1944 年至 1945 年的冬天，苏联红军从东面无情地推进，同时英美军队在强大的空中力量的支持下，从西面打到了德国本土，最终敌人被粉碎了。*但是所付出的代价在盟国之间是如此不均等！

在战争远未结束之前，同盟国就已经开始策划如何最终处置战败的德国了。它们先是同意划分三个占领区，然后在丘吉尔的敦促下，达到四个，增加了一个法国占领区。苏联占领区将纳粹首都柏林围绕在其中，但这座城市将拥有自己的特殊地位，被一分为四，每个战胜国各占一块，由四方军事指挥官组成的盟国管

---

* 就在德国投降之前，有一个笑话。两名德国士兵在幻想战争结束后去做什么。一个士兵只想回家，家中有干净的床，还可享用他母亲烹饪的饭菜。另一个士兵说他需要从军旅生活的无情压力中恢复过来——他想要弄辆自行车去野外，一路上沿着德国边境骑行。然后第一个士兵问他："那你下午去做什么呢？"

制委员会将设在此地，该委员会将为四个占领区制定并执行共同的经济政策。

在 1945 年 7 月召开的美、英、苏三巨头波茨坦会议上，同盟国做出了进一步的决定，其中包括在奥得河和尼斯河以东建立位于德国领土之上的波兰和苏维埃"临时"行政机构：康德的哥尼斯堡划归了苏联，但东普鲁士的大部分地区和包括布雷斯劳在内的所有西里西亚都划归了波兰。数百万德国人被驱逐出自古以来的德国土地，捷克斯洛伐克从苏台德地区驱逐了 300 万德国人。

德国的失败也导致了德国的野蛮暴行被彻底曝光于世，我们所看到的获得解救的集中营的照片，不仅使拍摄的士兵眼眶里充满泪水，也令我们所有人感到义愤填膺。我们还不知道针对犹太人的系统的灭绝计划，但我们所知道的对我们大多数人来说——对我来说——足以使我们对战争期间和战后德国人遭遇的痛苦无动于衷。的确，这个国家正处于废墟和绝望之中，政权被摧毁了，道德上破产了；我们知道到了何种程度。我们假定许多德国人仍然坚持纳粹信仰，接着我们很快意识到他们中的许多人确信自己是无辜的，内心充满自怨自艾。在德国之外，普遍存在憎恨和不信任。在波茨坦会议上做出的惩罚决定，以及随后从东方被驱逐的大约 1000 万德国人，几乎没有或根本没有引起丝毫同情心。用今天的说法来讲，在东欧开始实施"种族清洗"计划的，正是德国人自己；捷克和苏联的举动似乎都是对它的回应。德国人也常常是希特勒疯狂施虐发泄的无辜受害者，这一点我们只是后来才予以承认。

在恐怖的岁月里，我对德国的布雷斯劳变成波兰的弗罗茨瓦夫在情感上很少或根本没有做出任何反应——毕竟，我和我的家人已被驱离此地。在战争期间，我一直对这个城市的命运漠不关心，它的实际存在已经毁于希特勒的一道命令——到1944年为止，布雷斯劳一直有充足兵力驻守，最后被红军包围——而命令的内容是必须战至最后一兵一卒。现在它的未来掌握在波兰人手中，因波兰东部的乌克兰领土归属苏联，从而将其划给波兰作为补偿领土的一部分。我当时并没有想到布雷斯劳是我生命中不可泯灭的一部分，我对其归属感的恢复是在我人生旅程的后半部分。每当不关心政治的母亲谈起故乡时，她常常把它称为德国的布雷斯劳，她指的只是已被埋葬的过去的事实，当然没有表达对未来变化的任何希望。

对我们身在纽约的人来说，德国的情况突然变得遥不可及。在我眼里，就像1945年4月富兰克林·罗斯福的去世使得两周后希特勒的自杀黯然失色一样，在广岛上空投下的第一颗原子弹同样也盖住了欧洲胜利日的光芒，并留下了更为深刻的记忆。我知道一个全新的、可怕的时代已经开始了。此前的某个时候，我的叔叔奥托·斯特恩（我后来才知道他是曼哈顿计划的参与者）告诉我，威力巨大的新武器正在制造中，未来的战争将远远比现在的战争更具灾难性。（他可能是第一个在1944年12月就提醒爱因斯坦注意原子武器开发的人。）当我听到广岛的消息时，我立即回想起奥托叔叔未指明的警告。当时，我认为第一颗原子弹的使用是必要且正当的手段，以便防止在延长的战争中导致无数美国人的死伤；但我对落在长崎的第二颗原子弹就感到疑惑了——不久之后，我便与一部分人持同样的看法，他们质疑一颗原子弹的试爆是否仍不足以说服日本人投降。

在很快就被称为原子时代的那个年代，保留战时联盟的必要看来似乎非常关键，其可行性则成为激烈争议的主题。我毫不怀疑与苏联继续结盟的可取性，尽管我意识到可能的利益冲突和苏联的挑衅，我对美国的政策也并不是不加批判的。在战争期间，美国和苏联试图将意识形态冲突淹没在与共同敌人的殊死斗争中。随着那个敌人的消亡，它们各自在意识形态上的恐惧和对对立制度的厌恶找到了好斗的政治上的表达：在野心和恐惧驱使之下，西方和东方陷入了各种各样的对抗之中。

到 1944 年至 1945 年的冬天，波兰的未来已经成为造成分裂的主要问题。波兰家乡军在 1944 年夏天针对德国人的起义被纳粹镇压，而苏联红军则在附近维斯瓦河对岸的阵地上袖手旁观；现在，苏联人则决心在这个老牌反苏国家里建立一个亲苏政府。我每天都在写有关当时政治事件的日记，其中记录了许多苏联对要求民主的波兰人的敌意，口头上承诺的民主都被弃之脑后。例如，在 1944 年 12 月 30 日，我写道：在这个问题上，"苏联与西方同盟之间将会出现麻烦"。1945 年 4 月，在一个定期由学生就时事展开辩论的名为《美国空中论坛》的广播节目中，我恳求维护同盟国的团结，但指出了苏联违反了它们对波兰的承诺。我们现在知道，早在 1945 年 5 月，丘吉尔就用"铁幕"这个词来形容红军将东欧与欧洲大陆其他地区隔离开来的后果。他的预感是否既加强又削弱了他对苏联扩张主义的抵制呢？

对德国军队和政党领导人进行的审判于 1945 年 11 月在纽伦堡开始了，他们被指控犯下了战争罪和危害人类罪，铁证如山，不容抵赖，这项审判似乎证明了组织起诉的同盟国的凝聚力。当时，我并没有看到任何会使英美两国的法官与安德烈·维辛斯基及其他战前曾参与苏联大清洗的著名人物并肩工作感到难堪的困境，我也没有预见到有些德国人会将这个精心准备的审判视为"胜利者的正义"而予以排斥——似乎只有包括德国人在内的法庭，才能够被公平地或迅速地组织起来。毫无疑问，苏联承受了战争的最大负担，红军的英勇和令人难以置信的从重创中恢复及其向柏林的进军给了它一种道德资本；我们不愿意去相信突然冒出来的有关苏联人在攻入德国时所犯暴行的故事，我们也不想去知道。

我也没有注意到，德国的消失——作为一个威胁主体暂时的也是可喜的消亡——在时间上恰好与我在美国开始我的职业生涯相重合。正是在1945年至1949年，我成了一个美国公民、一位教师、一个丈夫和一个父亲，并形成了一个我最亲密的美国朋友圈，与此同时，我在职业上和内心的自我中，对我继承的欧洲传统开始有更清醒的认识，当然，这种传承并不专属德国。出于不同的原因，但在大致相同的时间里，许多德国人开始发现他们的欧洲身份，并成为一个共同的欧洲的支持者。

到1945年，我父母在纽约过上了一种更为安全的生活。我父亲的诊所发展得不错，现在有了更多的美国患者。母亲的生活也发生了显著的变化：在过去几年里，她一直在各种学校里介绍她的算术教学方法；在马克斯·韦特海默的鼓励下，她正在准备撰写一本关于这种教学方法的书。1943年，我姐姐在银行街教育学院的学业已经完成了一年，她把她的一个名叫玛格丽特·巴塞特的同学介绍给我母亲，这个同学颇有教师天赋，她发现这种教学方法能立即使人产生兴趣。她成了我母亲的助手，并于1944年在她父亲的贷款支持下，在曼哈顿建立了一所幼儿园，我母亲能够在这所幼儿园里将她的教育原则和游戏付诸实践。我母亲在那所学校里——以及我母亲、姐姐和佩吉之间的合作，这种合作一直持续到我母亲去世——完成了各种书的写作。第一本书是《孩子们探索算术》，于1949年出版，该书得到了爱因斯坦的认可，亲自证明她的方法"对于算术教学具有实际价值"。这些书和我母亲的算术教具对美国教育产生了相当大的影响。回想起来，我能够看出，结构算术是德国思想在美国发展和繁荣的一个例子，这个移植的实例结合了来自两国的见解和美德。这所幼儿园尽管资金微薄，却吸引了一群热心的父母，他们给一些特别出众的孩子报了名，我记得其中有约翰尼·拉法基和摄影师黛安·阿勃丝的女儿杜恩。我母亲在美国开辟了一条新的职业道路。

与此同时，我从哥伦比亚学院毕业，主修的是历史和政治理论；父母认为我的优等生身份是我美国化的特别象征。1946年6月毕业后的一个月，因我从大四开始一直担任助教，我被任命为当代文明这门课的讲师，并被指定去药学院讲授哥伦比亚大学在这一科目上著名的核心课程。也许该系的系主任在突然需要一位老师的时候，估算出我可能造成的伤害如果加在未来的药剂师身上将不会比加在普通学生身上更严重。因此，在二十岁的时候，我就能够在经济上独立了，虽然只是处于可笑的低水平。对我来说特别幸运的是，这项工作于我不仅在学术上的生存和经济上的自足是不可或缺的，而且使我的内在得以提升。我非常幸运地开始了教师生涯，但即使在那时，学术的界限也是被一种内心的欲望超越的。在希特勒之后，公民的被动性不再是一种精神上的可能性。

然而，在哥伦比亚大学任教是我模糊的生活的另一种形式，因为我所附属的系也正是我在其中即将开始研究生学习的系，所以我马上变得既独立又依赖。无论如何，我非常喜欢在哥伦比亚大学任教西方文明这门传说中的"核心"课程，而且对我来说这是一个不断学习的过程，即使是边干边学。在我眼里，我所教的历史课就是一部戏剧，一部伴随着伟大的历史进程的思想和人物剧，并且当我开始教这门课的时候，正是西方文明刚刚战胜欲将其毁灭的危险的时候。对我自己我还不能确定，但对这门课程绝非如此：我从来就没有想过它会变得枯燥乏味。

佩吉·巴塞特是一位非常有魅力而且独立的女性，比我年长几岁，在许多方面，她都与众不同，高雅迷人，热爱自然，富有艺术品位，慷慨雅量，并且起初对政治漠不关心，是个安静的人，既讲究实际，又快乐天真。她生活在一个非常传统的美国家庭里，在父亲身边享受着慈爱的庇护，她父亲有着很强的清教徒道德观念。我们开始彼此关注，不久便坠入爱河，尽管我们之间存在巨大差异，1947 年，早恋使我们步入了婚姻殿堂。

巴塞特家族向我父母表达了信任和友谊。巴塞特先生是一位杰出的发明家和工程师，在战争期间担任一家企业的高管，他对我母亲的工作表现出极大的兴趣。他是在美国正在消失的那类人，一个"有主见的人"（战时曾为他工作的大卫·理斯曼这样描绘他），事实上，他是一位陀螺仪专家——他凭借着自身的陀螺仪行事。他避开了他所处阶级的社交生活，他在业余时间的所作所为，就像一个业余艺术家、工匠或一个有天赋的美国古董收藏家，他收藏的文物展示了这个国家历史跨度上各个时期的工艺。我非常尊重这位非凡的人物。在我们最初正式见面时，他很想知道眼前这个二十一岁的年轻人将如何谋生。"靠教书和写作"，我回答说——在我今后的人生中，这就是我试图做的事情。

在大多数政治问题上，我们意见相左，我们讨论了我们的分歧。在某些方面，这是一种民主教育：诚实的分歧经坦诚的讨论，有助于澄清和加强自己的立场。我想有时我会尝试让他相信我的理解；我怀疑我能有多少成功。他并没有试图改变我，我很欣赏我们能分享许多价值观——一点就透，无须多言。

1948 年，佩吉和我结婚一年后，我们的儿子弗雷德出生了；三年后，又生了女儿凯瑟琳。那时，我们所处的中产阶级世界和周围环境充满了抚养孩子的各种主意和规矩。佩吉和我有我们自己的想法，我的想法很简单，多少要归因于卢梭的《爱弥儿》，这是我很珍惜的一本书。我的母亲有她自己的方法，其中有些我认为是过于人为的，有一次同她在一个决定性的问题上争论，我宣称我们要抚养我们自己的孩子；她尊重这一点——虽然带点遗憾，我想。毫无疑问，我们犯了错误，也许是在家庭和工作之间孰先孰后上，我偏向了后者，不过我想我不得不去寻找些不便说出口的、习惯性的辩护理由，认为最终家人会从我的努力中受益。我无论如何都是一个相当"欧洲化"的丈夫，因为我把大部分家务活留给了妻子。（我辩解说——只是半开玩笑地——在青春期之前的阶段我就干过烹饪的活了）。但是，在我生命的每个阶段，我对孩子们的关爱都是最重要的，是快乐之源。

即使在我的美国新家的生活中，德国往事也不可避免地有所影响。佩吉与我父母的亲密关系促进了我的孩子们对他们的依恋，所以他们长大后对四个祖父母都有强烈的感情，当然还对我父母的"欧洲性"情有独钟。在他们童年时代的初期，我带他们去过欧洲，希望他们在那里能找到一种家的感觉。过了很长时间，人们还会问我，我的孩子们是否会说德语。在 20 世纪 50 年代初期，我丝毫没有欲望要促使他们去学习曾经驱逐了我的国家的语言，这种语言对我来说是轻松和自然的，但对他们来说就不可能像我这样了。不过，我希望他们掌握法语，并且要比我说得更好，从而与欧洲建立起他们自己的不存在烦恼的关系。他们的法语都比我好，他们与欧洲有着他们自己的密切关系。（事实上，凯瑟琳成了一位法国历史学家——这令我感到无比高兴。）

　　我父母和我对德国的态度在战后初期依然保持不变，如果有任何改变的话，那也是因纽伦堡审判所揭露出来的真相而变得态度更加强硬：对一个接受了纳粹主义的国家，我们充满了夹杂着几分遗憾的疑心和愤恨，对其遭受的痛苦漠不关心，对以不同方式也成了受害者的朋友则表示关心。但是一个人的行为和这个人的传统之间的难以阐明的区别仍然存在：我们在家里讲德语，我还在继续阅读我最喜欢的书——海涅和尼采的作品——德文版的。

　　与我开始通信的第一位欧洲朋友是我们布拉格朋友的儿子维尔纳·库贝尔卡，他和他的妹妹一起被驱逐出捷克斯洛伐克。他的母亲死于艰苦跋涉，他的父亲则由捷克当局颁发了忠诚证明而仍然留在布拉格。现年十九岁的维尔纳写信告诉我，他曾经被德国国防军征募，然后又被除名了，最终到达哥廷根。我们密集的通信常常辅以由我寄出的装有咖啡、香烟和罐装食品的包裹。在他最初写的一封信中，他写道："你被驱赶出德国，即使你原本出生在那里，而我们尽管从未在德国生活过，却被赶到了那里。"总而言之，这就是中欧的疯狂——同他相处我怎么能没有一种亲近感呢？

　　他在每一封信中都表达了对一个新家园的渴望，用了大量崇高的词语，比对家乡的回忆更加动人心弦。他想要一个新的开端，一种有钱的生活，一种在美国的生活。1946年底，他父亲逃离了捷克斯洛伐克，这是因为担心当局随时可能恢复他的捷克公民身份，然后就会阻止他离开。现在父子俩正计划一起离开欧洲——这在当时是一种典型的经历。1948年8月，他们设法抵达日内瓦，"从长达十年的噩梦中醒来，现在再次回到了美丽的世界中"。那年年底，他们辗转到了里约热内卢，那里的朋友帮助他们开始了新生活。很快维尔纳就和一位巴西妻子迁往温哥华。

我的父母恢复了与德国朋友、同事和以前患者的联系，他们在历经苦难中保持了自己坚定不移的尊严。1946 年 8 月，冯·泽博尼少校给我父亲写了一封长书信，描述了布雷斯劳遭到毁灭的详情，大部分破坏是纳粹党卫军下令执行的，目的是不给苏联人留下任何东西。"我们的家乡"，泽博尼写道，80%—90% 被摧毁了。我父亲早早就流下了眼泪——但他保存了这封信。我母亲向帮助过我们亲属的女性朋友邮寄了许多表示感谢的爱心包裹；我父亲给柏林的精神病医生卡尔·朋霍费尔寄去了包裹，他的两个儿子和两个女婿都被纳粹处决了。（另一个儿子——卡尔·弗里德里希·朋霍费尔，弗里茨·哈伯忠实的学生，是战后第一批来探望我们的德国人之一。）他还给一个原先的同学和同事——莫蒂默·冯·法尔肯豪森——寄过包裹，此人是一个保守的德国爱国者，其家人包括被占领的比利时的德军指挥官以及纳粹分子和反纳粹斗士。1948 年 2 月，法尔肯豪森写信给我父亲："我永远无法理解的是，无数德国人在毫无异议的情况下心甘情愿地沦为可怕的犯罪行为的帮凶，成为凶残的谋杀犯和掠夺者，还自认为这一切十分正常。这会像该隐的标记*一样始终黏附在德国人身上，由此你会理解我所感到的羞耻，尤其是因为这种情况没有任何朝正面方向的进展而越发令人羞愧。"但是否很多德国人都有这种羞耻之心呢？我们不得而知。何况我也没有任何证据表明法尔肯豪森支持一些德国人为扰乱那种普遍的自怨自艾而做出的努力。

---

* 该隐是亚当和夏娃的第一个儿子，由于妒忌而杀害了弟弟，因此背负杀人标记。——译者注

已发表的和私下的报道毫无疑问地表明，绝大多数德国人忧郁地或轻蔑地保留了他们的无辜和受到伤害的感觉。他们声称他们不知道"极少数位居顶层的恶棍犯下的"罪行，他们只知道他们自己的不幸和现在由占领国施加的艰辛。一些德国最杰出的公民，如在纳粹时期将个人的尊严与公众的一致性相结合的奥托·哈恩，写信给那些不得不逃离第三帝国的朋友，说盟军的占领不见得比德国在东方实施的占领政策好上几分！我记得奥托叔叔（他所荣获的1943年度的诺贝尔物理学奖实际上是在一年之后才颁发给他的，在同一个颁奖仪式上哈恩接受了授予他的诺贝尔化学奖），他对这种认同战后德国人所坚持的无罪主张而感到震惊；他嘲笑他称为传奇的说法，即出于"道德的原因"，德国科学家未曾想过去制造原子弹。他再也没有踏上德国的领土。后来，德国科学家们痛惜德国因纳粹统治而失去了众多伟大的科学家和艺术家，这种情况似乎变得非常普遍，但在当时，德国的科学院所为让流亡海外的教授们回归故土所做出的努力是微不足道的，而那些教授本身也是意见不一的。他们中极少人愿意接受德国的职位，稍多一些的人访问了德国故土或接受了德国的荣誉，但许多人则唯恐避之不及，也许是因为受到了最严重的伤害。最伟大的流亡名人之一托马斯·曼在短暂地栖居美国之后回到了欧洲，并从此定居在瑞士。

然而1945—1949年，对我来说可能是一段对德国的事情比较淡化的时期，我对欧洲的依恋在增长。我们的法国朋友离开纽约回国了，他们给我们留下了请我们去拜访他们的最迫切的邀请。我们发展了一些微小但心理上很重要的关系：我节省下了不少零钱去支持西班牙难民援助项目，即帮助流亡的西班牙共和党人；佩吉和我还成了一个西西里儿童的"养父母"，后来我们又收留了一个希腊儿童，我们给他们提供生活必需品，并定期和他们交换简单的信件。我想，欧洲是一种怀旧的浪漫，而美国则是绝对令人信服的现实。

1945—1950 年，在同盟国发生巨大逆转以及不断加剧的不和谐的威胁下，出现了一种新的西方秩序，这一时期标志着世界政治的转变。苏联人逐渐将他们的社会和政治制度强加于东欧国家，在那里红军仍然保持着优势地位。另外，美国在 1945 年底开始遣散其常规部队，并从欧洲撤出大部分军队。欧洲的西方民主国家正试图重建；在法国和意大利，强大的共产主义政党依靠其在战争期间抵抗德国侵略的记录，几乎赢得了权力。它们代表着苏联政策的"和平"手段。冷战正在缓慢但不容置疑地展开。在我的情感和政治生活中，英国有一席特殊之地，因为起初只有它才能抵抗纳粹的侵略，并且在法国沦陷之后以及在其城市遭遇猛烈的闪电战之后，仍然抵制了在和平问题上的劝诱。更令人兴奋的是 1945 年 7 月的英国大选，当时伟大的战时英雄丘吉尔按他自己所说的那样回到了牧场，而工党却获得了惊人的胜利。由杰出人士组成的克莱门特·艾德礼政府不得不应对连续的经济危机和从英帝国影响力中的缓慢撤退，但与斯堪的纳维亚一样，它也创造了一个福利国家。

回想起来，我认为有三个伟大的计划在塑造战后欧洲方面具有决定性作用——附带说一句，当政治家们下意识地努力向过去学习时，他们也在这样做，尽管当时几乎没有人注意到这一点。在英国，1942 年的贝弗里奇报告旨在建立一个福利国家，以减少在战前就导致国家实力遭到削弱的阶级冲突。1947 年出台的马歇尔计划最初是对苏联和捷克斯洛伐克以及西欧国家且包括被占领的德国的三个西部地区开放的，该计划明确表明美国把欧洲的复苏视为一种政治上的必须，并且是朝欧洲一体化迈出的一步。（苏联人在表现出最初的兴趣之后，拒绝参与该计划，并强迫捷克斯洛伐克效仿他们。）这种前所未有的利己主义的慷慨行为对巩固美欧关系起了很大作用，这种关系在1949年通过北大西洋公约组织的创立得到进一步加强。作为一个西方的联盟，北约旨在协调其成员国的军事和政治战略。第三个则是1950年的舒曼计划，该计划在法国和西德之间建立了一个煤钢联营，目的在于联手解决由来已久的经济和政治上的对抗。这三个计划表达了战后初期的最大希望，大体上来说它们都被证明是成功的。

西方和苏联之间的冷战从一开始就聚焦在德国，在那里的盟军肩负的责任原本应该是趋同的，但越来越各行其是。这种分道扬镳的外在迹象是1946年柏林盟国管制委员会的实际终结。西方和苏联控制地区变得越来越分离，德国人在认同西方列强（它们本身就是德国舆论的一个巨大的智力上的逆转）和坚持民族团结的希望之间难以抉择。

盟国管制委员会于1947年2月27日颁布的第46号法令是盟国最后共同做出的决定之一，法令宣布"普鲁士国家……历来是……德国军国主义和反动作风的支柱……现予以废除"。当然，在那时，普鲁士早已不复存在，其大部分领土现在属于波兰，但这是正式的废除。历史学家们拿这个问题来开玩笑，普鲁士亡于何时？有些人辩称普鲁士亡于1871年第二帝国成立之时，那时日耳曼人（用尼采的话说）变成了德意志国人，普鲁士人的传统美德如朴素和正直似乎都失去了力量，工业资本主义迎来了不同的道德观念。某些普鲁士人的推论继续存在于德意志帝国——但具有讽刺意味的是，在魏玛共和国，普鲁士被证明是民主的堡垒。

美国对德国的政策现在也发生了变化。早在1946年9月，美国国务卿詹姆斯·伯恩斯就表达了美国对德国蒙受的苦难的同情和促进其复苏的意愿。事实上，美国政治家们有理由厌倦关于德国问题的多次无果而终的同盟国外长会议，他们开始推出他们自己的主动行动。鉴于德国人在苏联造成的破坏，一个主要问题就涉及苏联对被占领的德国所有地区提出的赔偿要求，这似乎是合理的。但过度的榨取导致了德国的贫困化，这反过来又对三个西方大国提出了更高的要求，这三个西方大国担心没有食物或失去希望的德国人可能会屈服于共产主义。

同盟国最初的目标是建立一个解除了武装的、非卡特尔化的和去纳粹化的德国，针对此目标的实际政策一开始由每个占领区单独负责。美国占领区在卢修斯·克莱将军的指挥下，最初采取了严厉的做法，最具象征性的是禁止交朋结友（这道禁令很快就被打破）。然而，美国在去纳粹化方面所做的努力运气不佳。一些纳粹官员被起诉或被免职，但司法过程进展缓慢，遭到许多德国人的嘲笑和诽谤。数百万公民被要求填写有关他们过去的冗长的调查问卷，真正无辜的德国人试图通过签署所谓的去纳粹化证明（Persilscheine）这种政治健康廉洁保证书，来保护受到牵连且面临盟军调查的朋友。其他人则向盟军当局告发他们的同胞：卑鄙虚伪，心怀恶意，这在第三帝国颇为常见，却并没有随之消亡。

美国人也有过令人钦佩但过分天真的"再教育"理念。他们想给德国教育加入民主的实质，在德国各个城市建立起来的美国之家（Amerika-Häuser）有着雄心勃勃的计划，要让当地人们了解美国的生活和文化。我们最有效的努力可能是许多游客项目，这些项目允许德国人在美国生活一段时间，从智力和科学方面来说，美国在这一点上是无可匹敌的。许多后来的西德领导人都于 20 世纪 40 年代在美国学习过，他们吸收了一个充满活力和生机的国家所具有的随时承认自身需要改进之处的精神。美国的力量和美国的友善——就如许多香烟礼品盒上所表达的那样——可能比公民教育课程更有说服力，但是美国对建立一个民主德国的无可置疑的承诺也是一项具有政治利益的指令，与前者对欧洲民主（因此很可能是亲美的）政府的支持是一致的。

四个占领区的军事指挥官允许在其领地上恢复政治生活，另外在西方占领的地区，一家自由（获得许可的）媒体被允许表达政治诉求。美国、英国和法国的不同利益和风格产生了各种各样的政策，而苏联在其占领区搞的"土地改革"没收了大地主的土地，开始在德国乡村引入苏联式的社会主义。最激进的苏联的政治创新是社会民主党和共产党合并为一党，其目的正如其倡导者所声称的那样，要克服工人阶级内部的分裂；但这个新政党很快就陷入了斯大林模式。在西方占领区，社会民主党人强烈反对这一努力，同时地方自由选举最终组成了议会，这样的议会具有古老的德意志实体形式。德国拥有民主的过去和法治传统，即使这些都被纳粹镇压过，但这一事实缓解了恢复当地德国统治的任务。

有两个政党在西方占领区脱颖而出，一是以库尔特·舒马赫为首的社会民主党，此人性格火热，具有超凡魅力，曾经在集中营被纳粹监禁了十年。他的首要目标是实现德国的统一，他反对每一次会进一步导致德国分裂的行为。他的政党的目标是传统性的：一个民主政体、一个社会主义经济以及基础工业国有化。舒马赫强硬地坚持将民族团结置于首要地位（反对与西方民主国家一体化），他的这一立场有很多动机，最重要的是他希望在德国的爱国主义中独占鳌头：他很清楚地记得魏玛以及之前的右翼政党将他们的物质利益隐藏在一种拙劣的民族主义言论之中，这种言论将"赤色分子"贬低为不够爱国。我一直认为，社会民主党人自始至终都是真正的爱国者，无论有时候他们是多么怯懦和缺乏创见，他们始终捍卫着一个几十年来一直把他们视为二等公民的国家。他们一直是魏玛民主的坚定捍卫者，也一贯反对纳粹——这一遗产在1945年之后他们似乎不愿意再颂扬了。他们是否认为这应该是选举人的责任？

  同时一个新的政党出现了，即基督教民主联盟，其纲领类似于战后法国和意大利新成立的基督教民主党。基督教民主联盟是一个非教派政党，在这个意义上不同于旧的天主教中央党，所以它现在包括天主教徒和新教徒，天主教徒不再是西方占领区中的少数派。该党代表着德国中产阶级的残余，但也试图吸引年轻的中产阶级和来自失陷领土仍然无家可归的被驱逐者。基督教民主联盟由康拉德·阿登纳领导，他在魏玛共和国时期是一个主要的中间派政治家并出任科隆市长。1933年纳粹将他罢免后，他进入了被德国人称为"内部移民"的状态，完全退出了公共生活，他在内心深处是反对纳粹政权的；他不断地遭到监禁，尽管时间不长，有时他会藏在修道院里。他在担任新角色时已经七十五岁左右了，正如他所说，他把退休生活置之脑后。他是一个有气质和信念的威权主义者，在许多德国人的眼里，这个严厉且有些不可思议的人展现出一种老父亲的形象。凭他出生于莱茵河畔和他的个人取向，阿登纳是一个"西方人"，从来就不是一个民族主义者，他在战后职业生涯早期还呼吁建立一个"欧洲合众国"。他试图控制他的政党内部持不同意见的左右各翼，有些人观点极右，还因以前有过纳粹身份而污迹斑斑，其他人则有更加进步的纲领。在实际可行的经济战略问题上，他依赖的是路德维希·艾哈德，此人被称为一个真正创新的独立的经济学家，是德国"社会市场经济"的设计师，以某种方式在最大经济自由和公平的社会责任基础之间取得平衡。回想起来，我会将其称为有良心的资本主义。

同盟国在表面上依然维持着团结，关于最后的和平条约的谈判也依然进行着，就如德国人对统一的希望一样。但也存在棘手的问题。1946 年 3 月丘吉尔在密苏里州富尔顿的演讲中非常深刻地表达了对这些问题的忧虑，当时这位曾正确地警告希特勒威胁的英国首相宣告了又一种来自苏联的新的可怕的威胁，凭借其新近赢得的帝国，隐藏在"铁幕"背后，下定决心要扩大其势力。这种威胁需要加强英美合作予以应对。那时，我匆匆地在日记中写道："在听丘吉尔的演讲时，我觉得好像有个幽灵从他的坟墓中出来，并警告我们地下的世界。嗨，可是那个幽灵的力量如此之大，眼界却如此之小。"我错得多么离谱！因为丘吉尔不仅提供了诊断还提供了处方，那年 9 月在苏黎世的一次演讲中，他呼吁建立一个统一的欧洲，再次震惊了世界，"重建欧洲大家庭的第一步必须实现法国与德国的伙伴关系"。了解这两个国家之间历史上的敌意的人都清楚，这是一个最大胆的愿景。这两个演讲是互补的，即使后面这种情况当时还不是很清楚：一方面是美国和英国之间的"特殊关系"，丘吉尔仍然认为这种关系是非常伟大的；另一方面是欧洲大陆的联盟，这个联盟至少能让西欧有机会复苏，也许有机会强大。

随着同盟国的团结越来越明显地变为同盟国之间的对抗和交锋，各方开始更加热情地拉拢德国人民。西方盟国软化了它们的政策，并且出于某种原因提出它们的三个占领区可以最终合并成一个政治体。为了一个统一的德国，它们想以整个国家的自由选举为代价，这一过程将显示出德国人对苏联体制的拒绝。反过来，苏联人根据他们对统一的、非军事化的德国的最初设想来鼓吹德国统一，他们希望，他们最终可以控制或者至少可以从西方控制中夺取德国最富裕的部分，如鲁尔区。

德国人立刻成为冷战的受害者同时又是获利者。他们恢复国家统一的希望变得越来越渺茫，而一个与西方紧密相连的新的德国政体的前景变得越来越清晰，并且受到欢迎。毕竟西方在很多方面那么诱人，许多德国人已经克服了他们长期持有的反西方情绪。当时，我还遇到了一些德国人，他们走得更远，居然荒谬地提出在德国和美国之间存在一种早期的亲密关系，说德国1941年对苏联的攻击是早就预见了美国的利益，德美两国现在已经准备好联手推动一场新的反共运动。与此同时，在西方各占领区的有责任心的德国人提出警告，反对采取任何军国主义的举措，最重要的是，要求德国人明确表示永远放弃所有核武器。

在世界政治和德国政治中的冲突是真实的，而且充满讽刺意味。美国人坚持德国非军事化，对此毫不放松，以至于一些德国人成为美国军国主义的批评者。在所有这些不确定性中，美国的外交政策对前盟国之间面临崩溃的团结做出了建设性的回应：在不愿意无限期等待斯大林改变立场的情况下，杜鲁门总统也打算建立一种西方秩序——但并不关闭与苏联妥协的大门。美国的任务并不轻松。即使它的盟友也有不同意见：正当美国处于其权力的顶峰时，法国人却在与他们1940年失败造成的许多后果做斗争，希望成为一个强国，然而又对任何一点德国复兴的迹象心存恐惧。1947年初，在一个多灾多难的寒冷的冬天之后，英国人尽管自己也在勤俭节约，还未摆脱困境，却开始帮助英国占领区的德国人，"这是我们给德国人的赔偿"，他们自嘲道。

美国人在 1945 年之后欢迎军队复员，但两年后，他们被要求承担新的使命。1947 年，杜鲁门主义承诺向希腊和土耳其提供援助，这些国家是英国再也无力保卫的，而且人们认为它们都处于苏联扩张主义的威胁之下。美国国会和整个国家仍然存在一种强烈的孤立主义的压力：美国决心要抵制各地的共产主义，这种新的决定将耗费巨大，为了赢得国内的支持，共产主义的危险被以耸人听闻的语调夸大到了极致。政府用强硬的言辞来为新的承诺辩解；蛊惑民心的政客开始追捕那些他们声称也是国内敌人的人士——那些被怀疑与共产主义者有联系的人，那些可以被指控为"不成熟的反法西斯主义者"的人（例如，在西班牙内战期间保皇派的支持者）。在美国存在美国共产党人及其同路人，这是一个公认的事实，但是"反美"活动是由什么构成的呢？现在或过去的对同路人和共产党员展开的大规模调查已经成为常规；教科书全受到审查，到处在疑神疑鬼，正如我在 1947 年入籍听证会上发现的那样。这种过度的热心其本身也可能是反美的吧。对于那些经常批评美国国内外政策的自由派人士来说，这不是一个轻松的时期，因为他们既是右翼分子怀疑的目标，又是共产党人或他们的同情者无耻辱骂的对象。

我对这种充满激情的意识形态斗争有自己的经验。一项我也基本同意的外交政策在美国竟然产生了如此激烈的影响，这令我感到震惊。举例说，在 1947 年至 1948 年的某个时候，我拜访了一位年纪稍大、非常聪明的英国历史学家，我曾在他那里读研究生，现在他在一所著名的新英格兰大学里有一个很好的教学岗位。有一次在他家，夜深人静时分，我们再次陷入激烈的政治讨论，其间我为美国的外交政策辩护，他则谴责那是一项挑衅性的反苏政策。突然，他离开了房间，返回时拿着他在卑尔根 –

贝尔森集中营拍摄的令人恐怖的照片:"这就是你的观点所导致的!"他愤愤地说道。直到那时,我都是习惯了来自所谓的左派的攻击,而这种荒谬而残忍的言论为我概括了当时意识形态上的冷酷和混乱。

自身尚且不安全的苏联是否可能会放弃其侵略性的路线并试图妥协?对此我曾经有一种挥之不去、摇摆不定的希望,但这种希望于1948年2月终结了,在此期间,苏共接管了捷克斯洛伐克,直到那时,这个国家都在试图既支持苏联的外交政策,又保留自己的民主。扬·马萨里克,这位在如今已被推翻的非共产党政府中曾显赫一时的外交部长,也是备受尊敬的捷克共和国之父的儿子,突然死于非命,或许是他自己从办公室窗户跳楼,或许是被推出窗外——这始终是一个谜,并且令自由派人士长期以来对此愤恨不平。即使排除我对捷克斯洛伐克的情感依恋,在布拉格发生的共产主义政变也从此锁定了我的看法,即苏联人倾向于强化其帝国主义政策。

几个月后,西方列强在它们的德国占领区推出了一项迫切需要的货币改革,用一种新的货币——德国马克——来取代几乎毫无价值的旧货币。随着配给制度的结束,新货币的推出消除了黑市,并引发了经济复苏,这不仅震惊了德国人自己,而且随后震惊了全世界。但是,在将新货币引入柏林的三个西方占领区时,由于这三个占领区享有的自由具有挑战性,而该城市的东部地区一直受到苏联的严格控制,这就引发了苏联激烈的反击。几天之后,苏联人封锁了整个城市,切断了从西部各占领区到该首都的所有地面路线,并向全世界证明柏林是处于红色海洋中的一块飞地,似乎完全受苏维埃政权的支配。苏联人的最大希望是阻止在德国西部建立一个国家,或者至少迫使西方军队撤出"他们的"

柏林。

　　在 1948 年发生的第一次柏林危机中，西柏林人的自由和西方决心的信誉受到了威胁，危机预示着战争。美国占领区的克莱将军敦促派遣一列武装火车前往柏林，通过让苏联人在军事摊牌或外交挫败两者之间进行选择来对其进行测试。但有着更加冷静头脑的人还是占了上风，在英国皇家空军的支援下，一场迅速组织起来的美国空运为 300 万西柏林人提供了未来十个月的生活必需品。负责接收空运物资的是西柏林市长恩斯特·罗伊特，他是一位爱国者和热心的民主党人，号召市民团结起来，接受暂时的贫困，从而保卫他们的自由。罗伊特成为战后第一位在美国广受欢迎的德国政治家。在魏玛共和国的最后几年里，他曾是一名年轻的社会民主党明星人物，1933 年他被纳粹投入监狱，释放后移居安卡拉，战后一旦条件允许，出于爱国他即刻返回德国。苏联人于 1949 年 5 月结束了他们的封锁，空运取得了成功，极好地显示了美国（和英国）的机智和谨慎。

　　1948 年夏天，西方盟国授权建立了一个由西方占领区各州议会代表组成的德国议会理事会，由其负责为新的国家西德制定宪法。许多理事会成员在魏玛时代一直活跃在政坛上，并且对第一届民主政权的缺陷耿耿于怀。具有相等代表性的两个主要政党在其中占据着主导地位，但同时也存在分裂党派：站在左翼的是共产党人，其他则大多在右翼，构成了一个强有力的派别，代表被放逐国外而满腹怨恨的民族主义者。由阿登纳担任主席的该委员会在审议宪法上旷日持久，这些新兴政治家的能力由此给人留下深刻印象。同样，魏玛时期的失败所留下的回忆在这项事业中也成功地对现在起到了警示作用。

　　议会理事会反映出针对任何可能导致延长或加深德国分裂的

事情，西德都持反对态度。其是否因为一种可以理解的民族凝聚力或出于对苏联占领区的德国人的特别关注而有此感受呢？我怀疑当是前者，此外还有早期对东部地区德国人的无视和不尊重。由于大多数理事会成员担心他们的工作可能会使他们国家的分裂状态封存下去，因此他们坚持认为最终定稿应该标记为"基本法"而不是"宪法"，以便强调新政体的这一临时框架。（他们忘记了那句精妙的法国谚语的真正含义："只有临时的东西才能永久流传。"）事实上，这一"基本法"持续的时间远比期望的要长得多，所赢得的尊重也远胜于以往任何德国宪法，并且具有足够的灵活性，在1990年德国最终统一的时候，该"基本法"还发挥了重要作用。

"基本法"中包含了以往德国宪法和美国宪法中行文安排的要素，从而确立了议会民主。原先的德国联邦制传统得到了保留，各州或联邦州被赋予相当大的权力。美国支持这种联邦式架构，基民盟也举双手赞成，然而社会民主党人则倾向于采用一种更加统一的形式。鉴于纳粹主义的恐怖，该律法必须首先阐明德国公民所享有的广泛且不可侵犯的公民权利和政治权利。魏玛共和国的失败也被引以为鉴：首次创立了宪法法院，借鉴美国宪法的安排，宪法法院不仅进行司法审查，而且作为一个权威机构能够（并且确实）取缔被判定危害民主的政党或行动。与魏玛时期的惯例不同的是，新共和国的总统将由间接选举产生，因此无法宣称获得民众授权，并且被剥夺了紧急权力。这样的总统更像一个无党派的名誉领袖，更像一个现代的英国君主，而不是一个国家的行政人员、一个大家所希望的道德权威。另外，总理的权力得到了加强，此外还包括各种条款，以保护这个新共和国避免政治上的不稳定，魏玛就是因政治不稳定而被削弱的。

　　最积极推动在德国的这块半壁江山上建立一个半主权国家的当属美国。1949 年 4 月，三个西方盟国商定了一份"占领法规"，这份法规将被提交给任何一个新成立的西德政府。根据该法规，盟军将继续留在德国境内，那里的盟军军政府将结束其使命；三名同盟国高级专员将取代军事指挥官并监督这个新的国家的外交政策；他们将保留一项重要权利：在特定的不太可能的条件下，恢复对以前的占领区的控制权。到 1949 年 5 月 8 日——正好是德国无条件投降四年之后——一部切实可行的临时宪法被制定出来了，并获得了西方盟国的批准。这部"基本法"本身并不是成功的保证。德国人会接受这部新的基本法吗？他们会依照"基本法"中的规则行事并学会实行民主吗？是否会出现某种能维持一个自由国家的政治文化？

　　但西方盟国（法国是最值得怀疑的）和西德人有充分的理由感到满意：在短短的四年内，尽管存在经济困难和巨大的不确定性，这个新诞生的德国的基础已经初步奠定。然而没有人为此怀有胜利心态，因为民族分裂的伤口使人寝食难安。

　　把欧洲从纳粹主义中解放出来之后，另一类饱受痛苦折磨的人又出现在战后最初几年人们的大规模迁移之中。他们被称为流离失所者，其中有许多波兰人和其他非德国犹太人，他们经历了各种战争恐怖，侥幸活了下来，现在被凄惨地安置在德国各地的难民营中。

　　他们中有许多人渴望前往巴勒斯坦，根据 1917 年英国在《贝尔福宣言》中的承诺，那里将是犹太人的家园，但尚未建立起来。作为国际联盟授权处理巴勒斯坦事务的大国，英国在战前和战争期间对犹太移民施加了严格限制，即使纳粹大屠杀使建立这样的家园成为道德上和实际上的必须时，情况依然如此。现在，这些丧失了国籍、命运多舛的幸存者，为犹太复国主义者长期向往但常常遭受欺骗的希望提供了巨大的新的支持。自由派也支持这些希望，这些希望已经成为建立历史性正义的一个强大的不朽事业，但艾德礼的工党政府延续了英国的亲阿拉伯政策。已经身处巴勒斯坦的犹太人被激怒了，有些人越来越多地诉诸暴力。（也许最糟糕的情况发生在1946年7月，当时犹太恐怖分子摧毁了设在耶路撒冷大卫王酒店的英军指挥部，杀死了100名英国人、阿拉伯人和犹太人。我的堂兄恩斯特·布莱克，别名布瑞格，当时是驻扎在巴勒斯坦的女王皇家军团的一名上尉，仅仅相差几分钟时间，逃脱了被炸死的厄运。他对犹太复国主义的看法和我的看法截然不同。）因此，以色列和巴勒斯坦问题在世界大部分地区成为一个关键的、导致分裂的问题，当然美国也包括在内。英国人已随时准备放弃他们在中东的授权使命，这个一度是他们眼中充满异域风情的快乐天堂，现在却充斥着暴力；这个问题也困扰着新兴的联合国。

与哈依姆·魏茨曼的见面可能增强了我对犹太复国主义事业的兴趣；他的西方自由主义观念让我觉得他是代表犹太复国主义的核心，而绝非各种各样的极端主义者。我的世界观由此变得过度简单：凡是在以色列的未来这个问题上和他持相同看法的我就认同，而对好战的犹太人的力量则予以漠视。魏茨曼谴责犹太人的恐怖主义，他认为恐怖主义否定了他的工作。1947年4月，他写信给一名犹太恐怖分子的拥护者："他们选择了左轮手枪和炸弹作为现在的救赎手段……我承认，我怀疑在听到炸药的声音时，弥赛亚是否会现身。"同年1月，爱因斯坦写信给巴勒斯坦的朋友："我们无能为力，这是非常糟糕的；但是假如我们有权力的话，情况可能会更加糟糕。"

父亲和我继续通过偶然事件与魏茨曼一家保持联系。1948
年 5 月 14 日，以色列国宣告诞生，美国立即予以承认。我带着
父亲的心电图仪到华道夫 - 阿斯托里亚饭店魏茨曼博士的房间
去，当父亲正在为魏茨曼做检查时，从特拉维夫打来了一个电
话，通知说魏茨曼已经当选为这个新的国家的总统。一个月后，
杜鲁门总统邀请魏茨曼赴华盛顿进行国事访问，因魏茨曼当时身
体欠佳，我父亲便陪同他前往。

同许多人一样，我是一个完全世俗的亲犹太复国主义者，尽
管这个词并没有发生在我身上。还在孩提时代，我就觉得，如果
一个人被当作犹太人而受到迫害，这个人就成了犹太人，与犹太
人毫无二致，而犹太人的命运则控制着即时的忠诚——尽管在那
些日子里，批评犹太人的行为或其领导人并不构成不忠。我想到
了巴勒斯坦，然后是以色列，这两地对于受害者而言都可作为避
风港；社会主义者的基布兹梦想有其自身的吸引力，而东正教犹
太少数派似乎被边缘化了。当我意识到我是属于随家人一起改变
了信仰的犹太人少数派时，我是否会时不时地感到尴尬甚至不
舒服？是的。我是否会介意自己不了解犹太人的仪式和节日？是
的。但是我并不适应任何形式的有组织的宗教，因此我从未想过
要"解除皈依"。魏茨曼选择我父亲作为他的医生，并且他忽略
了他在自传中称为"叛教"的内容，那是弗里茨·哈伯在他们家
介绍的，这再次使我感到放心。无论如何，大多数人认定我就是
犹太人，不然的话我们家为什么要逃离德国呢？奇怪的是，不论
是在战后的德国还是在美国，人们都没有意识到还存在一种"犹
太人"基督徒。当然，我在美国也遇到过隐秘的反犹太主义，但
对我伤害更大的是，由于我出生于一个皈依的家庭，偶尔会因此
遭到美国犹太人的嘲讽。

　　在我的内在和外在身份之间，我感觉存在一种绝非容易的大致上的对等性。每当我想到希特勒使我成了一个犹太人，废除了我祖父母对基督教的承诺，这似乎是无法容忍的，即使我意识到让我有犹太血缘关系的是国家社会主义。很多年以后，以及在第二段婚姻中，即使以色列的梦想逐渐淡化了，我作为犹太人的感觉却变得更加强烈，这是因为最后一个伟大的 20 世纪的乌托邦受到了自我背叛的威胁。以赛亚·伯林曾经对我说，如果一个人对国家的政府行为感到羞耻的话，他就可以知道自己怀有一颗忠诚之心。当我脑子里萦绕着他的想法，一边写下这句话的时候，我丝毫不怀疑我是一个美国人，同时还是一个犹太人。

　　在 1948 年的选举中我第一次有了投票权。民主党十六年的统治取得了无与伦比的成功，尽管偶尔我会有些许疑虑，但我还是认为杜鲁门的外交政策，借助他的国务卿乔治·马歇尔出色的执行，彰显出创造性的负责任的领导力，始终能赢得两党的支持。然而，我对杜鲁门的此次竞选活动感到不安，因为竞选活动攻击了一个——不可否认的——"无所作为"的国会，这让我感到这种蛊惑人心的手段有点过度。他的主要对手是托马斯·杜威，一个死板、毫无魅力的共和党人，围绕着他的是一些更加缺少吸引力的顾问，以及一些自以为是的支持者，他们支持一项迫使苏维埃政权"倒退"的政策。对于我的许多朋友来说，诱惑极大的是罗斯福早先的副总统亨利·华莱士，直到 1948 年，他一直是执政方针的无情批评者，暗中还是一位苏联的辩护人，为此他得到了同道者和左倾人士的支持，他们认为冷战主要是美国的一个发明。我认为华莱士是一个危险的妄想型公仆。但杜威的表现令人恐惧，尽管根据民意调查和专家的说法，他的胜利是不可避免的。因此，如果杜鲁门无论如何都会失败的话，我可以随意投票支持一项高尚但没有希望的事业：诺曼·托马斯，美国社会党惯常的总统候选人。我在朋友家中见过托马斯，并对他的个人风度印象深刻；我知道他既是一个直言不讳的反共产主义者，也是一个美国核政策的批评者。然而在选举之夜，我很高兴地看到多数选民表现出比我更好的判断力，我陶醉在杜鲁门的颠覆性的胜利之中。也许，在正式的公民生活刚开始的时候，犯一个这样的错误也是难能可贵的。

回想起来，我相信美国政治家的才能在那些年里表现得最具建设性和最有远见卓识。当时，我对战时联盟的逐渐解体表示遗憾，但是苏联在恐惧和野心推动下所策划的扩张主义，使得西方集体防御成为当务之急。套一句迪安·艾奇逊的著名的话来说，我们正在"参与创造"，但是我们并不知道我们正处于后来被称为光荣的战后三十年的初期。在此期间，已经非常接近某种一体化形式的西欧，也在设法创造一个更加繁荣、更加平等的社会。

在实现这一目标的过程中，我很早就看到了另一个理想：联合国世界人权宣言。纳粹的种族灭绝和纽伦堡审判清楚地表明，世界需要这样一个具有约束力的承诺，在 1947 年至 1948 年，联合国的一个委员会正在准备一份这样的文件。起草该文件的一个关键人物是鲍里斯·米尔金·格耶茨维奇，战时这位法国律师曾在纽约一所名为新学院的大学避难。我们的朋友汗布格尔是他的合作者，他还给我讲解了联合国的重要性——我想他是希望我最终能在那里工作，他还解释了委员会内部的冲突。

同时，我从远处也对美国的占领政策进行了一番了解，这些政策被描述为三个非——非纳粹化、非军事化和非卡特尔化，凭借的是在德国再教育上充满自信的努力——我自己的经历实质上是微不足道的，但对我的教育来说是有用的。1948 年，库尔特·

哈恩来到美国，寻求美国的基金会对再教育德国人的支持。哈恩在魏玛共和国有过一段杰出的职业生涯，魏玛初期他曾担任马克斯·冯·巴登王子的顾问，后来出任塞伦的一所精英寄宿学校的校长，这是一所贵族和富裕犹太人经常光顾的学校。哈恩曾警告保守派不要信任希特勒。根据纳粹的法律，他是一名犹太人，因此曾短暂地遭到监禁；之后他移居英国，到那里后在苏格兰的戈登斯顿建立了一所著名的学校，这所学校有个获奖学生名叫菲利普·蒙巴顿，那一年他成为爱丁堡公爵菲利普亲王。作为一个风云人物，哈恩于 1946 年恢复了在塞伦的那所学校。现在，他希望美国支持创建更多的塞伦式学校，从而进一步推动德国再教育事业。保罗·埃尔利希的孙子君特·施韦林是塞伦学校的毕业生，他告诉哈恩，为他起草必要的备忘录，我是最佳人选。

我们见面了，哈恩给我概述了他的基本教学理念和实践，这似乎是对一个民主选择的精英的要求；教育的任务是培养领导干部。第一项要求，即性格的自由发展，最好是通过最严格的方案来实现，重点强调身体耐力和艰苦的自力更生的训练（如后来的拓展训练计划）。他坚持认为冷水浴（和其他磨炼方式）能够抑制或者升华男性青年更多的感官欲望，我对这种观点不以为然。* 当我告别哈恩的时候，我答应在第二天会起草一份提案，同时我又问道我是否应该提及菲利普亲王在戈登斯顿的学习经历。哈恩吩咐我再次坐下来，为我提了一个如此庸俗、如此"美国化"的问题而指责了我一番。他以为我理解了他；当然，答案

---

* 在他 1986 年的自传中，既是塞伦学校的校友，同时也是哈恩的终身崇拜者的戈洛·曼，针对哈恩教育学中最严重的错误写下了这么几句话："库尔特·哈恩对性和性教育几乎一无所知。原因是：他从道德上否定在他本人身上的那种倾向，那种同性恋的倾向，他以不可思议的意志力将其抑制在自己的体内。"

是否定的。

我用了一晚上写好了这份报告（为此我得到了报酬，我记得是 100 美元——我用这笔钱买了第一副滑雪板），第二天早上交了稿，几个小时后，我发现我在打字稿中漏掉了一行。我赶紧回去，要求给个机会纠正错误，但被告知已经太晚了。我坚持要改。最后，哈恩的秘书拿出了用我的报告作为主要文本制作的一本漂亮的皮面装订的相册——我在相册首页看到的是菲利普·蒙巴顿在戈登斯顿玩马球的一张照片。对我来说，这是一个刻骨铭心的教训，是对德国唯心主义的一次深刻理解。几年之后，在我最初写的一些文章中，我杜撰了庸俗理想主义（Vulgäridealismus）这个术语——这是取自针对列宁主义的一个绰号庸俗马克思主义（Vulgärmarxismus）的一个变体——在很大程度上这与哈恩有关。我发现他有一种傲慢的虚伪，表现得那么认真，以至于令人反感。尽管有名人校友以及我的报告，美国的那个基金会还是拒绝了资助开办新的塞伦学校以作为对德国的救赎。也许我过去以及现在对哈恩并不公正，也许这本相册并不是他的主意；我们有许多共同的朋友，他们都认为他是一个道德典范。但是，这种高尚的立场掩盖了狡猾的私利——这是我逐渐认识到的一种混合物，并不仅仅存在于德国。

在那些年里，我的欧洲历史课程仍然非常紧张，幸亏德国问题没有同时出现。我在大学高年级时参加了巴尔赞和特里林共同执教的专题讲座，每个星期三晚上我们都会见面，就一本指定的书展开讨论，然后我们十二个左右学生——包括像约瑟夫·克拉夫特和拜伦·多贝尔这样令人生畏的同学——每个学期要写三篇论文，巴尔赞和特里林会分别审阅我们的文章，根据的是风格和内容不可分割这一不容置疑的原则，他们的严谨给我们留下了深刻的印象。我们的课程安排始于威廉·布莱克、卢梭和《浮士德》，终于弗洛伊德：这些大师留给世人的是现代欧洲思想的伟大杰作。两位执教的导师风格迥异，但相互配合，相得益彰，他们都相信伟大的文学作品能给人们的道德生活带来启迪。只要读了伯克、托克维尔、陀思妥耶夫斯基和尼采的著作，就不难理解重新思考一些过分简单化的真理的必要，在约翰·杜威这样的民主乐观主义者身上，我们可以发现这类东西。我相信，阅读《卡拉马佐夫兄弟》和《宗教大法官》中的隐喻给我留下了令我心绪不宁的直接影响，它加深了我对极权主义的沉思。"有三种力量，且只有这三种力量，能够征服并永久俘获这些无能为力的反叛者的良心，为的是他们的幸福——这三种力量就是奇迹、神秘和权威。"陀思妥耶夫斯基和尼采教会我更好地去理解民主的复杂性和脆弱性，以及政治生活中非理性的地方。对于巴尔赞和特里林来说，文学和历史显然是不可分割的，无法分开解释，更不用说理论，理论是一种额外的奢侈品。我希望我听从了他们的教导。

我的研究生专业是欧洲历史和政治理论，当我开始这一领域的学业时，上述的一切在我的脑海中跌宕起伏。对研究生的主要要求是写一篇硕士学位论文，我在论文的选题上后证明是幸运的。我选择了一位德国作家作为研究课题——亚瑟·莫勒·范登布鲁克，除了在20世纪20年代早期他写过一本颇有影响力的《第三帝国》外，我对他所知不多，他这本书与国家社会主义的兴起有着明显的联系。我研究了他的生平和事业，他的思想可以追溯到19世纪末他的一些知识分子祖先以及他们极端的"反西方"情绪，他们拒绝1789年的思想和启蒙运动。他激烈的反自由主义立场与一种伟大的日耳曼命运的理念掺杂在一起。他属于某些批评家所谓的"保守派革命"的行列，这种革命要求一种更严厉的新的专制主义，但是并不等同于战前旧的资产阶级政权。我发现了这种思想的真正来源，以及它如何成为某种欧洲现象的德国变体。我学会了如何结合背景以及个人的私下和公开的经历来关注某种观点。我无意中发现了一个潜在的内涵丰富的主题，具有内在的历史重要性，但又具有局部性，因为它有助于理解国家社会主义的意识形态根源。

1948 年秋天，我遇到了新近接受哥伦比亚大学聘任的亨利·罗伯茨，他刚刚结束了以罗德学者身份在牛津大学为期两年的研究，在此之前，他在战略情报局中的研究和分析部门服务，该机构便是中情局在战时的前身，这给我转向欧洲和德国历史的研究增加了更多好运。1944 年 9 月罗马尼亚与盟军签订停战协议之后，亨利·罗伯茨被派往那里；第二年 3 月，他目睹了发生在布加勒斯特的政变，政变是安德烈·维辛斯基一手操纵的。亨利曾在耶鲁大学学习德国历史，师从哈乔·霍尔本。

亨利比我年长十岁，我们成了好朋友，双方的家人也来往密切；有段时间，我们甚至共享一间办公室。在我曾经遇到的或将要遇到的学者中，他是思维最敏锐的历史哲学思想家之一，他的身上奇妙地融合了道德上的正直、惊人的智慧和闪闪发光的机智。他的战时经历，以及战后与英国东欧历史学家休·塞顿－沃森在这一被忽视的领域里的合作，都令我兴奋不已；他于 1951 年出版的对罗马尼亚的研究，至今仍然是分析叙事的典范。

不久，我遇到了亨利一些来自战略情报局的同事，有男有女，既有他的同代人，也有后来成为我们大学战后欧洲主义者领军人物的年长者，如伦纳德·克里格尔、H. 斯图亚特·休斯、卡尔·休斯克、弗朗茨·诺依曼、费利克斯·吉尔伯特以及哈乔·霍尔本，他们都是知识渊博、深度关注政治并擅长分析的专家；后三位是德国移民，对德国的过去及其不确定的未来怀有浓厚的兴趣。他们对马克思主义和自由主义的诠释虽然并不一致，但是有一种看法是相同的，即对德国过去以及国家社会主义道路的研究，是历史调查和道德理解的必要条件。在我人生观的形成时刻，能遇到这群杰出的学者，真是上苍赐予我增长智慧的礼物；凭借战时情报人员的经历，就给定事件的复杂性做出即刻分析的磨炼，他们都有坚强的意志，在政治现实中潜心研究，聪敏睿智远超常人。有时候我会这么说，我希望"有一个和平时期的等同于战略情报局"的组织——这种提法可参阅我最喜欢的论文之一，威廉·詹姆斯的《道义战争》，这是 1906 年美国的一篇精彩文章，文章认为现代战争是自杀性的，由战争动员起来的公民和人类美德需要被用于和平时期的集体追求之中。

　　1948 年，我还在哥伦比亚大学见到了理查德·霍夫斯塔特。当时他三十二岁，刚刚完成了一本名为《美国政治传统》的著作，该书对美国历史的重新解释是批判性的，所做分析是严谨的，至今仍是一部经典。他成了我的密友、导师和典范。他本能地认为，历史学家也必须是众多读者的作者、引路者或译者，绝不能与其周围的知识界隔绝。对于霍夫斯塔特来说，就像对当时几乎所有学者一样，魏玛共和国的沦落以及纳粹主义残忍无情的恐怖所留下的记忆，构成了他大部分研究工作的道德背景。在 20 世纪 50 年代早期，我们的兴趣交织得更加密切了，当时霍夫斯塔特组织了一项关于美国激进右派的重大研究，这是一项由共和国基金支持的项目，该基金是福特基金会的一个分支。迪克和我定期交换手稿，以便相互获取对方的批评意见，这在当时是一种常见做法，我从阅读他写的书稿中获益巨大，他写书不仅速度快，而且极有深度。与亨利和迪克的友谊延伸到了我们的家庭，事实上延伸到了三代人之间，这是因为罗伯茨一家和霍夫斯塔特一家生病都找我父亲看，并且还成了我父母的朋友，当我们的孩子们来到后，孩子们之间的关系也很亲密。我们实在太幸运了。

当时，我以为我想成为一名欧洲文化历史学者，关注的重点是德国，特别是我们所谓的"文化历史"，这种文化历史融合了欧洲的思想文化史和政治史。我经历过德国恐怖的一小部分，但足以感受并认识到它的集中性；现在，我和美国人文学者一起生活，一起做研究，他们自己也是自由社会的捍卫者。在许多方面，我的私人生活和职业生涯开始交织在一起，在这两者之中，欧洲始终优先于德国。我的政治观念属于批评性的自由主义者范畴，生活和文学使他们确信，自由乃最大的善，公民的参与既是义务又是特权。我的生活完全是在美国，但我对欧洲的依恋和好奇始终是一股强大的内在力量。只是在回顾往事的时候，我才理解，正是在那些德国不复存在的岁月里，我做好了准备，去面对未来岁月中涉及德国的一种不同的生活。

当德国以德意志联邦共和国这个新的国家身份于 1949 年 10 月展现在世人面前时，它不仅享有有限的主权，而且被认为是临时性的，整个国家的运行处于严格的"占领法"（被仁慈地加以解释）和西德人制定的"基本法"之下。为了强调这个新国家温和的亲西方特色，莱茵河畔的小镇波恩成了首都。不同于魏玛辉煌的死亡之舞和第三帝国歇斯底里的邪恶，逐渐为世人所知的波恩共和国，在许多年里因地处偏远，生活烦闷无趣，一直是一个平淡无奇的地方。这个国家之所以存在，其本意就是要忍辱负重，直到德意志民族的和平"统一"能够以某种方式实现。

联邦共和国是冷战的产物，被认为是造成同盟国之间的团结分崩离析的唯一可能答案，1946—1947 年以来，这一点越发明显。它的创立应归功于美国的政治手腕、西德的建设性反应以及斯大林的顽固态度。紧随其后的是"另一个"德国的建立，苏联占领区摇身一变，成了德意志民主共和国，一个几乎对苏联卑躬屈膝的卫星国。这两个德意志国家互相不承认对方的合法性，并且凭借它们的存在以及互不相容的社会和政治制度，复制了西方和东方之间巨大的分歧。这两个规模和力量并不相等的国家很快融入了两个相互敌对的集团，虽然社会主义者反对波恩融入西方，但也存在与之对抗的力量：一个对社会负责的自由市场体系产生了更高的生活水平，伴随着美国的巨大吸引力——美国这个国家在胜利之后戏剧性地撤出了欧洲大陆，然后又回来了，承担起了前所未有的责任，并在柏林空运中展现出它的意志和力量。苏占区的德国人则没有任何选择余地，这个所谓的"保护人"仍然在吞噬东德经济所留下的东西，尽管这个新的国家已经被贴上了苏维埃制度的所有标签：一个有着"社会主义"经济的政体。波恩还有一张王牌，即自由选举带来的合法性，而德意志民主共和国则可以吹嘘自己是德国历史上第一个社会主义国家，清除了被认为陷国家于灾难之中的贵族地主和资本家。

当时，我把联邦共和国看作一个大胆的美式结构，而且我仍然对德国的政治成熟度和可靠性完全不信任；也许比起阿登纳本人，我的怀疑也毫不逊色。我从来就未想到过或梦想过这个新的临时性的国家会对我的人生产生永久性的影响，我仍然深深地厌恶这个几乎一切都充斥着德国味的国家。我表达这种不信任和厌恶的方式很简单，例如，有人要买一辆德国造的汽车，这对于我来说就是匪夷所思的。我在1948年购买了第一辆车，这辆车便是一辆英国生产的奥斯汀，小巧且省钱。正如我所说过的那样，我父母和他们的大多数朋友从未有过返回德国的想法：我们不是流亡人士，我们是移民，我们在适宜的土壤中扎下了新的根。我全身心地关注我在美国的生活和事业，尽管我也渴望回到欧洲，这也许是出于我的理想化，即使我以某种方式妖魔化了这个驱逐了我的国家。

联邦共和国面临的任务是巨大的，要建立一个可行的民主政体，要清除战争遗留下来的身体上和精神上的废墟，要在一定程度上重新跻身于世界民族之林，并且要在继续充当西方的防护盾的同时保护和促进德国的利益。大约还有50万德国士兵仍然作为战俘留在苏联，而联邦德国却与之没有外交关系。在不损害德国再次成为一个国家的所有希望的情况下，它与西方的融合能达到何种深度？当众多德国人沉溺于某种形式的集体健忘症时，它将如何处理去纳粹化的问题？它将如何克服在如此众多的人的心目中只要一提起"德国"两字就会引起的深深猜疑和厌恶？

但是西德也拥有重要的资产。它的人口约为 5000 万人，其巨大的工业潜力有着与之相配的富饶的土地，刚进入 1950 年——尽管其城市中的废墟尚未清除，其资源的开发还受到部分限制——全国的经济就已经处于复苏的顶端了：德国马克和自由市场刺激了资本主义的创新；一支纪律严明的劳动大军刺激了生产。阿登纳的经济部长路德维希·艾哈德实施了一项自由经济政策，并制定了一项担负起社会责任的资本主义计划，有时这项计划甚至被称为福利国家资本主义。人们开始对西德的经济进步感到惊奇，当然这种进步得益于马歇尔计划的帮助，并且也得到了来自东方的数百万难民的进一步推动，在重建他们自己的生活的过程中，他们也在帮助重建西德。不久，人们开始谈论起Wirtschaftswunder，一个经济奇迹——更为引人注目的是，传统智慧普遍认为战后时代将受到全球经济衰退的影响，即使不是崩溃的话。当然，在经济希望和满足感之上，民主之花能开得更加灿烂，但在魏玛时期这种联系在很大程度上被否定了。

给我留下更深刻印象的是我所看到的政治奇迹。新的波恩共和国最大的运气来自它的新的领导人，因为在各级政府中，承担起政治责任的，都是品德高尚、能力出众的公民。诚然，与他们一起工作的往往也会有受到纳粹主义玷污的公民，或者不可避免的会有一些趋炎附势者，但他们设定了一种能激励海外人士信心的基调。

波恩的第一任总统是特奥多尔·豪斯，他是一位和蔼可亲、脚踏实地的斯瓦比亚人，言谈中略带一丝讽刺，这是德国政治生活中的一种特殊美德。我逐渐把他视为德国历史上一个罕见的带来好运的人物（Glücksfall），完全出自好运。他曾经是魏玛国会的一名自由派成员，属于倒霉的民主党，这个党在 1919 年以后的每次选举中得票率一直在缩水。1933 年，这个在国会中由五名（！）成员组成的党投票赞成建立起希特勒独裁统治的授权法。（这五个人之间原本意见不一，但一致投了赞成票。）此后，他逐渐退出政界，转向非政治领域，偶尔发表一些不那么循规蹈矩的文章，无伤大雅，足以通过审查，但对于那些能够读懂字里行间隐含之意的志趣相投者而言，他的文章是能够产生共鸣的。他还写了一本汉斯·珀尔茨希的传记。

议会几乎全票选举康拉德·阿登纳为第一任总理，所缺的只是他自己的一票。他在七十多岁高龄时出任该职务，从外表看他是一个正直的人，但他的性格和信念决定了他是一个权利主义者，甚至丝毫不受自我怀疑的影响。他对自己的人民缺乏信心，对极端民族主义者却怀有强烈的合乎情理的恐惧，特别是那些在被驱逐者中的极端分子，其中许多人构成了他所在的政党的右翼。相对于纳粹帝国的言论攻击，阿登纳的沉默寡言被证明是一种财富。批评者抱怨他只认识两百个单词，对此，有人机智地回答说，如果他认识更多单词的话，他就会更加聪明，以至于再也不使用它们了。

作为反对党社会民主党的领袖和共产党的主要敌人，库尔特·舒马赫在魏玛时代末期是他所在党内为数不多的新星之一，在纳粹时期他曾被关在集中营里受尽了折磨。恩斯特·罗伊特是社会民主党内的另一位此类明星人物，但他于 1953 年去世，因此联邦德国少了一位最具吸引力的公众人物。他当时推荐了另一位曾经的流亡者——维利·勃兰特。毫不奇怪，除了这些令人印象深刻的社会民主党领袖之外，在西德的公共生活中，人们还看到了其他一些缺少魅力但报复心很重的人物；这种人物一直是大量存在的。

也许比"基本法"的条款或领导人的品质更为重要的是，这个新的政体拥有其大多数前身所缺乏的东西，即古人所谓的福尔图娜（命运女神），这个运气存在于其历史背景之中，也存在于其宗主国的智慧之中。对苏联侵略的恐惧加速了西方一体化的进程，并使西德与西方联盟的联系成为当务之急。美国作为最强大的西方国家，曾经因远离德国而兴高采烈，现在对德国执行的是一种友好的鼓励政策，而德国的众多邻国则对德国的过去耿耿于怀，始终持怀疑态度。

不可避免的是，波恩背负着因纳粹的过去所引发的问题，纳粹的全部恐怖罪行只能是逐步地被揭露。有些问题是特别实际、不留情面的，波恩该如何处理数百万前纳粹分子？在惩罚纳粹罪犯或向受害者提供赔偿这些方面能走多远？隐藏在这些实际的政治问题背后的是德国所犯罪行的深层次的道德问题。联邦共和国当然标志着一个新的开始，但是与其罪恶的过去彻底决裂则相距甚远。将一切归零，然后重新开始，这是绝对不可能的。联邦共和国早期的公民受到的心灵创伤仍然没有抚平，他们还生活在扭曲的和不安的记忆之中，其中既有个人的悲伤，也有历史性的损失。他们经历了一系列剧变，其强度和痛苦都是刻骨铭心的，所有这一切又与走马灯似变幻着的胜利和失败紧密相关。在其外部——在德国原先的敌人之间以及难民之间——仍然存在一些连续性，所连续的，有愤怒，有反感，也有不信任，还可能有希望，希望德国人生活中已落败的行为准则能重获新生，希望那自以为是、凶残好斗的攻击性最终会灰飞烟灭。

道德上的和智力上的问题可以被压制，但实际的政治上的问题是无法压制的。首先是德国人的集体失忆，也被称为"负面记忆"。少数领导人，比如罗伊特市长以及在极少数情况下阿登纳本人提到过德国人犯下的罪行，但是，一旦面对过去，似乎就没有人能够做到敞开心扉。然而，德国人在理解过去并处理其法律后果时所用的方式，恰恰也会被用来塑造这个新的国家的未来，这一点是显而易见的。盟军将去纳粹化的工作转交给了德国人自己，然而这项任务却葬送在波恩共和国手中：由于与美国的政策相关的一些令人遗憾的情况，大多数原先的纳粹分子——包括政府官僚、法官、教师和教授在内——毫发无损地逃过了这一劫，并继续从事着他们原先的工作。这些令人沮丧的不加清算而全盘继承的情况只是在最近几年才被披露。*

人们有理由认为，如果真正进行清算，彻底地予以清洗，将会使数百万德国人成为新民主政体的贱民和敌人。但实际情况正好相反，美国的利益决定了对阿登纳的宽恕政策提供强烈的支持。这种做法似乎是成功的，作为最敏锐的德国事件观察者之一，具有社会民主党倾向的流亡者弗朗茨·诺依曼在 1950 年写道，"尽管针对美国的外交政策有不少卡珊德拉**，但也不能过分强调西方迄今为止已经赢得了德国之战"。胜利是必须付出一定代价的。

事实上，波恩政权的这些早期岁月恰好也是我开始教德国历史这门课程并写作博士学位论文的那几年，我的博士学位论

---

* 举一个触目惊心的例子：战后，汉娜·阿伦特的德国人编辑是汉斯·勒斯纳，此人原先是纳粹党卫军的一个大队长，现在受雇于一家著名的德国出版社。纽伦堡的判决已经宣称纳粹党卫军是一个犯罪组织。阿伦特是个居住在美国的德国犹太人哲学家，她丝毫不知道与她打交道的是个什么样的人。（我也有过相同的经历，当我把我写的一部有关俾斯麦及其犹太银行家的早期不完整的书稿交给勒斯纳时，他却以最阿谀奉承的方式拒绝了，声称这种主题的书籍在经济上是不可行的。）

** Cassandra，无人相信的凶事预言者，源自希腊神话。——译者注

文探讨的是威廉明妮和魏玛时期德国的文化知识环境的方方面面，而国家社会主义的兴起正是得益于这些环境。这种德国的过去——首先就意味着一个令人倍觉困扰的问题：一个有着传统公民权利保障支撑的民主国家，怎么能够在数周之内变成一个得到数百万人热情支持的野蛮但成功的暴力政权——能够对处于危险之中的民主国家的公民起到告诫的作用。魏玛的结局在当时就是一个活生生的记忆，德语也变成了一门政治死亡的语言，或许现在依然如此。

德国的过去注定会影响现在我在美国的生活，不仅在我的课堂教学和研究工作中，而且会提醒我作为一个国家和大学的公民的责任。在冷战时期的美国，每当决定性的和危险的时刻来临时，有关德国公民被动地沦为共犯的记忆就会促使我采取行动。德国的过去对我的影响有多大，公民精神如何成为一项个人的必备素质——所有这一切现在对我来说已经变得更加清晰了。我现在也明白，这是一个代际问题。1996 年，（年轻的）德国历史学家于尔根·科卡在谈到一个柏林出版商时说："沃尔夫·约布斯特·席德勒属于年轻时候的于尔根·哈贝马斯、约阿希姆·费斯特、拉尔夫·达伦多夫和弗里茨·斯特恩那一代人，但是非常有意识地以不同的方式经历了德国的灾难，后来作为知识分子、公共学者，其人生的辉煌体现在又一次试图以非常不同的方式对这种经历进行诠释。"

我于 1950 年夏天首次访问了联邦共和国，实现了长达五年之久的重返欧洲的愿望。为我的论文做研究只是一个借口，西欧是我魂牵梦绕的激情所在。我们乘坐一艘名为"德格拉斯号"的法国轮船横渡大西洋，这艘船速度很慢，船上免费提供各种我梦寐以求的葡萄酒和奶酪——同行的乘客也令人难忘。黑人指挥家迪恩·迪克森正坐船前往他在巴黎的家，他解释说，在巴黎他可以和他的白人妻子一起散步而不必忍受怀有恶意的目光。佩吉和我经常和他们一起吃饭，我们发现他对美国人的偏见做出的平静的反思非常切中要害。我与法国文学教授让·布吕诺成了好朋友，他的精力非常旺盛，喜欢和船上的女人调情，在船长举办晚宴的那天晚上，他的西服翻领上别了一枚象征抵抗力量的玫瑰形饰物；这是抵抗运动的最高荣誉，他向那些一无所知的朋友们解释道。（布吕诺曾经被关在达豪集中营达一年之久。）我同著名的德国古典学者渥纳尔·加格尔进行了谈话，他现在在哈佛大学，此刻乘坐头等舱出门旅行。

在我的美国妻子和两岁的儿子陪同下去重新发现欧洲，这种经历令我激动万分。欧洲有一种家的感觉。我们在英格兰度过了第一个星期，参观了位于考尔德科特古老教区的家庭农场，我们发现那里的节俭风气很有吸引力（那里仍然实行配给制）。法国仍然更加自由，尽管有严格的货币控制。回到巴黎我感到非常高兴，更加使我兴奋的是，我还带着一项专业使命。一位法国的德国文学专家，名叫埃德蒙·韦尔梅依，正在准备为联合国教科文组织编写一部关于国家社会主义起源的书，他请我写一篇关于莫勒·范登布鲁克的文章，我的硕士学位论文就是以他为主题的。韦尔梅依没有采用我的文章，但我们在巴黎共度了一段美好时光，能看到多年未见的老朋友更是一个极好的奖励。

佩吉和我们的儿子弗雷德回到了考尔德科特，而我则独自前往德国，当我第一次穿越国境线进入德国领土时，我对穿制服的德国人的蔑视立刻飙升了起来，但也许我是在把纳粹的面孔叠加在无辜的人身上。在我获得前往三个同盟国占领区的签证的同时，我被警告说，我的签证"从陆路前往柏林是无效的……盟国最高委员会和占领国对于任何经过苏联占领区可能需要的文件不承担任何责任"。当然，我随身携带大量咖啡和香烟，必要时可作为礼物，我觉得假如能够超越他们的法定限制的话，对我来说就是一种小小的、令人愉快的胜利。

我选择了慕尼黑这座我不熟悉的城市作为我研究工作的最佳地点，我认为我留在那里是可以忍受的，因为那里有我的朋友。库贝尔卡表兄弟就住在附近，自从 1938 年 2 月在捷克山区度过令人难忘的假期以来，我还没有见过他们。而在达豪，这个地名听起来那么可怕又那么熟悉，还住着我父母的"雅利安"朋友卡尔和埃莉·哈克斯夫妇。卡尔是一名律师，在魏玛晚期，他还是一名激进的德国社会工人党成员；埃莉是我母亲在布雷斯劳幼儿园的助手。这个家庭在纳粹时代表现得无可挑剔。我给他们的儿子彼得写了一封信，他的年龄比我略小一点。

我住在一间廉价的出租房里，大部分时间是在大学图书馆里度过的，尽管我有工作以及这些朋友，我仍然感到孤独和无家可归。在这个曾经是我的祖国的国家里，难道我是一个敌对的外国人吗？这座城市仍然到处是残砖碎瓦和毁坏过半的建筑物，美国军人似乎无处不在。但是我丝毫不感到同情，也许甚至觉得有一阵阵的满足感，毕竟德国人是自食其果！也许我这样想有点冷酷无情，是我依然怀有很强烈的仇恨的一种表现。随意找些陌生人聊聊天也帮助不大，他们都是满嘴的自怨自艾，并且经常喋喋不休地反对美国人。

我在慕尼黑的短暂停留给了我一个持久的收获，我遇见了在大学教现代史这门课的主要教授弗朗茨·施纳贝尔。身为天主教徒的施纳贝尔，在气质上是一个自由主义者，但在意识形态上则不是，在魏玛时代，他写过一部关于 1848 年之前德国历史的四卷巨著，这部著作在范围和观点上都是非正统的，对此我非常钦佩。这部出自天主教徒南部德国人的著作也是对 19 世纪晚期历史学家海因里希·冯·特雷齐克的著作的回应，特雷齐克是个热情的普鲁士人，崇尚军国主义，并且排斥犹太人。施纳贝尔一直是魏玛有保留的支持者，他意识到民主的公民身份赋予了历史学家极大的责任，鉴于德国中产阶级的软弱，易于接受物质上的成功和政治上的被动，历史学家的责任就更为重大。在魏玛时期爆发的最后一次大危机中，总理帕彭在 1932 年罢免了普鲁士的民主政府，施纳贝尔谴责了这一行为，"即使全民大讨论应该终结，将来的一切应该由德意志祖国（从高层）做出决定，先进的知识分子群体仍然有责任在尽可能长的时期内发出自己的声音。即使针对先前已经发布的决定，他们的每一句话都显得那么有心无力"，但每个人仍然必须大声说出自己的意见。当然，绝大多数德国知识分子恰恰在这一点上没有能够做到。

我去听了他的讲课——一个小个子男人，脸色严肃、忧郁，使用一种冷静的语调给数百名学生讲述 16 世纪的宗教战争。我向他做了自我介绍；他邀请我去他的小公寓做客——我是第一个轻松地接受正式邀请的，他的妹妹为我们准备了咖啡和蛋糕。他对我的研究工作加以鼓励，然后回忆起了他的人生。他认为信天主教的教师过于自由，而新教徒教师又过于像天主教徒，因此他在自己的家乡，崇尚自由的巴登，以一位中学教师的身份开始了他的职业生涯，后来升职进入卡尔斯鲁厄工业大学，直到 1936 年纳粹分子完全禁止他走上讲台，他的书也成了禁书，并且不允许他继续完成计划中的第五卷著作。他带着略有几分讽刺意味的自豪告诉我，他经历了两场战争和两次革命，然后才在一所正规的大学里获得了教授职位。*

当时，大多数德国历史学家是狭隘保守的，或者是反动的，因此，作为一种明显向善的力量，施纳贝尔是一个有争议的人，或者可以说是被边缘化了。他心胸开阔，身上只是略微有些传统上的德国教授的派头，对德国人在 19 世纪中失去信仰而深感遗憾，对启蒙思想及其"机械论的"遗产持怀疑态度，并且也不能免俗地受到美国优势的困扰，当时，美国这个国家似乎在其公共理想中最能体现启蒙运动的光辉。他用当时在欧洲流行的一个类比来挪揄我，美国就像欧洲雅典人眼中的罗马一样——我觉得这种扬扬得意的自负是一种冒犯，完全偏离了这个雅典在道德和物质上已经破产的事实。

在我们最后一次见面时，施纳贝尔向我抱怨分配给他和他妹妹的住房过分狭窄，住房在慕尼黑仍然是非常稀缺的。难道我不能敦促美国当局给他一处更大一些的居所吗？巴伐利亚的教育部长阿洛伊斯·洪德哈默尔曾经是一名纳粹囚徒，现在却持反动的宗教观点，他把施纳贝尔当作敌人看待。施纳贝尔对我的能量估计过高——这是一种经常发生但并不总是快乐的经历——对于揭示德国内部不间断的激烈的冲突具有重要意义。在帮助他改善住房条件上我无能为力，但我们继续保持通信联系。

机会引导我结识了另一位历史学家，并由此有了一段伴随一生的热烈的感情。离开慕尼黑之后，我前往瑞士，希望在席尔瓦普拉纳停留三天，1930 年我们在那里度过了一个假期，至今

---

* 我从那时起才知道，他也曾向国家社会主义政权做出在意识形态上和解的姿态，同时又试图在德国以外的地方寻找一个职位，甚至不合情理地把希望寄托在美国身上。后来他被聘为美国历史协会的荣誉外籍会员。

仍然清晰地留在我的脑海中。但我没有去那里，而是留在苏黎世，我碰巧找到了一本《我的历史之路》，这是杰出的荷兰历史学家约翰·赫伊津哈写的一本薄薄的书。躺在少女峰下一块阳光明媚的高山草甸上，我读了他的文章，文章中散发着文学和美学的真知灼见。他用以解读过去的给人以深刻印象的学术方法，以及提供"一种鲜明的生动的叙述"这一最大的愿望，都使我欣喜若狂。那时，我还不知道德国人在 1940 年一度坚持要求莱顿大学驱逐其犹太成员，而赫伊津哈曾经勇敢地站出来反对德国占领当局这一行为。这位令人钦佩的历史学家成了我又一个远方的典范。在我眼里，这类理想的或理想化的人物一直起着鞭策的作用，最重要的是，我相信他们的持续力量。

在同一次旅行中，我买了一本弗洛伊德的《文明及其缺陷》，现在已经破烂不堪了，我经常会想到被他称为存在于群体"心理上的痛苦"之中的迫在眉睫的威胁，"社会亲和力主要是由社会成员相互间的认同作用组成的，而领导者中的个体却没有获得他们在群体形成过程中应该获得的重要作用时，这种危险是最具有威胁性的"。

佩吉、弗雷德和我在 8 月中旬离开了欧洲，几乎就是朝鲜半岛发生冲突的时候。由于我没有认识到这次攻击的巨大意义，并且我还认为杜鲁门对此做出的反应有些过度从而感到困扰，于是我一回到纽约，就向性格温和的莱昂尼尔·特里林提到了我的担忧，结果遭到了他的激烈斥责。我很快意识到，朝鲜半岛影响了整个世界，并将对我们所有人产生重大影响。我认为我从这个重大的误判中吸取了教训。

前一年苏联爆炸的第一颗原子弹已经加剧了美国领导人对苏联扩张主义的担忧，此时朝鲜半岛的形势更是极大地增强了这种恐惧。或许，朝鲜的行动是一个信号，预示着苏联即将针对欧洲最脆弱的目标展开行动：西柏林或者联邦德国本身。一场关于重新武装德国的可能性的公开讨论马上展开了——我说是公开的，是因为我们现在知道，在阿登纳的心中，以及在一些美国人之间，早就已经萌发了这样的想法。*

永久解除德国的武装曾经是盟军的一个信条，德国的邻国显然都极力反对任何形式的德国军国主义的复兴，它们对德国的侵略仍然记忆犹新，心中充满仇恨。那么德国人自己将如何应对盟国在这项政策上的逆转呢？五年来，他们被告知他们永远不会再得到信任去拥有任何种类的军队或武器，他们再也不能拥有这些曾经对他们意义重大的力量的象征，然而现在他们是否就应该急匆匆地赶去参军呢？一支重新恢复的军队是否可能再次对民主造成威胁，再次成为一个国中之国呢？一支西德的军队难道不会成为魂牵梦绕的德国统一的障碍吗？但是朝鲜激起了美国的决心，一定要找出一种方式去组建一支值得信赖的、安全的西德军队。这个想法在任何地方都很难推销出去，尤其是在自由派人士中，更不用说法国人了。关于是否建立一支西德军队以及如何将其融入西方盟军的辩论在务实和情感与道德之间摇摆不定。无论如何，人们再次面临这样一个问题：这些德国人究竟是什么样的人？

在 1950 年到 1951 年的冬天里，我被告知我在哥伦比亚大学的讲师资格将在 6 月结束。这是一个严重的打击，因为我们的

---

* 几十年后，在与卢修斯·克莱将军面谈历史事件时，我和同事们向他询问了在 1950 年那些特定的日子里发送给华盛顿的关于重新武装西德的电文的确切意图或背景情况。大多数情况他已经记不起来了，但当我问起他在何时何地第一次想到要重新武装德国时，他回答说早在 20 世纪 40 年代末他就想到了，当时他正在视察一支德国边防部队（Grenzpolizei），他曾自言自语地说道："我的天，他们会成为极好的战士！"

第二个孩子即将在那年夏天出生，并且我担心我现在的无能将会导致又一次驱逐。哥伦比亚大学已经成了我们的一个家，一个增进友谊的生活场所。然后出人意料的是，尽管我的论文尚未完成，康奈尔大学却给了我为期一年的"代理助理教授职位"。我要给那里的大约 300 名本科生介绍我自己编写的西方文明这门课程。此外，作为改变人生的一笔额外红利，我还被指定去给研究生上现代德国历史这门课程。

我作为一名德国历史学家的工作就这样或多或少出乎意料地开始了——然而有两件事情同时凸显而出：首先是我自己从未研究过德国历史，因此毫无准备；其次是有关德国的历史著作少而又少，特别是英语著作。尽管还有一些传统的教材和狭隘的专著，但这个领域在很大程度上还有待开发——当时这给我造成了不便，但对于我这一代人来说，实在又是一个难得的机会！

当时，A.J.P. 泰勒所著的《德国历史进程》（1951 年）是最受欢迎的一本综述德国历史的书，书中非常生动地叙述了德国在侵略他国时的成功和政治上的失败。喜欢恶作剧的泰勒，非常擅长使用发人深省的警句隽语，每件事情都是可以解释的，每件事情最终都通向灾难。与他的著作进行辩论是一种令人振奋的练习，我当然会这样做，我会去反对他的可以被称为历史的必然性的观点。泰勒出色的导师——路易斯·纳米尔爵士，也曾撰写有关德国的著作，他强调的是 1848 年德国资产阶级自由主义者恶毒的反斯拉夫情绪。更早出版的还有托尔斯滕·维布伦所著的《德意志帝国和工业革命》，其中的分析诡诈怪异，堪称杰作，作者强调的是现代化的经济和封建的、军国主义的统治阶级之间的差异。还有许多较为次要的著作是"从路德到希特勒"这一主题的变体，暗示希特勒是古老的日耳曼威权主义和军国主义传统的顶峰。（我一直认为，这是国家社会主义教义的负面版本，该教义宣称希特勒是德意志传统美德的救星，是德国历史的巅峰。）

弗朗茨·诺依曼在 1942 年写了一本比较难以理解的论述第三帝国结构的著作《巨兽》，这是一部马克思主义的代表作，但该书几乎毫不关注德国生活中的文化或心理因素。1951 年末，哈乔·霍尔本出版了《欧洲政治的崩溃》一书，该书的及时面世使我有时间将其消化之后再用于我的教学之中。他对德意志帝国政策所做的苛刻的判断对我来说非常重要，他对现代政治家的职责和局限的认识在今天仍然具有现实意义。一年之后，他的论述德国政治思想和实践与西方进程分歧的文章认为，这个分歧始于18 世纪后期德国文化发展达到最高峰的时候。在解释德国历史时，这个关键问题具有当代意味：联邦共和国在政治结盟上和精神上是如何"西化"的？

在康奈尔大学的日子非常艰难，我要讲授四门研究生和本科生课程。为了学术上的生存，我还必须完成我的论文，我的论文涉及三位德国作家，他们所写的关于民族主义的读来令人伤心的文章涵盖了从 19 世纪 50 年代到 20 世纪 20 年代的漫长时期，在德国民众和受过教育的精英中产生了巨大的反响。这种反对现代性的悲叹在其他欧洲国家随处可见，但它们在德国所形成的政治影响力远远超过了其他地方。我正在研究的内容，后来被我称为"日耳曼的意识形态"，其本质是强烈地反西方的、反自由主义的、反现代的，并且最主要的是反犹太的，所渴望的是德意志国家的重生，以及新的信仰、新的社会，还有新的领导者。

在 1953 年 5 月我的论文答辩之前的几个星期，哥伦比亚大学告诉我，他们正在寻找一位德国历史学家，如果我的答辩进展顺利的话，我可能会得到这份工作。当哥伦比亚大学答应录用我时——给我的薪水要低于康奈尔大学提出的标准，并且没有像康奈尔大学那样保证我将来可以晋升到终身教职——我马上接受了这份工作。

我在康奈尔大学两年富有成效的工作给我留下了颇有启发性的回忆。我之所以受聘是为了替代一个休假的同事，而历史系则希望我为这位教授精心安排的"西方文明"课程引入一种激进的替代方案。理所当然，他会从远处憎恨我。在我的第一学年即将结束时，在一次社交聚会上一位同事对我说："可你听起来不像是个纳粹分子呀。"我惊呆了，显然，那位缺席的教授天生就仇视德国人，他说过我描述我的学位论文的方式听起来我像个纳粹的辩护士！这是从同事中获得的一个主要教训！

1952年秋天，就是我在康奈尔大学工作的第二年期间，我成了反对艾森豪威尔、支持民主党候选人阿德莱·史蒂文森的一个狂热分子，但我认为我的论文以及教学要求我必须在政治上有所约束。尼克松的"跳棋"演讲*中令人震惊的煽动性让我感到恐慌，因此我组织当地志愿者在康奈尔大学成立了一个史蒂文森竞选分部。因为我在校园中完全是无名人士，所以我需要一些有良好声誉的同事来充当这个分部的负责人，同时我答应所有的工作由我来做——我们设法发布了一封由康奈尔大学132名教师签名的支持史蒂文森的公开信，其中包括汉斯·A.贝特、马克斯·布莱克和马里奥·埃诺迪。我筹集了1000多美元，足以让当地的民主党要求从中分去一大块；我表示反对，但我们还是妥协了。由此，我经常想到，这次与党派演习的小摩擦终结了我

---

* "跳棋"演讲是政治家利用电视媒体直接向选民发出吁请的一个早期典型例子，该词也成为政治家所发表的煽情演说的代名词。——译者注

还未开始的政治生涯。

我从未后悔过做出返回哥伦比亚大学的决定，回去后我继续给学生们上德国历史这门课。一些新的重要的著作陆续面世了：1952 年，有艾伦·布洛克的杰作《希特勒》；几年后，卡尔－迪特里希·布拉赫出了一本论述魏玛瓦解的书，这本书在事实和方法上堪称典范，尽管有些德国历史学家批评它，由于它不符合当时流行的肤浅的风气；1959 年，沃尔夫冈·蒙森出了一部令人惊叹的研究马克斯·韦伯和德国政治的著作，这个德国历史学家当时仅仅二十九岁——他注定成为杰出的新一代学者的领军人物。

在美国这段艰难的时期内，伴随着仍在积聚力量的麦卡锡主义，很多关于魏玛的言论出现了。许多左派谈到了一体化（Gleichschaltung），并将艾森豪威尔比作兴登堡，将麦卡锡比作希特勒。我想，这些都是危险的废话，是在过去和现在之间所做的错误比喻。从美国的角度来看，当时正在发生的事情已经够糟糕了：一场不负责任的政治迫害正在惩罚左翼事业有罪的和无罪的党派人士，并营造出一种恐惧和恫吓的气氛。很多人，特别是在学术界，表现得非常怯懦。但也正是在这个时期，保守派共和党人，如来自佛蒙特州的参议员拉尔夫·弗兰德斯，出面为基本的尊严辩护；还有一位有影响力的评论员，名叫爱德华·R.默罗，制作了一部关于麦卡锡的电视纪录片，加速了这个参议员的自我毁灭。（我为这部片子的反复播放筹集了资金。）我们现在知道苏联的间谍活动事实上是无孔不入的，但是美国在思想控制上的反共努力，强加给政府工作人员的忠诚宣誓，以及其他为消除"颠覆分子"或"不成熟的反法西斯主义者"所使用的策略都让我感到震惊，反而使我觉得他们才配得上麦卡锡之流用来攻击他们的对手的那个名字——反美分子。

回归哥伦比亚大学令人兴奋，因为这所大学已经变得越来越国际化了，这反映了美国在世界上的新的地位。大量来自联邦和基金会的资金使学校有能力创建一个国际事务学院和各种区域性研究所，并且举办了一个关于欧洲政治的特别研讨会，参与的学者有哥伦比亚大学本校的，也有来自外部的：弗朗茨·诺依曼和亨利·罗伯茨属于研讨会的哥伦比亚大学代表队；哈乔·霍尔本、费利克斯·吉尔伯特、赫伯特·马尔库塞、伦纳德·克里格尔、H. 斯图亚特·休斯和卡尔·休斯克都来自外部。我很幸运地被任命为书记员。这些战时曾经在战略情报局服役的人士分析当代政治的风格和方式令我感到震惊。我还参加了一个历史研讨会，其特点是相互间碰撞出火花的激烈争论，最出名的有受过黑格尔训练的马克思主义政治学家诺依曼；受过德国训练的历史学家霍尔本，他善于将深刻的自由主义原则与政治现实主义和哲学的谨慎相结合；还有罗伯茨，始终发出理智的、怀疑的、务实的美国人的声音。这两场研讨会充满了人性艺术和政治启迪，是"隐居的"学者认真着手去对待外部世界的极好例子。德国问题经常成为讨论的焦点，这方面对于我们任何人来说似乎并不令人感到惊讶。毕竟当各种形式的冷战正在许多方面如火如荼地展开时，德国仍然是一个生死攸关的战场。

1953 年 3 月斯大林去世之后，东柏林的工人紧接着在 6 月进行反抗，他们走上街头抗议新的劳动"规范"，仅仅几个小时，示威活动就传播到了东德的其他城市。示威者们提出改善工作条件的要求，其中交织了争取自由选举的请愿，冷战的基本问题——正在欧洲的核心地区显现——已经再清楚不过了。苏联坦克很快就结束了发生在其卫星国的对其统治的第一次挑战。

接任美国驻波恩高级专员一职的是约翰·J. 麦克洛伊和詹姆

斯·科南特，他们两个一直致力于加强西德的民主发展，慢慢地西德人开始改变对美国的看法，从而放弃了以往把美国人视为天真的牛仔占领者这一刻板的观念，转而将他们看作模范社会的代表，新一代的德国人蜂拥而至，向他们求教。教育对于民主建设而言是至关重要的。那时的一个标志性事件就是在 1947 年至 1948 年创办的柏林自由大学，这是对一些学者被驱逐出位于苏占区的柏林大学的直接回应。来自东方的其他学生和一些教师反对顺从共产党，从而迁到了西柏林，然后在美国的帮助下，创建了这所自由大学。德国历史上的元老，现年八十多岁的弗里德里希·梅尼克，被劝说出任该校的第一任校长，哥伦比亚大学当时的校长——德怀特·D.艾森豪威尔，几乎立刻就同意哥伦比亚大学"收养"这所新学校。

诺依曼成为美国援助自由大学以及维系两所大学之间的特殊关系的总设计师。自由大学得到了（西）柏林市和高级专员办公室的支持，诺依曼也敦促福特基金会给予支持。福特提供了 100 多万美元的资金用以建造一所图书馆、一个大型演讲厅和一个学生自助餐厅供学生使用——尤其是大约占学生总数的 40%——他们冒着相当大的个人风险，每天坐公交从东柏林来上学。诺依曼还说服了福特建立一项教师交流计划，允许哥伦比亚大学的教授去柏林授课，同时柏林的教授来哥伦比亚大学授课。福特的大量投资反映出美国人已经意识到冷战也必须在文化层面上进行。

到 1954 年，联邦共和国在经济上和政治上已经相当强大了，被称为"民主总理"的阿登纳的治理赋予了波恩一种魏玛时期从未有过的稳定。他一方面为了西方一体化而努力奋斗，另一方面为了他的国家精心地去寻求道德上的修复。1952 年，他与以色列总理大卫·本－古里安达成了一项协议，承诺将 30 亿德国马克作为给犹太人的赔款，这笔赔款在今后的十二年内分期支付。这些资金满足了以色列最迫切的军事需求。在这段时期内，美国和阿登纳试图设计一些方案以便将德国的人力以某种形式加入西欧的防御中去。人们就各种各样的将西德包括在内的欧洲防务共同体计划进行了辩论——事实上，这些计划往往在国际会议议程上占据主导地位。

这种发展势头带来的威胁促使斯大林在 1952 年为一个统一的德国提出了一个戏剧性的建议，这个统一的德国将保持中立，摆脱所有占领军，并在中欧形成一种真空。经过激烈的或许短暂的讨论之后，得到阿登纳大力支持的西方列强拒绝了苏联为阻止西德与西方进一步融合而做出的最后的努力。由此，这个国家事实上的分裂得到了再次确认。1953 年西德举行的选举表明阿登纳得到了坚定的支持，但社会民主党的得票也略有增加。

美国因为需要阿登纳而向他做出了让步，最显著的例子就是允许提前释放在纽伦堡法庭上因战争罪而被判入狱的实业家。西德正在将盟国的（已经存在严重缺陷的）去纳粹化政策转变为一种官方的宽大政策。例如，根据盟国的规定，有 53000 名公务员作为纳粹分子被剥夺了职位，到目前为止，除了其中 1071 个人之外，其他人已经复职了。法官和教授们回到了他们的岗位上，阿登纳甚至允许一些突出的前纳粹分子在他的内阁任职。有些批评者轻蔑地指责说这是一种"复辟"。东德政权特别高兴地将波恩描绘成纳粹分子和"复仇主义者"的巢穴。回想起来，我想说，阿登纳允许了原本不被许可的人员延续性，其目的是在西德政治中推进一个全新的亲西方的导向。当然，他也有他自己狭隘的政治利益，但他的立场也表明了他不信任自己人民的成熟度，不论是否得到了净化。

诺依曼让我和他一起在 1954 年夏季学期去自由大学任教，我很高兴地抓住这个机会再次前往欧洲。我们再次乘坐一艘法国船横渡大西洋，这艘船名叫"自由号"。（这艘船的前身是一艘伟大的德国船，船名是"欧罗巴号"，作为赔偿法国人予以接管并重新命名，而且清除了船上每一处表明其德国身份的标志。）在航行途中，我拿了一些蓝皮答题册来打分，每当我完成一本答题册的评分后，我就将它扔在甲板上。不知何故，这种做法非常符合我在船上的快乐心情；我的儿子多年后说，他从来没有看到过我在横渡大西洋的船上那样兴高采烈。在船上，我们听到了最高法院在布朗诉教育委员会一案上的一致裁决，隔离教育是违宪的。对于那些即将向德国人传授美国民主美德的人来说，这是一份非常光荣的礼物！

在巴黎短暂而愉快地停留之后，我们乘坐火车前往美国陆军总部所在地法兰克福。由于我是自由大学的客座教授，我们获得了驻德高级专员公署颁发的公务旅行凭证，这种凭证是用英语和俄语两种文字签署的，可用于乘坐每日从法兰克福到柏林的军用列车。我们提前一天到达，因此这些凭证要在第二天晚上才能生效。我匆忙赶到陆军总部——原先的法本化学公司大楼，设计者是汉斯·珀尔茨希，大楼未遭到盟军的轰炸，因此最终被盟军所用——在那里，好心的布朗上尉给我们分配了一处军用营房，并帮我们将美元兑换成占领区临时购物凭证，我们的交易中更多的是仁慈而不是合法性。*他给我兑换的购物凭证超出了我的需要，

---

* 当我在办理旅行证件的时候，我把我的家人留在了火车站，以为我会很快返回。孩子们吃了一些冰激凌，但佩吉没有钱；服务生大声地坚持要求付款。时年六岁的弗雷德跳上桌子，说出了我教给他的仅有的两句德语："Ich bin Amerikaner！ Wo ist die Polizei？"（我是美国人！警察在哪里？）

他还为我介绍了苏联的威胁，对此，如果需要的话，美国有大型武器库可用来武装德国人；如果苏联人采取实际行动的话，我们将会提前七十二小时得到警报！

乘坐夜间火车前往柏林的经历令人难忘。苏联法规要求，一旦进入仍然处于苏联军队"保护"之下的东德领土，车厢的窗帘就必须拉上。黎明时分，我透过一条缝隙发现了一名苏联士兵，肩膀上扛着枪，站在欧洲的中部：这是多么奇特的一个场景啊！火车一大清早在一个地方临时停了很长一段时间，出于好奇，我们谨慎地打开了窗帘：我们的火车停在马格德堡火车站的一条侧线上，距离柏林约 50 英里。在我们对面，有一大群乘客正在等火车；他们朝我三岁的女儿挥手致意，当我们的火车再次启动时，我女儿喊道："拜，拜！"东德人也齐声回应。

自由大学在达勒姆的一处别墅为我们提供了住处，此地靠近所有分散在四处的建筑物，这些建筑物是大学的组成部分。达勒姆绿树成荫的郊区也是美国在西柏林存在的中心，这里像一个小美国，包括军营、士兵营房以及一栋名叫杜鲁门会堂的中心大楼，其中有电影院和商店。布朗上尉已经把我们的到来告知了驻德高级专员公署的文化处，从一开始我就和他们保持着密切的联系。在一个曾经是——但现在不是——我自己的国家里有一个美国身份的庇护所，具有心理上的重要意义。

来到柏林，我百感交集。这里的一切是那么陌生，因为我从未在柏林生活过，即使在童年时代，我了解更多的也是伦敦和巴黎。我不得不让自己去适应许多新的方面，尤其是我所遇到的人——无论是我们有着几分上层阶级势利的女房东，还是当地的某种人。在我身上，怀疑和先入为主的敌意占了上风：同我见面的这个人十年前做过些什么？他，或者她，是否曾经是个纳粹，抑或更糟？在前往柏林的途中，我遇到了剑桥大学的捷克哲学家保罗·鲁比切克，他现在也在自由大学教书，就这个主题给我讲了一则奇闻逸事。1946年，当火车在英国占领区恢复运行时，一名英国军官进入一节包厢，里面已经坐了三个德国人。过了一会儿，他向第一个德国人敬了礼，然后问道："你曾经是国家社会主义工人党党员吗？"德国人愤怒地回答，他当然不是纳粹党员；事实上很少人曾经是——只是极少数身居高位的人才应该对所发生的事情负责。过了一会儿，那位军官向第二个德国人提出了同样的问题，此人更加愤怒地回答说，问这样的问题是对他的冒犯，"你们英国人正在这里试图教我们民主，然而你却跑到这里来四处打听别人的政治观点"，不管怎么样，不是，他没当过纳粹党员。当第三个德国人也被问到同样的问题时，他回答说："1937年，我有一个妻子和三个孩子。我的工作取决于我是否加入那个党，所以我加入了。"英国军官向他行了个礼，然后回答说："谢谢你。我正想去餐车用餐，所以在找一个可以看管我的行李的人，你愿意吗？"在柏林第一次参加晚宴时，我天真地讲述了这个故事，结果发现这个故事就像一块完美的试金石，有些德国人听了后会付之一笑，但大多数人闷闷不乐，以沉默来做回应。

我一次又一次地听人讲到有关盟军占领后最初几年中发生的故事，有些是关于德国人向盟军当局告发其他德国人的，或者虽然比较少提到但也许更为常见的是完全相反的情况：德国人虚假地彼此证明对方政治上的纯洁，由此使这种大规模的连续性得以成立。令人讨厌的机会主义——第三帝国的一种生活中的特性——似乎仍然盛行在与我交谈的德国人之间！

早些时候，我就开始怀疑，谈话中用"德国人"这个词是不是一种危险的简单化。他们之间的分歧是如此巨大。他们的民族身份实际上是否比一个老年人的身份还要薄弱？是否这就是他们为什么会受制于激进的沙文主义和深刻的自我怀疑之间的这些改变？这一点是否与德国后来的统一以及随之而来的分歧和创伤有关？我不可避免地也是无意识地将我的直接印象与历史推测联系在一起，在我现在所看到的和对过去的回忆之间穿梭。在美国的帮助下，西德至少还是会拯救自己的，这样的希望仍然存在。要实现这一点，人们将不得不抛弃过去灌输给他们的虚假的和自私的简单化，从而去了解有关历史的复杂性和他们自己的罪责。

我在自由大学上的课程是"1890—1950年的欧洲危机，特别关注美国的角色"。学生们似乎并不熟悉国内外冲突之间的影响对第一次世界大战爆发所起的作用及引发的后果，对我的讲解也是如此——比如反美主义，特别是在德国，可以追溯到19世纪70年代，那是一个经济上繁荣与萧条大起大落的时期，但是对美国的反感与那个时期真实的美国其实并没有多大的关系。我强调了德国人投射在美国身上的对现代化的恐惧——往往还有非常强烈的对犹太人的恐惧。学生们以认真的赞同的态度看待这些对德国历史不寻常的解释；也许他们是德国第一代没有受到沙文主义或军国主义毒害的学生。

学生们愿意面对他们的过去的复杂性，并探索德国与西方之间出现麻烦的关系，这与当时盛行的大多数公共话语保持沉默的情况形成了鲜明的对比。与我交谈过的许多年长的德国人，对他们的过去持有一种扭曲的、多为自我辩解和自欺欺人的看法。他们将1918年后德国的失败归咎于《凡尔赛条约》，或者经济大萧条，抑或其他一些外部机构；1945年之后，则一切都是美国的过错，包括在雅尔塔会议上的"出卖"，在这一点上，他们指的是西方同盟国在与德国联手对抗苏联的共同事业中出现的"令人惊讶的"失败。这些仍然生活在战争废墟中的人们很少会公开谈论战时对他们自己国家的轰炸所带来的恐怖：是否由于普遍存在的证据以及在某种程度上意识到德国人强加给华沙和鹿特丹的罪行，因此他们的记忆受到了压制？只是到了20世纪90年代，德国作家才开始谈论起盟军空袭造成的惨不忍睹的破坏，以及100多万人的死亡和伤残。对早先的沉默进行解释是很困难的，但是如果推测后来突然爆发的情绪可能加强了德国现今的和平主义倾向，这倒还是相对容易的。

正如我在第一次返回德国时所注意到的那样，自怨自艾是许多对话中潜在的台词，同样还有德国人彼此之间的猜疑。西柏林人哀叹他们的西德同胞的物质主义。有人提醒我，德国人经常抱怨德国人之间的分歧——这是一个共同的主题。在弗雷德游玩过的一个公共游乐场，我注意到在沙箱那边有未加抑制的好斗情绪，孩子们之间相互嘲弄，充满敌意，父母和孩子们之间也存在不可理解的苛刻。我是不是在寻找不和谐的迹象，抑或是先前的经历和历史兴趣提醒了我在其他情况下我可能忽略的东西？

柏林是德国生活中最深刻的分歧存在的地方和象征，有两个德国国家之间的边界，虽然有警察的严格看守，但至今仍然常常被渗透。前占领国的公民可以在几个指定的过境点进入东柏林，我却期待着能有一次访问苏占区的经历。第一次，我只待了十分钟。墙壁上贴满了党的标语，当我第一次看到东德警察时，那种脸面和苏联制服的结合令我不寒而栗。我不知不觉地重温了我年轻时的一部分经历，把警察的严峻表情误以为是纳粹的脸。但这种不安是真实的。

巧合的是，第二天是自由大学亨利·福特大楼举行落成典礼的日子。有很多人发表了演讲，但给人留下最深刻印象的莫过于哈佛大学前校长、现任驻波恩高级专员、非常严肃的詹姆斯·科南特的演讲。当我被介绍给他时，我提到了我曾经非常短暂地去了一趟东柏林，但已经没有再去的愿望了。他立即责备我："你别忘记你是一个历史学家！你有责任去做见证，去观察那里可见到的一切！"我把他的责备铭记于心，立即将其视为一种保证和劝诫——一位历史学家的工作也要对现在有清醒的意识。

在我看来，那年夏天的一个亮点是参加纪念1944年7月20日密谋刺杀希特勒十周年的仪式，但大多数德国人基本上保持沉默，他们对于纪念推翻纳粹政权这一惊人壮举普遍感到不安。许多人仍然把参与密谋的军官视为叛徒，而诸如《士兵报》这类极端主义报纸则贬低所有纪念他们的努力。公开的纪念仪式在自由大学新落成的大礼堂内举行。当时，我写道："观众们默默地坐着，就像在葬礼上一样，当豪斯和阿登纳顺着过道走过时……或者当《英雄交响曲》第二乐章的最后一个音符消失时，都没有人鼓掌。豪斯……平静而迅速地说着话，没有悲伤，他回顾了那些英雄的痛苦，他们甘愿充当刺杀杀人凶手的谋杀者，并且为他们的勇敢接受酷刑和付出死亡的代价……他总结道：'我们欠他们的情义还有待偿还。'"

7月20日下午，另一场纪念仪式被安排在战争部的院子里举行，这座建筑物被称为班德勒街大厦，一些主要的同谋就是在那里被发现，然后被杀害的。纪念仪式的主讲人是我们家在布雷斯劳的朋友赫尔曼·吕德曼。当他从集中营获释后，就在柏林开了一家电影院，并加入了一个社会主义小组，这个小组与7月20日的主要策划者、能够接触到希特勒的军官有联系；政变后政府中的同谋者和预定的领导人将包括社会主义者和共产党人。政变失败后，吕德曼再次被投入集中营。他幸免于难，然后于

1946 年成为英国占领区石勒苏益格－荷尔斯泰因州的第一位州政府总理。我想和他见面，于是就去了班德勒街，但我没有意识到参加这次活动是需要邀请信的。我在大门口的恳求无济于事，警察把我打发走了。我一冲动，想出了一个补救办法，我跑到一家文具店，买了一张纸和一个信封，潦草地给吕德曼写了一张便条；如此武装起来之后，我跑了回去，气喘吁吁地要求一个警察将这封急信转交给（前任）总理，然后又自告奋勇提出自己去送——就这样我被允许进入小院子里，里面挤满了被杀害的英雄们的遗孀和孩子们，以及西德现政府的许多成员。

吕德曼雄辩的演讲结束时提出了这样一个警告，"受害者为之献出生命的目标是一个统一的德意志国家，在这个统一的国家里，德国人民能够和平地、自由地生活，享受幸福"，这个目标仍然必须要实现。然后，因为一个社会民主党人被赋予了首要地位而被激怒的阿登纳出乎意料地站起来说话，直截了当地声称，我们来到这里是为了纪念那些"为了挽救德国人民的荣誉"而献出生命的人。他的这种表现立即给我留下了深刻印象。（当地媒体没有提到阿登纳说过这句话，在我看来，这是继续冷漠和尴尬地对待 1944 年的弑君行动的一个象征。）

当我扫视院子里的人群的时候——其中有年长的，有身份的，既伤心又自豪的，穿着丧服的，面孔因痛苦而变得僵硬和谦卑的——我为自己不分青红皂白地仇恨德国人而感到羞耻。我随即写信给莱昂尼尔·特里林，对我来说，这是一个"打动人的，甚至净化心灵的经历……令我感到悲伤的是，7 月 20 日原本可以成为一个伟大的拯救和统一的象征，除了今天和少数几天之外，这一天已经被遗忘了，甚至遭到污蔑和中伤。豪斯自己都觉得受到约束，无法去证明究竟应该纪念些什么。不同于德国历史上任何其他事件，这种绝望的行为……涉及可以被称为社会中每一个成分的'善良的德国人'——牧师、士兵、公务员、学生，他们所有人仅仅是出于良心的指令而冒着失去一切的风险——诚然，有点为时过晚"。

此时此刻，他们聚集在班德勒街，他们是原先德国精英阶层的各种代表，他们中的许多人仅仅是通过灾难才从无情的地方主义中解放出来，但仍然是精英。他们及其被杀害的同事曾经超越了政治上的被动甚至共谋，进而联合起来共同抵抗希特勒，不管为时是否过晚。如果对他们的怀念能够得到珍惜的话，战后德国人的精神面貌将会是多么的不同！或者，如果7月20日的政变成功的话，那么这个世界又将会是多么的不同！对我来说，这是一个生动的例子，证实了历史的开放性和意外事件在其中的作用，这个例子我将永远留存下去。

在纪念仪式上，我把我写的便条和电话号码给了吕德曼；他打来电话，我们见了面。他是一个令人难忘的人，当时六十多岁，个子很高，有点憔悴，还有一头蓬乱的白发。在询问了各种私人情况之后，我们谈起了当前的形势。他说，阿登纳是一个无赖（Schuft），他迎合了德国人民的卑鄙态度，这使社会民主党处于不利地位；美国对他的支持恶化了社民党的困境。我以为我能在吕德曼身上找到一些所期待的特殊光环或高尚品质，事实上他缺乏这些东西，但是能见到这位从我童年时代就仰慕的处境艰难的历史人物，总归是一件好事。*

---

* 2001年，在回答我对吕德曼的一些论文的询问时，弗里德里希·艾伯特基金会只寄了他的一封信给我——战后他写给我们的朋友恩斯特·汗布格尔的第一封信，信中讲述了他在纳粹集中营中的可怕经历，并询问了现在住在纽约的朋友的情况。"斯特恩是否像他以前用德语讲笑话一样也在用英语讲笑话？"

7月20日纪念活动中的一个不和谐的音符是柏林的福音派主教奥托·迪贝柳斯发出的，他在第一次仪式上主持了主要的布道。他赞美了上帝的仁慈，即使在德国人遭受最可怕的苦难的日子里也能清晰地感受到，并且他明确地提到被驱逐出东部领土的德国人。就在那一天，我写信给他说："我感到很吃惊，甚至受到伤害，你的布道……只强调了德国人民的痛苦经历，对此他们早已有了非常清醒的认识。但是，你一次都没有提到那些完全无辜的人的痛苦经历，一次都没有提到那遍布世界各地被德国人夺去了一切，包括他们的生命的数百万人，难道这个历史性的时刻不适宜吗？难道你们的权威没有事先做出规定吗？"他很快就做出了回复，他的回复不仅未受我的指责影响，还坚持说他提到过"数百万未能生存下来的人，对于他们，我们不应该忘记。由此，我还想到了那些因德国的罪行而丧生的人"。我对他的迟钝感到惊讶，他"想到了"那些人，却没有谈到他们——真是一种可悲的沉默。（我后来才知道，他很早就表态支持国家社会主义，因为他公开承认反犹太人，所以支持纳粹对他来说就很容易做到。）

几天后，我拜访了一位值得尊敬的历史学家齐格弗里德·科勒。他忠实于他的保守的精英主义的观点，与纳粹保持了一定的距离，这无疑是对他们的粗俗品质表示遗憾。我向他提到那次纪念活动令我非常感动，特别是吕德曼的讲话。"那个无赖！"（又用了"Schuft"这个词）他说道。"怎么会这样？"我问他。他提到吕德曼耽于女色。我提出异议：一个曾经被监禁，然后自愿参加反对希特勒的密谋，以至于冒着生命危险并最终被第二次投入集中营的人，似乎没有理由这样贬低他。科勒丝毫不担心地回应道："我们不可能都获得集中营的入场券。"听到他这种惊人的评论，我简直目瞪口呆，就迅速离开了。（我又是后来才了解到，在德国无条件投降之后，科勒马上就写信给他的儿子："如果大学继续存在的话，那么我们就有责任保存、捍卫并传播真实的德国，反对由民主的犹太宣传和盎格鲁－撒克逊的伪善已经挑起的诽谤行为。"）

然而，我也遇到了许多默默的富有同情心的令人钦佩的德国人。我父亲的一位老同事，名叫汉斯·弗雷赫尔·冯·克雷斯，是一位慈祥仁厚的医生，他在后来他称为"我们的罪恶时代"开始的时候，就放弃了有着各种可能性的学术生涯，回家开办私人诊所，悄悄地帮助希特勒统治下的受害者。当他担任自由大学的校长时，我们再次见面了。还有东欧问题专家维尔纳·菲利普，同他在一起立即就能感受到谦逊的道德上的诚挚和庄重，一种世代相传的深厚友谊将我们联结在一起。在柏林的最后几天里，我遇到了年轻的政治学家和历史学家卡尔－迪特里希·布拉赫，他刚刚完成了他论述魏玛的终结的一本书。（他娶了多萝特·施莱谢尔，他的岳父是卡尔·朋霍费尔的女婿，曾经参与反希特勒的密谋并因此被纳粹杀害。）与这些没有污点的德国人保持接触是我继续参与德国事务的一座必要的桥梁。我知道他们已经承受过一次考验，包括我自己在内的其他人则得以幸免。（这并不能使我习惯于偶尔听到的评论，祝贺我幸运地"及时"离开了德国，而对话者和其他人则不得不忍受战争、饥饿和失败。）

在自由大学里，我还参加了一个博士研讨班，给这个班共同执教的有：弗朗茨·诺依曼；恩斯特·弗兰克尔，一位在20世纪30年代离开德国然后又返回德国的政治学家；奥托·祖尔，一位社民党政治家，后来出任西柏林市长。那年夏天我常常看到诺依曼。在政治上，他会以那种毫不留情、毫不妥协的方式表现得非常离谱，但他也可以变得非常可爱——或者至少在那个夏天他就是那个样子。

诺依曼左右着这个研讨班，他的方式教条、尖锐且粗暴。在许多方面，他都是一个令人生畏的人，才智超群，瞧不起大多数学生，只是偶尔会透露他深深的忧郁和焦虑。就像法国人所说的那样，他的"皮肤里面"（内心）并不快乐。但是在回应自由大学所授予的荣誉博士学位时，他做了一次关于"忧虑与政治"的正式讲座。他的讲座令人非常激动。就我而言，这次讲座深深扎根于过去的伟大文本，是对诺依曼先前所持观点的一次令人震惊的和彻底的修正。

这次讲座也有一个隐秘的私下的根源。诺依曼是带着一位德国情人来到柏林的，这个名叫海尔格·普罗斯的年轻学者非常有魅力。传言他可能就此完全回归德国——他认为国家社会主义代表了通常的政治变形中的一种特殊的恶性形式，而不是一种独特的德国现象，他的观点会使他的这种过渡变得更加容易，就像同他的伴侣在一起那种明显的幸福也会使他的过渡变得容易一样。回归会给予他一个政治论坛，以及一种帮助建立德国民主的方式。但是在 9 月 2 日，当他同一个朋友驾车行驶在瑞士的时候，年仅五十五岁的诺依曼在车祸中遇难了。这真是一个巨大的损失。[*]

在柏林度过的那年夏天刚结束，我就有了一次莫名其妙的

---

[*] 在维诺那（Venona，由西方军事部门领导的用于收集苏联情报机构信息的一个计划的代号）档案中，苏联内务人民委员部的特工在战争期间从美国向莫斯科发回报告，指出诺依曼是一个把美国战略情报局报告泄露给苏联的人。我同意亚瑟·施莱辛格的观点，他曾经和诺依曼一起在战略情报局工作，他认为"这几乎是不可思议的"。诺依曼总是激烈地批评斯大林和苏联共产主义。

"反共产主义"的经历。由于在这个分裂的首都的经历让我感到非常激动，于是我很快接受了《评论》杂志的邀请，写一篇叙述我的经历的文章，当时这是一家著名的自由主义期刊。我把文章交给了执行主编罗伯特·沃肖，他是一位令人钦佩的天才，道德上令人叹服，我很喜欢和他一起工作。几个月之后，他委托我给恩斯特·冯·所罗门写的有倾向性的华而不实的《问卷调查》一书写一篇书评，该书嘲笑了当时著名的美国的调查问卷，数百万德国人不得不填写这样的一份问卷，此项程序是战后公民就业的先决条件。我写了一篇书评，但是沃肖突然去世了，于是文章被其他人返还给我——以长条校样形式，为时已晚，无法改动。各种各样的政治编辑平白无故地在我对纳粹主义的讨论中加入了反共评论。当我拒绝在我的名下出现如此面目全非的文章时，《评论》杂志传奇般的编辑艾略特·科恩在电话里对我大喊大叫。我只是一个难民，我的行为是"反美的"，只要我合情合理，他就有能力在公共生活中"助我成功"。这种掺杂着许诺的恐吓对我没有吸引力，我坚持我的意见。后来他向我道歉，但这种脾气暴躁的攻击让我见识了偏执的反共产主义是什么样子。

　　几乎就在同一时间，我遭遇了不同类型的"自由的"反共产主义。1954 年 5 月，我被告知我已经被选为美国文化自由委员会的会员。该委员会是一个强大的令人印象深刻的国际组织的美国分支机构，这个国际组织中的美国成员构成实质上相当于美国的知识分子和作家的一个名人录，非美国成员包括雷蒙·阿隆、丹尼斯·德·鲁热蒙、伊尼亚齐奥·西洛内和 W. H. 奥登，名誉主席是卡尔·雅斯贝尔斯和莱茵霍尔德·尼布尔。（后来我才得知给我提名的是黛安娜·特里林。）我向同事们募集资金，以便让委员会尽力去团结"知识分子……与共产党人做负责任的和严肃的斗争"。然后委员会的执行理事请求我为一本计划中的书提供帮助，这本书的书名是《党的路线》，内容涉及共产党人在美国"操纵舆论"的努力，重点放在六个"共产主义运动的关键例证"上，首先是西班牙内战，其次是转变"米哈伊洛维奇（原文如此）和铁托的角色"的运动，最后以核间谍埃塞尔和朱利叶斯·罗森堡夫妇的辩护结束。该书的大纲首先声称有必要就"政治上不成熟的人道主义者和公民自由主义者的敏感性"进行调查。我回信说，我认识到这种研究的潜力，但对大纲有"严重疑虑"，大纲通过理所当然地设定所研究的目的，从而提出了一个"不符合历史事实的和非学术性的程序"。在我的详细批评的结尾，我提出如果这个我从未听说过的项目实际上已经"掌控了全体成员（如其所声称的那样）持续时间最长的热情的话，那么也许我离开这个委员会将会更好些"。我的信确认被收到了，但除了邀请我参加下一次会员大会之外，其他一字未提。于是我便辞职了。

遏制苏联的要求是非常实际的——重新武装西德仍然是美国的迫切需要，并继续成为西方同盟国之间和联邦共和国内部艰难谈判的一个主题。尽管如此，到 1955 年初，协议已经达成，规定联邦共和国加入北大西洋公约组织，在北约内部建立一支军队（受到一些限制），以及结束"占领法令"。正好在德国完全失败的十年后，阿登纳的目标实现了：联邦共和国已经是一个享有完全主权的国家，并稳稳地融入了西方。但他从未放弃统一这个最终目标——事实上，他承诺联邦共和国将占据"一个实力地位"，从而能在某个时刻迫使苏联放弃其卫星国。许多德国人认为这是一个虚假的承诺，有些人甚至认为这是波恩善意的谎言（Lebenslüge），一种生活所依赖的谎言。但是此时此刻阿登纳的政策和美国的计划都获得了成功。

　　新成立的军队经过了精心筹备，以不同于以往任何形式的德国军国主义。这支军队将置于严格的文官控制之下，绝不再是一个国内之国，并且以普遍的军事征兵制度为基础。用当时恰当的措辞来说，士兵们是"穿着制服的公民"，能意识到盲目服从（Kadavergehorsam）的危险。在检阅最早建立的军队中的一个营时，豪斯总统——一个进入领导核心的平民，一个新时代的完美象征——温和地、略带戏谑地敦促士兵们，"现在跑起来吧，去夺取胜利"。这种轻松的话语在军队中是难以想象的。

　　阿登纳逐渐建立起他的新的势力。1955年，他前往莫斯科，争取到释放被关在苏联战俘营中剩余的德国战俘，并与苏联建立了外交关系。但是他的心灵和思想都在西方。1957年，他与法国的天主教和基督教民主党领袖罗伯特·舒曼以及意大利的阿尔契·德·加斯贝利一起，通过谈判达成了《罗马条约》，该条约为这三个国家再加上比利时、荷兰和卢森堡创建了一个共同的经济市场。这是朝欧洲一体化和西德复兴迈出的重要一步，是欧洲统一的倡导者的胜利，其中包括这一愿景的最重要支持者让·莫内，尤其还得到了一位很有眼力的法国人罗贝尔·马若兰的帮助。自马歇尔计划实施以来，美国一直在推动这种欧洲一体化，由此产生了真正的热情。老一代人从欧洲两次内战的灾难中汲取了正确的教训，许多年轻一代对一种超国家的身份以及一个新国家的理念表示欢迎。从现在开始，波恩将不得不在其欧洲政策和对美国的依赖之间保持平衡——总的来说，取得了成功。我对这个新的欧洲私下充满了热情，我把它看作一个世界和历史的开端。

　　1956年秋天，波兰和匈牙利试图摆脱苏联的控制，与此同时，在埃及总统贾迈勒·纳赛尔将苏伊士运河国有化之后，英、法、以色列三国考虑不周地图谋推翻他，鉴于这些灾难性事件，西德所取得的成就更受欢迎了。（英国首相安东尼·艾登，20世纪30年代的一个著名的反绥靖主义者，一门心思地认为纳赛尔是一个希特勒式的人物，只有武力才能阻止他。）苏联进军布达佩斯。与此同时，英法远征可悲地失败了，这也引起了美国人的愤怒；我们将其视为武装的欧洲帝国主义的最终喘息。

我的朋友们大都卷入了东欧正在发生的事件之中，他们也将我拉进去参与他们的一些活动。福特基金会国际事务主任谢泼德·斯通很快认识到，逃往奥地利的数千名匈牙利人不仅需要帮助，而且构成了了解苏联统治的独特情报来源。他多次前往奥地利——根据传闻，他用手提箱装着来自基金会的美元。（福特甚至贡献了一辆推土机，用以帮助难民越过雪山进入奥地利。）然后，当他不得不为将在1957年初召开的一次大型国际会议写一篇关于德国统一的文章时——这是个不会消失的主题，他请我为他准备一份草稿，我答应了，这对我来说是一个有用的方法，借此可以澄清我对这个问题的看法。

首先必须要承认一个分裂的德国是冲突和不稳定的来源，然而很难想象将成为世界上第三大经济体的统一的德国会是一个稳定的小国家，就像自得其乐的瑞士那样。但在政治上随波逐流的中立的德国，可能会在某个时候屈服于苏联的劝诱（例如以牺牲固执的波兰为代价接受领土上的"调整"）。我认为联邦共和国必须继续与西方保持一体化，但是同盟国应该就伴随着重新统一而产生的巨大的德国内部问题着手进行研究。"格莱斯顿的反思，"我总结道，"即我们没有权利指望政治问题能够在很短的时间内得到解决，甚至比制造这些问题所花的时间还更短，这种理念可能会使我们感到烦躁和难堪。但西方可以鼓起勇气……吸取人们自发的追求自由的意志所产生的不可预测的力量，这种力量已经给匈牙利带来了荣耀和不幸。"

不过，就目前而言，波恩还拥有福尔图娜（命运女神），最明显的就是它令人震惊的经济复苏。（事实上，德国遭受的破坏并不像最初其表面上所显示的那么大；它在 1945 年的工业水平要比 1939 年更高；冷战带来的经济后果极大地帮助并加快了它的重建；它的这种分裂有利于西方的经济。）生活水平得到了提高，美国式的消费主义取代了早期的阶级分化：共识，而不是阶级冲突，似乎成了主流模式。然而，艾哈德的自由化经济带来了在财富分配上的快速增长的不平等，尽管在一些大型工业企业中，已经采纳了工人共同决策这一措施，这是朝工业民主方向发展的一个小的姿态。相对繁荣带来的新乐趣也可能有利于一种道德上的失忆，有些西德最好的作家，如小说家海因里希·伯尔，描绘了一个善于集体否认的自鸣得意的社会。

在处理纳粹过去的实际遗产这个问题上，不可避免地涉及最深刻的道德问题，阿登纳设计了一种精明的含蓄的妥协。一方面，他坚持立法确认前纳粹分子享有继续保持原有职务和养老金的权利——充其量是一种几乎无法辩护的务实安排；而另一方面，在已经与以色列达成协议的情况下，他同样坚持要求对纳粹主义的受害者做出某种赔偿。例如，因纳粹法令而中断或终止的职业生涯有资格获得有追溯力的赔偿。在我看来，这是对政治道德的一种最低要求。

正是通过这种方式，阿登纳的政策直接影响了我父母的生活。我父亲的几位同事做证说，考虑到他作为临床医生、教师和科学家的记录，他最终应是正教授。1957 年，波恩内政部认定他可以享受那个级别的待遇，从 1939 年开始算起，因此根据公务员条款，他被补偿相应的各种福利。（代表我父亲做出赔偿要求的纽约律师，在我不知情的情况下，也为我中断的学业提出赔偿要求。1960 年，他告诉我一个令我感到惊讶的消息，他已经为我争取到了 1000 美元的赔款承诺。我感觉很不安，想要拒绝接受，但为了不冒犯我父亲的朋友，还是接受了这笔钱，然后转交给了我父亲。我不想让我在第三帝国的经历被人用物质方式来估价，也不想让我同联邦共和国的关系承受这种没来由的姿态。除此之外，我确信，在教育方面，通过移民我最终得到的好处远远超过了我被剥夺的利益）。

与此同时，我父亲代表纳粹的前囚犯做的证词获得认可，他们的医疗赔偿要求曾经遭到拒绝。德国医生几乎常规性地否认一个人的集中营监禁经历和随后的身体疾病之间存在任何联系。但内科疾病的创伤起源是我父亲的研究课题，并且到目前为止，他和其他人的诊断一直被代表第一次世界大战退伍老兵的相关部门接受——尽管可能比较勉强，这些老兵证明了战斗带来的心理冲击和堑壕战造成的持续恐惧能够诱发内科疾病，由此，否认纳粹受害者享有同样的保护在道义上和法律上都是站不住脚的。我父亲以极具说服力的论证与德国法医的医疗蒙昧主义和道德冷漠进行了斗争，他们可能因他们对公共节俭原则的忠诚感到骄傲，但也许没有清醒地意识到他们身上始终存在的偏见的力量。

1954 年，我从欧洲返回美国后，教学和专业上的杂事使我忙得不可开交，我很高兴地推迟了本来应该是我接下来完成的一个任务：将我的学位论文改编成一本书，这在我的职业生涯中是一个很有必要的步骤。取而代之的是，我在追求一个古老的梦想。在与一位新认识的平装书出版商偶然的谈话中，我向他建议出一本论文选集，展示现代历史学家的代表是如何看待他们的作品的，这本书将揭示现代史学的发展。我这个想法是不是无意识地想暂时逃避一下纳粹的过去，重新回到我对欧洲的热爱中去呢？

我曾经给一个研讨班讲从希罗多德和修昔底德到马基雅维利等一些伟大的历史学家，但是那些与我们最近的前辈历史学家，甚至我们的同时代人，那些当历史正在变成西方民族文化的中心，并且在义务教育中占首要地位的时候还在写作的男人和女人又怎么样呢？在19世纪初，历史也曾经成为一门学科；有些人称之为科学，或者像德国人那样，称之为"Wissenschaft"，一门有案可稽的知识体系。

那段历史是我所知的政治上和职业上的战场：历史一度是一种政治武器；所有伟大的事业都试图宣称过去赋予了其当前地位的合法化，就像在宗教改革和反改革这一问题上相互对立的解释中所能见到的那样，或者在有关法国大革命无休止的争论中那样。在我们这个时代，正如我在《历史的变体：从伏尔泰到现在》一书的引言中所写的那样："德国极权主义政权摧毁了探究历史的自由……历史变成一种政治武器，历史学家则是'历史战线'上的战士。"我想在书中加入德国和苏联的正统说法的例子，于是我选择了伟大的英国法律史学家 F. W. 梅特兰的一句题词："正统历史在我看来都是自相矛盾的说法。"

有许多呼声证实了历史的力量，但没有谁能比尼采说的话更加直截了当：

> 但是，曾经学过在历史的势力面前弯曲膝盖并低头鞠躬的人，最终都对各种势力点头称"是"，就像一个中国的玩偶一样，不论这种势力是政府、舆论还是数字上的多数；当某种力量拉动绳子时，他的四肢就会正确地动起来。如果每

一次成功都来自"理性的必然性",并且每一个事件都显示出逻辑或"思想"的胜利,那么——立刻跪下来,让成功阶梯上的每一梯级都有其尊严。你说,现在已经不再有鲜活的神话了?宗教现在已经气息奄奄了?那么请看历史力量的宗教,以及思想神话的教士,他们的膝盖上疤痕累累。

然而,许多历史学家只是做了他们所做的事情,并且认为他们的工作是能够自我辩白的。只有少数人承认了他们的前提、教学意图或哲学上的关注。

我贪婪地阅读着,直到我的结实的桌子被我正在梳理的书堆压垮为止。但渐渐地,我能够把从伏尔泰开始的历史学者的文选汇编在一起了,他们所有人尽管可能在许多事情上有不同意见,但都知道在一个新的、基本上是世俗的世界里,人们期待历史能够为最深层的有关生存的问题提供指导。我开始编纂这本选集,并把这项工作当作心甘情愿的事,作为一种自我指导和启迪的工作,我几乎迷失在实践中的历史学家的所有矛盾的但往往令人兴奋的自白之中——无论是严格的菲斯泰尔·德·古郎士,要求在追求他所认为的新科学时应消灭自我,还是热情洋溢的托马斯·巴宾顿·麦考利,他确信掌握文学可以创作一个广泛重建的过去的戏剧,或是一位政治英雄让·饶勒斯令人震惊的陈述,他在他的《法国大革命的社会主义史》中写道:"我不会忘记,正如马克思自己永远不会忘记那样……经济力量在人类身上起作用。人类有各种各样的激情和想法;人类生活的几乎是无限的复杂性不能被残忍地和机械地简化为经济公式。"或者任何其他公式,我可以补充一句。

当我在 19 世纪 60 年代利奥波德·冯·兰克文集的第五十四

卷中发现了一个几乎被人忽视的片段时，最大的惊喜降临了：
"在我们的面前，我们看到了一系列相互追随并互为条件的事件。如果我说'条件'，我当然不是指绝对必要的条件。重要的一点是，人类的自由使其本身随处可见，而历史的最大吸引力在于它处理的是自由的场景。"兰克在他二十九岁时就已经为历史学家的目的创造出了最著名的定义——他必须说明"wie es eigentlich gewesen"（实际情况是怎样的）——当然不是一个狭隘的实证主义者，就像后来的历史学家把他归类的那样。他教导说，过去的重建必须依据真实的原始资源，历史学家应该致力于将特定情况与普遍情况联系起来，将个别事件与最广泛的背景联系起来。假如德国人——历史这门新学科的主要实践者——能够记得兰克对自由和通史的告诫，那该多好啊！复杂性和背景仍然是我们的先决条件。

我花了两年时间寻找和选择有代表性的文章，翻译其中的一些文章，为每篇文章写说明，并为整本选集写一篇全面介绍。这是一项令人却步的工作，但它让我能够将历史学家置于他们恰当的欧美背景之下，并确定我对克利俄*及其门徒的忠诚。它也让我放纵自己的钦佩之情：对一个人的祖先的狂热崇拜能交替地激发和抑制情感，引起对自我的长期不满，偶尔也会起到鞭策作用。当我的手稿完成后，我的朋友亨利·罗伯茨评论道："我原本会想到，做这样的事情应该是在一个人的职业生涯快结束时，而不是开始时。"这条评论当初是打击性的，但是五十年后，我想申明，现在我既没有精力也没有勇气再去做这样的项目。

《历史的变体：从伏尔泰到现在》于 1956 年面世，在 1972

---

* 希腊神话中的缪斯之一。——译者注

年出了增补版。美国和欧洲的学者纷纷予以好评——此书一直在使用并不断再版印刷！在某种意义上，对我来说它变成了一个原始文本，同时具有启发性和指导性。我在这本书上付出的精力让我对我所认为的历史的开放性有了强烈的认识：在历史进程中没有必然性，没有预定的路线；意外事件——或者用兰克的话说，自由——是始终存在的。直白地说，过去孕育了许多未来的种子。过去也对不断变化的解释持开放态度，依据其特有的价值，它很容易被盗和曲解，它对最暴力的扭曲也是开放的。我们知道，正如兰克所做的那样，他理想中的"客观的"过去是无法实现的，因为我们的论述都是通过主观经验过滤的。但是，以最大可能的精确度去努力重构过去，尽可能多地倾听其多种多样的声音，仍然是我们的目标。

在某种程度上，《历史的变体：从伏尔泰到现在》在我未来的所有工作中一直是一个沉默的伙伴。这本书加深了我对历史学家的使命感的理解。如果过去是开放的，那么现在也是如此。对过去的研究应该鼓励历史学家在当下的活动，鼓励公民参与，这对我们的许多前辈来说丰富了他们对过去的理解。这本书验证了我私下的、难以言喻的倾向：生活在几个世界中，成为一个积极参与的公民。

接下来我在德国历史上的努力是类型非常不同的两项研究，一项强调历史上的偶然性，另一项则是关于连续性的推测性努力。两者都是论文，这是一种我特别喜欢的形式：它们允许使用一种试探性的语气；它们甚至可能会增加理查德·霍夫斯塔特所说的"历史的思辨丰富性"。

第一项是微型研究，试图在众所周知的沙粒中捕获某种更重要的东西。在重温一本获得授权的康拉德·阿登纳的传记时，我偶然发现书中简要地提到，阿登纳在 1926 年是德意志帝国总理的一个重要候选人。我对此产生了兴趣：对于阿登纳——德国当前这幕戏中的关键人物——来说，这意味着什么呢？如果这位来自莱茵河畔、信仰天主教的保守派民主党人在兴登堡总统这位普鲁士新教徒领导下成为总理的话，那么可能会发生什么情况呢？我研究了导致前一届政府倒台的内阁危机，这在魏玛时期是经常发生的。其直接原因与象征性政治有关，即共和党对帝国旗帜的问题，但魏玛还出现了其他一些令人苦恼的事，如右翼阴谋的危险。阿登纳提出了一个基础广泛的联盟，这个联盟将提供某种稳定的承诺；他赞成一个明确的"西方的"外交政策，反对施特雷泽曼试图拿苏联与西德的关系来平衡西方的调和。施特雷泽曼是魏玛的一位不可或缺的外交部长和卓越的政治人物，他对阿登纳的候选人资格持怀疑态度，这一点是我在他的文章中发现的，这些文章现在保存在华盛顿的国家档案馆里（作为美国从战争中获得的战利品）。阿登纳领会了这些困难，然后迅速回到了科隆市长这个手握重权的职位上去了。

我的关于阿登纳候选人资格的文章结合了仔细的文献研究，这样的文章本身就是一种冒险，文章还加上了通常的对魏玛的推测性评论，以及将政治置于更广泛的社会文化背景下考虑的必要性。然后是偶然性问题：阿登纳是否可能已经克服了魏玛体制的障碍，并使它具有足够的稳定性来度过大萧条时期并在右翼激进的愤怒中生存下来？"人们是否能够假定阿登纳是个合适的人选？人们是否能够从早些年中读出眼前的阿登纳所具有的成熟、活跃，甚至好战的政治智慧？"也许我有点过分激动，但是我认为阿登纳在 1926 年获得候选人资格是有很大的可能性的，我提出了德国的灾难是否可能避免这个问题。我认为是有可能的——事实上不仅在当时，而且在其他历史转折点上都有可能——我仍然这样认为。

　似乎是为了平衡在偶然性和微观历史上的初次涉足，我接下来转向反思德国社会中一些长期的连续性，这种连续性可能有助于为最终的灾难铺平道路。（为我提供这个反思的场合是1957年在美国历史协会太平洋海岸分会所做的一次主题演讲。）我想弄明白"不关心政治的德国人的政治后果"是什么，我反对当时仍然流行的观念，即永远有两种德国：一种是好的德国，体现在"一个诗人和思想家的国度"这个自我定义中；与之相对的是坏的德国，是给我们带来了希特勒的军国主义和独裁主义的德国。相反，我认为，19世纪德国社会中教育的大幅度提升，实际上是富有成效的，有助于对政治的忽视，甚至轻蔑地退出，这种政治允许逐渐地通常是半清醒地去接受政治上的幼稚，正如在第一次世界大战期间德国知识分子呆板的反西方言论以及魏玛最后几年暴力反民主的骚动所表明的那样。如此众多的知识精英和有道德意向的人怎么能去忍受帝国浮躁的威权主义、魏玛的分裂和希特勒的暴政呢？

　德国人对文化的近乎神圣化（看似与马修·阿诺德对文化的定义很接近，但实际上截然不同）掩盖了德国新教无处不在的世俗化。对艺术的崇拜加上对国家的狂热或许潜意识地为宗教信仰起到了替代作用。我谈到了高尚的公民（Bürger）对只不过是实用和物质的 Vulgäridealismus［庸俗理想主义，与常见的德语术语 Vulgärmarxismus（庸俗马克思主义）或 Vulgärliberalismus（庸俗自由主义）形成对照］的蔑视。由于对文化上没有财产、没有头衔之士存在阶级蔑视，这种情况只会加深国家的政治分裂，提供一种势利的形而上学。这也允许德国人利用他们最大的成就——他们的文化，去增加并原谅他们最大的失败——他们的政治。但是现在，此时此刻，一种更务实、更现实的态度获得了支持："如此众多的德国人如此长时间惧怕并抨击的——德国文化的美国化——似乎正在断断续续地、悄然地发生，但显然令德国人感到快乐，并且可能令他们尚未经受过考验的民主政权获益。"近来的学术研究表明，19 世纪的德国公民在地方政治中比我想象的要更积极、更自由，但是托马斯·曼把第一次世界大战期间"不关心政治的德国人"推崇为真正的德国人，这正是德国传统的一个例证，他自己后来也意识到这是很危险的。

我是在田园诗般的环境中撰写那篇文章的。在斯坦福大学行为科学高级研究中心，这个中心是由福特基金会建立起来的，作为人文和社会科学学者们的一个避风港，目的在于通过一种自发的、轻松组织起来的跨学科、年龄、等级和国籍的合作来充实个人的工作。这是我有生以来第一个无拘无束的年份——身处各年龄段的优秀同事之中，畅享海湾地区的奇妙景色。1957—1958年，经济学家在该中心占据主导地位，乔治·斯蒂格勒和米尔顿·弗里德曼、肯尼斯·阿罗以及出色的罗伯特·索洛，都是未来的诺贝尔奖得主，都是能激发灵感的人，并且都是在学术上非常友好的人。（事实上，让弗里德曼评论我的那篇文章是一种严格的、令人兴奋的经历。）经济历史学家大卫·兰德斯也在那里。还有英国精神分析学家约翰·鲍尔比，他正在写作关于依恋和失落的三部曲，他身上充满了人文智慧，当我在写这些文字时，他的音容笑貌仿佛就在身边。

那一年我结交了许多朋友，但是对我来说没有一个像年轻的德国人拉尔夫·达伦多夫那样能改变人生。他只有二十七岁，可能是该中心最年轻的人。就在我们第一次见面时，他便很快告诉我他加入过希特勒青年团年龄最小的一个分部（他还没有告诉我他被关在集中营的时间），我也同样坦率地告诉他我出生在布雷斯劳，并且不介意我的故乡现在在波兰人手中。初次谈话就这样结束了。

达伦多夫是一个神童，他很轻松地掌握了德国教育，很早就以经典作品获得博士学位证实了这一点；随后，伦敦经济学院的博士学位又证明他掌握了英美实证的和解析的社会思想观。除此之外，他对德国政治充满热情；他的父亲是曾两次遭到纳粹监禁的社会民主党领袖。他对待生活如疾风暴雨，不断穿越田野和边界，但在重要的有争议的问题上则深思熟虑。他从不安宁，充满活力，不断探索，眼光挑剔。

初次见面一周后，我邀请他来家里吃午饭，同时收听西德第三次议会选举的广播结果。阿登纳是很有可能获胜的，但基督教民主党以50.2%的差额赢得了选举，大大超过了任何一个政党在德国历史上任何一次自由选举中得到的票数，这个结果非常令人沮丧。人民把票投给了体现在备受吹嘘的经济奇迹中的日益繁荣，以及一种"未经试验"的外交政策。但最重要的是，我认为，他们投票选的是一位有权威的领导人，这让拉尔夫和我感到不安。"德国问题"困扰着我们。几年后，拉尔夫写了一本颇具影响力的著作《德国社会与民主》，他宣称"这是一本充满激情的书，尽管我试图利用信息和理性来过滤掉感情"。

与德国人的友谊已经成为我更深层次的重新参与德国生活的一座桥梁。拉尔夫是一个我能在任何地方与其分享无休止的对话的朋友，我们的话题涉及两个大洲。我在斯坦福大学早已知道，这个有天赋的人，专注、奋发努力、乐于冒险并喜欢游览美景，注定会有辉煌的人生。

　　在研究中心，我开始对我的学位论文进行大规模的修改，最终在 1961 年成书，书名为《文化绝望的政治：对日耳曼意识形态崛起的研究》。书中核心部分是对三位有影响力的德国评论家的人生和作品的详细研究，这三位评论家跨越了三代人：保罗·德·拉加德，1827—1891；尤利乌斯·朗贝，1851—1907；亚瑟·莫勒·范登布鲁克，1876—1924。拉加德认为驱逐犹太人是德国民族复兴的先决条件，而 1923 年出版的莫勒·范登布鲁克的著作《第三帝国》，普及了希特勒将要给他的新政权命名的这个名词。这三个人都憎恨他们所处时代的德国。他们描述了"一种新的文化不满……他们的写作直接出自他们遭受的痛苦和经历，因此他们的传记的精神层面与他们的工作非常相关"。

　　在不同的历史条件下写作的这三个人，都紧紧抓住了一个罪恶根源：自由主义。他们攻击自由主义，是因为在他们看来自由主义是现代社会的前提，他们所害怕的一切无不缘于此：资产阶级生活、曼彻斯特主义（自由贸易主义）、唯物主义、议会和政党以及政治领导的缺乏。除此之外，他们还认为自由主义是他们内心痛苦的根源。"他们的痛苦是对孤独的怨恨；他们的愿望是建立一个新的信仰，一个新的信徒群体，一个具有固定标准和毫无疑问的世界，一个能将所有德国人团结在一起的新的民族宗教。"他们的思想触及并反映了这个时代的宗教信仰丧失，这种丧失并不像在法国那样，由信徒和非信徒之间的斗争作为标志，"受过教育的德国人"，我写道，更加倾向于"坠入不信之中"。我研究的这三位评论家都得到过伟大的文雅的德国人的称赞，那是因为他们都对现代性进行了"理想主义者"的攻击，他们培养了一种不满情绪，这种情绪预示着国家社会主义的合成：对现代德国文化的"腐败"进行的攻击以及对一种伟大的民族的

（völkisch）未来的美好承诺。在题为"从理想主义到虚无主义"的结论中，我写道："在共和党人的德国，1000 名从小就读过并崇拜过拉加德或朗贝的教师，对于国家社会主义的胜利而言，其重要性丝毫不亚于公认的希特勒从德国企业界大亨那里筹集的数百万马克。"

我试图将这三位思想家置于德国思想和政治史的背景之下，但我也强调，在每一个关键点上，这种针对现代性和自由主义的特殊仇恨是一种欧洲现象，这种思想和渴望的投射可以在其他作家身上找到，譬如陀思妥耶夫斯基（穆勒在德国为他组织了有倾向性的宣传）。我正在对付欧洲一种主要观点的变体，只有在德国该变体才影响了一场政治群众运动。我对这些思想家充满敌意，这是因为我发现他们的理念是令人厌恶的，也是国家社会主义成功的一支序曲，但也许还因为我同情他们对现代文化感到的不安，由此就更加被他们对改革的轻率、危险的建议激怒。我想我发现这三个人的志趣是极其不相投的。

但我认为我不是在描述一些在过去是安全的事情："确切地说，我们必须接受这样一种事实，即这种对现代性的反叛潜伏在西方社会中，而其混乱的、奇妙的程序，其非理性和非政治性的言论，体现出了愿望和真诚，尽管不像体现在其他更熟悉的改革运动中的愿望那么慷慨或有形。文化悲观主义在今天的美国具有强大的吸引力。"

从这本书的写作中，我学到了一些关于非理性的力量，关于现代性所引起的各种形式的痛苦，关于世俗化的精神后果和政治上的伪宗教的诱惑，关于法西斯主义和国家社会主义思想的欧洲成分这些方面的知识。作为一名学者，我很幸运，因为我正在开辟一个新的领域：国家社会主义的思想渊源和文化背景仍然在很大程度上是一片处女地。

令人欣慰的是，这本书很受欢迎并不断被印刷。不那么令人满意的是，它仍然具有相关性。对"西方"的反感伴随着与霸权主义的傲慢相结合的公认的唯物主义和精神空虚，已经发展起来了，鼓励并纵容了各地宗教激进主义者的言论和恐怖行为。

20世纪50年代以一场联邦共和国内部的历史性变革而结束。1959年，社会民主党正式放弃了马克思主义纲领并为新的领导人做好了准备。自19世纪90年代以来，这个党一直游走在马克思主义正统观和对渐进主义的政治民主做出的一种"修正主义"承诺之间；在联邦共和国的早期，该党坚持走库尔特·舒马赫设定的路线，坚持基础工业的国有化。虽然它赢得了重要的地方和州一级的选举，但在每次全国大选中均告失利。舒马赫于1952年去世七年后，该党采纳了一个名为《哥德斯堡纲领》的新纲领。该党最终抛弃了旧的马克思主义的正统观念，包括固有的阶级冲突的概念，并宣称自己是人民的党，不再是专属的工人阶级政党。它现在也接受了北约和西方一体化。正在被推出作为社民党领袖的人是维利·勃兰特，他在四十六岁时踏入了政界，浑身散发着青春、希望和活力。

就在此时，机会引导我去研究俾斯麦时代。他在19世纪60年代认识到社会主义运动的重要性，十年后，作为统一后的德国的第一任总理，他抨击社会主义者是不爱国的德意志帝国的"敌人"，在这个错误的诅咒之下，社会主义者遭受了长达一个多世纪的苦难。从1862年至1890年，俾斯麦统治了普鲁士和后来的德国，逐渐成为欧洲的一位重要的政治家。我的朋友兼同事大卫·兰德斯是一位研究19世纪国际金融的专家，他曾经被要求写一本关于柏林银行历史的书，银行的拥有者犹太人格尔森·布莱希罗德经常被称为"德国的罗斯柴尔德家族"。三十多年来，布莱希罗德一直是俾斯麦的私人银行家。兰德斯得到了三十三个纸箱，里面装的是在漫长的俾斯麦时代布莱希罗德与德国和其他欧洲名人的一部分来往信函；在纳粹夺取政权后，布莱希罗德银行的一个合伙人将这些档案带到了纽约。兰德斯建议我们一起写一本有关布莱希罗德的篇幅不长的书。

我匆匆看了一眼这些材料，想从中捕捉一些有用的线索，偶然发现了一封俾斯麦的一个密友于 1888 年写的信，信中警告布莱希罗德俄国军队正在朝奥地利边境移动，因此当时给予俄国的任何经济援助都将具有战争贷款的性质。我知道，与此同时俾斯麦却在告诉年轻的皇帝威廉二世与俄国的意图完全相反的消息。我迷惑了。尽管关于俾斯麦的研究成果成千上万，但没有一篇涉及他和他的犹太银行家以及知己密友。我接受了兰德斯的合作提议，并试图完成其他的任务。（那时我还在给一个博士研讨班上课，在这个班的第一个学年里，我有一些获奖学生：伊什特万·迪克、彼得·诺威克和哈罗德·普尔。他们正在写的学位论文是我的学生发表的三十多篇论文中的第一批，我也特别珍惜我的这部分教学工作。）

我们知道布莱希罗德与詹姆斯·德·罗斯柴尔德男爵有着密切的关系，他本人就是一位传奇人物。大卫已经获得了进入巴黎罗斯柴尔德档案馆的许可，所以我们决定在 1960 年至 1961 年在那里度过一个休假年。社会科学研究理事会提供的一笔资金帮助了佩吉、弗雷德、凯瑟琳和我再次乘船去巴黎，在法国生活一年的前景使我非常兴奋，即使在那里的实际停留不可避免地会有难关。（在我们到达巴黎后的最初几天里，我的朋友兼同事西摩·马丁·利普塞特带我去了让·穆兰俱乐部。在那里，我心中的一位政治英雄皮埃尔·孟戴斯－弗朗斯发表了讲话。我能完全理解他的演讲，这减轻了我对语言上不熟练的恐惧。但第二天早上我不得不把车开到一家维修店——结果什么也听不懂。）

　　大卫和我在罗斯柴尔德银行尘埃覆盖的阁楼里开始了我们的工作，这座阁楼在拉菲特街银行最初的大厦内，大厦入口处沉重的大门很可能是早期用来保护大厦免遭革命群众破坏的。我们翻阅了几十年的通信，这些信件中夹杂着无数的汇票（现代支票的先驱）。我肯定看了成千上万张这种纸条。早些时候，我看到了一张汇票，这张汇票以罗斯柴尔德兄弟银行为付款人，开给布莱希罗德银行，受益人和签收人为柯西玛·冯·比洛，娘家姓为李斯特。柯西玛——作曲家理查德·瓦格纳的孩子们的母亲，他的妻子——是个恶毒的反犹太主义的推动者，现在是我最不喜欢的19世纪的女人之一——我竟然发现了她在和犹太人做金融交易！没有哪张汇票能与此媲美，现在这张汇票配上了镜框挂在我们家的大厅里——这是我唯一一次顺手牵羊！

　　银行界对我来说是一个新的领域，但兰德斯是一个完美的导师，他对人性有着清晰独到的见解，还有一双小说家的眼睛，善于捕捉人们的怪癖和动机。当我惊奇地注意到罗斯柴尔德家族在1870年普法战争之后，法国必须向获胜的德国人支付一大笔钱时，他也感到很开心。从你的国家的苦难不幸中获利？兰德斯指责了我：我是一个天真的新手。写作的回报是学到新的知识。

　　庞大的几乎未曾利用的罗斯柴尔德档案对我们来说只是一个开端。布莱希罗德－罗斯柴尔德－俾斯麦这个三角触及了欧洲政治诸多关键节点，因此可以引领我们去发现更多的资源，其中大部分是从未被使用过的。出于一时冲动，我去了法国外交部档案馆。奥赛码头（法国外交部所在地）有着特殊的氛围，非常安静，井井有条。与其他欧洲国家一样，在第一次世界大战后，法国也公布了 1914 年以前的外交报告，但是我想仔细复核一下圣瓦利埃伯爵的手写报告，他是法国驻柏林大使，并且是俾斯麦和布莱希罗德的密友。我发现他提交的关于德国国内情况的报告以及关于同俾斯麦的秘密谈话的报告都尚未对外公布。我找到了涉及 1878 年至 1882 年这个关键年代的一个无价的资源；俾斯麦显然醉心于向这个聪明的对话者吐露心声，此人的判断力和理解力是值得他信赖的。他对俾斯麦的恭维则非常轻率随意！

布莱希罗德的文件中包含了大量给他的私信；但他的回信则大部分不见踪影——必须找到他的原始笔迹。俾斯麦档案是一个关键的收藏点，他的档案收藏在位于汉堡附近弗里德里希斯鲁的俾斯麦庄园内，现在掌握在这位前总理的孙子手里，其孙子奥托是西德联邦议院中的一个基民盟成员。（后来我发现了俾斯麦伯爵曾于 1933 年 5 月加入纳粹党的记录。）那么如何才能接触到这些档案呢？我请一位名叫彼得·拉索的德国同事写了一封给俾斯麦伯爵的介绍信，这位同事曾经是布雷斯劳的一位历史学者，一位完美无缺的保守派人士。有了如此装备，我便向伯爵预约见面时间；他安排了见面但又多次毁约。最后，我直接去了他在波恩的办公室并恳求他的秘书。"难道你还不明白吗？"她喊道，"伯爵无意见到你，他讨厌历史学家。"但她提议，在伯爵下一次（罕见的）访问波恩时，她打电话到巴黎通知我，以便我可以突然出现在他那边的办公室里。简言之，她同我合谋来针对她的老板，我想，她这种快乐的不忠是一个新德国的好兆头。

这个计划奏效了。我藏身在他的办公室里，因此他无法避开我。我被授意称呼他为"Durchlaucht"（平静的殿下），我照此做了，然后迅速地为我的这本书做了解释。我说，如果我告诉读者，唯一不向作者开放的档案室就是俾斯麦档案室，这将是非常令人尴尬的。（我这种厚颜无耻的做法是借鉴来的：兰德斯给我提供了这个建议。）他随即否认有任何困难；他说，是的，有一包布莱希罗德的信件。我们通过谈判达成了一笔交易，他将这些文件委托给美国驻波恩大使馆，然后通过外交邮袋将其寄往美国驻巴黎大使馆。这事就这样成功了。

对我来说，在巴黎度过的这一年是辉煌的一年，我沉浸在我所做出的激动人心的努力中，这些努力既复兴了过去，也见证了现在——而且不仅仅是欧洲的现在。1960 年 11 月约翰·肯尼迪的当选是值得庆祝的好事。这是我第一次把票投给了获胜者，肯尼迪的就职演说也使我非常激动，我大声地把他的演讲词朗读给我的家人听；他所说的"文明不是软弱的标志"这句话，在我们中间经常被引用。

当时法国政治舞台正上演一场剧情非常激烈的好戏：戴高乐总统为结束残酷的阿尔及利亚战争所做的努力遭到了阿尔及利亚法语区的支持者的激烈反对，法国陷入了混乱。法国军队在阿尔及利亚残忍地动用酷刑已为世人所知，到 1961 年春天，战争蔓延到法国本土，在巴黎和其他地方都出现了使用可塑炸弹（爆炸物）进行的恐怖袭击，发动袭击的是穆斯林，法国人用这个称呼来指阿拉伯人。我很同情戴高乐，就像他们自 1940 年以来一样（即使他在 1958 年 5 月重新掌权的方式曾经让我感到沮丧）。他正在致力于一项谨慎但坚定的事业，而且冒着巨大的风险，希望能逐渐结束冲突，并以一种模糊的说法去赢得法国本土的支持。他曾经在同样模糊的说法的启发下，对阿尔及利亚的侨民说："我理解你们。"

巴黎也给我提供了一些短暂的经历，我称之为政治旅游，但这些经历对我来说也很重要，可以作为活生生的政治史的经验。例如，一个与文化自由大会相关的团体，以一位曾参加抵抗组织的法国诗人皮埃尔·埃马纽埃尔为首，在西班牙组织了一次国际会议，会议的主题是"欧洲的理念"——这是第一次在佛朗哥统治下的西班牙组织此类活动——以至于即使成为一个与西班牙知识分子有联系的群体中最沉默的成员也是令人兴奋的，因为这些知识分子在预期的向后佛朗哥政权过渡的过程中可能起到重要作用，何况还在马德里！我询问了我们在会议讨论（用法语进行）时的相对自由——不会有告密者在场吧？西班牙人微笑着指着前排的一位老人，说道："他是警方派来的，他听不懂法语。"我把这种情况看作一个独裁统治正在衰落的极好的迹象——在一个极有希望的时刻，因为一个共同的欧洲市场的形成表明"欧洲的理念"正在（部分地）变为现实。

那一年拉尔夫·达伦多夫和我经常见面——那时我的来自斯坦福的朋友是图宾根大学的教授。对于我们这一代人来说，去探索在德国的过去出现的问题更是一个极大的挑战，因为周围的环境仍然是如此的保守和沉默。通过达伦多夫和我自己的努力，我与德国人的接触在不断增加：俾斯麦和布莱希罗德成了通往历史学家、银行家甚至政治家的一座桥梁。渐渐地，我意识到布莱希罗德的故事只是我能想象到的最大的课题中的一个开篇章节：德国人和犹太人之间的关系，一种始于希望却以包罗万象的恐怖告终的关系的整个历史。

德国问题在那年夏天的世界舞台上再次爆发，当时的情况受到从上面来的威胁，由于尼基塔·赫鲁晓夫一再好战地认为，要在四大国没有拿出解决方案的情况下由苏联与东德达成一项单独的和平条约，因此威胁到盟国在柏林的权利。东德公民逃离他们的国家去西德这种现象已经有一段时间了，这标志着一种自发的自下而上的威胁。这确实是一场真正的危机。8 月 13 日凌晨，东德警察和士兵开始建造一座高高的混凝土墙，将东柏林和西柏林隔离开来。

西德人，特别是西柏林人，对盟国在应对这次非法挑衅时所做出的谨慎反应感到失望，西方的反应主要包括外交谴责和加强盟军在该市的军事存在，然而这堵墙随即给许多德国家庭造成了难以忍受的困难——还不仅是柏林人。但两年后肯尼迪总统的那次成功之行，以及他的激动人心的 "Ich bin ein Berliner"（我是一个柏林人）演讲，重新点燃了西柏林对美国的忠诚。

那时我已经恢复了在美国的全职工作，如果要我明确自己的责任，我会借用那句令人厌恶的口号：工作、家庭、国家（这三个词在维希政权时代取代了法国大革命时期的三个词：自由、平等、博爱）。我重新开始教本科生和研究生——前者学习心切但顽皮，后者则面对职业生涯不同层次的严格要求，这两类学生我都喜欢。我曾经说，一种文化必须知道如何"诱导人才出成果"。在不知情的情况下，我正在定义在教学中什么是我的主要乐趣和抱负，这是能让单调烦闷的工作变得有价值的一种理想。

虽然教学是我的主要责任，但我越来越多地参与关于欧洲事务的写作和演讲。在各种场合下，我都曾经为在一个新欧洲的初期签订的《罗马条约》高唱赞歌。小亚瑟·M.施莱辛格邀请我到华盛顿他的白宫办公室汇报我对德国的印象。我也越来越活跃于外交关系委员会，在那里，欧洲事务是我的主要关注点。1962 年，我还在委员会里开始了作为西欧外交书籍审查员的长达三十年的工作。每年都在阅读，甚至仅仅细读三十本或四十本书，并且给每一本书写下简短但理想的话、精辟的评论，这项工作是非常有教益的。

1962 年，当我从一次欧洲之旅回来后，我发现父亲的身体处于危险状况之中，他自己诊断为患有严重高血压。然而，他仍旧继续从医，那时他的病人中包括我的一些最好的朋友和同事。在 11 月的第一个星期里，尽管他自己的心脏病有过几次轻微的发作，可他还是接了我的一位年轻同事夜间打来的电话，电话中说他妻子很明显是心脏病发作。我父亲带着便携式心电图仪，爬了四段楼梯到达这对夫妇住的公寓，结果发现这位年轻的女士只是患有严重的肠胃不适。几天后——11 月 9 日——父亲被送往医院，我一下课就赶紧去看他：起初他说感觉好些了，但只过了一会儿，我就听到他轻声地说道，"我听到了死前的喉鸣声（esröchelt）"。这是他做出的最后一次诊断。临终前我一直陪着他。

我的悲伤是巨大的，此时家人和朋友的支持至关重要。并且，虽然我知道父亲的死亡发生在他的国家历史上的一个历史性日期（1918 年德国皇帝退位，1923 年希特勒未成功的政变，1938 年"水晶之夜"）只是一个巧合，但我仍然感到有些怪异。（怪异的还有，哈依姆·魏茨曼也在那天去世了。）我的物理学家叔叔奥托写信给我的母亲，说当他听到这个消息时，"我几乎有一个小时都无法思维"。这是一个毁灭性的损失——还不仅是个人的损失。我父亲那一代人，经历了从相对压抑和前民主时代到相对开放和民主时代的这个过渡期，这个过渡期在德国文化中标志着一个非常重要和特殊的时刻，但这一代人的特征几乎消失殆尽。

弗雷德和凯瑟琳就像佩吉一样，默默地怀着同情心，非常体贴地支持着我。佩吉还继续与我母亲一起工作，在我们和托妮的帮助下，我母亲渐渐地建立起了新的生活。但对我们所有人来说，那是一段艰难的日子。

我父亲的去世使他幸免于一年后发生的悲剧。1963 年 11 月，我在纽约担任陪审员，午饭后我回到陪审团的那个大房间，这时候我看到人们三五成群地挤在几个晶体管收音机周围，注意力全集中在肯尼迪总统遇刺这个消息上。不久之后，肯尼迪便死去了。人们开始哭泣，其他人则惊慌失措，我的感觉是大吃一惊、无法相信的悲伤，还有忧虑。这意味着什么呢？我曾经着迷于肯尼迪的风格和机智，以及他的新边疆政策团队，我也对他（以及他兄弟）处理古巴导弹危机的方式感到敬畏，最重要的是，在前一年的 4 月，我为他的美国大学演讲欢呼过，当时，为避免全美国的耀武扬威，他呼吁改善与苏联的关系。我觉得肯尼迪的死造成的损失是无法估量的。整个世界为之哀悼。刺杀肯尼迪引起了对美国的普遍认同——特别是在德国人中，最热诚的莫过于柏林人。这种自发的感情的流露直到 2001 年 9 月 11 日才再一次出现。

许多国家在 20 世纪 60 年代有过动荡不安，但我特别意识到在西德和美国，局势变得越来越紧张，冲突愈演愈烈——其中一些具有分裂我们的国家的潜能。在联邦共和国，纳粹的过去终于成为当今不可避免的一场拷问道德的好戏，而在美国，肯尼迪的遇刺迎来了一个充满暴力同时也充满希望的世界，因为民权运动正在聚集力量，而且反对美国卷入越南战争的力量也在迅速增加。到了 20 世纪 60 年代中期，在大多数西方国家里，大学生们对乏味的顺从和看似毫无意义的生活方式感到愤怒，他们团结起来表达他们的不满：曾经被宣告已经结束了的意识形态，突然又成了一张王牌，是充满义愤的一代人所共有的。

西德的公众从其普遍存在的长期培养的失忆症中惊醒了过来，因为内部和解以及前纳粹分子悄悄地重新融入社会的时代已经过去了，直面德国罪行的时刻已经来临。人们已经从他们并非自以为是的睡眠中醒来了。纽伦堡审判常常被斥为"胜利者的正义"或者作为迄今为止已经足够了的最终判决：最高级的罪犯已经被处置了，再也没有什么可做的了。但另一方面，1961 年以色列对阿道夫·艾希曼的扣人心弦的审判使得大屠杀成为世界集体记忆中不可磨灭的一部分。在德国，一系列进一步的战争罪行审判更加改变了公众的情绪，最显著的是由黑森州的州检察官（纳粹时期的流亡者）弗里茨·鲍尔精心准备的漫长的审判，他决心将作恶者绳之以法，并且将纵容纳粹犯罪行为的共谋昭示天下。这场审判于 1963 年在法兰克福最大的大厅里当着众多的观众拉开了帷幕，审判记录下了奥斯威辛集中营中发生的全部恐怖罪行。

1963 年，当时不为人知的德国作家罗尔夫·霍赫胡特写的一部戏剧引起了巨大的骚动。这部名为《见证人》的剧作描绘并揭发了教宗在犹太人面临灭绝前的沉默，而教宗本人是第一批被告知的人之一。这部全部在西方制作的戏剧即刻引起了无休止的抗议，尽管如此，它还是成功地开启了一场关于"旁观者"的辩论，甚至处于道德力量和责任的顶峰。（在纽约的一次激烈交锋的会议上，我为剧作家的意图做了辩护，但仍然批评他对教宗过于片面的负面描述。）如此遭受戏剧性历史启示轰炸的德国人，开始意识到未充分审查的过去所带来的政治和道德风险，这种过去不仅意味着国家社会主义，而且意味着广泛的现代德国历史的进程。来自敌对的东德国家的宣传，在吹嘘自己的纯洁的同时，指出西德在粉饰法西斯的过去，这也可能在一定程度上有助于西德的"觉醒"。

出乎意料的是，我参与了德国人重新思考其历史的一些努力。1963年，位于布伦瑞克的国际教科书研究所所长格奥尔格·埃克特邀请我去参加一次西德和美国共同主办的会议，会议议程涉及20世纪上半叶的历史教科书。（詹姆斯·科南特参加了我们的会议，他于1961年8月回到西德，以便为教育改革提供建议。）我们审查了现有的德国和美国的教科书，并起草了双方都可能接受的修订版。我专注于有关第一次世界大战的描述，对当时仍然流行的观点提出质疑，即欧洲列强已经"滑入"（这是英国战时领导人大卫·劳埃德·乔治用过的词）了冲突之中，因此不能为此承担特殊的责任。德国历史学家也持这种观点，因为它说明《凡尔赛条约》中的"战争罪责条款"是不符合实际的，该条款特别指出了德国的侵略。我推动了对德国外交政策进行的更具批判性的评估，并呼吁更加关注国内外政策之间的联系。民族的历史，我说道，应该是在欧洲背景下写成的，正如兰克在他的工作中所做的那样。随着时间的推移，德国教科书以及史学界总体上开始去适应有关关键问题的新的国际共识。（当我从布伦瑞克返回后，亨利·罗伯茨偶然做了一个评论，说我能够在德国人关于过去的辩论中给予他们极大的帮助，这种说法使我很震惊。我根本从未有过这种想法，我完全是无意被卷入充当这个角色的。）

但是出于私人和专业的原因，第一次世界大战始终是我最感兴趣的主题，这一点是毫无疑问的，既因为它本身所具有的强烈的恐怖，也因为它是后来极权主义犯罪行为的先决条件。即使当我还是一个孩子时，我就了解过这场战争，阅读过相关书籍，并且在布雷斯劳同我父亲一起散步时也谈论过它。现在，20世纪60年代，德国历史协会正就德国对战争爆发和战争的持续应负的责任这一问题进行最激烈、最有分歧的辩论。1961 年出版了一本书名颇刺激的书，即 *Griff nach der Weltmacht* [《争夺世界之强》，英文版则有一个无伤大雅的标题《德国在第一次世界大战中的目标》(*Germany's Aims in the First World War*)]，作者是弗里茨·费舍尔，汉堡的一位历史学家，原先因对 19 世纪新教的研究而出名。（费舍尔曾在 1951 年冬天来康奈尔拜访过我。我记得他是一个有点不谙世故、非常敏感、神神秘秘的德国人，对世界持一种阴谋的看法，相当愿意保护第三帝国。我当时对他的过去一无所知，只是在五十年后，在参加他的追悼会时，才得知他曾短暂地成为德国历史上最为纳粹化的研究所的成员。）根据他在当时位于东德的旧档案馆里发现的新材料，费舍尔坚持认为，德国的帝国领导人从 1912 年起就开始策划一场战争，他们担心时间对他们不利，而且俄国不断增长的工业力量是一个不断增加的威胁，然后他们在 1914 年 7 月选择了一条激进的路线——或者使英国、法国和俄国的"包围"协议在外交上遭受失败，从而破坏这项协议，或者去冒战争的风险，如果是后者，那么从一开始，战争的目的就是一劳永逸地建立起德国对欧洲大陆的霸权。费舍尔还暗示，有一条连续线将这种疯狂的扩张主义野心与希特勒联系了起来。

当时的德国历史学家仍然由保守的民族主义者占主导地位——其中许多人参加过第一次世界大战，而所有人是在捍卫德国反对"战争罪"指控的环境中长大的，他们中没有人想把纳粹的过去仅仅描绘成可怕的反常现象。他们感到非常愤怒，既有曾经拒绝纳粹主义的真正的保守派人士，例如格哈德·里特尔，也有更年轻的、原则性不那么强的人，他们已经忘记了自己曾亲自参与"反常"行为，并且还希望别人不会发现。一种类似于代际冲突的东西正在形成，年长者想要保护并且发扬光大对德国历史的一种未受玷污的观点——这个历史排除了纳粹主义，而年轻人则对守旧者持谨慎的批评态度。

德国人在费舍尔的观点上的争斗蔓延到了美国。我们这一群人，包括耶鲁的哈乔·霍尔本、伯克利的汉斯·罗森伯格和布朗的克劳斯·爱泼斯坦在内，于 1964 年 3 月为他准备了一次演讲旅行，和往常一样，这类旅行由西德外交部的文化部门提供资助。但是在 2 月，外交部未加解释就取消了这次旅行。现在轮到我们义愤填膺了。如果我们知道我们现在知道的事情的话，那么我们原本会更加愤怒——是里特尔写信给外交部长格哈特·施罗德（与后来的总理不是同一个人）的，警告他不要同意那次计划中的行程。"我们德国历史学家最担心的是，费舍尔先生可能会在外交部的间接赞助下在美国宣传他那种完全不成熟的论点。我毫不犹豫地将此视为国家的不幸。"

我们很快就采取了行动。我为费舍尔的出行争取到了一笔替代资金，我们还向《时代周报》发出了一封联名信，抗议外交部的行为，这种行为"将官僚主义的傲慢、误解的国家原因和在对待国外反应上的自闭症（Instinktlosigkeit）不幸地混合在一起"。德国人试图让费舍尔保持沉默，这反而使我们在他到来后更加同情地去倾听他的观点。与此同时，在德国，他被公开指责为一个搞脏自己的家的人。德国人往往讨厌弄脏并清理自己的家。阴谋和含沙射影迅速超越了争论，很快我们就会在实践中仔细观察到反自由主义的行径了。费舍尔后来写信告诉我生活在"我的同事们的冷酷敌意"之中的感受，"我几乎从未经历过一个比我这群最亲密的同事更加卑鄙的社会"。我怀疑他试图掩饰他的蔑视，我认为他很喜欢夸大他的受迫害感。

那年夏天，德国历史学家协会主席卡尔－迪特里希·埃德曼邀请我参加 10 月在柏林举行的三年一次的协会大会，接着我被邀请参加一个关于战争目标的小组讨论（这是用来指代费舍尔争议的一个代号），计划在第一次世界大战爆发五十周年之际举行。我很快就为想象中的学术讨论做好了准备；实际上并非如此，正如我在会议结束后立即写下来的那样，会议改在自由大学的大礼堂进行，面对的是 1000 多名充满激情的观众，他们的嘘声和喝彩声给这个场合增添了更多戏剧性。

费舍尔最具活力和最杰出的敌人，包括里特尔在内，赢得了很高的分数，他们成功地攻击了费舍尔的"作案手法"，包括误导性使用证据。费舍尔和他的两名助手似乎处于防守状态，将细枝末节和恶言恶语混淆在一起。最后，两位在场的外国人说话了，索邦大学的雅克·德罗兹和 I. 德罗兹，一位出色的历史学家和一位法国抵抗运动的杰出成员，对这场争议做出了审慎明智的基本上亲费舍尔的论述。我则强调了费舍尔的研究工作的新颖性，并暗示每一篇新的史学论文在第一次提交时，其表述都过于尖锐和过于片面。我引用了里特尔的话，他曾经在 1914 年 7 月写下了"一个接近于盲目无知的（德国人的）错误估计"这样一句话。我补充说：

> 这种长期的盲目，这种对自己和他人的错误估计，需要一种历史性的解释……德国帝国主义的风格显示出一种罕见的焦虑、傲慢以及——在评估非德意志世界时——政治上的无知和缺乏安全感的组合……也许费舍尔教授滥用了连续性论点，但是假定 20 世纪德国政策的所有错误估计和脱轨都是职业性事故，这样的反对意见是更加不能令人满意的。实

际上是否存在这种可能：虽然一系列事故发生了，但不会去猜测整个企业可能出现了问题？

我知道这是一个极具挑战性的表述，是的——但是我没想到迎接它的是学生雷鸣般的掌声。这群情激昂的场面改变了整个会议气氛，以至于费舍尔的对手在会议结束后都夸张地避免和我说话。

我大获全胜，《明镜周刊》（未经授权）发表了我的演讲。我在德国一举成名并赢得了新朋友和新对手，这真是一次令人陶醉的经历。不久之后，我去拜访了牛津大学的莱昂尼尔·特里林，并告诉他所发生的情况。他叹了口气，"在纽约不会有任何人知道这件事！"这句话在很大程度上是正确的。但在1999年，当被问及20世纪60年代的那些决定性时刻时，自由派历史学家海因里希·奥古斯特·温克勒提到了他的"有关1964年历史学家会议的生动记忆……当时在'战争罪责问题'上打响了一场解放战斗（Befreiungsschlacht）。弗里茨·费舍尔和格哈德·里特尔是对手，而弗里茨·斯特恩则是为弗里茨·费舍尔赢得胜利的人"。

费舍尔论战激烈地攻击了德意志帝国最后一位有权势的首相贝特曼·霍尔韦格，当埃德曼从贝特曼最亲密的知己库尔特·里兹勒的日记中挖掘出一些有价值的东西并首次公开发表后，人们就以新的眼光去看待贝特曼和他的政策了。贝特曼和里兹勒有着一种奇怪的、亲密的关系：一位是1908年至1917年的德国总理；另一位是有才气的年轻学者、训练有素的古典学者、哲学家和道德家，娶了德国伟大的犹太画家马克斯·利伯曼的女儿。意识到里兹勒的日记还存在于世，历史学家们，包括我自己在内，都对此虎视眈眈，但是埃德曼声称拥有所有权，并且拒绝给别人全文阅读的机会。里兹勒后来带着他的日记离开了纳粹德国，前往纽约；最后我向里兹勒的女儿玛丽亚·怀特要一份副本，她给了我一份，并给了我引用它的许可。（埃德曼反对我的这个程序，我们有过一次短暂的公开争吵。只是在他 1990 年去世后，我们才知道，他年轻时也曾为纳粹事业效劳。）在我当时正在写的关于贝特曼·霍尔韦格和战争的一篇文章中我使用了这些材料，这篇文章是我为哈乔·霍尔本的纪念文集所写的。

性格忧郁的贝特曼是德国扩张主义的支持者，但在战争期间，他越来越受到德国军队将领的困扰，里兹勒的日记中充满了对这些将领的愤怒："这些身穿制服有权有势的无能之辈，他们盲目、野蛮地迷信武力……"在不知不觉中，贝特曼成了他所厌恶的武装力量的掩护者。在德国战败之后，他写了些自我检讨的回忆录，宽恕了在军队中他的无法和解的敌人，特别是提尔皮茨，以及那些野蛮的兼并主义者。他的少言寡语尽管可以理解，但促成了他所谴责的激情的第二次且更糟糕的胜利。

不管怎样，我一直在致力于第一次世界大战这个研究课题。冲动和充满激情的兴趣让我自愿为埃利·阿莱维的《暴政时代》的新译本做介绍性的说明，其中包括杰出的历史学家罗德斯 1929 年关于战争的演讲。自我作为一名学生阅读了这些演讲稿以来，我一直认为它们是一种解释模式，比以前大多数建立在外交文件之上的解释战争复杂性的无效努力更有希望。阿莱维做得与众不同；他着手去研究"地震本身。我将试图阐明集体力量、集体感受和舆论运动，在 20 世纪初期，就是这些因素导致了冲突"。他分析了欧洲在战争和革命中达到高潮的压力和紧张，非常重要地认识到，对外和对内的政策是紧密相连的。我强调了我所认为的阿莱维的教学意图：强化公民道德。我总结道："我们这个时代的战争和革命不是由少数领导人或教派所造成的，而是由大量被动的公民造成的，他们自鸣得意地认为政治是政治家的责任。"（我很喜欢写有关阿莱维的文章，他自己也是宏伟的多卷本《英国人民史》的作者，我不仅尊重他的作品，也尊重他这个人：他是一个道德家，一个能使人想起托克维尔的美德的作家，还是雷蒙·阿隆的导师。）

在所有这些工作中，我全力以赴，用我的全部身心在写作，我确信第一次世界大战这场灾难又造成了随后的灾难，而我们生活的时代则暗示着可怕的相似之处。其中一些主题与越南悲剧的相关性使我感到震惊："军事妄想，宣传的升级，战争对国内的影响……"然而我不认为我能在很大程度上意识到我的生活是怎样注入我的工作中去的，我的工作又在多大程度上影响了我的生活。我想我根本就无法将激情置于职责之下（也就是说，仅仅抓住俾斯麦和布莱希罗德不放）。我想过写一本关于第一次世界大战的简史，甚至与迈克尔·霍华德谈过好几次，这位军事历史学家是非常卓越的，我们相互鼓励对方写一本这样的书。他做到了，我却没能做到，但取而代之的是，在1965年，我给本科生开了一门关于战争的课程。这个班上有一名非常出色的学生，名叫杰伊·温特，他将自己的学术生涯奉献给了这一主题。战争和偶然事件的许多问题一直萦绕在我的脑海之中：如果两列火车没有离开它们的车站该怎么办？假使1914年6月弗朗茨·斐迪南大公待在外面没回去将会怎么样？再者，假如1917年3月列宁没有进入那趟开往圣彼得堡的德国火车那节密封的车厢又将会怎么样？很久以后，有一两次我告诉德国学生我改编的兰克的伟大格言，"多么不幸啊，它没有发生"。

很可能是费舍尔引起的骚动鼓励了其他德国人去促进历史政治问题的公开传播。1965 年，纽伦堡的社会民主党文化委员赫尔曼·格拉泽组织了一系列公开对话中的第一次学术讨论会（Nürnberger Gespräche）。因为他自己是一位历史学家，他确信德国人还没有去面对他们的过去中的有害元素，虔诚的神话、伤感的德意志精神，正是这些元素为希特勒铺平了道路。他认为他的城市，考虑到它的过去，是举办这类讨论会的合适的地方。在为期四天的会议里，我们阅读并讨论了准备好的文章，然后聚在一起吃饭，并且交谈到深夜。

格拉泽的团队代表了广泛的知情人士，我们都有一种感觉，我们聚集在一起是要去解决迄今为止被轻视或逃避的问题。正是在那里，我第一次见到一位年轻的基民盟政治学家，他很快成了西德联邦议院的代表，他的名字叫伯恩哈德·沃格尔；还有一位专注的政治学家和教育改革家，名叫瓦尔德玛·贝森，他同达伦多夫一起正在康斯坦茨筹建一所新的改革大学。奥斯威辛审判的检察官弗里茨·鲍尔就"奥斯威辛集中营与'德国人的好人'有什么关系"这一问题发表了非常严厉的评论。来自主要政党的作家、记者和政治家参加了会议。我们之间看法各不相同，但一种改革派的、自由派的冲动占据了主导地位。在德国作家中有一位对过去的不端行为特别敏锐的分析师，名叫汉斯·施韦特，他是亚琛大学著名教授，后来出任校长。几年前，一名记者发现了他的真实身份——汉斯·施奈德，海因里希·希姆莱的亲密合作者！回想起来，我会说他也属于联邦共和国的一批有代表性的德国知识分子。

与此同时，联邦共和国逐渐发现阿登纳之后仍然具有生命。考虑再三，阿登纳于 1963 年提出辞职，路德维希·艾哈德这位共和国自由市场经济的友好支持者及经济奇迹公认的设计师当上了总理。总统海因里希·吕布克是个软弱、无趣的人，他与纳粹过去的关系使他特别脆弱。在好几年里，我都会参加纽伦堡学术讨论会，这样就能够得到德国政治的消息。在埃哈德的统治下，德国政治变得不那么稳定，并且非常显著的是，美国的越南政策遭到了越来越多的反对。反美主义的残余在哪里都是永远存在的——在左翼这边，反对的是无拘无束的资本主义、好战分子的冷战以及我们的种族问题；在右翼这边，则对美国的"物质主义"、文化的缺乏以及习惯于在德国人面前对他们国家不光彩的过去指手画脚等持怀疑态度。

我与欧洲的关系在 20 世纪 60 年代得到了加强。在 1966 年至 1967 年我的第二次年假期间，我接受了牛津大学纳菲尔德学院和圣安东尼学院的邀请，到那里度过这一年。可以与这么多朋友和重要的学者交谈，我怎么能拒绝这种诱惑呢？我期待着与詹姆斯·乔尔的见面，他是圣安东尼学院的副院长，也是一位杰出的历史学家，他将最宽宏大量的气质与严谨的判断结合于一身。用欧洲的语言来说，他是一个坚持自由主义原则和进步社会政策的社会民主党人。我们一直保持着紧密的关系，直到他过早去世。

我的意图是高尚的：继续研究布莱希罗德。但是，正如我常常做的那样，我会让自己分心，这不是因为牛津大学里的一些乐事，而是由于出乎意料的挑战。艾伦·布洛克——圣凯瑟琳学院的创始人兼大师，正在以一系列讲座的方式庆祝学院里一座新的礼堂落成，讲座主题为"19 世纪的作家和艺术家"。他邀请我担任其中一次的主讲，同时还有以赛亚·伯林论述托尔斯泰和布洛克论述瓦格纳。这是一项令人望而生畏的荣誉，用卡尔·克劳斯的话来说，这消息使我高兴得发抖。我建议将特奥多尔·冯塔纳作为我的讲座主题，我正在津津有味、如饥似渴地看他的小说，因为我在布莱希罗德身上的研究工作涉及他。布洛克不同意，他说牛津没有人听说过冯塔纳。所以我选择用尼采取代冯塔纳，至少提出我的见解，把尼采看作"文雅的"德国文化的非德国批评者和无与伦比的欧洲心理学家，而不是当时流行的观点，即把他看作"超人"的先知和"金发碧眼的野兽"，无疑会给我带来一种堂吉诃德式的乐趣。

另一件事也中断了我的研究工作。一位哥伦比亚大学的同事、社会哲学家查尔斯·弗兰克尔，当时担任文化事务的助理国务卿，他希望请三位学者"去非正式地调查西欧新一代精英的态度以及……他们和美国人之间的关系"。他让我去西德进行为期两周的密集访谈，然后提交一份关于德国青年以及美国文化项目在联邦共和国所取得的成效的报告。我同意了，并且当面接受了弗兰克尔本人在巴黎的指示，他当时在那里担任美国派往联合国教科文组织的一个代表团的负责人。然后，我前往德国开展了一次旋风之旅。此刻，那里正处于一个特别动荡的时节。

1966 年 11 月，在路德维希·艾哈德政府解体后，基民盟和社民党组成了一个联合政府，一个"大联盟"——终结了长达十七年之久的基督教民主联盟 - 基督教社会联盟的支配地位，这也是社会党人第一次加入波恩政府。库尔特·乔治·基辛格出任总理，维利·勃兰特担任副总理。但是，无论基辛格有什么样的优点，他的过去都给他带来了瑕疵：1933 年，在他二十九岁的时候，他加入了纳粹党。在组成新政府的谈判期间，君特·格拉斯写了两封公开信，一封是给维利·勃兰特的，警告他要反对这个联盟："我们国家的年轻人肯定会背弃这个国家及其宪法：一旦这个卑鄙的联合确定之后，它就会在误导之下偏向左翼或右翼。"如果必须要有一个大联盟的话，那么至少不能处于基辛格领导之下，格拉斯的第二封信就是直接写给他的："如果你——当时的一个追随者（Mitläufer）——敢于决定今天的政治指导方针的话，我们怎么能够去纪念被折磨和被杀害的抵抗战士、奥斯威辛和特雷布林卡的死者呢？"格拉斯是一个自我认定的无所畏惧的国家的良心——当我们在判断他后来的政治时，这一点是需要记住的，他后期的政治与不负责任非常接近。在一定程度上，他是对的。西德的年轻人确实进一步向右靠拢或进一步向左靠拢，尤其是后者，而新的纳粹党——国家民主党（NPD），继续在各州和地方选举中获益。确实，议会中首次没有了有力的反对派，但是大联盟让社会民主党在联邦层面上"受到尊重"，作为外交部长的维利·勃兰特向西德版的缓和迈出了第一步——东方政策（Ostpolitik）。

我发现，西德人对美国的自发认同现在已经淡化了，可是在肯尼迪遇刺时是那么的明显。与此同时，许多欧洲内部的交流计划，特别是慷慨的法德青年交流计划变得越发重要，尽管作为阿登纳时代标志的对欧洲的巨大激情也已经告终。年轻的西德人很快就抓住了美国理想与美国现实之间的差异，指出我们的种族问题和持续的贫困。越南战争是最普遍的攻击目标。左派谴责它是美国新殖民主义的一个极端例子，而右翼则将其看作美国优柔寡断地追求其自身目标的一个例子。我向弗兰克尔报告说，英国文化协会和法国研究所管理的项目比美国的项目获得的评价更高，这是因为它们具有更高的独立性和客观性。一位英国官员对我说："你们似乎确实在填鸭似的往他们的喉咙里灌输宣传。"我说，我们需要更多的坦率和自我批评。我们应该坦诚地讨论战争，承认在国内有强烈的反对意见。我提出了各种各样的建议，为美国学者推荐德国大学的教授职位，希望他们能帮助纠正德国人对美国的普遍无知。

我也给弗兰克尔提出了一些私人的、批评性的评论意见，他很赞赏"一针见血的和实用的批评意见"，并且希望立即将我的一些建议付诸实践。但是，他补充道："桑塔亚那曾经把一个狂热分子定义为一个忘记了自己的目标之后又重新加倍付出努力的人。恐怕他并不知道。他也是在描述我们非常认真的官僚机构，而且在它处于最有效状态时。"我怀疑我的努力能否起到一些作用，但我还是学到了不少东西。

有一天，在牛津大学，一位名叫汉斯－乌尔里希·韦勒尔的德国同事寄来一张诱人的明信片，让我尽快赶到科隆；他写道，他有关于布莱希罗德的重要的信息。作为生活在仍然是专制的环境中的一个激烈的自由派历史学家，韦勒尔注定成为他这一代人中最高产的历史学家。他告诉我，在弗里德里希斯鲁的俾斯麦庄园，一包包布莱希罗德的信件和账簿被存放在马厩上方的阁楼里。他补充说，王子永远不会允许我看到这个非常重要的宝藏，所以要想得到它的话只有两种办法：要么勾引那位秘书，要么在夜晚的掩护下，按照他为我画的地图，用梯子爬过栅栏再进入阁楼。这两种办法我都不相信，这是在为克里俄（缪斯）服务中遇到的不寻常的考验，我请求联邦议院中俾斯麦党内的一个同事伯恩哈德·沃格尔代我干预此事。

奥托王子在弗里德里希斯鲁接待了我，他为我因此事通过一个中间人来找他而感到困惑，毕竟我总是受到欢迎的。我回答说我不知道这件事。唉，他补充说，档案中没什么东西值得我去找的，但是我可以随意去看看。我问他如果"没什么东西"结果变成了有什么东西的话，我是否可以把它带回我的酒店去阅读。他勉强同意了，然后指示他最可亲可爱的秘书带我去马厩。令她惊讶的是，我立刻就找到了包裹，她就嘱咐用王子的车把我送回酒店。我花了一夜时间用录音机录下了我的口述。第二天早上，王子打来电话，要求知道我找到了什么。考虑到他最不想听到的事情是我找到了布莱希罗德为"铁血首相"所做交易的完整财务记录，于是我就说了实话，我对布莱希罗德的私人信件特别感兴趣，这些信件往往涉及政治问题。"你的意思是布莱希罗德给我的祖父提建议？"他带着怀疑惊呼道，要求我必须马上回去见他。我表示反对，说我不想打扰他，并含糊地表明我自己的时间也受到限制；最终他让步了，因为他第二天要去西班牙。然后我问他，我是否可以把一些材料拍摄成微缩胶卷。他没有拒绝，所以我掌握了不可或缺的基本材料，我的那本关于俾斯麦和布莱希罗德的书就是这样来的。对我们来说，需要归功于偶然的见面和朋友的事情，实在是太多了。*

牛津大学的那年晚春全被来自中东的消息占据了，我记得在学院里那些关于以色列的情绪激动、偶尔有些怨恨的讨论，以色列的安全似乎越来越受到战争的威胁。5 月，埃及总统纳赛尔要求将联合国维和部队撤出西奈半岛（维和部队当时在那里），并

---

* 一次短暂的令人难忘的假期也会有其历史性的时刻：1967 年 3 月，我决定带全家去希腊旅行，从雅典开始，到斯皮特塞岛结束（在那里我完成了一篇关于第一次世界大战的文章）。这是一次精彩的旅行，也是一次略嫌短暂的修业之旅，我们碰巧在雅典遇到了 3 月 25 日希腊的独立日。我注意到坦克在主要广场上发出隆隆声，是在为庆典活动做准备，我对家人说，在我看来，好像军方正在为一场政变进行演习。一个月后，"希腊的校官们"确实推翻了帕潘德里欧政府，建立起了他们残忍的统治。我后来发现，他们确实曾利用独立日进行演习。

威胁要关闭蒂朗海峡，禁止以色列船舶通过。埃及与叙利亚结盟，并希望把不幸的约旦也争取过去。危机在升级，有报道说埃及部队在西奈集结，同时美国、苏联和欧洲各国政府或公开或秘密地在做准备以防止战争。以色列鹰派看到了危险，也看到了机遇。6月5日，以色列先发制人，发动攻击，在几个小时内就消灭了埃及的空军。很明显，整个欧洲对被视为弱者的以色列抱有同情之心。在接下来的几天里，人们因不确定而处于焦虑之中，接着迎来了令人震惊的结局。首先听到的是一位 BBC 记者的报道，"一战即胜"，以色列赢得了前所未有的胜利（据报道，作为一种额外的人情味，温斯顿·丘吉尔，英国首相的孙子，在以色列的阵地上方飞过，晃动机翼向他们致敬）。对于大多数人来说，获悉大卫击败了阿拉伯军队的歌利亚*，他们感到欢欣鼓舞，并对以色列掌握的战略和战术感到惊讶和敬畏。在那一刻，美国人说，没有什么能比成功更加成功了，当以色列的鲜花绽放时，也意味着西方在圣经的土壤上获得了胜利——即使真正的和平仍然遥远，人们对以色列将如何处置在西岸和西奈夺取的阵地感到不安。

西方似乎对以色列的胜利感到兴奋不已；但我认为，在德国人眼里，犹太人最不该去打胜仗。他们的政府对以色列的支持仅次于美国，而东德政权则抨击波恩勾勾搭搭，在被他们称为以色列和美国的帝国主义行为中狼狈为奸。事实证明，德国的右派比极端左派更加亲以色列，那些极端左派人士越来越同情巴勒斯坦人，而对以色列成为殖民大国则越来越感到沮丧。

1967 年仲夏我回到美国时，很吃惊地看到两个看似截然不

---

*　歌利亚是《圣经》中记载的被大卫杀死的巨人。——译者注

同却又有着千丝万缕联系的事态发展过程——越南战争的逐步升级以及遍及西方世界日益严重的学生骚乱，这预示着危险。总体上，我越来越多地卷入了美国的政治生活，尤其是哥伦比亚大学的政治生活，完全凭着早些时候所产生的冲动行事。换句话说，我在以并不习惯的稳健来应对某些危机。也许在我的脑海里有关于第一次世界大战的想法和狂热的非理性驱动的运动；我怀疑我是否真的回忆起了我早已评论过的关于"从理想主义到虚无主义"的沦落。但是欧洲的灾难是如此深刻地嵌入我的意识和无意识之中，这是我没有意识到的，而且并不总是有利的。亨利·罗伯茨曾对我说："你身上的警钟响得很早。"也许我确实有类似于"灾难幻觉"这样的东西，出于交替着的短期的优势和长期的痛苦。

回家也意味着与罗伯茨和霍夫斯塔特等家庭恢复原先密切的联系，这些友谊涉及我们这些家庭中的每一个成员。亨利已成为哥伦比亚大学俄罗斯研究所的负责人，肩负着繁重的职责，这个研究所是我们所有地区性研究所中的瑰宝。他继续将学问、公共事务和充满家庭、朋友和诗意冥想的私人生活结合在一起。就在我返回的那一刻，霍夫斯塔特的新书面世了，书名是《美国政治中的偏执风格》，他在其中警告不要假定"偏执风格"就是美国的特点："现代历史中的一个案例可以说明，这种偏执风格的圆满胜利并非发生在美国，而是发生在德国。"迪克和我都对 20 世纪 60 年代最显著的非理性的爆发怀有历史和政治上的兴趣。

在 1967 年这一学年结束时，亨利离开了哥伦比亚大学，卸下了在那里承受的巨大负担，和他的家人一起迁往他们在佛蒙特州的新居，并在达特茅斯学院教书。这是一个损失，其中我们并非完全没有关系：佩吉和我在佛蒙特州继承了一块古老的巴塞特家族的宅基地，然后在 20 世纪 50 年代的某个时候，罗伯茨夫妇买下了隔壁的房子。我的父母每年夏天也都会来罗切斯特，并且觉得这里就是"家"，就像我父亲去世时我所想起的那样。这块地方视野很好，能看到青山山脉的美景，亨利根据当地特色将其称为"原始山脉"，因为每个外来游客都认为此地的景色使他们回想起了自己过去体验的某种田园风光。至少，如果我在哥伦比亚失去了作为同事的亨利，我知道我还会在佛蒙特州继续享受与罗伯茨夫妇做伴的乐趣。

1965 年，在去牛津大学之前，我对美国政治的激进化感到震惊，于是设法寻找加入关于越南战争的辩论的方式，以便有效地表达我对学生动乱的担忧，如果被忽视，骚乱就可能升级为严重的麻烦。1964 年林登·约翰逊对鹰派巴里·戈德华特的压倒性胜利可以令人放心，但很快就变得很明显，由于越南战争，约翰逊的"伟大社会"（Great Society）计划可能因遭到恶意忽视而告终。在 1964 年 8 月东京湾决议*通过之后，随着美国稳步深入地卷入战争，我对约翰逊的坦率和政策的怀疑也在逐步增加。对一些人来说，战争对于继续遏制共产主义来说是绝对必要的，如果不加以控制，共产主义将蔓延至整个东南亚，这便是所谓的多米诺骨牌理论。对其他人来说，美国的参与是对腐败的南越政府的危险承诺，会带来巨大的风险，甚至可能与中国发生战争。而对我来说，美国的政策似乎是愚蠢地升级战争的一场噩梦，它能使人回想起第一次世界大战中的规模较小的大屠杀，因为"再发动一次攻势"将被证明是决定性的，于是士兵们就被派

---

* 美国国会通过的授权总统对北越使用武力的决议案。——译者注

往前线送死。战争所需的人力和政治代价在国内使我们意见不一，也疏远了我们与国外盟友的关系。这不是一个消极被动或私下悲伤的时候，我认为"温和派"需要采取行动。（几十年后，我开始对一群德国爱国者感兴趣，他们在 1916 年悄悄地关注军国主义的泛日耳曼主义，结果发现自己不仅被超级爱国者而且被和平主义者疏远了。他们中有杰出的神学家、哲学家恩斯特·特罗尔奇，他对"温和派"的命运深表不满。）

1966 年 2 月，我去拜访了参议员 J.威廉·富布赖特，他是美国卷入越南政策的最负责任的批评者，刚刚主持了参议院关于战争的听证会；我想组织一个学术团体做出反对战争的公开呼吁，他鼓励了我的这一想法。在同一天——为寻求另一种意见，我又拜访了哥伦比亚学院前任院长，现在任职于华盛顿原子能委员会的约翰·帕弗瑞。帕弗瑞是一个不拘礼节的人，智力非凡，思维独特，还是一个直言不讳的爱国者。我告诉他我心中的想法，难道他不认为战争是我们最大的危险吗？"见鬼，是的，"他回答道，"我们可以在西班牙丢一枚氢弹，但是由于战争，我们却无法让白宫的任何人对此感兴趣。"（几个星期前，携带了四枚氢弹的一架 B-52 轰炸机在西班牙坠毁；四枚炸弹中，有三枚坠落在帕洛马尔村子附近，第四枚沉没在海岸附近的海水里——直到 4 月初才被发现。）在得到双重鼓励后，我返身回家。但在机场，我无意中碰到了麻省理工学院著名的政治学家伊契尔·索勒·普尔，我在斯坦福大学时就和他认识了。他问我来华盛顿干什么，我告诉了他我对战争的疑虑。他突然脱口而出："但越南是我们有史以来所有的最伟大的社会科学实验室！"他希望我去他那里，亲眼看看他的同事们正在从事的那些伟大的社会工程项目。我明白社会科学家确实对越南各种各样的"土地改革"想法充满热情，但是，在越来越浓重的恐怖面前那种麻木不仁的冷漠令我感到十分震惊。我回到哥伦比亚大学时，心里更加坚定了应该去做些什么。

我写信给十二位同事，我推测他们会同我一样"对战争感到不安"，就请他们参加我组织的一次会议。我认为集体的努力会更有效，而且我们发现，合作能提升我们的精神。作为迄今为止对战争几乎或根本没有说过什么的公民，我们现在应该考虑一下为辩论做出点贡献。我缺乏专业知识，但是"作为一名欧洲历史学家，我知道温和派的被动性可能是有害的"，我解释道。这个群体——包括霍夫斯塔特、威廉·洛克滕堡、亨利·罗伯茨、大卫·杜鲁门、亚历山大·达林和丹尼尔·贝尔在内——在那个月晚些时候见了面。（伊西多·伊萨克·拉比寄来了一张手写的便条："我很愿意参加未来的会议，假如有可能的话。你们关心的正是我和我所认识的大多数政府内外人士所关心的。"）

首先，我们计划发表一份公开声明，但随后我们决定写一封给约翰逊总统的私信，我们知道他对公开的质问会愤怒地不予理睬。我们在这封信的内容和格式上反复斟酌，费了不少功夫。霍夫斯塔特写信给我说："……整件事情应该被置于一个普适的框架之内，强调我们在一定程度上能够理解政府管理工作上的困难……并且用一句话将签名者与那些把自己等同于越共的人分开来。"5月，我们把信寄了出去，信中署名者又增加了罗伯特·默顿和沃尔夫冈·弗里德曼，后者曾是一位德国难民，现在是国际法教授。我们这封长达五页的信件提出了战争时期最困难的事情："重新审视行动方案。"美国开始时有严格限制的目标，但是"我们已经采取了一系列新的危险的政策，我们的承诺似乎是无限的，我们的立场是孤立的，我们的动机受到了全世界的谴责"。我们担心"这场战争对美国人心灵的影响",并表明对越南的旷日持久的承诺肯定会让人感到沮丧,"这将不仅危害我们的自由,还会鼓励那些反对社会进步的力量"。我们反对承诺"在全世界各个角落为消灭敌对意识形态而进行不懈的斗争……"信中还提出了九项具体建议:不要在海防港布雷;不要继续在亚洲增加美国作战部队;不要加剧空战,而是表示愿意与越共谈判;为忠于我们的越南人提供庇护;制订经济援助亚洲的计划;等等。我们希望我们的信会是建立学者与政府之间联系的第一步。

但是军事升级还在继续,随之而来的还有夸张的言论。那些为我们不断强化的干预政策辩护的人经常援引"慕尼黑"的例子,并将战争的反对者贴上绥靖主义者的标签。6月,我写信给《纽约时报》,指出"这种类比……是非常不恰当的,而且认为我们的领导人已经相信这一点是非常令人担忧的"。1938年,希特勒的德国,尽管已经是欧洲最强大的国家,有着扩张主义和毫无顾忌地违反国际法和人类尊严的记录,仍然向苏台德地区提出领土要求,而这块土地是自由民主的捷克斯洛伐克具有战略意义的组成部分;同意希特勒的要求,就像在慕尼黑所做的那样,在道德和政治上都是错误的。但是越南与之前的情况毫无相似之处。可叹的是,美国的"鹰派"仍然想要唤起人们对欧洲经历过的苦难时刻的痛苦回忆,目的是证明他们危险或鲁莽的政策是正当的。

6月中旬,我们收到了回复——篇幅相当!——出自约翰逊总统本人。他基本上重申了他自己的立场:美国必须支持南越的努力,建立他们自己的国家,不受北越干涉。他说,他已经做了一些我们所敦促做的事情,并且建议我们要保持"耐心和宽容"。他赞赏我们在尊重隐私上做出的努力:"能听到绅士们的意见总是件好事。"但是他没有给出早日结束战争的希望："如果你们认为到目前为止还存在问题，那我只能建议你们等到下一轮了。"

这正是我们大多数人不愿意做的事情。8 月初，我们中的七人又联名给约翰逊写了一封信，信中称他的回复，如随后对河内和海防的油库进行轰炸，表明了危险的战争升级政策。"我们谴责这样的政策已经造成的可预测的结果：我们的承诺仍然是无限的，我们的立场变得更加孤立，我们的动机甚至遭到了比以前更加广泛的抨击。"至少我们有案可稽，但我们知道我们必须找到另一种抗议形式。

我一直在观察发生在美国国内和联邦共和国国内的学生运动，在这两个国家中，一种新的情绪正在浮出水面：安静的或持怀疑态度的那一代人已经如明日黄花，而新一代学生则表现出不耐烦的迹象，其中一些人针对所有权威做出了意识形态上的攻击。西德学生们发现了他们的大学曾经是如何的纳粹化，老一辈人曾经是如何的喜欢否认真相，被扭曲的过去使他们充满了愤怒和怀疑。在美国，新左派的意识形态将对"晚期资本主义"的一种不那么新颖的批评与一种简单的把所有政治罪恶归于法西斯主义的公式混在一起。越南战争——资本主义和帝国主义侵略行径的证明——激起了学生的抗议活动，这种在世界各地不断爆发的抗议活动还有其直接的目标。例如，在柏林，右翼新闻界巨头阿克塞尔·斯普林格被选中成为敌人；在伯克利，自由言论运动要求"能听到任何人在校园任何开放区域在任何时间就任何话题所做的演讲"。

这两座城市成了激进的学生与他们眼中腐败的当权派做斗争的主战场。就所有地方差异而言，这两地有惊人的相似之处，虽然最初在柏林的场景更加暴力。1967 年 6 月，在柏林的一次示威游行中，警察开枪打死了一名神学生，名叫本诺·欧内索格。冲突从大街转向校园，再从校园转向大街：学生们在校园里使用了强制战术；大街上的警察集结了不同的力量。自由大学的反叛学生们的"大师们"（包括我的哥伦比亚大学前同事雅各布·陶伯斯和赫伯特·马尔库塞）向学生大规模集会发表了演讲，鼓励学生抵制已经在道德上破产了的资本主义 – 帝国主义制度。将所有错误的东西糅合在现代世界里的就是美国。马尔库塞这个名不副实的"镇压性宽容"的曝光者，似乎并没有因为这个为他提供了安全避风港的国家偏狭的侵略性而感到不安。

1965 年，当时担任哥伦比亚学院院长的优秀政治学家大卫·杜鲁门邀请我向即将到校的学生做一次传统的开学演讲。我和他们谈到了当前骚乱的背景，并总结了他们出生之前的各种灾难，我称之为从 1914 年到 1945 年的第二次三十年战争的恐怖链，甚至比第一次三十年战争更可怕，其登峰造极之处在于杀害了 600 万犹太人。我告诉他们，过去应该让他们"更加坚定地认识到我们文明的永久性以及不稳定性，更好地了解你自己的不满意和不满足，更好地实现你自己的历史角色和责任"。我能理解，他们这些第二次世界大战后的第一代学生有新的问题，最重要的是新的爆炸性的急躁情绪，因为前几代人未能"提出关于人的尊严，现代生活中美的可能性，将现代生活转变为美好生活等根本性的问题"。由此他们应该提出这样的问题并挑战惯例，但要有宽容。我非常刻意地回忆起"像罗莎·卢森堡那样激进的马克思主义者，她在就义前几周大声疾呼，'自由永远是与你意见不同者的自由'"，并以此来结束我的演讲。我试图吸引他们中间潜在的激进分子，并让他们的年长者们做好准备去应对我所期待的一场严肃的对抗，其中文明和自由的原则和实践将要经受检验。

从牛津回来后，我重新召集了我们原先的越南团队。由于私下与总统接触的方法现在已经徒劳无益，我建议我们准备一本关于越南战争的人力成本和政治成本的小册子——以乔治·萧伯纳的《知识女性的社会主义和资本主义指南》为样本（我在思考1914年之前英国费边社的效能），这份文件将简要地陈诉为什么战争损害了我们的国家利益，以及为什么政府应该寻求通过谈判得来的和平，首先是立即停止轰炸。我们的希望是这样一个合理的声明可以引起已经厌倦战争的人们的注意，并给他们提供进一步的实情。在1968年初，我说服了一家主要的出版商来出版我们的小册子，他们预计最初的印刷量会达到10万本。

与此同时，我们的校园与其他大学一样变得越来越焦虑不安。1967年春天，格雷森·柯克请我当学院的院长，接替大卫·杜鲁门，他在一次总体改组中被任命为教务长。我受到了诱惑，因为我对哥伦比亚有一种责任感，但是我还未完成的书让我犹豫不决，最后我还是谢绝了。然而，我警告柯克，不断升级的学生抗议活动是一个关键问题。柯克感到困惑，也许他甚至松了一口气，某个有如此扭曲的兴趣的人将不会加入他认为是一所宁静大学的内部委员会了。

我对洛克菲勒基金会的杰拉尔德·弗罗因德说了类似的话，他希望为周末在基金会田园诗般的中心举行的会议得到一些关于西方历史写作危机的忠告，这个中心的所在地是科莫湖畔普林尼的隐居处塞尔贝罗尼别墅。我告诉他，我并没有看到这场危机，但国际上的学生骚乱是"一种严重的、普遍的、迄今为止解释过于狭隘的现象"，值得紧急关注。他的回答像柯克一样，完全不相信。强权者的自鸣得意在任何情况下都是令人反感的，但在暴风雨来临时它预示着灾难。在这种时候需要的是意识和改革；相反，大多数管理人员会坚持旧的惯例和傲慢的冷漠。

有些学生和老师对大学与"军工联合体"同流合污感到愤怒，对越南战争本身也是如此。1968年2月，包括我在内的一些哥伦比亚大学教授给柯克写了一封信，指出中央情报局和哥伦比亚大学之间有关机密研究的长期联系，这种机密研究最近才被揭露，并"引起了最深切的关注……在同事们之间……在其他国家内部"。由于这损害了我们的工作和效率，"我们恭敬地要求你切断目前与中央情报局的关系"。不必费太大的力气就能够意识到美国的校园对"照常营业"越来越不耐烦了。

3月29日，在进行了大量工作之后，我分发了关于越南的小册子的第二稿。两天后，约翰逊退出总统竞选。我们兴高采烈，我就"我们的瞬间淘汰"向我们这支团队表示了祝贺。我们决定对文本加以修改而不是放弃，因为离出版商的截止日期没几天了。

但随后哥伦比亚大学陷入了危机。4月4日，小马丁·路德·金遇刺事件令全国上下感到震惊和悲痛。牧师约翰·坎农于4月9日在教堂组织了一次追思会，柯克和杜鲁门都出席了，哈莱姆区圣菲利普教堂的牧师在追思会上发表了主旨演说。正当杜鲁门讲话的时候，学生争取民主社会运动（SDS）当地分会的负责人马克·拉德冲上讲台，抓住麦克风，谴责这个庄重的仪式是"淫秽的行为，因为大学里种族主义盛行"。在仪式结束时，坎农坚持说，对刚刚发生的事情无论人们怎么想，在他的这座教堂里，任何希望"以真理的精神"说话的人都会随时欢迎。他对拉德没有说一句批评的话；事实上，他所说的似乎不仅宽恕了拉德的行为，还鼓励了同样的行为。对此我很震惊。

大学的半官方校史回忆道，我赶上了正在离开的拉德并告诉他，他在教堂里的所作所为类似于纳粹在魏玛德国时期强行控制社会主义者会议的行径。坎农的行为让我更加感到不安，我立刻给他写信提出警告，大多数煽动者，包括希特勒在内，总是声称并且可能相信他们是在"以真理的精神"说话。我没有得到答复。我认为，这种提前的纵容只会让学生更加胆大妄为：少数激进的学生已经认为大学是无限制地"可推动的"，他们决心要让大学屈服。

我知道哥伦比亚大学有其特殊的缺陷和弱点，部分是由我们处于哈莱姆区边缘的位置决定的。在当时我们的一个有代表性的、部分选举出来的机构大学理事会里，我警告大学不要继续实施在莫宁赛德公园中建造体育馆的计划，这似乎是对公共空间的私人侵犯，并且体育馆的建造也是对我们哈莱姆区周围邻居的有意冒犯。但校董事会的董事们坚持要建，我开始担心，他们以及一些生活在与外界隔绝的特权世界里的学校管理者，对他们周围的变化完全视而不见。体育馆计划一宣布，就严重激怒了黑人学生，并给了受到拉德挑唆的激进白人学生一个抗议的焦点。

当我在欧洲参加纽伦堡学术讨论会时，哥伦比亚大学爆发了骚乱。当时还是哥伦比亚大学学生的弗雷德打电话告诉我，说学生们已经占据了大学的主楼。我马上飞回来了。校园一半成了嘉年华，一半成了战场——那些忙着去占据其他大楼的学生，身穿奇装异服，满口暴力和淫秽的语言，而反对抗议者也团结了起来。这些激进分子组织得很好，用列宁主义者的话来说，都"被胜利冲昏了头脑"，这种时刻还最适合他们，他们中的许多人真的以为他们与世界上其他地方的弟兄们一起成了革命的先锋，毕竟学生的暴力抗议活动在墨西哥、加利福尼亚、巴黎和柏林正如火如荼，此起彼伏。哥伦比亚成了吸引年轻激进分子的一块磁铁，随着他们人数的增加，不断有新的建筑物被占用，连校长办公室也被占用了。有些学生领导人希望联合哈莱姆社区，请他们也加入抗议活动。学生们的暴力所激发的热情和他们的破坏能力使我震惊，那些凭借"理想主义"意图就似乎要赦免暴力手段的同事们更让我目瞪口呆。

此时的哥伦比亚大学处于混乱状态之中，其正常生活完全中断了。课堂教学被迫停止，取而代之的是无休止的会议，到处充斥着还将发生更大的暴力的可怕谣言。人们不论白天或黑夜，整天和朋友们挤在一起。我与迪克·霍夫斯塔特保持着最亲密的联系，因为我们的担忧是完全相同的，我们担心我们的大学执意要走上一条冲突和自我毁灭的道路。本身意见也不一致的学校当局必须要尽可能和平地结束占领，动用警察只能作为最后的手段。有个教师委员会试图进行调解，其中一些雄心勃勃的领导人认为，大学的守护者——无论他们如何被误导——与占领建筑物的学生们之间存在一种道德上的对等关系。我被要求加入那个团体，但几天之后就被排除在外，因为我被认为不是亲学生的。学生领袖们坚持他们的要求，以"大赦"作为他们（任性）的先决条件，并且要终结禁止在大学建筑物内示威的禁令。我相信他们中的许多人实际上希望最终与警察发生对抗，这将会激怒整个校园。

在经历了几天的混乱以及教师的调解宣告失败之后，校方不仅受到董事们的逼迫，还有来自其他大学的压力，他们担心如果哥伦比亚大学失败，后果将不堪设想——但也意识到巨大的负面宣传——如果要求纽约市警察在校园清场的话。（警方已经为此做好了准备。）利用警察来对付我们的学生，这种想法是对传统的严重侵害，尽管到那时我们还不愿意接受来自外部并加入学生之中的"革命分子"。4 月 30 日凌晨，警察清理了所有五座大楼并逮捕了占领者；紧接着，警察失去了对一群旁观者的控制，随后发生了更多的暴力行为和流血事件。大约有 700 人被捕，140 名学生和教职员工受伤（伤势最严重的是一名警察）。激进的学生领袖当然希望被"逮捕"；他们认为，在这种混战中，警方会从他们反动的敌人的脸上撕下"自由主义的面具"。要革命就会有"烈士"。"警察暴行"会给激进分子带来巨大的宣传效果，并为他们赢得新的支持者。

有些教授现在公开站在学生们一边，梦想着这是一道新时代的曙光，或许还感觉到青春的一阵冲动，就像在"天堂"一般。我还发现那些"领奖学金的革命者"毫无吸引力，这个名称是我用来专指研究生中的反叛者的，支持他们的教师则更难以理解。我不知道究竟是什么样的空虚在折磨着这些享有终身职位的教师，究竟有什么样的不满和愤怒在他们的内心深处翻腾起伏。

到了上午，校园里已是一派劫后惨相，学生争取民主社会运动呼吁罢课，发誓要让大学陷入停顿状态。有人召开了一次教师会议，手头要处理的唯一业务就是来自之前那个教师团体的一项动议，呼吁所有教师加入罢课。有 1000 多名教师挤进麦克米兰大礼堂，去提供或听取有关警察暴力行为的目击者报告。大多数对当局感到愤怒的教授赞成罢课的提议，也有一些人不同意。我站出来反对这项动议，说我谴责校园里的暴力事件，但是之前就看到过"理想主义"的学生成功地破坏了大学的秩序。纳粹学生甚至在希特勒掌权之前就已经在德国的大学里干过这样的事。

（其他一些像我这样有过欧洲经历的来自别的大学的教授也表达了同样的观点，比如哈佛大学的亚历山大·格申克隆和普林斯顿大学的马丁·史瓦西。）教师们不应该支持在校园里胁迫他人的少数学生，他们表现得好像他们的革命目的能证明他们的手段正当一样。我的话结束后，暂时休会；复会后，支持罢课的动议被撤回了。*

那时，我正在给一个本科生班上 20 世纪欧洲史这门课程，班上有 100 多名学生。在第一天课堂上，我谈到了研究近现代历史的潜在风险和优势。优势包括图片的可用性，例如，当苏联导演谢尔盖·爱森斯坦在执导电影《亚历山大·涅夫斯基》时，他正坐在真实的俄国皇家宝座上抽烟，这样的一张照片就抓住了革命解放的轻率性。5 月，《生活》杂志刊登了一张听了我那门课程的一个名叫大卫·夏皮罗的学生照片，照片上他坐在柯克的椅子上，摆着与爱森斯坦一样挑衅的姿态，抽着柯克的雪茄。这

---

* 最早的也是最好的一本叙述 1968 年哥伦比亚大学校史的书是由杰瑞·埃冯、保罗·斯塔尔和其他校园记者写的《常青藤墙内的奋起反抗》（纽约：斯克里布诺出版社，1968），该书的内容具有"客观的"即时性优势："弗里茨·斯特恩，一位受人尊敬的历史学家，从座位上站起来表达了他的观点，他的话是对大会决议的致命一击。斯特恩之前去了德国……并于 4 月 23 日写信给哥伦比亚大学的一位同事，在看到过德国的激进分子之后，他更加偏爱哥伦比亚大学的学生争取民主社会运动了。在他返回后的几天里，他受邀在特设教员指导委员会任职，然后，当威斯汀（该组织的联合主席）感到他对于该组织而言过于保守时，他被要求离职。当斯特恩开始讲话时，教师们在座位上转过身来抬头看着他。坐在斯特恩旁边的是莱昂尼尔·特里林，他对身边这位同事所讲的每个观点点头称是。斯特恩用一种平稳但有力的语调说：'我完全摆脱了你们的思想和情绪，我对你们决议中的目的和内容都表示反对……我记得仅仅就在十二个小时之前贝尔教授明确表示过，学校行政管理部门已经非常接近我们决议中的各个要点，而不是学生争取民主社会运动。你们现在站出来谴责它，但我未听到谴责另一方的任何类似的声明。'"

就是象征性政治！在任何情况下，我与大多数学生的关系很好，我能理解那些政治上和道德上参与其中的人的愤怒或困惑，以及那些反对让少数人破坏他们的学业的人的苦恼。我的鄙视是留给某些同事的，我担心，他们几乎是在迎合学生。

当罢课组织者禁止学生去教室，要求教师在校外与学生见面时，我仍然在平时上课的教室里继续上课，也许只有一半的学生露了面。有一群学生在外面等，他们告诉我他们也想来上课，我不能离开校园吗？我提议由我在校外把我上的课再重复一遍，但学生们既不想强加给我双重工作量，也不想破坏罢课。我又提议在每个班级宣布，来上我的课并不构成破坏罢课，这种虚假的做法在一段时间内还起到了作用，但使我的更"进步"的同事们感到烦恼。

这些日子特别艰难。令我非常感激的是，我记得与哲学家西德尼·摩根贝沙的一次偶然相遇，他是站在我的"对立面"的，但他问我："弗里茨，你为什么看起来这么生气？"（那些似乎在心理上与激进的学生捆绑在一起的同事们确实惹恼了我。）我把摩根贝沙的话记在心里，将其看作一种友好的对理性的恳求——而且总的来说，虽然同事关系会暂时破裂，但文明不久就会恢复。我看到有些人在两边讨好，既不希望危害大学，也不想抛弃他们的学生。特里林在学期结束时对我说："我每隔一天会更加同意你的看法。"

校园继续像受到武装保护的嘉年华一样，骚乱也还没有完全消失。5月2日，我看到了艾伦·金斯伯格，在母校发生危机的时刻他回来给一个学生集会发表演说，他用一句"柯克可能得走了"来结束演讲。这句话很可能暗示了金斯伯格仁慈的不确定性，这与流行的教条主义者不同。后来他来到我的办公室，吟唱起他的印度教圣歌，然后和我一起走回附近的我的公寓，他的手臂友善地搭在我的肩膀上。这个景象可能使那些认为我的反动或不合时宜已经无可救药的学生和同事感到困惑。

我们的越南项目也成了校园革命的牺牲品。曾经那么和谐共处的学者们，现在却拒绝在同一文本上签名；曾经在越南问题上那么慷慨激昂地表达相同的观点，现在却在校园问题上同样慷慨激昂地相互争执，这个群体就此解体了。这是自由主义立场不稳定的又一个迹象，很容易成为激进派和反动派的一个共同目标，最终陷在反应迟钝的权威和不负责任的反叛之间难以自拔。

我很快聚集了另一群教师，有点类似于在越南问题上的那个小组，只是在思想上更加保守一些。哥伦比亚大学将进行"改组"，并且必须要说服董事们和保守的校友们相信改革迫在眉睫；另外，必须要告诫教师们不要屈从于学生在权力上的过度要求。有利于学生参与大学决策的口号是"参与式民主"，我预计这种口号将以"参与式无聊"告终。（在这一点上我并非全错。）我们这个群体基本上要求的是责任与和平，因此当一位朋友将我们称为"斯特恩帮派"时，听起来就很有讽刺意味，好像我们是以色列国诞生之前在英属巴勒斯坦托管地的一个犹太恐怖组织。

哥伦比亚大学步履蹒跚地走到了学期结束，中途偶尔也有几次中断。5月21日，学生争取民主社会运动的学生第二次占领了汉密尔顿大楼，那天晚上警察再次被叫到校园里去。我和大卫·杜鲁门一起在他位于洛氏图书馆的教务长办公室里度过了一夜，我不希望他独自在那里；在某一时刻，当砖块从窗外被人扔进来时，我们俩一起蜷缩在桌子底下；玻璃破碎的声音令人十分恐惧。在执行第二次"逮捕"时，警察表现得非常谨慎；不管怎样，大多数学生反对的是他们所认为的自我放纵的、白费力气的努力。明智的忠告在霍夫斯塔特身上起了作用，由他出面来做了当年的毕业演讲，这在传统上是大学校长的特权。（在表达当时困扰着某些人的恐惧时，黛安娜·特里林警告我，因为鼓励霍夫斯塔特发表演讲，我使我的朋友陷于致命的危险之中，他的生命将受到威胁。）他发表了一个很有权威的演讲，他的特有的风度象征着他平静的口才：教师就是大学，是我们的文明必不可少的一个自由的机构。

到目前为止，即使对洛克菲勒基金会来说，学生们的不满情绪也是显而易见的。洛克菲勒基金会先是征求了我的意见，然后指定由我安排一次在这个主题上的最佳人选的集会，以便在随后的秋天去塞尔贝罗尼别墅参加一次会议。我说，学生们的焦虑产生于对大学治理的正当的抱怨，并且正在对一种新的激进思想做出回应；大学已经变成了社会的一个替代，它的开放性和脆弱性使其成为理想的目标。我接受了洛克菲勒基金会的任务，争取到了哈佛大学艺术与科学院院长，同为历史学家的富兰克林·福特作为协办方，并请艾伦·布洛克和拉尔夫·达伦多夫担任欧洲顾问。聚会可以促进我们相互学习。*我们这个群体将在 1968 年的感恩节见面，其中包括来自耶鲁大学的金曼·布鲁斯特和芝加哥大学的汉娜·格雷（几年后布鲁斯特写信给我，感谢我"在塞尔贝罗尼为他做的介绍！"那时，汉娜已是耶鲁大学的教务长）、心

---

* 我希望哥伦比亚的经历可以成为其他大学引以为戒的一个教训。那年夏天，哈佛大学法学院的阿奇博尔德·考克斯率领一个委员会来调查哥伦比亚大学骚乱事件。我请求他弄明白哥伦比亚大学的错误远比他和他的委员会发现的要多，绝不仅是宿舍里臭名昭著的裸露的灯泡这类琐事，并且在哥伦比亚大学所发生的事件很可能也会发生在其他地方。他的报告应该确保哥伦比亚至少可以作为一个负面的教训。他不停地说这样的事件永远不会在哈佛大学发生。但确实发生了，而且仅仅是一年之后。

理学家爱利克·埃里克森和肯尼斯·凯尼斯通，以及加州大学伯克利分校校长罗杰·海恩斯等人。我强调了学生骚乱分散的背景以及只有多种原因的融合才能造成如此有力和普遍的爆发这个事实。三天来，我们从许多不同的立场出发进行了争论。我认为，我们讨论时的性情反映了伯克式的格言：保存和改革。

但是在 1968 年灾难性的夏天里，保存和改革几乎是不可能的。参议员罗伯特·肯尼迪在他极有希望的总统竞选活动中遇刺，发生在南方和北方的种族骚乱，不断增长的暴力，民主党大会期间发生在芝加哥的血腥冲突——所有这一切令人心碎。而来自欧洲的消息则更加糟糕：捷克斯洛伐克共产党领导人亚历山大·杜布切克发起了一项名为"布拉格之春"的改革计划，允许一定程度的自由。这是 1956 年匈牙利争取自由的一个新的和更谨慎的版本，然而在 8 月这项改革运动就遭到扼杀。勃列日涅夫宣称苏联有权干涉其社会主义原则受到威胁的国家。（至少在共产主义世界中还存在不同意见，意大利共产党谴责了这种侵略行为。）

在我看来，个人的忧伤更加剧了公众的悲观情绪。就在那段时间，我接连失去了两位亲密的朋友——哈乔·霍尔本和鲁道夫·尼森，他俩是慈父般的导师，分别以不同的方式待我如养子。还有迪克·霍夫斯塔特，在面对哥伦比亚大学日益严重的麻烦时，我同他的联系变得越来越紧密，他的健康状况在不断恶化，甚至在他被诊断为患有致命的白血病之前。在他住院的最后两周，我每天都和他在一起；他于 1970 年去世。每一项损失都会缩减一个人的生命，并以某种方式加倍增加一个人的责任。在生命结束前，霍夫斯塔特一直在研究美国暴力史。他的研究论文的最后一句话一直存在于我的脑海中："这个国家似乎在无精打采地向着不确定的未来走去，就像某种巨大的口齿不清的野兽一样，过多的伤痛和疾病使其辉煌不再，但依然足够强壮和拥有丰富的资源，不至于被轻易地压垮。"

1969 年 3 月，考虑到哥伦比亚大学和其他大学遭遇的持续麻烦，我们这个"斯特恩帮派"起草了一份声明，题为《大学是学术自由的神圣殿堂》，声明坚决主张，虽然改革是必要的，但武力与改革的实现背道而驰。我们在校园里收集了 800 个签名，签名者代表了广泛的意见；这份声明以整版广告的形式发布在《纽约时报》上。在声明登出后几天里，有个学生警告我，我已经被挑出来了，作为一个打击目标，他还恳请我把我办公室里的有价值的文件清理走。其他人则受到了更严重的威胁。所以我们的校园正在经历某种欧洲程度上的暴力。世界各地的激进学生在互相学习，不是通过某种秘密阴谋，而是通过简单的传染或模仿。我写信给伯恩哈德·沃格尔："哥伦比亚的学生必须向窗户和警察投掷砖块，以此表明他们的革命性丝毫不亚于他们在巴黎和柏林的同志。"

在这种情况下，我甚至片刻都不愿意离开校园，但那年春天，哥伦比亚大学派我到各个校友团体去，不仅在美国国内，而且作为对我的国内服务的奖励，到欧洲甚至到伊斯坦布尔去，给校友们解释去年春天发生的事情，并且让减少了几分忠诚的校友相信，他们的母校现在比以往任何时候都更需要和更值得得到帮助。此外，还必须要去说服愤怒的保守派，学生运动不仅是一个小小的左派阴谋。我从每次旅行中都学到了一些东西。我的朋友雅克·德罗兹最初是支持抗议学生的，后来却被左派分子赶出了巴黎大学的樊尚校园；他认为革命如果就是这样的话，那么这种革命正在吞噬自己的保护者。艾伦·布洛克是一个理性和韧性的典范，他说这是他人生中的第三场战争：第一场是对纳粹；第二场是在冷战中对抗共产党人；而这第三场，发生在校园内，是"最阴险的，因为它是一场内战"。

在联邦共和国，恐怖故事比比皆是：在大多数大学里，恐吓已成为家常便饭。在他们针对校园对手的受过训练的行动中，激进分子叫嚣着原先法西斯的威胁："我们将毁了你。"恐怖行动以常规方式在升级，破坏和占领之后接踵而来的是下流的人身攻击，最后也是最令人厌恶的——直接威胁教职工的孩子们。君特·格拉斯根本算不上是权威人士，他眼中的学生争取民主社会运动和学生运动是可笑的；他认为，激进的学生是腐败的，很容易被拉拢。但当然，自由主义者是每个人最喜欢的目标，他们被看成介于左翼、强制性乌托邦主义者和右翼偏执之间。当德国学生攻击改革派对手为"Scheissliberale"（狗屁自由主义者）时，我把他们看作一长串日耳曼的自由主义诽谤者中的一分子；我对他们就像他们对我这样的人一样，毫无同理之心。

在一篇名为《国际学生运动》的文章中，我提出了我视为国际叛乱的一些共同来源，尽管我也认识到形成个别突发事件的民族问题和传统，必须对此做出区别。我回顾了1962年学生争取民主社会运动在休伦港创立时其成立声明中提出的人道理想，声明还呼吁采取新的激进民主形式。我注意到非常勉强地表达出来的对资产阶级生活、对无聊、对传统惯例、对"一百种郊区生活方式，有两辆车但没有人生意义，还有作为额外负担的道德伪善"等的愤怒。这些批评值得同情与关注，即使这些年轻人给出的答案是天真的，他们的策略是自我毁灭的。令人遗憾的是，他们的理想和希望常常被激进言论的残忍无情和强制手段的不断升级掩盖。但他们的长者既不理解他们的不满，也没有对他们的补救措施提出告诫，他们也是应受谴责的。"不要相信三十岁以上的人"这类口号标志着代际冲突，这是德国人生活中的一个古老的主题。"在希腊、西班牙和捷克斯洛伐克……学生们英勇的抵抗与西方的运动有着本质上的不同：在那里，学生们正在为传统的自由而斗争，而我们的学生却将其视为理所当然，以至于粗心大意地将它们置于危险境地。"我应该还要加上墨西哥的学生。

我认为，老一辈掌权者的傲慢与"大师们"的傲慢非常匹配，这些大师热切地鼓励学生们，他们以自己对历史进程的卓越洞察力而自豪，他们鼓励并煽动年轻人立即提出要求，他们坚持认为我们已经很"客观地"在一个法西斯国家中，并且，宽容——作为几个世纪以来宝贵的和不稳定的成就——是"压制性的"。（此时，我特别想到赫伯特·马尔库塞，他在 1967 年很荣幸地成为柏林学生激进分子的偶像，被看作有纳粹冲锋队战术的"理想主义者"。）但是也存在一些重要的其他模范：1968 年 6 月，哲学家于尔根·哈贝马斯，学生抗议者的一位早期支持者，警告要反对"左翼法西斯主义"。

我想，驱使某些教师采取行动的是他们的内疚感——对他们早先的消极被动感到愧疚，或许对他们享有特权的资产阶级生活感到愧疚，对在没有革命经验的情况下变老而感到愧疚。我引用了一句巴黎的口号："我们都是德国犹太人。"纳粹受害者公认的被动性是否被一些扭曲的逻辑作为攻击大学的理由？美国的激进学生（其中许多来自富裕家庭，通常是犹太家庭）即将开始从事有物质承诺的职业，但是他们受到了一些愚蠢的教授的影响，那些教授鼓励他们在穷人（和女性）中去发现被指定的无产阶级的替代者，所以他们装出一副贫困和受害者的样子。

我对大学里喜气洋洋地亵渎神圣非常生气，并担心我们在背叛我们的文化遗产。* 作为教师我们被委以重托去传承一些古老而珍贵的东西，然而却听任这些东西被肆意践踏。那些激进的年轻人正陶醉在他们自己的言论之中，被暴力获得的初步成功迷惑，并深信他们作为偶像破坏者的历史作用，我对他们十分担心。我不喜欢他们经常信口开河发出的粗暴的反美言论，也反对他们在一个偏离正道的美国和纳粹的极权主义之间做出错误的类比。我认为他们是改革的不知情的破坏者，这种改革是我们许多人不仅想象而且试图付诸实施的。他们的破坏并不是不需成本的，我担心会出现一种大规模的强烈抵制，一种保守的野蛮人的反应，他们会认为他们有正当理由去偏执地仇视自由的（和昂贵的）学校机构。

或许我反应过度了，正如我的一些同事所指责的那样；或许我心中始终对欧洲的过去耿耿于怀，所以我看待事情太过苛刻。当同事听到不同意见的嘀咕声时，我却可能听到了远处传来的暴徒的脚步声。最终，根本没有暴徒的脚步声，但是无论如何，在美国还有一个资金充足的"沉默的大多数人"的胜利，他们把理查德·尼克松选上了台，伴随他的是他熟悉的主题"法律和秩序"。尼克松和所有年龄段的激进分子适时地以他们的玩世不恭和偏执相互证实了对方。正如优秀的美国历史学家艾伦·布林克利最近所写的那样："无论激进政治看起来是如何主宰了1968年的公众面貌，那个关键年份里最重要的政治遗产就是右派的崛起……从那以后，美国的自由主义就一直在政治荒野中游荡。"

---

* 我也对想要完全退出的年轻人感到生气。我曾经用一句极其侮辱人的话来结束与一个自我放纵的嬉皮士亲戚的一场暴风骤雨般的讨论："你甚至连一个公民都不是。"

要为学生运动制定一张资产负债表是不可能的。在所有这些错位和骚乱之后，美国大学的治理可能会有所改善；问责制和社会责任成为公认的目标。事实证明，我们的机构比欧洲的机构更具弹性，但我们还是付出了沉重的代价。

在欧洲大陆，1968 年产生了矛盾的后果：许多进步的改革派学者转向了右翼，学生们没头脑的攻击给他们造成了永久的伤害。即使是现在，保守派仍将大学和社会中出现的大多数问题归咎于德国人所谓的"六八年那些人"。另外，我的许多欧洲朋友和同事，尤其是德国人，把大部分道德觉醒归因于那一年，他们相信，学生们的反抗导致了与德国的过去的长期对峙。1968 年这个神话般的一年被有些人视为不可饶恕的暴力的一年而铭刻在心，在其他人眼里，正是在这一年内，那些顽固不化的大学最终遭到了藐视，虚伪和不可饶恕的沉默暴露无遗。这两种判断都有一定道理。

幸运完全是偶然的邂逅，经常被无意识的倾向转化为某种改变人生和提高人生价值的东西。1970 年 1 月，我在波恩出席第六次德美年度会议，参加会议的有来自政府、商界、媒体界和学术界的"领先"人士，国际政治和德美关系的老手，他们评估了跨大西洋政治。会议的第二天上午，主要议题是国际学生运动，我的文章被作为引导性的文本。

我忘了所说的话了，但是我仍然保存着那天上午会议中途传给我的一张用铅笔写的纸条："如果你没有别的计划的话，我们共进午餐好吗？"落款是玛里恩·登霍夫。我们一起吃了午饭，并且谈了很多事情，包括我的文章，她觉得我的文章过于保守。当时，我是否意识到这次见面将会带来一种友谊，并且这种友谊会改变我的人生，改变我与我的祖国的关系？

当时，玛里恩·登霍夫伯爵夫人是西德最重要的周报《时代周报》的出版商，该报的定位可以从其清晰的左派自由主义的声音得知——事实上，这就是她的声音。我读过她的文章，并且知道她的文章是对新的东方政策的一种热情的、理性的恳求，最重要的是恳求同波兰的和解。作为美国和许多美国人的朋友，她对僵化的冷战几乎毫无用处。

她是一个言行谨慎的女性，有非传统的美，她的脸极富表现力，反映出内心的光芒，笑容十分灿烂。她的身高不高，穿着低调但时尚，她的谦逊完美无缺。"Schlicht"（朴实无华）是我看到她时即刻想到的一个德语单词：简朴、典雅与强烈的炫耀或德国人的自负完全相反。她有极大的魅力，然而她的姿态不仅暗示着要与其保持距离，还能激起他人的尊重，如果不是敬畏的话。在报纸上，她总是被称为伯爵夫人（Gräfin）。她散发着年轻的活力，她的判断力却又如此成熟！（她六十岁，我四十五岁。）我很钦佩她的身份和她所代表的一切，随之而来的是深厚的感情。她将普鲁士人的严厉与人类的温情结合于一身，赫尔穆特·施密特在 2002 年 3 月给她写的悼词中引用了我的这句话。

我们的第一次谈话可以清楚地看出，伯爵夫人的兴趣强烈而广泛，既涉及政治又涵盖个人。她能毫无差错地抓住事物的本质；她有记者追求事实的欲望和道德主义者的深度——对世界知识的掌握也令人吃惊。我当时并不了解她早年生活的全部故事，只知道她出生于一个东普鲁士的旧贵族家庭，在斯巴达式的奢侈生活里长大，那个古老的世界中的特权也规定了责任。其余情况我是适时地获知的。

在第一次见面后不久，她给我寄了一本 1945 年（！）私人印刷的小册子《深切怀念一九四四年七月二十日遇难的朋友们》。这是一本简要地纪念她曾经的朋友的小册子，那些朋友 7 月 20 日参与了谋杀希特勒，但政变失败后惨被纳粹杀害。她事先知道策划中的密谋，她也知道一些被指定在后希特勒政权中任职的人。位于东普鲁士的登霍夫庄园对于其中一些人来说是一个方便的聚会场所，尽管盖世太保审问了她，却无法得到她参与其中的证据。在午餐后不久，我们第一次一起散步，结果发现此地竟然是我们两个都非常喜欢的度假胜地——景色美妙的西尔斯·玛利亚，就在恩加丁，并且离我年轻时常去的席尔瓦普拉纳非常近。接着，我们又聊起了那次未遂政变。我告诉她，我觉得很奇怪，这个事件没有被写成一部伟大的戏剧，没有席勒似的人物能配得上这个任务，于是我们决定一起来写这样一部戏剧——只要时间（和才能）允许的话！鉴于我对这些英雄和他们的家人热情的尊重，伯爵夫人和我立刻就有了一个约定，但是和谐并不总是轻易有的：她对英国人始终耿耿于怀，在战前和战争期间，这些德国的爱国者在英国人面前曾屡屡碰壁，而我则认为他们的不信任有其历史原因。在细节上我们有不同意见，但在根本性问题上我们的看法是一致的。

当我们第一次见面的时候，我想我知道她独自艰苦跋涉的过去。1945 年 1 月，她骑上她心爱的马，从弗里德里希施泰因，登霍夫家族在东德普鲁士的祖先的家，一路行至位于威斯特伐利亚的梅特涅家。这段 700 英里的旅程花了她七个星期。她恰恰是在红军来到之前离开的，红军烧毁了她家宏伟的庄园宅邸，废墟还在苏联人手中。我记不起我们是否谈起过我们被赶出家园的共同经历，尽管我们肯定会谈到我们完全不同的过去，但是那些未说出口的，那些无意识的话也会编织出其本身的特殊纽带。只是 1992 年在柏林时，我们才在一次波兰人和德国人的公开会议上讨论了"失落的家园"。

关于学生运动,她的观点比我的观点怀有更多的希望。在激进的学生和故步自封的大学中迂腐的教授这两者之间,她更加同情前者。她相信,大学需要振作起来,更加开放,并要有一定程度的民主化。当我向她道别时,我并没有意识到我们的会面对我来说也标志着一个"新的起点"。

那次德美会议是在波恩刚刚经历了一场戏剧性的转变之后召开的,这场转变实际上是一个"新的开端"。作为社会党 - 民主党 - 自由党联盟的领袖,维利·勃兰特刚刚就任总理一职。在1969年的秋季选举中,社会民主党获得了近43%的选票,这是该党有史以来取得的最好的成绩;而自由民主党,一个内部分裂的摇摆不定的党,已经失去了不少选票,但这个党现在仍然被牢牢地掌握在自由派手中。这两个党决定组建一个政府,因为它们可以在议会中占据微弱多数。自由民主党领导人瓦尔特·谢尔同样也是新东方政策的坚定支持者,他出任外交部长。这一变化被誉为联邦共和国的"第二次诞生"。

勃兰特升任总理表明德国历史上的一次激进的转变,它标志着联邦共和国二十年来政党权力的第一次转换。他不仅是近四十年来第一位社会民主党总理,他的人生也是由他与纳粹主义的斗争所塑造的。正如他对一些外国记者所说的,他认为自己登上权力顶峰标志着希特勒的最终失败,这个看法是正确的。那次德美会议最精彩的部分是晚宴,晚宴上我有机会见到了勃兰特,我发现他最吸引人之处是他的简朴、体贴,甚至沉思的方式。他谈到了他的计划和希望,一项令人印象深刻的日程安排,甚至丝毫不带扬扬得意或党派的狭隘。我从远处对他表示钦佩,现在我被他完全征服了。

勃兰特出生于1913年，是一个非婚生子女（这个事实曾经被阿登纳无耻地用来反对他），他在二十岁左右时加入了魏玛时期的激进左翼政党德国社会工人党，该党反对温和的并且在其看来软弱的社会民主党。（后来当我们相互了解时，我向勃兰特询问了布雷斯劳的社会工人党领导人恩斯特·埃克斯坦。他的眼睛一亮，然后回忆道："我们有一项纪念他的专门基金，我还帮助筹款呢。"）当纳粹上台时，二十岁的勃兰特逃到了挪威，积极地参与了被称为"新起点"（New Beginnings）的德国社会工人党的一个国际激进分支的活动。他短暂地担任过德国反纳粹地下组织的交通员，并且直到1945年仍然流亡海外，首先在挪威，然后在瑞典。他在德国的流亡政治圈中是个受人尊敬的人物，尤其是在年轻一代中，这一代不仅反对希特勒，而且承认德国和欧洲左派的失败为纳粹主义扫平了道路。他所经历的斯堪的纳维亚社会主义，成功的和渐进的，清除了他更为激进的革命观点。

战争结束后，勃兰特回到了他满目疮痍的祖国，首先是作为一名挪威军队的记者。然后，在重新获得了德国公民身份之后，他加入了社民党并被选入联邦议院。他进入了柏林政界，其中令人难忘的恩斯特·罗伊特是他的伟大的导师，罗伊特曾经也是一个流亡者。1957年，勃兰特接替罗伊特担任（西）柏林市长，并且就像罗伊特在1948年至1949年经受了柏林封锁的考验一样，勃兰特也经受了下一轮重大危机的考验，即1961年柏林墙的修建。尽管一开始肯尼迪总统对苏联这种挑衅的谨慎回应激怒了勃兰特，但他逐步把肯尼迪视为一个榜样，此后不久，勃兰特本人也成为一个拥有国际影响力的人物了。他可能是为数不多的特别尊重肯尼迪和戴高乐的欧洲政治家之一——一种惺惺相惜的情感。

虽然勃兰特之前两度成为失利的总理候选人，然而他的第三次竞选活动有美国的格调和德国的核心。尽管充满活力的能量和忧郁的倦怠在他身上交替出现，但他始终是一位充满活力的活动家，散发着青春和自信。君特·格拉斯和其他知名作家和艺术家组织了巨大的支持力量。勃兰特的就职演说重申了他的竞选承诺——"敢于更加民主"，包括国内的社会改革和国外的和解。

勃兰特多年来一直属于社民党中亲西方的一派，他接受阿登纳的西方一体化政策，并且他比大多数人更了解联邦共和国必须依赖于盟军的保护，这点在柏林最为明显；他从不动摇他对大西洋联盟的承诺。但他也下决心要加强他作为外交部长时在基辛格领导下就已开始的政策，一项旨在减少波恩与苏联集团之间紧张关系从而促进德国特色的缓和的新东方政策。他已经准备好开辟一条新的道路，因为他知道在这个过程中必须迫使自己的人民摆脱幻想：失去的领土和统一的前景。现在是时候让西德人以不同的方式与东德打交道并接受现有的边界了，这样做可以让捷克斯洛伐克和波兰放心，他们对波恩没有什么可担心的，而东方集团喋喋不休地反对"西德复仇主义"只不过是苏联的宣传战略而已。

勃兰特政府立即着手将其新东方政策付诸实施，由此开创了西德外交政策的一个新的动态的阶段。新东方政策首先意味着放弃武力和承认现有边界，这本身就是迈向和平的两个重要步骤。一个大胆行动的时代开始了，涉及多个目标、策略改变以及将戏剧性的可见性与后台外交的所有细微差别结合起来。在这里，我只能就这场逐渐展开的戏剧性事件提供一份简短的说明。

勃兰特最亲密的顾问，敏捷的战略家埃贡·巴尔，一直在他身边，但目标都是勃兰特制定的，风格和道德勇气也是如此。他希望通过实施一项"和解带来改变"的政策改善在隔离墙两侧的德国人的生活。要做到这一点，一个互补的先决条件就是与苏联和波兰建立更好的关系。

政府决心要制定一项更好的与东德的临时协定，这需要与勃兰特的基民盟前任们分道扬镳。二十年来，基民盟及其盟友一直坚持西德不与东德打交道，实际上与任何承认东德的国家都没有外交关系（苏联除外）。光是德意志民主共和国这个名字就造成了麻烦：保守的报纸和政客坚持称其为"地区"，或者在提到它的时候称"所谓的民主德国"。

1970 年 3 月，勃兰特首先迈出了历史性的第一步。他安排与东德政府首脑维利·斯多夫会面，并为此前往位于东德腹地的爱尔福特，此地曾经是（现在又是）图林根州的首府。这次旅行让他穿过了这个"宗教改革"国家的心脏地带，并经过了哥达和艾森纳赫等城市，这些城市都是德国社会主义历史上的标志。爱尔福特的公民视他为英雄，给了他盛大的欢迎，人们突破警察的安全线，高喊道："维利，维利！"勃兰特以他简单的存在，以他毫不夸大的言辞令人们对他着迷。东道主对他的反应并不满意，而且斯多夫更加坚持，他的政府不可让步的要求是西德对他的国家完全的外交承认，尽管这相当于暗示将放弃对德国统一的任何最终希望。勃兰特对德国的现状下的定义是一个民族的两个国家，而东德则说的是在德国土地上的两个民族。就勃兰特而言，爱尔福特之旅在情感上令人激动，但在政治上令人不寒而栗。两个月后，作为回访，斯多夫去了一趟卡塞尔，但那里没有大批人欢迎他。他只是重申了东德的立场。

勃兰特毫不气馁。在莫斯科，他与苏联经谈判达成了一项不侵犯条约，并规定所有现有边界都不可侵犯，这是西德对现实的一种彻底的接受。苏联人接受了一项书信补充，重申德国人能够通过自决权实现统一。条约意味着一种互惠的收获；苏联不得不放弃其字斟句酌的宣传指控，即联邦共和国是要复仇的，意图赢回在雅尔塔会议和波茨坦会议上失去的领土；勃兰特与勃列日涅夫建立了一种特殊的关系，后者在苏联与中国关系恶化的时候反过来欢迎与波恩建立更好的关系。（苏中两国之间甚至发生了军事冲突。）

波兰面临的是更大的挑战：联邦共和国从未承认过奥得－尼斯边界的定局，因此波兰一直放心不下——除了历史在两国人民中培育出的相互敌意之外——德国可能想要收回西里西亚和东普鲁士的领土。勃兰特现在把他对边界不可侵犯的相同保证也适用到了波兰，这一点成为德国－波兰条约的核心。

勃兰特邀请玛里恩·登霍夫加入将于 1970 年 12 月前往华沙签署该条约的官方代表团。她接受了，然后在最后一刻又退出了；即使对她来说，她也无法想象去为正式割让她的祖先的家园而干杯，这实在是太难了。在一封亲笔信中，勃兰特告诉她，他能理解，在准备条约的最终文件时，他自己也为之"哭泣"过。他去了华沙，在华沙犹太人区的犹太人 1943 年起义纪念碑前自发地跪了下来，低垂着头，这也许是我们所能见到的表达真正的政治忏悔的最令人沉痛的姿态——这样的道歉是一种有勇气的行为，绝不是传统惯例或政治投机主义。正如他自己所说的那样："我只做了在语言力不能及的情况下一个人应该做的事。我想到了数百万被杀害的人。"当时的一位记者写道："他没有必要下跪，而他却跪下了，是为了那些应该下跪而没有下跪的人——因为他们不敢来，或者是不能来，或者是不敢跪下来。"

勃兰特的象征性姿态以及他的政策在西德引起了强烈反对。在当时的一项民意调查中，48% 的西德人认为勃兰特的下跪是过度的，只有 41% 的人认可这样做。而对于这些需要议会批准的条约的反对力量也是来势汹汹。国外也有人持怀疑态度；美国国务卿亨利·基辛格是一个谨慎的观察者，而他的上司理查德·尼克松则对勃兰特及其政策有一种偏执的恐惧。基辛格认为，新东方政策能够终止德国民族主义重新抬头。这是奇谈怪论，原因在于该政策的起点就是放弃。其他美国政治家，包括迪安·艾奇逊，也对该政策或是怀疑或是怀有敌意。他们担心联邦共和国可能会偏离美国一方，但当时我倒是认为美国正处于偏离自己的危险之中。

当时勃兰特既拥有强大的对手，也拥有强大的支持者。在后者中，也许没有人能比玛里恩·登霍夫更具权威性，她在文章和演讲中高度赞扬勃兰特的新政策。她早先曾坚持认为与波兰的和解是部分缓和政策中的首要目标，并且需要德国放弃其东部领土，她在几年前以平静、宽宏大量的方式表达了对此的感受："我不相信仇恨那些接管了自己家园的人会表现出对家园的热爱。每当我想到东普鲁士的森林和湖泊，那宽广的草原和古老的林荫大道，我就会相信它们仍然像属于我的家园时那样无比可爱。也许爱的最高形式就是爱而不图占有。"

1971 年 10 月，玛里恩·登霍夫获得了德国书业和平奖，她利用这一高度公开的事件来为最近的条约所取得的成就欢呼喝彩。她并不认为这是一个新时代的开始，而是一个陈旧的刻板的时期的结束，在这种旧时期内，双方坚持"要么全有，要么全无"的准则。她是缓和政策大声疾呼的支持者，只是部分接受她的朋友基辛格表达的观点，即"缓和是减缓对手之间的冲突，而不是培养友谊"。她走得更远些，希望能逐渐改善对抗气氛；尽管存在意识形态上的敌意，她仍然伸手去迎接跨越边界的理解和友谊。

在勃兰特团队的推动下，四个前盟国之间最艰苦的谈判终于在 1971 年 9 月达成了一项关于柏林问题的四大国协议，各方都取得了一些成果。西柏林被认为不属于联邦共和国，但西柏林人可以携带西德护照。各方都明白，这项新的协议使柏林不再是暴力危机一触即发的热点。

1972 年 11 月，勃兰特的团队取得了惊人的选举胜利，然后在 12 月，两个德国签署了一项基本条约。根据这项条约，双方放弃在他们的关系中使用武力，承认边界是不可侵犯的，并承认对方的独立性。这为两国一起成为联合国成员国消除了障碍，并使东德承诺尊重《联合国宪章》所界定的人权。但它没能给予东德全面的外交承认：从此时开始，在东柏林和波恩将会有"常驻代表团"，但不是常规的大使馆。两个德国之间的旅行限制有所松弛，柏林墙两侧的德国人的生活普遍变得更好了。这一直就是勃兰特的核心目标。

然而，基督教民主联盟及其盟友继续保持极端抗争。他们指责勃兰特损害了国家利益，忽视了统一的希望。尽管如此，那几个条约仍然得到了批准，基民盟则投了弃权票。但反勃兰特的活动还是产生了影响。1972 年 1 月，他同意了一项法令（Radikalenerlass），该法令禁止激进分子（或被界定为颠覆团体的成员）担任公务员职位。根据悠久的传统，许多不同种类的工作被认定为公务员行列，因此该措施影响了数百万人。勃兰特认为他这样做是让他的批评者放心，他们经常提及魏玛的敌人滥用民主权利的方式，但是在全世界范围内都有反对这种新的德国"专制主义"的善意的但有偏见的抗议活动。这项法令招致了刻意曲解，在某些人眼里，它使勃兰特的成功黯然失色，并在左翼重新唤起了反德情绪。勃兰特本人也逐渐认识到这是一个重大的错误。

1971 年 12 月，当勃兰特获得了诺贝尔和平奖这项最高荣誉时，外部世界对此有截然不同的看法。这位前流亡者作为欧洲政治家回到了奥斯陆，在那里他雄辩地发表演说，称战争不再是"最终手段"，而是"最不该诉诸的手段"，和平才是我们这个时代的现实政治。

勃兰特是第三位获得诺贝尔和平奖的德国人。魏玛时期修复德法两国关系的调解人古斯塔夫·斯特雷斯曼是第一个获奖者（与阿里斯蒂德·白里安并列）；和平主义活动者卡尔·冯·奥西埃茨基是第二位获奖者，1935 年入选时仍旧被关在纳粹集中营里（勃兰特曾为他获奖出过力）；而现在则是勃兰特。就这三个人而言，可以说他们都在国外获得了荣誉，在国内却受到了恶毒攻击：对自我标榜的爱国者的盲目和卑鄙给出的令人不快的评论。

新东方政策和缓和政策的效果过去是现在也是一个争论不止的话题。十年之后，正如我们将要看到的那样，我强烈反对将捍卫人权置于假定的捍卫缓和之下，但我怀疑新东方政策是否注定了后来的立场。无论如何，在 1971 年的春天，我写道，"勃兰特政府——以其集体智慧和政治善意来衡量——可能是德国有史以来最好的政府"，我会用证据来证实这个早期的判断的。

国内也不太平。尼克松总统曾经承诺逐步使战争"越南化"，伴随的是美国军队的撤离，但这个国家仍然处于一种焦虑不安的状态。总统受各种批评者的偏执和怀疑所逼迫，以至于认为他们是伪共产主义者或自由派弱者，甚至可能是应该受到监视的潜在的叛徒。掌权者患上了妄想症就会使每个人感到紧张。1970 年 4 月 30 日，无论有过何种短暂的平静，尼克松的幻想破灭了，在一次特别令人厌恶的演讲中，他宣布美国军队入侵柬埔寨，这是一个美国军队迄今从未染指过的国家。对于许多公民而言，这似乎全然违背了他的承诺，由此重新燃起了一场席卷全国和几乎所有校园的反战怒火。那天，我在日记中写道："这是一场真正的宪法危机的开始。"如同珍珠港事件之前孤立主义者和干涉主义者之间的斗争一样，整个国家再次陷入了分裂。

我呼吁朋友们提出我们的抗议。5月6日，一些历史学家，包括费利克斯·吉尔伯特、C.范恩·伍德沃德、戈登·赖特、霍夫斯塔特、洛克滕堡和我，给《纽约时报》发出了一封长信（在那些日子里，该报每天都会刊登一些长而具有实质性的信件，而不像今天的报纸总是刊登许多片段）。我们把总统的行动称作"战争的灾难性和无可辩驳的再次升级……自1968年以来美国政策的一次灾难性逆转，我们谴责他不顾一切地无视他在海外徒劳的政策对我们在国内的生活造成的影响"。我们呼吁志同道合的公民一起表达他们的谴责："时间紧迫，国家面临极大的危险。"我们的努力可能没有或只有很小的影响，但在一个民主国家里这种对公众舆论的呼吁确实很重要。当时，我希望建立一个温和的两党委员会，由前北约指挥官劳里斯·诺斯塔德将军领导，这可能为美国从印度支那撤军提供了一个有力的实例。

我还私下向基辛格提出了抗议。他和我在20世纪60年代相遇，并一再让我在哈佛大学的国际研讨会上发言。我们曾是亲切的同事。我怀疑1958年我为他的一本论述梅特涅、卡斯尔雷和维也纳会议的书所写的一篇非常有利的评论留下了令人愉快的回忆。我钦佩他的智慧、洞察力和机智，他的成就也令人印象深刻。他与尼克松的关系我认为是非常独特的，离奇而且复杂。

在开始谈论入侵柬埔寨问题时，我说俾斯麦和戴高乐都不会
这样做，因为我知道这些政治家是基辛格眼中真正的英雄，而不
是梅特涅。他略微提到了尼克松所承受的巨大压力，并谈到了哈
佛大学的教授来找他公开表达抗议，尽管许多人私下向他保证支
持他；这只会加深他对自由派学者的蔑视。他说他很欣赏我的私
下拜访，并且听说过我对尼克松政策带来的国内后果表示担心。
当我离开时，我仍在批评尼克松，这时他说了句令人惊讶的话。
"别忘记，"他说，"他不是我的总统。"我猜想，这可以联系到
他早先对尼克松的政敌纳尔逊·洛克菲勒州长的忠诚。多么令人
崇敬的不忠！

很少有大学能幸免于这些年来的动乱和破坏，因此我加入了
一些国际团体，试图为校园带来秩序，但是我很沮丧地发现很多
自由派学者或评论家变成了独裁主义者。即便是最偏远的地方，
也能感受到激情冲突的震撼——包括在康斯坦茨新成立的大学，
位于康斯坦茨湖边。这所大学于 20 世纪 60 年代初期由当时担
任巴登 - 符腾堡州总理的基民盟的库尔特·基辛格创建，达伦
多夫以及他的同事瓦尔德玛·贝松被视为这所大学的知识之父，
学校原本打算成为一所小型的改革大学（没有传统的法学院和
医学院），这样就可以强调跨学科的研究工作。当时提出的口号
是，小巧就是美丽。学校的规模、位置和特色给康斯坦茨带来了
实现卓越的好机会。该校有一项创新是从国外招聘"永久性访问
教授"，他们每三年至少要教一个学期的课。1966 年，我接到了
这样一个聘约并接受了这种奇妙的矛盾的位置：永久性的临时岗
位。哥伦比亚大学很勉强地同意了，知道我会把它放在第一位，
而且确实我很多年没有接受康斯坦茨大学的安排。尽管如此，与
两位备受赞赏的同事合作的前景让我感到高兴，此外还能在欧洲

拥有一个潜在的根据地，距离瑞士只有一步之遥。

1971 年 5 月，我第一次前往康斯坦茨，当时只待了一个多月。佩吉和我被安置在湖边一座仿造的城堡中狭窄的住房里，这座城堡由一位日耳曼诗人威廉·冯·舒尔茨的怪异的寡妇拥有，她对丈夫的记忆始终非常强烈。花园里有一条长凳，上面标记着"诗人的板凳"。有一次，或是故意或是意外，我坐到了这条板凳上面，这让她感到很沮丧，因为我这样做似乎亵渎了神灵。

此时，达伦多夫在外交部担任瓦尔特·谢尔的国务秘书，所以我在该大学最亲密的同事是瓦尔德玛·贝松，他是一位接受过历史学训练的政治学家。贝松充满活力，身材魁伟，精力充沛，机智敏捷，才华横溢，讲话富有煽动性，并且不屈不挠。他属于 20 世纪 20 年代出生的那一代德国学者，他们惊人的能力似乎决心要弥补上一代有缺陷或缺失的工作。贝松给我留下的印象是，他是一位伯克派自由主义者，是一种极为罕见的自由主义气质和保守主义原则的综合体。他强烈反对偏狭的学生激进主义，甚至在康斯坦茨也有他们的一种喧闹的代表。（有一天，贝松收到了一个大包裹，上面写着"反动派肥猪"收；他没有打开它。）他一方面竭尽全力地致力于德国人在国内的自由，另一方面则在国外代表着谨慎的现实政治。

在 6 月初的一天，他和我一起沿着湖岸散步，探讨国家、世界和我们的前景。他以他特有的热情鼓励我在湖边买一套住宅——当时还负担得起——从而将康斯坦茨视为一个半永久的基地。这是一个诱人的提议。两天后，他突发肾结石；在痛苦中扭动着的他，被人问到是否对青霉素过敏，他嘟哝着给出了一个不确定的回答。接着他被注射了一针青霉素，作为一种常规的预防措施，结果数小时后他就去世了。这对我来说是一种损失，但对联邦共和国的公共生活来说是一个巨大的损失。

康斯坦茨大学的校长请我在第一次贝松追思会上做演讲，我给讲稿加的标题是"迈向新的德国的过去"，暗指贝松计划写的现代德国史。（奇怪的是，在我用德语写这第一篇长文时，我没有觉得写作是件容易的事。但不知怎么仍然有一种力量吸引着我去写；我的德语带着些美国腔，稍微自由些，也许是有点淘气。）我辩称，德国历史不可能永远只从 1933 年或 1945 年的角度去看待，并警告说，将国家社会主义视为德国历史的高潮是错误的，是去接受纳粹主义的必胜信念。我们所需要的是一种欧洲的或比较的方式去对待德国的过去：国家社会主义时期应该被置于欧洲第二个三十年战争的背景下进行研究。对于"为什么希特勒出在德国"这个问题应该辅以"为什么希特勒出在西方世界"这样一个问题。人们对极权主义模糊的适应性也应该加以研究，因为诱惑无处不在，同政治上的脆弱性、人类的怯懦、不安全、叛国和不人道一样。我恳请大家关注在过去问题上的象征和狡辩，我们应理性地审视非理性在政治生活中的地位。

演讲很受欢迎——我在日记中写道，达伦多夫称我的演讲"气势宏大"（grossartig），这样的鼓励在当时意义重大。当这篇讲话稿在 1972 年以小册子的形式出版时，我给伯爵夫人寄了一本，之后的所有作品我也会寄给她；她成为我为之写作的极少数人之一，并且她的反应对我来说非常重要。作家需要一些经验老到的读者。我认为她给我提供了进一步的激励，促使我去为普通的读者写作。

在康斯坦茨大学的逗留是我密集参与西德教育体系的一道和平的序幕。经济合作与发展组织（经合组织）——一个非常有效的机构，也是马歇尔计划的遗产，由 23 个"发达的"工业国家组成，旨在制定推动经济增长和提高生活水平的政策——邀请我同其他四位"专家"一起去审查德国的教育实践，涵盖从学前班到大学的所有内容。接受委托所撰写的审查报告——其中包括对成员国实施改革的建议——是经合组织的一项主要的也是得到极高评价的任务。在那个时刻选择了联邦共和国可能是一个行政管理上的巧合，但它的到来正好是教育成了西德一个亟待解决的紧要问题的时候，当时不仅有大学骚乱的背景，还有勃兰特提出的很多民主倡议可供借鉴。

我被迷住了。关于教育的抽象辩论总是让我觉得无聊，但是在前所未有的冲击中，大学的命运已成为一种吸引人的兴趣所在。我接受了经合组织的邀请，再次屈服于合理的诱惑，而牺牲我在学术研究上的专注。写一本大部头作品是延迟满足的一种长期练习，而我却可能经常做出错误的选择——或者更有可能的是，我会假设我可以同时做各种各样的事情，由此就会无意识地选择一种不断为之奔波的生活，从而将反思和学习作为代价。尼采的警告一直是一种令人不安的指南："你们所有这些热衷于艰苦劳动，喜爱一切新奇、陌生事物的人，你们很难忍受自己，你们的勤劳只是一种逃避，只是自我遗忘的意志。如果你们更多地相信生命，那你们就不该拜倒在这短暂片刻的脚下。但是你们却没有足够的能力等待下去，甚至连偷懒的能力都没有。"

我们这个审查团队成分比较复杂，主席是阿兰·佩雷菲特，一个严峻、孤傲的人。作为一位著名的戴高乐主义者和教育部前部长，他是一位多产的作家，也是我们中间最杰出的——就德语而言——却是我们中间知识最少的成员。杰克·恩布林是英国教育和科学部的副部长，他是一位典型的公务员，镇定自若，持怀疑态度，聪敏好问。瑞典人托尔斯滕·胡森是一个撰写经合组织报告的老手，还有来自哥伦比亚大学师范学院的哈罗德·挪亚，他们都是职业教育家。我将专注于大学的办学条件。我们收到了大量的背景材料，成堆的各种机构最近准备的报告，然后在 1971 年夏天，我们开始了对六个西德城市精心计划的考察之旅，在这些城市里我们与各种各样的人讨论教育，从部长到教师再到学生。我有时会逃离一些正式会议，去进行自己的非正式访谈——对我来说，逃离时刻往往是最具启发性的。

根据传统和波恩的"基本法"，教育是每一个地方政府的责任，尽管联邦政府当时正在资助更广泛的联邦协调计划。达伦多夫在 1965 年出版了一本关于联邦共和国教育缺陷的很有影响力的书，书中一些具有挑战性的观点是正确的："现代化"在德国的教育体系中简直少得可怜，盟国所希望的"民主化"完全没有实现。德国的专业人士始终拒绝改变"教育失败主义"的观点，并抵制改革。

当我们飞往西柏林时，我对佩雷菲特说我们在这里的主要关注点应该放在自由大学上；他同意了，以为这个名字意味着学生可以不必交学费，尽管所有德国的大学都是这样（并且在很大程度上现在仍然是）。在我们到达时，一位我很熟悉的大学管理者给了我一封密信，告诉我，我们与一些独立人士的约谈，包括前校长汉斯·冯·克雷斯，都被刻意阻止了。代替他们的是，安排了一次与自由大学副校长乌韦·韦泽尔的会谈，此人是一位有强烈左翼同情心的法学教授，他试图向我们保证大学里一切井井有条。他临时代表三十岁的校长罗尔夫·克里比奇，一位同情学生的左翼社会民主党人。根据一项新的大学法律，校长必须由大学的所有成员选举产生，而克里比奇在与前任校长和资深法学教授的竞争中获胜，因此他成为第一个被选入德国大学管理层的教师。年长的资深教师和大多数柏林政客为此感到沮丧。

我们这个团队里有一位经合组织的顾问，名叫巴里·海沃德，他和我偷偷溜出了会场，跟着我们的还有赫尔穆特·贝克尔，他是马克斯·普朗克教育与人类发展研究所所长，现在在自由大学里扬扬自得地讲述着生命。然后我们按照事先安排，出发去拜访君特·格拉斯，他住在柏林一栋古老的房子里，家中非常整洁，也很宽敞，我们的谈话很自由，对各种主角进行了一番积极的评论。海沃德对格拉斯友好的反对偶像崇拜的信念感到很激动。在以前的场合中，我曾经见过和我同时代的格拉斯（他曾经在一次家庭晚宴上准备了野猪肉）。我对他非常钦佩，不仅因为他的两部杰作《铁皮鼓》和《狗年月》——在纳粹糟蹋了语言之后，他的这两部小说又恢复了德语散文的优美和力量——还因为他的政治参与，包括他在 1969 年勃兰特竞选活动中所做的工作。（后来我们也常见面，但在 20 世纪 80 年代我们的联系逐渐减少了，这是因为他尖锐的和非原创的反美主义变得更强烈了。）

我在自由大学的一位知己警告我，我们这个小组正在听取的都是些官样文章，他们在一个私人住宅里组织了一次秘密会议。我同恩布林一起去参加那次会议，会场弥漫着一种地下抵抗者的气氛。这所大学里一些最著名的教授，其中许多人拥有无可挑剔的自由主义者资格，包括奥托·冯·西姆森，艺术史学家和曾经的纳粹主义的难民，他们描绘了一幅无处不在的意识形态恐怖和仇恨的画面，几乎破坏了常规教育的可能性。他们每个人都有自己的满腔愤怒要倾吐。我永远不会忘记恩布林坐在回程车里的评论，他原先不相信我之前关于动乱的描述，但现在他明白了。他咕哝着："嗨，仇恨！在大学里怎么会用上这么一个出格的词！"

在法兰克福，我同于尔根·哈贝马斯进行了交谈，然后留在他家和他的妻子一起共进晚餐，他的妻子非常热情好客。我认为他是一个改革者的典范，他曾经同情学生们的早期要求，理解彻底改革的必要性，但拒绝一切形式的暴力。无论他对改革大学的想法有多激进，他在我们分别时说的话更加打动人："在某种程度上，我们的心仍然属于原先的大学。"我们希望尽可能多地挽救它，并使它在一个改变了的社会中仍然具有生命力。

那年秋天，我们的报告撰写完了，然后提交给了经合组织，同时转给了两名指定的德国的"调查对象"，我们将于11月在巴黎与他们举行通常的"对质会"。那两位都是我的朋友：伯恩哈德·沃格尔，当时是莱茵兰－普法尔茨州基民盟的教育部长，以及希尔德加德·哈姆·布鲁赫，联邦教育和科学部的国务秘书，他是一位真正开明的自由民主党的成员。

我们的报告强调了西德令人吃惊的经济发展，备受吹捧的经济奇迹（Wirtschaftswunder）与其教育落后之间的不平衡。旧德国体制中的不平等现象依然存在：对劳动阶级的儿童、妇女和天主教徒存在歧视。大约有90%的孩子没有希望就读任何一所大学，大学录取令人震惊地倾向于有产阶级和受过教育的阶级。在这方面，我们支持达伦多夫和其他人已经证实的情况，并且我们可以添加一些比较材料：其他经合组织国家的歧视性要小得多。

报告中一个较短的论述大学的部分是我帮助撰写的，这部分强调了旧的教育体制是不合时宜的、不能接受的，在这种体制中，全职教授几乎拥有全部权力，完全掌控了大学政策，更糟糕的是，掌控了年轻同事、助教和学生的命运。正如一位政府官员对我说的那样，这是"我们最大的问题"。入学政策改革和治理改革势在必行。我们列出了具体的改革措施，但警告要防止"教育学乌托邦主义"，我们注意到在某些地方"大学生活已接近完全中断"，由于激进团体非常讽刺地使用强制手段，正试图"将大学转变为练兵场，去培养一个……革命型的社会"。学生对提供更好的教学的合理要求不应导致忽视研究，将后者转移到非大学研究所——例如，马克斯·普朗克研究所的数量在稳步增加——是有害的。我们建议成立一个独立委员会，由"除了大学本身以外的各行各业的男女组成"，然后让这个委员会编写一份报告，作为实际改革的基础。

在巴黎华丽的夏悠宫举行的非常正式的"对质会"上，我们的两位德国受访者也是非常正式的，来自其他经合组织成员国的约 30 名专家陪同我们的两位德国调查对象参加了会议。我不确定联邦共和国最终能从我们的报告中获得什么好处，这份报告在联邦议院遭到了攻击，也有人为此辩护，然后很可能就会淹没在教育学备忘录的大海中不为人知。但教育在德国仍然是一个长期存在的问题，通常也是一个政治难题。经济合作与发展组织于 2002 年公布了国际学生评估计划（PISA）研究的结果，该研究基于对 32 个国家 265000 名高中生的测试，芬兰在阅读识字方面做得最好，日本和韩国在数学和科学方面做得最好，而德国的综合水平低于经合组织的平均水平。这引起了广泛的公众自我反省；教育在 2002 年竞选活动中成了一个主要话题；最近，社民党的部长们——在所有人中！——呼吁创建"精英大学"，因此私立大学也首次登台亮相。正如在德国经常发生的那样，压倒一切的不是改革而是相互指责。

我们的努力带来的效益可能不太显著，但我从中学到了很多，我遇到了一些令人印象深刻的官员，佩雷菲特和我继续见面并交换书籍，沃格尔和哈姆·布鲁赫成了我的朋友并且至今都是：两位自由主义精神的拥护者，两位在道德上最强烈地关注勿忘过去的恐怖的政治家。

在我对当时西德学生中的暴力压力感到沮丧之时，我可能对激起他们采取暴力行为的原因考虑得太少：学术结构的僵化和享有特权的专制的教授职位所带来的根深蒂固的自身利益。然而我们并不知道的是令人震惊的纳粹时代的连续性：大学里面充斥着年龄大得足以在纳粹时期教过书的人，还有些年轻人则曾经在种族"研究"和人口安置计划这类臭名昭著的领域内为纳粹政权效劳。例如，在 20 世纪 90 年代末期，各种著名历史学家与纳粹主义的纠葛才被揭露。这些教授的学生，其中有些人还成了下一代中的自由派历史学家，并没有问过他们当医生的父亲："你在第三帝国做了些什么？"那些年纪大的人不愿去说，而大多数年轻人则不敢去问——我的论点的另一个例子则是，20 世纪的情绪可以用"他们不想知道"这句话来概括。

我一直纠结在现在和过去之间的关系中，我的教学和未完成的论述俾斯麦和布莱希罗德的书使我一直停留在过去。在大多数夏天里，我会出门到我们在佛蒙特州的住宅里去继续写书，在那里我会一头钻进建在一个旧的牛棚角落里的书房。我记得有时候我会突然结束写给我儿子的信，解释说："我必须回到我的牢房去完成我的刑期。"在很多情况下，一句话真实的或在此处双重的含义只是在后期我才会搞清楚。但是写一本未完成的书确实感觉是在服刑——而且期限未定。*我在佛蒙特州通常非常忙碌，

---

* 1975 年 7 月，乔治·凯南对我表示感谢，因为我刚刚看完了他写的论述法俄联盟的书稿并做出了评论。他似乎能理解我的心情："历史是一门孤独的事业……还有鼓励我完成这本书的一些话……自我见到你以来，我或是在公共档案馆或是在赫尔辛基大学图书馆的斯拉夫语馆藏部寻找资料，在这两种情况中，我都只发现了低级矿石，但并非一点金属不含。"

我母亲也往往来此居住；凯瑟琳白天管理马匹，晚上照顾她的祖母：一个理想的教育家的养成阶段！

多年来，我一直在查询档案并阅读二次文献，并且已经起草了许多章节。但我失去了我的鼓动者和合作者——大卫·兰德斯不得不放弃布莱希罗德去完成其他任务，如此一来，我只能单枪匹马完成了。此时，大部分零件已经组装好了，但整座大厦尚待搭建。我需要不间断的时间，最好能远离哥伦比亚大学，但要有良好的图书馆设施和一些文书工作方面的帮助。机遇和运气再次帮助了我。在 1972 年至 1973 年，新成立的荷兰高等研究院（NIAS）为我提供了奖学金。

仅仅是来到荷兰就是一种快乐：我们又可以尽情享受跨大西洋航行的盛大乐趣，最理想的是乘坐法国轮船，享受在海上生活的日子，观赏眼前不断变化的色彩和不停运动的海洋，去感受同时存在的梦幻和美景。在我们这个时代，一切都在不断地变化，因此不得不抛弃许多原先的舒适。

荷兰高等研究院坐落在繁华的海牙西北郊，由警察营房改建而成，距离北海的沙丘和海滩仅有几步之遥。对于来自许多国家和不同学科的学者们而言，此地就是一个避风港：真正的出自人类同情和求知欲的跨学科，而不是硬性搭配。那一年，在我的同事们中，有一位英国经济学家、几位荷兰政治学家，以及一位挪威语言学家——朗纳·罗米维特，他向我介绍了哲学家克尔凯郭尔的格言，"过日子要向前看，但理解生活则要向后看"。有些时候，诙谐、聪明的什穆埃尔·艾森斯塔特，一位居住在以色列的世界主义社会学家，会带着他慷慨的妻子也出现在那里。我变得非常喜欢荷兰，这是一个真正宽容的国家——国土如此狭小，天才如此之多，历史如此惊人。我心想，如果我的专业能重新选择，我会专门去研究荷兰历史。

在这里，每个晚上的讨论都少不了提到一些关于战争岁月的悲惨故事，因为那个年代仍然相距很近。荷兰高等研究院的实际管理者是一位女性，名叫埃尔丝·格拉斯特拉·凡·隆，曾经是荷兰地下组织的一位主要人物。我注意到，她和许多在战争期间冒着极大风险、表现令人钦佩的人一样，很少谈及她的战斗经历。她说，最初的一步是一种直接的冲动，产生于一种除此之外别无选择的感觉，随后投身于各种形式的抵抗运动则需要慎重、秘密的规划和策划。我们可能永远都不会知道究竟有多少像她这样的不知名的男人和女人，他们的行为表现出被我称为"活跃的尊严"，然而，他们的故事是欧洲在德国统治期间灾难性衰退的一部分——理应受到尊重。

我遇到了一位荷兰精神分析学家——大卫·德·莱维塔，他是一个犹太孩子，曾经藏身在一个荷兰农民家庭，而这户农民的儿子则加入了党卫军。这些都是战时的复杂性，往往被简化和忽视。他在爱利克·埃里克森的启发下写了一本关于身份的书，这个主题远非当时的主流，但有助于我对布莱希罗德的理解，后来他专门收治幸存者的孩子，因他们父母的经历而受到心灵创伤的"第二代受害者"。他和他的妻子一直是我们的好朋友；我们常常谈起有关被驱离家园、连根清除的最令人费解的方方面面，这是我们那个时代共同的痛苦。

当我待在荷兰高等研究院的时候，恰逢阿尔弗雷德·A.克诺夫出版公司出版我的一本论文集，为了这本《反自由主义的失败：现代德国政治文化论文集》，我十年来一直在寻找欧洲的书籍。我承认我偏爱论说文的探讨性语气，并阐述了我的观点，即"情绪、情感和观念确实能改变世界。但它们如何改变世界，并结合其他什么环境和利益来改变，则是历史学家的一个核心问题"。反自由主义是一种在危险突发时刻所有人民和个人共同的心态，但是，我写道："德国社会远非压制反自由的冲动，而是培养并形成了一种习惯性的反应……上层阶级在恐惧中束手无策，同时被其利己主义约束，没能抓住改革和合作的机会。他们不但没有去修建桥梁，反而挖了壕沟。"不断加深的内部冲突促使德国形成了顽固、自闭的外交政策，并为最终引发第一次世界大战迈出了决定性的一步。

我还争辩说，德国的过去带来的教训与美国有着特殊的关联，德国因此陷入两次世界大战以及国内的冲突和暴力之中。我反对越南战争的支持者通过提及慕尼黑和绥靖政策来诋毁其批评者的方式，然而在政治派别的另一端，我也反对为了诋毁政府和大学，不惜拿法西斯主义者或盖世太保来做同样轻率、错误的类比。美国曾经认为自己是西方的救世主；它的批评者现在却认为它是"那个世界的恐怖……（美国）正在步履蹒跚地走上一条权力和责任的道路，这条路没有任何国家能全身而退，与其他任何国家相比，美国走上这条道路所面临的条件更加危险也更加关键，美国最大的资产可能就是它的自由主义传统，尽管它的表现并不完美，尽管它还经常受到挑战"。

这本书中有两篇文章是关于俾斯麦和布莱希罗德的那本书的初步构思。为了捕捉他们那个时代的精神，我转而求助于小说和戏剧。我撰写的第一篇文章论述了 1877 年出版的易卜生的《社会支柱》，这部剧作入木三分地揭示了资本主义社会的道德虚伪和实际罪行，我把它看作对《共产党宣言》做出的戏剧性的评论，但该剧没有提供社会革命将在一个新的良好的社会中创造出一个新人这种令人欣慰的希望。在第二篇文章中，我提出工业资本主义所取得的迅速胜利在德国社会中造成的变革比 1871 年的国家统一还大。我把 19 世纪 70 年代恶毒的反犹太主义的突然爆发与那个十年的经济大萧条联系在一起，这样便揭露了作为个体的犹太人受到牵连的普遍的腐败现象。由此，对犹太人的贪婪和权力的攻击成为德国违法行为的托词，这种攻击可以表现为德国理想主义的公开声明。我试图强调，反犹太主义可能会突然成为德国或个人清白无罪的一个诱人的主张。"所有这一切难以记录下来，然而很容易被夸大，但是在一个富裕的和文化上焦虑的时代，偏执的政治黑社会是不容忽视的。"

对我这本书的回应中有四篇评论对我来说尤其重要。杰弗里·巴勒克拉夫，一位研究中世纪欧洲的英国历史学家，正确地看出我是站在韦勒尔和科卡这些年轻的德国历史学家一边的，但是错误地颇具讽刺意味地把我看作我的一位导师哈乔·霍尔本的对手，他错误地认为哈乔·霍尔本是一位扬扬自得的自由主义老学派中的主要代表人物。他只有一半是正确的，因为我的前提是挑战一切自由。著名的研究德国思想的美国历史学家马丁·杰伊指出，在针对德国的反自由主义时，我没有对自由主义的缺点给予足够的重视。

但是对我来说意义极为重大的一些话出自 C. 范恩·伍德沃德给我的一封信，他是一位历史学家，也是霍夫斯塔特的密友。学术专业化的本质就是令人厌倦，我与美国历史学者见面和共事的机会是少之又少，所以伍德沃德的来信完全是出乎意料的，让我感觉有点受宠若惊，同时也令我放心："到目前为止，我只阅读了引言部分，但从中我能获知在许多方面我可以向你学习，比如历史学家在他所撰写的历史中的亲自参与，这种参与所能激发的敏锐的洞察力，以及参与所能唤醒的深刻的理解和同情。这一部分给了我们一个美丽动人的陈述。"过了一段时间后，伍德沃德与我逐步合作，一起致力于捍卫美国的自由主义，反对高高在上的、强大的敌人。

我并没有完全理解他给我的慷慨的评论，我认为我没有意识到我的"亲自参与"——当然，我正在写的有关犹太银行家的书和德国总理之间存在一定的关联——竟是如此费力地从那么多零碎资料——还有我自己的生活——中去收集所需要的素材。我尚未完稿的书的第三部分标题为"同化的痛苦"。然而，这项工作也可以说是我的导师，它帮助我理解了我自己的世界，并加深了从一开始就存在的关注，从中我还学到了一些关于经济力量的中心地位、关于物质力量的普遍性的知识。

荷兰高等研究院给了我一个机会去完成关于布莱希罗德的那本书的初稿——差不多快完成了。但是对美国形势的担忧又耽误了我的进程。确实，尼克松正在逐渐结束越南战争，即使水门事件的阴影落在了他的政府头上，因为在那个春天，对尼克松卷入了犯罪阴谋的怀疑在不断增加。我的荷兰朋友们感到非常惊讶，他们不明白美国公众的道德观念怎么会如此强、如此挑剔，以至于想到去攻击，更不用说去弹劾一位在外交政策上取得如此巨大成就的总统，譬如他戏剧性地"打开"了中国的大门。欧洲人认为我们是天真的道德主义者——难道政治不总是会有一个有污点的阴暗面吗？可笑的是，他们误判了尼克松的自我毁灭性偏执狂倾向，并低估了大多数美国人对合乎宪法的诚信的尊重。

但是个人受到的冲击往往是最深重的。在荷兰高等研究院的这一年我因私人的悲痛而低落，因为在那年初秋，亨利·罗伯茨死于胰腺癌。我飞了回去，并在佛蒙特的一个乡村教堂举行的葬礼上讲了话。几个月后，我母亲中风了，在她去世前几天我又回到了美国。给我的感觉是仿佛所有的不幸突然间全降临了：首先是霍夫斯塔特，然后是罗伯茨，他们两个是我刚到美国时的精神支柱，现在又是我的母亲，她已经如此彻底地适应了她的这个新的国家，这是因为她是如此深深地扎根在她对自己祖国的怀念之中。失去自己最亲密的仍然年轻的朋友给我带来的痛苦是非常巨大的。但是曾经拥有他们我又是多么幸运啊！对我的家人来说，这些也是可怕的损失，因为他们的支持是能够维持生命的。

仍然受到医疗知识的束缚——我想这是从我过度焦虑的父亲那里继承的，我开始担心起我的健康。我从荷兰去看我的朋友，伦敦精神分析学家约翰·鲍尔比，去寻求慰藉和智慧。在他位于汉普斯特德的家中，他带我进入他那间昏暗的书房，试图帮助我理解父母或朋友的死亡造成的不仅是心理上的痛苦，还有身体上的冲击，它对躯体的影响就像是一条腿或一只手臂被切断了一样。同所有伟大的真理一样，这也是一个简单而深刻的真相。在以后的生活中，我也有机会将鲍尔比的智慧传递给哀悼中的家人和朋友。过了好几个月后，我的悲伤终于也能让我有一些感恩的回忆了。

我在荷兰高等研究院的逗留允许我经常前往联邦共和国。1973 年 3 月，我第一次到玛里恩·登霍夫在布兰克内瑟的家做客，那地方是汉堡的一个繁华的安静的郊区，由别墅和林地构成，离易北河河口相当近，船只在这条河上往返于欧洲最繁忙的港口之间。

她家不大的住宅的一楼是一间大房间，兼作书房、客厅和餐厅。墙上挂着一个美丽的歌白林双面挂毯，这是来自她的过去的为数不多的珍宝之一，还有柯克纳、诺尔德和柯林斯的风景画以及奥地利画家百水先生的大量画作。她的书都放在这里——经典的和当代的作品，还有她的唱片，她的有点混乱的文件，以及她的书桌。书桌在房间的中央，面对一扇朝向花园的大窗户，桌上摆着她的故乡弗里德里希施泰因和她最喜欢的表哥海因里希·冯·莱恩多夫的照片，她的表哥在 7 月 20 日针对希特勒的暗杀失败后被纳粹杀害了。就在那张桌子上，手中握着铅笔，她用清晰的、观点鲜明的散文体写下了专栏文章和著作。在我看来，这是一个完美的、永恒的房间。她在不引人注目的美丽中散发着快乐，她将工作与生活合二为一。

我们谈着谈着——我们有谈不完的话题——我们谈了政治和历史，谈了朋友和执迷不悟的人，谈了公共事务，也谈了私事。我们谈到了未来的计划和对过去的回忆。我们会带着她的长毛腊肠犬去遛狗，这条狗是她唯一允许甚至鼓励可以顽皮捣蛋的生物，也许这条狗表达了一种在她身上受到抑制却也不喜欢在别人身上表现出来的挑战精神。她认为"意外事件"在塑造她的人生过程中起到了很大作用，她觉得这是一种普遍的经历。她很高兴地回忆起以前的一个故事，她曾经问基辛格和我，如果没有希特勒的话我们会成为什么样的人。亨利说他会在他的家乡菲尔特当一名高中老师，我说我会在布雷斯劳当一个医生。然而，包括伯爵夫人在内，我们都没有问起没有希特勒的话她会成为什么样的人。她的兄弟们会接管弗里德里希施泰因吗？她会留在那里，还是会去另一个城市，成为一名伟大的记者，一个道德权威，一个支持民主的贵族？我们所有人的生活充满了偶然的意外的变化。

她了解那种后果非常严重的事件，并认为她有一个保护她的"Schutzengel"，一个守护天使。她在对待疾病方面肯定有一种随意性。有一次，当她被迟迟不愈的咳嗽困扰时，我问她是否去看过医生，她回答说："当然没去，我不相信他们。"那么，她发烧了吗？"我连温度计都没有……疾病是针对忧郁症患者的"，她说道。

在接下来的三十年里，我无数次地去过她的家，她的朋友也逐渐成了我的朋友，从他们身上我也得到了很多乐趣，她的不加虚饰的旧的文化，她对新事物和年轻人的探究精神使我受益匪浅。在短短几年后，她就建议我们可以互相直呼名字。然后，我记得是在我们相识二十年之后，她提议我们改用更亲密的"du"（你）相互称呼，根据德国的习俗，一旦采用这个称呼就会涉及一个复杂的手势，手臂交叉，各自端一杯酒在庆贺某事之前轻轻干一杯。此后，往酒杯里倒上适量的香槟或葡萄酒然后干一杯已经成为我们见面时的一种例行规定了，不论是在汉堡，还是在纽约，在西尔斯·玛利亚，或是在大西洋两岸的许多次会议上。我和她的大家庭的其他成员也见了面，首先从她最喜欢的侄子赫尔曼·哈茨费尔特伯爵开始，他是威斯特伐利亚一座宏伟的城堡和树木繁茂的庄园的继承人。但最美好的时光是她家的那种正式的非正式性。如果说在德国还有一个地方能让我再次感觉像家一样，那就是在她的家里并且在她的陪伴下，无论她说了或者没说，我们都心有灵犀。我与伯爵夫人的友谊也是"一个新的开端"。

当我说我对友谊充满信心——这个人生的礼物是我从小就学到的，并且不可估量地丰富了我的生活——我并不是说我坚持感情横溢的，特别是德国那种对友谊的崇拜。但我确实珍惜与某些男人和女人之间稳重的信任感和情感上的亲密感，这种关系产生于初次见面时立刻引起的喜悦之中，且随着时间的推移而加深，并值得特别的关注和庆祝。友谊能使一个人变得更强大，但也会使人更脆弱：因死亡，或在极少的情况下因决裂而导致的友谊的丧失是很难接受的。

　　我的欧洲友谊发展得很快，不仅在欧洲，而且在美国。我母亲去世之后，我继承了一小笔遗产，佩吉和我在普林斯顿买了一套房子用来过周末——坐公共交通工具即可抵达那里，而且离普林斯顿高等研究院很近，我的朋友兼导师费利克斯·吉尔伯特是该研究院的永久成员。费利克斯的名字来源于他的祖先费利克斯·门德尔松·巴托尔迪，他自己曾是柏林的弗里德里希·梅尼克的学生；1933 年他离开了德国并最终辗转来到美国，战争期间他在战略情报局的中欧处工作，后来逐渐被公认为一位杰出的历史学家，一位无论是字面上还是隐喻上都名副其实的文艺复兴时期的学者，一个有着最机灵的心理和政治敏锐度的人。费利克斯是一名卓越的人才发掘者，他帮助研究所选拔享受一年奖学金的外国学者。因此，正是在普林斯顿，我逐渐认识了一些优秀的欧洲人：于尔根·科卡（他的妻子来自布雷斯劳），卡尔 - 迪特里希·布拉赫和他的妻子，托马斯·尼佩代夫妇，以及著名的历史学家双胞胎汉斯和沃尔夫冈·蒙森。我早就认识成果惊人的汉斯 - 乌尔里希·韦勒尔，还有鲁道夫·冯·阿尔贝蒂尼，他是一位瑞士历史学家，住在库尔附近一座古老的家族城堡里，并在苏黎世任教。凭借所有这些联系和我自己的本土倾向，欧洲逐渐成为我的第二个家。

　　回想起来，我发现自己有成为一名"介入型观察者"（这个词是雷蒙·阿隆用在他自己身上的）的倾向，但这种趋势直到在荷兰的那一年才得到完全发展。我现在能比先前更清楚地理解伍德沃德对我的那本论文集的回应了。正如伟大的学者兼外交家巴特尔德·尼布尔在 19 世纪 20 年代后期所写的那样："当一位历史学家在复原以前的时代时，他以滴血的或欣喜的心情所见证的事件越大，他对那个时代的兴趣和同情就会更深。"此外，尼布尔还承认存在甚至更加深刻的影响："亲爱朋友的存在和联系会产生一种热情；这也是一种直接的影响，借此缪斯女神会在我们面前显现，唤醒我们内心的快乐和力量，并使我们的视野更加明亮：我的一生和我身上最好的一切应归功于这种影响。"

我在历史学上的研究工作凸显出我在专业、政治和个人这三方面兴趣的交织，而且在荷兰生活的这一年中，我越来越多地意识到我对以色列的关注。多年来，我一直在密切注视着为在巴勒斯坦建立犹太人家园的斗争——当然，是从我小时候遇到哈依姆·魏茨曼时开始的，也是从巴勒斯坦成为我家移民的一个遥不可及的选择时开始的。然而现在，在1972年，我一到荷兰高等研究院，就发生了巴勒斯坦武装组织在慕尼黑奥运会上杀害以色列运动员的事件：一场可怕的悲剧。在我整个留在荷兰的一年期间，发生在中东的事件一直在吸引着我。

直到1971年我才去了一趟以色列，我的朋友也是曾经的学生杰伊·温特当时在耶路撒冷教书，他充当了我们的向导，带我们不仅参观了古代的荣耀，还走访了最近的过去。一开始，就在我们到达的第一天晚上，他带着佩吉和我漫步在月光下的耶路撒冷，一切是那么神秘，那么令人心动。他带我们去看了最近打仗的战场，我们还去参观了一个早期的基布兹（以色列的集体农场）；我一直认为，在原始的、和平的社会主义社区中创造出"新的男人"和"新的女人"这个梦想是20世纪伟大的且部分成功的乌托邦之一。我们从他那里了解到1948年以色列过度的行为和暴行，他们大规模驱逐巴勒斯坦人（当时这并不是常识）。伴随着以色列国的建立，这种在严酷事实面前的"无意识"是通过什么方式实现的，这个问题依然是一个相关的问题，尤其是对于我们这些关心"遗忘"的人来说——在某种程度上，以色列的合法性取决于 1948 年的战争是否被完全视为一场防卫战。一种复杂的对以色列的认同感在我身上逐渐增加了：当然它不是我的国家，希伯来语也不是我的语言，但我对这个避难之国、希望之国、遭受破坏后的抗争之国怀有一种亲近感，感觉自己是一个部分属于它的陌生人。杰伊带我们穿过犹太人的旷野，这片神秘的荒凉之地令人敬畏，然后到达马察达，此地是一个精心培育的象征，象征着犹太人的坚定信念，但不是毫不妥协。

在以色列 1967 年获胜之后的几年里，恐怖主义这种古老的武器得到了大规模的复兴。这在中东或其他地方并不新鲜：在英国托管下的巴勒斯坦，犹太地下组织就曾采取这种行动。但是现在，虽然以色列人始终坚持不妥协的政策，但伴随着巴勒斯坦人的恐怖主义袭击——满足恐怖主义的要求就相当于鼓励恐怖行为并屈服于其逻辑——恐怖主义无论如何仍在增长，或者是出于狂热主义，或者是出于只有暴力才会带来政治结果这种观念，而且越致命越有效。也许并非巧合，恐怖主义也在西欧出现了。

我于 7 月离开荷兰高等研究院后，马上就被工作和担心占据了。1973 年 10 月 6 日，这一天是赎罪日，我们听到了无线电传来的公报：由苏联武装起来的埃及和叙利亚对以色列发动了一次胜利的突然袭击。在接下来的几天里，以色列处于致命的危险之中，直到——在美国的帮助下——这场失败的威胁转变成了另一个以色列的胜利，即使付出了高昂的代价。以色列军队在把大部分埃及军队围困在苏伊士运河之后，一路打到了开罗的大门口。与此同时，阿拉伯国家下令对美国（以及曾帮助过以色列的荷兰）实施石油禁运。最后，两个超级大国迫使交战各方停火，尽管以色列很不愿意放弃其独特的有利地位。战斗于 10 月 28 日结束，这一天，被称为"以色列隆美尔"的塔勒将军与他的埃及对手坐下来签署了一项停火协议。

赎罪日战争的代价是巨大的。当时我们认为美国是濒危的以色列的唯一武器供应国，而西德则对使用其港口来运输军需物资颇有怨言——没有经过协商且完全是在大白天进行。基辛格毫不掩饰他对这些欧洲吹毛求疵者的蔑视。但是我们现在知道维利·勃兰特曾独自（可能是违宪的）做出了一个决定，即刻安排交付以色列空军迫切需要的高科技电子武器。当时占优势的情况仍然是一个被动的欧洲勉强同意了阿拉伯的要求，拒绝给美国提供必要的基地。法国外交部长米歇尔·若贝尔谈到阿拉伯人的袭击事件时说："难道试图回家也必定是无法预料的侵略吗？"而欧洲的新左派则攻击以色列为美国用来实施犯罪的小卒子。当石油价格翻了两番并且"石油危机"使欧洲经济复苏和世界经济处于危险之中时，美国及其欧洲盟国的路径也就出现分歧了。

这显然是一场深刻的长期危机。我认为这场战争及其副作用结束了一个时代，并迎来了一个巨大的危险时期，同时，由于美国被日益严峻的水门事件丑闻震撼，这种情况更加糟糕了：赎罪日战争的高潮恰好与"星期六之夜大屠杀"*同时发生。当时尼克松解雇了他的特别检察官，因为他敢于将宪法责任置于总统的疯狂命令之上。由此，这个国家面临总统遭到弹劾的可能。

在这样一个有着不祥预兆的时期去做一个被动的观察者是痛苦的：我需要表达我的忧虑。几个星期后，我起草了一篇文章，文章写完，像往常一样感觉不够确定，于是就去向一位导师征求意见。我请莱昂尼尔·特里林看了一遍，他看完后称文章"极

---

* 尼克松因水门事件而寻找替罪羊，一夜之间解雇三名检察官和司法部长，因此被称为"星期六之夜大屠杀"。——译者注

其了不起"。有了底气之后，我把文章寄给了《评论》杂志编辑诺曼·波德霍雷茨——当时他还没有变成后来的鹰派新保守主义者。4月，作为最重要的开篇文章，他发表了我的《战后时代的终结》一文，由此再次出现了意料之外的，并且对我来说改变了人生的后果。

在这篇文章的开始，我引用了尼采的警告："一场伟大的胜利就是一种巨大的危险。比起失败，胜利会更令人类本性难以承受，甚至看起来，赢得这样一种胜利比从中产生一场更沉重的失败更为容易。"这是他对德国在1870年战胜法国的回应，他担心德国人会因此而狂妄自大、趾高气扬，实际上他们还真就是那样。我担心以色列的胜利也可能会产生危险的幻想。我们需要认识到，从1948年至1949年开始的那个时代，有着马歇尔计划并诞生了以色列、北约和联邦共和国的那个时代——这个时期"很可能标志着我们的文明必须记录在案的最不期望的也是最有希望的跃进"——现在已经结束了。欧洲必须意识到，自20世纪初以来，当然也是从第一次世界大战以来，它一直在打一场阻止其自身衰退的后卫战。西欧人已经开始认为他们的经济奇迹是永久性的，就像以色列人可能将他们的军事奇迹当作神话一样，但这些自以为是的推定都是危险的。以色列是在欧洲的犹太人接近灭绝之后才成立的，当时犹太复国主义者的要求显得在道德上难以抗拒。

但现在许多欧洲人对以色列横加指责，以至于它反过来又完全依赖于美国。与此同时，巴勒斯坦人的不满和好战也不会轻易消失，因为"巴勒斯坦阿拉伯人在1948年成为他们自己国家的难民后，就一直在被迫遭受苦难，而原因正是欧洲人对他们的犹太人犯下的作为与不作为罪"。以色列人承受着反美主义的负担，并且在某些方面还承受着对犹太人力量的潜在怀疑。西欧本身面临失去立足点的危险，一方面与美国发生争执，另一方面受到阿拉伯经济实力的威胁，这都可能使它遭受危害其政治稳定的社会经济压力。在一个产生了意想不到的共鸣的句子中，我写道："收缩中的资本主义在很大程度上是一个社会和政治怪物，就像扩张中的资本主义有成为奇迹的趋势一样。"在第一次世界大战结束时，为了纠正资本主义的不公正，欧洲已经为社会民主做好了准备。但是布尔什维克不经意地拯救了欧洲的资本主义，"通过分裂欧洲的劳工，通过为保守派提供一个挑战和一个方便且真实的祸根。托洛茨基和斯大林所希望并为之奋斗的目标——欧洲资本主义的崩溃——实际上在他们的帮助下被阻止了"，带着一丝历史的夸张，我总结道。但是像往常一样，我试图强调危险的紧迫性及其背景，以便组织起一支集体防御力量。我希望，西欧人"在面对他们新发现的脆弱性时"，不会"屈从于'一种闷闷不乐的中立主义'，一种意志的崩溃，一种'欧洲的佛教'，这些正是尼采很久以前就预见到的虚无主义的一种特别有害的形式"。

这种像历史－政治分析一般发出的大声疾呼对我的人生产生了意想不到的影响。4月，就在文章发表几天之后，麦克乔治·邦迪的办公室打来了电话；他想见我，同我讨论我的文章。我把邦迪看作美国生活中一个令人敬畏的极其了不起的存在——哈佛大学文理学院前任院长、肯尼迪总统的国家安全顾问、现在的福特基金会主席，他是一位聪明睿智、知识渊博、机智自信的人。他在午餐时对我提出的质疑令我胆战心惊，在场的包括福特基金会的其他人员：大卫·贝尔，负责发展援助的一位经济学家；弗兰克·萨顿和克劳福德·古德温，负责欧洲和国际事务；还有贝尔部门的两名项目官员。我的文章被放在桌子中间，邦迪不时地抓起它，阅读其中的一段，然后要求我做出说明。贝尔问我："欧洲是否重要？"对于这个问题我的回答可能更多的是激情而不是精确性。当时的气氛融合了谈话的激烈和面试的紧张：也许面试就应该是这个样子，既令人激动万分，又需要挖空心思寻找答案。最后，邦迪称这篇文章"十分精彩，不同凡响"。伊沃·莱德勒，福特基金会国际事务部的一位历史学家兼项目专员，带我去坐电梯，他对我说，"麦克真的对这篇文章感到很兴奋"，还说如果我想从福特基金会得到什么东西的话，我就应该让他们知道。这是一个非常吸引人的提议，尤其是在我即将完成我在俾斯麦和布莱希罗德两人身上的工作并且已经在考虑下一个重要任务的时候。我以后肯定会对这个开放性的邀请采取后续行动的，这样的行动将使我远远超出德国的局限，给我的政治教育打开新的世界。

在联邦共和国诞生两年后，巨大的变革震撼着这个国家。1974年5月，勃兰特突然辞职，此前他的一名主要助手被发现是能获得绝密文件的东德特工。整个事件一直是模糊不清的：为什么西德的反间谍部门会遭遇如此失败？勃兰特的随行人员中是否有人反对他？

勃兰特继续担任社民党主席，而赫尔穆特·施密特则立即接替他担任总理。施密特是一个完全不同类型的人，坚决果断，精力充沛，他在汉堡担任第一个政治职位时就已经证明了自己。1953年，他成为联邦议院中的社会民主党代表。凭借自己的多才多艺，他迅速崛起成为社民党议会党团的高层，并在勃兰特手下担任重要内阁职务。迅速的成功并没有抑制他最重要的自信心。无论在国内还是国外，他都不会耐着性子去与蠢人打交道，并且在他们表现糟糕时也绝不隐瞒他自己的观点。尽管他被看作一个聪明的现实主义者和实用主义者，实际上是一个有天赋和兴趣广泛的人，他还是一位熟练的钢琴家，他的信念体现在他对有效的民主领导的可能性上。作为一个在经济严重衰退时期上台的中间派，正当国家试图应对石油冲击的影响时，他不得不通过减缓国家在福利上的扩大，结果使自己的政党失望。（他经常被称为基督教民主党拥有过的最好的总理，这句话虽然有开玩笑的成分，但也有几分道理。这种嘲笑本意是指他在经济上过分审慎而在风格上颇为专断，但这也是对阿登纳之后两任基民盟总理的品质做出的恰当评论。）

施密特继续奉行勃兰特的外交政策，并通过与法国的特殊关系以及他与瓦莱里·吉斯卡尔·德斯坦总统的个人友谊来加以扩大。施密特曾写道，政治家之间的友谊是世界政治的一个主要因素——友谊是建立在信任基础之上的。他和杰拉尔德·福特总统也有这样的关系——时至今日，这种友谊一直在延续。此类关系缓解了施密特在世界舞台上的决定性作用，正如1975年欧洲安全与合作会议（包括美国和加拿大）结束其为期两年的审议，通过了《赫尔辛基最后文件》所表明的那样：没有缓和与西德的东方政策，这本来是不可想象的。它对东西方主要利益的均等承认，几乎接近于欧洲达成了一项最终的和平解决方案。

现在取代了欧安会的欧洲安全与合作组织（欧安组织）通过了三项基本协议，简称三个"篮子"：第一项协议保证欧洲边界不可侵犯，默认苏联在1945年之后强加的变革；第二项协议是承诺更大的贸易便利，这一条款也有利于苏联；第三项协议是所有签约国承诺"尊重人权和基本自由、包括思想、良知、宗教或信仰的自由"，并促进这些权利的"有效行使"，包括更广泛的旅行自由。第三个"篮子"建立了一项没有执法手段的原则，起初西方低估了这项原则所具有的爆炸性的重要意义。

麦克乔治的兄弟威廉·邦迪是一位资深外交官，他写道，《赫尔辛基最后文件》"或许是由一群相关的国家签署的最具有理想主义的文件"。在这一点上他说得很对。苏联领导人对前两项协议感到很满意，但在第三项协议上产生了分歧，有些人有理由担心，他们精心构建的与外部隔离的世界可能因此打开一扇会招来外国影响的大门，其他人则认为这只不过是一纸空文，是对资产阶级虚伪所做出的让步。事实上，接受这项协议导致他们噩梦缠身。苏联及其卫星国中的异议人士很快就抓住了西方人心目中可能仅仅被看作善行的隐含的承诺。

对于生活在苏联及其卫星国的人来说，有关人权的规定是赋予生命的依据，为那些没有话语权的人提供了一些希望。早在1977年1月，包括瓦茨拉夫·哈维尔在内的三名捷克知识分子签署并发布了《七七宪章》，该宪章承诺促进和保护"我们自己国家的公民权和人权"。波兰和苏联的异议人士可以诉诸这些被他们自己的领导人接受了的原则。

几十年来，亚历山大·索尔仁尼琴、切斯瓦夫·米沃什以及其他许多人已经将这一信息传递给了西方。我读过娜杰日达·曼德尔施塔姆写的《对抗希望的希望》——一本令人赞叹不已的书，给人留下一种具有奉献精神的谦逊。

当然，在苏联势力范围内，各国的国情都不一样；鉴于西德的力量和邻近的距离，东德政权感到特别易受攻击，因此动辄予以镇压。在与西方接触中得到谨慎鼓励的波兰和匈牙利政府，则奉行模糊的、间歇性宽大的政策。

对苏维埃势力做出的那种早期的断定也对我1975年的生活

产生了一些较小的影响。1960 年，我第一次出席了在斯德哥尔摩举行的国际历史科学大会；在 1965 年于维也纳召开的国际历史科学大会上我做了发言；然后我期待着 1970 年计划在莫斯科召开的大会，这是一个与朋友和同行会面的好机会，并且，在可想而知的有利条件下，可以去看看我从未去过的苏联。但是在捷克斯洛伐克遭遇入侵后，我取消了那次行程。下一次大会定于 1975 年在旧金山举行，当时苏联代表团被指定在大会第一天主持开幕式，那天会议的主题是"历史与社会"，我在那次会上的身份是美国评论员。我的正式任务是让苏联历史学家们参与一项严肃的专业论证，而我的非正式任务则是参与西方为了受迫害的同行而做出的努力。当我在研究苏联历史学的最新趋势时，我的心思都放在了另一项任务上。

在 1968 年后的捷克，那些做了真正的研究工作，并与西方同行建立了联系的历史学家遭到了追捕。（例如，爱德华·戈尔德施蒂克，他是亚历山大·杜布切克促进知识自由政策的一位支持者，并且是一位德国文学专家，特别青睐卡夫卡的作品，他的著作在苏联被禁止。作为"布拉格之春"的一位领导者，他不得不在苏联入侵后逃离祖国。当我于 20 世纪 90 年代在布拉格遇见他时，他告诉我，勃列日涅夫在与杜布切克见面摊牌时，特意挑出戈尔德施蒂克作为主要敌人，对此他觉得很自豪。）

西方历史学家们在埃伯哈德·耶克尔和 H. A. 温克勒率领下决定代表这些捷克人在旧金山会议上发出精心策划的诉求。耶克尔已经为他们在莫斯科会议上说过话了，并且在 1973 年 5 月请求与他关系密切的勃兰特总理向勃列日涅夫提及他们的困境；也许勃兰特可以引用诗人路易·阿拉贡的话，布拉格已经成为"精神上的这个比亚法拉[*]"。耶克尔准备了一份被驱逐的历史学家的名单，并说服一名德国出版商印刷了6000本小册子。这本以多种语言印刷的小册子被运往美国，并由我们负责在大会上散发，出席大会的有近1500名来自世界各地的历史学家。耶克尔、温克勒、荷兰历史学家马腾·布兰兹和亨克·韦塞林，以及美国同行大卫·舍恩鲍姆和我一起，代表我们那些受驱逐的同行收集了向捷克政府请愿的签名。8月28日，我们举行了新闻发布会，会上我宣布我们已经收集了160个签名，其中包括著名的马克思主义历史学家，如埃里克·霍布斯鲍姆和阿尔伯特·索布尔。我并不认为我们中有任何人在当时表达出我们正在做的事情就是上一代历史学家未能为第三帝国的受害者所做的事情，毕竟我们自己没有承受任何风险。

这个协会当时由一位苏联人担任主席，这一事实标志着缓和精神是时代的主流。茹科夫先生的开幕词充满了关于"和平共处"的各种关切；苏联人准备了一份长达96页、题为《历史与社会》的文件，阐述了苏联的历史理念。我对这份文件做出了评论。在第一个上午的会议上，我的意图是与这些人进行学术辩论，但很快我们就重复了以前的政治冲突。

苏联人的文件用了一条政治评论作为结尾，要求阻止对阿拉伯国家的侵略，所以我结束讲话时坚持道："任何政权只要侵犯知识自由就是对我们所有人的威胁。"我还引用了意大利共产党机关报《团结报》的说法，要大力捍卫文化自由，"将其作为社会主义民主的基础"。我还提醒他们，在捷克斯洛伐克，"（已

---

* Biafra，尼日利亚东南部一个由分离主义者建立的曾经得到不少国家支持的短命国家。——译者注

经）有数十位知识分子被剥夺了教师职位，并被置于极大的物质困境之中。对于在世界各地遭受这种迫害的同行，我们应团结一致，强烈地给予支持"。

那天下午，苏联文件的作者之一西瓦切夫（他曾经在霍夫斯塔特的指导下学习）回答了我们的一些批评，我们还就季米特洛夫对法西斯主义的陈旧、危险又不恰当的定义进行了辩论，然而苏联人坚持己见。当我强调苏联阵营内部也存在争议并引用了苏联历史学家米哈伊尔·格夫特在 1971 年 2 月 10 日对此做出的谴责时，争论变得更加激烈了。*

在另一次小组讨论会上，优秀的英国历史学家 D. C. 瓦特担任主讲，我对苏联的一个主张提出质疑，即"和平共处"一直是苏联的信条，我回顾了列宁和季诺维也夫显然曾经预料到与资本主义国家最终将一决胜负。会议结束之后，瓦特对我说："我不介意你踢中他们的要害，但还要踢第三次吗？"在有关这次大会的一篇总结报道中，我相信是登在苏联报纸《共产党人》上，我被称为"一个北约的历史学家"。我觉得我赢得了这个称号，尽管更令我高兴的是乔治·凯南给我的一封信："我从未见过有更好的针对苏联历史学会的声明了——你的发言精彩无比，无法争辩……如此一个挑战居然在苏联产生了这么大的影响，这是疯狂而又美妙的。"在信中他写道："虽然这种影响往往被推迟了，但确实产生了。在这方面他们那里是有很多人站在我们这边的，其中有些人会知道如何利用这样的陈述。"

把那些人物的事迹写下来并表达对他们的合乎情理的钦佩，

---

* 只是在后共产主义时代我才了解到格夫特非凡的勇气：1968 年，他在历史研究所支持苏联入侵捷克斯洛伐克投票之前示威性地走了出去。

就像我们在旧金山为纪念我们的捷克同行所做的那样，这对我很有吸引力。我愿意用笔去记录那些例外。

旧金山会议几周之后，我很幸运地被邀请去承担一项使命，恰好就是一个练手的机会。1976年春天，《恩斯特·罗伊特论文选集》的第四卷也是最后一卷即将出版，这是为纪念1948年苏联封锁柏林期间的这位柏林市长而进行的一次盛大的出版活动的高潮。出版商是沃尔夫·约布斯特·席德勒——战后德国最好的一位出版商；他有着强烈的自由主义的保守原则，他自己也潜心于历史研究之中，为他的普鲁士根源以及普鲁士的过去所拥有的富有创造性的和高尚的一切而感到骄傲；他也非常适应他自己所处时代的德国现实。（年轻时因从事颠覆活动，他曾被纳粹分子投入监狱。）现在，他邀请我在市政府为庆祝罗伊特的书信和演讲稿遗著的最终出版而举办的庆典上担任主要发言人。施密特总理将作为最后的发言人。除了他担任市长期间那段英雄般的经历之外，我对恩斯特·罗伊特知之甚少。正如我经常遇到的那样，我在准备过程中面对的是一门大有收获的速成课程。

恩斯特·罗伊特出生于1890年，他是在一个政治上不成熟，社会阶层四分五裂，虽管理有序但治理不善的德意志国家里长大成人的。1909年，一位德国法学家评论说，只有一点在那里是"完全一致的，那就是在德国令人吃惊地缺乏形象伟大的政治领袖"。年轻的罗伊特发现，德国社会的不平等现象令人非常震惊。1913年他二十三岁时写信给父母说，沉浸在严格的路德教教义和传统的爱国主义之中，"我不禁成了一名社会主义者……这是对我的同志（Volksgenossen）以及对我逐渐认识到的一切正确的东西的一种充满激情的炽热的爱"。他的父母不能宽恕儿子把民主社会主义看作社会正义之路的信仰，但他向父母重复了路德的著名格言："我别无他法。"

在他的性格形成时期，罗伊特遇到了他的国家后来将要面对的一些政治力量，例如在他父母的意识中，社会主义是对他们的道德世界的一种攻击。与之相反的是，他自己却对德国领导人的帝国主义欲望感到震惊。作为第一次世界大战期间俄国战俘营的一个囚犯，罗伊特学会了俄语，并短暂地相信了布尔什维克的承诺。但是，他也不得不发现，每一波新的同行者都必须闯出一条自己的路。罗伊特在 1921 年与共产主义决裂了。

1913 年，他说过"民主的命运取决于对历史的信心"，这是他对工人教育所做承诺的一句口头禅，他的这种精神与其他地方的社会主义者圈子的精神是相似的，就像英国的 R. H. 托尼和法国的让·饶勒斯所做出的努力一样。他以堪称楷模的勇气与国家社会主义做斗争，但在他们获胜后，他遭到了折磨；最终他在土耳其找到了避难所，并在那里度过了整个战争年代。1945 年之后，罗伊特渴望回到德国，以便帮助在德国建立一个民主社会，他知道这需要对深深扎根在帝国的过去的国家社会主义做出真正的解释。他谴责了德国人的奴性，正是这种奴性使纳粹的成功成为可能。魏玛时代的社会民主党犯下了许多作为与不作为的罪行，特别是不作为，但战争结束后，他们应该得到比德国资产阶级愿意给予他们的或者他们自己所要求的更多的历史信誉。罗伊特憎恨阿登纳对社会民主党的轻蔑对待，阿登纳用"缺乏爱国主义"这种老调子来玷污他们。在他职业生涯的每个阶段，罗伊特一直是公民勇气的典范；德国人需要这样的模范人物——但我想到，有很多人因这些模范人物而感到不舒服。(让·饶勒斯是被葬在巴黎的先贤祠的；德国没有先贤祠，如果有的话，我认为罗伊特不会在其中占有一席之地。)

随着柏林的庆祝活动的开始，我也投入我的演说之中，赫尔穆特·施密特坐在前排，忙着为他的总结发言记下要点。当我谈到罗伊特在城市政治的生涯时——作为马格德堡市长，他曾于1929年正式访问过纽约市——我突然想起了施密特最近指责福特总统对当时即将破产的纽约市漠不关心以及他对这个城市的建设性建议，便即兴补充道："联邦总理先生，我为您带来了美国最后一块殖民地纽约市对您充满感激之情的问候。"当我们一起走出会场时，我说我希望他不要介意我的唐突，他的反应很强烈："我喜欢主动提出的忠告。"施密特告诉我，1953年9月当他前往波恩就任联邦议院新当选的议员时，听到了罗伊特突然去世的消息，他当时感到非常震惊。对他来说，罗伊特一直是个典范。在那年的联邦议院选举中，社会民主党遭受了沉重打击，罗伊特劝告党内领导人要评估自己对选举失败该承担的责任。施密特对社民党也持同样坦率的态度。

但是在一次对于我来说比较苛刻的场合中，也出现了轻松且颇有启发性的一面。在庆祝活动前，席德勒曾邀请施密特和他的可敬的妻子洛姬同我共进午餐。午餐期间他给我们讲了一个笑话：一名在太空中停留时间比其他任何人都长的苏联宇航员返回了地球。他在克里姆林宫受到盛大欢迎，然后勃列日涅夫将他带到一边，问他在太空长时间逗留期间是否见到了上帝。宇航员回答，"是的"。勃列日涅夫要他发誓保密，说如果这样的事情泄露的话，他将不得不去做人们期望社会主义领导人所去做的事情。宇航员凯旋之旅的下一站是去拜访教宗，教宗也问了同样的问题，已经接受了正式指示的宇航员回答说，"没有"。教宗说他一直对此忧心忡忡，但也要求宇航员保持沉默。接下来一站是波恩，德国总理勃兰特提出了同样的问题。感到困惑的宇航员说："是的，见到了。"然后勃兰特又问道："他是否看上去像我一样？"听到这里，施密特大声笑起来，这个笑话说出了一些他当时对勃兰特的看法，尽管他们后来对彼此间的友谊是真正确定的。无论如何，他们都对罗伊特怀有真正的热情。

在那次场合中，我还遇见了罗伊特的儿子埃查德，他是在土耳其长大的，大概是我的同龄人。我告诉他，如果我的人生与现在有所不同的话，如果我的父亲在安卡拉获得了那个职位的话，我们就很可能会在一起长大，成为"年轻的土耳其人"。就在此时此地，我也与德国公共生活中的这位非凡人物开始了一段友谊，这位社会民主党人随后在企业界脱颖而出，成为戴姆勒 – 奔驰公司的首席执行官。

在我公开演讲几周后，现任联邦共和国总统瓦尔特·谢尔授予我一枚西德联邦十字勋章。在纽约举行的一次招待会上，德国总领事为我佩戴了这枚勋章。这是一个特殊的场合，出席的既有老朋友——汗布格尔夫妇代表着过去，还有我的家人、美国朋友以及同事。在回应总领事关于我为德国和美国之间"加深理解而做出了贡献"的评价时，我谈到了我的父母，尽管他们非常痛苦地对德国感到失望，却帮助我维系了与德国、与德国的语言以及文化的联系。

我自己的人际交往可能变得越来越密切，但两国之间的关系在 1977 年变得越来越困难。在两国的顶层，领导人之间也存在异议：赫尔穆特·施密特曾经和杰拉尔德·福特关系很紧密，但是他与新当选的吉米·卡特之间的个人关系顶多是冷漠的。也许风格甚至比实质更易引起分歧：施密特非常自信，毫不掩饰他对国际舞台上新人的轻视，而且他对卡特的国家安全顾问兹比格涅夫·布热津斯基的不信任甚至更加公开，认为他应该对卡特政策上的波动负责。在卡特为苏联国内的人权所做出的努力上，施密特也几乎毫无用处，他还认为这样做最终会适得其反。他们在缓和的愿望上意见是一致的，但在缓和的培育手段上意见不一。

施密特面临的最大挑战来自巴德尔－迈因霍夫集团和红军派*等团伙展开的一波恐怖活动，其成员谋杀了实业家和银行家、法官和警察，并对国家构成了直接威胁。最严重的是，恐怖分子劫持了一架汉莎航空公司的飞机，转飞摩加迪沙，并威胁要杀死所有乘客，除非被监禁的恐怖分子同伙得到释放。对于施密特来说，他的决定性时刻来到了。施密特派出西德边防部队的特别小队向这架飞机发起进攻；他们取得了成功，施密特的声望高涨。联邦共和国之所以能够在遭受这些攻击之后仍然保留了基本的公民自由，在很大程度上应归功于施密特的领导能力。最终暴力事件得到平息，而一场主要是非暴力的抗议活动获得了广泛的支持，并很快蜕变成绿党。

1976年夏天，我完成了《金与铁：俾斯麦、布莱希罗德与德意志帝国的建立》一书的手稿——从头到尾，耗去了我生命中的十六年！尽管有许多疑惑和担忧，我仍然可以说将时间投入其中得到的回报是非常大的，当然这是我学术生涯中唯一一次最好的学习经历，因为我试图重建迄今为止俾斯麦这位容克和布莱希罗德这位犹太银行家之间被忽视的长达三十年的联系。我一点一点地发现，布莱希罗德不仅监管了俾斯麦不断增长的财富和投资，而且深入参与了政治和国际金融。他还断断续续地担任俾斯麦的秘密代理人——在他那个时代的欧洲，这是一个主要的神秘

---

* 两者均为活动于20世纪70年代的西德左翼恐怖组织。——译者注

莫测又容易遭人诽谤的存在——尽管后来的历史学家几乎没有给他一个脚注。俾斯麦本人在他的三卷本回忆录中，也只有一次提到了布莱希罗德，是作为别人的信使。既然如此，那德国历史学家们还有什么必要去寻找对他们来说这种让人幻灭的故事呢？那位铁血宰相不光对金钱感兴趣，还委托一个犹太人去照管金钱的增值，最终还以"朋友"（在俾斯麦的人生中，朋友是一个寥寥无几的类别）相称？正是俾斯麦说服了国王赐予布莱希罗德世袭贵族的地位，这是第一位未皈依的普鲁士犹太人获得如此殊荣。这两个人之间的关系是如何形成的，以及布莱希罗德——由于他与俾斯麦的关系——怎么会如此深入地卷进欧洲和犹太人的生活，而当时这个统一的德国已经上升到权力的顶峰，并且犹太人也获得了一段并不稳定的地位突出的时期？在我的工作即将结束时，我逐渐明白，我如此精心重构的这种关系是德国犹太历史上最重要的一幕戏。我写道："可以毫不夸张地说，布莱希罗德是德国历史上所遗留下来的一切。"

布莱希罗德既搜集情报又提供情报。他的工作例证了政治与高级金融之间的关系，尤其是为俾斯麦与新闻界的交往提供了帮助。他扮演了顾问、说客，甚至国王拥立者的角色，对于在一个日益资本主义的世界中为了在经济上生存下去而不断进行残酷的往往是隐蔽的斗争的普鲁士封建精英来说，他是一个谨慎的银行家和贷款人。作为一个能够接近罗斯柴尔德家族的国际银行家，布莱希罗德参与了欧洲对世界其他地区的金融渗透——从墨西哥和美国（俾斯麦买进卖出美国的债券）到刚果和萨摩亚。银行家都是穿便衣的外交官。我不得不去追溯所有这些冒险经历，包括19世纪70年代后期国际犹太人所做出的非常复杂的努力（我注意到类似的事情仍然存在，或在特殊情况下会产生），去说服欧洲列强迫使新兴的罗马尼亚国家给予犹太人平等的权利。我的书可能是唯一使用了俾斯麦的私人档案和巴黎犹太人联盟档案的一本书！

布莱希罗德本人的辉煌崛起似乎印证了我引用的海涅的一句格言："金钱是我们时代的神灵，罗斯柴尔德是他的先知。"布莱希罗德身上集中体现了我所说的"同化的痛苦"：爱国的新贵，德国最富有的人，一个从未成功的野心家，他被接受的可悲努力使他成为幕后恶意的对象，他在人们眼中拥有的权力使他成为19世纪70年代兴起的反犹太主义的理想目标。他被精英们悄悄地嘲笑，还常常遭到下层民众嘈杂的、错误的诋毁。在一个对犹太人既充满敌意又殷勤好客的奇怪的社会里，他怯懦而又自豪地获得了成功。在故事的结尾，他的两个孙子向纳粹内政部长提出上诉，要求赦免他们佩戴证明犹太人身份的黄星，这个恳求遭到了阿道夫·艾希曼的拒绝。

所有这些事情在开始时我都不知道或者不可能知道。在写作的最后阶段，我担心我提供的这些资料可能有损布莱希罗德进而有损德国犹太富豪的形象。他独特的成功，一旦被醒目地、精彩地展示出来，会使他很容易成为攻击的目标。"即便是最富有想象力的反犹太者也不可能虚构出这样一个人物，如此强大，同时又如此脆弱"，我写道。他本可以以托马斯·曼笔下无情描绘的（只要伪装一下）一个富有的德国犹太人形象出现（与大多数欧洲国家的"喜欢炫耀钱包"的资产阶级没有什么不同）。我是否处于促进或认可反犹太主义的危险之中？我记得，我与哥伦比亚大学犹太历史大师萨洛·巴伦就此有过一番交谈，他明白这本书可能会伤害犹太人，但"真相是会有帮助的"。

回想起来，此书的回报是非常丰厚的。在欧洲许多地方发掘档案，既是一份苦差事，又令人兴奋！在奥赛码头法国外交部的档案室工作，走在这个有历史意义的建筑的走廊里——这是给予饥饿的想象力的一个多么难得的礼物呀！去迪斯雷利的家乡休恩登庄园阅读他的信件，去争取许可获得存放在俾斯麦庄园的档案，去发现当俾斯麦向被打败的法国人口授严苛、不祥的条款时，布莱希罗德恰恰就在凡尔赛宫——一千个超越兴趣的细节！所有这些也许足以弥补在干涸或令人失望的洞中枯燥乏味的钻研，更不用说引导了这一切工作的那一批档案：装满三十三个纸箱的布莱希罗德的材料。我曾经随身携带装了几千封关键书信和文件的几个箱子去了巴黎、牛津和荷兰的瓦森纳。我知道这些资料有巨大的学术价值，但是在 1971 年当它们的拥有者将它们作为一笔价值 52250 美元（部分只是签名所值）的礼物转让给哈佛大学时，回想起来真让我大吃一惊——它们曾经陪伴我三次越过大洋，并且在佛蒙特州我的牛棚里度过了许多个夏天！

我在写作这本书上付出的所有成本——未曾走过的那些道路——大部分已经忘记了，但回报仍然留在我的脑海中。深入探究这一往事引导我接触到了生活在目前一个相似世界中的人们，比如吉尔伯特·德·波顿（20 世纪 70 年代任苏黎世罗斯柴尔德银行行长）、乔治·索罗斯、詹姆斯·沃尔芬森、西格蒙德·华宝爵士和纽约阿恩霍尔德与 S.布莱希罗德银行的亨利·阿恩霍尔德等人。我很幸运地遇到了许多学术领域之外的人士，他们成了我的朋友，从而丰富了我的生活，更不用说来自不同国家的许多学者，他们给了我所需要的合作与帮助，使我受益匪浅。

这本书出版后的反响令我震惊。我所钦佩的历史学家都善意地给予好评，美国和英国的评论家也都不吝赞誉之词。戈洛·曼在我最喜欢的一份报纸《新苏黎世报》上登了一篇长篇评论，文章一开始就说："这是过去几十年中最重要的历史著作之一……在作者的笔下，这部作品集质疑、思想、观点和叙事于一身，作者绝少深化为理论，更偏重的是宝贵的生命之树而不是概念。"他赞扬了其他许多人所批评的一个关键要点，我的判断是政治考虑在当时的许多决定中超过了经济因素。当《经济学家》杂志评论说"这本书类似于19世纪伟大的小说"时，我感到非常高兴，而《听众》杂志将这本书与《布登勃洛克家族》进行比较，认为从这部"非虚构形式的……惊心动魄的杰作"中可获得极大的教训。

还有很多个人信件！例如，来自威廉·兰格和艾伦·布洛克的信。有一封来自约翰·肯尼斯·加尔布雷思的信函使我颇感意外："一本令人崇敬的书——带着极其可怕的结局。比起这些年来我所读过的任何著作，我更加希望这本书是我写的。但是此书也有一些种族方面的问题。没有哪个苏格兰人有可能做成这件事。"然而，有些信也令人失望。A. J. P. 泰勒写了一篇长文登在《纽约书评》上，极好地重述了这本书的内容，但看起来好像其中的事实一直是为人所知的，而我却非常细致地为他的许多作品写过好评。有一位我在机场偶然遇到的美国同事非常认真地告诉我，到目前为止，他只阅读了引言部分，但这已经足以让他认为，"这本书写得太好了，以至于我都无法相信"。《近代史杂志》刊登了一篇长达四页的指责性评论，抱怨说："首先，这是一本非常老套的书。在很大程度上是以文学模式写的……斯特恩坚决地抛弃了任何系统的情境上的讨论……他未曾意识到他的主题的潜力……几乎没有从他的描述中提取出最完整的意义。"通过描绘德国资产阶级的政治迁就主义，我希望"将自由民主奉为历史进程的内在目的，即资产阶级的天定命运，然而在德国的情况中不知何故被疏远了"。被人如此丑化确实令人烦恼，但回想起来，这似乎很滑稽可笑。

沃尔夫·约布斯特·席德勒托人将其译成德语（后来这本书也有了法语、荷兰语和意大利语版本），这是一项艰巨的任务，即使对于作者来说也是如此，因为我不得不回过头来提供我千辛万苦翻译成英文的无数引自档案中的德国原件。评论非常多，总体上是令人满意的；很多人就德国历史学家曾经追随俾斯麦去压制布莱希罗德这一点做出了评论。也有许多评论家注意到，我对当时几乎风行一时的对理论和结构分析的坚持以及随之而来的对叙事史学的贬低持批评立场。我很高兴有一则评论是出自东德的恩斯特·恩格尔伯格，在正统的马克思列宁主义历史学家中，他有一种相对自由的精神。他提出了各种客观的和意识形态上的批评，但承认我充分展示了新资本主义时代的丑陋阴暗面。他感到遗憾的是，我没有充分注意到阶级关系的变化和"工人运动，这些做出了许多牺牲的工人运动是反对俾斯麦政权的运动获得胜利的主导……这种对有组织的战斗着的工人阶级的无视在科学上是不可接受的，在道德上也是无礼的"。然而，他说，尽管有不少缺陷，这本书仍然"很有价值，的确不可或缺"。

此书的德语版很快进入了畅销书排行榜，而且似乎引起了政治阶层的关注，尽管政治和金融之间的关系一直存在问题，但双方都被书中揭示的过去和现在吸引。报纸刊登了一张瓦尔特·谢尔在度假时阅读这本书的照片；赫尔穆特·施密特在回应议员关于没有得到充分赔偿的抱怨时，说他知道他们都想要"一个布莱希罗德"。赫尔穆特·科尔读了这本书。据媒体报道，他的继任者格哈德·施罗德在度假期间也读了这本书，随后将他的那本书借给了一位荷兰作家，作为了解德国历史的最佳指南。

　　这本书在法国出版后，巴黎罗斯柴尔德银行的四位负责人邀请我到位于拉菲特街的银行总部共进午餐。那时，银行大厦已经装饰一新，完全现代化了，阿兰男爵问我对新大楼有何看法。我承认我还是更喜欢正宗的 19 世纪的古老建筑。他叹了口气，"啊，19 世纪！那是你仍然可以赚钱的时代！"

　　一个契机让我的研究转向了后来的更崇高的——而且同样复杂的——德国犹太人典范。1978 年，阿斯彭研究所的管理者、精力充沛的活动家盖尔·波特打电话给我：阿斯彭研究所将共同发起定于 1979 年 3 月在耶路撒冷举行的一次百年纪念研讨会，以纪念爱因斯坦的诞辰。该计划邀请科学家去分析爱因斯坦在现代科学中的独特地位，并邀请人文学者——包括爱利克·埃里克森和以赛亚·伯林——将爱因斯坦作为一个私下的和公共的人物这一角度去考虑。波特希望我也作为一个演讲者在会上发表演说，而我即时的反应是断然的怀疑：我对爱因斯坦的物理学甚至他所推翻的旧科学几乎一无所知，我怎么能够在那种场合去谈论他呢？即使我要谈的话，那该谈什么主题呢？

　　保持沉默固然有正当理由，但是一种对新事物的欲望，伴随着回想起来我会称之为在知识和政治领域探索的癖好，再加上在新的档案中工作的诱惑，这两者在我身上展开了拉锯战。最终促使我接受邀请的是我回忆起十年前我在普林斯顿高等研究院看到过爱因斯坦的档案，并发现了一些引人入胜的信件，其中包括涉及我家人的信件。然后在 1976 年，作为芝加哥大学新图书馆开馆仪式上的演讲者，我纯属偶然地闯入了一个相邻的、不相干的德国物理学家詹姆斯·弗兰克的论文展，他是一个诺贝尔奖获得者，并且也是一个流亡者，结果在那里发现了他和爱因斯坦之间在 1945 年的交流：这对老朋友以日耳曼的严肃性就德国人的性格展开了针锋相对的交流。所以我接受了波特的邀请，我认为爱因斯坦与德国深刻的、矛盾的关系也许可以提供一个可能的焦点。我成了一个新的领域里的陌生人，虽然步履蹒跚，但内心充满渴望。我从未想到过在德国犹太人的历史上爱因斯坦会令人震惊地以一种补救的方式弥补了布莱希罗德的不足。这两个人都攀登到了成就的巅峰，但爱因斯坦对富有的犹太超级爱国者有一种几乎发自内心的厌恶。

工作中最令人愉快的部分是重返档案馆，去尽可能多地搜索必要的资料，去发掘过去未知的有用信息，去感受发现新的证据时的那种惊喜。而且在档案馆工作时，我可以正当地推迟实际创作时令人却步的任务。尽管如此，档案工作还是会突然间给我提示，促使我产生新的见解或联想，我会迅速地将其记下来。我会用我常用的四色铅笔来区分我的想法和各种不同的引文或解释。

爱因斯坦曾立下遗嘱把他的论文转交给耶路撒冷的希伯来大学（据我发现，他与之并无稳定的和谐关系），但是在海伦·杜卡斯亲切又专制的管理下，这些论文仍被锁在普林斯顿研究院阁楼的大文件柜里。从 1927 年开始到 1955 年爱因斯坦去世，海伦一直是他的秘书兼管家。[*] 在那个档案馆里，我遇到了出生在荷兰的物理学家亚伯拉罕·派斯，在德国占领期间他被一个非常勇敢的"雅利安"家庭所救，他自己也正在准备他的第一部有

---

[*] 《阿尔伯特·爱因斯坦论文集》的出版计划大约就在这个时候启动的，这是我们这个时代一项主要的学术编辑项目。1984 年，我加入了该论文集的编辑委员会，并且从那时起一直与该项目及其有时候动荡不安的历史紧密相关。计划中的二十五卷或三十卷中的第一卷已经在 1987 年出版了。

关爱因斯坦的重要著作，他在普林斯顿同爱因斯坦相识并一起工作过；派斯也认识我的叔叔奥托。他时而熠熠生辉，时而变得非常复杂，时而快活热情，时而又伤感、讥讽。我很感激他给我的鼓励。

沉浸在数量庞大的爱因斯坦档案之中，我终于找到了一些非常有价值的素材，特别是在爱因斯坦和弗里茨·哈伯之间的通信中，哈伯在一些重要的方面是爱因斯坦的兄弟般的对立面：他们既是好朋友，但又有几乎是对立的风格和政见。我能听到爱因斯坦真实声音的回声，表达了他的观点并暗示了他们的情感来源。在其他方面，我深入研究了爱因斯坦已发表的文献，这些文献在 20 世纪 70 年代主要集中在他的科学上。"普通的"历史学家（或其他现代科学家）还没有把爱因斯坦视为重要的公众人物。一些爱因斯坦论述政治道德问题的文章已经发表了，一些传记也已经出版了。但是爱因斯坦"这个人"还不是一个受欢迎的主题。我再次幸运地偶然发现了一个非常丰富但在很大程度上还未开发的领域。

与同事和朋友的对话对我来说是必不可少的，其中一个关键人物是我叔叔的学生、诺贝尔奖获得者伊西多·伊萨克·拉比，他是我在哥伦比亚大学的同事。拉比是一个有非凡才能和敏锐判断力的杰出人才。而且，和派斯一样，他也鼓励我，尽管我在科学上是那么无知。但是无论我工作多么努力，我仍然感到有点心有余而力不足。这是我给自己分配的最艰难的任务之一。曾经有很多恐慌的时刻，我现在仍然可以回想起普林斯顿研究院附近的确切地点，在那里我第一次想到临时去自杀也可能是一个诱人的解决方案。

我给我的演讲加的题目是《爱因斯坦的德国》，意思是如实存在过的德国和爱因斯坦经历过并想象过的德国。我开始意识到，爱因斯坦一方面受到德国的吸引，另一方面又极度厌恶德国——吸引他的是德国独特的意气相投的科学界和德国文化的亲和力，厌恶则产生于德国社会的专制风格和军国主义，这种军国主义在第一次世界大战中最为放纵，以至于给国家带来了灭顶之灾。

十几岁时，爱因斯坦就离开了德国，1905 年二十五岁左右时，他在伯尔尼的专利办公室里写出了五篇论文，由此彻底改变了现代物理学和宇宙学。当时德国杰出的科学家马克斯·普朗克是第一个识别出这位不知名职员的天才的人。1912 年，普朗克与弗里茨·哈伯一起试图以前所未有的慷慨提议邀请爱因斯坦来柏林——当时理论物理学领域的麦加。他接受了。（几年后，我发现他与他的妻子疏远了，然后和他的表妹，也是后来的第二任妻子发生了秘密恋情，这一点在他返回德国问题上起到了非常重要的作用。）

他回到德国三个月后，战争爆发了。他难以置信地目睹了民族主义者的狂暴，并且非常震惊地看到他的同事们把战争誉为某种神圣的考验，是一条通往净化和拯救的道路。他认为战争从一开始就是一场毫无意义的罪恶大屠杀。1915 年 11 月，在被问到他的观点时，他解释了他对战争的反对，并总结道："如果我能用一句话就表达一切的话，又何必要说那么多话呢，此外，还有一个特别适合我这样的犹太人的句子：要尊重你的主耶稣基督，不要用言语和赞美，而应首先通过你的行为。"

战争证明他是对的；这个国家朝着疯狂的泛日耳曼主义狂热地大步迈进，随后的失败留给它的只是震惊和饥饿，1914 年的统一破灭了，并且在布尔什维克革命的阴影下，内战的威胁太过真实。但爱因斯坦很快就聚集在新近宣布的、临时组成的魏玛共和国周围，同时警告反对革命的极端主义。

战争结束几个月后，一支观察了日食的英国探险队宣布，爱因斯坦针对广义相对论的预言得到了证实。"几乎在一夜之间，爱因斯坦成了一位有名望的英雄——一个科学天才，未受战争玷污……新的英雄出现了，好像是通过神圣的设计，就在旧的英雄被埋葬在战争的废墟中的那一刻。"爱因斯坦的一举成名激怒了他的一些同事和许多国人，由于他现在公开支持反魏玛的精英所排斥的一些事业——自由主义的国际主义、和平主义和犹太复国主义——对他不满的人就越发多了。当希特勒被任命为总理时，他正在加利福尼亚州的帕萨迪纳，他此后再未回到德国。对他来说，希特勒就是德国。

德国的基督徒和犹太人的关系是爱因斯坦生活中的一个重要主题。当他在柏林享受大学的好客时，他也亲身体验过敌意，他对犹太人同胞遭受的歧视表示愤恨。在处理这种基督徒与犹太人关系的主题时，我有了修正轻率的笼统性的空间。例如，当时通行的"对德国犹太人，对他们的公认的自我屈从、他们的懦弱或他们的机会主义的简易判决。这些判决……很可能会对过去和未来造成破坏：昨天的自我屈从的神话可能会助长明天的不妥协的妄想"。我还引用了爱因斯坦本人说过的话，这位著名的早期犹太复国主义者在 1929 年当阿拉伯人袭击了巴勒斯坦的犹太人定居点时，警告哈依姆·魏茨曼要反对以自我为中心的强硬政策，反对犹太人的"普鲁士民族主义"。"如果我们找不到与阿拉伯人诚实合作和诚实谈判的道路，那么我们就没有从我们两千年的苦难史中吸取任何教训，我们就应该去接受即将落在我们身上的命运。"*

　　最后我以一份显然是私人的笔记来做结尾："打着任何幌子的伟大，今天都已不再流行，不论在我的学科中还是在我们的文化中……我们即使对赋予伟大的虚华辞藻感到很不舒服，这种辞藻也已经像往常那样贬值了。我只是想说，我发现仰望伟大的山峰是令人振奋的，就像从一个阿尔卑斯山的小村庄去看那样，然后去注视远处的山脉——那么寒冷，那么令人敬畏，无人到达过也高不可攀，而且那么神秘。"这是我对伟大的信念的一个比喻，也是私下对西尔斯·玛利亚的一个鞠躬——而这两者实际上可能是相关的。

　　1979 年 3 月，就在我去耶路撒冷参加爱因斯坦研讨会之前不久，雷蒙·阿隆和我走去参观西柏林的一个纪念爱因斯坦、马克斯·冯·劳厄、奥托·哈恩和莉泽·迈特纳一百周年诞辰的展览。在这个曾经引以为荣的首都，我们一边穿过被炸毁的广场和破烂陈旧的大厦，一边谈起了早先大量的天才。阿隆在一个十字路口突然停了下来，转向我，说道："这个世纪原本会是德国的世纪。"这个世纪确实是德国的世纪，但是以一种可怕的方式，而它的失败正是阿隆和我的政治教育的开始。这个德国的世纪的终结还给我们带来了柏林墙，我们此时就行走在柏林墙的阴影之下。

---

*　当我把我的耶路撒冷演讲稿的一份副本寄给大卫·兰德斯时，他在回复中附上了 20 世纪 20 年代向阿拉伯人恳求更多合作的犹太复国主义者的有趣评论：他们是"最爱阿拉伯人但是最不了解他们"的人。"他们根本就没有在听阿拉伯人正在说的话，他们说的是：'犹太人，滚回家去。'问题是，家在哪里？"

　　我对那道可恶的高墙另一边的生活略有所知。事实上，我对德意志民主共和国的了解开始加深了，甚至许多西德人不如我知道的多，尽管对于这第四个德国我的迷恋程度是极低的。我从远处关注着它，在 1954 年曾经乘坐密闭的军用火车穿过它，并在 1961 年柏林墙建成之前和之后在这个国家里面度过了好几个星期。民主德国给人的诱惑既有被禁止的一面，也有熟悉的一面：被禁止是因为它是一个共产主义国家，西方国家直到 20 世纪 70 年代初才给予承认，其反美政策是有步骤、有计划的；熟悉是因为它是德国的，尤其使人感到熟悉是因为它是一个警察国家。在那边的家里我会有一种怪诞的感觉，因为我已经不再是我的母语之国的敌人了。在许多方面，它让人回想起我小时候的经历。

　　在战争即将结束时的 1944 年，当时同盟国同意将被击败的德国划分为四个盟军占领区，苏联占领区包括的领土从波罗的海延伸到古老的萨克森州和图林根州——北边有农业用地，中部有工业中心，还有莱比锡和被战争摧毁了的德累斯顿。在红军有效控制下的这块占领区，苏联扩展到了中欧的核心地带。1949 年 10 月，作为对联邦共和国成立的回应，苏占区也正式成为一个国家，即德意志民主共和国。

　　与西德一样，东德从其诞生开始，就是一个主权非常有限的国家。而且与苏联其他所有卫星国不同，它不被西方列强承认，因此缺乏一定的合法性；更糟糕的是，它是唯一一个边界可以被渗透的国家。对于来自铁幕后面的所有国家的人们来说，柏林就是一个逃生出口，苏联在那里紧紧把控着。因此，东德政权不遗余力地大肆宣扬与苏联的永恒友谊。苏联人不得不给予回报，然而在战后初期，他们一直在大声要求以一种不同的解决方案来处理德国问题：一个统一的、解除武装的、潜在亲苏的德国国家。1952 年著名的斯大林"备忘录"提议举行自由的全德选举以便建立一个中立、统一的德国，这是该政策最后一次官方的喘息。正如我们所看到的那样，无论是阿登纳还是他的西方伙伴，都没有准备好为这场赌博牺牲掉联邦德国与西方的一体化。

从德国被占初期开始，苏联人就吹捧斯大林的战时声明："希特勒之流来了又去，但德国人民和国家依然存在。"通过坚持他们是德国团结的真正支持者，苏联人希望赢得"他们的"德国人的支持，但与此同时，必需性和报复决定了他们采纳索取德国赔偿的政策，包括拆除工业厂房并将其运往苏联。这意味着东德与苏联之间的关系远比我们当时假设的要复杂得多。在民主德国于 1990 年瓦解之后，我们就比以前更加了解其结构和政策了，因为它是一个非常不透明的政权——尽管我们试图通过公开的报道和个人的印象来了解它。

民主德国参照德国的纳粹历史来定义自己。该政权的主要口号和合法性主张是它的"反法西斯主义"，其可信的公认证据是它的第一批领导人本身就都曾是国家社会主义的受害者。许多新的官员也被纳粹监禁过：东德的实际首脑沃尔特·乌布利希是魏玛时期共产党的一名冷漠的老将，他最后十年的流亡生活是在莫斯科度过的（许多留在那里的德国同志死于 20 世纪 30 年代后期斯大林的"大清洗"）；甚至在苏联人夺取柏林之前，他们就用飞机把乌布利希和其他一些年轻的同志一起送回了德国。回到德国后，他的使命是要把那些忠诚的人，即希特勒之前共产主义的老兵都组织起来，他们中的大部分在德国集中营中受尽了折磨。

乌布利希在原则上和性格上都是一个斯大林主义者，在自己的党内也是一个无情的统治者，尽管明显地不受欢迎，他还是精心规定了"个人崇拜"。他和许多伙伴认为他们是马克思列宁主义的忠实追随者，是为社会主义未来而进行最终斗争的战士。乌布利希的主要目标是以创纪录的速度"建设社会主义"，以至于完全不考虑人力成本。即使在 1953 年 3 月斯大林去世之后，他仍然继续执行这项政策，而且毫不顾忌此时斯大林的继任者给他的警告，让他不要采取过于无情的做法，那只会鼓励已经成规模的大量人员逃离民主德国。东德失去了许多有技术的人才，但至少摆脱了潜在的不满现状者或反对者。

　　乌布利希和他的共产党人伙伴很早就使一些在苏联占领区的社会民主党领导人组成一个联合政党。"反法西斯主义"是强制这两个"马克思主义"政党融合的基本理由，尽管在魏玛时期，这两个政党曾经是对手，甚至是敌人，它们的分歧为法西斯主义铺平了道路。这一论点表面上看似合理，并且充斥着历史遗忘症，其主张是一个统一的社会主义政党将永远阻止令人担忧的法西斯的复活。尽管遭到在西方占领区的社会民主党的强烈反对，但是在苏联巨大的压力之下，东德社民党在奥托·格罗特沃尔的领导下于 1946 年 4 月同意加入共产党。（当我在 1957 年第一次见到拉尔夫·达伦多夫时，我了解到他的父亲古斯塔夫是一名社会民主党人，当这一合并于 1945 年首次被提出来时，他在柏林坚决反对这个尝试。他的立场激怒了苏联人，使他和他的家人立即陷于危险之中。盟军军官鼓励他们逃出西柏林，来到了西方占领区的安全处所，脱离了企图绑架的苏联人的手掌。）新的统一社会党 (SED) 有各种补充成分：反法西斯群众组织，甚至半独立的政治集团或政党，乔装打扮一番后都变成了东柏林新政权的仆人；他们的虚幻的自由只不过是想为该政权的民主主张提供实质内容。但是，原先所承诺的在统一社会党中社会民主党和共产党两者之间的平等很快就被废除了；乌布利希创建并领导的是一个列宁主义政党。

在20世纪40年代后期，苏联占领区对我来说似乎还很遥远。我在东德没有朋友，与之没有直接接触，但是我对这个政权的应急体制是很清楚的，否则为什么1947年位于苏占区的柏林大学的学生和教师要争取并承担相当大的风险在西柏林建立一所"自由大学"呢？

我们许多人对过去战争年代的同盟国的瓦解在一定程度上感到遗憾，对其后果也能予以理解。我们需要记住我们应该如何感恩英勇的红军。反法西斯主义仍然有其自身的吸引力和重要性：我们曾与20世纪30年代和40年代的法西斯威胁做斗争，但幸存的敌人仍然藏身在佛朗哥的西班牙，在一些南美独裁国家里，同那里的纳粹流亡分子沆瀣一气。在苏联占领区，"反法西斯"既是一个道德上的常识，也是一个或多或少隐秘的政治纲领：为了消除据称滋生了法西斯主义的基础，有必要没收大地主的土地并将重工业国有化。

奇怪的是，左右两派都迅速清空了法西斯主义的全部历史意义。在左派这边，不仅是在民主德国，这个词被不分青红皂白地用来诋毁所有的敌人，用来妖魔化联邦共和国，作为一个资本主义国家，西德被认为正在向法西斯主义倒退。而在右派这边，至少在美国，它也被用于类似的目的，就像被麦卡锡主义者贴上的标签"不成熟的反法西斯者"那样——好像曾经有一段时间人们可以合理合法地亲法西斯似的！将法西斯主义狭隘地降为一句口号会搞乱民主思想和实践。反法西斯主义对许多人来说有不同的含义，但它最初意味着要反对法西斯主义去破坏所有的法律和尊严。

意外事件引发了我对东德发展的第一次研究。当我还未执教于康奈尔大学，仍然待在哥伦比亚大学时，哥伦比亚大学当时的新任校长德怀特·D.艾森豪威尔组织了美国国内及外交政策智库大会，杰出的美国领导人在会上见面，讨论当前的重大问题，希望他们的审议意见会被"转达给政府和公众"。即将成为纽约州州长的百万富翁外交官埃夫里尔·哈里曼，把他宏伟的家族宅邸——位于纽约以北约 50 英里的雅顿庄园，赠送给了哥伦比亚大学，作为召开这一非常有价值的大会的豪华会场。

这次大会的首日会议于 1951 年 5 月举行，会议专门审视了美国与西欧的关系，这是战后美国为此激烈争论的一个核心问题，朝鲜战争使这个问题变得越发紧迫。大多数共和党人是孤立主义者，他们迫切要求某种类似于美国堡垒的东西——一道空中和海上保卫美洲大陆的防线，只留极少量的陆军驻守在国外——而其他人则敦促美国应该主要关注亚洲；大多数民主党人和一些共和党人，特别是备受吹捧的"美国东部权势集团"，坚持认为西欧的防御是构成美国自身防御的一部分。杜鲁门总统于 1950 年任命艾森豪威尔将军为欧洲北约部队的最高指挥官，这是美国决心维护西方联盟的最有说服力的证据。1951 年 2 月，艾森豪威尔短暂回到美国，与总统和国会进行了磋商，并以一种在今天可以引起共鸣的方式向全国发出呼吁："我在欧洲接受的是一项非常困难的工作，除非我知道大部分人的意见，即美国绝大部分的公众舆论支持我正在努力去做的事情，否则我的工作将无法进行。"

艾森豪威尔计划从欧洲返回参加大会的开幕式，但杜鲁门于 1951 年 4 月决定解除道格拉斯·麦克阿瑟将军在太平洋地区的指挥权，因为他"在与其公务有关的事项上无法全心全意地支持美国政府和联合国的政策",这使事情变得更复杂了。此项免职被看成由文官控制军队的胜利,因而激怒了美国的右翼,参议员罗伯特·塔夫脱宣称杜鲁门的行动"导致全世界相信我们正在朝着绥靖主义的方向前进"。参议院对解职事件展开了调查。因此艾森豪威尔此时回国不是一个好时机。他会去国会山回答有关麦克阿瑟被解职的问题吗?沉默是更可取的。

与此同时,哥伦比亚大学的一些人承担起了为大会准备背景资料的工作:亨利·罗伯茨被要求起草一份关于美欧关系主要问题的分析,而我则要准备一份按时间顺序描述我们与西欧和苏联战后关系中的事件和计划的文件。和亨利一起工作是非常美妙的,他有着历史学家极其罕见的天赋,他对过去的复杂性的了解使他对现在的看法更加清晰。他特别温和、明智且很有见地,是一位语言风格上的典范,也是一位默默的要求很严的导师。1945年他目睹了苏联在罗马尼亚发动的政变,这让他对苏联在东欧的行为有了初步的认识;虽然他坚持认为苏联可能不是按照固定的蓝图行事,而是根据他们对西方政策的感知而临时做出反应,但他还是看到出现了总体上的支配模式。然而他拒绝接受冲突或战争不可避免的理念。我与亨利合作很密切,我还记得,在很多个下午结束时,我会去他家进行一次我们所谓的快速"思考",计划中的十分钟往往因不过瘾而变得更长。他的妻子黛博拉是一位极具智慧、充满道德激情的女性,且热情好客。她也在战略情报局服务过,但从未透露她做过的具体工作。我确实相信她对1943年西西里下水道的了解比普通法国文学研究生所知道的要多。

最后,我做出了一个类似于战后六年的小型调查,这六年改变了我们的观念,也改变了世界,这六年充满了风风雨雨、艰难曲折！我们曾经和昔日的苏联盟友一起庆祝对纳粹主义的共同胜利，然而现在却有理由担心，苏联人所推行的扩张政策可能会爆发甚至比上次战争更糟糕的冲突。我试图传达一种对未来的开放的感觉，但相信避免灾难的最佳方法是要意识到这种威胁。

我从这项工作中吸取到的最明显的教训是去看东德在全面冷战的背景下的发展。我写道，"雅尔塔精神"几乎立即就被打破了，主要是被苏联采取的行动打破。雅尔塔协议曾经呼吁在东欧建立民主政权，但是苏联希望在它从德国手中解放出来的国家中建立"友好的"政府，当它发现自由选举产生了独立的、潜在的敌对政权时，就会采取措施。这完全无视了苏联早期对真正的民主统治的承诺。既然在德国的苏占区一切都是如此，因此人们自然就会对苏联支持德国统一的官方路线产生怀疑。在最低限度上，苏联想要的是一个屈从于它的掌控的东德；最大的目标则是最终能被吸引到它这边来的一个统一的、中立的德国。

这种在巩固苏维埃政权上所采取的坚定做法在南斯拉夫遭遇了挑战，铁托元帅成功地摆脱了苏联的控制。

我们的背景文件汇编之后分发给了大会，大会于 5 月 21 日至 25 日举行。参会者是一个杰出的团体，其中包括哈维·邦迪、约翰·考尔斯、约翰·肯尼斯·加尔布雷斯、大卫·李林塔尔、亨利·鲁斯、雅各布·波托夫斯基、奥格登·里德夫人、亚瑟·苏兹伯格和托马斯·沃森。发表主题演讲的有路易斯·W. 道格拉斯，美国前驻英国大使；参议员保罗·道格拉斯，杜鲁门欧洲政策的捍卫者；还有参议员罗伯特·塔夫脱，他就孤立主义立场提出了异议，然而，他补充道，"苏联对这个国家的安全构成的威胁要比德国曾经的威胁更大"，并警告，"要使一个现代化的国家完全准备好去打一场迅速展开的战争……就要完全终止此国国内的所有自由"。

之后，大会分小组开圆桌会议，每个小组各有一位主持人和记录员。作为由哈佛大学法国历史学家唐纳德·麦凯主持的圆桌会议的记录员，我必须准备会议的摘要。亨利·鲁斯在上一次会议上强烈反对承认中华人民共和国，之后，麦凯嘱咐我从另一个圆桌请来哥伦比亚大学汉学家纳撒尼尔·佩弗，他大声疾呼，支持承认中国共产党建立的新政府。接下来发生了一个很大的意外事件。（美国又花了二十年甚至更长的时间来承认中华人民共和国！）

各个小组就政府在苏联危险背景下的欧洲政策是否明智进行了辩论，这个问题被认为是压倒一切的，但也讨论了其他问题，特别是在可能的北约扩张中将联邦德国包括进去，以及与东亚相比，西欧拥有公认的首要地位，应是我们重点投入的地区。我们的小组承认"苏联帝国主义侵略"的直接危险，因此西欧必须受到保护。"第三次世界大战不是解决问题的办法，它可能会导致现代文明的破坏"，但对这种战争的恐惧不应该使我们偏离方向，不去捍卫自由。其他小组也有类似的不乐观的评估。

在我列出的年表中，我描绘了两个德国不同的发展主线，但特别关注民主德国，我们对其知之甚少。苏联正在加强对东欧所有卫星国的控制，东德是其中的重点。后者已经变成了一个既是集体主义的又充满了失范行为的社会，在这种社会中，人们被煽动进入一种持续不断的政治狂热状态，情绪被动员起来之后紧接着的却是强制的无能为力的行动。宪法保障的新闻自由和集会的权利不过是形同虚设，而且不论以前留下了什么异议，全遭到正统观念的压制，无论是在宗教界、新闻界还是教育界。也许有人曾经以为，德国的苏联保护者认识到德国的传统和条件，会允许出现一种不同类型的社会，但到此时，在 1948 年的捷克政变和

414

新一轮针对"离经叛道的铁托分子和犹太复国主义的同情者"的大清洗之后，很明显，莫斯科打算更加无情地强化其统治，由或多或少被驯服了的当地的仆从来传递其统一的政策。当时，我可能还没有充分意识到这些清洗所隐含的反犹太主义扩展到了民主德国，然而那里潜在的种族主义是非常弱小的——这种沉默是由纳粹时代的记忆所决定的。我们也没有充分认识到乌布利希和他的副手们并没有像他们所表现的那样完全唯命是从，他们也试图维护一定程度的独立，往往希望采取比莫斯科规定的更加激进的措施。乌布利希把他的偏执以及对残酷镇压的偏爱带进了政策。

冷战密集的文化宣传与实际上的冲突在同时升级。西方的努力是特别针对德国的，对欧洲则是笼统的，但是在美国人的心目中已经长期植入了对共产党像"纳粹"一样企图统治世界的指责，这就减轻了麦卡锡参议员蛊惑人心的负担（使他绝非独自在利用这个主题）。另外，苏联人发誓要揭露和反对资本主义的、法西斯的、帝国主义的西方。苏联人原本真的认为，战争的结束会带来另一场资本主义大萧条，随之而来的是高失业率和新成员加入共产主义。但现实变得完全不同。西方经济体变得更加强大了，部分原因在于美国领导人在1945年之后理解了他们在1918年之后未能掌握的东西：经济发展和政治发展是密不可分的。一个新的民主国家是很难在经济困难时期得到发展的。

民主德国从未停止过宣传其主要的观点：充斥着前纳粹分子的联邦德国是一股帝国主义和法西斯主义势力，其对民主德国构成了持续的和严重的威胁。前纳粹分子在联邦德国担任重要职务，这是给左派评论家的礼物。例如，阿登纳的国务秘书汉斯·格洛布克曾经为希特勒的《纽伦堡法令》写过评注。当时，我们不知道在反法西斯的东德有多少前纳粹分子也在活跃着。这两个德国陷入了它们自己的微型冷战之中，彼此肆意诽谤并展开各种形式的间谍活动。

然而与此同时，在德国的这两个地区里最初都存在统一的期望——一开始是真正的感想，认为这种分裂不能够也不应该持续下去，后来则成了一种仪式般的对团结的祈祷。这两个德国彼此展开竞争，西德从一开始就更为强势，其经济增长充满活力，社会相对自由，边界也对民众开放。相比之下，东德则与外界隔绝，其计划经济面向资本生产而不是消费品，其生活水平——一个越来越重要的成功的计量尺——远低于联邦共和国。东德的所有东西必须面向东方，其经济融入经互会（苏联集团的经济互助委员会），其政治处于莫斯科的密切监视之下。东德以各种形式没收和驱逐私营企业的行为催生了一些愤怒和不满的公民，他们中有许多人逃到了联邦德国。这种有事业心的人才的到来是联邦德国的收获，也是其经济奇迹的一个推动力。

考虑到这些不利因素，一段时间之后开始的东德自身的经济发展确实令人印象深刻，也被赞为经济奇迹。在苏联的卫星国中，它成了经济引领者。东德人越是吹嘘自己的成功，他们的社会主义邻居就越不喜欢这种德国的新的傲慢态度。在华沙，波恩比东柏林更受欢迎（也更重要）。即使在20世纪60年代，就乌布利希而言，在波兰或捷克斯洛伐克面前盛气凌人也还是为时过早，但是德国人优于斯拉夫人的习惯再次冒头了。我们现在知道，乌布利希想让民主德国成为一个社会主义典范的野心触怒了克里姆林宫的执政者。统一社会党领导者知道如何假装顺从，但实际上他似乎已经发展了一种旧的日耳曼风格的新版本：奴性与傲慢融为一体。对此他增加了一项保证，毕竟马克思主义是德国的产品。除此之外，他是一个僵硬死板的人，缺少幽默感，武断教条。

所以这两个德国逐渐分道扬镳了。德国备受吹捧的民族主义并没有强大到足以保留大部分共同身份的地步。许多西德人在忙着摆脱他们的民族主义激情，转而去拥抱一个新的西欧身份；对东德的"兄弟姐妹们"，他们逐渐形成了一定程度的未公开承认的漠视，而东德的宣传机器也从来没有停止过攻击西方的帝国主义和资本主义侵略者，它们被看作在无休止地试图破坏东德，阻碍建立一个真正社会主义的平等的社会。东德可能落后于有着消费主义的贪婪、追求"物质享乐主义"的西方，但其艰苦朴素的作风显示出道德上的优越性。

在联邦德国内部当然也有关注"两德"问题的组织，其中有一些也是有宣传倾向的。西德的新教和天主教教会都与民主德国境内受到困扰的和贫困的兄弟们保持着联系，在这个国家里，无神论者按照规定对所有基督徒提出了挑战。在这里，还能发现与纳粹时代有一定的连续性，尽管纳粹党人曾经掩饰他们的无神论倾向，但伪装或接近无宗教信仰的基督徒曾经争先恐后地赶去支持他们。东德政权组织了如同基督教的圣礼之类的喧嚣的党务活动。顽固坚持基督教信仰的人会受到惩罚——所有这一切发生在曾经的宗教改革核心区域。

发生在 1953 年 6 月 17 日的工人事件撼动了这个满怀自信的无神论政权，因为它清楚地表明乌布利希的政策——这种政策有利于国家主导的重工业创造而不利于消费品生产——催生了不满。（几周之前，政府已经提高了工人的生产定额，这样做是无视苏联的警告：制订更大的需求计划是有风险的。）这个政权不得不请求苏联帮助平息这一次公开的挑战，尽管在东欧其他地方有很多这样的抗争，在东德这是 1989 年之前唯一的一次。6 月 17 日发生的事件是战后的一个标志性事件，虽然它有时在西德被政治利用，但这个事件确实意义重大。贝托尔特·布莱希特写下了自己讽刺性的看法，暗示这个人民感到失望的政府应该予以解散，并选出新人。

我第一次在民主德国的直接体验，或者更确切地说是在其首都，发生在一年之后的 1954 年夏天，当时我正在自由大学任教，匆忙中初次涉足东柏林，因此高级专员科南特还怪我去得太仓促。此后，我还去东柏林拜访过一些与我的工作有关的人士，佩吉和我借此机会去东柏林颇有传奇色彩的剧院观看社会主义戏剧。我看了席勒的《唐·卡洛斯》这部戏剧；剧中大审判官死人一般的面孔与阿登纳憔悴的面貌明显相似。

我还多次前往位于斯大林大道上的宏伟宽敞的卡尔·马克思书店，人们在那家书店可以买到廉价版的"社会主义经典著作"和可接受的外国作品的译本。统一社会党控制的出版企业出版了大量低价出售的授权书籍，以此希望不会留下任何掉队的同志。在出售二手书的部门，人们可以找到传统经典著作的"资产阶级"版本，价格十分低廉。我买了一套旧版四卷本赫尔德的《作品集》，发现扉页上盖了一个现代的印章——贫民区图书馆，没有标明具体地点。这真是一个冷酷的讽刺：一个启蒙运动哲学家的著作出自贫民区，也许那里就是他曾经本着古老的精神读书的地方。

我还购买了一本大部头书，书名是《德国》，译自《苏联大百科全书》。这本书的编辑于尔根·库钦斯基和沃尔夫冈·施泰尼茨指出，根据苏联部长会议的决定，这一"人类历史上最全面的科学著作"在其 1950 年版中提升到了一个"更高的水平"。

就当代历史的写作问题，书中指出："在苏联摧毁了希特勒的德国之后，德国历史学家在自由的科学研究中获得了更广泛的视角……然而，反动思想在西德的历史学中再次盛行，这是因为英美帝国主义分子实施了一个分裂德国的政策，以便在西德恢复法西斯主义和军国主义。"

斯大林大道是东德最自豪的象征，原来的法兰克福大街被盟军炸弹摧毁，在其原址上重建起一排排豪华艳丽的住房，供"工人阶级"居住。在破旧的午餐地点，我遇到了一些"新型的人"，就是苏联"新人"的东德版，我发现他们有些盲目的敌意。我是不是太苛求了？是不是对一个政权的童年记忆和对新政权的厌恶固定了我的印象？我模糊地意识到了危险。

我最初的反应现在给我带来了麻烦，也许这是受到了传统冷战观念的过度影响，将我以前的反日耳曼主义无意识地转移到这种新的变形之上了。也许我只看到了我计划要去看的内容。当然，东柏林的公共基调是浮夸的也是压抑的，但我当时是否意识到东德的经济紧缩与西德的奢侈消费之间差异的心理影响呢？我还有些其他相互冲突的想法，我乘坐一辆美国军车去参观了位于东柏林的巨大的苏联战争纪念碑，一座高耸入云的雕像，其风格堪称世界一流，刻画的是一名苏联士兵，一手紧抱一个苏联小孩，另一只手持一柄剑砸碎了纳粹党党徽，我对此怀有一些崇敬的心情。我是否对一些政治上的怀旧做出了让步呢？当然，如果没有苏联，希特勒很可能会赢得这场战争。纪念馆里的铭文，以及无名士兵的棺材，都使人回忆起反对"法西斯暴徒们"的斗争，这些老生常谈的话题又将我唤回到了眼前。这座高大的纪念碑纪念的不仅是俄罗斯死者，还有破灭的希望和幻想。

早期的民主德国对某些人来说是一种诱惑，最后又成了一个承诺：会有一个和平的、社会主义的德国。我在 1954 年的那个夏天非常强烈地意识到了这一点，当时我在慕尼黑与我童年的熟人彼得·哈克斯几乎争论了整整一晚上，他现在是个剧作家，计划要搬到东柏林去。他确信东方比西方更自由，他想实现社会主义梦想并与布莱希特的柏林剧团合作。他说，布莱希特在 1947 年从美国流亡地逃到东柏林以逃避众议院非美活动调查委员会的调查，这就是美国不自由的明证。我试图劝阻他，但是我慷慨激昂的反驳毫无成效，他还是移民到东柏林去了。看起来，乌布利希政权似乎确实知道如何把艺术捧为反对帝国主义阶级斗争中的武器，并且慷慨地为作家和艺术家提供支持，当然，条件是他们必须是拥护者。* 与哈克斯在一起的那天晚上让我有种挫败感，也使我比以往任何时候更加坚信美国咄咄逼人的右翼反共主义运动正在帮助它的敌人——无论它还在做什么。我仍然坚持这种观点，虽然近年来这种观点在美国知识界已经变得不合时宜。** 无论如何，哈克斯在 1955 年付诸行动，布莱希特于一年后去世，于是哈克斯成为民主德国最著名的剧作家——在现政权的宣传者及批评者这两种不同角色之间不可预测地切换着。他的历史剧在西德也成功上演（其中一部是在纽约制作的，乌塔·哈根在剧中

---

* 1949 年是歌德诞生二百周年，托马斯·曼结束了他在美国的流亡生活并在瑞士舒适地安顿下来，对两个德国保持着同样不即不离的冷漠态度，但为了纪念歌德，他还是特地出现在位于东部的歌德的家乡魏玛市。但他再也不是民主德国的一位批评者了，就像当年批评希特勒的德国那样。

** 2001 年 11 月，在回答我的询问时，彼得·哈克斯向我描述了他父亲的政治态度，"直到 1933 年，他才成为一个托洛茨基分子，然后在希特勒之后成了一名失败的（gescheitert）托洛茨基分子"，并补充说他希望他的父亲帮助过民主德国的建设。这真是一句令人惊讶、语意不明的匹克威克式的话语：作为一个托洛茨基分子，他的父亲在民主德国是会遭到清洗的。

担任主要角色)。他是一位天才作家,也很喜欢写一些机智的很有教育意义的儿童故事,足足写了十五卷之多!到了 20 世纪 80 年代,他对两个德国都失去了信心,认为这两个德国已经蜕化为文化领域的蛮荒之地。他于 2004 年去世,直到最后都是一个愤世嫉俗、充满争议的人物。

在接下来的几年里,我与东德没有任何联系,尽管我对东欧其他卫星国家的兴趣在继续稳定增长。1956 年 2 月赫鲁晓夫在苏共二十大上所做的秘密报告令人兴奋,报告批判了斯大林以及对他的个人崇拜——虽然从未在苏联公开过,但是 1956 年 6 月国务院发表了这份报告的译本,就此为世人所知——随后的一年迎来了短暂的欢乐,却也有长久的忧虑:就在那年秋天,红军粉碎了匈牙利的反抗,并且波兰人民为解放做出的努力也失败了。

亨利·罗伯茨和他的哥伦比亚大学同事在一本名为《东欧的民族共产主义和民众反抗》的书中展示了那段时期的一些文件。我永远不会忘记亚当·韦兹克写的那首《给成年人的诗》,在哥伦比亚大学我也经常用这首诗来结束我的课,这首诗是 1955 年在波兰发表的,诗中大胆地要求真理:

> 学生们被封闭在教科书中没有窗户,
> 叼啄着我们大脑的秃鹰是那么专注……
> 我们对这个地球提出诉求,
> 为此我们没有去掷骰子,
> 为此百万人丧生于战斗:
> 为了一个明确的真理,
> 为了自由的面包,

为了燃烧的理由，

为了燃烧的理由。

我们每天都提出这些要求

我们通过党来提这些要求。

我试图向我的学生解释，被剥夺了自由的人，往往能更好地理解自由，而那些享有自由的人，或者拥有自由却因为贬低它而不珍惜自由的人，就未必能理解自由的重要性，他们会认为（像马尔库塞那样）西方自由意味着"压制下的宽容"。

作为坚定的强硬路线者，乌布利希对后斯大林时期的实验表示怀疑，例如赫鲁晓夫在苏联的"解冻"，以及 20 世纪 50 年代动摇了东欧其他地区的骚乱。一位著名的德国持不同政见者沃尔夫冈·哈里希受到审判并被关押，其他人也遭遇了类似的命运，但是恐吓加剧了另一种形式的抗议，表现在东德人通过柏林不断逃往西德。这是反对乌布利希政权的有力证据。

苏联人认识到这种不断的人员外流给民主德国带来的危险，乌布利希也大声疾呼要求结束将西柏林作为通往自由的桥梁。1958 年 11 月，赫鲁晓夫发表了最后通牒，要么同盟国同意签署一项和平条约来解决柏林问题，要么苏联与民主德国签署一项单边和平协议，这样就有了取消盟军在西柏林的权利的手段。他这是在虚张声势呢，还是愿意冒在柏林引起战争的风险？

我的 1960—1961 年度的学术假期是在巴黎度过的。在此期间，我一边写作有关布莱希罗德的那本书，一边近距离地观看在德国上演的这幕戏剧。大卫·兰德斯和我需要使用德国国家档案馆中的极其重要的资料，然而这个档案馆现在在民主德国境内。美国学者极少，如果有的话，能够获得使用这个档案馆的许可。

而且如果去那里的话，还需要多个许可证，包括东德的签证。在去巴黎之前，我向国务院东欧部门负责人核实过，他向我表明："你进不去的，但如果你非要去的话，我们也无能为力。"

我从巴黎写了封信给德国档案馆馆长勒兹克博士，请求允许使用他们的档案。六个星期后，他回复说他已经将我的询问信转交给了内政部的档案部门。这一切令人非常沮丧，所以兰德斯和我去拜访了一位法国历史学家乔治斯·卡斯泰兰，他已经成了（有同情心的）东德问题专家。他住在一套完美的公寓里，当时许多著名的左派是如此享受生活的。卡斯泰兰是把我们看作"资产阶级"历史学家（如果不是更糟的话）来认识的，但他认为东德政府没有理由禁止我们。他将我们介绍给一个法德交流特别委员会，负责人叫罗兰·勒努瓦。（在这种情况下德国仅指东德。）几个月之后，也幸亏有了他，我们获得了使用档案馆的两个权限。

我知道这次旅行的收获将会超过预期，因为我将在一个与其他欧洲国家不同的国家度过一段时间，首次去访问一个苏联的卫星国。（到东柏林去是不同的，毕竟柏林仍然处于某种盟国的治理之下。）兰德斯和我于 1961 年 4 月 17 日抵达西柏林的泰格尔机场。我们的东德联系人——维尔纳·里希特博士和他的妻子来机场接我们。里希特的年龄与我们相仿，身材不高，比较胖，是个活泼的家伙，很警觉、外向，也很幽默。当时他在洪堡大学担任高级职务（现在被称为柏林大学），因此有车有司机。（我想他带着他的妻子是因为虽然越境前往西柏林很容易，但他们没有勇气，而这一次是因公务，就给了她一个难得的机会来看看这个地方。）他带我们参观了东柏林的中心地带——靠近威廉大街，过去的权力中心，我们可以见到布莱希罗德银行的遗址。里希特给了我们一些东德的货币，拿走了我们的护照以便为我们办理签证，然后把我们安顿在 HO 饭店柏林酒吧。由于电梯无法运行，我们只好带着行李走了三段楼梯。第二天吃早餐的时候，我注意到有很多老人和年轻人，我们这一代人则几乎就是由我们来代表了，后来我被告知在民主德国七十五岁的男人和四十二岁的男人一样多，年轻点的因战争和移民而大幅度减少了。

这里的一切既陌生又熟悉，每一个细节都引起了我的兴趣。我想我们有些与众不同：在这里美国人是"稀有物种"。我尽可能多地向巴黎的佩吉做了汇报，尽管我知道信件检查员可能会读到这些信件。我故意使用了一些带有几分嘲弄的赞美之词，如果把某样东西用"精彩"来描述，这时我的意思其实是"可怜"。大卫和我在档案馆中找到了过去的痕迹，但令我着迷的反而是怪异的、经常难以辨认的现在，每一个细节都是一幅镶嵌画的一部分，既古老又非常现代。

第二天早上，里希特带我们去了波茨坦的档案馆，通常情况下只是一小段车程，直接穿过城市西部就行。但为了避免在各个边境管制站耽搁太久，他选择了一条绕过西柏林的路线，旅途较长，但方便我们进行有益的交谈。（回程路上，兰德斯和我改坐了火车，火车走的也是一条类似的绕道的线路；这条火车线路用时太长，以至于压抑不住的东柏林人风趣地称它为"人造卫星"，指的是四年前苏联人的人造地球卫星第一次成功地绕地球轨道运行。）波茨坦是一座古老的要塞城市，腓特烈大帝的宫殿无忧宫就坐落在此地，但现在已经破旧不堪，曾经的荣耀化成了一个幽灵，似乎凝结在时光之中，古老的鹅卵石街道上没有几辆汽车，倒是偶尔有几辆拉货的马车驶过，其庄严宏伟的别墅群处于衰败之中。这里已经是一座孤城，驻扎着一支数量庞大的苏联卫戍部队。

里希特把我们介绍给了勒兹克博士，当我为我们能获准在那里工作而感谢他时，他似乎被逗乐了或者有些尴尬（显然他本人没有权力做出这样的决定）。我们就一种我们将要进行的运作方式达成了一致：我们不仅要在几个档案馆工作，还要订购我们所需要的缩微胶片；作为回报，我们将从我们自己的布莱希罗德档案中送出一部分档案的缩微胶卷。一些年轻的档案工作者非常乐于助人；我和其中的布雷特博士保持了好几年的通信来往（最近又恢复了联系），而且我们之间的每次谈话几乎都是有启示性的。首先，人们想交谈，而我这种人则很罕见，我能说他们的语言，知道他们的过去，但对他们大多数不同的观点持批评态度。

大卫和我在寒冷的阅览室里疯狂而富有成效地工作着，那里的工作人员用托盘给我们送来文件，其中一些文件提供了一些暗示，结果证明这些暗示对我的工作至关重要。我不能确定他们所承诺的缩微胶片是否可靠，所以我还是用我可信赖的四色铅笔做了大量笔记。眼前的景象是非常奇特的：在档案馆里，我们找到了俾斯麦时代生活的线索，而在外面看到的线索指向的则是一个模糊不清的、半封闭的现在。

第一次同馆长在他办公室里见面时，我注意到有一位女士也在场，默默地很警觉，表现得也不友好。我以为她是党的代表。事实证明，她比其他人有更大的影响力，并且在第二天，她给我们安排了在波茨坦的住宿，这是一种罕见的特权。因此，我们就从东柏林酒店搬到了一家著名的为将军的寡妇提供服务的公寓式旅馆。看门人是被从波美拉尼亚驱逐出来的，她痛苦地抱怨生活的艰难：你找不到帮手，也就是说佣人，如果你确实找到了的话，你必须付给他们很多钱，而且他们还得同你一起在餐桌上吃饭。她是一个思想守旧的德意志民族主义者，每一句话和每一个姿势都符合她的阶级和年龄，她对德国人遭受的痛苦充满了怜悯。她允许我打电话给巴黎。（接线员询问了我打电话的目的和我的国籍；听到我的国籍后，她惊讶地喊道："我们也有这样的人吗？"）当我们说再见时，女房东问我离开德国的时候有多大年纪。"十二岁"，我说道。"哦，那样的话在这儿的时间太短了。"我回答说："这已经足够了。"

在那个星期的周末，布雷特博士和我一起步行了三个小时。我们参观了无忧宫——里面有腓特烈大帝的书房！——以及它的破旧的花园。在花园的一个角落里，在一些木制栅栏后面，我突然发现了雕塑家克里斯蒂安·丹尼尔·劳赫著名的腓特烈大帝骑马雕像，这是战前柏林的一个重要纪念物。其他腓特烈大帝的将军们的青铜雕像也散落在周围，或多或少被遗弃在杂草和未修剪的草丛中。我想道，原来你们就是这样对待你们的过去的，把它抛到一边，丢在看不见的地方，纯粹作为已经被消灭了的"封建"历史的残余。我记得埃德蒙·伯克对法国人的劝诫："尊重你们的祖先，你们就会学会尊重自己。"（几年之后，民主德国也开始宣称拥有一些古老的普鲁士遗产了。）

彼得·哈克斯写了一些关于那段历史的作品——他最著名的戏剧之一就是与腓特烈大帝有关的，因为他想利用历史事件来达到戏剧教育人的目的，他的灵感不亚于莎士比亚和歌德。我到远离东柏林市中心的他的一所小公寓里去见他。自我恳求他不要移民到民主德国之后，这还是我们第一次见面。在一番亲切的相互问候之后，我们便专心投入激烈的交锋之中。这时他已经经历了东德政府在文化政策上的变幻莫测，有成功，也遇到了许多困难。我相信，比起在东德，他的作品在西方能够出版更多，报酬肯定也能更多。（布莱希特已经指明了方向。）但是他将个人失望与政治原则区分开来：对他以及他的更加好斗的妻子来说，世界被"客观地"分为两个阵营——反动阵营和革命阵营，而且这种敌对决定了其他一切。他们是马克思主义者，对他们来说，社会主义和资本主义制度之间的斗争是根本性的；社会主义的道德优越性和最终的历史性胜利，是马克思列宁主义信仰的衍生物。为了那个特定的未来，你忍受着今天的贫困。他承认，民主德国的生活很乏味，但仍然要比西方国家好得多。

哈克斯是一位虔诚的共产主义者，虽然有时候也会对该政权提出批评，但大多数时候是其支持者。他了解西方的缺陷与不足，但不了解其长处与美德；没有什么东西可以动摇他对马克思主义的信念，哪怕是片刻。他非常固执地坚持到最后：1990 年，他对一个统一的德国持绝对反对的态度，因为在他看来，其实质就是联邦德国吞并了民主德国。把世界分成两个阵营，一个好，一个坏，这种观念并没有随着苏联解体而消亡。那些支配着唯一剩下的超级大国的思想家，还在利用这个观念来塑造他们的言论和行动。

那天晚上，我甚至遇到了更加令人称奇的教条主义者。兰德斯与于尔根·库钦斯基保持着友好的物物交换关系：兰德斯给这位马克思主义正统派的多产经济历史学家寄送美国侦探故事书，这是他的爱好，以换取有关经济史的著作。库钦斯基的人生是一个有才华的仆人和幸存者的令人着迷的故事。在他年轻的时候，他访问过美国和苏联，到处汲取高雅的文化。他在 1930 年加入德国共产党，在他 1972 年出版的回忆录中，他宣称在入党后，他没有做过任何未经党批准的事情："在我看来，放弃党无异于放弃生命、放弃人性。" 1936 年他逃到英国，在那里继续撰写关于在资本主义制度下工人阶级的状况的书，这是他的很有名望的父亲早已着手的一个项目；在战争即将结束时，美国战略轰炸调查团聘请他帮助调查"法西斯"的军工生产。他希望在战争结束后尽快被派往德国，这样他就可以开始"为党"工作了。为了党，他继续写出了数量惊人的著作，其中很多是从学术的角度阐述德国人民的"日常生活"。（在 1982 年出版的第四卷中，前九段引文都出自斯大林、列宁和马克思 - 恩格斯，且完全一致。）1990 年以后，他设法去适应新政权，并至少以书面形式承认先前所犯下的各种错误。作为一个享乐主义者，他在九十五岁高龄时离世了。

在我们品尝了当地所有的美食之后，能吃到一顿德国人的自助餐真是一种味觉享受，这是库钦斯基夫妇在他们家为招待我们特意准备的，他们在柏林的一栋古老的大楼里面有一套宽敞的公寓。晚餐后，在堆满书籍的起居室里，我对从 1914 年第一次世界大战开始的那个世纪中的苦难做了一些平庸的评论。库钦斯基夫人放下手中在编织的衣物，然后宣称战争是一件好事，毕竟它带来了旧的资产阶级世界的终结。我连忙换了一个中性的话题，真心地赞赏他们收藏的大量书。"这是我丈夫的第三个图书室"，她挑衅地说道。我陷入了陷阱，就询问起前两个的情况。"第一个被纳粹偷走了"，她解释说；战争结束后，当她和丈夫离开牛津时，英国人又占有了第二个。我对第二个故事持怀疑态度，于是就问了她第一个图书室的故事。她解释说，那个图书室最有价值，收藏有 19 世纪 60 年代国际工人联盟第一次会议的手写章程。她自告奋勇地告诉我们，他们知道这些宝藏在哪里：纳粹分子将它们存放在东部地区，现在已经落入波兰人的手中。我天真地问道，是否有些交换无法实现。"我们怎么能够去要求可怜的波兰同志归还这些物品呢，他们毕竟遭受了那么多的苦难？"我认为那些"可怜的波兰同志"可能会愉快地用一些德国文件来交换其他作品或档案，但我保持沉默，然后她又开始织起毛衣来了，就像狄更斯的《双城记》中的德发日夫人[*]一样。也许她正在把我的名字加在那些该上断头台的人里面。奇怪的是，她的丈夫很少说话，尽管他是一个学识渊博、很有趣的人。我认为他在困难时刻颇具长者风范，善于应对，堪称完美典范。他知道如何校正自己的政治言论，而她却是"一个真正的信徒"，没有什么可以动摇她以莫斯科为中心的信仰，以及对资本主义的仇恨。很久以后，我听到了一些可信的传言，她在牛津时曾经是个苏联间谍。

兰德斯和我是在猪湾入侵事件发生当天抵达东德的。头条新闻都在叫嚣着美国的侵略；支持卡斯特罗的海报比比皆是，"自发的"群众集会到处在进行。"不要干涉古巴！"这样的标语是最温和的攻击形式了。我们现在知道，肯尼迪是在艾伦·杜勒斯和中情局的推动下，极其勉强地陷入这个不幸事件中去的。当时的官方版本是古巴自由战士在没有美国介入的情况下在古巴登陆了，但是真相很快水落石出，于是肯尼迪恰当地为他对中央情报局和五角大楼的信任表示后悔。这是一次很明显的失败，非常令人尴尬，对于我们碰巧置身其中的敌人来说是一种福音。"古巴"成了所有私下谈话的主题。

我们的下一站是梅泽堡，一个靠近哈雷的偏僻小镇，纳粹分子曾经从此地撤出大量被他们占有的资产，即普鲁士国家档案，现在位于一座古老的保险大楼内。在火车上和一些车站里，我们看到了大批苏联士兵；在东柏林却难觅他们的踪迹。在梅泽堡也

---

[*] 狄更斯笔下的德发日夫人是个革命者，不停地把贵族的暴行编织成不同的花纹，记录在围巾上，渴望复仇。——译者注

明显有苏联人的存在，火车站与尤里·加加林广场相邻，这个名字是为了纪念 1961 年 4 月宇航员的第一次太空之旅。这个小镇是洛伊纳化工厂的所在地，它是民主德国最大的工业企业（尽管战时遭到破坏并且部分被苏联拆除，尽管核心人员遭受重大损失），这家企业继承了纳粹的一家生产合成燃料的工厂。*笼罩在城市上空的褐煤的气味，让我想起了我的童年，甚至在我们前往档案馆途中所见到的盛开的丁香花也是这种气味。兰德斯和我被安置在一家名叫金色阳光的酒店里，实际上既没有金色也没有阳光，只是一栋建筑物的废墟；我们房间的水池必须用水勺舀到一个桶里去。

在档案馆中，我们得到了极大的礼遇。我们要求的资料会立即提交给我们，但一次只能给我们五份文件。有一天，来了一个苏联历史学家，一堆文件立即被放在他的桌子上，很显然，他的工作可以毫无限制地进行。我们在洛伊纳化工厂的食堂吃了午餐，在那里，档案管理员的负责人和经理以及大量的工人混在一起。土豆上面的酱汁很浓，配了少量的香肠，没有沙拉，当然也没有水果——这是一幅德国餐的漫画，价格低得令人发笑。我最终在镇上的一家商店里找到了罐装的保加利亚樱桃，这是唯一可买到的水果，一拿回房间我们就狼吞虎咽地吃掉了。尽管看上去大家都在平等地过着艰苦的生活，但民主德国的生活水平却是——或者声称是——东欧国家中最高的。有一次兰德斯和我被邀请到馆

---

* 洛伊纳化工厂是第一次世界大战期间弗里茨·哈伯利用他的职位建造的，这真是非常奇怪的巧合，并且早在 20 世纪 20 年代，这家工厂就已经成为德国最大的化工厂了。当时它的官方名称是国营沃尔特·乌布利希洛伊纳化工厂，这名字就表明了它的重要性。洛伊纳化工厂的污染程度是首屈一指的，我曾经读到有个被当局流放到梅泽堡的官员患上了哮喘病——额外增加了痛苦。

长家去品尝周日下午的咖啡和蛋糕，兰德斯谈到了我们的西方世界，包括股票市场，而韦尔奇博士对炒股的机会感到惊讶。他只知道资本主义是敌人，其唯一的特征是剥削；我们把他心目中的资本主义印象复杂化了。

档案馆的档案非常丰富，我们的工作也很有成效，这也是一种磨炼。当我们在这个偏远的地方连续工作时，一些在阿尔及利亚的法国将军发动了一场武装起义，反对戴高乐及其通过接受阿尔及利亚独立来结束残酷战争的政策。当他们威胁要将叛乱发展到巴黎去时，东德的报纸报道说，叛乱分子已经占领了科西嘉岛，巴黎担心会发生伞降入侵。我想要回到巴黎——出于对正在演变的历史的极大好奇，但兰德斯对我想开小差的念头感到震惊；他的职业道德是无可置疑的。所以我留了下来。

当这些重大变化正在发生时，我们却被隔离在东德内部，与西方的消息来源也被切断了，这是非常令人不安的。这里没有办法获得直接的消息，在大城市的主要酒店里，人们至少还可以买到一些外国报纸，虽然通常要隔上几天，但在梅泽堡是无法做到的。我只能偶尔打电话给我在瑞士的表弟，从而可以得到继续在发展的局势的细节。最后我听说了戴高乐对法国民众和法国军队发表了讲话，说到"四个退役将军……（他们）拥有一定的敏捷和有限的本事"，他们必须被打垮。"我禁止任何法国人……去执行他们的任何命令……法国的男人们和女人们，请帮助我。"这个精彩的演讲几乎立刻取得了成功：政变崩溃了，一些将军也投降了，还有一些人则转入了地下。（在我返回巴黎时，我听到了一个消息，一位法国作家，也是熟人，想立即见到我，他是科西嘉人，与那里还保持着联系，思想上持右翼观点。我们在双偶咖啡馆会面，他告诉我相关"内幕"，我只记得其中的一个细节：这个阴谋是中情局策划的。不论对于左派还是右派，中情局是最强大的邪恶力量，处于所有阴谋的核心。）

我的东德旅行签证仅限于柏林、波茨坦和哈雷三个地区。（民主德国废除了古老的联邦州，例如萨克森州和图林根州，这是与过去的另一个决裂。）但是就在允许的地区之外，靠近梅泽堡，还有一个瑙姆堡，那里有 13 世纪早期的哥特式大教堂和著名的十二个真人大小的圣徒与当地统治者的石头雕像，最奇妙的是华丽的乌特夫人，带着幸福、神秘的微笑。我渴望去参观大教堂，并参观著名的普夫达学校，尼采曾经在这所历史悠久的学校上学。当时尼采在瑙姆堡的存在并没有得到很多承认，尽管有一所尼采家庭博物馆已经建立起来了。

我决定不理会我的旅行限制而去瑙姆堡，结果发现大教堂因维修而关闭了。我最终找到了管理人的家并恳求他，说我是跑了3000 英里路来看大教堂和乌特夫人的；他让步了，破例允许我参观。现在乌特夫人的一张照片还挂在我的卧室里。

当我看完了我想在瑙姆堡看的所有东西时，天已经黑了，我登上火车回梅泽堡。我独自坐在火车车厢的隔间里——牵引火车的是一台蒸汽机车，就和我二十五年前见过的那种一样——凝视着窗外偶尔经过村庄或小镇时出现的昏暗的灯光。外面的乡村全是老一套，非常破旧，气氛阴郁，早期的标记都已经褪掉了色彩；一切事物的节奏都更缓慢，也更适意。夜间坐火车行驶在这块被禁止的、被遗弃的土地上，我是在做什么呢？在中欧这块对我来说比美国化的西德更为熟悉然而又如此陌生的土地上，我又是在做什么呢？

库钦斯基夫妇和其他忠诚者谈到了下一个伟大的任务——"让农民工业化"，进一步推动集体化，消灭个体农民的思维方

式以及解除农民对土地和他们自己的工作的依赖。里希特博士谈
到了进入控制论时代的必要性，以弥补技术上的落后。许多人抱
怨物质条件明显是低于西方标准的，但大量的海报在吹嘘"大跃
进"和集体企业大大超过了生产定额。东德人对"敌人"有着天
然粗俗的看法，但对"外国人"有着浓厚的个人兴趣。这里没
有人对国家社会主义感兴趣，无论是学术上还是其他方面。事实
上，这个词是出于明显的原因而被加以避免的。

　　我在梅泽堡的一个路德派教堂外面看到一块牌子，上面写
的字让我感到震惊："教堂：有望成为博物馆吗？不，继续存在
下去！"我听到了从教堂里面传来唱诗班的挑战的声音，他们在
吟唱着路德伟大的赞美诗《坚固保障歌》。这座教堂看上去像一
个不提供住宿和避难的地方，与原先在纳粹统治下的情形完全不
同。我知道民主德国已经开始进行激烈的反教会活动，在我迫切
想找到抵抗的迹象时，我可能把一个例外误认为是规则了，因为
民主德国的教会大多是因循守旧的，有些牧师还可能相信当局的
口号"社会主义的教会"，即一个接受社会主义原则和实践的教
会。东德的教会用了几十年的时间才真正成为和平运动和异议的
避难所。

　　反对这个政权是危险的，而逃亡则会涉及一笔隐含的、苛
刻的交易：一个人要牺牲家庭和所有与家相关联的东西去交换自
由和经济改善的机会。常识告诉我们，年轻人和冒险者是第一批
离开的人，而其他人则出于各种原因留了下来。潜在的政治对手
也离开了，波兰人或匈牙利人却几乎无法做到。因此，留在民
主德国的东德人就悄悄地倾向于默认这个政权，或者去求助于
早期德国人的"内心移民"的模式，将外在的顺从与内心的冷
漠相结合。在国家社会主义统治下，保持温顺的德国人实在太多

了，相对而言，人们几乎可以将波兰的历史归于英勇的有时是无效的抵抗之列。

民主德国的人民必须为自己做出安排；有些人可能真的受到了政府承诺的激励；大多数人可能抱怨过，但对生活水平的缓慢提高而感激不尽。除此之外，人们可以感谢国家提供的社会服务——医疗保健、充分就业、教育机会，特别是为贫困阶层的人提供的服务。东德大肆宣扬的平均主义是看得见的——为职业母亲提供的食堂、幼儿园、便宜（尽管难以买到）的汽车等。该政权还提供了方便的文化生活：廉价版本的德国经典，剧院和音乐会的廉价门票等。同苏联一样，该党会不时地允许突然爆发出来的更大的自由，但在任何时候，隐秘的和公开的审查都会设置严格的限制。处于逆境中的刺痛给民主德国的文化生活带来了一定程度的兴奋。

东德政权在思想灌输上不遗余力，这方面它是有一个明显的模式的：苏联非常强调宣传的重要性。西德和东德之间的差异是惊人的，东德的孩子们入学年龄较早（部分是因为他们的母亲要工作），党的忠诚者和工人的子女能够有比较大的机会上大学。阶级差异淡化了，工人们能够得到公共假期的奖励，为了奖励取得的成就，或许为了加强竞争激情，该政权颁发了大量的奖章和勋章。苏联是这一切的典范，尽管有不少会提醒你纳粹的行为是很难忽视掉的。我特别注意到出自苏联制度的另一个明显的复制品——资金丰富的科学院，其院士享有特权（汽车和司机！）和比大学教授更好的工作条件。民主德国在优秀人才上的投资方式还可以在其往往涉及腐败的对体育运动的支持上得到例证。

尽管我听到不少对缺点的抱怨，但我极少听到有人表达对自由的渴望，无论是思想上还是行动上。我认为有一小批骨干官员和真正的信徒，然后就是大多数其他人了。这些人一边口出怨言，一边与政权和平相处，被动地希望条件能得到改善。我也没有感觉到任何对德国统一的渴望。民主德国正在进一步加强自身的存在，在道德上和物质上社会主义的优越性都胜过了西方资本主义，凭借这样的福音，这时候还会有谁想要统一呢？人们在任何可预见的未来已经放弃了统一，统一成为一种幻想，或者淘气点说，他们已经把统一的希望私有化了：越来越多的人为了实现统一做出了他们私下的安排，即越境进入另一个德国。

当肯尼迪总统和赫鲁晓夫主席于 1961 年 6 月初在维也纳会面时，后者错误地认为他已经发现了对方的弱点，因为美国人最近由于在古巴猪湾的失败行动而受到极大的羞辱，所以他在柏林问题上咄咄逼人地采取了行动。6 月 10 日，赫鲁晓夫发表了他之前给肯尼迪的备忘录，重申 1958 年的最后通牒，威胁要在苏联与民主德国之间单独签署和平协议，这将自动危害或终止盟军在西柏林的权利——三年来这项最后通牒一直没有付诸实践。肯尼迪理解这场新的柏林危机的严重性，并私下揣测可能会建起一道墙来。他还认为如果要发生第三次世界大战的话，那么战争将会从柏林开始，因为他看到东德人的大规模外流威胁着民主德国的存在，这对该政权及其苏维埃保护者来说都是无法容忍的前景。他也知道，除了在国内正等着他的政治后果之外，在西柏林的自由或盟军的权利上做出让步将是对美国的势力和威望的不可接受的伤害。但是核战争将是灾难性的。总而言之，柏林在军事上变得无法防守，在政治上却是不可或缺的。

那年夏天在我回家的路上，由于柏林突变的时局，我被邀请在一些奇怪的地方做各种讲座。其中一次是在牛津大学纳菲尔德学院约翰·布莱梅尼茨主持的研讨会上，他是一位伟大的马克思主义学者，听了我对马克思主义思想在民主德国陷于贫困的评论，他不禁笑了起来。我警告不要忽视在东德所发生的事情，不能相信如一位作家所说的那样，东德是"正在消失的一颗卫星"。9 月，我在夏天度假的家里——佛蒙特州罗切斯特的一次教堂晚宴上再次谈到了这一点。在我演讲之后的讨论中，有一个陌生人自称来自佛蒙特州的大城市伯灵顿，他激烈地反对我对这两个德国所说的一切：波恩的外交部现有的纳粹分子比在第三帝国期间更多，这难道不是事实吗？我的结论是，共产党在佛蒙特州的支部派了一名成员来诘问我，对此我觉得很荣幸。（但这个话题并不是一件小事：2005 年春天，当时的德国外交部长约施卡·菲舍尔让我帮助组建一个历史学家委员会，以便对战后德国外交部门中存在前纳粹分子这个问题进行详细的调查。）

1961 年夏天，每过一周，局势就更紧张。许多东德人在离开，这是当局强加的经济紧缩政策造成的，其他人则出于不安而逃离，这是一种对逃生舱门可能很快被关闭的担心。我写信给哈乔·霍尔本，我担心柏林危机会导致一场核战争：难道已经没有某种可协商解决的可能性了吗？我不知道自己究竟有多希望美国避免一场军事对抗，但也许我在回避使柏林毁于战火的想法。7 月下旬，肯尼迪发表了精辟的演讲，表示愿意进行谈判，然而他补充说："但是，如果他们对我们使用武力，我们也必须以武力进行抵抗。"

两周后，在苏联不情愿的支持下，东德人挑衅地亮出了他们的替代选项——8 月 13 日，他们在东柏林和西柏林之间建起了第一道障碍。这是一道高达 13 英尺的墙，在墙前面有一条布满地雷的死亡带，站在瞭望塔上的东德士兵奉命可以随时射击。（我们现在知道乌布利希一直在无情地迫使苏联人采取行动。2003

年霍普·哈里森出版了一本著作——《把苏联人赶上墙》，这个标题就表达了书中的论点。)

乌布利希和赫鲁晓夫已经"解决"了柏林问题，但不是按照原来的条件；肯尼迪不激化矛盾的坚定性使世界免于一场核噩梦，但当时西柏林人处于极端恐惧之中，而且一开始美国并没有采取什么行动来舒缓这种恐惧。维利·勃兰特被激怒了。难道这道可怕的墙，隔离了家庭并终止了城内所有的联系，仅仅是一系列毁灭他们自由的步骤中的第一步？美国向西柏林增派了兵力；10月，美苏双方就美国军事人员进入东柏林的权利发生了冲突；美国和苏联的坦克在查理检查站前发生了对峙。但很显然，苏联人比东德人要谨慎得多，而西柏林人则对美国人的坚定信念感到放心。美国重申了它的承诺，两年后，肯尼迪在柏林的出现引发了一阵亲美的热潮，这种热潮此前从未有过，此后也不会再有。

到了1962年夏天，我知道我需要再次返回民主德国的档案馆工作，但我争取获得续签的直接努力不见成效。8月，我去巴黎找法德委员会的M.勒努瓦，再次请求他给予帮助。他当着我的面打电话给东柏林的有关部门，在他说话的时候，我瞥了一眼一份宣传小册子——《柏林问题》。当他打完电话时，我提出由我来支付电话费；他说这是对方付费电话，但也许我会想买这本小册子，只要500个前法郎（约1美元）。我想出于礼貌，这样的要求实在不算什么。他拿着钞票，笑着说："我只想告诉你，我们两边都拿钱。"一切问题都解决了，并且应我的要求，他甚至给我安排住在洛伊纳豪华的沃尔特·乌布利希宾馆。

9月我抵达民主德国，这一次我的签证范围扩大到了整个东德。在梅泽堡，我再次感受到了年轻的档案工作者想要帮助和与我交谈的渴望。有个人解释说，他和其他人之所以选择了档案工作，是为了避免控制着历史学术工作的专制教条主义。在我离开前的最后一天，有位档案馆工作人员问道，晚上我们能否一起喝杯啤酒。我便邀请他来我的住处，最后有四个年轻人出现在沃尔特·乌布利希宾馆。我们坐在餐厅里，周围都是东德官员，有些还穿着制服。我的客人们大声地谈论着，对生活在民主德国的方方面面进行了批评指责，但我因很早就接受过良好的训练，就建议一同到外面去散步，从而避免让其他人听到。他们拒绝了这个主意，继续着他们的感叹。

在这次访问期间，我感受到了一种略微不同的气氛，在经济状况恶化之时，东德的开放程度反而显得更大了：是否因为柏林墙上那夺命的"严禁通行"标志事实上排除了考虑逃亡的需要，结束了那颇有吸引力但又令人恐惧的诱惑？一旦被关在监狱里，有些人就不顾一切地去抓住新的机会，急于在其内部崛起；其他人则只能心怀不满地退让和顺从。柏林墙拯救了东德；原本被视为临时的东西现在却成永久性的了。这使某些事实不可避免地变得更为清晰，其中之一就是该政权非常不受欢迎。我经常评论道，特别是在1989年之后，国家社会主义从未需要过隔离墙：普通的或是特殊的德国人从来没有过要离开第三帝国的激情。与此同时，这道已经切断了德国人之间大多数通信的隔离墙，进一步削弱了西德对另一个德国的兴趣。

在无忧宫橘园里的波茨坦档案馆内，我发现了1914年以前柏林的警方记录，包括布莱希罗德氏族的记录，这真是一个了不起的发现！但我是在没有得到许可的情况下接近那部分档案的，很快从中央档案部门派来了一个态度生硬的监护人，命令我立即离开，要我首先向位于波茨坦城内另一区域的州政府办公室申请许可。我拒绝了，说这是最后一天了，我必须结束我的工作。我没有动，他就拿了把椅子在小阅览室里坐在我旁边。我很早就结束了，因为结束得早，我就询问档案保管员，他们是否有现成的居特郭茨村的记录，布莱希罗德曾经在那里从著名的普鲁士陆军元帅冯·隆手中买下了很大一块地产。档案保管员查了一下，一无所获，但向我提供了附近一个小镇的情况；我说我从未听说过那个地方。"不可能！"那人说道。战前，那里曾经是一家巨大且著名的汽车装配厂的所在地。我大声说道："现在被英美帝国主义分子拆除了？"周围传来一片笑声。在档案馆闭馆的时候，我打量着我的"监护人"，他肯定有车，由于我不知道怎么去火车站，那么他可否送我去，从而确保我离开波茨坦？他做到了。

离开民主德国我感觉非常高兴，但这第二次旅行还是加深了我对这个既陌生又矛盾的地方的兴趣。这是一个不同的世界，科南特认为我应该尽可能多地了解它，他的坚持是完全正确的。我尝试着尽我所能去了解一切，去弄懂许多给我留下短暂印象的事物背后的真相。我可能借助了不同的棱镜来观察事物：从表面上我看到的是古老的东西与普鲁士社会主义"不断积累"的铜锈之间一种奇怪的混合物；在另一个层面上，我感觉到在东柏林之外，其乡村似乎比现代化的西德更加有德国味，人们私下使用的是旧时的语言，鹅卵石街道上偶尔见到有车子驶过，并且速度很慢。

我没有时间或耐心去研究德意志民主共和国对德国历史的正统叙述，这与我在西德了解到的各种各样的解释截然不同。很明显，民主德国声称德国历史上每一个激进的或革命的传统（一个相当贫乏的宝藏）都始于托马斯·闵采尔，一个激进的马丁·路德同代人，一个农民起义方面的煽动者，对此路德曾经予以谴责，闵采尔也为此而被绞死。东德人被教导要尊敬闵采尔；另一个"英雄"是魏玛时期德国共产党的最后一位领导人恩斯特·台尔曼，他在 1944 年被纳粹杀害。反法西斯主义的标语和书籍比比皆是，但是国家社会主义的结构在东德没有人研究，同样它的统治手段也没有人研究，之所以出现这种遗漏，其原因不言而喻。在战后初期，西德和东德的历史学家学会联合组织过会议，但是这个可能的资产阶级学术传播的来源早已被查禁了。这两个德国对它们的过去有着截然不同的认识。

我对这个政权产生了兴趣，在这个政权的统治下，如此多的德国人不得不以此为家。在我第一次到此地后，我去了布达佩斯，到那里的国家图书馆做一些补充研究，我立刻感觉到那里有着不同的、更自由的氛围！在一个拥挤的城市公园里，我和一位匈牙利诗人进行了交谈，他谴责了卡达尔政权。

我回到了纽约，带回的更多是好奇心而不是知识。我意识到任何把苏联集团看成铁板一块的观点都需要修改，因为区别仍然存在，其中一些是与民族传统保持一致的。我急不可耐地去探索我所遇到的问题。然而，我的西德朋友和同事很少或根本没有兴趣去听取或谈论民主德国的事情。他们在这方面缺乏兴趣恰好表明了这种未公开承认的隔阂有多么深刻。东德大肆宣扬对西方的恐惧和憎恨，然而在西方，公民们似乎对"另一个德国"漠不关心。

那年夏天，白宫的亚瑟·施莱辛格要求我提供一份关于东德的报告，我写了一篇关于东德"农业部门的实质崩溃"的文章，我曾被告知，这是缘于农民对进一步集体化的抵制。我提到了我听说的许多抱怨——既有来自共产党人的，也有来自政府的批评者的——都是关于与波兰和匈牙利相比，甚至和苏联相比，民主德国在政治上的落后和文化上的停滞的。尤其是波兰人和匈牙利人，他们设计了相对来说更加开放、更有生活价值的制度形式。事实上，匈牙利人担心他们政权的改革主义策略可能只会鼓励乌布利希去实施他的强硬政策，这反过来可能会招致某种更大规模的民众动乱，从而使苏联更加坚持对他们这些国家采取更为压制性的政策。（后来，情况变得很清楚，东德政权总是在敦促莫斯科采取最严厉的做法。这或许是出于担心在建立一个更加放松、更加自由的制度上所付出的努力会危及其统治，或许也是出于德国古老的限制言行自由的传统。）我写道，东德人已经放弃了统一的前景。"他们意识到，与其他任何欧洲卫星国相比，他们更加孤立，更加与外部世界隔绝。对此，他们深恶痛绝。"这种部分的自卑感贯穿民主德国的历史，即使在它取得了可以在卫星国家中吹嘘的经济优越性之后也仍然存在。

我很想知道东德政权对国际承认的渴望是否可能会提供一个讨价还价的机会，同盟国承认东德这个国家以换取切实的让步，例如一条通往柏林的陆路走廊？实际上，这是令人难以置信的：乌布利希永远不会做出这种让步，而阿登纳则执拗地坚持由西德来代表所有德国人。

那年秋季我在美国举办的讲座中提到虽然柏林墙阻碍了西德人对墙那边的人民的兴趣，但观看西德电视台的东德人每天晚上都能够看到这个国家的西半部是如何繁荣昌盛的，并且处于西方拥抱的光芒之中。（我本人曾在1961年夏天观看过戴高乐穿越西德的胜利之旅，当时他向德意志民族的伟大表示了敬意。没有哪位负责任的德国领导人敢于以这种方式向这个最近刚被贬低、被打败和被分裂的民族发表如此演讲。似乎戴高乐是为了巩固正式的法德和解而表达了历史性的宽恕。）东德人必须意识到联邦共和国正在日益融入西方，而他们自己则不被允许去巴黎或佛罗伦萨，并且不得不与布达佩斯或列宁格勒去打交道，然而即使在那些地方，总的来说，他们也遇到了蔑视和不信任，因为在"社会主义阵营"中，东德肩负着积累起来的全部反德情绪的负担。然而，西德人则因为有可能会受到苏联集团的政府的攻击，并且没有人将他们指定为"兄弟"，反而受到了友好的尊重（德国马克也起到了帮助作用）。民主德国的公民则成了"丑陋的德国人"。

因此，我敦促人们与东德人建立更多的联系，这样做可能有助于逐步减少对他们的镇压和孤立。他们的政府建造了一道实体的墙，但人们应该阻止再建一道类似的墙去困住其人民内心的愿望。我尽力保持着自己的联系，继续与我遇到的两位年轻的档案工作者以及梅泽堡档案馆中那位年长的服务人员保持通信来往，我会寄书给前者并与之交换信息，后者则是一个热心的集邮者。

1964 年 1 月，我收到其中一位档案工作者写来的关于肯尼迪被暗杀的一封信："暗杀事件在这里造成的震惊特别大、特别持久。"他告诉我他一直在读美国作家诺曼·梅勒和托马斯·沃尔夫的著作。更重要的是，由于有了新的规定，他和他的家人在圣诞节能够有一天的时间去西柏林探望他的岳母，让她见见刚出生的外孙。他写道，在这种自由带来的喜悦之后，东柏林在他眼里已经变得难以辨认了。他认为这些情绪会产生政治后果。几个月之后，他写道，在未经有关部门事先许可的情况下，德意志民主共和国不允许从外部寄书。他对我的教学颇感兴趣："我们这里对你们那里的情况一无所知，有的只是那些统治阶级怎样垄断教育的陈词滥调。事实上是怎样的呢？"他读到了有关美国经济状况的报道，说失业者达 500 万之多，但不可理解的是，经济还在增长："我们这里一个失业者都没有，相反还存在劳动力短缺的问题。然而，我们的经济发展却丝毫不令人满意。"他还写了一些别的直言不讳的信件，有一次提到了"攻击传统观念的人"最近破坏了波茨坦的古代王宫。（就在写这本书的时候，我从这位与我通信的人的同事那里也收到一封信，信中严厉地指责了此人，暗示此人已经变成了斯塔西的告密者，并且积累了足够的财富在柏林购买了一栋别墅。

我的另一位通信者要求我帮他一个小忙，问我能否确保在信封上的地址一栏表明他的身份是"养老金领取者"，因为那样的话他就可以不用为我寄给他的东西纳税了。他抱怨他的退休金太低了，以至于不得不继续工作。"早先的慷慨的养老金再也不存在了。"

我与我的几个联系人继续保持联系，然后，1966 年，我在牛津大学休学术假，当时我想给我的家人看看我在欧洲童年生活的一些场景，我们又看到了东德的一些东西。波兰拒绝给我签证，因为我的护照将德国列为出生国，将布雷斯劳（现为弗罗茨瓦夫）列为我的出生城市。（让我宣布波兰是我的祖国这让我觉得既违背史实又非常荒谬：我出生在德国，并且一句波兰语都没有说过。我向波兰大使馆提出上诉：难道一个波兰人出生在战前的利沃夫，1945 年被苏联吞并，他就要在他的波兰护照上注明他是出生在苏联？没人给我回复。）

如此一来到弗罗茨瓦夫去的打算只得放弃了，但我们可以从柏林开车经过民主德国去捷克的山区。然而，我们的东德签证只允许我们在高速公路上过境，不能绕道而行。我在通往德累斯顿的出口匝道上开车下了高速公路，心想至少要在远处眺望一下那座曾经非常壮观的城市，此时汽车却抛锚了；当错误明显是我犯下的时候，我很害怕不得不与敌对的当局打交道，但此时车子又恢复正常了。尽管如此，像这样轻微的无助也是一个令人难忘的时刻。几个小时后，当我们到达民主德国和捷克交界的边境时，德国的边防警察几乎将汽车翻了个底朝天，试图找出可能藏匿在车子里的某个可怜的东德人。搜查花了很长时间，当所有地方都搜了一遍之后，有人又将一块绑在一根长棍上的镜子推到汽车底下做最后一次检查。我问他们为什么这么做，但没有得到回答，我对自己说这是要检查汽车是否清洁。

相比之下穿越捷克斯洛伐克让我觉得几乎是自由的——又来到了一个童年记忆中的地方。我注意到在曾经是苏台德地区的熟悉的村庄里，每一处可能会让人想起德国人的过去的印记都被抹掉或凿除了，只留下了打磨的痕迹。我能理解这样做的动机，但对此怀有复杂的感想。我的记忆是不可磨灭的。我们驱车前往布拉格，在那里我指给我的孩子们看我曾经祈祷逃离纳粹的那座古老的犹太教堂。

在这同一次欧洲之行中，以及返回柏林时，我带着儿子一起越过边界前往东柏林。在我们离开东柏林返回时，东德边防警卫想要没收弗雷德的相机，因为他在入境时没有申报。我坚持说那里没有这样的指令，那个警卫反驳说可能只是"措辞不够清晰"。我冲他喊道："根本就没有这样的措辞！"我们平安无事地出来了，并且带着相机。这些都是轻微的，轻微的冲突，但我认为，每一次这样的交锋都令我高兴，因为这样的交锋可以被看成对现政权的攻击——以纪念先前的政权。

在接下来的几年里，我没有理由再返回民主德国；我只是跟踪新闻报道，然后有规律地访问东柏林。我忙碌地注视着法国和西德的学生运动，这些学生运动在东德没有产生任何反响。当东德军队在 1968 年帮助粉碎了杜布切克在捷克斯洛伐克的改革努力时，我对这个政权的反感加深了。杜布切克的计划对于乌布利希而言不啻为一种诅咒，所以他是针对捷克改革采取军事行动最坚定的倡导者之一。

尽管如此，乌布利希仍然不受克里姆林宫的宠爱，苏联人很快就厌倦了他的傲慢和他提出的强硬对抗"阶级敌人"的要求。1971 年春天，勃列日涅夫催促统一社会党迫使乌布利希退休。比他小十九岁的埃里希·昂纳克成为继任者，此人在魏玛时期快结束时在共产党内崛起，并被纳粹监禁了十年之久；1945 年之后，他在统一社会党内稳步上升。

昂纳克一开始就采取了一项有限宽松的国内政策，这是迟到的赫鲁晓夫"解冻"政策的一个翻版。一段时期内，艺术家和作家多少获得了更大的许可。有关民主德国现实生活的令人吃惊的描述也出现了，最著名的作家是克里斯塔·沃尔夫，他的《分裂的天堂》——一本敏感、坦诚的小说，描述了发生在分裂的国家里的爱情——于 1963 年问世。总而言之，人们可以看到在东德有令人震惊的人才，尽管其中大部分遭到镇压或被驱逐了。他们的书面和口头的语言（非政党术语）是一种纯粹的甚至旧式的德语，完全没有悄悄进入西德人言语中的那种英式腔调。这个明确的判断出自杰出的小说家乌韦·约翰森，他自愿离弃了民主德国，他的作品主要探讨的是两个德国的问题。（20 世纪 60 年代末期我在纽约遇到过他，他选择在英国定居。）

然而，与此同时，昂纳克呼吁在国内充分实现共产主义的正统观念，并几乎消除了私营企业的残余。到 1973 年——在 1972 年基本条约签署之后，在勃兰特的东方政策获得早期成功之后，也是在民主德国政权最终获得一些国际地位之后——他宣称东德已经实现了"真实存在的社会主义",这种说法迅速引来了嘲笑并且经常被引用。东德政策变得越来越反复无常、自相矛盾,国家不得不放弃或至少缓和曾经最喜欢攻击的目标,即"复仇主义加帝国主义的"西德,因为西德现在在为它提供急需的物质帮助,但东德热爱和平的人民也不得不"屏蔽"与西方的联系。东德的宣传机器将"德国历史上第一个工人和农民的国家"所取得的社会主义成果与西德的苦难和资本主义的胡作非为进行了对比。

新近获得承认的民主德国开始索要更多的德国遗产了:统一社会党劝告历史学家们要认真对待德国历史的各个方面,而不仅仅是革命运动中的英雄。

东德的历史经常被改来改去,但是就像在其他领域一样,德意志民主共和国在历史领域内也承担了一种特殊的负担,这是由于东德历史学家必须与西德的同行进行竞争,他们在方法和政治观点上也存在分歧。在这两个德国里面,你可以发现许多对立的德国历史。

东德有一类特殊的可信赖的"Reisekader",即巡视干部,他们被认为是坚定可靠的。如果出于职业原因他们接到怀有敌意的国家的访问邀请,他们是可以接受邀请的,条件是他们的家人绝不可以同行。1975 年,我的朋友大卫·卡莱奥邀请了一位东德历史学家弗里茨·克莱因到位于华盛顿的约翰·霍普金斯大学的保罗·H. 尼采高级国际研究学院访问一个学期。我了解克莱因和他有关第一次世界大战中的德国的研究工作,因为我们都是弗里茨·费舍尔观点的关键的辩护者,所以我也邀请他到哥伦比亚大学来做演讲,他是第一位在那里露面的东德学者。我以一种严肃的态度把他作为一个来自历史学家的天堂的人来欢迎他,并补充说我指的是民主德国的档案宝藏,我的学生们感到吃惊;同任何天堂一样，这个天堂也是"很难进入的"。克莱恩不动声色地谈论着东德在德国历史上的研究工作，重点集中在一个关键问题上，即希特勒的崛起，基本上重复了季米特洛夫在 1935 年下的定义：将垄断资本主义归咎于国家社会主义。

演讲结束后，我邀请他到我的家中，在喝着威士忌的同时，我埋怨他演讲中的部分内容。他说他在民主德国的行业协会中有一个特殊的职位，由此他能够相当自由地谈论一切，但 1928 年至 1933 年这段时期除外。这样坦率的承认是令人震惊的，但随后为了解释斯大林在那些年里坚持德国共产党应该把社会民主党（或者用他们邪恶的词语来表述就是社会法西斯主义分子）视为他们的主要敌人时，则变成极其机敏的诡辩。

我当时并不知道，只是后来从德意志民主共和国寿终正寝后出版的令人印象深刻的克莱因自传中才获悉，他从那个政权诞生之日起就是党员，而且从国外一回来，就被要求汇报他在国外的所有活动。他试图过上体面的生活，不得不做出让步，以避免出现更加可怕的状况。他是一个有争议的人物，特别表现在他劝告历史学家不要从先验模式中去了解过去，而是要将最严谨的研究与马克思主义的解释原则相结合。克莱因也赞成对西德历史学家，特别是进步的历史学家持一定程度的开放态度，毕竟反动历史学家会"暴露"他们自己的真正面貌。*

虽然东德历史学家在处理国家社会主义问题时有所保留，但西德历史学家认为这是通往整个德国历史的一个门户。20 世纪

---

* 克莱因和我交换了我们各自的回忆。他回忆起演讲前在我们家吃晚饭时一个令人尴尬的时刻，他以前从未吃过洋蓟，因此困惑于如何去对付它们，而我则根本没有注意到这一点。事实上，我完全忘记了那顿晚餐。但我记得讲座后我们之间坦率的谈话，可是他却已经忘记了。

70 年代，大屠杀开始在西方主导集体记忆和情感，在东方这个主题也受到了重视，人们热切地审视并研究这个问题，纯粹的陈词滥调继续被铺天盖地用来向"法西斯主义的受害者"、共产主义的烈士、"抵抗英雄"以及犹太人表示敬意，但后者并没有被描述为一个受到专门法令规定的野蛮暴行和死亡对待的群体。民主德国的官员们把犹太人包括了进去，但同时也存在组织不严密的地下反犹太主义，在 1948 年对犹太复国主义阴谋的审判中这一点昭然若揭。此处也不啻是一种精神分裂症，尽管该政权冠冕堂皇地反对所有种族主义和种族偏见，但未经审查的国家社会主义的影响仍然在这方面存在，一些古老的日耳曼反犹太主义也依然有势力。

在 20 世纪 80 年代，两个德国之间在官方和私人机构层面的联系大幅度地增加了。1983 年，我对东德、西德双方联合庆祝马丁·路德诞辰五百周年的纪念活动感到震惊。与此同时，施密特以及后来的科尔政府找到了各种方式在经济上帮助东德，同时还悄悄地做出了让东德人在旅行方面受益的让步。在民主德国，党的正统派宣布了一场"和平攻势"，最初该攻势表明是针对美国在德国境内部署核导弹的攻击，这也是一场搅乱了联邦德国的论战，这一点我们将在下一章中看到。到 20 世纪 80 年代后期，统一社会党年轻的党内领导人意识到，民主德国迫切需要改革，这个意识不仅是当时的实际情况所促成的，而且受到苏联集团中其他国家不断增多的异议的刺激。与此同时，民主德国的一些团体还试图通过夺取和平的口号来促进改革倾向。

西德和东德在 1987 年 9 月迎来了双方之间最高层次的官方接触，当时科尔总理在波恩接待了率团进行国事访问的昂纳克。此时，来自所有西德各政党的政客都试图与民主德国当局建立联系，同时坚称他们没有放弃统一的希望。当时已经处于反对党地位的社会民主党继承了英国历史学家蒂莫西·加顿·阿什所称的"第二个东方政策"，意思是与统一社会党的密切接触，包括设立一个工作组。该工作组在 1987 年 8 月制定了一份联合文件，具体说明了他们共同的和不同的原则。艾哈德·埃普勒是西德代表团的负责人，率领东德代表团的则是奥托·莱因霍尔德。社民党代表团希望这份文件可以促进东德人权状况的改善，并对东德再次确认的《赫尔辛基最后文件》原则给予过度的相信。一些社会民主党人（和许多保守派人士）对这次社会民主党和统一社会党之间的合作感到震惊，声称它给共产党带来了额外和过度的合法性，却忽视了刚刚出现的反对派团体。在那段时期内，我多次遇到了统一社会党中央委员会的社会科学院院长奥托·莱因霍尔德，他充分显露出一种理性。*

其他人的做法如出一辙。1988 年 5 月，赫尔曼·阿克森——魏玛时期的一个共产党人和犹太人，奥斯威辛集中营和布痕瓦尔德集中营的幸存者，现在是统一社会党政治局的外交政策专家——应邀出席美国外交关系委员会在纽约举行的一次会议，这次会议是我主持的。他也表达了民主德国的和平愿望，并且受到了美国官员的欢迎。（我当时用"友好的幸存者"这个词记下了这件事，但事实证明我用"友好的"这个词是错误的。）

我也遇到过一些民主德国的政府官员，他们在批评民主德国的现状时非常坦率和直言不讳。1988 年在慕尼黑，东德公法研

---

* 1989 年 8 月，莱因霍尔德寄给我一封他代表我写给民主德国档案馆的信件副本，要求他们支持我当时所做的有关爱因斯坦和弗里茨·哈伯的研究工作。信中的称呼一栏写的是"尊敬的同志们"，信的结尾是"致以社会主义的问候"。

究院的院长告诉我，民主德国"需要很大程度上的变革"。后来我与罗尔夫·瑞西格进行了多次交谈，他四十多岁，有着无产阶级背景，是一位想从理论分析转向实际改革的社会科学家。正统的共产党官员再次谴责他，这次是因为他与西方同行的接触。他曾经帮助起草了那份社会民主党和统一社会党的文件，他认为那份文件鼓励了政治局内的不同意见。在东德的短暂改革期间，他成为奥托·莱因霍尔德的继任者，担任了社会科学院的院长，后来成为他自己的研究所的负责人。

由此，人们可以看到东德政权的矛盾处境，一方面在软化其对西方的立场，另一方面又下决心应对正在东方实践的改革。西德的政治阶层开始以一种积极的态度来看待整个东方：与苏联集团的贸易蓬勃发展，而与西方的贸易则不那么强劲。当时，我担心着，"唯恐西方的新冲突可能会颠覆战后时代最伟大的成就之一，即西德融入西方的意愿。'西方'这个词近来已经失去了它的一些光彩"。

不论是当时还是现在，对我来说，西方代表一系列的思想和制度，代表一定时期的历史，简单地说来就是代表启蒙运动和自由主义。正如我在我的第一本书的主题中所试图说明的那样，国家社会主义就是德国针对西方的长期局部战争的胜利。因此，我绝对相信丘吉尔和罗斯福的公开声明：第二次世界大战将决定"西方文明"的存亡。但到目前为止，西方之所以对我来说非常重要，是因为这个词不仅包括了美国和西欧，还强调了它们的基本原则的共性。减少对西方的承诺会使我深感危险。

在某些情况下，这种担忧似乎是合理的。最令人痛心的一次发生在我一生中最幸运的遭遇之中。在 20 世纪 80 年代早期，我帮助波兰哲学家克齐斯茨托夫·米哈尔斯基在维也纳建立了一所人文科学研究所，东欧作家和思想家可以在这个"自由世界"中拥有一个临时的家并与西方同行会面。米哈尔斯基与另一位波兰哲学家卡迪纳尔·沃伊蒂瓦有着密切的联系，1978年之后，我们意识到了他惊人的影响力。几年后，教宗约翰·保罗二世邀请米哈尔斯基到他位于冈多菲堡的夏季府邸组织一次为期三天的研讨会，其中第三个议题被谨慎地设定为"欧洲及其后果"。我受邀提交了一篇论文，题为《德国和欧洲》，文中我简要叙述了德国文化的欧洲性，不论其政治生活如何不同。

那次会议是在1987年8月下旬举行的，恰逢炎热晴朗的天气。我们出席会议的这个群体相对较小，就下榻在教宗宫殿附近的一个前女修道院里，每个人都有一间小小的房间，小到令人感到压抑。冈多菲堡是个小镇，位于阿尔巴诺湖上游，景色如画，美丽的17世纪的教宗宫殿是小镇的主要建筑物，我们的会议就在其中举行。第一天下午晚些时候，教宗从摇摇晃晃的楼梯上走下来，同我们共进晚餐，还坚持由他自己来调饮料。晚餐的气氛是轻松的、半正式的。有人就梵蒂冈的官僚机构询问教宗，他的回答很有分寸。我向他咨询了梵蒂冈的档案，这是历史学家们的宝藏，并提到了大量迄今为止不开放的材料，例如20世纪20年代红衣主教帕切利从德国提交的报告。（我故意没有提及后来更有争议的时期。）当然，我希望他会说："周一去那里向他们咨询！"相反，他巧妙地避开了这个话题。

提交给研讨会的论文大都很精彩，教宗也积极参与了会上的讨论。他和众人分开坐，他的桌子没有与我们其他人围着坐的那张U形桌子连在一起，但是他对所有议程的关注是显而易见的。切斯瓦夫·米沃什和莱谢克·克拉柯夫斯基都出席了会议，还有蒂莫西·加顿·阿什。维也纳的红衣主教柯尼希在会上发表了演讲，他是一位和蔼可亲给人印象深刻的人，并且一直是沃伊蒂瓦当选的幕后推手。物理学家兼哲学家卡尔－弗里德里希·冯·魏茨泽克也在会上做了演讲，但他们的讨论都只局限于欧洲，而且"西方"这个词并没有出现，这意味着美国没有被包括在大家的对话之中。我对此表示反对，我想知道这个遗漏是不是"欧洲自满情绪的一种无意识的迹象"。欧洲人——此处我指的是西欧人——在失去他们的全球政治统治地位之后，是否乐意以一个"被这些可怕的巨大的超级大国包围的美德之岛"的面貌出现？我补充说，我们正在出席的这次会议之所以成为可能，部分原因是美国在战争中拯救了欧洲，美国的行为不仅是简单地出于地缘政治的利益，更是出于与欧洲的亲密关系，在谈论欧洲的时候却忽略美国所展示出的文化和道德的层面似乎是错误的。在喝咖啡休息时，我向红衣主教柯尼希和教宗反复强调了这一点，并敦促召开一个研讨会，用来专门讨论与美国在西方的地位直接相关的主题。我觉得我有着强烈的意愿去这样做，以至于丝毫没有顾忌向教宗和红衣主教提出这样的要求所存在的不恰当性。他们聆听了我的意见——带着不置可否的善意。

教宗和我谈到了弗罗茨瓦夫，即布雷斯劳，这是一个他所熟悉的城市，我们在晚餐时再次进行了交谈。他邀请与会者同他一起参加三种不同语言的晚会，分别以德语、英语和波兰语进行。蒂姆后来告诉我，波兰语之夜是最有趣的。我坐在教宗附近（他的助手——一个波兰修女，坐在我们之间），当话题转向美国的教育时，我提到了在美国聪敏的亚洲学生的重要性。例如，在麻省理工学院，所招收的学生中大约 18％是亚洲人。教宗的葡萄酒令我放松，我补充道："他们取代了犹太人的位置。"对此教宗回答说："是的，但他们（犹太人）仍然控制着媒体和金融。"我惊呆了，他是否真的这么认为，或者他的话只是对过去通常的偏见的一个回应？

在为期三天的研讨会结束时，教宗向我们表示了感谢，并且高雅地总结了会议所讨论的内容。在他说话时，面前一页提示都没有，而且他能够在最恰当的时刻精确地在德语、英语和法语这三种语言之间转换。这是一次令人感动的经历，有时候我会想起1979年我在华沙时听过的一个故事，有个忠诚的信奉共产主义的学生回家后谈起教宗时说："他是那种能够让你表现更加出色的人。"

那些日子里有一种魔力：冈多菲堡的美景、古老的教宗宫殿、著名的欢快的瑞士卫兵、外部宏伟的大厦以及内部的经典简约。我清楚地记得，教宗的身体非常健康，体现出一种极其仁慈的牧师的仪态，只要看一眼就马上会被他的慈善和深切的同情打动。

与此同时，诡诈的历史又提供了一个人物，又一个被裹挟在严格的等级制度之中的人物，他将对整个世界，特别是对东欧产生翻天覆地的影响。米哈伊尔·戈尔巴乔夫于1985年3月在莫斯科当选为苏联共产党总书记。一些西方人立刻认识到这是一个新型的苏联领导人——开明、机智、精明能干，是从一个不同的模子里铸造出来的。（甚至在他当选之前，他就曾拜访过玛格丽特·撒切尔首相，并使她着迷。）作为一个现实的共产党人——如果这两者并不矛盾的话，他试图按照这个世界的本来面目去看待这个世界，而不是透过意识形态的有色镜片。戈尔巴乔夫用行动来落实他的"激进的政治改革"的承诺。1986年12月，他打电话给陷于困境的著名持不同政见者安德烈·萨哈罗夫，邀请他从流放地高尔基市返回莫斯科。萨哈罗夫——人权的捍卫者、苏联入侵阿富汗的批评者——是西方人眼中的英雄，对于克格勃而言则是一个被诅咒者。"戈尔巴乔夫热"很快在西德和法国流传开来。西欧领导人赞赏戈尔巴乔夫的新奇做法并对此表示欢迎；昂纳克则只能不寒而栗，反过来，他的故步自封和对变革的畏惧激怒了苏联领导人。

戈尔巴乔夫意识到苏联体制的失败，意识到苏联亟须进行一场彻底的革新。在此刺激下，他实施了改革（perestroika）和开放（glasnost）计划。这项计划几乎就是"一场从上而下的革命"，尽管他并没有使用这种完全非马克思主义的术语。在国内，戈尔巴乔夫引用了列宁晚年的批判性著作，声称他的创新具有意识形态上的合法性。

我一直感到很奇怪的是，近几十年来，许多历史学家贬低了个人的作用，而把注意力主要放在"无名的民众"的力量之上，仿佛列宁、甘地和尼赫鲁、凯末尔·阿塔图尔克和墨索里尼、希特勒、斯大林、罗斯福以及丘吉尔都没有证实个人可能在世界舞台上产生巨大影响。而且此时还有戈尔巴乔夫、教宗和纳尔逊·曼德拉！我可能在另一方面犯下了错误。我有时可能会忽略这些"无名的民众的力量"，但是历史也是个人的戏剧，那些时代的产物塑造了他们所处的那个时代。

昂纳克和他的属下从一开始就对戈尔巴乔夫持怀疑态度。这些共产党官员也许是最不理解，更不用说去支持戈尔巴乔夫旨在挽救苏维埃制度的改革，以及他在变革上的冲动。东德的共产党官员发现，他们很难去支持改革开放的计划。民主德国的审查员及时地查禁了一份改革派的苏联杂志《伴侣》和一些新拍的苏联电影；他们对戈尔巴乔夫的演讲进行了"编辑"。

东德人害怕了——他们的害怕是有充分原因的。到20世纪

80 年代后期，他们的经济正在衰退并接近破产，但这一点尚未被揭示出来。他们意识到他们未能与西方的控制论革命相匹配。而且更重要的是，他们看到了充斥着整个东欧的动荡和蔓延中的异议。他们又气愤又害怕，然而仍然相信他们在独自保卫着圣杯。

在我的记忆中始终有访问民主德国时留下的伤感的一页，如同一种意外刻下的铭文，永远不会忘记。每次穿越东柏林都是有风险的。在查理检查站，检查程序非常烦琐，最令人不快的时刻是在检查站的窗口，在那里你得交上你的护照，然后护照消失在看不见的部门里，你只能等待一个不确定的时间，同时感觉自己是那么无能为力。在 20 世纪 80 年代末，有一次艾伦·布洛克、谢泼德·斯通和我去了那个检查站。（我们在那个地方放下了玛里恩·登霍夫去迎接来自西德的来访者。）在通常的多次等待并通过了几处障碍物之后，我们以为已经完成了检查，此时从黑暗中出现了一个人民警察，拿着一个手电筒，要求我们打开汽车的储物箱。汽车的其他所有部分已经被检查过了，当他用手电筒照到储物箱里面时，大声吼道："里面有武器、弹药或报纸吗？"

我想，这个问题就像一件送给某个人的礼物，这个人像我一样在成长过程中经历过海涅对搜查违禁品、珠宝首饰和禁书的普鲁士海关官员的嘲笑："笨蛋，"他想道，"你们的搜查是徒劳的。我的违禁品就藏在我的头脑中，危险的想法和具有爆炸力的书刊在其中萦绕，当我打开这件行李时，它会对你们造成伤害。"一个多世纪之后，此刻在东柏林，我遇到了与旧时日耳曼人相同的对违反禁忌的思想的恐惧。海涅是对的，或者我们的工作就是要去证明他是对的。那个可怜的人民警察既是一个回应，也是一个预兆。

我一直对这个充满异议和抵抗的世界有着浓厚而直接的兴趣——我对德国历史的兴趣丝毫不亚于我对政治现状的兴趣。多年来，我一直以不同的方式参与在这两者之中。在 20 世纪 70 年代和 80 年代，反对压迫的斗争此起彼伏，如火如荼，并取得了一边倒的胜利；与不断加剧的抗议活动有关，并使其蒙上阴影的，是不同的国际冲突造成的明显的威胁。在前者带来的危险的推动下，我非常幸运地对后者有了更多的了解。当今的戏剧性场面促使我借助于历史来对它们进行思考，而我在国家社会主义方面的经验加剧了我在行动上的冲动。其余的动力则来自我的雄心和企盼。

世界政治出现了以赎罪日战争为标志的停顿，我将对此产生的忧虑和反思倾注到了我的文章《战后时代的终结》中去，这篇文章开启了我未曾预料过的冒险之旅，前往我从未涉足过的世界各地，在那些地方，新的印象和旧的主题交相辉映。我一次又一次地发现，德国历史的教训在世界各地引起了共鸣。在 1977 年到 1981 年，我间断性地周游各国，套用雷蒙·阿隆的话来说，这促使我成了"一个忠诚的观众"（un spectateur engagé）。

我完成了《金与铁》——在长达十六年的时间内，我一直沉浸在欧洲政治和金融、德国的统一（1871 年）和扩张、欧洲犹太人的崭露头角和对他们的新的敌意之中——我想着手尝试某种新的事物，以便改变一下我的口味。我回忆起麦克乔治·邦迪对我有关"战后时代"的反思的兴趣，便向福特基金会提议就欧洲先前的依赖性与现今的欧洲之间的关系展开研究。我想知道，在这个项目上，个人的印象和精心策划的访谈是否可以取代档案。

我这个离经叛道的想法是否受到了我的朋友和博学的历史学家休·塞顿－沃森在他早期关于东欧的一本书中的文字的鼓励呢？他承认："我的素材来源主要是人。与来自不同国家、有着各种不同政治观点和社会出身的男女对话，能在某种程度上给予我们比文献研究更好的印象。"身为一名眼光敏锐的观察者和鉴定人，休随时准备出发到任何地方去旅行，只要那个地方能提供特殊的观察鸟类和人类的机会：人类和兽类身上的异国情调对他具有巨大的吸引力。

我一直坚持认为德国历史是"欧洲化的"，但在某些时候，我意识到我可能过度地以欧洲为中心。我当然能够理解，尽管成立了欧洲共同体——这一历史性成就本身源于欧洲在两次世界大战中的自我毁灭意识，欧洲在世界事务中相对衰落了。面对苏联的威胁和"第三世界"的挑战，一半的欧洲大陆变得越来越依赖于美国。欧洲"正在度假"，我这样说道。此外，发达国家和发展中国家之间的差距正在得到承认，这个差距并没有缩小，而是很不幸地在不断扩大。当时的世界银行行长罗伯特·麦克纳马拉于1977年要求维利·勃兰特组织一个国际委员会，由"北方"和"南方"的主要代表国组成，以便提出改革建议。与此同时，"喜好议论时政的知识分子阶层"变得越来越机动灵活，他们飞往豪华酒店出席为期三天的国际会议，讨论当前的重大问题，如"东西方关系"等——我本人也参加了一些这类会议。

但我想由我自己从不同的角度来了解欧洲及其在世界上的重要性。那些以前与殖民国家有过深刻矛盾关系的人民是如何看待这一点的呢？我对我不了解的世界充满了好奇，在研究生院里，一些开拓性的课程就曾经吊起了我的胃口，例如"欧洲的海外扩张"，这是一门极具争议但又极其重要的课程，围绕这个课题引发了无数激烈的争论。多年来在我自己的教学中，我曾经建议需要对欧洲海外统治的经历做出一个公正的评价，其早期统治者的原始傲慢不应该简单地被反殖民主义或开明的内疚取代。欧洲人曾经的野蛮行径是无可比拟的，是用种族主义的谎言和虚伪包裹起来的，而恐怖和剥削就是帝国主义的印记；但是这些不应该被用来掩盖现在已经部分被忽视了的欧洲在世界上的存在所带来的有裨益的成就。我还想去看一看，在战后时代，非殖民化和西欧一体化这两个最近的世界历史进程是如何在逻辑和时间上重合的。

福特基金会使我的项目成为可能，哥伦比亚大学给了我十八个月的无薪假期，从 1977 年 1 月开始——正是吉米·卡特政府接替了杰拉尔德·福特政府的时候。（即将卸任的国务卿基辛格和即将上任的国家安全顾问兹比格涅夫·布热津斯基慷慨地为我写了介绍信。）我很享受为这次旅行所进行的准备工作，一边深入探究新的课题，一边向朋友和专家请教。当我在人类学家克利福德·格尔茨面前提到了我拟定的行程时，他惊呼道："你遗漏了那个最重要的国家：印度尼西亚！"我很快就加上了它。福特基金会不仅提供了物资和后勤支持，而且有一封邦迪的信，这封信为我打开了许多大门。其他人给了我大量的人名，包括在写作《金与铁》时我曾经遇到的一些银行家。（我把他们标记为穿便装的外交官。）

于是在 4 月，佩吉和我动身开始了我们的环球旅行，这次旅行始于阿尔及尔，终于东京；那年晚些时候我们去了阿根廷、巴西和哥伦比亚。对于我这个德语专家的工作来说，更重要的是随后的行程，在来自不同途径的赞助下，我们前往苏联、波兰和中国，就德国和欧洲关系这个主题听取意见并发表演讲。在我的行程的每一站，我都会收到常驻当地的福特基金会的代表（多么能干的一群人呀）和大使馆人员（有着各种不同的结果）发给我的初步的简报。我还会或正式或私下里去与德国的代表见面。我过着一种类似于记者或外交官的生活，奔来奔去地好像在收集一些网点，有时甚至将它们连接起来。

我原以为我会把注意力集中在政治问题上，但最终使我最为关注的是诸如旧形式的压迫和新形式的威权主义这类普遍的问题。我想我再次听到了童年的回声。几十年来，在我对一些人们不得不为言论自由而斗争的国家和地区进行了访问之后，我的这种经历启动了一个互惠的过程：我用德国人的眼睛看到了这些国家，反过来，这些国家使我更深入地了解了德国的过去。

那是一段难得的好时光，根据1975年的《赫尔辛基最后文件》，欧洲安全与合作组织已经成立了，对于一位真正致力于捍卫人权的美国总统来说，欧安组织最重要的"第三个篮子"及其对人权的保障，变得尤其重要。现在，这个问题引起了极大的关注。赫尔辛基观察委员会在不断涌现，以便监督各国遵守新协议的情况；这些委员会对于持不同政见者而言有很大的帮助，当他们试图发出声音时就可以援引《赫尔辛基最后文件》。一些右翼美国人认为"人权"是用来对抗苏联的武器，同时他们对发生在"友好"国家里的罪行却视而不见。玛里恩·登霍夫和其他一些欧洲朋友猛烈抨击了美国的双重标准和虚伪。自1974年《杰克逊－瓦尼克修正案》禁止美国政府将最惠国地位扩大到剥夺其公民自由迁徙权的"非市场经济"国家以来，美国一直在向苏联施加压力，要求苏联允许犹太人按照他们的意愿移居海外（他们中的大部分人去了以色列）。随着卡特和布热津斯基执掌白宫大权，这一问题和其他人权问题在美国的政策中获得了新的价值。

为了满足我自己（以及福特基金会），我根据我的旅行发表了几篇文章，但收获最大的是丰富的经历，这些经历充实了我的理解。我还保留了有关人和地点、新朋和旧友的珍贵回忆。在书报中读到世上的不平等是一回事，目睹问题的实际人格化是另一回事——在印度马德拉斯儿童饿着肚子满街乞讨，阿拉伯人对犹太复国主义的入侵感到愤怒，或者以色列人挑战性地决心生存并扩张——我与自我满足的威权主义的支持者进行了交谈，或者首要的是与那些冒着巨大风险反对恐吓和镇压的人进行交谈，无论是在德黑兰或是德里，布宜诺斯艾利斯或是莫斯科。我还发现了一个颇有讽刺意味的曲解：我造访了一些危险或存在压迫的地方，然而这些地方在我的童年时代曾经被认为可能是我们躲避纳粹主义的避风港。

我的半官方采访引导着我走进了权力的走廊，同时官方的款待让佩吉和我与外交界和金融界有了短暂的接触，但最有价值的还是我遇到了一些在不同程度上反对当地政府的人。我很庆幸我能有机会短暂地涉足迄今为止完全陌生的领域，与作家、商人、记者、持不同政见者、在职的和不在职的或监狱外的政治家会面。我极有兴致地去聆听有权势的人带有几分克制的谈话，然而那些无权无势的人（其中一些人后来担任重要职务）讲话则更加坦率。我遇到了一些"活档案"，他们是鲜活的信息来源。去见识一下无意中的一句评论会如何揭示迄今为止未曾想过的联系——所有这些都是有用的冒险，而且友好的回忆掩盖了那些本来无聊的会面。

阿尔及利亚人在经历了长达八年的残酷斗争之后终于在1962年赢得了独立，于是我从阿尔及利亚开始行程，以便安静地向阿尔贝·加缪致敬并公开承认这个国家在第三世界中的特殊地位。法国本身因阿尔及利亚战争而四分五裂：法国武装部队习惯性地对被捕的怀疑是恐怖分子的阿尔及利亚人施加酷刑，这一事实的泄露在法国引发了日益激烈的抗议风暴。

这个潜在的富裕国家似乎在走下坡路，它就像东欧社会主义在地中海的一个翻版。然而，阿尔及利亚人自己，甚至那些与法国有着密切的复杂关系的人，也认为恰恰是欧洲正在衰落和腐败，并且他们用人口统计数据来证明这一点：阿尔及利亚的人口是法国人口的三分之一，但每个国家的出生率是相同的；因此，法国（以及西欧的大部分地区）成了吸引北非移民的一块磁石。如此一来，从长远来看就会看到一个老龄化的欧洲，尽管目前它仍然是一个经济巨人，但未来会是什么样子呢？作为一个博物馆来展示过去的伟大？我听说过"欧洲病"这种说法，这是一种富裕的、自我放纵的、颓废的文化的不健康的状况。

同时我也即刻面对阿尔及利亚人对以色列的仇恨，在经过审查的新闻报道中以及城墙上比比皆是的涂鸦和符号都表达了这一点。我想到了将这些仇恨与早先的恐怖联系在一起的相互缠绕的锁链：大屠杀促使犹太复国主义者要求有一个犹太国家，一个以色列国，这在道义上是令人信服的，并且具有实际上的必要性，但是在 1948 年失去了家园的巴勒斯坦人也是其间接的有待确认的受害者。对欧洲大屠杀的回忆使一些以色列人在面对外部世界时毫不妥协，特别是针对阿拉伯人，巴勒斯坦人所遭受的后果激起了阿拉伯人的愤怒——尽管阿拉伯国家实际上听任巴勒斯坦难民陷于困境而几乎不管不顾。相互间不断强化的猜疑和仇恨充斥着整个北非和中东。

下一站便是开罗——在一个混乱的城市中我又遇到了一条急剧升降的学习曲线。那里的美国大使赫尔曼·艾尔特斯给了我一个初步的情况介绍。安瓦尔·萨达特总统几乎结束了埃及与苏联的密切联系，似乎转而开始了亲西方的进程。（我知道赫尔穆特·施密特非常尊重萨达特。）我怀疑，很可能除了埃及和以色列政府中最高级别的人之外，任何一个人都无法预测到在六个月之内萨达特会开始他的历史性的前所未有的耶路撒冷之行。在我的谈话中，没有任何暗示表明公众有意愿希望出现这种激进的转变。

在相当简陋的《金字塔报》报社办公室里，我同非常有名的政治家布特罗斯·布特罗斯－加利见了面。他抨击了最让他恼火的东西——美国的霸权，他眼中的美国霸权不仅是其军事力量，还有非常令人向往的美国文化所具有的普遍的主导地位。他对苏联几乎毫无兴趣。而富裕的沙特阿拉伯人和海湾阿拉伯人都是可鄙的，他们在里维埃拉拥有别墅，却对人民遭受的苦难漠不关心。他对以色列不抱任何和平的希望。他也强调了人口上的现实：300 万以色列人面对着 6000 万阿拉伯人，每年还有 300 万阿拉伯人出生。以色列人应该学会与他们的邻国交谈——用阿拉伯语；如果不这样做，他们将被抛弃，就像被赶出阿尔及利亚的法国定居者那样。与此同时，他认为埃及正在逐渐变成另一个孟加拉国。一种愤世嫉俗的压力减轻了他的忧郁，并使我回忆起巴黎知识分子时髦的左派观点，他曾经在那个圈子里生活。

我遇到的一些埃及作家和诗人曾经是纳赛尔的囚犯，被限制在他们称为集中营的地方。但他们中的许多人也担心宗教激进主义的崛起，这种宗教激进主义在阿尔及利亚早已存在，并且——以镜像犹太的形式——也存在于以色列。我的对话者包括塔辛·巴希尔——萨达特的前发言人（他是我哥伦比亚大学的朋友爱德华·萨义德的朋友），还有路易斯·阿瓦德——一位诗人和阿拉伯文学专家。

随后在耶路撒冷和特拉维夫度过了忙忙碌碌的十天，白天进行采访，紧接着晚上去看望朋友。发生在赎罪日的攻击仍然在影响着以色列，这是自 1948 年以来第三次也是代价最大的一次战争。（有一个到处流传的谣言提到了以色列的弱点：果尔达·梅厄总理被认为事先向她的军队指挥官询问以色列如何能打赢一场战争。她被告知只有两种方式：一种是自然的方式，即借助于一个奇迹；或者是一种奇迹般的方式，而这又将借助于自然的手段。）我与一些政治家、将军和普通公民见了面——尽管在以色列存在职业流动性，相当多的人接连在这些领域内有过自己的职业生涯。我见到了一个传奇人物，坦克指挥官伊萨拉耶尔·塔尔，个子矮小，但非常健壮，他告诉了我他在 1942 年至 1944年在埃及西部沙漠与英国军队并肩作战的经历。在我们两个小时的谈话中，他说，现在欧洲的最大贡献将是"生存下去"。在他眼里，欧洲似乎也显得过于疲惫，甚至在石油危机之后变得懦弱了。他猛烈抨击欧洲单纯防御战略的"罪恶"，认为这只是一个优越的大国才能承受的奢侈品，其他国家则需要一个很明确的报复姿态。我们谈到了赎罪日战争。他戏剧性地拿出了一张他与埃及总参谋长加马西将军的合影照片，1973 年 11 月 1 日摄于 101公里标记处；他们直接的联合使命是安排给养并提供给被包围的埃及第三军，但是他们也谈到了战略和哲学，以及埃及社会和世界政治。加马西警告塔尔，以色列人可以占领开罗一百次，但仍然不能打败阿拉伯人，然后补充说埃及已经做好准备结束持续不断的敌对行动。

在一份官方报告中，塔尔曾写道，赎罪日战争使以色列陷入混乱之中，他们面对的问题是："我们为什么被杀？"这个问题导致了分裂并且"威胁到我们军事优势的秘密——动机和士气"。他坚持认为阿以之间的冲突是不可能用军事手段来解决的。当我提到施密特总理曾经告诉我的朋友——一位荷兰工业家，他认为联邦德国国防军现在是世界上名列第二的军队，而以色列的军队则是首屈一指的军队时，他笑了起来。其中的讽刺意味是不容忽视的：几个世纪以来，德国人一直为他们的军事实力而自豪，对犹太人则是如此蔑视，仅仅将他们视为做买卖的砍价好手和懦夫，现在这种情况却发生了逆转。但我意识到人们的观念正在发生变化：德国人和欧洲人，尤其是左翼人士，能够比以色列的国家力量更容易处理犹太人的受害者问题。

以色列正处于和平状态，但陷入了严重的经济困境之中，而且所揭露的各种丑闻打击了其自身的信心。塔尔将军是对的：这个国家第一次对其最终目标产生了深刻的分歧。以色列人意识到他们被孤立的危险，特别是那些对欧洲感到有一种特殊的亲密关系的人，几乎所有与我交谈过的人都对欧洲徒劳无益地屈从于石油资源丰富的阿拉伯国家而感到非常失望。他们讨厌欧洲人向他们指手画脚地讲述兼并主义的恶行，毕竟欧洲人一直是竞争性掠夺的大师。尽管如此，欧洲仍然是以色列最大的贸易伙伴，而联邦共和国则是其最信任的支持者，仅次于美国。

对于包括政府官员在内的许多以色列人来说，阿拉伯人的最终目标似乎非常明确，毫不含糊：消灭以色列。外交部的一位高级官员，我认识他时他是一位过着平民生活的政治哲学家，对欧洲沦为一个"无能的、依附他人的和浅薄的道德主义的混合体"而表示遗憾。一位总理的顾问告诉我，他确信阿拉伯人所寻求的是以色列的毁灭，他同样也确信以色列继续占领约旦河西岸正在伤害以色列社会并违背了犹太复国主义的精神。在私下的谈话中，鹰派与鸽派之间的深刻分歧证实了我的总体印象，即后者愿意谈论以色列的违法行为，但即使是仁慈的外国的批评也被置若罔闻，无人理睬。

我的最后一个谈话对象之前是一位将军，他坚信和平的可能性，但怀疑任何一届以色列政府有能力说服人民做出必要的让步。"也许我们需要一个戴高乐，"他说道，"但是眼前一个都没有。"几个星期之内，这位将军和工党领袖伊扎克·拉宾就被梅纳赫姆·贝京接替。贝京是利库德集团领导人，并且是恐怖组织伊尔贡的前任首脑，正是贝京在随后的 11 月欢迎了萨达特前往耶路撒冷。但是让以色列拥有一个戴高乐这个梦想从未消失过——可是也从未实现过。

当我们离开时，机场的以色列安全人员感到困惑：这两个从开罗来又要去德黑兰的人是谁？我告别了还将生活在这个四面楚歌的国家里的朋友，然后从这个既陌生又熟悉的国家前往另一个有着辉煌的过去和令人恐惧的现在的国家，而且在这个国家里我几乎一个人都不认识，这使我感到非常不安。但事实上我们在伊朗受到了热情的欢迎。

大卫·洛克菲勒是我在外交关系委员会常常见到的朋友，他安排我去面见伊朗国王，国王则回报以让我们知悉：在我们的整个逗留期间，我们都将是他的客人。这令我感到惊愕。我拒绝接受伊朗国王的恩惠，但我们的大使馆坚持说，拒绝国王所提供的款待会被视为一种无礼。我提出了一种妥协方案，我会偶尔接受提供的公务车，从道德上讲，这已经让我"有点蒙恩了"。

国王在他巨大的宫殿里的一个富丽堂皇的大厅里召见了我，但实际上我们的谈话很轻松，只有一个人在场做记录，而且这位领导者看上去非常坦率。他非常乐于谈论欧洲，并对当前政治实况中的细节了如指掌。他认为，欧洲已经患上顽疾，颓废衰弱，有着"一个纵容的社会"所具有的全部罪行，尽管他称赞了基督教文明，却同时暗示了其早期的剥削性质，并声称其大肆吹嘘的民主现在在加速其衰落。国王的话含蓄地证明了他自己的高压统治和庞大的军事力量的正当性。无论如何，他是一个坚定的专制主义者。他的父亲将土耳其的现代化主义者凯末尔·阿塔图尔克视为典范；他这个做儿子的可能有类似的倾向——一个为自己寻求显赫声望和为国家寻求强大势力的现代化主义者——但是当他沉浸在富有的西方人的陪伴中时，却对他自己人民的福祉漠不关心。欧洲的特别是德国的企业家们渴望得到他的恩赐。

一位美国商人为我深刻地描绘了美国在伊朗庞大的军事和商业存在，他本人也与之密切相关。卷入其中的大约有 25000 人，他们中多数人抱着"出来发一笔横财"的目的。他特别提到，在任何群体中都被视为冒犯性的对女性的放纵行为，在毛拉及其追随者眼中是尤其大逆不道的。

佩吉和我有时会抽空"逃避"一阵子，比如坐飞机前往伊斯法罕，这是一座宁静的有着众多古老而璀璨的清真寺的波斯古城，与伊朗现代首都的繁荣形成鲜明对照。当我要求去看看我在孩提时代就听说过的德黑兰北部山区的某些地方时，伊方给我们提供了一辆汽车以及司机，供我们短途考察。回来时，在一条狭窄且人迹罕至的路上，迎面快速驶来一辆汽车，这辆车突然转向我们这一侧，显然是想把我们逼下路面造成灾难。我们的司机在最后一刻转向避开了，他后来坚持说这是针对官方车辆的故意行为。

离开国王统治下令人感到压抑的伊朗，我松了一口气，然后期待着下一站印度，福特基金会安排我们住在基金会的新德里宾馆，位于洛迪公园附近的办公区内。当时的人们喜欢说，在印度独立的早期，在首都德里有四个大使馆，美国的、苏联的、中国的，还有福特基金会的，它们的代表们乘坐马车从洛迪公园前往政府大楼。

作为世界上人口最多的民主国家，印度正在经受着对其自由的可怕的考验。1975 年，尼赫鲁的女儿英迪拉·甘地总理声称面临经济混乱的危险，从而实施了一项暂停所有宪法保障的《紧急状态法》；反对派领导人遭到逮捕，成千上万的公民未经审判就被投入监狱。但她下令在 1977 年 6 月举行大选，以为恐吓会为国大党带来胜利；在竞选期间，《紧急状态法》被暂停了。（甘地夫人的反对派赢得了选举——有 60％ 的合格选民给他们投了票。到了 1980 年，腐败的强制性分子又重新掌权。）

十年前，一位印度社会学家克瓦尔·莫特瓦尼写信给我，说我的《文化绝望的政治》一书对他和他的国家特别有意义；他确认了我书中提供的数据。但是他说他们曾经诉诸一段可疑的过去，而"我所诉诸的过去是建立在作为一个国家存在并幸存了七千年的印度的过去，而且这个国家诞生了一些令人景仰的人物，他们塑造了人类的命运，如摩奴、佛陀等。目前的状况让我感到彻底的绝望……而且由于印度正在承受巨大的压力，处于转型进入工业化和城市化的时代，在聚集大量财富的同时也产生了大量的腐败，那么，所（预期的）极权主义将会是纳粹或法西斯主义的类型吗？抑或会有温和的性质？"

我知道印度人难以忍受去屈尊俯就于美国，我曾在纽约听过道德讲座，我还曾经见到外交部长克里希南·梅农，他嘲笑了美国的"炫耀富裕"——这并非没有理由。印度人对苏联的生活持批评态度，当然他们的国家作为首要的不结盟国家享有突出的地位，这是尼赫鲁本人开创的一个角色。对于印度人来说，这两个超级大国同样令人反感，这一点不只是暗示——尽管他们还同等地寻求苏联和美国的支持。在 20 世纪 70 年代，美国意识到苏联在向印度供应武器，于是开始秘密地支持巴基斯坦。（这是尼克松接触中国政策的一部分，巴基斯坦是中国的好朋友。）在印度，我经常听到各种言简意赅的抱怨，"我们是身处穆斯林汪洋大海之中的囚犯"，这就进一步刺激了印度政府与以色列保持距离，并一直未承认这个国家。

印度似乎是一个奇妙的例子，活生生地展现了截然相反的两个极端却紧密地联系在一起的现象，在可怕的贫穷和文盲的海洋中，却存在物质和知识的财富。头顶上能听到米格飞机的轰鸣，底下却是水牛在拉着割草机。在一个很多方面仍然处于原始状态和疾病缠身的社会中，工人们却在组装最精密的武器，我感觉这形成了一种疯狂的对照。但是印度现代化的变革中也有让人感到非常自豪的一面，丹尼尔·帕特里克·莫伊尼汉大使评论说，"在印度的腹地是一个现代化的法国"——也就是说，大约有 5000 万印度人早已在德里、孟买和其他城市生活在现代科技世界里了——这句话经常被人引用。他确实是对的，因为印度在未来几十年中显示出了非凡的高端科技成就。

最使我感动的是对罗梅什·塔帕尔的拜访，他是一位印度作家、电影制片人和《研讨》杂志的出版人，这本杂志根据《紧急状态法》曾经被查禁，但在预选期间又被允许出版。我们谈到了最近对民主的侵蚀，他在此中有第一手的经历。他告诉我，印度总理办公室已经警告过他，除非他服从法令，否则他将在康诺特广场被处以绞刑。早些时候，甘地夫人曾经是他的朋友；如今，《紧急状态法》实施前的朋友们在街头纷纷避开他。因此，他把在预选"放松"期间出版的第一期《研讨》杂志专门用来刊载研究法西斯主义的文章；其中第一篇文章《症状》分析了法西斯主义者在欧洲崛起的原因，并强调了一个国家从早期法西斯主义思想滑向极权主义统治的可能的速度。"我们用这样的一期文章来恢复杂志的出版，但根据强制的预审查制度无法印刷……无耻地滥用权力且违反法律程序……监狱尚未释放成千上万的政治犯，反对党也面临着骚扰。"他写道，这一切威胁到了印度的未来。多大的勇气啊！他将《文化绝望的政治》列为提供了证据的一本书，证实人们可以轻松地接受法西斯主义；我很高兴看到我的书能起到这么好的作用。

塔帕尔已经去世了，但是他的妹妹罗米拉·塔帕尔——一位著名的古印度历史学家，是 20 世纪 90 年代末印度教民族主义政府的无情敌人，她宣称："这是 1933 年的德国在印度的重现。"这样的评论再次表明，德语仍然是一门政治灾难的语言。

佩吉和我是从马德拉斯离开印度的，这是一个极其潮湿、肮脏和污秽的城市，似乎充满了沿街乞讨的孩子。我立即感觉到，在这些孩子身上尊严正在被剥夺，我绝不会忘记那里的荒芜和贫穷。

我们参观了马德拉斯的东印度公司博物馆，馆中展出的 18 世纪和 19 世纪英国士兵和官员们所穿的厚重的羊毛制服给我留下了很深的印象。我想，英国对印度的统治并不仅仅体现在奢侈品上，还体现在主宰和腐蚀当地人上。无论某些动机是多么卑鄙，无论种族主义观点是多么有害，某些英国的帝国主义仆人还会把他们通常繁重的任务看作一种自我牺牲的责任。印度是个引人入胜的国家。当然，这里是研究欧洲帝国主义的最重要、最神秘的地方。

我们的旅行是如此富有启发性，充满模糊的忧虑，其过于快速的节奏把我们带到了斯里兰卡和雅加达。在那里我被高烧和劳累压垮了，英国大使馆里一位非常善良、称职的印度尼西亚女医生为我进行了治疗；我把她看作女性解放所带来的普遍的有益效果的代表，这是我在西方世界长期以来所理解的。

接下来我们前往新加坡和中国香港——到处能见到急剧变化中的表面现代化，由当地人以及外国人驱动着资本主义的引擎，一栋栋摩天大楼掩盖住了破旧的本土建筑。东亚已经成为世界上发展最快的地区，当地人和他们的西方朋友坚持认为，在经济增长和"权威"之间有着某种必要的共生关系。

在与新加坡总理李光耀的谈话中，我再次瞥见了这种新的威权主义。这些现代化的亚洲人嘲笑欧洲的"疾病"（特别是英国的"疾病"，因其工会组织正在阻碍着发展），他们声称这就导致欧洲愿意依赖美国。正是在亚洲此地，我第一次感受到了某种类似于后来的撒切尔夫人的心态：尊崇勤奋和经济个人主义的美德，蔑视"溺爱"弱者的福利国家。这是社会达尔文主义的新版本——如果经济上有效的话，那也是血腥的。

东京是我们此行的最后一站。日本的经济正处于顶峰，一方面去适应大规模的出口，另一方面又围绕国内市场建立起一道无形的几乎不可逾越的鸿沟。然而这个国家仍然感到不够安全——因为它完全依赖于进口石油——并且非常孤立。美国远在天边并且令人费解，苏联和中国一衣带水但皆为宿敌，其他日本的近邻仍然因其在第二次世界大战期间肆无忌惮的侵略和暴行而耿耿于怀。出于一种担心受到孤立的情绪，日本人谈到了回归自己的根源，谈到了要保留并加强他们文化中的日本的精髓。

1868年明治维新后，德国模式对日本的现代化至关重要。因此，柏林－东京轴心有着悠久的历史，然而尽管同德国保持着各方面的联系，日本也知道如何回避纳粹的要求。我被告知，这种表面上的关怀源于日本人对《锡安长老议定书》神话的信仰，归因于犹太人难以想象的神秘的力量。

但是当我访问日本时，日本人已经"忘记"了他们战时与纳粹的合作以及他们自己版本的闪电战，也"忘记"了他们在中国东北地区和其他被征服的土地上进行的卑鄙的恐怖行为。尽管如此，日本历史学家对德国历史仍有浓厚的兴趣，在宁静、美丽的京都，他们邀请我讲述德国的过去；在其后共进晚餐时，我们用德语这种双方最便利的语言进行了交流。

在长达十四周的旅行之后，我回到了纽约和佛蒙特州，我的思绪充满了第一印象和之后的反思：我学到了或体验了很多东西，但一切都发生在奔波途中。我试图搞清楚这一切，凝聚并诠释我的印象，于是我带着通常的痛苦转向了写作。在这一刻，我想起了应该是奥斯瓦尔德·维布伦说过的话："在我写下来之前，我怎么知道我的想法是什么？"

我发现我对前欧洲统治者的仇恨比我预期的要少得多，也许反帝国主义在西方大学的演讲厅比起在印度人或印度尼西亚人的心中更为激烈。我遇到的许多"进步"人士希望欧洲降低对美国的依赖程度。（带着令人遗憾的漫不经心，当我心里想着"西欧"的时候，写出来的却是"欧洲"，就像我们当时许多人所做的那样，无意识地也不合情理地忘记了东欧。）西德人在每个地方都是一种积极的经济和文化的存在，德国殖民历史的相对缺失对此既有帮助也有阻碍。但一般的态度似乎是：过去的掠夺性强国要比现在的超级大国更好，不论其有仁慈的记录或是虚伪的假象。

阿拉伯和以色列之间的冲突在任何地方都是一个焦点问题。我担心以色列人会将来自国外的善意警告与懦夫行为或再度出现的反犹太主义混为一谈。来自苦恼的朋友的批评值得以色列的关注，而不是轻蔑的摒弃。就在我写作此书的时候，梅纳赫姆·贝京担任以色列的总理，以色列受到孤立的危险似乎更大了。我的担忧在第二年春天得到了证实，当时西格蒙德·华宝爵士——由德国难民转变成的伦敦著名银行家，给《泰晤士报》写了一封信，我认为这是一个重要声明，表达了对贝京的立场的不同意见。华宝爵士私下向我解释说："我觉得我应该成为一个具有示范性的不墨守成规的人，全然不同于以色列国内外如此众多的犹太人——他们表现出来的是可怕的沉默，尽管他们与贝京的观点相左，但是他们心存畏惧，如果公开表示反对贝京的话，他们会在犹太复国主义歇斯底里的社区遭遇批评。"

但我对逐渐加剧的威权主义的担忧是我的主题。在太多国家里，统治者认为现代化和镇压是互补的。我对"微笑的独裁统治"的理念嗤之以鼻，这种说法是对被这些政权监禁的受害者的侮辱。我想让世人知道，不仅是极权主义的独裁者，而且那些现代化的专制政权都在使用酷刑，还惯常地为这种最极端的侵犯人权的行为寻找解脱的理由。"我们关于人权的通常虔诚的概述需要在核心部分加上一条最基本条件的具体陈述，这个条件我们认为应该具有普遍的约束力，例如废除酷刑"，我写道。今天读起来仍然令人难以乐观。

我的文章经过具有天赋的编辑比尔·邦迪和外交部的詹姆斯·蔡斯适当修改之后，最终发表了。文章并不是不动声色的——我想我无法用那种模式去写论述当今事务的文章；邦迪写了一张便条给我，指出我的文章与那一期其他文章所提出的硬性思维是"对立的"，那篇文章是奉献给"权力"的。我认为这是真的：我也对权力的场所感兴趣，但满足于与它们保持距离。

完成这篇文章之后，我就马上动身于 1977 年 8 月中旬去完成福特基金会资助我的第二阶段的冒险历程，这次是去阿根廷、巴西和哥伦比亚。同以前一样，我的准备工作仍然是阅读和向同事咨询，尤其是阿尔伯特·赫希曼——论专业他是个经济学家，但论气质和智慧则是个哲学家，他认识拉丁美洲许多最热心的人士。他列出的一份联系人名单非常宝贵，只要提到他的名字就会产生神奇般的效果。

最近发生的既矛盾又相互关联的事件撼动了拉丁美洲和曾经统治过它的伊比利亚半岛。1973 年，经民主选举产生的信仰社会主义的智利总统萨尔瓦多·阿连德遭到谋杀，这是美国纵容的一桩暗杀事件，由此皮诺切特将军得以建立起他的依靠残忍镇压来维持的政权，这个政权大规模地严重侵犯了人权。(基辛格似乎也无视人权，在智利和在其他地方一样，这使我感到惊讶，因为我们两个人有相似的童年经历。)1976 年，在阿根廷，军政府罢免了伊萨贝尔·庇隆并成立了一个特别残暴的政权，正如拉丁美洲的军官们所习惯做的那样。* 几乎就在同一时间，在葡萄牙，

---

* 尽管我只有一次涉及阿根廷的经历，但那是一次非凡的经历。1950 年，我成为外交关系委员会阿根廷研究小组的记录员，这个国家当时处于庇隆独裁统治之下。我的责任是提供一份尽可能忠实于会议记录的报告——主要专家之间的五次非正式讨论，他们之间存在重大的政治分歧；每份报告的报酬是 10 美元。在一次会议上，我们的驻阿根廷大使、令人敬畏的斯普鲁伊尔·布莱登描绘了阿根廷的严峻形势，指责统治着国家的"那个狗娘养的"造成了人民的苦难。在有着上层贵族氛围的委员会中，这样粗俗的称呼是几乎听不到的——当然这位可敬的大使也不会想让这个绰号记录在案，无论该记录如何保密。所以我把这个绰号"升级"为我所认为的欺诈的或恶毒的。几天后，外交关系委员会的会议主任乔治·富兰克林——一个非常温和的人，把我叫到他的办公室，告诉我布莱登因他的话被编辑过了而十分气愤。实质上，他是完全正确的：庇隆的民粹主义独裁统治，不仅有法西斯主义的行径，而且热情接待逃亡的纳粹分子，是一种彻头彻尾的恐怖政权。后来我获悉，庇隆派利用布莱登的敌意来支持独裁者的号召力："要庇隆还是要布莱登。"布莱登回忆起 1937 年他从阿根廷发出的一份急件，"信中他表达了他的担心，阿根廷正在走向帝国主义、军国主义和自成一格的法西斯主义"。

独裁者安东尼奥·德·奥利维拉·萨拉查于 1970 年去世，在一段艰难的过渡时期之后迎来了马里奥·苏亚雷斯，他率领社会党在 1976 年击败了他的共产党对手。在西班牙，转向民主的成功过渡在大元帅佛朗哥之后于 1975 年在恢复后的君主制下完成了，在信念和性格上都属于民主人士的胡安·卡洛斯成了第一任统治者。这对于那些内战创伤尚未得到承认更不用说治愈的人们来说，不啻一种赐福。西德政府为伊比利亚的成功做出了贡献：在勃兰特和施密特的领导下，西德在这两个国家里都谨慎而果断地帮助了民主派。勃兰特与西班牙社会党领袖费利佩·冈萨雷斯的关系特别亲密，情同父子。这里存在历史性的正义：希特勒帮助佛朗哥掌了权，现在勃兰特帮助冈萨雷斯将西班牙变成了一个稳定的民主国家。拉丁美洲人对这两种对立的模式非常敏感。

布宜诺斯艾利斯城内的繁华令我感觉太像欧洲了，而且这座城市里充斥着恐惧和欺骗性的常态，这方面与欧洲也十分相近。潜在的非常富裕的阿根廷再次陷入了经济危机，这一情况立即加剧了阶级冲突，而此类冲突的根源在于拉丁美洲极为明显的可怕的不平等现象。左翼帮派一直在绑架和谋杀人民，新政权使用特别野蛮的手段来消灭这种恐怖主义及其推定的同情者。成千上万的嫌疑人"失踪"了——遭受酷刑、谋杀，或被简单地沉入大海。

在穿过五月广场应约去见经济部长何塞·马丁内斯·德·霍兹的途中，我看到全副武装的民兵正在驱散一群女人，她们要求知道她们"失踪"了的丈夫和孩子的下落。我认为，这反映了极权主义政权与残酷的独裁统治之间的差别，前者首先就永远不会允许抗议活动。我继续赶路去参加会见，同德·霍兹见面时他解释说，他的紧缩计划是将阿根廷的年通货膨胀率从 700% 降低到仅仅120％！阿根廷人把这种恐怖称为"第三次世界大战"，并指出未来的战争不会发生在国家之间，而是发生在他们之中。我被告知，阿根廷的游击队员都是富人的孩子，还有犹太人。这些享有特权的儿童是我们这个时代理想主义凶手的原型：聪明、机智、残忍无情，并且能够实施许多暴行。他们的对手同样凶悍，而且更加强大。军方的温和派坚持独裁统治，这样做反过来得到了大部分商界人士的支持，而阿根廷的"体面"人物则聘请暴徒在这场"肮脏战争"中保护他们。

有些军事指挥官十分激进，如同反对阿尔及利亚独立的法国将军一样。我买了一份阿根廷主要的右派激进报纸《卡比尔多》，报纸上的一篇特写颂扬了瑞士主教马塞尔·列斐伏尔，梵蒂冈很快就因为此人反动的极端主义而对他进行了处罚。报纸上还介绍了已故法国人查尔斯·莫拉斯的著作，此人是信仰法西斯的思想家。莫拉斯对民主、犹太人和现代世界进行了恶毒攻击，令阿根廷好斗的右派大受鼓舞，这些右派的眼中到处是敌人，当然也包括外国的敌人（例如大赦国际，曾被认为是秘密共产主义组织）。左派认为美国中央情报局正在策划镇压叛乱，而官方的恐怖行动都是从北美那里学来的。

有人告诉我，最糟糕的国家恐怖主义已经结束了，但是创伤仍然存在。一位经济学家告诉我，夜间无论什么时候只要有辆车在他家门前停下，他仍然会醒过来，仍然会担心可怕的敲门声。知识分子和专业人士成了剩下的主要目标，特别是精神分析师（主要是犹太人），他们被怀疑曾帮助或辅导游击队员。阿根廷的40万犹太人不得不做出决断：当地普遍存在的反犹太主义究竟是一个熟悉但短暂的阶段，还是一个新的和致命的威胁。各种犹太组织的领导人告诉我，犹太人成功地向各层级的天主教寻求了保护，但是教会本身就是分裂的，其中进步的派系加上右翼分子混合构成了对杀害基督的凶手的传统仇恨，他们的仇恨是不敬神的，是世俗化的。我给一位富有的犹太实业家看了一段我在《金与铁》中引用的贝托尔特·布莱希特的话："弄清楚是否今天要离开，或者你是否还拥有直到明天才需要的那种智慧，凭借这种智慧你能够在几十年前就创作出不朽的杰作。"他很震惊，喃喃地说道："但这确实是我的问题。"这个问题困扰着世界上那么多的人，对他来说选择流亡是很困难的，被迫逃亡可能意味着得到拯救。

我和各种杰出的学者交谈过；阿根廷的大学曾经都遭到清洗，但重要的工作都是在私立学院进行的。这些学者中的大多数住在破旧的宿舍里，生活在政府的默许之下，并接受示范性的福特和其他美国基金会的支持——日常费用，偶尔还有油印机——更重要的是情感上的鼓励。总部位于阿根廷的拉丁美洲社会科学伞式组织CLASCO（拉美社会科学理事会）的章程将其宗旨定义为找到"一个知识空间，自主的也是自由的，尽管存在着当时的条件"，其隐晦地涉及了那些已经被关闭的中心，以及因为它们的政治观念而被囚禁、折磨甚至被杀害的同事。（在东欧，乔治·索罗斯已经开始了类似的努力，为持不同政见的学者和作家提供物质上的支持。）我想到了这类研究人员和作家中的一些人，生活在他们的不确定的世界中，他们是被埋没的拉丁美洲学术界的英雄，能够见到他们是一种荣幸，同他们见面对他们来说是希望的来源。

我们离开已经褪去光彩的布宜诺斯艾利斯前往充满活力的丑陋的圣保罗，巴西在很长一段时间内与我有着个人联系。在20世纪30年代，巴西一直是德国流亡者的避风港，其中最为著名的是斯蒂芬·茨威格。我母亲最小的弟弟弗里德里希是植物遗传学家，曾在圣保罗附近的皮拉西卡巴担任一个大学研究所的负责人。（我最后一次见到他是在纽约，在1964年的军事政变之后。我曾经问他如何能够在一个实行酷刑的政权下生活，他愤怒地反击：我怀疑，我们的争论证实了我们之前对彼此的偏见；我很介意他的唐突和反动的政治；他可能把我看作一个天真的、无礼的左派。）他现在已经退休了，同他非常"雅利安"的妻子，一位海军上将的女儿，一起返回德国，但我希望看到我儿时来自布拉格的朋友汉娜·库贝尔卡，我和她一直有通信来往。

我知道巴西这个国家拥有巨大的潜在的财富与非常不稳定的和极端的历史，但其不平等的现象令人咂舌，在这个国家里，极少数富人面对着大多数贫困的往往是文盲的穷人。在20世纪30年代，它遭受了共产党人的起义和获得纳粹强烈支持的法西斯运动带来的动乱。法西斯主义和纳粹主义在大多数拉美国家里有着强有力的同情者。然而，巴西却加入了对抗轴心国的战争，并且在文职政府领导下取得了虽然不平衡但惊人的经济增长，直到1964年军队推翻了政府——据其称，这是为了防止一场激进的接管或者是陷入混乱状态；美国对此一直持同情态度。然而，到目前为止，有迹象表明巴西可能会和平地恢复文官统治。

我所遇见的激进分子和反动分子所具有的共同点是不满。弗洛雷斯坦·费尔南德斯是一位著名的激进派社会学家，他曾被一所大学驱逐，但新近获得天主教大学的聘任，他据理反对纯粹的改良主义，认为赤裸裸的阶级制度会促进激进的变革。作为最糟糕政策（la politique du pire）的信徒，他让我感到震惊——这种妄想的政策认为，对于激进分子来说，更糟糕的事情会变得更好。我经常与这些自以为是的"破坏者"做斗争，他们很少意识到事情会变得多么糟糕，以至于无法挽回。

我在巴西所遇到的最具吸引力的人是费尔南多·恩里克·卡多佐，他是邀请我上门做客的赫希曼的经济学家朋友。1969年，他的大学职位被解除之后，他成了一家主要研究机构巴西计划分析研究中心的导师，在那里我遇到了他的一些同事；他们似乎擅长将美国社会科学与欧洲人对政治理论和反思的爱好结合起来，这是一种引起兴趣的混合物。这位有魅力的、低调卓越的思想家，在世界各地的学术界和政治界得到了认可，他摒弃了阿根廷和巴西是法西斯国家的流行的左派立场，赞同在法西斯主义和威权主义之间保持这种区别（无论多么模糊）是至关重要的，因为后者毕竟允许变革的希望。卡多佐强调，巴西的局势比1964年以来的任何时候都要好。他认为卡特总统对于人权的立场将对变革过程中的许多国家产生积极影响。他的理性的、自由的观点最具吸引力，当福特基金会的当地代表称他为我们的"皇冠上的宝石"时，我丝毫不感到惊讶。（福特基金会资助了巴西计划分析研究中心。）六年后，卡多佐居然当选巴西总统——我怀疑有很多人想到过这种可能，我自己则从未想到过这一点。借用赫希曼的一个标题，卡多佐的当选证实了"对希望的一种偏见"。

我们的大使馆要我在贝洛哈里桑塔的第四军总部做一次演讲。整个行程充满了异常现象，以至于我在军事基地的出现也没有让我觉得非常特别，但也许我这是有点自以为是；当然，我所选择的话题——欧洲共产主义——是一种挑衅。

欧洲共产主义是一个主要源于拉丁的新奇事物，这个名字是1975年产生的，用以描述意大利共产党和西班牙共产党的联合声明（后来法国也加入了），宣布它们愿意与所有民主力量合作并接受多党政治制度：这是对列宁主义原则的摒弃，该原则将共产党奉为最高权威。（这三个政党也批评了勃列日涅夫强硬政权的某些政策。）欧洲共产主义引起了极大的争议：对许多人来说这似乎是一种危险的策略，对"现实主义者"来说是一场噩梦，但我认为它应该得到认真的对待，而最终的判断则取决于实际行为。目前来看这种提法至少对苏联提出了挑战，呼吁尊重某些人权。我所希望做的只是就其重要性这个问题展开辩论，而不是立即就摒弃它。我的听众悄悄地持怀疑态度，毕竟伴随着他们成长的是与任何形式的共产主义做斗争。*

军官们很有礼貌地听着我的演讲，但里约热内卢的约瑟夫·布洛赫不以为然，他是那里的一个巨大的出版集团的领导。为了逃避共产主义，布洛赫的犹太家族于 1922 年从苏俄来到了巴西。他邀请我给他的"高层人士"做一次演讲，主题还是欧洲的共产主义。他极其自满和傲慢，凡是与他的麦卡锡式反共产主义的原始观点不同的东西，他一概嗤之以鼻。在午餐期间，他打趣道："你很聪明，但我有经验。"在我的演讲结束后，他在拥挤的电梯里重复了这句话，我便回答说："这完全取决于一个人是否能从自己的经验中吸取教训。"

我被引荐给了在巴西的德国人，首先是与新任德国驻圣保罗总领事哈特穆特·舒尔策－博伊森的一次会面。他同意我的

---

* 当我回到纽约时，我发现了一封赫伯特·吕特在 1977 年 8 月中旬寄来的信，这封信是这位瑞士历史学家，也是最敏锐、最有先见之明的观察家在托斯卡纳度假时写的，当时他脑子里想的是欧洲共产主义："我将毫不羞愧地承认这一点，我完全被意大利迷住了，就像一个浪漫的条顿人和欧洲的乐观主义者，在过去十五年里我从来不是这样的。我觉得真的好像整个地中海世界随着其所有的安德烈奥蒂、贝林格、卡拉曼利斯、胡安·卡洛斯、苏亚雷斯（Suarez）以及苏亚雷斯（Soares）涌进了我们这个古老的西方世界，令其充实、恢复活力并为之陶醉，我为这个历史性的转折感到高兴，这一切就在那里表现出来了（但是要谨防过度欣喜，一切仍然有可能出错）。"

看法，巴西的大企业和武装部队之间的联盟类似于战前德国企业对纳粹的支持。他知道他在讲什么，他是反纳粹秘密组织"红色乐队"的领导人哈罗·舒尔策－博伊森的弟弟，这个组织在战争初期给苏联人提供了军事情报；哈罗在 1942 年被纳粹处决了。哈特穆特·舒尔策－博伊森有自己的自由主义观点，并对人权强烈关注，还同反纳粹抵抗力量有联系，他不是一个普普通通的外交官。

但是，只有当我看到大众汽车巴西分公司位于圣保罗郊外的大型工厂时，我才能真正理解令人震惊的德国在巴西的经济存在，管理这家公司的是沃尔夫冈·绍尔，一位非常自信的首席执行官。大众汽车于 1952 年建立了这家工厂，当时它担心一旦苏联接管西德，国内的工厂可能会被消灭。这家巴西的工厂雇用了 4 万名工人，其中只有 80 名是德国人。绍尔能说一口地道的葡萄牙语，他是新型的帝国建设者：一个有无限能量的人，同时具备良好的社会良知。他敏锐地意识到与他的超现代工厂毗邻的是山坡上的棚屋和贫民窟，这是巴西大部分地区普遍的贫困和文盲的证明。他为自己公司的创新型社会服务和培训工人的庞大的实习体制而感到自豪。大约有 12 万人通过了该系统的培训，他们是巴西新兴的中产阶级的重要组成部分。大众汽车是巴西最大的纳税人，也可能是最大的雇主，绍尔说，鉴于公司还有尚未利用的潜在的实力。（他的竞争对手对这一说法提出了异议。）他的庞大企业发出的嗡嗡声让我想起了萧伯纳写的《巴巴拉少校》一剧中安德谢夫的武器工厂，这是资本主义的胜利。在会见结束时，绍尔建议我在巴西期间，应该去见一见德国工业联合会主席汉斯－马丁·施莱尔，但此后不久德国恐怖分子就杀害了施莱尔。

在里约热内卢，我同汉娜·库贝尔卡见面的那一天开始时很奇怪。佩吉和我住在科帕卡巴纳海滩附近的一家酒店，清晨，当我在一个空无一人的海滩游泳时，两股强有力的波浪迅速而连续地把我冲倒了。我非常热爱在海洋里游泳，但在我一生的游泳经历中，这是我唯一一次感觉到了恐惧。我觉得好像有个朋友背叛了我。回到酒店后，我去找汉娜，期待着 1938 年时美丽的汉娜会以稍微老一点的面貌出现。然后一个仪态高贵的中年女性出现在我面前——幻想被再次纠正了。黄昏时分，她带我们去了面包山下的一个地方，我们谈起了 1938 年我们在捷克山区的最后一次见面。这时我有一种奇怪的感觉，早上我在海边感到十分担心，晚上又回忆起了早年更糟糕的孩提时代的恐惧，我感觉这两次我都获救了。

第二天是一个星期天，汉娜开车带我们去圣保罗郊外她的实验室。她谈到了她在国际上取得成功遇到的障碍，她说巴西是个"未来的国家，而且永远都是"。我们一致认为，无论我们的早期经历如何不同，它们都以某种方式使我们能从容应对一切。在我们分别的时候，我们发誓退休后要联手写一本关于我们共同的和不同的人生旅途的回忆录。我们断断续续地保持着通信，但这个计划并未完成，她于 2001 年去世了。

哥伦比亚——我行程的最后一站——肯定要比阿根廷和巴西更加自由，但是对暴力的恐惧是显而易见的。首都波哥大就像一个武装营地，精英们住在上流社会时尚又安全的郊区，牵着狗的警卫在街上巡逻。我从罗得里格·博得罗那里学到了很多东西，他是一个经济学家，也是赫希曼的密友。（几年后，他成为维利·勃兰特南北委员会的成员。）拉丁美洲主教会议秘书长阿方索·洛佩兹·特鲁希略主教是一位典型的朴素的老派教会外交官，他教给我的知识远比他原先打算的要多得多。他坚持认为，教会内部的分裂——激进派和反动派之间，"解放神学"的追随者和坚定的反动分子之间——是无关紧要的。教宗约翰二十三世和现代化是不重要的。（2005 年 4 月，红衣主教特鲁希略是红衣主教拉辛格当选为约翰·保罗二世继任者的热心的和有影响力的支持者。）一位新近来自智利圣地亚哥的年轻耶稣会牧师——可以说是来自前线——讲述了一个不同的故事：在阿连德被谋杀的前几天，人们纷纷赶到教堂，希望可以阻止皮诺切特将军的政变。这位年轻的牧师证实，一些教会成员——不仅在智利，还试图通过保护单独的抗议者和提出政治要求来捍卫人权。

在拉丁美洲经历了紧张的几个星期后，我写了另一份报告——《镇压与改革之间》，发表在 1978 年 7 月的《外交事务》上，并被《圣保罗州报》和其他巴西报纸转载。* 在文章中，我推测有可能会重新回到文官统治，并进行改革——结果确实发生了。鉴于拉丁美洲严重的不平等导致了阶级对立，我很想知道民主统治将如何建立并维持。我问道，在向民主前进的路上，是否会有一个中转站，就像 19 世纪早期西欧自由宪政时期的一个阶段，一个以法治为特征的政体，一个独立的司法机构，以及对言论自由和集会自由等基本公民权利的承认？为了纠正不公正现象，并使更多

---

* 1981 年，阿根廷出版商雅各布·蒂莫蔓出版了其令人震撼的著作《无名的囚徒，无号的牢房》，他曾于 1977 年 4 月被捕，遭受酷刑，两年后被释放并被驱逐出阿根廷，然后逃往以色列。蒂莫蔓认为他所经历的恐怖类似于纳粹的恐怖。他在访问纽约时接受了《纽约时报》记者的采访，记者向他提到了我的文章，鉴于我在阿根廷度过的时间非常短暂，蒂莫蔓认为这篇文章写得非常好。来自墨尔本的克劳迪奥·韦利兹写信给我，称我的文章"对这些国家的现状的审视感觉最敏锐，思考最周到；在很长一段时间里……这篇文章很可能是由一个局外人所发表的最好的文章之一"。但他这封信的真正价值在于对来自左翼的"对自由的压制"的长篇讨论，以他的亲身经历为主要实例，他曾在智利首都圣地亚哥模仿查塔姆研究所（英国皇家国际事务研究所）也建立了一个研究所，但受到阿连德政权有组织的骚扰。

的公民参与成为可能，还必须做更多的工作。"一个没有酷刑、没有统治者随意发出逮捕威胁的国家，是一个有着某种希望的国家。去问问任何一个囚犯，废除酷刑或任意逮捕是不是一种微不足道的改善，是否仅仅是一种'正式的权利'。"今天，我们要有清醒的意识，正如我们所看到的在处于几分恐惧的情况下，民主政体是如何力图遏制或取消自由主义保障的，不论是忠诚抑或不去计算选票，这些保障仍然是一个公平社会最基本的要素。

"过去是陌生的国度，那里的人们做事方式不同。"这句奇妙的开场白来自 L. P. 哈特利的小说《送信人》，也常常被历史学家们引用，但我发现这句话颠倒过来也是正确的：外国也可以被用来说明过去。1977 年秋天，我回到了哥伦比亚大学，但我获得了一个机会去了解其他地方。哥伦比亚大学和我达成了一种默契：在校期间我会承担额外的责任，而大学则会满足我对负有使命的严肃的旅行的癖好。因此，在 1979 年春季学期里，我能够接受一项发出已久的邀请，作为埃利·阿莱维访问教授去访问巴黎政治学院，这所学院继承了 1870 年法国战败后建立的一所学校，旨在培养能承担起政治责任的共和国精英。1918 年德国战败后，遵循这个模式，德国人也成立了他们的柏林政治学院，学院得到卡内基的支持，并有一支杰出的教师队伍，他们的方向是自由和民主，与大学的定向不同。

阿莱维这个人给我的访问教授这个职务增添了乐趣，因为他是我在学术界崇拜的人。我的第一次演讲中包括了精心准备的对阿莱维的赞美之词，结果却发现学生们对他既不了解也不在意！尽管如此，成为巴黎政治学院的埃利·阿莱维教授是一个梦想，而且锦上添花的是还有完美的住所。我用甜言蜜语哄得谢普·斯通将他位于花卉码头大街的豪华公寓租给了我们，紧挨着巴黎圣母院，对面是尚未受污染的圣路易岛，窗外的景色给人以无法逃避的诱惑。我认为谢普是对的，他以习惯性的谦虚声称他的公寓是全巴黎最美的公寓。所以我们就住在这个华丽的地方，然后非常高兴地走到巴黎政治学院去授课，我讲授的课程是"欧洲的法西斯主义，1914—1945"。此外我还就19世纪反资产阶级情绪做了一个讲座。

法国文学中关于法西斯主义的作品数量很少，而且大多难以令人满意。法国人还必须要认识到法西斯之前的思想和法西斯政治运动在他们的国家曾经特别强大，他们还没有真正地去认真对待维希政权。他们沉溺于令人欣慰的神话，在这方面采取的行动要比他们的德国同行少得多。我首先解释说，人们对新威权主义或恺撒主义的极端渴望在1914年以前就存在了；在第一次世界大战和俄国革命之后，出现了意大利的法西斯运动，与旧的保守的民族主义不同，因为它的目标是全民动员，并肯定和实践其对暴力的信仰；它的主要敌人是自由主义，但是它从对布尔什维主义的普遍并容易操控的恐惧中获得了决定性的好处。由于许多法国学者是左派分子，并且对苏联怀有一种含糊的同情感，因此我的关于斯大林未能理解法西斯主义的解释，以及他的政策确实间接地援助了法西斯这个事实，引起了愤怒的质疑。

巴黎政治学院中我的一位同行拉乌尔·吉拉德特的言行与众不同。他是研究法国军国主义的历史学家，朴素、保守、善良且令人敬畏。作为一名坚定的法国民族主义者，他在第二次世界大战期间一直接近抵抗运动，但是因为激烈反对戴高乐"抛弃"阿尔及利亚，按照他的说法，他曾经被投入监狱。我们一起给一些研讨班上过课，我从中了解到了更多关于法国保守主义的知识。当我有疑问或遇到麻烦时，我会向塞奇·胡蒂格求教——我认为他是巴黎政治学院的实际负责人——他安排了我的访问,他是一个完美的主人。

巴黎可以说是一个充满奇妙的刺激的地方,但同时又异常地令人感到孤独。我觉得这座城市的美丽让我有时还感到悲伤。同我一起谈论历史和政治的有弗朗索瓦·弗雷,国际问题评论家皮埃尔·哈斯纳、皮埃尔·诺拉,以及阿莱维的学生罗贝尔·马若兰,他是一个有着高卢人的矜持和魅力的经济学家兼管理人(经济合作与发展组织的第一任负责人)。和老朋友在一起并结交新朋友——所有这些特别能丰富我的知识。

我与雷蒙·阿隆见面大多是在柏林的会议上,较少在巴黎。他也是一位哲学家、历史学家和政治评论家,是一位古老的孟德斯鸠和托克维尔学派的自由主义者。在他身上闪耀着一种非常吸引人的忧郁和讽刺的光彩。我们谈到 20 世纪 30 年代初期他在柏林的学习经历,在那里他目睹了希特勒登上权力的宝座;他将其称为政治教育的开端。他有一种强烈的独立性。在以色列赢得了六日战争之后,针对戴高乐给犹太人所下的臭名昭著的、故意含糊不清的定义——"一个有自信的且盛气凌人的民族",作为一个并不虔诚的犹太教徒和以色列的关键支持者,他以精明的分析和抗议进行了反击。

在另一位历史学家朋友家中吃晚饭时,我遇到了外交部亚洲司的负责人。同以往一样,我们也谈起了以色列这个话题,自美国电视连续剧《大屠杀》在法国和德国的电视台播出以来,这个主题也引起了广泛的讨论。那位外交官想知道死亡集中营和毒气室是否确实存在,"证据在哪里?"他问道。也许所有关于大屠杀的谈论都是犹太复国主义者的阴谋。我仍然清楚地记得那顿晚餐——客人环绕桌子而坐,主人的尴尬,我用不完美的、充满激情的法语表述了强烈的反对意见，还有我的内心冲突——是否应该离席。这是我与大屠杀否认者唯一一次在"社交"场合的遭遇，我怀疑这种情况也可能发生在德国。第二天，主人打电话给我道了歉。

我在巴黎期间还被邀请在一个被推迟的纪念汉娜·阿伦特的座谈会上发言，她是在 1975 年去世的。我以前不是并且现在也不是阿伦特的仰慕者（因此我也对崇拜阿伦特持怀疑态度），但我曾多次见过她，并对她的形而上学的流畅性和欧洲人的傲慢态度印象深刻。在我的发言中，我把焦点集中在《极权主义的起源》这本书上，就她而言，写出这样一本书是很有胆量的。在这方面，我把她比作乔治·奥威尔，我认为这是对她的高度赞扬。我也曾读过《耶路撒冷的艾希曼》，但是就这本书来说，我一直感到困惑的是，书中坚持认为每个人在某些方面都是有罪的——纳粹恶棍是，犹太受害者也是，尽管程度上不相等——而我认为这种坚持有点过分。（直到很久以后，我们才了解到阿伦特与马丁·海德格尔有着亲密的关系，而海德格尔是出类拔萃的知识分子中的反面人物。）所以我谈到她的时候，是把她看作一位道德学家，一位在卡尔·雅斯贝尔斯和海德格尔指导下受到德国理想主义训练的文化批评家，然后她经历了被彻底地连根拔起，同时发现被剥夺生活、公民身份、公民权利和家庭的正常属性是多么容易。对她来说，政治是一种道德戏剧，但她接近政治的方式是拙劣的哲学方式，虽然有时候有点诗意，但很少是历史性的。

1979 年 3 月，在我第三次访问以色列期间，我来到了耶路撒冷，此行是为了参加长期筹备的爱因斯坦百年庆祝活动。这座城市在阳光下闪闪发光，空气清新芬芳，既有大胆的现代的一面，又体现出令人震惊的古老的传统，两者和谐共存。起初，我犹豫不决地在老城里徘徊，不愿成为一个在可能怀有敌意的阿拉伯人中的旅游者，但我不知不觉陷入了以色列人在耶路撒冷感受到的安全感，这是他们自己的一座城市，要由他们去保存其神秘和价值丰富的过去，并由他们去创建一些令人吃惊的新的事物。耶路撒冷既作为犹太人圣地又作为穆斯林圣地的这种地位及其作为基督教圣地的重要性，都需要得到细微的关注，以色列政府认为它正在给予这种关注。但是，人们又怎么会没有察觉不那么隐秘的对各方的怨恨，以及在以色列人自身之间强烈的分歧呢？

阿斯彭研究所和希伯来大学计划举行盛大的庆祝活动，其核心是为期三天的研讨会，论述爱因斯坦科学研究与生活的各个方面，所有重要的爱因斯坦研究专家都将受邀出席。我从一开始就感到不安。一种熟悉的受欺骗的感觉在我身上涌动，比往常更强烈。我一直喜欢置身于比我更优秀的人之中，这样既会使我振奋，又会使我放下身段，是强化自我怀疑的理想选择，但在这种情况下，活动主题和我的同行似乎压倒了一切。就在开幕式之前，西德驻以色列大使克劳斯·舒茨悄悄地对我说，坐在我前排的格肖姆·肖勒姆告诉他人，刚刚出版的德文版《金与铁》中所有的德文引文都是从英文中翻译过来的，也就是说，它们不是原文，这就大大增加了我的忧虑。这是一个令人愤慨和完全错误的指控，鉴于我花了好几个月时间为德语翻译提供了每一份原始文本，这就更加令人恼怒！但是我认为肖勒姆是把我的书看作一个令人反感的支持同化的论据，是为德国人和犹太人的合作关系的一种辩护，是肖勒姆一生都与之做斗争的一种理念，他早在20世纪20年代初就从柏林移居到耶路撒冷，在那里他对犹太神秘主义的研究给他带来了全世界的赞誉。

在肖勒姆主持的会议上，以色列学者和我的朋友乌里·塔尔还有我都发了言。肖勒姆首先发表了他冗长的演讲，介绍了塔尔并向我致意。这是一个不幸的开始，但我的论文很受欢迎，肖勒姆不得不劝告听众停止鼓掌。（爱利克·埃里克森认为，我在被他称为封圣的仪式上一直是一位出色的故意唱反调的人。）最后，肖勒姆通过"忘记"发给我每个发言者都能得到的爱因斯坦奖章而破坏了礼仪，但是因为奖章就搁在桌子上，非常显眼，于是我就直接把它拿走了。之后在肖勒姆家举行了招待会，提供了咖啡和糕点，我感到很好奇的是，肖勒姆家摆放浮士德式书橱的地方与很久以前德国学者的家非常相似，比起我在战后德国所见过的任何东西都更加"有德国味"。由以色列总统伊扎克·纳冯主持的正式招待会则全然不同，他否认自己对爱因斯坦具有任何专业知识，并引用了费利克斯·弗兰克福特就某个美国政客对本-古里安所做的评论——"他的无知存在差距"——他还说他希望这种情况在他身上也是如此。

我见到了一些以前与我交谈过的人。西蒙·佩雷斯是个不知疲倦的读者，在读完《金与铁》之后他写了一张便条给我："真不幸！我们没有黄金，但对铁的需求是如此之高。"他感觉与欧洲有很强的亲缘关系，他对欧洲的政治家们做过十分独到的评价。奥地利总理布鲁诺·克赖斯基为犹太人做了很多事，但是佩雷斯认为，鉴于他的犹太人的自我仇恨，一旦他为他们做了些什么事情后，很快在第二天早上就不得不予以撤销；另外，赫尔穆特·施密特在安排萨达特访问上，是一位伟大的幕后帮手。佩雷斯是一个非常有魅力的人——一个思想家，一个沉思者，也是一个选举中的输家。我想，他花时间去谈论民主型领导的近乎不可能性，特别是在和平时期，这并不是偶然的。

但这是和平吗？以色列与埃及的条约即将获得批准，但考虑到巴解组织的混乱结构，佩雷斯预见到西岸的恐怖主义将会越来越多。就在几周前，伊朗的革命力量推翻了伊朗国王，占领了美国大使馆，并羁押了使馆工作人员。我再次见到的塔尔将军并不认为这是和平；如果不解决巴勒斯坦问题，萨达特就无法达成真正的和平。他认为世界现在把美国视为"一个瘫痪了的巨人"，正如希特勒在 20 世纪 30 年代对法国和英国的评估一样。他说，以色列应该归还 1967 年征服的所有领土，无论是出于审慎原因还是出于人口原因：一个扩大的以色列要么将不是一个平等的民主国家，要么将是一个阿拉伯人占多数的民主国家。而且完全不必担心被围在约旦和以色列之间的一个小小的巴勒斯坦国。

塔尔将军是个坚强、现实、有先见之明且大胆的人。他给我看他在 1976 年写的报告，报告中提出了警告：伊朗国王的政权不稳定；以色列应该准备接纳 7 万名伊朗犹太人；并且在未来的战争中，伊朗将成为以色列的敌人，而不是在伊朗国王统治下的立场。在我们见面的庞大的国防部里，他说他作为鸽派的一员在长期战略问题上相当孤独，但他在任何战术情况下都很强硬，他甚至可以想象进行先发制人的打击。（两年后，以色列轰炸了伊拉克的核设施。）

即使是和平主义的、在维也纳接受过教育的耶路撒冷市长泰迪·科勒克也担心以色列的未来，并对其朋友的无端侮辱感到愤怒。据说在前往中东的途中，卡特总统说他将访问三个国家，并展示了这三个国家各自领导人的照片：萨达特、贝京和科勒克。而且他后来的感谢信上的地址写的也是"耶路撒冷，耶路撒冷，泰迪·科勒克"，仿佛这个城市从以色列分离出来了一样。科勒克认为，这种"愚蠢行为"只会加强阿拉伯人的不妥协态度。

以赛亚·伯林曾邀请我到他的酒店去进行更多对话。以赛亚是一个奇迹：他的思维很活跃，与他谈话很流畅，他的想法不断地冒出来，他洞悉人类和历史的弱点！同他交谈是为了吸取蒸馏出来的香槟。但是我不能马上见到他，他先约的客人到了，我只能在旁等候。最后，艾萨克·斯特恩出现了，以赛亚得意扬扬地授予我们堂兄弟关系，我们两个人在未来的岁月中一直拿这个虚构出来的关系开玩笑。以赛亚对我回忆起他在 1945 年前后与爱因斯坦的一次会面，当时爱因斯坦曾指责他是一名冷战分子。在那些日子里，误判一个苏维埃政权的批评者，并将对暴政的自由主义敌意同使苏维埃帝国始终陷于困境的军国主义思想混为一谈是很容易发生的。但有一点他们是同意的：爱因斯坦曾经公开谴责贝京和犹太人的恐怖主义。以赛亚告诉我，在早些时候，他自己也曾拒绝与贝京握手。

临行前最后一个同我见面的是舒茨大使，他原先在柏林时是维利·勃兰特的至交，并且在他之后继任了市长。我们坐在位于城市高处的客西马尼花园的长凳上，欣赏着它的壮丽，但是又有几分担心。与埃及签署的条约不能给一个巨大的变化打上标记；由于以色列不想放弃西岸，即使建立起一个巴勒斯坦国，也无法容纳所有在难民营中苦苦挣扎的巴勒斯坦人。与此同时，美国驻特拉维夫领事馆的电话线路也越来越长，因为越来越多的以色列人在考虑着一个曾经不可想象的新的命运：移民。

我们谈到了联邦共和国与以色列之间的密切关系，包括政治关系以及特别的科学关系。具有讽刺意味的是，比起对他们德国出身的同胞，以色列人似乎对西德人更加宽容。优秀的小说家阿摩司·奥兹刚刚完成了一篇作品，抨击以色列社会并谴责那些希望"在纳哈里亚建立一个柏林复制品"的人。德国犹太人耶克斯几十年来一直是他人最喜欢讽刺和嘲笑的目标。可怜的耶克斯不仅受到纳粹的迫害，而且受到自己人民的嘲弄。奥兹谴责了以色列的堕落，与其早期定居者的希望大相径庭："我们力图摆脱历史，是否只是为了在这里建立一个波兰或伊拉克的小资产阶级乡镇的可疑的仿制品？……难道我们的社会现在不是分裂为两类人了吗？最差的一类在偷窃和欺骗，最好的一类在竭尽全力去获得他们并不真正需要的东西，去给人留下他们并不真正在乎的深刻印象。"也许奥兹的反资本主义抨击是一种预言式的夸张，但它肯定是一个正确的迹象，预示着一个社会的自我批评能力。

以色列人正在准备审视他们自己的历史，他们要面对英国托管结束时犹太复国主义者的恐怖主义问题，以及针对巴勒斯坦人的暴行问题，在独立战争时期，这些问题几乎还是私下悄悄谈论的。从一开始就已经过度了。

在我离开的时候，我对这个国家有了更强烈的亲切感——对其人民所取得的成就感到钦佩，同时对他们持续处于战争状态感到悲伤。也许爱因斯坦在谈及他对宗族的忠诚时是对的。我感觉我也属于这个宗族——即使在我的祖父母失去或放弃了这个信仰之后。我很感激以色列朋友接待了我。在许多世界中这都是另一种生活的方式——而且，在每个世界中都不尽相同。

我在耶路撒冷所做的关于爱因斯坦的演讲引来了其他诱人的地方的邀请，也请我去做有关爱因斯坦的演讲，爱因斯坦本人在那些地方曾经有历史性的遭遇，而且我在那些地方还经常发现他生活中一些不熟悉的痕迹。我去了莱顿和位于柏林－达勒姆区的那个传奇般的大厅，爱因斯坦和哈伯曾经常常在那里见面。我在哥本哈根的尼尔斯·玻尔研究所做了演讲。1936年，当我的父母向詹姆斯·弗兰克咨询他们的移民计划时，我被留在停在花园里的车上。这一次，我遇到了玻尔的儿子奥格，他也是一位诺贝尔奖获得者；还见到了玻尔的遗孀玛格丽特，一位美丽惊人的高挑女性，在困难时期她给众多科学家朋友提供了无私的帮助。

在斯德哥尔摩做演讲时我有机会再次与前总理和社会民主党的领导人奥洛夫·帕尔梅进行交谈。帕尔梅提到了苏联人——当时正处于勃列日涅夫一成不变的老人统治的鼎盛时期——"不要太过猛烈地去推动他们，他们将在没有压力的情况下进行改革"。这句话使我充满希望，欧洲共产主义可能会动摇莫斯科在其自身一贯正确的教条上的坚持。（令人十分震惊的是，七年后，帕尔梅遭到谋杀。我所目睹的许多政治谋杀事件在不幸地提醒我们，伟大的希望是很容易被掐灭的。）

接着我去了罗马——欧洲共产主义辉煌的核心，并与主要政党的政治家和记者进行了一轮会谈。我感觉到在勃列日涅夫的统治风格与意大利人的策略和灵活性之间存在巨大差异，更不用提意大利生活中根深蒂固的人性，即使墨索里尼也无法将其彻底摧毁。我认为，意大利的共产党领导人是在追求权力和真正的变革，很可能就是按照这个顺序，他们可能既伤害莫斯科，又可以使莫斯科受益；我明白他们的社会主义批评者可能比基督教民主党更加怀疑他们的诚意，并且在思考着在这两个主要政党之间的"历史性妥协"的可能性。

我和安东尼奥·拉·佩尔戈拉进行了交谈，他是一位卓越的法官和新任命的意大利宪法法院的成员，我们就是在那里见的面。他担心，面对在意大利和欧洲其他地方仍然普遍存在的恐怖主义，保护公民权利和自由将变得越来越困难。仅仅在一年之前，"红色旅"就绑架了阿尔多·莫罗，将其扣为人质并杀害了他，这位前总理还是一位重要的基督教民主党人。拉·佩尔戈拉赞成建立一个律师和法官的国际组织，以便让一个国家的司法机构知道自己属于志同道合的专业人士大家庭，而且从某种意义上说，他们会觉得这个大家庭是会对他们负责的。（我想到，假如在 20 世纪 30 年代就存在这样的团体，当时德国和意大利的法官违反了他们宣誓效忠的法律，他们在面对国际谴责时，很可能会感到良心不安。）在这个问题上，拉·佩尔戈拉是个先锋，因为很快这类组织就蓬勃发展起来。他还成功地推动了欧盟在捍卫人权上采取更积极的行动。

我在巴黎的停留让我在身体上和智力上都更加接近了我原先几乎未见过的欧洲的另一半。我们这些欧洲历史学家当然很关心苏联的动荡的东欧卫星国，我们断断续续地听取了苏联政体研究者的意见。但总的来说，我们对东欧的关注是不够的，这样的忽视导致了 1945 年后的政治和苏联集团的自我保护变得更加容易。现在我决定去一趟俄罗斯和波兰——不是作为旅游者，而是以我的新的"福特模式"，作为一个被接受的对话者。我很想亲眼去看一看。巴黎是计划这样一次旅行的理想场所；这个城市充满了东欧流亡者，就像以往常见的那样。此外，我了解美国学者和苏联学者的许多联系网络*，尤其是关注核问题的自然科学家的

---

* 我在一项重大的工作中担任一个小角色。20 世纪 50 年代，保罗·克里斯特勒，著名的文艺复兴学者，一个德国培养的又从德国流亡的我在哥伦比亚大学的同事，邀请我共进午餐。他是一个令人敬畏的节俭的人，所以他的这种姿态是前所未有的。他刚刚从苏联查阅档案回来，想传递给我一个信心：在列宁格勒，他低声说道，拿破仑的兄弟，威斯特伐利亚国王杰罗姆的文件未被查阅过。这确实是一个重要发现：难道我不想利用它们吗？噢，它们不太适合我那本关于俾斯麦的书，但是几年后，亨利·罗伯茨和当时的美国学术团体理事会主席弗雷德里克·伯克哈特前往苏联进行了一次正式访问，旨在建立学术交流。苏联人一度对两位学者查询档案的要求感到愤怒，说："你们只想派人来窥探苏联事务。"亨利想起了我的故事，便反驳道："什么？不是这样的，我们想让学者们有机会看到杰罗姆国王的文件这类珍藏。"于是，双方签了一份协议，伯克哈特向我保证，我已经赢得了一次我自己的旅行。至于杰罗姆国王的文件，我不知道结果怎样，但它们起到了一个很好的作用。

网络。

　　我认为是罗伯特·勒格沃尔德把我推荐给了阿尔巴托夫美国和加拿大研究所这个研究莫斯科的智库的。勒格沃尔德是我在哥伦比亚大学的同事，一个苏联事务的精明观察者，也是教师交流项目的推动者。格奥尔吉·阿尔巴托夫是苏联科学院院士，是一个担任要职的特权成员，在这个堡垒中享有美好的生活。来自该研究所的正式邀请是获得苏联签证的先决条件，但苏联的官僚机构效率低下，令人沮丧。这时，我的运气来了。在巴黎，我遇到了当时在我们的大使馆担任代表团副团长的沃伦·齐默尔曼，他是一位美国职业外交官，一位智慧惊人、机敏、彬彬有礼、快乐的高个子男人。（他的同样身材高挑的妻子，名字却是有着微小含义的缇妮"Teeny"，和她丈夫一样引人注目，非常活泼、直爽、坦诚。他们之前曾派驻莫斯科大使馆，后来我在莫斯科了解到缇妮非常成功地帮助了持不同政见的作家们，她所采取的行动是大多数美国外交官不太可能采取的，她把他们的手稿带到了外面的世界。）从这些旅行中我了解到这样一件事：我们的一些外交官员在智慧和承诺上是令人惊叹的模范，沃伦就是其中一个。他让我与苏联驻巴黎大使馆的一个资深官员尤里·鲁宾斯基取得联系，他是一个非常不守旧的人、一个世界主义者，也是一个犹太人，在某种程度上是一个回归到苏联政治早期阶段的人，他帮助我摆脱了困境。5月24日，我收到了阿尔巴托夫的研究所副所长维塔利·朱尔金签发的一封正式邀请函，我将作为其客人访问一周，届时我将与欧洲和国际事务专家见面："我希望这样的意见交换将对我们大有裨益。"

　　我很清楚，我们两国之间的关系已经变得更加坎坷；因此，对于苏联来说，与西欧的关系就尤为重要。苏联人担心我们与中国明显变得更加密切的关系，而内部经常分裂的卡特政府担心的是苏联在非洲的冒险主义以及针对持不同政见者和寻求移民的犹太人采取严厉的处理手段。对于将于 1979 年 7 月举行的针对《第二阶段限制战略武器条约》的卡特 - 勃列日涅夫峰会，美方进行了紧张的筹备工作。但总的来说，在苏联入侵阿富汗之前，缓和的关系已经有点趋于紧张了。

我知道阿尔巴托夫的研究所会为我提供正式的接待，但我当然特别热衷于同那些生活在被抛弃的阴暗世界中的人会面。许多法国知识分子非常关心他们的东欧同行，特别是波兰的同行，安妮特·拉博瑞管理着一个福特基金会支持的组织，其主要目的就是帮助东欧（和伊比利亚）知识分子去西欧度过一段时光。罗杰·埃雷拉是一位热切关注人权问题的国务顾问，他给我提供了一份他的俄罗斯和波兰朋友的名单，就像牛津大学圣安东尼学院杰出的俄罗斯文学专家马克斯·海沃德一样，他也许是对俄罗斯形势了解最多的人，还有玛里恩·登霍夫，她有自己的密切的关系网。亚历山大·内克里奇是著名的流亡海外的俄罗斯历史学家，目前在哈佛大学，是《当权的乌托邦》一书的合著者，他给了我一份联系人名单，并补充说："拜托，请不要在电话中提到我的名字，但是如果你私下遇到他们，请转达我最热烈的问候。"

关键人物是叶菲姆·埃特金，一个最近流亡的俄罗斯人，著名的文学评论家和翻译家，原先是列宁格勒赫尔岑教育学院的文学教授，此时在索邦大学任教。他是一个完美的俄罗斯知识分子，明智，带点讽刺和忧郁，在他富有表现力的脸上记录下了痛苦和一点点恶作剧。作为一名退伍老兵和被学生珍爱的老师，他在勃列日涅夫风格的苏联的压制下吃了不少苦头。1964 年，他在约瑟夫·布罗茨基的审判中作为辩方证人，后来拒绝放弃辩护；他是亚历山大·索尔仁尼琴的朋友，并被指控为他保存了一本地下出版的《古拉格群岛》；他曾经写过一封信《致年轻的犹太人》，敦促他们从苏联移民海外——所有这些活动都在1974年提交给埃特金执教了二十三年的赫尔岑教育学院的学术委员会，作为使用"敌人的策略"的一个"反苏叛徒"的罪证。在一次讨论埃特金案件的会议上，有人读了他的辩护状："我尽我所能激起我的学生对诗歌语言的热爱、对人文学科的兴趣和对真正的文化价值观的尊重。"但是，在克格勃特工莅临现场观看和倾听的情况下，学院里的教工猛烈地抨击他。* 通过无记名投票，他的同事们一致投票决定解雇他并取消他的头衔。他还被驱逐出了作家联盟，并在那一年离开了苏联。在一份公开声明中，埃特金解释了对他所做的一切，并指出对他不利的是他的犹太人身份，因为"反犹太主义的混浊洪水在我们的土地上再次泛滥成灾"。（我认为，这样的反抗在纳粹统治下是没有类似情况的。）他说，他同事的不当行为应该归因于"令人心寒的、令脑筋麻木的、使熟人噤声的、不能克服的、可耻和可怕的——恐惧"。

埃特金来到我们在巴黎的家中，我对他可谓一见如故，由于他的表情和他谦虚的善意立刻让我想起了我青春期时在纽约的苏联朋友奥辛卡·布卢门菲尔德，这使我对他更有好感。他提议给我他的朋友们的名字，但只是在我获得签证之后。那时他生病

---

* 当我遇到埃特金时，他告诉了我一个额外的戏剧性细节。在那次会议开始之前，该学院的院长召来了一位从未出过国的颇有名气的学院教师，告诉他在巴黎即将召开一次会议，并很愿意派他去出席。还有一件事，院长知道他和埃特金是好朋友，当然院长不会指望他去谴责一个朋友，但也许就这次即将举行的会议而言，他可能会简单地认清对院长对自己的最低期望吧。这位同事这样做了——在贿赂之下背叛了朋友，埃特金失去了他的职位，这位同事则大概去了巴黎。

了，于是派他美丽的女儿玛莎来看我；她添加了一些她在列宁格勒的朋友的名字，所以我拥有了两代人的有价值的联系人。[*]

到 6 月中旬，佩吉和我的文件都准备就绪了，于是我们前往莫斯科。我感受到一种期待着的热切的矛盾心态，既憎恶又钦佩。转瞬即逝的影像在我的脑海中席卷而过：布尔什维克革命，在一个短暂的时期内似乎标志着解放和艺术自由，但最终在斯大林的统治下又变成了偏执的疯狂；令人大开眼界的对苏德协议的背叛；德国在 1941 年发起的野蛮袭击以及此后俄罗斯人民遭受的难以想象的痛苦；为期两年的对列宁格勒的围困，切断了其数百万人与俄罗斯其他地区的联系；红军的力量，以绝望为代价击败了迄今为止未被击败过的纳粹国防军。我不久前刚如饥似渴地读了娜杰日达·曼德尔施塔姆写的《对抗希望的希望》，这本书深刻地揭示了人们所遭受的苦难："我们都是一样的：或者是自愿前往屠宰场的羊，或者是刽子手可敬的助手。"我想我的矛盾心理表明，在我的内心深处，我并没有完全将这两种政权混为一谈。

在莫斯科郊外的谢列梅捷沃机场，我们见到了前来迎接我们的格尔雅·戈尔罗沙，她是一个年轻漂亮的苏联国际旅行社导游兼陪同，被研究所派来为我们提供服务；至于她有无其他身份，我就只能猜测了。当她开车带我们去城里的时候，她指给我们看

---

[*] 我最后一次见到埃特金是在 1993 年，在波茨坦的一次早餐时。他于 1990 年搬到了那里，住的地方离无忧宫很近；他在写一些关于腓特烈二世国王的诗歌。在那里，我还见到了他新婚的德国妻子，他们是在俄勒冈大学相遇的！他们有一个简朴、雅致的家，融合了俄罗斯和德国的情调。他们看上去是一对完美的伴侣，对此我十分惊叹。后来，我听说，他在医院里临终前的最后几天，都是依靠她来维系生命，她却向他隐瞒了她本人也是一名癌症患者——直到最后两人都非常勇敢。

一个简单的纪念碑，标志着 1941 年 12 月德军前进部队被阻止在郊外的此地——距离红场才几英里。眼前实际景象比描述事件的文字更加令人难忘！假如德国人那时走得更远一些的话，那么世界历史将会完全不同。我们经过了传说中的文化和休息公园，随处可见革命的标志和列宁的图片，然后她带我们下榻在专为外国游客设计的阿卡迪米斯科酒店：酒店位于莫斯科郊区一个寒冷、古老但合乎要求的地方。

安顿下来之后，我马上想打电话给我的联系人，我知道该怎样去做：只能用街上的公用付费电话打电话，并确保我没有被人监视。当然，格尔雅无法帮助我解决戈比短缺的问题，收集这些硬币需要一些小技巧。

我不知道在阿尔巴托夫研究所我会遇到什么情况，研究所位于莫斯科市中心一座经过翻新的大厦里，就在加里宁大道后面，但我很快获悉我将与研究所的一些成员进行非正式的会谈，话题广泛，从 SALT 谈判（战略武器限制谈判）和美国在冷战中的"利益"到诸如欧洲和冷战起源等问题。在第一天，我和阿尔巴托夫一起度过了九十分钟，他是一个非常认真理性的人，带着一丝讽刺意味；他讲话用的是非意识形态的语言，避开了传统的陈词滥调。鉴于我对欧洲的兴趣，他说，我到这里来是对的："我们是欧洲的一部分。"这也成了潜在的主题，但阿尔巴托夫一直暗示欧洲，此处他指的是法国和德国正在与美国渐行渐远：这无疑是苏联人所希望见到的，也是他们打算要利用的，但这也是淡化资本主义和共产主义之间冲突不可避免这种教条观点的一种方式。对"我们是欧洲的一部分"坚持不懈的强调，是一种超越政治现实的愿望，也为几年之后戈尔巴乔夫以名言"欧洲共同家园"庆贺与欧洲的缓和做了一个铺垫。

由于不同因素，阿尔巴托夫和我都是美苏缓和的坚定支持者，但我们也有争议和分歧。我对 SALT 的细节了解甚少，但在冷战的起源上，至少我有自己的观点。我坚持认为，斯大林在 1945 年至 1947 年对罗马尼亚和波兰的野蛮行为产生了他所担心的结果：一个敌对的决心重新武装的美国。然后冷战逐步升级了，每一方的每一举动都加剧了另一方的恐惧和不信任。任何一方都不是无可指责的，但苏联经常反复指责美国的"既得利益集团"试图破坏战略武器限制谈判和缓和，在我看来，这种指控未免过于简单化。

直到苏联解体之后，我才知道阿尔巴托夫一直是个对"苏维埃制度"很警觉的批评者，正如他自己所说的那样，他对苏联知识分子的孤立状况感到不耐烦。显然，他不得不隐藏自己内心的政治观点以及他对苏联的愚蠢行为的不满。（他 1991 年出版的自传解释说，他的童年是在德国度过的，目睹了纳粹夺权和反犹太主义的兴起。）我们现在知道他也帮助保护了一些观点不受官员信任的合作者。该研究所有过兴衰，常常在僵化和自主之间进行周旋，但总的来说，它给共产党提供了缓和的建议。

我在研究所的第一天过得非常顺利。研究所里的美欧关系专家尤里·达维多夫是个非常友好的人，他也对美国声称的放弃缓和表示遗憾，这意味着美国的"既得利益集团"——这个词又出现了！——受益于好战。卡特在人权问题上的指责激怒了达维多夫，他说道："美国更感兴趣的是让每一位苏联人在每个角落都能读到《纽约时报》，而不是解决核问题。"他的观点是，苏联的制度和西方的制度各自提供了一条不同的通往幸福之路：苏联可能有 3000 名持不同政见者，但我们在美国有 600 万失业者（这是另一个不变的主题）。他和他的同事基本上把苏联看作一个永久遭受损害的一方，几乎是一个无辜的受害者，这一点似乎很清楚。随着这一天的结束，我计划约见一些人士，还要准备一个关于欧洲和美国政治的讲座。我的对话者似乎很了解情况，而且相对来说不太强调意识形态。我们的谈话观点很鲜明，语气很友好，虽然偶尔会有些刺耳的评论，或者是嘲讽——对此我可能比他们更有准备。

在我第一天对研究所的访问结束后，我去了我们住的酒店对面的一个运动场，在那里我将这一天的见闻口述录进了录音机。我知道我们受到监视。有一次，我们酒店房间里的一个灯泡不亮了，请求那个监管我们这层楼的女间谍帮忙，却不起作用，但佩吉和我在房间里相互大声抱怨则立刻产生了效果。被窃听还是有好处的。

我在莫斯科的日子可以被细分为访谈、观光和参观博物馆，然后还有格尔雅安排的晚上的一些专项娱乐活动。但在大多数情况下，我会请求免除这些令人疲劳或头痛的节目，因为晚上是我们唯一可以用来去会见持不同政见者的时间，我们朋友的朋友。事实证明他们都很开放，非常信任我们。我首先会打电话给他们，试图以最小的风险向对方表明自己的身份，一旦安排好约会地点，佩吉和我就在夜晚乘坐出租车或城里著名的地铁在莫斯科市内穿行，然后漫步在昏暗的街道上。

我第一次拜访的是埃特金的一位朋友，名叫撒玛利·伊兹赖列维奇·维利考夫斯基，他是一个在劳工运动研究所工作的学法国文学和哲学的学生。索尔仁尼琴笔下的宏大画面主宰了他的微小的研究并传达了一个清晰、勇敢的信息。维利考夫斯基的研究所很少聘请犹太人，因为他们都有离开的倾向，即移民；他告诉我，在1968年的"布拉格之春"之后，一切都变得更加困难了，因为知识分子被认为特别危险。他说，即使是持不同政见者也有多种伪装，那些持右翼观点的往往带有大量的反犹太主义。但那是一种古老的痛苦。他补充说，作为一名犹太人，他必须有两倍于其他人的天赋，尽管如此他仍然没有机会获得大学的工作。他说话很平静，是一个伤感但勇敢的人，毫无自怜之情："一切都那么困难，可是还处于被孤立状态，似乎生活在流亡之中。"

更令人难忘的是埃特金的另一位朋友，小说家利季娅·丘科夫斯卡娅。我们摸索着找到了所给的地址，然后在阴湿、昏暗的楼梯脚下，一位上年纪的、醉醺醺的看门人试图阻止我们进她的公寓。我从他身边擦身而过，冲上楼梯，将他丢在后面，这样我们就在他前面到了公寓门口。一进房门与丘科夫斯卡娅见了面，我们就听到那个看门人在敲门，喘着气大喊大叫。我感到内疚，生怕会连累她，但她向我保证，那人是一个习以为常的敌人。

丘科夫斯卡娅是一个善良、坚强的女人，那时她七十出头，她很少提及她自己的生活和受过的苦难。但我知道她曾经是安娜·阿赫玛托娃的亲密朋友和伙伴，并且是同道作家的一位不屈不挠的辩护者，敢于迅速地发表公开言论，例如，她把1969年索尔仁尼琴被作家协会开除称为"国家的耻辱"。后来，她自己也被开除了。她想知道关于埃特金和外面世界的一切——我认为在这方面我还是很有用的——所以我们热烈地进行了交谈（我忘记是用什么语言了，可能是英语、德语和法语的大杂烩？），仿佛我们已经认识很长时间了。人们已经忍受了这么多，而且仍然有很多人在斗争。同丘科夫斯卡娅的谈话与其他人一样，我们谈到了反犹太主义在苏联再次猖獗，尽管——或者因为——犹太人仍身处高位。犹太人痛苦地担心着流亡的利弊，他们知道即使是朝这个方向迈出一步也会立即遭到报复。

　　我访问了另一个智囊团——世界经济和国际关系研究所，就像阿尔巴托夫的研究所一样，这个研究所也是苏联科学院的一部分，并且同样拥有宏伟的办公大楼，这样才适合一个为政府提供咨询的中心（显然比阿尔巴托夫的机构在意识形态上更加符合）。那里的德国专家德米特里·梅尔尼科夫（他的妻子翻译了在持不同政见者中最为人所知的西德作家海因里希·伯尔的作品）吹嘘自己与德国保持着良好的关系，就像与我交谈的大多数苏联人一样，此处德国指的是联邦共和国；看起来"他们的"德国——德意志民主共和国，是个被恶意忽视的对象，除了作为一个经济伙伴之外，即使在经济上，西德也重要得多。西德驻莫斯科大使汉斯－乔治·维克是个历史学家同行，他也为我证实了这一点。在苏联人的心目中，将德国技术与苏联资源相结合的梦想仍然存在。与此同时，赫尔穆特·施密特和步履蹒跚的勃列日涅夫还在相互进行友好访问。

　　转眼间，已经到了在阿尔巴托夫研究所的最后一天，可我还没有在那里完成我应该做的讲座。另外又安排了两次约见，其中一次要见的是安德烈·科科申，他只有二十四岁，他的坦率引人注目，他的愤世嫉俗令人感到畅快。我被告知他出身于一个军人家庭，并以其自由的方式而出名。他在共产主义青年组织苏联共产主义青年团有过一段辉煌的职业生涯，并被视为一颗冉冉升起的新星。（到 1991 年，作为阿尔巴托夫培养的一个小青年，他升任俄罗斯联邦国防部第一副部长，后来成为叶利钦的国家安全顾问。阿尔巴托夫想培养一代有创造能力的人，他们有朝一日可以成为"真正的和平缔造者"，他们国家的仆人，他就是其中一个。）他告诉我他的社会学调查，其宗旨是去发现年轻的苏联人想要的是什么，并探讨苏联落后的原因和后果，也许以此作为所需改革的前奏。和其他人一样，他为西方对苏联的无知感到遗憾；他认为，我们认识的唯一的现代作家是索尔仁尼琴。我说我们把大多数后列宁主义艺术看作坐在拖拉机上微笑的人这一主题的各种变体。他笑了。然后我问道为什么，尽管我每天都在询问，但我的讲座一直在被推迟，而现在显然已被放弃了。

我最后一次谈话的对象是该研究所的另一位副主任。"您已经来这里待了一个星期了。您认为我们的主要问题是什么？"他问我。"失业"，我回答道。苏联人坚持认为失业完全是一种西方独有的现象，这确实是我们的主要问题，但是等待购买面包的长队并不符合马克思关于生产劳动的定义，我说道。他没有直接回答我，"你是对的。我们在分配方面确实存在问题"。就像我遇到的大多数研究所的人一样，他是一个认真的甚至友好争论的对手。

在莫斯科，我至少犯了两个错误。我的时间更多地花在现在而不是过去，更多地用在与人们的交谈上而不是用在俄罗斯的历史遗迹上，这本该是我在其教堂和博物馆中去挖掘出来的。而且我认为我太容易对人们进行分类，我把白天和我约谈的都假定为共产党的官员，不论其多么聪明，而夜间私下的谈话对象则是持不同政见者。但现实是更加微妙的：一些官员知识分子，在他们有一定特权的机构中，本身就是沉默的怀疑者或者平静的改革派，能够意识到他们的政权的缺陷；一些持不同政见者有过早期的幻想，也有过同流合污的时刻，目前他们中的一些人对索尔仁尼琴著作中不那么有吸引力的反西方、反犹太主义的压力表示同情。并非苏维埃政权的每一个敌人都是自由派，远非如此，无论是在境内还是在境外。

在莫斯科待了一个星期之后，我们将乘坐飞往列宁格勒的定期航班，但是格尔雅错误地带我们去了另一个莫斯科机场：这正是普遍效率低下的一个信号。无论如何，列宁格勒是一个天堂，我们来此是没有正式职责的，所以在当局眼里我们只是游客，被安排住进了高雅的列宁格勒酒店，对面就是"阿芙乐尔号"战舰，革命的第一炮就是从那里打响的。我们惊叹于这座城市令人难以忘怀的美丽，这里诞生了普希金，这里是彼得大帝为西方打开的一扇窗户，这里有涅瓦河及其典雅的桥梁、海军部大楼、冬宫、新荷兰运河、冬宫埃米塔什博物馆及其令人惊叹的画作。与莫斯科形成了多么鲜明的对照啊！在一张印着著名的沙皇彼得骑马雕像的明信片上，我给一个朋友写了一封短信："两个人在这里有过梦想。其中一人留下了绝美的作品。"

我在列宁格勒确实有一个行程表，玛莎·埃特金给了我一张便条，上面列出了她的朋友的名字，几乎在每个情况中，有"玛莎送给我们的"就足够了。（她毕竟是个非常美丽和活泼的女性。）人们告诉我们，文学世界如果没有埃特金夫妇的话将是黯淡的，总体情景也是如此。

列夫·科佩列夫这个名字出现在人们给我的每份名单之中，从玛里恩·登霍夫的名单开始。作为一位有名望的作家、德国文学专家和持不同政见者中的道德英雄，科佩列夫在战争中一直是勇猛的获得过勋章的军官，但他曾抗议红军在德国领土上的暴行，他认为这种行为违反了社会主义的荣誉。苏联政权认为他的抗议与苏联爱国主义不相称，因此他多次受审，然后被判处9年监禁关押在劳改营内。斯大林去世后他获得释放，他仍然是内部的批评者，仍然相信布尔什维克革命的理想，并且随时准备反对他们的堕落，不懈地捍卫那些受到迫害的人。他于1968年被开除出党，并于1977年被开除出作家协会；他的电话被切断，现在他是个不受欢迎的人，未经许可地住在列宁格勒附近名叫科玛洛沃的一个作家聚居区内，靠近波罗的海。

玛莎的一个朋友设法与他取得了联系，并为我们安排了一次探望，尽管我们的签证不允许我们到列宁格勒以外的地方去。虽然如此，一辆苏联国际旅行社的汽车还是将我们带到了大海边，我们朝附近森林中科佩列夫居住的简陋的木屋走去。他是一个身材高大、强壮的人，六十二岁，蓄着银白色的胡须，散发着旺盛的活力。他欢迎了我们，然后我们共进午餐。列夫和我不断地交谈着——用德语；他的妻子赖莎·奥洛娃同样令人敬畏，她也是一位作家，专门研究美国，说的是英语。

午饭后，列夫以友好的严肃态度将我们带到了安娜·阿赫玛托娃的坟前——在附近树林的一块空地上。这位勇敢的诗人九十岁生日刚刚过去，她的坟上放满了鲜花；许多写着诗歌的纸条被压在鹅卵石下面。这里就是一块圣地，是对诗歌的颂扬，也是对一个将她归为"资产阶级颓废分子"的政权的抗议。俄罗斯诗人和作家对他们的祖先和他们的语言爱得多么深沉啊！由于他们的伤口是对俄罗斯本身造成的创伤，他们肯定会因为降临在他们身上的命运而受到双重伤害。

然后科佩列夫带我们穿过浓密的白桦树林回到火车站。他谈到了他的青少年时期，在少年时代他是如何知道斯大林的恐怖的，他家失踪的朋友，以及在 1941 年 6 月 22 日当他听到德国袭击的消息时，他又是如何从阁楼冲进了他父母的房间，要求去参军，高喊着："为了斯大林，为了祖国俄罗斯！"他谈到了当前的情况：不错，反犹太主义还在增强，但它在战争期间就已经开始了，现在，旧的排犹神话已经改头换面，重新登台（在一本通俗流行的历史书中，拉斯普京成了犹太复国主义的同谋，罗斯柴尔德家族成了世界的主宰）。他认为卡特的人权计划很有帮助，因为每一次呼吁或来信，每一次来自国外的号召，都会使我们感到有所不同。对于列夫来说，埃特金被开除之后留下了"可怕的空虚"。但是一些流亡者伤害了持不同政见者的感情，比如"阿亚图拉·佛蒙斯基"。这是我第一次听到索尔仁尼琴有这个绰号，他的书《伊凡·杰尼索维奇的一天》是在列夫和赖莎帮助下出版的。（《第一圈》中列文这一角色是以科佩列夫为原型创作的。）他说他不能为年轻人提供是否移民的咨询。他只能告诉他们不该做的事情：不要背叛朋友，不要去做假证。太过简单？不。

列夫委托我给玛里恩·登霍夫和海因里希·伯尔带一个口信：他和赖莎现在已经准备好接受他们的邀请到西德去逗留一段较长的时间。他希望能得到必要的文件，尽管这是一个困难且不可预测的手续。

出于我自己的经历，我问他，如果他出国旅行，他是否真的认为自己会被允许返回苏联。"让我告诉你一个犹太人的笑话，"他回答道，"在过去的时代，有一个小镇，一位犹太人去拜访他的拉比，说他有个患了结核的妻子和五个孩子；他失业了，不能养家糊口，但他刚刚得到了一份工作，条件是必须得剃掉他的胡须。他应该怎么做呢？'一个虔诚的犹太人是不会动他脸上的毛发的'，拉比回答说。两周后，在更加绝望的情况下，他又去找拉比。当他在走廊里等拉比时，他从一面镜子里看到拉比在修剪他的胡子！穷人重复了他的绝望的故事，而拉比则重复了原先给定的答案。恳求者迟疑地告诉拉比他几分钟前所看到的情况，拉比回应说：'是的，我确实修剪了我的胡子，但至少我没有请求任何人的许可呀！'"科佩列夫不会去问他是否会被允许回国；他认为他会被允许。他对我说的告别话是："比起我的斯大林主义的表弟，我感到同玛里恩·登霍夫更亲近。"他递给我一本刚出版的他的书的德文版——*And Created an Idol for Me*（《为我创造一个偶像》）；这本书是由美国密歇根的一家流亡者出版社以俄文出版的，并被迅速翻译成德文。这本关于苏联生活的回忆录［英文版书名是 *The Education of a True Believer*（《一个忠实信徒的教育》）］，是对早期的欢乐和后来的幻灭的惊人描述。他的书首页上的题词（用德语写的）是："佩吉和弗里茨留念，以此纪念我们的相识，并希望能由相识转为友谊。"我们确实做到了。他从车站离开了，火车将从那里把我们送往芬兰站。（把列宁的火车从西边拉到这个著名的终点站的火车头在那里永久展出，与列宁在红场上防腐处理过的遗体交相呼应。）

我将列夫的口信带给了玛里恩，十八个月后，列夫和赖莎飞往法兰克福。他们有回程票并期待着使用它们，但苏联当局很快剥夺了他们的公民身份。他们定居在科隆，在那里列夫成了一名文学教授，并准备撰写数个世纪以来德国文学邂逅俄罗斯文学的一套多卷本历史著作。

我们在苏联领土上的最后一刻清楚地表明了奉命行事的怀疑在支配着那里的日常生活。在机场的混乱中，排在我们前面的一个中年男子被要求打开他带的好几个箱子的每一件物品；警卫找到了两封信并研究起它们来；他们搜查了一个石膏雕像看是否有隐藏的文件，这期间我一直担心他们会在我们的包里找到列夫的书。但最终，我们轻松地通过了；朱尔金的邀请函让我们顺利地过了关，我们的包裹没有受到检查。当我们登上前往华沙的飞机时，我感到松了一口气：这次访问给了我各种在逆境中的美和高尚的独特经历，但离开这座城市我还是非常高兴的。

我对波兰的看法比较简单：同情和惊奇。几个世纪以来，这个国家有一部殉难史，往往因其鲁莽的政策，但是其中最艰难的时期几乎就是在四十年前开始的，当时它自古以来的敌人和极权主义邻国瓜分了它。这是在不到一个半世纪的时间里，波兰遭受的第四次瓜分。在战争期间，德国占领者杀死了300万波兰人和300万波兰犹太人——几乎所有的波兰犹太人——而苏联人则造成了类似的恐怖，尽管规模较小。这两个占领者都试图通过谋杀其精英和压制其学校来阻止波兰未来的任何复兴。没有哪个国家遭受过如此巨大的苦难或者组织过更为强大的英勇抵抗——通过武力抵抗德国人，就像在1944年的华沙起义中那样，以及通过秘密行动和上百个计策来反对战后强加给他们的政权。波兰的领土发生过变化，在苏联人把波兰东部大片领土吞并到乌克兰之后，数百万波兰人逃离家园，前往曾经是德国人的西部地区的新家园。这个新的波兰成为新生的苏联帝国的关键，正如北约的对手"华沙条约"这个名字所表明的那样。

波兰共产党人总是喋喋不休地重复着德国"复仇主义"的威胁，唯恐西德人密谋重新夺回他们在波茨坦会议上失去的奥得－尼斯线以东的领土。他们似乎并不担心他们的"友好的社会主义邻居"东德，但他们确实担心联邦共和国，那里的前西里西亚人和其他被驱逐者煽动着民族主义情绪。正是这个原因，勃兰特的东方政策和《赫尔辛基最后文件》才显得越发重要。而且我知道勃兰特曾经公开做的事情其他人也正在私底下做着——向波兰人伸手致意，与他们建立联系。长期以来，我认为德国与波兰的和解将特别困难，但这一进程已经开始了。

或许比起其他民族，波兰人不得不更多地依赖想象的、神话化的历史来生存，他们的过去一直在早期的胜利和之后的惨败之间痛苦地交替。那么他们是如何解释最近的历史的呢？我认为他们现在生活在强制性的精神分裂症中：官方的教条规定苏联是波兰的解放者，并且仍然保持着它的保护模式，但波兰人知道卡廷谋杀是苏联人的罪行，而不是德国的罪行，他们也知道在 1944 年华沙起义期间，红军就在城外郊区安营扎寨，等着德国人把城市夷为平地并杀死其人民。当学校里传授的是虚假的知识时，年轻的波兰人是怎样了解到这个真相的呢？这是我最初的问题之一，答案却几乎是一样的：教会是启蒙的源泉。

1979 年是波兰天主教历史上令人震惊的一年。"波兰人教宗"在当选一年后，刚刚访问了他的祖国。约有 1300 万波兰人见到了他，并在他为期一周的凯旋之旅中与他一起祈祷，他们聆听了他布道时提到的勇气、每个人不可剥夺的权利、尊严和上帝。他没有对共产主义意识形态直接进行攻击，而是肯定了对基督教的信仰。一个真正的领袖出现了。他捕捉到了虔诚的和强烈的非虔诚的人的想象力，特别是年轻的波兰人的想象力。

另外，波兰的经济处于深度危机之中。党的主要领导人爱德华·盖莱克发起了一项名为"大跃进"的计划，这是一种由大量西方（主要是西德）贷款资助的强制性工业现代化。工业产品优先于消费品供应，因此黑市蓬勃发展，美元几乎成了不可或缺的第二大货币。工人尽管是整个计划的支柱却很短缺，并且遭受了剥削。到处是死气沉沉的景象，人们表达出一种愠怒的不满。

然而，我立刻意识到波兰比苏联更加自由、更加开放。当然，混合在一起的镇压和奖励也在不断变化着。但是，波兰政府的仆人们相当公开地和批判性地谈论身边的情况，而反对者则表达了他们对波兰在仍然有着明显恐怖的战争之后所取得的成就的自豪感。华沙本身就是波兰挑战一切、坚持自我的象征。德国人已经将其夷为平地，随后新的房屋又出现了——狭窄拥挤，斯大林式的。然而，在彻底的废墟之中，波兰人立刻又在城市中心重建了皇家城堡，并在其周围建起了古老的中世纪和文艺复兴时期的城区——一块石头挨着一块石头，一栋大楼接一栋大楼，全部保留了原始的和谐的风格。

在波兰我每日的安排很简单，这是因为我可以相对开放地与官员和个人见面。一到波兰，我就打电话给曾在哥伦比亚大学任教的杰出社会学家斯特凡·诺瓦克，不需要任何托词。他来到酒店，我们就坐在主餐厅。他为我描绘了一幅严峻的画面：经济形势毫无希望，政党分裂，由此无法做出任何决议。他认为，教宗是一位非常聪明、很有魅力的领袖，教会对任何反自由的镇压都起到了一种威慑作用。这是对教会——波兰的教会！——正在为自由主义者提供保护这一不太可能的事实的早期暗示。他认为周边的卫星国情况更糟糕。

这座古老的城市既有铺着鹅卵石的狭窄街道，也有壮观的广场和重建的皇家城堡，在这里我进行了一些最难忘的访问。首先从斯坦尼斯瓦夫·斯托马开始，他是一位哲学家兼法学家，也是玛里恩最早的朋友之一。这位主人和他的家庭都很朴实守旧，很讨人喜欢。斯托马赞扬玛里恩在为德国人和波兰人之间的和解上所做出的努力，他说，这也一直是他的愿望之一，即使在战争和冷战的最黑暗的日子里也是如此。对于波兰人来说，我估计，与德国的和解是一项政治理性的决策，因为它提供了一条通往西方的文化经济生命线。他们最大的噩梦就是潜在的德苏之间友好关系的恢复，他们警觉地观察着这两个强国之间的交往。*我想也

---

* 我非常欣赏波兰严肃的政治幽默。例如，如果德国和俄国这两个邻国同时展开进攻的话，波兰人应该首先同谁交战？如何回答这个由来已久的问题呢？答案是："首先是德国，然后是俄国。首先是工作，然后是娱乐。"或者是报纸在租赁栏目打出的小广告："交换：很少使用过的领土主权，换取更好的地理位置。"

许他们开始意识到 1939 年以前对这两个强大邻国的敌意政策都是一种自杀式的享受。他们中最有理性的人试图克服他们传统上对德国人的不信任，意识到另一个邻国——占领国才是直接的威胁。

斯托马是一位虔诚的天主教徒，是在克拉科夫的一个名为 ZNAK 的天主教知识分子群体的成员，这个群体得到了政府的容忍，并获许在议会中有四个代表席位。1976 年，他是唯一对波兰宪法修正案投弃权票的代表——实际上就是反对他们——尤其是明确指出统一工人党（共产党）是波兰社会中的主要政治力量。与其他著名的在俗世的天主教徒一样，他也反对 1968 年的反犹太复国主义运动，该运动在清除波兰公共生活中剩余的犹太人时达到了高潮。他认为，教宗的来访改变了波兰的道德氛围。

美国大使馆希望我能去采访红衣主教维辛斯基的秘书达布罗夫斯基主教，但他隐居在华沙的郊外，试图从教宗访问的压力和疲劳中恢复过来。他的副手且与他同姓的耶日·达布罗夫斯基主教在主教宅邸接待了我——这是我看到的最干净、最高雅的宅邸。他是一个精明的、世俗的教士，被认为是教会管理层中的后起之秀。

达布罗夫斯基意识到我想谈论当前的政治问题，他马上就带我去花园散步，大概是想避开非自然的昆虫（窃听器）。我们谈到了教会的过去和现在——包括教宗庇护十二世，他认为这位教宗是一个神秘人物，教会很难去应对。他同意现代教会中激进分子的出现部分是为了否定庇护十二世对法西斯主义的同情的"理解"。（后来我了解到，庇护十二世在获知战争期间德国人有计划、有步骤地要谋杀波兰人之后，没有为保护那里的信众说一句话。他的沉默应该与针对他在其他重大事件上的沉默的无休止争论是有关系的。）无论是教会还是政党都有其内部纠纷，因为它们都不是铁板一块，而且它们之间的关系是十分复杂的。有些政党派别默默地欢迎有个强大的教会，可以作为抵制莫斯科严厉要求的武器。与此同时，教会也注重教授有关波兰历史的非党派版本。达布罗夫斯基认为，教宗约翰·保罗二世不仅是一位"波兰人教宗"，还是一位"斯拉夫人教宗"，这就肯定了斯拉夫人的精神价值，同犹太人一样，他也曾一直被人瞧不起。

在我得到的每个联系人名单上都有一个相同的名字——一个我最渴望看到的人——布罗尼斯拉夫·盖雷梅克，他是一位研究近代早期法国的历史学家、波兰科学院历史研究所中世纪部门的负责人，也是反对派的一位关键人物。他于1968年退了党，以此抗议对"布拉格之春"的镇压。（我当时不知道他的父亲是一个拉比，而且他的母亲曾被一个非犹太人家庭所救。）我在他位于老城主要广场边上的办公室里与他见了面，立即就发现他睿智、敏锐、慷慨、诙谐，非常有吸引力，最明显的是他谦逊庄重的举止，他的烟斗也为他的和蔼可亲起到了锦上添花的效果。我们的共同语言是法语，他的法语更加完美——毫不奇怪，因为他在巴黎生活和工作了多年，对法国的情景非常熟悉。几分钟后，他建议我们去广场边上的一家咖啡馆，以便我们可以更自由地谈话。几年后，他心不在焉地提到，我显然没有注意到我们在咖啡馆里也是受到监控的。

他告诉我，在科学院他所在的部门里的历史学家——共有十四位同事——在工作上可以不遵循意识形态要求，但现代历史会受到更严格的审查。我们谈到了当前的问题，在他眼里，波兰的经济形势是如此糟糕，党本身又如此分裂，以至于政府不敢采取行动，不论是在经济战线还是在反对派方面；在任何时候，一点小火花都能够引发一场大火，所以政府就只能踌躇不前。人民的经济苦难成了一项政治解决方案，这让我想起了法国政治家米拉波在 1789 年之前所说的"国家的赤字是国家的财富"这句话。盖雷梅克同意这句话也适合用于波兰。

盖雷梅克认为，政府煽动起了反德情绪，因为这样做可以把人民统一起来。西德的选举将在赫尔穆特·施密特与有争议的基民盟 - 基社盟候选人弗朗茨·约瑟夫·施特劳斯之间进行一场竞争——如果后者获胜的话，东方政策将会淡出，对波兰共产党人来说那将是一件大好事。（施密特漂亮地赢得了这场选举。）我们谈的越多，时局看起来就越复杂。突然，我抓起一张纸，试图以图形方式表达我对所有这些复杂性的印象。我在一条线上画了五个相邻的圆圈，并对盖雷梅克说："如果这个最左边的圆圈是反对派，而最右边的圆圈是党中央委员会，那么看起来通过这些中间的圆圈或团体，反对派与党的核心之间似乎存在某种联系。"盖雷梅克笑了笑，拿起笔，画了一条线，直接连接了那两个最边上的圆圈。"这也是有可能的，而且有时候就是这样发生的。"我保存了那张纸。

最后，他提到了有种被称为"飞行大学"的事物，这是一个群体，会定期组织教师和学生在不同地方——教堂地下室和住宅——召开秘密集会，就具体的往往是历史性的话题展开讨论。我很好奇，盖雷梅克问我是否愿意在那里做一次演讲。我认为这将是给我的一个特殊待遇，我甚至提出了一个主题：法西斯主义的诱惑。"很好，"盖雷梅克说，"我是这个项目的主任。"这是一个什么样的国家呀——这里的科学院历史研究所的负责人可以兼任一所地下大学的项目主任！我记得玛里恩曾提到波兰的情况是超现实主义的。此处的情况确实如此。可是时间不允许我去做演讲，但后来我了解到，这种飞行大学模仿了战争期间德国占领波兰时早期的秘密团体，当时除小学以外的所有教育都被禁止了——奴隶不需要接受更多教育。我成了盖雷梅克的热烈支持者，他是一位集勇气、智慧和人性于一身的历史学家兼活跃分子。我希望我们能够保持联系，但那时的我无法想象我们的生活还会有交集。

同一天，我在另一家小咖啡馆同亚当·米奇尼克见了面。由于他是反对派中一个特别"危险"的成员——作为差不多每个月会出一期的地下报纸的编辑，该报发行量为5000份，每期报纸大约有十个人阅读——我们的见面有一种密谋的气氛。他告诉我，他曾多次遭到囚禁；他的犹太人身份使他成为一个特别吸引人的目标。不久前，他被拘留了四十八个小时，因为警察可以在这段时间里不经审讯而合法地拘留一个人。对此他没有多说什么——毕竟，他说，政治犯一般不会受到刑讯。他的知识分子的韧性和政治上的勇气与他身体上的脆弱形成了鲜明的对照！这种对照因他不流利的叙述显得越发辛酸。米奇尼克接受过历史学家的培训，并曾经在西欧生活了八个月；同许多波兰作家一样，他密切关注西方的书籍和辩论，在各方面对巴黎了如指掌。他现在正在飞行大学教授战后波兰历史，通常大约有100名学生来听他的课。

米奇尼克附和了盖雷梅克的许多主题；他们是朋友和同伴。他也认为恶化的条件将会导致政治动荡。他谈到了他与志同道合的捷克人和匈牙利人的接触。所有反对派的努力都需要资金——也许自由欧洲电台可以给他们提供资金？他说，我应该向布热津斯基提及这一点。我认为更可取的是争取私人资金。大约就在这个时候，乔治·索罗斯在东欧开始提供谨慎的、重要的帮助。非常具有讽刺意味的是，波兰的地下组织正在接受的帮助，既有来自教宗的，又有来自匈牙利流亡国外的金融家的。米奇尼克认为，缓和有利于东欧持不同政见者以及他们对于改革的希望。但是，在不激起苏联另一次镇压的情况下，改革究竟能走多远呢？

他提到比他大很多的哥哥在战争刚结束时在波兰的斯大林主义政权中效劳，就像许多犹太人一样。米奇尼克的敌人试图也把他描绘成一个斯大林分子，这是非常荒唐可笑的努力，因为当时他才是个五岁的孩子。在战前的波兰，他说，受过教育的犹太人对德国文化和俄罗斯文化感觉更为亲近，对波兰文化则感觉有些纡尊降贵或蔑视。反过来，波兰反犹太主义也有悠久的历史，他说，即使是现在，还有一份秘密的反犹太主义文件援引了《锡安长老议定书》作为长期存在的犹太阴谋的证据。在我们分别的时候，米奇尼克让他那位安静的女朋友悄悄塞给我最近一期他编辑的报纸，她巧妙地照办了。

在一个充满希望的不稳定的国家里的这两次见面，都有令人振奋的气氛，几乎把我变成了一个充满激情的热爱波兰的人，似乎盖雷梅克和米奇尼克是典型的波兰人，似乎大多数波兰人具有相似的拥有公民勇气的素质！我当然知道这是一种浪漫的错觉，其本身就是一种波兰病。但我也知道，在波兰被瓜分并从地图上抹去的这一百五十年间，波兰人民在反抗上接受了深刻的教训。我所见到的这两个人性格都是那么温和，但在争取自由上都是那么不屈不挠，离开他们时我对他们充满钦佩，也许还有几分嫉妒。

随后我们的大使馆把我送到波兹南去进行演讲，这是我从未去过的地方。这座近两个世纪以来都曾属于普鲁士的城市非常引人入胜，外表上仍然主要是德国风格（在战争中未被摧毁），但生活中已经是地道的波兰味了。从那里我租了一辆车，佩吉和我驾车沿着不熟悉的道路前往布雷斯劳，即现在的弗罗茨瓦夫——我第一次返回我的故乡，对于这次访问我已经有过描述。从弗罗茨瓦夫我们开车去苏台德山区，这是一次前往我的父母和我自己的过去的朝圣之行。我们住在布瑞格祖父母避暑的那个村子里，吃饭的地方在一间古老的德国山区小屋，现在这里颇有点像一个社会主义的霍华德·约翰逊酒店。往上面看能隐约看见山脉的最高峰诗尼坎普峰，那是波兰和捷克斯洛伐克之间的边界标志。后来我才知道这是瓦茨拉夫·哈维尔与波兰持不同政见者秘密会面的地方。附近是我父母于 1919 年结婚的教堂。一位穿蓝色牛仔裤的年轻牧师请我们走进教堂，告诉我档案都完好无损，尽管我们没有时间去查阅那些档案。在教堂墓地里，死去的德国人的墓前仍然保留着墓碑：在大多数别的地方，墓碑都被打碎或污损了，这是早先进行的种族清洗，甚至连死者也不放过。我对祖先生活的地方有着强烈的好奇心，现在这些地方却已经完全属于新人了。我对这里的乡村非常熟悉，却觉得自己是一个陌生人，面对深刻的历史性变化，我成了一个超然的观察者。无论如何，我的情感依恋是在这片山区的捷克一侧，我曾经在那里短暂地享受过自由。

再次回到华沙，我遇到了一个与盖莱克关系密切的人，名叫米奇斯瓦夫·拉科夫斯基，他是一份主要的政治周刊《政策》的编辑。他体格魁梧，衣着齐整，长着一颗引人注目的时髦的脑袋。他全身散发着自信，是一个熟知好几个世界的人，一个讲究美食及生活享受的社会主义者。他是德国人轻蔑地称为"灵狮"的那种人，活像那种随风向改变而狺狺狂吠的狗。作为每个人都喜欢的"改革派"共产党人，他享有良好的声誉，像一只聪明的鸽子在向强硬的穴居人发动攻击。作为一个共产党人，他不能偏离太远，因此他与苏联大师们保持着密切接触；作为一名波兰知识分子，他珍视与西方的关系，尤其是与玛里恩·登霍夫的关系。他说，波兰政府已经使波兰的工业部门现代化了，但无法撼动人们陈旧的农业心态，因此存在着内在矛盾。他认为教会比世俗的反对派重要得多，这种受到容忍的反对派已经变得边缘化了，并且是可预测的。就德国问题而言，阿尔巴托夫已经暗示了一个统一的、中立的德国的可能性，拉科夫斯基对此表示疑虑：没有人能保证德国会保持中立。

我们在华沙停留期间恰逢美国大使馆举行 7 月 4 日美国独立日晚会，出席的有党内官员，也有反对派的代表。这里成了他们可以实际交谈的地方。这些反对派人物非常有趣。正如蒂莫西·加顿·阿什后来所写的那样："到 1979 年，那时已经有工人、知识分子和教会三者之间联盟的萌芽，这是波兰历史上前所未有的，在苏联集团中是独一无二的，在西方也是看不到的，这种联盟将发展成团结工会。"

波兰深深地打动了我，因此，当大使馆要求我在 1980 年 6 月再来此地时我很高兴。一个雄心勃勃的安排已经计划好了，我将在华沙、索伦、克拉科夫和格但斯克四地分别举办讲座和演讲。在大使馆关于这些会议的报告中有这样的描述："斯特恩的各种听众（其中有许多享有盛誉的知识界人士）反应非常强烈。斯特恩的演讲观点新颖，精彩迭出，与听众的交流激动人心。"

在华沙，我与拉科夫斯基进行了一次谈话。当我们道别时，我问了最后一个问题："对于波兰人，卢梭曾经这样说，总有一天他们会再次让整个世界感到震惊。这种情况什么时候会发生？""不是这个月，也不是今年，"拉科夫斯基回答说，"但是就在这十年里。"我认为这非同寻常：这位聪明的分析师和半官方要员承认十年内有可能发生翻天覆地的变化！（从那以后，我一直在寻找卢梭这句话的出处，我引用的时候是从记忆中唤醒的；我一直没有找到，但我能肯定这不是我编出来的吗？）但是，仅仅两周之后，这种情况就发生了！8月14日，格但斯克列宁造船厂的工人举行了罢工，抗议解雇一名女性老工人。他们列出的要求中首先就是组织自由工会和罢工的权利。团结工会诞生了。

并且还诞生了一个新的英雄——莱赫·瓦文萨，罢工工人的领袖。一个早期的持不同政见的知识分子组织——保卫工人委员会，简称 KOR，立即站出来支持罢工，而且有六十四名杰出的波兰知识分子公开要求一个不流血的解决方案："所有进步知识分子的立场……就是站在工人的一边。"其中两位签名者是盖雷梅克和塔德乌什·马佐维耶茨基，后者是一位勇敢的哲学家、知识分子，并且是一个自由天主教周刊的编辑；他们两人立即离开华沙前往格但斯克，就此成为瓦文萨不可或缺的顾问。工人与知识分子相结合——这是社会民主党一个长期的梦想！我很幸运地结识了团结工会的一些关键人物，这使我能够充满热情地去响应团结工会对于自由的革命性的呼唤。

团结工会很快成为一个拥有一千万成员的群众组织，随后它与执政党进行了谈判。有传言说苏联准备粉碎波兰的这次实验，就像他们曾经对付匈牙利和捷克斯洛伐克的改革运动那样。在十八个月里，局势始终非常不稳定；然后，1981年12月13日上午，波兰总统沃伊切赫·雅鲁泽尔斯基将军宣布全国处于戒严状态。所有的抵抗都被镇压了。波兰人（有些过度地）坚持认为他们自己的政府所犯下的罪行比德国人更糟糕。

我感到非常震惊！我认为美国的罗马天主教会应该支持他们的弟兄们释放被囚禁者的要求，而且美国政府也应该这样做，"西方国家的金融界同样应该这样做，仅仅是金融界就可以在某种程度上直接影响那个——可能已经惊慌失措的——正统治着这个国家的波兰军政府"。

波兰电视台揭露了盖雷梅克的犹太血统，以及他"与国外修正主义－犹太复国主义中心"的联系。法国左翼自由主义报纸《解放报》评论说，反犹太主义是雅鲁泽尔斯基唯一能够借助的意识形态上的幌子。在接下来的几周里，我同从1975年以来的学术界老同志一起，再次在H. A. 温克勒领导下，为遭受迫害的波兰人提供食物帮助，并组织抗议活动。已经不在政府内的布热津斯基和我试图筹集资金用以支持受害者家属。在圣诞节前夕，布热津斯基打来了电话；他听说一个同监狱的囚犯看到米奇尼克从审讯室中出来，浑身血淋淋的，几乎无法辨认。我心急如焚。（这个传闻结果证明是错误的，但这种危险始终存在。）我见到了盖雷梅克的一个儿子，他当时在布鲁克林；他的另一个儿子和他一起被暂时关在牢里。

1月初，我在西尔斯·玛利亚遇到了玛里恩。在那个美丽的地方，我们曾经发生了我们之间唯一一次激烈的争论，我还记得我们争论的原因：她为雅鲁泽尔斯基的行动辩护，理由是这样的行动阻止了苏联的干预，而苏联人的干预可能会对缓和局面造成破坏。我慷慨激昂地表示反对。我坚持认为，没有任何理由能够证明镇压波兰自由战士是正当的。我们的意见分歧后来使我们双方都非常生气。最终我们放弃了这个话题，我们的友谊并没有受到影响，她对波兰人也总体上怀有深刻的依恋之情，波兰人逐渐理解了她不支持团结工会的原因。我认为她善意地抛弃团结工会反而使我更加坚定地去帮助它。

第二年春天，华沙大学校长向哥伦比亚大学提出了一个慷慨的交流项目，我对此表示欢迎，条件是盖雷梅克将被指定为第一位交换教授。对话中断了，但我就同一问题向西德官员施加了压力。1981年8月，阿尔谢尼·罗津斯基，一位苏联历史学家，也是一位古拉格受害者之子，因使用伪造证件获取非法禁止他使用的档案而被捕。他真正的"罪行"是他编辑了一本地下杂志《回忆》，这本杂志收集了苏联历史上发生的真实事件的证据，以此反对官方的歪曲和谎言。两位同事和我一起写了一封信，投给《纽约时报》，以此抗议逮捕。我们正在尽一切努力提醒苏联人他们有义务遵守《赫尔辛基最后文件》，我们这样做不是本着冷酷的勇士主义精神，而是本着对侵犯人权的愤怒。由于西方的人权记录在那个时代有理由是正确的，我们可以充满信心地做出这些姿态。大约就在那个时候，我被邀请加入赫尔辛基观察委员会，因此可以更加密切地关注这些问题。但我清楚地知道，同那些正派人士的痛苦经历相比，纽约的抗议活动几乎毫无意义。然而，至少我们表达了公众和私人的支持，这一点可能是有价值的。

我与科佩列夫、盖雷梅克以及那些有着平静的勇气和钢铁般的信仰的男男女女的相遇，大大地加深了我所理解的 20 世纪在人类历史上的意义。与这些持不同政见者接触不仅是一次令人难忘的特殊经历，而且使我适应了世界的那一部分地方。一个人不一定要成为德国问题专家以便为这种公民的抵抗而感到兴奋，但是我认为，成为一个这样的专家能更加有针对性、更加敏锐地去看待这个问题。对于这种肯定我们有着独特的需求。

除了上述国家之外，我还增加了一个行程，仍然围绕德国这个主题。1981 年 6 月，我在中华人民共和国度过了两个星期，去做演讲。这对我来说有意想不到的好处。几十年来，美国一直拒绝承认 1949 年共产党在中国的胜利或者说拒绝承认这个人民共和国的存在；一个言辞激烈的"院外援华集团"坚持认为中国是由台湾岛上蒋介石政权建立的，蒋介石被打败之后就撤到了这个岛上。在我们的心目中有一个根深蒂固的假定，即一整块共产主义的磐石正在威胁我们，以至于美国的决策者在 20 世纪 50 年代末中苏之间发生论战时迟迟没有认识到两大共产党国家的决裂，因此缩手缩脚，未能利用这种分裂。与此同时，中国人在反对苏联上变得非常强硬，他们使用了霸权国家这样一个代名词来描述帝国主义苏联的特征，他们声称，在后斯大林时代，苏联背叛了马克思列宁主义的学说。

美国与中华人民共和国的关系已经在美国国内政治上发挥着重要的作用：强大的右翼集团嘲讽着"谁弄丢了中国？"麦卡锡主义者则对了解中国所发生的巨变的杰出的美国外交官和学者进行迫害，这些进一步阻碍了做出符合现实的评估的努力。美国人的无知和敌意与"骄傲的中国人的孤立"并存。然后，在 20 世纪 70 年代初期，尼克松总统批准了与中华人民共和国的第一次秘密接触，虽然他之前扩大了越南战争，他秉承的理念是敌人的敌人是朋友。现在的问题变成了谁能够"赢"回中国？凭借作为一名右翼反共分子的无懈可击的资格，尼克松能够在如此激进的一项冒险事业上一试身手。*后面几届政府慢慢地增加了与中国的接触，然后卡特政府于 1979 年与中国建立了全面的外交关系；定期的学术交流也逐步建立起来了。

就是在那一年，我本人在中国事务上的远距离参与开始了。在国务院关于未来美中关系的一次会议上，埃夫里尔·哈里曼大使宣称，我们的新中国政策是现政府外交政策中最成功的部分，而我则承担了撰写评论的任务，主要是关于这项政策对世界其他

---

* 1971 年，法国总统乔治·蓬皮杜不得不取消他在外交关系委员会发表讲话的计划，但他还是在下榻酒店接待了一些来自该委员会的人士，包括我在内。有人问他，在刚刚与尼克松的会谈中双方是否讨论过中国问题。他的回答是："我不会代表总统讲话，但就我而言，中国是首要的。"

地区的影响，尤其是对东西欧的影响。我敦促政府要"教育公众理解危险的友谊的复杂性"，并且强调需要向柬埔寨难民提供人道主义援助。美国应该推动欧洲人去做更多的事情。12 月，在华盛顿举行的一次关于苏联的中美会议上，我遇到了前外交官、时任中国社会科学院副院长的宦乡。他建议我访问中国，六个月后我收到了中国社科院世界历史研究所所长刘思慕的正式邀请，就欧洲历史去做演讲，"包括帝国主义、国家社会主义、第一次世界大战和对奥托·冯·俾斯麦的评价"。在中国，我将成为社科院的客人；旅行费用将由哥伦比亚大学国际动态研究所承担，该研究所获得了福特基金会的资金用于在北京召开的会议。*

我来到了北京，一切都是那么陌生，我对这个国家几乎一无所知，中国官员似乎比苏联官员更加开放，但私人接触几乎是不可能的。也许中国人认为我在华盛顿有重要关系。如果是这样的话，那是他们的错误，也是我的收获。也许我把礼貌和善意误以为是真正的开放。

从我们降落在北京的那一刻起，佩吉和我就受到了魅力十足和礼貌的欢迎。那位可敬的研究所所长在停机坪上带着一个会心的微笑对我说道："我读过 1975 年你在旧金山历史大会上的演讲，那是对苏联人的讲话做出的回应。"即刻就提到了我们共同

---

* 瑟韦林·比亚勒，一个出生于波兰的苏联政治学者，曾担任该研究所的所长。他曾经告诉我他在波兰的童年以及在奥斯威辛集中营幸存下来的经历，战后他曾管理一所波兰共产党的培训学校，然后于 1955 年离开了波兰。有一段时间，他把我视为知己，我帮助他得到了长期支持，用于他计划要写的关于莫斯科战役的一本书，他似乎是唯一有资格写作这样一本书的人。比亚勒接连完成了关于俄罗斯的三本重要著作的写作，他还是一位非常吃香的顾问。在他身上有一种神秘的、有点令人生畏的品质，一种愤世嫉俗的倾向。

的敌人。当我们被带到北京郊外巨大的友谊宾馆附近的一家大学旅馆时，我第一次看到这个地方。街道上挤满了大量穿着蓝色斜纹布制服的人，或者步行，或者骑着自行车，或者在拥挤的、陈旧的公共汽车上——民众身穿几乎一模一样的制服，有着似乎相同的目的。然而很快我就意识到，虽然这些服饰都是斯大林化的，但人们的精神状态似乎比莫斯科官方的精神状态更加开放。一位名叫罗凤礼的历史学家同行被派来陪我们到中国各地旅行，包括长城，他使我有可能与普通人进行即兴对话（如在火车站的站台上）。

中国国家博物馆的入口处装饰着四个英雄人物巨大的画像：马克思、恩格斯、列宁和斯大林。

我马不停蹄地开始了我的访问。就在我到达的那个晚上，我就得向社科院的很多显要人物，也许还有一小部分学生就指定的国家社会主义这个话题做演讲。于是我谈到了希特勒的宣传和恐怖统治。译者在现场带着极大的热情为我翻译，听众非常激动。

我来到此地似乎恰逢一个历史性的转折点，人们认为最可怕的时期已经结束了；他们多样化的评论和回忆往往是用相同的术语来表达的。

在北京、上海和西安，我不断遇到中国版本的正统的马克思列宁主义，这是他们指责苏联所背弃的信条。他们看起来似乎真的被我演讲中提到的并且认为理所当然的一些"事实"震惊。我的一些解释明显是与他们的关于历史唯物主义和阶级斗争的基本作用的信仰相矛盾的。他们对我的说法感到不安，因为我提到，假如让·饶勒斯和罗莎·卢森堡没有遇害的话，他们将会是列宁统治最严肃的反对者。我有时会担心我的演讲会不会像是在嘲讽，但气氛一直是很热情友好的。苏联人显然永远不会放手让这么一个颠覆性的演说者去面对苏联听众——这是缘于文化和自信上的差异？

我对"犹太人问题"的出现频率和热情程度感到十分惊奇。我被问到，为什么在欧洲对犹太人有如此强烈的仇恨？为什么犹太人的抵抗如此之少，除了在华沙？我详细阐述了反犹太主义，并指出了那个苏联的悖论：许多早期的布尔什维克，当然包括那个大"坏蛋"托洛茨基，但还有季诺维也夫、拉杰克和加米涅夫，都是犹太人，然而斯大林却憎恨犹太人。我的话令中国人大为吃惊。他们的回应似乎结合了挥之不去的信仰和无拘无束的好奇心。

在上海，我被要求做一个关于俾斯麦的演讲，这就牵涉了一个关键问题：俾斯麦是进步的还是反动的？我们不能用这种简单的分类来考虑问题，我说道。我们接受历史上的灰色。也许我们还不够聪明，还难以区分什么是进步的，什么是反动的。

张芝联，社科院世界历史研究所的法国史专家，他迈出了不同寻常的一步：邀请我到他家去。我们的向导很难找到他家，但最终我们找到了曾经是燕京大学一部分的一个四合院。张在20世纪20年代的这座住宅里有一个大房间，这个有着多种用途的房间里堆满了好几种语言的书，房间里装饰着周恩来的照片，周是一位杰出的政治家，还有鲁迅的照片，这位非常受人尊敬的作家其作品或许很少有人去读。房间很舒适但很简陋——尽管张拥有一部电话，这是一个主要的罕见的身份象征，其花费要比他的房租贵得多。

穿过大厅还有一间房间，他把这间房间给了他女儿和女婿。通常情况下，女儿往往会搬到她丈夫家里去住，但他女婿家里有三个儿子，就没有额外的空间了。在每周的工作日，他的外孙就留在城里的一所幼儿园里，而他的女儿和女婿在一家工厂上班；周末的时候孩子会回到家里。张说他喜欢这种安排。"我很高兴我的家庭不再有知识分子了。"这话说得很恰当，但真是这样吗？

张的父亲曾是一位官僚、政界要员、上海大学的创始人以及4万本书的所有者，这些书由这个家庭捐赠给了北京图书馆。在"文化大革命"期间，张和他的妻子被下放农村，在田野里耕作。他原以为自己再也回不到大学里去了，但现在他又有了一个特殊的职位；早些年他曾去过巴黎和美国；他曾在耶鲁大学与哈乔·霍尔本一起学习。他最大的心愿是再次访问美国，在那里他还有兄弟姐妹。

他认为，目前的宽松时期之后还会有许多曲折，进两步，退一步。后来我们分别了，他给我留下的印象是他是一位极其机灵的人，一个幸存者，一个表面上循规蹈矩的人，与我在莫斯科和华沙所钦佩的持不同政见者截然不同。几年后，他在纽约露了面。

作为一名德国和欧洲的历史学家，我已经完成了所有行程，其他文化和政治制度丰富了我的知识，我带着拓宽的视野回到美国。我见到了以不同形式表现出来的德国主题，心中仍然回荡着与他们的共鸣，然后我将重新面对德国的过去和现在。（有关德国的主题可能是颠覆性的。2005年，我的书《爱因斯坦的德国世界》被翻译成中文，在为这本书写的序言中，我强调了与中国人密切相关的爱因斯坦对经济不平等、军国主义和各种高压政治的仇恨，以及他对人权衷心的全力支持。）在我心中留下的是人类的启迪和公民的气度。在一个腐败和残酷的世界中，看到曾经有（并且现在仍然有）人甘冒一切风险去保护或复兴一定程度的自由和体面是既令人兴奋又令人谦卑的。

　　在每个国家，我都遇到了过去引起分歧的因素，这些因素仍然存在于现实之中。在一些国家，在诠释过去上展开的激烈争论是开放的；在其他国家，针对强加的谎言的斗争不得不秘密地进行。在专制统治下，经过审查的过去无处不在，但毫无价值。因此，如果有机会，历史学家必须带着被遗弃的真理或问题闯入其中。我是怀着对近代世界历史上最大的灾难的清醒意识来到这些国家的。在任何一个国家，涉及政治危机的基本文本仍然是用德语写成的。德国的过去在世界各地引起了共鸣，尤其是在联邦共和国，即使它已经迈进了一个新的政治时代。

联邦共和国在 20 世纪 80 年代迅速发展起来了，这十年变化巨大，并取得了意外的胜利。其新的重要性在 1979 年 1 月显现出来，当时在瓜德罗普举行了一次首脑会议，这样的峰会曾经是美国、英国和法国这三大西方巨头的舞台，现在已经包括以赫尔穆特·施密特为代表的联邦共和国，施密特本人对自信已经毫不陌生。凭借繁荣的经济，联邦共和国经常被称为欧洲的"支付主管"，因为它对欧洲共同体的贡献巨大。但是，考虑到它现在是苏联以西欧洲最强大的国家——并且也是怨气最大的国家，一个分裂的国家，这种温和的角色将如何持续下去呢？

很显然，德国重新脱颖而出引发了人们的担忧。1979 年，我听到欧洲人又在谈论"不安分的德国人"，这个词组在两次世界大战期间曾被用来表达对德国意图的焦虑和怀疑。"德国问题"——德国将何去何从？——重新出现在世界政治之中，也出现在德国人自己的脑海中。这个问题的过去和现在两个方面以最明显的方式辩证地联系在一起，因为当德国人在思考未来时，邻居们却回忆起了过去。德国人会怎样逐步理解他们的过去将是衡量他们民族状况的一个尺度？

在国内，联邦共和国可以被视为一个成功的案例，在许多方面是运气和谨慎的胜利。尽管还存在各种问题和缺点，但它的社会比以前任何政权都更加稳定和繁荣（并且阶级分化也更少）。它的民主制度很强大，它的政治文化比以往任何时候都更加适应西方。它组合了一个复杂的对外关系网络：在国防事务中，它依赖于美国，支撑这种关系的是贸易和无数的私人友谊的纽带；在西欧，它与法国联系最紧密，其程度达到了欧洲的建设性运作都是在法德两国共管之下实现的，正如 1979 年引入欧洲货币体系所体现的那样；社民党的东方政策意味着与苏联和苏联集团的密切关系，与东方的更多和更大的经济联系，以及更灵活的两德关系。

在 20 世纪 70 年代盛行的缓和气氛中，西德多重的并且可能相互冲突的利益一直是可以控制的，原因之一就是西德人比许多美国人更加注重缓和，他们在这方面甚至超过了其他西欧人。但是，1979 年 12 月苏联入侵阿富汗使缓和政策处于危险之中。当时，在伊朗国王被推翻之后几天，又发生了美国驻德黑兰大使馆被占领事件，卡特政府虽然对此极度震惊，但仍然迅速做出反应，对苏联实施经济制裁，并公开考虑其他措施。然而欧洲各大国却不愿放弃在其苏联事务中的轻松和舒适；虽然它们憎恨它们对美国的安全依赖，但在营造自己可信赖的防御体系所需付出的高昂代价面前退缩了。无休止的关于责任分担的争论根本于事无补。我认为，欧洲因其自身的弱点而变得过于要强。

甚至在阿富汗遭受入侵之前，有关防御的紧急问题就已经列在议程上了。1977 年，赫尔穆特·施密特就曾提出警告，苏联部署的 SS-20 导弹，其携带的多枚核弹头可以打击联邦德国境内任何目标以及更远的地方，北约需要就此做出回应，可以假定，他的意思是以欧洲为基地部署新的美国核武器。但是这种前景对于不断高涨的欧洲和平运动来说是一种阻碍。尽管如此，1979 年 12 月，北约还是采纳了所谓的"双轨决定"，除非苏联撤回其先进的武器，否则就只能进行这样的美国武器部署。

在旅行期间以及在巴黎逗留的那一年，我就曾留意这些局势的进展以及随之而来的隐秘转移。我把自己的想法和忧虑倾注在《在半戴高乐主义的欧洲中的德国》（1980 年春天刊登在《外交事务》上）一文中，我就为什么德国问题重新回到了世界政治舞台，以及为什么跨大西洋关系如此令人困扰这些问题提出了我的看法。苏联的侵略和扩张主义——不仅仅在阿富汗——正在催生新的紧张局势。

1981 年 4 月，玛里恩·登霍夫提出了一个她将在未来几年经常重复的主题——对于华盛顿来说，"缓和已成泡影"。此外她还担心西欧对美国磨刀霍霍的批评可能会引起美国人认为欧洲人在转向中立主义的抱怨，反过来这又会助长欧洲的反美主义。这种逐步升级的不信任的危险是真实存在的，但欧洲人对美国弱点的担心不亚于对美国实力的担心，在施密特于其温和时刻提出的"美国在财政领导或责任上放弃了权利"中，他们看到了这种弱点。欧洲人抱怨美国政策的不一致并质疑美国的可靠性。我发现某些这类吹毛求疵是危险的，但正如我所写的那样，事实上，美国必须恢复其信誉，"不能仅仅依靠军事手段来衡量，而要通过实施一项不拘泥于修辞和细节的能源计划，通过采纳一项将产生根本性改革的经济战略。没有什么能比一个内部强大的美国更能维系并有益于盟国了，没有什么能比一个衰弱的美国更能危及它了。信誉同样也始于国内"。

与此同时，德国问题也在困扰着德国人自身。他们正在向何处去？他们是否意识到无论他们采取什么样的政策或者遵循什么样的道路，过去对他们来说都是一个不可控制的负担？德国人如何对待这种负担是测量德国意识的一种地震仪，是其未来的一个指示器。

各种各样的纪念仪式，如 1983 年希特勒上台五十周年和 1985 年希特勒灭亡与战胜德国四十周年，唤起了我们记忆中的过去，而这个过去又分裂了现在。激烈的对立的记忆以前曾伤害德国政治，德国人选择记住他们造成的同时也遭受的创伤的方式严重影响了他们的健康状况。他们也根本无法想象他们的争议是被国际公众舆论隔离的：当他们激烈地争论过去的时候——以其缩小的版本，第三帝国——这个过去就变成了一个国际化论据的事实。我被许多关于德国过去的公开讨论吸引，我在恐怖和暴政的国家的经历无疑让我再次意识到"过去并没有消亡"，用福克纳的名言来说，"它甚至根本就没有过去"。

在美国的家中，我自己的生活发生了意想不到的变化。1980年4月，哥伦比亚大学新任校长迈克尔·索文邀请我出任大学的教务长，主要负责艺术和科学类专业；他是一位聪明、果断的法律和政治学大师，我第一次见到他是在1968年我们遇到麻烦的时候。我对这项任命几乎毫无准备，有的只是对这项任命的热情以及教师应该参与学校管理的理智。承担这一新的责任是一个全面的投入——尽管同时我还设法保持并扩大我与欧洲的联系。

我以为我很了解哥伦比亚，但我很快发现我对其复杂性的无知。（当我在7月就职时，索文正在度假，所以一开始我就要负起全责，并且纯属偶然，我不得不去处理发生在我们医学院里的一场危机；在紧急情况下建立起来的关系发展为亲密的友谊——对于像我这样从小就敬畏白大褂的人来说，这是一个令人愉快的机会。）我很快就抓住了一个在我看来似未被承认的真理：人们把哥伦比亚大学以及类似的大学称为"私立"机构。当然，与大型公立机构相比它们是私立的，但鉴于这些私立机构与联邦政府和州政府以及基金会日益密切的关系，我开始意识到传统的自负有其模糊性。

去了解预算的紧迫性——不停地奔波着——是最困难的，但某种混合了原则、直觉和不安的唬人的做法，再加上一些可靠的同事的建议，帮助我渡过了难关。我必须要学会去对付官僚主义以及微小的挫折；在最令人恼怒的时刻，我提醒自己这只是一个假定的身份。我对我应该预料到的事情感到惊讶：管理人员之间争夺势力范围，哥伦比亚大学众多学院之间关于空间和资源的巨大冲突等。（如果他们拥有核武器的话，我想，他们会使用的。）而且我也了解到了更多的学者的癖好——通常这是一种伪装起来的自身利益的委婉说法——在这个过程中我失去了一些关于学术生活的快乐的幻想。我把自己想象成全体教工的仆人，但我对大卫·理斯曼说，给那些不再懂得如何对待仆人的人当仆人实在是太难了。尽管如此，任何大学的核心都是其教职员工，我最喜欢的一项活动就是帮助哥伦比亚大学吸引新人才和留住老人才。

最让我感到愉快的任务是帮助哥伦比亚学院成为一所男女同校的大学，这是一个迟迟未兑现的最理想的变革。当时，女性只能入读巴纳德学院，这是哥伦比亚大学内部的一个独立实体，并有其自己的教师——这是一所决心保留女性自身教育特权的学院。哥伦比亚大学有两种方式来实现这一目标：或者获得巴纳德学院的同意，或者单方面采取行动来吸引女学生。我们的谈判进行了一年多，我想到了一个交换条件，巴纳德可以通过这个交换条件在聘用自己的教师上获得更大的自主权。到 1982 年，在得到巴纳德学院的同意后，哥伦比亚学院终于接收了女生——这两所学院从此和谐共处。

到现在为止，我已经忘记了这种单调乏味的例行公事和对我的教务长工作的失望，但我还记得我为能代表大学而感到的骄傲，尽管我的权力非常有限。在那些年里，玛里恩·登霍夫曾经到我在洛氏图书馆的办公室来看我（我在那里放了一些珀尔齐希款家具），当我们离开并穿过"我的"校园时，她说道："你有一个普鲁士县长的责任和态度。"她的意思是以前普鲁士的地方政府，对其管辖下珍贵的土地拥有很大的权力。

作为一名教务长，我对美国学术生活新的参与，可能使我成为各种西德团体在它们想要听取美国声音时都愿意面对的一个更理想的人物。很早之前的一次遭遇留下了未曾预料的后果。1981 年 6 月，我偶然发现了《纽约时报》上登载的一则小小的公告，德国最大的化学公司赫斯特公司已投资 7000 万美元支持将在马萨诸塞州综合医院开展的一项新的分子生物学研究计划。我很惊讶，德国公司是从什么时候开始赞助国外的大规模研究的呢？几个星期后，西德中央科学基金会组织邀请我参加一个突然组织的政府、大学和工业界的科学家及行政人员出席的会议，来讨论促进科学上取得卓越成就的最佳方法，对此我一点也不惊讶。由于这个主题既关系到我的爱好，也关系到我的教务长工作，我便热切地接受了。然而其用心很快表露出来了，这场秘密会议旨在探讨为什么德国人不再处于科学研究的巅峰。

出席那次座谈会的德国人才可真不少！我们是在 1981 年 9 月相聚的，会议地点具有象征意义——修格尔庄园，这是在埃森举办的一次盛大的聚会，此地曾经是鲁尔区克虏伯帝国的中心。我们试图界定什么是真正的科学成就，并同意最好的科学成就包括能给被认为是亟待解决的问题提供令人信服的解决方案，以及那种能为进一步研究提供新视角的解决方法。西德人承认他们的国家落后于美国、日本和英国，我们讨论了造成这种落后局面的可能原因和扭转这种局面需要采取的改革措施。当然，随着大学的大规模扩张而加深的官僚化程度会成为障碍。也许可提供给科研的资金是足够的，问题是这些资金应该如何以及由谁来分配。瑞士社会学家同时也是管理者的沃尔特·吕埃格（也是一位学生激进主义的批评者）认为，良好的科学不仅可以通过提供经费，也可以通过拒绝平庸的项目来得到发展，减少资金实际上可能会带来有益的后果。我同意这一点，我经常想到应该为自愿放弃的项目创建一个奖项。

诺贝尔奖获得者、哈佛大学化学系教授康拉德·布洛赫是除我之外出席会议的美国人，他也是一名难民。这位极具吸引力和极其慷慨的人1912年出生在西里西亚的一个小镇——奈塞，我的一些祖先也来自这里，此地还诞生了其他一些著名的科学家，包括鲁道夫·尼森。布洛赫是我见过的许多自然科学家之一，他们完全生活在"两种文化"之中，并且是艺术和文学的大师和爱好者。相比之下，许多人文学者的知识太有限了！他注意到"任何在文化和经济状态上具有可比性的社会都能产生比例大致相同的特殊的个人、本土人才和智慧人士"，他认为制度框架最有可能产生造诣上的差异。最重要的先决条件是知识自由和研究上的自由选择，但教师与学生之间最紧密、最公平的关系也至关重要。教学"不仅是信息传递……它还可以点燃火花，吸引善于接受的聪明才智去做出创造性的努力"。他含蓄地描绘了美国传统中最好的一面。

我能理解德国人怀念他们过去的伟大，并对现在相对缺乏可珍视的巅峰成就感到遗憾。有一次，布洛赫和我在无声的惊奇中互相看着对方，德国人难道看不出他们国家衰落的一个非常明显的原因吗？你们恣意妄行，把一些最优秀的人才驱逐出境，这难道就不会有影响吗？为什么在这些知识如此渊博的参与者之间存在这种沉默？这是一种惊人的不甘心和不情愿。也许这个话题太令人尴尬，也许这个观点太过明显，以至于难以启齿。布洛赫和我交换了一下眼神，虽然后来我们谈到了这一点，但当时我们没有提出来。

因为我参加了那次会议，所以我得到了其他邀请。由此我与许多团体建立了联系，除官方的联系之外，还有私人的联系，组织者是那些了解德美关系的中心性和不稳定性的人。对于美国人来说，与德国人的联系不同于与法国的那种旧式的、经常令人失望的"谈情说爱"，也不同于与英国的"特殊关系"，这种关系凭借相互的利益和古老的谦逊就可以得到保证。联邦共和国是不同的。从敌人转变为从属的盟友，甚至朋友，这样的转变实在过于迅速，虽然基本利益是共同的这个现实显而易见，并且常常提及，但是对于纳粹的过去那种独特且难以理解的邪恶一直存在有分歧的会造成分裂的回忆。

作为一名大西洋主义者，我深信欧美关系对我们的集体安全至关重要，这可以作为一条首要原则。但我也知道单凭军事手段是无法赢得冷战的，我赞成与苏联各种形式的接触，如赫尔辛基进程，以及所有军备控制上的努力。支持西德的自由民主是另一项承诺，反过来这又要求对德国的过去做出尽可能诚实的评价。个人愿望和公共福利恰好相吻合。

当时，我对我所得到的能深化我的跨大西洋联系的机会感到惊讶，但回想起来，可以看出我是如何轻易就成为"通常的嫌疑对象"之一的。1981年，我成为德国马歇尔基金会的受托人，这是美国的一家基金会，源于维利·勃兰特纪念马歇尔计划的慷慨决定并旨在促进跨大西洋的项目。所有受托人构成了一个非常出色的群体，包括沃尔特·海勒、卡尔·凯森和大卫·金斯伯格！两年后，谢泼德·斯通让我进入了柏林阿斯彭研究所的董事会，这是他为东西方接触而特地创建的聚会场所，他独特的、煽动性的、令人兴奋的温和性格使聚会格外生动。当然，玛里恩·登霍夫也是董事会成员，还有艾伦·布洛克、保罗·多提、埃查德·罗伊特以及其他有身份的优秀国际主义者。谢普在柏林是一位著名的人物，我有一次给他敬酒时称他为"柏林的非常务市长"。德美关系的守护神是约翰·J.麦克洛伊，他曾经是驻波恩的第一位美国高级专员。他是在纽约的美国对德协会的创始人，这是我偶尔去做演讲的另一个机构。

在所有这些群体中——尽管通常情况下都比较无聊——我不仅了解到了很多德国的情况，而且有机会或多或少自发地形成自己的观点，往往并没有考虑到将它们出版的可怕前景。后来我发现莱布尼茨说过一句话，这句话让我松了一口气："单靠我自己我想不出多少东西，但当别人在说些什么的时候，我就能想到更好的主意。"

德国的美国团体只是快速发展的国际网络的一部分，这一网络由知名的国际主义者和新生代的年轻人组成。也许其中会有过多的高谈阔论和奢侈阔绰的生活——我常常默默地想到世界上一些伟大的酒店是靠着世界危机生存的，无论这种危机是真实的还是假想的。但我现在注意到，在新的世纪里，这些为公众着想的努力的减少或许增加了国际的隔阂，而企业界则已经在奢侈的会议这一行中占据了一席之地，以更高的成本服务于更狭隘的利益。

我与德国不断扩大个人联系的同时，与这些机构的联系也在加强。伯爵夫人仍然是我最亲密的德国朋友和偶尔的促进者。她的一些朋友也成了我的朋友。与此同时，拉尔夫·达伦多夫已经迁居英国，尽管我们之间有关德国事务的交谈仍在继续。我逐渐认识了新的同事、记者和公众人物，不论男女，他们都在以某种方式在德国历史和活跃的政治交会点上效劳。会面的机会太多了！我现在意识到，我个人的愿望有多伟大：我生命中的两个部分——欧洲和美国——应该和睦相处。

出于对和谐的愿望，我成了一条寻找麻烦的松露猎犬 *，去察觉在相对亲切友好的表面之下潜伏着的不和谐的情绪。此外，一些艰难的问题变得更加紧迫，首先是北约 1979 年的双轨决定，允许部署能够达到苏联境内目标的美国中程核导弹。在西德包括许多社民党成员在内的和平运动发展得越来越大、越来越激烈，因为这个国家考虑到了在德国领土上出现更多核武器的前景。

罗纳德·里根在 1980 年当选总统并没有使事态有所改善。欧洲的媒体充满了好奇，好莱坞的一个二流演员怎么能够成为自由世界的领袖。在这个看似天真无知的人的眼里，苏联不是一个简单的军事威胁和无情的对手，而是现代世界中所有"邪恶"的集中体现。对于里根来说，苏联展示出了当个人服从于国家并放弃所有道德时会发生的全部情况。里根最初的冲动只是为了维护美国的优越军事实力，他将增加国防开支作为对付他所谓的"邪恶帝国"的一项更严厉政策的重要组成部分。那些相信缓和的欧洲人此刻十分焦虑，和平活动家视里根重启卡特总统放弃的研制中子弹计划为美国新军国主义的证据。这种武器应该能加强狭窄范围内的辐射，同时降低爆炸效果——针对坦克编队特别有效。批评者们很快将这种炸弹称为"资本家的武器"，对人会致命，但不会损害财产。

1981 年 3 月举行了又一次两年一度的美德会议，这次会议在普林斯顿召开（德国派出了强大的代表团，包括玛里恩·登霍夫和两位社会民主党主要领导人——克劳斯·冯·多纳尼和霍斯特·耶姆克，以及其他代表不同意见的人），会议提供了一个机

---

* 寻找长在地下的松露必须借助的一种猎犬。

会来评估新政府。我警告不要把重点过多地放在军事安全上，要注重地面上的东西而不是深深扎在地底下的东西，即要关注人民对安全的渴望。我认为，里根主义具有强烈的文化因素——我早已对即将演化成的美国的"文化战争"感到不安。

会议结束几个月后，我写道："我们（美国人）越强调军事力量，不同意见的声音就越多……对欧洲人而言，（美国的）过度杀伤能力的增加是一种非理性的行为，是荒谬的；他们知道我们有足够的武器去杀戮，并且可以反复杀上一百次。他们在本世纪的历史经验是野蛮无效的权势的经验，盲目地被耗费掉又盲目地去崇拜。"但我注意到，同样的欧洲经验可能会促进欧洲的平静。我并没有对欧洲这种趋势的一些早期迹象视而不见——我早已经谈到过欧洲"正在度假"，暂时放下了其历史责任，并有失去其命运感的危险，对其政治上的衰退和自身安全需要的忽视还心安理得。

与此同时，而且并非不相关的是，西欧国家建立了一个宏伟的福利体系，为其工人提供医疗保健、体面的工资和长期带薪休假——这些远远超过了大多数美国工人所享有的或欧洲人所预期的福利。在联邦共和国，加入了工会的工人常常可以期待长达六周的假期，即使是美国的经理人对此也是不敢想象的。在历史的假期和工作的假期之间是否有种微妙的联系呢？在法国人所谓的战后辉煌三十年中，西欧人在社会和平与和解上加大了投入，而这种历史上可以理解的趋势有时会让美国人觉得是在煽动一种绥靖倾向。几十年之内，很明显可以看到，这种慷慨的行为削弱了联邦共和国的经济竞争力，同时更深层次的在政治上退步的倾向助长了美国人对"旧欧洲的"优柔寡断和自我放纵的激烈争论。大西洋两岸的人们都在奚落欧洲人，指责欧洲人缺乏男子汉气概。

我是否不该去写美国的一种威廉品质——某种类似于 1914 年以前德意志帝国国王的品质：军事上咄咄逼人，但政治上愚蠢无能？

在西德，和平运动在 20 世纪 80 年代实力不断增强，苏联集团认为这将有助于破坏西方的联盟。抗议的浪潮此起彼伏：街头的和平游行，媒体上的争论，新教教堂内的祈祷——在两次世界大战期间极其可怕的激进分子现在成了反核运动的坚定支持者。1982 年 3 月，在慕尼黑附近施塔恩贝格湖畔著名的国际会议举办地图青，福音学院在此举办了一次有关"通过裁军确保和平"的讨论会。我非常敬佩的熟人希尔德加德·哈姆·布鲁赫，此时担任外交部的国务秘书，主持了开幕式；参会者构成了一个很大的国际阵容，其中包括美国驻布拉格大使威廉·吕尔斯，伦敦战略研究所的杰出所长克里斯托弗·伯特伦，还有一个苏联代表团，其中有列昂尼德·萨米亚丁和维塔利·朱尔金，都是我在阿尔巴托夫研究所的老熟人。

诺贝尔奖获得者、物理学家、哲学家卡尔－弗里德里希·冯·魏茨泽克在开幕致辞中向三位听众——教会、苏联和美国——发出了一种权威性的呼吁。仅靠裁军是不会带来和平的，他说，因为对敌对国家的恐惧始终构成了威胁；到目前为止，只有令人畏惧的核武器才能维持不稳定的和平。他给和平运动提供了合理的支持，但警告说，如果它最终削弱了北约，那么就将增加战争的风险。无论如何，第一项要求是从欧洲撤出所有中程核武器。"像许多欧洲人一样，"他说，"我对今天美国政府的外交政策深感不安。"他对所有主体所做的公正批评表明，持续的裁军努力是唯一直接的务实选择。

我被要求就苏联对外友协副会长尤金·伊万诺夫的发言做出回应，他谈到了舆论的作用，并认为和平运动是由美国重新启动并企图赢得的军备竞赛所引起的，这个运动将迫使各国政府采取更加明智的政策。他声称，在苏联，和平活动家获得了国家的支持，他回忆起列宁采取的第一个行动就是颁布《和平法令》。

与苏联对和平的郑重声明相伴随的是苏联的侵略。为了反驳所有苏联一直是清白无辜的看法，我引用了列宁关于对资产阶级敌人的战争不可避免的许多断言。此外，美国人也有和平与反核运动，完全符合这个国家的自我批评的民主传统。我引用了乔治·凯南最近一次演讲中的一句话，他呼吁"两个超级大国……立即全面削减50％的核武库"，并对"现在控制着双方政治家和宣传机构的行为和表述的在关于苏美关系上几乎完全军事化的思维和语言"提出了警告。凯南欢迎全世界范围内的和平运动，但他知道和平运动也会"吸引怪人和极端分子……（它们）会朝许多错误的方向偏离"。

我完全了解西方的缺陷和经常自以为是的好斗精神。在西方有相互抗衡的力量，有一些领袖人物，例如伟大的科学家汉斯·贝特，其对双方荒唐地发展核武库提出了警告。会后，我给当时美国驻莫斯科大使馆的参赞沃伦·齐默尔曼写了一封信："看到苏联人和美国人在吸引德国人的灵魂，这很有意思。我很高兴地向您汇报，我的发言是苏联人唯一没有鼓掌的发言。"

尽管在图青时有过一些意气相投的时刻，但对我而言并不比与魏茨泽克长时间的谈话更为重要，因为我对德国古老的文化悲观传统与现今和平运动之间可能存在的密切关系所做的随意的评论引起了他的注意。后来我给他寄了一本我写的关于文化绝望的书，很快就收到了他的一封不同寻常的回信，三页单行书写的纸集哲学理论和个人观点于一身。他恢复了我们早先的谈话，反驳了任何关于德国新左翼民族主义的观念。他认为，民族主义——无论如何他都是无法接受的——在德国总是比在其他国家弱得多，纳粹时期是一个过度补偿的时期；1945年之后，任何人都不必害怕德国民族主义了。但他对和平运动的怀疑态度得到了我的证实，即它与德国文化悲观主义的一些主题是相呼应的。

他告诉我，他发现对美国和平运动的讨论很重要，正是因为这种讨论阐明了美国和欧洲态度之间的差异，后者表示希望被排除在"两个世界霸权候选人之间的致命冲突之外，作为一种生存的本能"。由于欧洲将成为"第三次世界大战第一阶段天然的战场"，显然，"一项积极的和平政策"是必要之选，但它需要现有联盟的稳定；德国或欧洲的中立主义"是一个完全不切实际的梦想建构"。

魏茨泽克还就我的书写信给我，他告诉我，在他年轻的时候，他读过我书中提到的三位作者——拉加德、朗贝和莫勒·范登布鲁克——的作品，但过了一会儿"发现他不可能是一个容易满足的人，即使他没有理解这些人想要的是什么"。然而我的书却向他表明了他们的意识形态对德国政治产生了很大的影响。下一段话让我感到震惊。虽然他从未对纳粹意识形态产生过一丝兴趣，魏茨泽克写道，"但是，我在1933年之后受到极大的诱惑，想以某种方式加入这场运动。这与那些人所拥有的思想无关，而只是一种针对1933年被称为假冒圣灵的倾注所做出的基本反应。如果我试图回顾性地分析一下当时影响了我的究竟是什么，没有影响我的又是什么，我……得出结论……纳粹的观点是愚蠢的，但纳粹的崛起是他们自己都未曾理解的一种进程的征兆。我正在试图追查的正是这个进程"。和我一样，纳粹也不了解世界历史的进程，在这个进程里，他们是最卑鄙的征兆。

他对我的观点提出了质疑——德国人对西方文化发展的拒

绝为全民族的愚蠢专门铺了一条路——并指出，作为一个在第一次世界大战期间仅四岁的孩子，他经历了这种发展的矛盾心态。是的，当然德国人想要将自己排除在西方发展之外是错误的，"但作为西方发展的批评者，德国人应该能凭直觉发现一些有用的东西"。

我很珍惜那封信。在随后的漫步和谈话中，我可以告诉他我自己也曾坚持认为关于现代性的德国问题是非常紧迫的，而对于这个问题的答案有时也会产生严重的后果。

我收到这封信的时候，出于某种非常特殊的原因，我正在再次思考处于未经承认的衰落之中的新教与国家社会主义的兴起之间可能存在的关系。就在那一年，在不同的背景下，我以德国新教的"隐性世俗化"为题做了演讲，这个术语是我杜撰的，类似于对一种未被注意的心脏病发作做出的医学诊断："隐性心脏病"。启蒙运动对往往被哲学家视为迷信的教会或信仰的攻击，并没有撼动德国的局势，但在 19 世纪，人们已经开始远离宗教，同时怀着敬畏和尊重去对待世俗的禀赋——国家或科学或文化。我曾经暗示，国家社会主义在只是模糊地意识到它在做些什么的情况下，用虚假的宗教言论和仪式来迎合不安分的世俗之人。然而此时此刻，有一位备受尊敬的德国哲学家，承认自己被国家社会主义的这个要素感动！对于 1982 年的这种坦诚的交往和随后的对话，我仍然感激不尽。

在西德的领土上部署潘兴导弹仍然是德国政治中最能引起分裂的问题。尽管在私下分享了和平运动对核武器的憎恶，施密特却并没有动摇对北约部署导弹的支持，但他在这个国家和党内遭到了极大的反对。他警告社民党，如果对于可能出现的情况的判断会产生对于所向往的情况的激情，那么政治灾难就会随之而来。但是施密特的结盟伙伴也变得焦躁不安，而且随着经济状况的恶化，信奉不受约束的市场的自由民主党右翼要求削减社会福利，社会民主党人则认为这是不可接受的。自由民主党的一些重要人士一直有改变伙伴与基民盟结盟这个心思，即使他们的选举授权暗示了对社会党－自由党联盟的明确承诺。施密特政府的财政部长奥托·冯·兰布斯多夫伯爵于 1982 年 7 月在纽约举行的晚宴上表示，他希望尽快结束联盟。（我和兰布斯多夫这位德国波罗的海贵族和热心的大西洋主义者有着密切的交往。他的妻子曾微笑着告诉我，她的婚前姓氏是奎斯托普；她知道我认出了这个姓氏，因为一百年前布莱希罗德不得不从复杂的破产中拯救她的祖先！）

1982 年 10 月，施密特安排了一次失去议会信任的投票，因为他知道联盟解体的责任将落在自由民主党身上。自由民主党和基民盟的代表随后选举赫尔穆特·科尔作为他的继任者。希尔德加德·哈姆·布鲁赫，一位真正的自由主义者，是为数不多的反对这种变动的自由民主党领导人之一，他说，这样做"令人厌恶，有损宪法尊严……并且侵犯了道德"。社会党－自由党时代已经持续了十三年——几乎和整个魏玛共和国时代一样长。它的存在巩固了国内的民主并加强了联邦共和国在国外的地位。

随着施密特的离去，我想，正如我当时写的那样："西方失去了它最有经验、最有效率，而且在许多人看来最有吸引力的政治家……他很可能是最后一个卓越的战后总理……他的政府的结束标志着一段不稳定时期的开始。"我现在认为我对施密特的看法是正确的，但对未来的不稳定性的看法是错误的。赫尔穆特·科尔的新联盟将持续执政长达十六年。

赫尔穆特·科尔年轻时就加入了基民盟，在党内地位不断上升；他是一位完美的政治家。我首先把他描绘成这样一个人，他的主要优点就是没有已知的恶习，但到他离任时，他的美德和恶习都变得明显了。我在纽约见过他；他对一位历史学家同行非常友好，但给我留下了守旧的印象。他非常亲美，在里根总统执政下新掌权的共和党人也支持像他这样的基民盟保守派。科尔加入了英国和美国的新的统治者行列——玛格丽特·撒切尔于1979年成为英国令人敬畏的首相——我认为他们都是在保守派幌子下的激进思想家。科尔更接近于一个真正的保守派，即具有社会意识和务实。另一个不同之处在于，在向右转时，撒切尔和里根可以沉溺于"山巅上的光辉之城"或皇家海军夺回马尔维纳斯群岛控制权这类超级爱国的颂扬之词，然而科尔总理却不得不在一个框架内运作，在这个框架内对过去的求助会激起愤怒的争议。

通过运用一个不寻常的宪法策略，科尔能够在1983年3月要求举行新的大选。西德的经济状况正在恶化，失业率很高。通过与先前的社会党－自由党政权背道而驰，并承诺"更多的市场，更多的流动性"，科尔为他的政党赢得了显著的成绩，但是我对他竞选中的丑陋基调感到震惊：德国政治的风格，而不只是物质利益的实质或冲突，总是特别有趣的。基民盟领导人指责和平活动人士为"叛国"，并将社民党候选人汉斯－尧赫·沃格尔（伯恩哈德的兄弟）丑化为"安德罗波夫的候选人"——另一个保守派的例子暗示社会党人是共产党人的堂兄弟。有没有人试图评估共产党对右派获胜的贡献呢？

科尔的中－右派政府在3月获得了强有力的权威之后，被广泛称赞为构成了一次趋势反转（Tendenzwende），在政策和精神两方面的转变。11月，联邦议会批准在西德领土上部署潘兴导弹，尽管蔑视施密特的警告的社民党代表投了反对票，投反对票的还有议会中的一个新团体——绿党。绿党最初是一群心怀不满、持不同政治观点的年轻活跃分子，但他们在强烈反对核武器和保护环境上是完全一致的。

我被这个新的勇于反正统的非党派吸引。在着装和举止方面，他们似乎是六八年那一代人的继承者。我想知道其中有没有与我的文化悲观主义者和反现代主义者类似的存在。绿党是否可能标志着德意志灵魂的一种政治重现，这种德意志灵魂在其最佳状态时给了我们"诗歌和真理"（歌德自传的标题），而在其最坏的情况下给了我们忧伤和悲剧？我认为，在某个时候，绿党和社会民主党将在领土层面结成联盟，但是它们对实业家的贪婪及其对大自然造成的毒害所表现出来的愤怒也会使它们成为传统保守派的朋友。

在坚定的亲西方的基民盟中，有一些我认为优于赫尔穆特·科尔的杰出人物。（科尔可能已同意我的判断，因为他在党内把他们作为可能的竞争对手而无情地予以排斥。）伯恩哈德·沃格尔就是这样一位，他现在是莱茵兰－普法尔茨州的州政府总理，科尔也曾经担任这个职位。基民盟总书记库尔特·比登科普夫是一位具有广泛兴趣、精力充沛、抱负远大的人，他的优秀本质使科尔不得不尽量将其打发到权力的边缘。经过多年的友谊，我经常在我们双方的国家里见到这两个人；我们进行了持续的对话——几乎无话不谈。

我在大多数德国政党中有朋友，但由于历史因素和我对进步的自由主义的信仰，我对社会民主党怀有根本上的同情。我记得他们曾经勇敢地反对希特勒。在战后时期，这个党犯下了巨大的错误，但其最好的领袖——恩斯特·罗伊特、维利·勃兰特和赫尔穆特·施密特——都是给人留下深刻印象的典范。在潘兴导弹问题上，我可以理解勃兰特这派的反对意见，但又站在施密特一边，支持他对欧洲需求和联盟团结的现实评价。

我的教务长任期于1983年6月结束——非常有收获的整整三个年头。卸任后，在好几年的生活中我都遇到了困难，有专业上的也有私人的。我将转向什么样的主要工作？对我计划中的但经常被打断的关于欧洲的那本书我已经不敢确定是否还要写了。但是自我的关注焦点停留在德国后，早在1982年11月，即施密特卸任后一个月，我就对玛里恩若有所思地提起过，或许我应该尝试去写本关于他的书，这看起来似乎并非不一致。几个月后，在纽约，我同施密特和他的夫人进行了两个小时的谈话，他的夫人有着一丝不苟的好奇心和宽宏大量的精神。同她丈夫的冷漠不一样，洛姬仅仅用几句话就可以传达出温暖和支持，她总是对我展示出不一般的友好态度。

我们的谈话开始于他的询问:《金与铁》已经售出多少本？然后他给我看了他计划中要写的书《遭遇》的写作大纲。我告诉他布尔克哈特用过这个书名。他想要写一些重要的同代人，包括艺术家和哲学家。他问我他是否需要一个义学代理人。我告诉他基辛格有一个，然后他反击说:"我无法想象有谁会在商业上比亨利更精明。"（他的书《同伴》出版于1996年。）

我向施密特承认，我对我的写作计划有过认真的考虑：写关于俾斯麦的那本书我花了十六年时间，我太老了，无法再去着手实施如此雄心勃勃的计划。此外，一个历史学家去写一个还活着的人是危险的：我们的视角需要保持一定的距离。施密特把我说的这些话置之不顾，只是指出他有自己的档案，以及我可以采访许多同时代人。我们分手时约定我将在6月去拜访他，进一步讨论此事。

我们在那第一次长谈中有广泛的话题。他对卡特政府和里根政府的评价非常严厉。他认为，美国是最慷慨和最重要的国家，但它失去了领导能力。他特别批评美国人在发展中国家问题上缺乏理解。当我们谈到他的部长生涯开始时恰逢美国陷于越南战争的困境，我马上意识到了这一点。他似乎对美国国内政治毫无兴趣，因而也不知情：他对林登·约翰逊不屑一顾，但很钦佩尼克松能"打开"中国的大门；当然尼克松是个骗子，但是那又怎么样呢？这是一个很熟悉的欧洲观点。施密特不如在早先的场合中那么达观，但他的思维清晰度和判断力的确定性与之前一样惊人。也许他出名的粗暴是一种保护内心敏感的盾牌。

1983 年 6 月，我从教务长办公室直接前往位于汉堡的玛里恩的家，这是我在施密特的档案室十天工作期间的基地。第一天，施密特在他简单而采光充足的现代住宅中接待了我。他曾经参与了这套住宅的设计工作，包括一个航海风格的吧台；我注意到了丰富的藏书，从经典到最现代的文学，以及引人注目的地毯和绘画。

从早些时候与他或关于他的谈话中，我已经获悉，在 20 世纪 30 年代中期，作为一名汉堡的学生，他就已经开始反对国家社会主义政权了，当时这个政权宣称埃米尔·诺尔德是一位"颓废"的艺术家。在他的档案中，我找到了他在 1968 年写给他的作家朋友齐格弗里德·伦茨的一封信。信中说，十七岁的他，曾认为诺尔德是 20 世纪最伟大的德国艺术家，而雕塑家恩斯特·巴拉赫则是另一个他特别喜欢的艺术家；因此，这两位"被放逐"的艺术家帮助了施密特免受纳粹主义的诱惑。奇怪的是，许多以他们接受过的教育为荣的德国人却没有同样的觉悟。

他曾经是国防军的一名军官，同时守住了他有一个犹太祖母的秘密，这是他申请结婚所需"雅利安人"认证的先决条件。事实上，他很久以后才谈起这位祖母，而在波恩共和国，拥有一位犹太祖母被视为资产与之前被看作危险的负债具有同样的重要性。施密特非常喜欢音乐、绘画和文学，但对他接受的教育有点不以为然。我不得不想起魏玛最杰出的政治家古斯塔夫·施特雷泽曼，他的受信任的助手经常从经典中寻求所需要的引文。

施密特曾经被人起了个绰号叫"大嘴巴施密特"或"大嘴唇施密特"，因为他在 1958 年对支持西德部署核武器的论点进行了尖酸刻薄的反驳。他告诉我，他一直很喜欢这个绰号，把它作为一项荣誉。我想，他知道他敏捷的才智对于潜在的批评者，对于那些他认为塞满了这个世界的傻瓜（Dummköpfe）来说不啻一种威慑。在给玛里恩的一封信中，他写道，"在许多领域内，勃兰特似乎认为领导力是一种不礼貌的东西，当然也是不民主的"，但施密特本人认为权威并不来自办公室或选举，而是必须要去赢得并由自己维护。他非常钦佩强大而聪明的风云人物，例如安瓦尔·萨达特。

他把我带到他花园里的一间小屋里，这间小屋是为了存放他的档案而匆匆盖的。他给了我完全的自由去查阅令人望而生畏的大量档案，其中大约有 182 份文档是他自己写的，还有至少 200 份其他文档。从现场检查来看，这些文档似乎是有些杂乱地收拢来的，涵盖了从 1953 年起他担任过的各种职务的办公档案，有些文档是按国家分类，其他的则是按主题分类，还有他每周在总理府的小屋同他最亲密的四位顾问讨论的记录，这样的讨论被冠名为"Kleeblatt（四叶草）"。全部档案数量十分庞大，但从一开始我就有这样的印象：档案远远谈不上完整，也没有档案管理员来帮助指导我。简言之，我认为这是一个总理的图书馆，不完整，很可能缺少一些机密材料，那是必须留在波恩的。然而，尽情翻阅档案是令人兴奋的——我相信我是他第一个允许这样做的历史学家——而且充满了悬念。施密特是一位真正的作家，也是一位喜欢写旁注的人，他在文件边上潦草地写下了批注，通常用的是他那种可识别的绿色墨水。时间很短暂，但我尽可能多地进行了探索性的尝试，凭的只是明智的预感和运气这种不可思议的、令人不安的组合来指导此时的档案工作，而这样的组合是无法信任或对其有信心的。

起初我把重点放在施密特的信函上，如果我没记错的话，他的信函是按主题和年份排列的。在20世纪50年代和60年代初的信函中，大多数是德国统一这个主题。施密特知道对于统一不存在一蹴而就的希望，因此，不同于党内的许多人，他支持重新武装西德和成为北约成员，这些是统一的短期障碍。他认为，北约是一个不可或缺的靠山，但是绝不能忘记那些在彼岸的人，正如他在1961年的一封信中所写的那样，东德不应该被永久地指定去承担战败的责任。作为总理，他写道，统一不会是回归昨天的德国，而是向着不同的明天，向着无法想象的一个政体形式的统一国家迈进。我认为他在这个信念上绝不会动摇：这两个德国有朝一日会以某种方式重新和平统一。我们经常谈到波兰模式，"我们德国人应该学习波兰邻居这个例子"，他总是这样说道。波兰人花了120年的时间才恢复了他们全部的国家地位。

在玛里恩1974年10月写给施密特的一封私信中有一个异常的发现，此时是在他担任总理职位大约五个月之后。她以简洁的坦诚风格在信中提到了前一天晚上他们"圈子"里的一次会面，这个圈子包括理查德·冯·魏茨泽克，基民盟政坛上一颗冉冉升起的新星。施密特可能对魏茨泽克给予他和她的评价感兴趣，她说，因为"当一个人爬到最高领导层那个孤独的高度时，那里的天气越来越冷，责任越来越重，这个人就会被逐渐推入一个隔离室"；这种情况发生在每个人身上，从威廉皇帝到维利·勃兰特。"如果你的立场是悲观的，那就太糟糕了，但是怀疑和偶尔的焦虑是有益的，是很重要的，是反思和人性的先决条件。只有那些认为自己没有过错并且可以做任何事情的人才能摆脱那种情况。"到目前为止，她补充说，几乎一切对他来说都很顺利。但是，成功"不仅要永远归功于功绩，而且要归功于恩典，无论是谁，只要不注意这一点，就会被众神毁灭"。她认为，正是由于有了这种精神，罗马俱乐部才有其重要性。（该俱乐部是1968年由一个早期环保主义者国际团体成立的，于1972年凭借一篇题为《增长的极限》的报告引起了极大的关注。报告预测，如果对自然资源不加考虑地持续开发，就会引发灾难。）"成员们意识到我们危机的精神背景在于（我们的）不谦逊和妄自尊大。"巨大的物质财富产生了各种新的福利问题。她的结尾是："这不是一封信，仅仅是一条批注！"

在施密特档案室工作的那十天是令人称奇的。我想到了鲍西娅的三个盒子*。这几百份文档中我应该打开哪一个呢？最大的宝藏在哪里呢？我试图用战略进行挑选，但我经常感到失望，并且没有足够的时间去继续追究突然的、有时令人激动不已的发现。勃兰特和施密特两人未充分报道的成就之一是他们对西班牙和葡萄牙社会主义者的帮助，当时这两个国家正处于转型期。我还发现了有关施密特与葡萄牙社会党领袖马里奥·苏亚雷斯谈话的报

---

* 莎士比亚戏剧《威尼斯商人》中富家女鲍西娅凭金、银、铅三个盒子选亲的故事。——译者注

告，主要议题是如何获得金钱来帮助他们。另有一份与教宗保罗六世的会谈纪要，其中施密特强调了天主教的社会教义的一致性和1959年社民党的《哥德斯堡纲领》，而教宗则表达了他对德国人民的崇高敬意，认为德国人在精神上仍然是单一的实体（鉴于东德的无神论，这样的评论是很奇怪的）。比起每天有不一样的关注焦点的政治家，施密特指出，教会和教宗能给予他们更长时间的考虑。教宗回答说："上帝保佑，一切本该如此！"我还发现了大量的施密特与他最中意的哲学家卡尔·波普尔的通信。如此充实的生活！

考虑到施密特对波兰人的特殊感受，我紧紧把握住涉及德国与波兰关系的那些非常吸引人但比较零碎的文档。我找到了一些重要会谈的备忘录，有关进行中的讨论的暗示，但没有连贯的记录，存在巨大的差距。我心想，即使只是写一篇关于施密特与波兰关系的文章，这些文件也是不充分的，而且所需要的其他许多材料大概是无法获取的。

然而这个想法真是太诱人了！作为总理，施密特与波兰党的领袖爱德华·盖莱克关系非常亲近，在盖莱克的治理下，波兰的债务已经翻了两番而生活水平却没有显著提高。在1972年至1980年，在盖莱克被免职后，这两人举行了官方的和私下的会晤，同时在较低的层面上进行了平行讨论，这些谈话并不局限于困难的双边问题（其中有一个问题涉及仍然生活在波兰的德国人，特别是在上西里西亚和马祖里湖区：西德政府要求任何想要离开那里的人能够自由迁徙，并为希望留下的人提供德语教学）。波兰认为联邦共和国是其在布鲁塞尔欧洲经济共同体的利益的最有可能的支持者。施密特警告说，苏联凭借其SS-20导弹在欧洲形成了战术核优势，这个核优势对波兰构成的威胁不亚于对西方的威胁，因为一个受到苏维埃政权威胁的联邦共和国对波兰不会有多大用处。*

　　我还发现了 1979 年 5 月下旬施密特和米奇斯瓦夫·拉科夫斯基之间的谈话记录，他们的谈话大概是我在华沙见过拉科夫斯基之后。面对施密特，拉科夫斯基承认波兰的经济状况是极其糟糕的："如果没有制度上的深刻变革，我们就无法管理。"与此同时，教会形成了对波兰共产主义的真正的反对力量，而且红衣主教沃伊蒂瓦当选为罗马教宗也给了波兰人新的自信心。盖莱克想要让教会和执政党和解。但是，施密特档案中有关从 1980 年团结工会开始到 1981 年 12 月颁布戒严令这一段最关键时期的文件很少。12 月 13 日，正当施密特在东德与埃里希·昂纳克会晤时，他针对戒严令做了一个不痛不痒的声明，就施密特的这个可悲的失误我也没有找到任何记录。波兰官员已经警告他罢工者的要求是难以满足的，德国人和波兰人也都在担心华沙条约组织干预的威胁，施密特肯定这种干预会对整个欧洲安全造成伤害。在戒严令实施后，拉科夫斯基再次出面"解释"其必要性，并警告西方不要随意抗议或制裁。西方要求从监狱里释放亲团结工会的波兰人是徒劳的，他说，因为他们就是那些存心希望把波兰引入灾难之中的人——我认为，他的意思是那些人愿意去冒与苏联对抗的风险。就像玛里恩一样，施密特与团结工会保持着距离，在我看来，这是一个严重的判断错误。

　　我还遇到了一些意外的惊喜，那是偶然发现的一些小宝藏，

---

*　施密特与盖莱克保持着密切的联系。几年之后，他告诉我，尽管他现在已是一介平民，但如果他听说已经被软禁的盖莱克有任何危险的话，他就会飞往华沙并要求见他；如果被阻止，他会尽其所能使波兰政权难堪。

比如 1977 年 4 月 24 日乔治·凯南写给玛里恩·登霍夫的一封信的副本："但是我对华盛顿的现状一点都不高兴。冷战斗士现在可以为所欲为，他们在国会和公众舆论中都得到了强有力的支持，更不用提那几个强大的游说团体（尤其是犹太人和美国劳工总会与产业劳工组织）。媒体和卡特先生会发现很难去反对他们。"我怀疑他指的是右翼共和党人，他们当时已经从新保守主义者的崛起中获益匪浅，新保守主义者是一群激烈的反苏作家、专家和理论家（他们中的很多人是前托洛茨基分子，现在则是极其吹毛求疵的自由主义者，他们被右翼共和党人认为还不够反共），比如诺曼·波德霍雷茨和他的妻子米奇·迪克特，他们强烈要求美国拥有更大的军事力量去面对苏联，要求给犹太人更多的从苏联移居海外的自由，还要求给以色列更多的支持。对以色列的担忧在意想不到的地方出现了。有一次施密特称贝京总理为一个充满仇恨的人，但他同时警告我不要去写关于和平主义的犹太复国主义梦想终结的文章："这可能成为一个自我应验的预言。"再如，1980 年 6 月，施密特和纳赫姆·戈德曼——世界犹太人大会前主席，被称为无国家的国务活动家，并于 1951 年与阿登纳一起参加首次德国向以色列提供赔款的谈判——曾见过面，并计划为戈德曼八十五岁生日筹备晚宴。我找到了他们的谈话记录，这份记录是由我的一位老熟人奥托·冯·德尔·加布伦茨整理的。除了筹划晚宴外，他们还谈到了政策，非常狡猾、颇有魅力的戈德曼认为西德应该向以色列支付 4 亿德国马克作为最后的赔偿——已经支付或承诺了 800 亿美元。他接着说，以色列一直受到内部弊病和腐败的困扰，很快就会不得不宣布破产，极端正统派正在为内战做准备。皮埃尔·孟戴斯－弗朗斯曾经对他说，他再也不相信中东的和平了，并警告说："十年后以色列将不复存在。"戈德曼补充说，犹太人是"一个可以去钦佩但无法去爱的群体。当他们受到迫害时，他们是令人赞叹的。当他们有好日子过的时候，他们是令人难以忍受的。然后他们的肆无忌惮就暴露无遗"。这种坦率太有心计了！施密特问他是否有哪位受人尊敬的以色列人对经济问题有所了解。戈德曼回答说，大学里有，但是贝京认为"教授对于世界而言是一种不幸"。对此施密特回答说："这一次他是对的。"

然而此时此刻的我就是一名教授，正在施密特的花园里工作，而且施密特待我非常热情。在最后的那几天里，他们来到档案室，施密特说他得出门旅行，施密特夫人说我完成工作后，可以去她家里喝一杯。我们谈到了各种各样的事情，但首要的是关于波兰的事情。我告诉她我曾经专注于有关波兰的文档，知道波兰对她丈夫工作的重要性。"那是出自内心的"，她说道。

在离开汉堡之后，我到西尔斯·玛利亚那里休息了一阵。在那里，在一个我最喜欢的山坡上，我草草记下了一些笔记，考虑着终究还是要写一篇关于施密特和波兰的文章，文章要强调施密特作为一个实干家或者一个经营者、一个坚忍不拔的身体力行者的声誉，而忽视他克制下的激情，他的广泛且有见识的兴趣，以及他的政治道德。也许我还可以补充一点他的法国政策，他如何通过他与法国的关系使联邦德国成为世界上的一个主要声音，以及他如何继续勃兰特的东方政策，这项政策实际上就是一项"德意志政策"。

但是我还有许多其他承诺并且有截止日期。更糟糕的是，我之前的怀疑又回来了。历史学家应该坚持过去，或者至少我应该坚持德国的过去，尤其是那个过去——纳粹的过去——再次成了如此突出并引起分裂的问题。如果没有希特勒的德国及其争夺世界霸权的话，德国就不会分裂，以色列也不会被建立。所以我很勉强地放弃了有关赫尔穆特·施密特的写作想法，并羞怯地告诉他我的退缩。他很有雅量，在接下来的二十年里，我们的交往越来越密切。

在20世纪80年代，对过去问题的缄默让位于争强好胜的纪念活动：逐年发生的事件使公众意识到过去的中心地位；在媒体的灌输下，集体记忆变得几乎痴迷不悟。国家社会主义崛起五十周年及其失败四十周年使公众的纪念活动成为一项自发的重大事件。恰好在这一时期，经历过纳粹"胜利"的那一代人面对出生于最终成为悲剧的年代或之后的一代人。激发公众记忆的盛大仪式也引发了极大的争议。那个长期困扰我们中的一些人的问题——这怎么可能发生呢？——现在吸引了更多人的注意力并使他们产生分裂。我对局势的变化感到焦虑不安，而各种邀请则让我有机会去解决新的问题。

1983年，东德和西德联手共同开展纪念活动，庆祝马丁·路德五百周年诞辰。我认为合作是改变态度的重要信号。在我看来，两个德国是在心照不宣地扮演着一个国家的角色。两边接受和平运动的牧师们都在努力，就新教对国家的益处，特别是在纳粹时期，如果不是加以否认的话，至少要做出补偿。路德既是革命的又是极其保守的，他的教会总是可以宣称他的"基督徒自由"这一教义涉及一种精神实质，同时又要求或允许无条件服从上帝所建立的世俗权威。现在这个无神论的东德国家在暂时与教会合作，共同纪念这位伟大的改革者，然而这位伟大的改革者却曾被诬蔑为公子王孙的仆人，是镇压1520年农民起义的同谋，是一个阶级敌人。但民主德国接受了路德生平和宗教改革历史的核心内容，它对路德的关注与其要求收回更多的德国和普鲁士遗产的努力是吻合的。令我颇感震惊的是，教宗约翰·保罗二世承认了路德的深刻宗教性质，而东德政府则承认他的"客观的"进步作用：最终赢得了普遍认可！

同一年里，在美国召开了两个关于德美关系的秘密会议，其中一个是庆祝 1683 年在宾夕法尼亚日耳曼敦这个新世界建立的第一块德国殖民地。尽管会议上弥漫着乐观气氛，但我提醒说早先的过度兴奋已经减弱；新的德美关系是一种清醒的关系，利益和观念在不断产生分歧，疑虑也越来越多。一些西德人认为里根总统的言论充其量是不谨慎和危险的，而一些美国人则抱怨说西德人是忘恩负义的、不忠诚的，在政治上是短视的。当会议文件发表后，联邦共和国总统、基督教民主党人卡尔·卡斯滕斯来到美国庆祝这一时刻。里根总统为他举行了国宴，佩吉和我也获得邀请，这是一个我未曾预料到的特殊待遇。*

第二次会议是 1983 年 9 月由华盛顿伍德罗·威尔逊中心的詹姆斯·比林顿组织的，主题为"德美关系以及联邦共和国在欧洲和世界上的作用"。会议间隙发生的两起事件令我难以忘怀。在某人发言之后，米奇·迪克特站了起来，她的话语充满讽刺，提醒我们民主德国的存在，她相信我们对此一无所知，由此忽视了对美国利益的一个巨大威胁。我记得她最近突然就成了德国问题专家。德国朋友曾经告诉我，她在西德时在多数是犹太人的知识分子陪伴下有过一次著名的"游览"（她的原话），她提出了一个特别要求，要去看"一所集中营"，她被带到达豪，在那

---

* 晚宴留下了一个有趣的余波：此后，不论是谁在任，白宫都会寄给我一张正式的圣诞贺卡，这是我与其他大约 10 万人共享的一项小特权。然后，在乔治·W.布什的第一个任期内发出了 100 万张贺卡，而我则被从名单上删除了。我想知道，这些名单是谁编辑的，费用又是谁承担的？将我从名单中剔除比包括在里面更使我觉得荣幸。

里，她告诉大家，她发现了毒气室和烤箱。我的朋友告诉我，这群人的无知与他们的傲慢非常匹配。

我对这次与米奇·迪克特的相遇很感兴趣。三年前，就在里根当选之后，她曾邀请我加入一个刚成立的组织——自由世界委员会。该组织欲反对自由主义的正统观念、不断扩散的"极权主义"，以及在民主国家内表达的极权主义思想。我对这个群体感到不安，尽管这个组织的一些倡导者是我所尊重的，比如布热津斯基；我担心他们的直接敌人是他们认为的自由主义者或左翼正统派。所以我给迪克特写了一封理由充分的回信，谢绝加入该组织，我解释说："西班牙、葡萄牙、希腊、波兰和匈牙利这些例子使我很难去接受一个声明，即西方民主国家正面临'一个对其持续生存能力日益加重的威胁'。"

我的忧虑是有道理的，因为很快就可以清楚地看到，新保守派是非自由主义的理论家，尤其是他们坚信他们在防御和缓和上的立场是唯一正确的，并且是唯一爱国的。唐纳德·拉姆斯菲尔德是该委员会的创始人之一，我们现在知道，这个组织得到了理查德·梅隆·斯凯夫的大力资助，此人是激进右翼势力富有的赞助者。20世纪50年代，我在霍夫斯塔特家和特里林家中遇到过欧文·克里斯托——另一位有点吸引人的早期新保守派；迪克曾在20世纪60年代因他的非自由主义观点而斥责过他，欧文在十年后声称新保守主义者是"被现实打劫的"自由主义者。难道"被打劫"不是一个想象出来的城市中黑人小偷所犯罪行的说法吗？（我一直怀疑新保守派与自由主义者的分裂包含种族因素，他们对平权措施的攻击证实了这一点。）但如果现实曾经"打劫"了他们，那现实也极大地丰富了他们。在接下来的几十年里，他们向财富和权力的进军值得请一个巴尔扎克来充当他们的编年史家了；他可以利用和蔼可亲的理查德·珀尔作为关键人物，将贪婪与锋芒毕露的道德"现实主义"结合起来。美国的温和派很少去关注精心策划形成的新保守主义立场，而对我们自己的知识和政治立场却过于自信，这是一个极大的失误。

在比林顿组织的会议上，一个偶然事件让我得到了一项永久的收获。有一次喝咖啡休息时，我与一位"观察员"热情地交谈起来。这位"观察员"是一位非常活泼的女性，身材娇小，举止得体大方，是个研究现代文学的德裔美国学者，名叫欧内斯汀·施兰特。当我们在中心的前厅聊天时，一个身材高大的人走近她并拥抱她，此人是比尔·布拉德利，在向他的妻子致敬。这一次邂逅引发了新的政治联系。

1983年3月，里根通过宣布一项"战略防御计划"（俗称"星球大战"）进一步推进了他的军事计划，该计划将重点放在北美复杂的核防御上。这是否意味着一个无懈可击的美国可能会忽视其对北约的承诺，从而忽视对联邦共和国国防的承诺呢？以前关于欧洲毫无准备的怀疑也同时在美国增长，怀疑西德会"忘恩负义"，以及德国会有"自我芬兰化"的危险，这是对一个公认是中立国家的不恰当的提法。在这个有许多纪念活动的十年中，很多公共事件不断涌现了这样和那样的困难，德国问题也继续成为辩论主题，并取得了一定的成果。

1983年，西柏林——理查德·冯·魏茨泽克为市长——组织了一次为期三天的研讨会，在原先的德国国会大厦举行，主题为"德国通往独裁统治的途径"。魏茨泽克是卡尔-弗里德里希的弟弟，早已在政治领域崭露头角。哲学家赫尔曼·吕贝在一篇备受关注的论文中指出：战后去纳粹化的不完整是波恩民主成功的一个重要因素；我们许多人所希望的彻底的去纳粹化将使数百万人遭到政治放逐，并从一开始就为新政权制造充满怨恨的魏玛式敌人。我认为这是一项重要的修正，但不能成为在重要职位上收留罪犯这类恶劣分子的借口。

作为一个持有不同立场"对话者"，我呼吁更加关注德国精英对希特勒做出回应的方式——多数是对其有利的；人们需要研究德国历史的连续性以及希特勒崛起的可能替代。已经公布的会议记录表明，我的一些言论引起了多达千名听众的乐趣（Heiterkeit）。也许我在原本比较沉闷的话语中注入了几分不同的语调、戏谑的试探性、玩笑和讽刺。我希望这种较为轻松的风格并没有掩盖我讲话的深度。

那年夏天，图宾根大学著名的福音派神学院写道，他们希望把他们学院的年度利奥波德·卢卡斯博士奖授予哲学家汉斯·乔纳斯和我，以表彰我们在神学和思想史上的杰出工作，这方面的成就也促进了人们之间的理解。（乔纳斯于1934年发表了一项关于诺斯替主义的开创性研究，马丁·海德格尔对他的影响很大；此后他作为难民分别在巴勒斯坦和加拿大生活过，最后定居美国，1979年他在美国出版了一本论述我们这个技术时代的伦理学的论著。）利奥波德·卢卡斯曾经是一位圣经学者和拉比，后被放逐到特莱西恩施塔特集中营，于1943年去世；他的遗孀在奥斯威辛集中营中被谋杀。我要去接受这个奖吗？（之前的一位领奖人是列奥波尔德·塞达·桑果，这位诗人兼哲学家曾经担任塞内加尔总统。）我对这封意外的信件感到很惊讶并非常感激地接受了。颁奖仪式定于1984年6月举行，但是神学院院长早早就要我提供期待我做的正式演讲的题目。我想时间和场合要求对国家社会主义进行一些思考，这是一个适合市民和大学师生听众的概括性介绍；我突然想到了"国家社会主义的诱惑"这个题目，以某种神秘的方式来回应我早期的反思——也许，在此情况下，这是我对魏茨泽克信件的反应。我现在理解到这个标题表明了一种挑衅，暗示国家社会主义不是强加给德国人的一个恐怖政权，就像许多德国人仍然喜欢相信的那样，也不是其成功都归因于德国人是先天的独裁主义者，就像其他人所争辩的那样。它还脱离了当时流行的一种理念：国家社会主义是一种普遍的"极权主义"的地方性变体，一种使国家和历史特征最小化的范畴。

我发现自己面对一个很有希望的标题，却不知如何下笔，要写的内容和论点在脑海中形成得很慢很痛苦，尤其是我在用德语撰写这篇讲稿，这是我用母语所做的最初的主要努力之一。当然，我会说这门语言，并且还喜欢说，但是正式的训练在我十二岁的时候就已经停止了。在某种程度上，我不得不重新学习这门语言，并且在这个过程中发现我说德语有自己的腔调：也许是我在古老的德语语调中加入了一种更轻松一些的美国腔。

内容当然是最主要的挑战。我首先寻找那个时代的声音，特别是在信件、日记和书籍中的不熟悉的声音，这些声音揭示了精英人士对希特勒上台前后国家社会主义的看法和行为。尽管国家社会主义的胜利往往是以纯粹的物质或政治角度来加以解释的，但它确实具有强大的心理吸引力，这是我动笔的前提。国家社会主义的伪宗教装束，其对国家复兴的承诺，以及对一个由某个自称救世主领导的民族社会的承诺，这个救世主将通过消灭其"腐蚀者"——马克思主义者、犹太人——及其对德国人生活的有害影响来拯救这个国家，这些都是关键因素。因此，国家社会主义就是一种诱惑，《牛津英语词典》给这个词的第一条定义：受到邪恶的吸引。一个充满恐惧、经受过羞辱的人似乎愿意去相信他们所渴望的救赎之路必然要包括可怕的暴力手段。我经历过处于得意扬扬、担心、恐惧等疯狂状态下的德国，而童年时代难以清楚表达的记忆可能已经为我的研究提供了信息，但是历史学家不信任主观的气质是如此根深蒂固，以至于相关的回忆没有在我准备那个演讲时回到脑海中，而只是在我写这本书时才姗姗来迟。我正在为一个最难以捉摸的主题寻找"过硬的"证据。尽管如此，我仍然注入了我个人的激情。

很容易看出，国家社会主义是一种毫不掩饰的"理想主义"和虚无主义的混合体，其中理想主义的追随者大声反对唯物主义和利己主义，而其中的虚无主义则一方面倾其仇恨于犹太人和马克思主义者，另一方面则蔑视不起作用的自由主义者。它对古代军事美德和朴素力量的推崇是显而易见的。但是，如此众多的德国人怎么就会去相信纳粹的简单但不利的计划是通往民族复兴、道德清洗、创建人民的强大社会的途径呢？我对德国人在自愿选择纳粹主义时愿意去相信是恐怖行为完全征服了他们这一点很感兴趣，尽管我对这种想法感到非常不满。[乔治·利希特海姆，当时最好的观察家和历史学家之一，他在《二十世纪的欧洲》（1972年出版）一书中描述了纳粹对所有阶级的吸引力，特别是对农民的吸引力，但该书总结道："尽管这样的新政权不得不被置于大规模的恐怖主义之下，谋杀或监禁成千上万的反对者，并且建立起一个无与伦比的秘密警察独裁统治。"]当然，恐吓和恐怖是存在的，物质利益也在起作用，但同样存在并起作用的还有知识前提和心理需求及希望。这些东西正是我想要发掘出来的。

我有一些预感，魏茨泽克给我的信证实了我早期的忧虑，并为我指出了新的方向。例如，在他的日记中，托马斯·曼写道，希特勒是"一尊自命不凡的神像"，他已经"成了数百万人的宗教", 非理性地赢得了"在全国极度兴奋的状态下受到过度刺激的民众"。托马斯预见到这种恶毒和狂妄自大将以另一场战争收场。[*]施特雷泽曼在1929年去世前不久, 谈到了希特勒的"撒旦似的天才"。许多人被这个"自命不凡的神像"和"撒旦似的天才"迷惑, 被信仰救赎吸引, 作为某种从现有的痛苦和不确定性中得到的超然解脱, 就像一个"救世主"所保证的那样, 他说着一种方言却有众多追随者支持。希特勒蛊惑人心的力量和他在活动中的戏剧性做法都是关键所在, 在这两者之中, 伪宗教的因素是核心, 是一种心理诱惑, 并起到了允许暂停理性和判断的作用。(奇怪的是, 我没有陷入希特勒歇斯底里的催眠式演讲之中, 我童年时曾听过这种演讲, 第三帝国官方演讲的基调就是希特勒本人强有力地塑造的。)

希特勒总是声称, 是上帝把他从默默无闻中解脱出来, 封他为他那个堕落的国家的救世主, 他要使其摆脱不敬神的、阴险的外邦人, 并引导其迈向一个无敌的民族共同体(Volksgemeinschaft), 准备恢复其在世界上的地位并为雅利安民族占领不可缺少的生存空间。他呼吁他的人民为国家的伟大和骄傲随时做出牺牲。这种

---

[*] 我简单描绘一下托马斯·曼的政治历险记, 从中可看出他的才能。在第一次世界大战中他是个日耳曼沙文主义者, 但很快就改变并于1922年加入支持共和国的行列, 他几乎立刻认识到国家社会主义中的黑暗势力, 并且在国家社会主义获胜后, 宁可选择住在国外, 但不愿意和所谓的"移民"有任何瓜葛。尽管他蔑视国家社会主义并与其保持着距离, 但有时也会怀疑: 国家社会主义是否也有什么好的地方? 这种想法他自己都觉得羞耻。只是在日记中有所吐露的托马斯的反思, 是许多德国人矛盾心理的例证; 追随者人数众多而反对者人数甚少, 他们往往处于"内心移民"状态, 但是也有不少人不属于任何阵营, 他们迟疑不决, 根据时间和事件而变化, 往往是外表顺从, 但在道德上或出于审慎而感到不安。在1934年大清洗之后, 托马斯成为反纳粹思想最始终如一和最有权威性的声音。

变形的国家社会主义政治，伴随着其制服和旗帜、赞美诗和神圣的殉道者，为枯燥、分裂的资产阶级政治创造了一种戏剧性的替代物。纳粹将自己定义为一种充满活力的新运动，但他们熟练的自我表现又与古老的教会和军队的仪式何其相似。征服的口号在他们精心筹划的大规模集会上响彻云天：政治变成了大规模的精神错乱，将那些孤独、冷漠、对公共生活充满畏惧的个人运送到一个为最终的伟大而勇于献身的战士群体中去。

当然，"条件"有利于"盛世"转向，我回忆起战争失败、通货膨胀和不景气所造成的已知的创伤，以及所有"理智的"先例，包括教会潜在的反犹太主义和德国对西方长期以来的反感。尼采的格言似乎特别相关："一种想要通过一次飞跃，一次致命的飞跃，来达到终极目标的厌世情绪，还有一种可怜的、愚昧的、对这个世界再无所求的厌世情绪，正是这些创造了众神和其他世界。"

然而，从一开始一些德国人就意识到了国家社会主义恶魔般的危险。我想到了保罗·蒂利希，他是路德派哲学家、神学家，属于魏玛时期的"宗教社会主义者"圈子，并成为第一个在1933年春天被从学术岗位上解职的"雅利安人"。其他神学家讲话时也带有不同程度的恐惧，其中包括鲁道夫·布特曼和迪特里希·朋霍费尔，他们经过最深刻的反思后选择了抵抗并为此而殉道。

德国精英们自愿屈从于纳粹分子，这在当时可能感觉是一种拥抱，一种集体的欢乐，一种草率的团结的经历。国家社会主义代表着秩序、权威、决断力和光芒四射的自信：一种政治的总体艺术（Gesamtkunstwerk），一种瓦格纳式的转变，变为了一个在工作和精神上非常活跃的国家。无论他们的动机是什么——真正的热情，追求名利，抑或先发制人的怯懦——他们都被一种更加令人陶醉的狂热裹挟，这里我要赶快补充一句，有些信徒会从这种狂热中清醒过来，他们甚至与国家社会主义一刀两断。

向新政权屈服或投降意味着完全放弃旧传统，接受或漠视国家恐怖。当然因为有即时的恐怖行为，实施的对象是成千上万的政治对手，如果对手是犹太人的话，则将受到特别残忍的对待。然而，除了少数例外，比如说有些德国的教授，他们可耻地背叛了神圣的学术自治原则和他们的同事，转而接受从学术职位和其他所有公共机构解雇犹太人和"非雅利安人"的做法。然而，虽然不顺从招致的风险多种多样，但在最初的几个月里需要的可能只是勇气；说出不同意见危险是极小的。我引用了一些著名要人的例子，他们在做出公开妥协的同时又摆出私人体面的姿态，表明在被操纵的歇斯底里盛行的时候，"拒绝说'是'可不是一件小事"。

我试图证实在精英中的"诱惑"这个概念，这种向某种神秘而危险的引诱做出的非理性飞跃，并不是出自"tout comprendre, c'est tout pardonner（理解一切，就是宽恕一切）"的精神，因为宽恕不是历史学家的任务，也不是我的癖好。事实上，写这篇演讲稿就是在我身上挖掘并再度唤醒被深深的困惑掩盖的巨大的愤怒。我知道许多德国人在 1933 年饱受折磨、捉摸不定，也左右摇摆，我可以很容易地承认，我不知道当时应该怎么表现，只知道我希望如何去表现。我很欣赏一种讽刺性的表述，凭借这种表述，我承认我之所以能幸免国家社会主义的诱惑，"靠的不是我有什么特殊美德，而是因为我是一个纯血统的非雅利安人，而非雅利安人是被禁止实施诱惑的对象"。当我演讲时，听众们对我将纳粹的措辞与私人的自我怀疑混在一起的嘲讽，以及对我的回忆——"我的同学们对希特勒青年团如何着迷，这种集体体验是如何具有吸引力和约束力，被排除在外是多么的痛苦"——的反应明显是焦躁不安的。

在写讲稿时，我重新感受到我在经历国家社会主义的戏剧性场面时所产生的一定程度的恐惧；它盛大的游行、激扬的音乐、昂首阔步的自信使我震惊，使我不寒而栗。我避开了诱惑，不仅是由于法令限制，还有良知和对纳粹谋杀及恐吓的恐惧，还有父母的榜样。然而，究竟是什么魔鬼般的伎俩，使我现在仍然能清楚地记得纳粹党的国歌《霍斯特·威塞尔之歌》的歌词呢？我想，我对《马赛曲》和《国际歌》的歌词和曲调同样强烈的记忆是一种解毒剂。

那么那些抵抗国家社会主义的德国人，转入地下的社会主义者和共产主义者，7月20日密谋策划反对希特勒的形形色色的男人和女人，又是怎样的呢？也许人们可以根据少数人的英雄主义来审视许多人的共谋。前者姗姗来迟的冒着生命危险将自己的国家和欧洲从恐怖统治中解放出来的意愿在德国历史上具有无与伦比的意义。我的观点可能会刺激左右两派人，右派仍然在怀疑叛国的抵抗，而左派则对过度关注一个非常不民主的精英感到不安。但德国特权精英的行为无论怎样被贬低，我都不认为他们是怪物。你不必因为支持了国家社会主义就非得成为一个怪物。

尽管如此，我认为我毫无疑问地明确表达了要求：对初期的暴政须立即予以抵制；当抵抗可能需要为此殉难或以徒劳无益而告终时，去等待一个成熟的时机是会致命的。我明白这个失误不仅是德国人的过错，在我最后印成文字的演讲文本中，我引用了C.范恩·伍德沃德对美国南方的描述，在20世纪30年代，种族歧视仍然在那里占主导地位："几乎没有人能够或愿意大声说出来，那些确实说了的人在我看来说话的声音实在太过温和，原因在于他们生活在强大的压制之下。"

我完成了演讲，但即使是现在，大约二十年或更久之后，我仍然觉得国家社会主义的胜利保留了一些令人费解的东西，而且它侵蚀了人们的专业及私人的良知。如此心胸狭窄、心肠恶毒的男人及其发起的运动怎么会以数百万人的救世主面貌出现呢？难道希特勒是上帝的代表？我想，不管怎样，大量的困惑总是会保留下去的。

这次演讲对我来说有一个后期效应，因为它可能会增强我在德国作为一个具有本土风格的外国历史学家和观察者的意想不到的作用。我并没有索求这种作用，但我期待着愈来愈频繁的接触和不断扩大的德国朋友圈。我愈来愈多地生活在这两个国家里——这样的进展能使生活更加充实，也使生活更加复杂化。

我没有想过要立刻发表这个演讲——对我来说，口头稿和书面稿之间的区别是令人敬畏的——但是图宾根大学神学院院长奥特弗里德·霍菲乌斯坚持要求立即发表我们的文稿，并授权给了《黑暗时代》。乔纳斯做了一个深刻而感人的演讲——奥斯威辛之后上帝的概念。霍菲乌斯阅读了我的手稿，他发挥编辑才能改进了文稿。他不喜欢我所使用的一种特殊结构，并且三次尝试做出修改，我只好要求他解释为什么要改。他回答说："自路德时代以来就没有使用过这种结构！"我告诉他，如果这种结构对路德来说是挺不错的话，那么对我来说也是挺不错的。在内心深处，我很开心，我少年时代的德文原来是受到路德感染的。

那时，"国家社会主义的诱惑"是我愿意回溯往事进行探索的第一个课题：面对恐怖时人类行为的戏剧性，以及德国暴政的道德氛围。当我加以扩展以英文版发表时，我添加了一句引自埃德蒙·伯克的话："没有哪种激情能像恐惧那样如此有效地剥夺大脑的所有行动和推理的能力。因为恐惧作为对痛苦或死亡的忧虑，它的运行方式类似于实际的痛苦。"因此，其中的观点为我后来的工作提供了信息，我也很高兴后来其他学者的研究工作引起了我的共鸣。由于我贡献了一定程度的不逊之言，或者更糟糕的是湮没无闻，因此在看到纳粹时代最重要的学者罗伯特·格拉特利在他的《支持希特勒：纳粹德国的共识与胁迫》（2002）一书中的结论时，我非常满足。他写道："在写作这本书的过程中，我不断提醒自己弗里茨·斯特恩在论述《国家社会主义的诱惑》这篇文章中的一句话。他指出，即使是受教育程度最高的德国人也能找到支持该制度的理由，而且他们所受到的管制、哄骗或强迫要比我们想象的少得多。"

最近，作为一种政治宗教的国家社会主义这个主题非常流行，也许是过分流行，而谨慎的政治文化历史则成为代价。我不知道在我之前是否还有其他人在涉及国家社会主义的时候也引用了"诱惑"这个概念（尽管在 1977 年出版了《极权主义的诱惑》，这是让－弗朗索瓦·勒维尔写的一本关于当代欧洲亲斯大林主义挑起的论战的、火药味很浓的书），但这个词已经赢得了广泛的关注。由于我总是试图把德国这个实例放在欧洲的背景之下，所以很遗憾我很少提及国家社会主义的海外崇拜者，许多行业中的以及偶尔还有知识分子里的保守派，他们对纳粹充满活力的特性大为赞叹，"理解"其反犹太主义的努力，同时对其过度残暴的行为表示遗憾。在旅行途中，我曾经见到远不止德国人受到了诱惑——而且今天，对国家社会主义的一种愚昧无知的、偷偷摸摸的关注可能比我们意识到的更为普遍，在国外肯定比在德国境内还要强大。

　　当我在图宾根大学的时候，校长阿道夫·泰斯同我进行了几次私人谈话，他说过的一句话给我留下了一个深远的印象，我提到了我观察到的情况，当今德国争取在世界政治中拥有更重要的地位，然而与 1914 年和 1933 年的早期努力不同，其所做努力几乎不为人所关注，这时他回应说，"这可能是我们的机会"。然后他邀请我回来，在特奥多尔·埃申堡八十岁生日的私人庆祝仪式上致辞，仪式将在一座古老的斯瓦比亚城堡乌拉赫举行。（埃申堡有非凡的职业生涯：在 20 世纪 20 年代，他在图宾根大学担任一个右翼学生协会的主席，同时与古斯塔夫·施特雷泽曼关系密切；在第三帝国初期，出于不明原因，他精心策划加入然后又退出了纳粹党卫军；战争结束后，他成为图宾根大学的一名教授，正式讲授政治学，虽然根据他的兴趣爱好，他是个历史学家。他同时担任联邦德国各届政府的顾问兼评论家，经常给《时代周报》投稿，并且也是玛里恩·登霍夫的朋友。）

　　在图宾根大学第二次停留期间，我还去拜访了天主教神学家汉斯·孔，他对教宗约翰·保罗二世的教条主义的挑战使梵蒂冈对其大为恼怒；他已被从天主教教员中除名。我记得我们是在他的超现代豪宅的阳台上见的面，他穿着一套无可挑剔的白色佐特套装 *。我告诉他外交部的威廉·邦迪同意我的想法，请他提供一篇关于教宗的文章。孔即刻回答道："好的，如果我能够将教宗和里根做一番比较的话。"

　　1984 年，在诺曼底登陆四十周年纪念日，科尔总理提出了一个没有得到回应的愿望：允许西德加入战时同盟国为纪念诺曼底登陆而举行的庆祝仪式。然后，一年之后，就在 5 月 8 日德国

---

　　*　一种非裔美国音乐家推崇的服饰。

无条件投降周年纪念日之前，他坚持要求里根总统和他共同参观位于比特堡的一座军人公墓；即使有人指出臭名昭著的武装党卫队成员也被埋葬在那里，他也不放弃这一要求。国务卿乔治·舒尔茨劝告里根反对这一计划，但科尔宣称他的总理职位受到了威胁。很明显，他希望这位美国总统不仅公开承认许多人已经暗中感受到的如今的德国已经摆脱了其可怕的过去，而更重要的是，要为死者争取赦免。最终里根不受干扰地、非历史性地一路走来了，只是谢绝了科尔在现场正式握手的额外要求。如果需要证明象征性政治的重要性，那么这就是明证。比特堡是"德国问题"再次出现的另一个信号：纳粹的过去仍然给世界政治中的联邦共和国投下了阴影。

非德国人对德国意图的担忧因科尔继续保持对欧洲的忠诚而感到释怀，随着希腊、西班牙和葡萄牙加入欧洲共同体，恢复了他们被原先的独裁政权所否认的欧洲的遗产，现在的欧洲正处于一个重要的建设阶段。欧洲显然比布鲁塞尔和欧洲经济共同体所规定的内涵要更多，远不只有经济利益，而且这个"更多"是在历史和文化上得以正确定义的。在各种各样的环境中，我愉快地谈到了欧洲共性的历史根源，这一点有时从远处要比身处某一欧洲国家之内看得更清楚。毕竟在它成为一个政治专题之前，我就对欧洲有了亲身感受。在我记忆中的那个孩子也会很高兴，因为欧洲仍然是一个家，具有一种特殊的光辉。我想当我在法国或其他欧洲大陆国家露面时，我是不会失去那种意外的喜悦感的——更不必说在 1985 年，上了年纪的牛津大学副校长哈罗德·麦克米伦给我颁发荣誉学位时我的感受了。

比特堡也证实并加强了德国人对他们过去的总体看法，理所当然这已经成为一个国际性大事。相关的研究强调了西德人转向西方的程度，不论是否包括美国和英国历史学家的作品——戈登·克雷格或艾伦·布洛克是现代德国启蒙运动的标志——还是仅仅因为关键的辩论和对过去的争议有一个国际"演员"阵容。当然，真正的工作仍然得由一个人的独自研究来完成，也就是一种持续不断的练习，许多德国人认为这是所有研究工作的先决条件：屁股赖着不动（Sitzfleisch）。

1984 年 5 月当选为联邦共和国总统并为这个国家带来了一种新的声音和权威的理查德·冯·魏茨泽克，在比特堡分歧发生之前就已经做好了安排，他于 5 月 8 日，即德国无条件投降四十周年纪念日，在庄严的议会联席会议上发表讲话。当他完成了这项任务时，他不仅对比特堡的不当行为进行了含蓄的谴责，还发表了一些更为重要的评论：对德国的过去和现在做出了一种权威的清算。他的讲话具有一种平静的、犀利的庄严感，反映出结合了他的官方立场的道德权威。

"我们必须找到自己的标准，"他说道，"如果我们或其他人想避免触及我们的痛处的话，我们就不会在这项任务中得到帮助。我们需要并且有这个实力去不偏不倚地看待事实真相——不修饰也不扭曲。"这一天要求我们记住战争和暴政造成的所有痛苦，"我们要特别记住在德国集中营中被谋杀的 600 万犹太人"，以及战争中所有人民遭受的苦难，"尤其是丧失了生命的无数苏联和波兰的公民"。只是到了此时，魏茨泽克才提到了被杀的德国士兵、恐怖行为的德国受害者、空袭中丧生的平民、受伤的和残废了的德国人以及数百万无家可归者。"如果各民族能够在这种残暴和湮灭中幸存下来，那么首先要归功于女性"，他说道。

魏茨泽克坚持认为"犹太人遭受的种族灭绝在历史上是独一无二的"。他补充说，每一个德国人都可能目睹了犹太人的苦难。德国人在战争结束时面对的道德和物质上的毁灭是德国人自己造成的："我们不能将 1945 年 5 月 8 日与 1933 年 1 月 30 日分开。"在其短暂的生命中，国家社会主义——"激起并利用了集体歇斯底里"——造成了巨大的灾难。

他知道大多数德国人不想面对这个真相，或者实际上任何真相都会提醒他们德国对战争应负主要责任。但是在援引犹太传统的同时，魏茨泽克坚持认为纪念是和解的唯一途径："那些不想记住过去的非人性行为的人在新的危险扩散的时候将再次轻易受到伤害。"

年轻的德国人应该意识到自 1945 年以来取得了多大的成就。魏茨泽克还提到了当前充满希望的迹象，两个分开的德国国家有同一个民族，"在和平的意愿中有一致的感觉"。他注意到了戈尔巴乔夫和解的话语，并补充说，无论我们对苏联的人权问题有怎样的关注，我们都希望"与苏联人民建立并保持友谊"。

玛里恩和我在电视上看了演讲。魏茨泽克坚定的、雄辩的甚至有些安慰的话语是非凡的，这些话是德国人和非德国人都可以信赖的。他对过去的毫不留情的分析，他的道德基调以及他雄辩的口才赋予他的演讲强烈的情感力量。我们俩都认为这是战后德国最重要的一次演讲。这是对真正的保守派的一次彻底清算——在正确的时间和场合。

因为之前我寄了一份我的《国家社会主义的诱惑》讲稿给魏茨泽克，几天后，他写信给我。信中写道："你的演讲以一种严肃且令人放松的方式揭示了国家社会主义兴起的重要原因。这个演讲不仅有助于更好地理解所发生的事情，还强调并警告了始终存在的危险，例如对新出现的并在缓慢增加的不满情绪持满不在乎的态度，以及或多或少非理性地为一个肤浅的不充分的政治现实寻找一个替代方案等。"在准备自己的演讲的同时,他说,他带着"最深厚的兴趣和感激"阅读了这份讲稿。

1985年的各种纪念活动引发了德国人对过去的新一轮反省。比特堡仪式不言而喻的意图,魏茨泽克坦率的表达,标志着这场新对抗的两极,而且给双方都投下了阴影。我于1985年3月参加了在图青举行的福音派学院的第三次会议,这次会议恰好与另外一系列周年纪念日相吻合——德国无条件投降、雅尔塔会议和波茨坦会议等,会议议程包括一项对"波茨坦之后四十年"的讨论,率先发言的是苏联代表、苏共中央委员会外交事务顾问尼古拉·波尔图加洛夫,他还是一位德国问题专家。他坚称,指控在东欧建立"社会主义"政权违反了雅尔塔协议是歪曲历史。"苏联对20世纪40年代后期强加于它的对抗不承担任何责任,这种对抗从一开始就意图修改战争的结果。"波尔图加洛夫辩解道,苏联尽管战时损失严重,但总是在要求德国统一,选择分裂的恰恰是西方。他指责美国"蛮横地阻止"缓和,并要求恢复赫尔辛基精神,当时欧洲人首先将他们的大陆理解为一个"共同的家园"。

我回答说,虽然美国在冷战的起源上并非无可指责,但它主要是对苏联将共产主义政权强加给东欧国家所做出的回应,这种发展趋势是雅尔塔会议未曾预见到的。波尔图加洛夫训诫我,说这些东欧政权是伟大的社会革命的结果。我指出了苏联强制行为的早期例子,例如维辛斯基于1945年2月抵达布加勒斯特,领导罗马尼亚政府进行了改革。我回忆起罗斯福在雅尔塔之后向斯大林发出的严厉的照会,警告苏联不要在东欧实施扩张主义,针对这一点,我说道,苏联人赌光了在战争中赢得的巨大的同情。当然,在很多领域还存在历史不确定性,会引起争议,但苏联档案被密封这个事实，如同梵蒂冈档案一样，使解决问题变得更加困难。另外，美国的档案则逐渐向历史学家开放，而这些历史学家长期以来都在批评美国的政策。

另一个小组讨论了斯大林于 1952 年 3 月发布的一个出人意料的备忘录，其中提出经自由选举产生一个统一的、中立的德国。波尔图加洛夫坚持认为这是解决德国问题的一个"真正的"苏联解决方案，但被西方错误地摒弃了。当然，我们知道当时大多数西方人认为这个备忘录是一个骗局，是一种破坏联邦共和国与西方融合的策略。我争论道，苏联决策的秘密性加强了我们对斯大林备忘录的破坏性目的的怀疑。我们仍然不认为它是一个"真正的"方案。当被问及对未来的猜测时，波尔图加洛夫说他认为恢复到像 1871 年或 1937 年之后那样存在的德意志民族国家是不可能的。我反驳说，只有被宗教信仰或物质信仰感动的人才会宣称某样东西是"不可能"的。我认为这只是不太可能。我可以想象，随着思想上的敌意逐渐消退，这两个集团会在几十年里缓慢地消亡。

那天晚上，学院的院长坚持说波尔图加洛夫和我应该私下好好聊一聊，在我的记忆中，我仍然记得我们在短暂而紧张的时间里坐在一起的样子。波尔图加洛夫对德国文化非常熟悉，而且在私下里非常和蔼可亲，他谈到了在苏联和美国之间产生分歧的问题，并警告说，前者将永远不会容忍在欧洲进一步部署核武器。我告诉他我不相信美国会中止，除非苏联人撤回其在欧洲的导弹。他变得非常激动，最后大声说道："如果你们把我们逼得太急了，我们就会发出另一份斯大林备忘录，只有这次它才会是真的。"他私下表述的与公开宣称的相矛盾，我被他的这种公然的直白逗乐了。为此，我告诉他，你们需要一个大胆的年轻领袖，他即刻做出的反应是"我们会有一个"。一周后，克里姆林宫的领导人康斯坦丁·契尔年科去世，就在几个小时之内，米哈伊尔·戈尔巴乔夫成为党的总书记。波尔图加洛夫肯定知道戈尔巴乔夫即将崛起，但是我感到很震惊。瑟韦林·比亚勒在他优秀的著作《苏联悖论：外部扩张，内部衰退》（1986）中指出，在契尔年科的最后一年里，戈尔巴乔夫周围已经形成一种"小型的个人崇拜"，这是苏联历史上前所未有的过早指定接班人。苏联的领导层多年来一直在缓慢地按部就班地交接，但戈尔巴乔夫是新的一代人，除此之外，他还是一个拥有高智商和远见卓识的人。五年后，戈尔巴乔夫确实发出了"另一份备忘录"，但那是一份无人能够预料的备忘录。

一年之后，具有形而上学倾向的德国历史学家恩斯特·诺尔特在德国最重要的日报上发表了一篇文章，论述"永远不会消逝的过去"。他发起了另一场激烈的论战，错误地贴上一个历史学家论战的标签，但主要的角色并非历史学家。

诺尔特的文章实际上是复制了他为另一次研讨会准备的一篇演讲稿，那次研讨会取消了对他的邀请。他的论点很复杂，但动机很清楚：如果过去不会消逝，那么至少要让它看起来不那么黑暗。此外，只有国家社会主义的过去才没有被作为"历史"而寿终正寝。并且，坚持要保持其活力的背后是有着"利益"关系的——主要是年轻人想反抗他们父辈的欲望，以及那些受迫害的人或他们的后代想要保持他们特殊的和有特权的地位的欲望。

认为"利益"能够把世界上大多数人认为是现代历史上最大罪行的记忆活生生地保存下来，这是一种可怕的违反尊严和常识的认识。希特勒曾经读过俄国大屠杀和大规模流放的记载。因此诺尔特居心险恶的问题是："国家社会主义和希特勒是否仅仅因为认为自己和自己的族群是潜在的或实际的受害者，而实施了这样一个'亚洲'行动？由此来看，古拉格群岛是否比奥斯威辛更应该被称为始作俑者（ursprünglicher）呢？"他是在暗示一种论点，这种论点使国家社会主义的罪行"相对化"了，将其视为副本而不是原件，这就意味着其罪行要轻得多。这样做本身就是极其令人反感的。

诺尔特的履历给他狡猾伪装的辩解增加了分量。作为海德格尔的一名学生，诺尔特曾经学习过形而上学，随后又转向了历史，他后来在高级中学教过这门学科。因为一只手受了伤，他被豁免了战时服役。我非常熟悉他最初出版的书中的一本——《法西斯主义的三个方面》，我曾经为《现代史杂志》写了这本书的书评，将其哲学和历史思想的融合与汉娜·阿伦特的《极权主义的起源》进行了比较。（法兰西运动是诺尔特的弱项，他的强项是对墨索里尼的研究，他对墨索里尼似乎很着迷，对希特勒的研究也很到位，但是我认为这本书不够平衡，并质疑他的中心论点，即法西斯主义控制了两次世界大战那个时代，所有其他事件都以此为条件。他的书还有"方法上和风格上的严重缺陷"。我认为这本书"十分难读，并且需要很强的理解能力"。尽管如此，这本书仍然"对我们历史经验之中心方面做出了深刻的原创性分析"。）

我适时地认识了诺尔特，在马尔堡我去拜访过他，他在那里成了一名历史教授（马尔堡大学的师资包括部分在德国任教的少数自由左派的或马克思主义的历史学家）；我们有共同的兴趣和朋友，最著名的就是哈乔·霍尔本。诺尔特是一个比较冷漠、死板但有学识的人，他引起了我的兴趣，我们保持着联系。1967年，我给他提供了帮助，使他得到了一个到美国做访问教授的机会。1969 年，他向我抱怨极端主义者控制了国家文化部："尽管如此，我仍然不打算在这种暴力教条主义面前屈膝投降，最终我也不相信国家仅仅在一些八十多岁老人的反感和许多年轻人的激进主义所驱动的攻击下就会崩溃。"对他来说，1968 年证实了他对左翼阴谋的所有怀疑，并且就像许多有妄想症的人感到自己受到攻击那样，他向他所认为的敌人实施了挑衅。1973 年，他接受了柏林自由大学的邀请，然后在第一次参加这所最激进的左翼大学的研讨会时，选择了西班牙内战作为主题，这不是他的专长，但估计会引爆意识形态的炸弹。20 世纪 60 年代的学术动荡促使他陷入了更加反动的立场。

我一开始把他看作一个天真的学者——他有着那种墨守成规的德国哲学家的神态——有一段时间我错误地认为他不知道自己在做什么，他更像是一个形而上学者，而不是一个历史学家。但是他接连出版的每一本书都打消了我这种亲切的错觉，因为随着每一本书的面世，他都会让纳粹时期更加"相对化"，并将其视为一种适当的冷战模式，作为对布尔什维克主义的回应。后来他争辩道，哈依姆·魏茨曼在 1939 年战争爆发时发表声明，如果犹太人站在盟军一边，就必须被视为宣战，从而解释了希特勒对犹太人的战争。诺尔特在写给美国同事的愤怒的信件中抄袭了我写的东西，于是我逐渐停止了与他的联系。

诺尔特在 1986 年发表的一篇文章引发了一场风暴。于尔根·哈贝马斯被诺尔特的暗讽及其政治影响所激怒，做出了第一个强烈的回应。其他人也加入了争论，媒体上充斥着各种声明和驳斥。不久，论战发展到了使用鄙俗的语调实施人身攻击，就各自的动机竭尽讽刺挖苦之能事。对立双方没有就证据进行辩论或提供新的信息；争论都集中在有关独特性和可比性的问题上——苏联的罪行或柬埔寨波尔布特的罪行是否至少与纳粹的罪行一样令人发指？

汉斯－乌尔里希·韦勒尔是最活跃、最有见识的西德历史学家之一。他写道，这场争论是为了赦免，为了最大限度地减少德国的责任，这是科尔时代许多保守人士的愿望——除了纳粹德国国防军的赞美者或偶尔出现的完全边缘化了的大屠杀否认者之外（这种人在法国、英格兰和内布拉斯加州林肯市比在联邦共和国更活跃，也更成功）。

就在诺尔特的文章发表后不久，我给他写信说，"我对你的文章深感不安"。他想要详细的说明，因为他刚刚写过他怀疑他的批评者是否仍然能够正确地阅读或得出客观的评价；他不想这样看待我。他这样说很讨巧，但我正忙于其他工作，而且有期限要求，所以只好满足于从远处旁观我的历史学家朋友汉斯和沃尔夫冈·蒙森、科卡、埃伯哈德·耶克尔以及其他人去打一场漂亮的仗。他们堪称楷模的工作极大地帮助了我们去建立一个脆弱的自由主义的共识：如何去教并且如何与过去共处。过分关注第三帝国而以之前几个世纪的历史为代价是一种危险的扭曲，这仍然是一个微妙的平衡问题。

当魏茨泽克总统在1987年德国历史学家年会上发表演讲时，历史学家们的论战暂时告一段落。总统的讲话语气和缓，但在实质问题上毫不含糊。"奥斯威辛仍然是独一无二的，"他说道，"这是德国人以德国的名义犯下的罪行。这个事实是不可改变的，也永远不会被遗忘。"他警告不要去搞"相对化"，不要忘记德国"曾经由罪犯领导并允许自己被他们牵着鼻子走"。在德国，歪曲或消除这个简单事实的努力从未停止过。

1986年，我间歇性的公共角色使我与《明镜周刊》一起体验了一次骚乱，这段经历让我同西德媒体一起一睹世间真相。 4月初，据称来自利比亚的恐怖分子炸毁了西柏林的一座迪斯科舞厅，这是地理信息系统 GIS 上最受欢迎的一个场所。有两人被害，155 人受伤，其中三分之一以上是美国人。卡扎菲上校的利比亚侵害美国的利益已经有一段时间了，里根政府希望证明卡扎菲不过是只纸老虎。4 月 14 日，里根总统宣布对利比亚实施空袭，进行"自卫……此项任务完全符合《联合国宪章》第 51 条"。美国飞机从英格兰的美国空军基地起飞，轰炸了利比亚两个城市，杀死了包括卡扎菲女儿在内的 30 名平民。（法国拒绝了飞越领空的权利，当时法国与北非之间有一种特殊的长期珍视的关系。）

美国的袭击在世界各地引起了一场轩然大波。随着美国外交政策的军事化和军备开支的稳步增长，这种"报复"似乎符合里根的风格。4 月 15 日，瑞士电视台就整个事件采访了我，我批评这种"全球单边主义"，对随之而来的北约内部的压力表示遗憾，并表示里根主义的政治让人想起威廉明妮外交政策中最糟糕的部分。但我也就欧洲的被动和冷淡提出了警告。两天后，《明镜周刊》要对我进行采访。（在此期间，我与国务院的专家进行了交谈，他们向我保证，除了国务卿舒尔茨之外，国务院中没有人在轰炸问题上接受过咨询。）《明镜周刊》的记者和我立即就基本规则达成了一致，其中包括一项承诺，我必须给最终供发表的采访文稿授权。

采访开始的第一个问题：这是自 1945 年以来盟国关系中最严重的危机吗？我不这样认为，尽管这个突发事件很严重。美国人的期望与欧洲的表现之间的差异正在增加："实际上今天的欧洲已经足够强大，不能如此示弱。"欧洲人不满美国的简单化倾向，而且，我说道，里根就是简单化的一个特别例子。美国人害怕会出现另一个"慕尼黑"，尤其是那些新保守主义者，他们怀疑欧洲人有绥靖主义的心态。最好是对利比亚采取一项统一的盟国政策，实施严厉的制裁并设立一个国际法庭。欧洲的被动性鼓励了里根的单边主义。我还评论说，美国在1917年并不情愿地成为世界强国，"在这之前从未有过一个民主的世界强国"。

《明镜周刊》的记者说，欧洲人认为美国把现实政治和理想主义混为一谈是危险和伪善的。的确如此，我同意：美国自诞生以来就是一个共和国，这在一个古老的君主制世界中当然有其特殊的立场，美国一直在以传教士的热情追求其利益，并给其政策披上了一件宗教的外衣。*《明镜周刊》的记者说波恩外交部担心里根可能比卡扎菲更难牵制，对此我以我自己的一个问题来作答：波恩是否只会担心和吹毛求疵，还是会在其欧洲伙伴之间促进一种更密切的关系？毕竟里根不想与利比亚或尼加拉瓜发生战争，他的言论远比他的行动更为好战，他想要显示出实力和韧性，这样世界就不会陷入另一场战争，他想要在不出现一个新的越南这种风险的情况下显示实力。

一切都按照约定进行着。我收到了一份誊录出来的访谈副本，做了一些小修改，然后在上面签了字。随之而来的是沉默。经过一段令人好奇的耽搁之后，我收到了发表了的版本。我随即发现了八处大的改动，其中最过分的一处是在最后一行，现在变成了我说里根总统想显示实力，甚至"敢冒另一个越南的风险"。

---

* 我常常会想起19世纪中叶的一桩名人逸事，当时法国和英国在中东的利益发生了冲突。法国大使来到外交大臣帕默斯顿勋爵面前，说法国接受英国的要求。离开时，他请求允许发表个人评论："我们法国人已经习惯了这样一个事实：你们英国人总是会从你们的大衣袖子里掏出一张王牌，但是我们不能习惯或不能接受的是，你们总是说是上帝把牌放在那里的。"

大多数改动是出于政治动机，我确信，因为我对美国所做的积极评论和对欧洲的批评都被删除了。

我被激怒了，随即打电话给《明镜周刊》采访我的记者，他自己也对他称为"灾难性"的错误感到震惊，说我受到了不公平对待。应他的要求，我给他发了一份针对这些严重的"歪曲"我给编辑写的信的草稿。接下来，我同该报驻华盛顿办公室的主任进行了交谈，他同意将我的原信或者将另一封我们双方都做了让步、措辞更为温和的修改后的信刊登出来。但这并没有发生。相反，我收到了《明镜周刊》的律师弗里德·冯·俾斯麦的一封信，他声称编辑们已经承认，"一连串无可否认的不幸的情况"导致了这些改动；《明镜周刊》不仅不想刊登我的信，反而还想刊登他们自己的更正，只涉及最后那一行。

此时我碰巧在欧洲，玛里恩·登霍夫也为我愤愤不平，她敦促我去咨询律师，并推荐了《时代周报》的塞夫特、克斯滕和施文恩律师事务所。（我后来获悉，德国报纸有一个嗜好，喜欢抹黑彼此；我觉得玛里恩很喜欢这场可能的战斗。）与此同时，我从《明镜周刊》的一位编辑那里得知，负责此次采访的汉堡的编辑之前也犯过类似偏向性的错误。事情现在严重升级了。海因里希·塞夫特不仅是一位杰出的乐于助人打官司的律师，而且是一个对联邦德国的随波逐流持激进看法的批评者。他通知弗里德·冯·俾斯麦，我已经就《明镜周刊》未能履行与我的合同授权给了他——塞夫特，而他——塞夫特——想要在三天（！）之后知道是否启动诉讼程序。

到目前为止，塞夫特的执行效力远远超过了我，他告诉我对《明镜周刊》的这种威胁在其编辑部"产生了切尔诺贝利似的恐慌"，并且俾斯麦告诉他，俾斯麦发给我的那封信他既没有写也没有同意，仅仅是在压力下签了字。这个俾斯麦——当年那个宰相的侄孙——问塞夫特这件事是不是能够"用金钱"来解决。塞夫特愤慨地做了回应。我们意识到，对于《明镜周刊》来说，这件事情至关重要：如果在这个案子里他们的做法被公布于众的话，他们想要采访其他人就会变得非常困难。此时，我在西尔斯·玛利亚度假。塞夫特警告我，传说中的《明镜周刊》杂志的创始人兼编辑鲁道夫·奥格斯坦会打电话给我；他担心奥格斯坦会利用他的传奇魅力，并利用"我那么和蔼可亲的礼貌"来欺骗我。我被预先警告过了。奥格斯坦确实打来了电话，他一开始就说："斯特恩先生，你不知道我多么崇拜你。"我立刻照样回敬了他，并补充说彼此间的恭维于事无补。奥格斯坦承认《明镜周刊》错了，说杂志和我之间上法庭打官司是"不可想象的"，整个事件对他们来说比对我更加糟糕。我们没有达成协议，然后案子又回到了令人敬畏的塞夫特手上。6月12日，他迫使他们承诺刊登我的原信，并负责所产生的费用，共计3万德国马克——全部金额汇入了他的公司，而我则得到了澄清！6月23日，《明镜周刊》刊载了我的原信，用很长的篇幅详细说明了在原始访谈稿上出现的所有遗漏和失真。整个事件持续了两个月，先是令人烦恼，后则收获了丰厚的回报。德国的一些荒唐行为令人忍俊不禁，一切也都是有益的。打败《明镜周刊》是一次奇妙的经历。学会如何与被采访者打交道可以永久受益。

在历史学家论战的时候，我被邀请参加其他几个项目。（就像以赛亚·伯林形容他自己的那样，我就像一辆出租车，必须要有人招手雇我。）我已经接受了1986年10月在威廉皇帝物理化学研究所（二战结束后，该研究所改名为弗里茨·哈伯研究所）七十五周年之际做一次主要演讲。我的教父哈伯的生平是规定的演讲主题，这需要我进行广泛的档案研究，但这也是一个节日庆典，将我意外地直接卷入了一场政治风暴。就在那个非常正式的场合之前几个小时，有人交给我一份由该研究所成员编写的具有挑衅性的小册子，攻击该研究所与军工企业沆瀣一气，并将哈伯视为最严重的罪犯，是 1915 年德国人用于西部战线的毒气的发明者。我准备好的讲稿承认了毒气战的恐怖，并提到了伟大的和平主义者爱因斯坦在战后加深了与哈伯的友谊，但随后我插入了一些警告，反对无视所有历史背景的争论。之后，我感到震惊的是，哈伯一生中大部分时间在遭受辱骂，更恶劣的则来自右翼沙文主义者——现在，在他死后，他还在受自以为是的左翼和平主义者的抨击。*哈伯的第二次婚姻中的两个孩子也在听众席中，这个公共场合之中也蕴含着几分私人的情调。

我在联邦共和国扮演的公共角色在不断增加。1986 年 2 月，联邦议院社会民主党副主席霍斯特·耶姆克问我是否愿意在 6 月 17 日联邦议院年度会议上做一次演讲。阿登纳政府已将 6 月 17 日定为西德唯一的法定假日，以纪念 1953 年那一天在东柏林的起义。这个"民族团结日"的标志是联邦议院庄严的仪式，通常唤起团结的愿景。对于大多数西德人来说，6 月 17 日只是一个春假，最初的目的几乎被忘得一干二净。

为什么把我选为演讲者？为什么由我作为第一个外国人在这个具有象征意义的向全国进行电视转播的会议中发言？当然，我

---

* 2005 年，在纽约发生了一阵疾风暴雨似的对哈伯的新关注。哗众取宠的美国媒体的报道使他成为杀虫剂齐克隆－B 的发明者，却忽视了他的其他所有方面。有本十分平庸的书，经出版商大肆炒作，率先夸张地把他描绘成一个滑稽人物，这一形象影响到了戏剧、电视、电影，甚至影响到了纽约的德国犹太历史优秀守护者——利奥·贝克研究所的出版物。

受宠若惊，但也感到困惑和不安。我向朋友咨询过。由于担心一个美国人在这种场合发表言论可能不恰当，我还询问了国务院的一些欧洲问题专家，他们想不出什么令人难忘的理由来表示强烈反对。另外，亨利·基辛格则认为这样做是完全合适的，也是有用的；在未来的某个时刻，他说道，美国没有理由反对德国的统一，而国务院的反对只是反映了一种恐惧，即我可能会对我们必须合作的共产主义政权说些不友好的话（这就是在美国国务院官僚机构中的典型的基辛格！）。德国的同事和朋友们都鼓励我；玛里恩·登霍夫最初持怀疑态度，后来也赞成了。于是我便接受了——结果发现这项邀请有些为时过早！按照惯例，演讲者由主要政党轮流邀请，那一年基督教民主联盟正在推动从其合作伙伴自由民主党内选出一名候选人，该党的选择是前总统瓦尔特·谢尔，他确实成为 1986 年的演讲者。

谢尔雄辩的演讲口才反映了宽松的前提和现实政治，德国人不再期望在短期内实现统一，他说，但统一的到来会是在一个新的和平的欧洲秩序框架内，有着开放的边界和对人权的尊重。在这样的时刻，人们会期待民主德国和东欧国家将"友善地采用我们的价值体系并放弃他们的价值体系？只有他们会改变他们的体制，而我们甚至都不用去考虑一下我们自己的体制？"（他不可能想象到，五年以后这一切果然就发生了！）谢尔强烈要求新的和平秩序和新的团结，在那一年 4 月切尔诺贝利灾难发生后就更有必要这样做了。当时乌克兰一个小镇上核电站的核反应堆爆炸起火，造成数十人死亡，成百上千人可能遭到辐射；这场悲剧让人类真实地感受到所面临的共同危险。

那年夏天，耶姆克再次写信给我，说给我的邀请现在已经在没有争议的情况下得以确定。颇有讽刺意味的是，他认为谢尔的讲话震惊了基督教民主联盟的右翼。联邦议院的基民盟议长菲利普·耶宁格现在将给我的正式邀请顺延到 1987 年，对此，我顾不上担心，也顾不上其他的期限就接受了。

我陷入了一个困境，既要照顾到专职的教学工作和各种其他必须做的事情，又要准备一个重要的德语演讲。但有两件事情我是知道的。1953 年 6 月 17 日应该被作为德国人争取自由的纪念日，而且德国人应该尊重这一运动及其受害者。我也希望与民主德国的公民取得联系；我知道在这两个实体之间正在发生微妙的转变，两个德国之间的联系正在成倍增加，还有在东德经济显著衰退的情况下，西德也不断给予东德援助，不论是公开的还是遮遮掩掩的。有一种值得关注的援助形式是，联邦共和国为在东德的政治犯赎买自由的政策；每个人的标价各不相同，现在的价格约为 96000 德国马克。总而言之，西德政府自愿为 38000 个东德囚犯支付的赎金总额达到了近 35 亿德国马克——一个令人印象深刻又令人沮丧的数字。

我查阅了先前各种公众人物在 6 月 17 日这天所做的演讲，并注意到，在谢尔之前，对里根所称的"邪恶帝国"进行抨击并对缓和表示怀疑已成惯例。但是我认为这类强硬的言论丝毫不能改善东德人民的生活，他们中的绝大多数人根本不需要被告知"邪恶帝国"的存在，而那些需要被告知的人则会对这种"帝国主义的"宣传言论嗤之以鼻。（东德的官方态度是：1953 年运动是帝国主义代理人和西德的"破坏分子"的劣行。）

在我准备工作的早期，我偶然发现一个事实，费迪南德·弗赖利格拉斯，一位曾经很出名的德国诗人，因同情激进事业和无产阶级而被迫流亡多年，恰好出生于 1810 年 6 月 17 日这一天。我马上把握住这一点，因为我知道弗赖利格拉斯这个名字在西德会立刻被大家接受，尽管他的"阶级"诗歌在东德仍然有人在读。他可以作为我的论点的关键证据，即 6 月 17 日应该被理解为经常发生的德国人为自由而斗争的一部分。带着极大的欣慰，我沉迷在他的生平和背景之中，从而在一定程度上无意识地逃避了当前德国政治中一些难以解决的问题。到了 6 月，我写好了一份文本，并请费利克斯·吉尔伯特看了一遍，那年春天拉尔夫·达伦多夫刚好在纽约，他为我的讲稿精心地做了编辑。

于是我怀着忐忑不安的心情飞往波恩。我被安顿在一家酒店内，房间里摆放着一束汉斯－尧赫·沃格尔给我的鲜花，然后我被带到了磨坊（Wassermühle），联邦议院临时的但金碧辉煌的所在地。那天晚上我是同卡尔·杜伊斯伯格——一位当时在总理办公室工作的职业外交官——以及他的妻子一起度过的，这是一对意气相投的夫妻，我早些时候见过他们。我发现杜伊斯伯格是一位化工实业家的孙子，这位化工实业家与弗里茨·哈伯有过密切但有些说不清的关系。杜伊斯伯格夫妇给了我最需要的——安静的休息，体恤的、支持的和随和的陪伴。杜伊斯伯格夫人还用一种精致的罂粟籽饼（Mohnkuchen）来招待我，这是我唯一未曾品尝过的西里西亚特色点心。

第二天，耶宁格带领我进入立法厅，联邦议院的议员们坐在演讲者讲台和政府席的对面；科尔同外交部长汉斯－迪特里希·根舍和大多数内阁成员一起出席了会议，与会的还有大多数上议院（联邦参议院）的议员。坐在右边的是基民盟和自民党的代表，坐在左边的是社民党的代表。（在 1987 年 1 月的选举中，基民盟失去了一些席位，现在持有的席位是 223 个；自民党赢得了一些席位，现在持有 46 个席位；而社会民主党拥有 186 个席位；绿党的斩获最为壮观，现在总数已达 46 个代表席位，但该党所有代表全缺席，他们早些时候已经认定，6 月 17 日的仪式是出于民族主义保守派目的强加于人的一个活动。）会议一开始，有人正式宣布魏茨泽克总统已经在来宾席上就座。

当然我很紧张。我在面对任何公开演讲时都会感到紧张，此时此刻，我想我有些神思恍惚，当耶宁格宣称 1953 年 6 月 17 日标志着一场争取统一的反抗时，我都无法全神贯注地去聆听。我感到思绪不宁。我想起了我儿子在告别时说的话："你的父母会怎么看待这种场合呢？"然后，就像在大多数情况下那样，一旦开始张口说话，就没有时间去考虑感受了；我的心集中在讲稿上，我的眼睛偶尔盯着听众。然而，我是如此专心致志于讲稿，以至于没有像通常在非正式场合那样与听众互动。当然，听众就在我的面前，也许我偶尔还会瞥一眼政府席。但是在撰写演讲稿时，我的心中还有一些其他听众，特别是民主德国的听众，他们中的大多数可以收看到西德电视台的节目。

从一开始，我就把这一纪念日定义为纪念德国为争取自由而斗争的一个重要事例。我们对这场斗争的许多受害者的怀念"既不应该被遗忘，也不应该被滥用"。我提到了自己的经历和惊喜，一个当年被赶出布雷斯劳的小男孩，现在站在这间大厅里做演讲："我有许多梦想和希望，但是我怀疑我曾经想到有朝一日我会向德国议会发表讲话……这是联邦共和国取得的卓越成就之一……今天，作为德国历史上的第一次……一个通过自由选举而产生的议会是一个自由政体不可或缺的组成部分这一理念得到了普遍的接受……应你们的邀请我身临此地，但其中仍有许多未充分表达的意思；不可能不是这样的。"我想到了在他们身上和在我自己身上发生的变化，这些变化是这个场合的先决条件。

有些观点我做了明确、清晰的表述，也有一些观点可能是暗示性的、间接的。"在德国历史上，很少有哪个国家节日是没有争议的"，我说道（今天的情况仍然如此），我引用了社民党领导人赫伯特·韦纳在1953年7月为设立这个节日而进行的辩论中所说的话："我发现有一个反复呐喊的声音能深深地打动人心：我们是工人而不是奴隶。"对此我立即补充说："也许你们当中有些人注意到德意志民主共和国人民的生活比起他们更幸运的同胞要更为艰难。"也许——对我来说是更有希望而不是确定。

我声称，对正义的要求和对民众主权的要求是压不住的。"那一天的运动必须在德国历史上占有一席之地，成为人们抵制暴力和不人道的伟大时刻之一。这次运动也指向了未来，即使在事件发生后许多立即提供的解释具有误导性。这不是一场争取统一的运动。"

我还回顾了两次世界大战时期"由德国人和针对德国人"所犯下的"残酷的罪行"。我提到了魏茨泽克总统在一年前5月8日的讲话，他的话"几乎所有国外人士都表示钦佩和赞赏。我们中许多人希望他是联邦共和国的真实代言人，甚至可能是超越政体的沉默的民族的代言人。在这一天，除了表达感谢之外，去做其他任何事情都是非常冒昧的，这个感谢也来自在奥斯威辛集中营失去近亲的人"。此时，掌声中断了，令我感到惊讶。我是否突然间飞快地意识到这不是一次仪式性的而是政治性的谈话？另一阵掌声增添了戏剧性。我对魏茨泽克的提及有一个潜台词：国外的人曾希望他为联邦德国说话，但他说了吗？何况我的两个国家一个民族的表述，我认为，是对一个有争议的现实的不同寻常的承认。

在另一点上，我提到了显而易见的"德国的分裂"，然后我继续说，"我来自一个已经不存在而且永远不会再存在的德国"。我的家人在难以想象的强迫迁居开始时从布雷斯劳逃脱了——德国人在东部遭到驱逐，而波兰人同样流离失所，被迁到西边去居住在以前德国的领土上。为了借助背景来更好地说明所受到的痛苦，我补充了一句，或许有些唐突，"一个未曾分裂的德国给其他民族和自己带来了无法用言语表达的不幸"。我引用了早期做过类似判断的德国历史学家的话。我认为像认识到其他民族的苦难一样去认识德国人的苦难是很重要的，我对提到德国的责任的时候明显简略的做法表示遗憾。我坚持认为，被苏联坦克粉碎的 6 月 17 日的运动并非一次失败：东德的示威运动应该从全世界的角度来看，而不仅仅是从一个国家的角度来看。就我们所有的危机感而言，我们必须认识到"比起以前，今天的欧洲有更多人生活在自由之中——而自由是非常诱人的"！

在"另一个德意志国家"中，我继续说道，那里有一些"悄悄地维系着 6 月 17 日的意义的人。他们值得我们尊重……我们应该尊重来自另一个德意志国家的要求人类尊严和人权的明确、勇敢的声音。这些声音通常来自教会，迪特里希·朋霍费尔为教会所阐述的教义和树立的榜样仍然是富有生命力的"，提醒着我们去牢记"另一场永远不会被遗忘的德国抵抗运动的受害者们"。

在我的演讲中，有很大一部分比较任性的内容涉及弗赖利格拉斯，这位诗人与其说是因其杰出的文学天赋，不如说是因其献身于民主解放事业而受到广泛的纪念。1851 年，因为满腔热情地为受蹂躏和受压迫者大声疾呼，弗赖利格拉斯不得不弃家逃亡，在流亡中他遇到了卡尔·马克思和海因里希·海涅，并与他们有过一段短暂的、经常争论的友谊。我之所以引用弗赖利格拉斯，是因为他是一个很好的例子，能说明一个共通的欧洲生活和文化这个历史事实，这就使他和像他这样的人能更容易度过几十年流亡生涯。在流亡中，正如海涅所理解的那样，能燃烧起真正的爱国主义激情，并增强对一个没有镇压、没有审查制度的家园的渴望。在我的直接或远程的听众中，并不是很多人会熟悉这些想法或经历，有些人也可能对我经常引用海涅的例子感到不安。

我的本意是把弗赖利格拉斯作为一个恰当的框架：我想赋予6月17日这个日子一个历史血统；这不仅是针对贫困的勇敢的反抗，而且是在不断追求自由的过程中的一个英勇的时刻。令弗赖利格拉斯充满生机的1848年的自由或激进的希望被打破了，当德国的统一最终得以实现时，它得到的是非常不同的支持。德国人正在对付"一个越来越遥远，但不会逐渐消失，也不应该消失的过去"——我提及的是历史学家论战中的一个说法。我提醒他们，这个世界把德国人如何看待他们自己的过去视为"一种测量德国总体意识的地震仪"。

我简要地谈到了两个德国之间的关系，尽管不该由一个外国人来判断正在寻求更大的共性和更紧密关系的一种过程。"联邦德国永远不应该忘记，历史已经将它判为一个自由政体的典范：为了保护它自己，为了尊重过去的受害者，以及为了给另一个德国的人民带去希望。"它应该尽其所能"去减轻其他人的负担，去捍卫和加强人权"。在过去四十年里，对德国在文化和科学领域内取得的成就的尊重得到了恢复，然而对西德的政治责任感的担忧仍然存在。我提醒西德人不要忘记早期欧洲的共性以及他们对另一个德国的责任，这另一个德国在地理上是如此近，但我担心，在心理上却是如此遥远。

我想，在整个演讲过程中存在一个潜台词，那是一个问题：当你们德国人梦想统一时，你们主要考虑的是团结还是自由，是一个没有用来分隔国家的墙壁的德国，抑或是所有公民的实际解放？在德国历史上，团结和自由经常作为共同的目标同时出现，但在关键时刻，前者往往优先于后者。我想要向东德人保证，他们恳求自由的低沉的声音被我们听到了，他们也属于欧洲，我希望西德人能动用他们的物质杠杆使东德人能享有更大的旅行自由，并尽可能地改善他们的生活。

我怀疑西德人可能会倾向于重新思考世界政治的基本原则，"在对西方失望的时候，从东方吹来了一阵迷人的风"——我的心里一边想着来自东方的花言巧语，一边对美国感到不安。在演讲结束时，我继续强调德国人必须保持与西方的联系，而且必须要记住"西方共同的政治文化，其中自由和多元社会的价值观在宪法上得到了保证"。

联邦议院听众们的直接反应令我感到十分诧异，据会议的官方文件记录，演讲被掌声中断了十三次，最后是"长时间的掌声"，媒体注意到，与往常不同，科尔总理也鼓了掌。我不记得当时我是否意识到在某些时候来自左侧的掌声似乎更加热情，来自右侧的掌声则更迟疑一些；电视影片的回顾性观点让我意识到这种偶尔的不平衡。但是，这种中断给了这个场合一种政治言论的气氛，有点掩饰在诗意般的帷幔之中。

然后我们全体起立唱国歌，即"Deutschland，Deutschlandüber Alles"（"德意志高于一切"），这是对和平、自由和正义的赞歌。我浑身充满了抗争性的、转瞬即逝的情绪：这是一首学了之后曾经让我憎恶的赞美诗，我从没想过我会自愿地加入唱这首歌的行列。这首海顿的激动人心的乐曲，原本是为奥地利而创作的，却被德国人恶意滥用了，现在听起来可以被视为一首自豪与和平的歌。

之后，在耶宁格举办的一次招待会上，周围的热情和骚动起初使我感到筋疲力尽，然后又使我有些头晕目眩。此时的氛围是非常政治化的，各党派的成员握着手，互相低声说着些客套话。我记得伯恩哈德·沃格尔的微笑和握手，他在友好的赞赏话里加了一句评论来修饰："提到弗赖利格拉斯的次数有点多了。"（我知道他是对的。）耶宁格把我引到一个角落去和科尔及魏茨泽克交谈，他们两人对我的演讲做出了高度评价。（一个是喋喋不休的莱茵兰人，一个是寡言少语的斯瓦比亚人，这两人之间因此有一些不明确的距离，科尔主导着谈话，滔滔不绝地说着他在美国读大学的孩子们。如此不同的两类人！）魏茨泽克说："你没有让你的听众感到轻松。"这句话我当时当作一句赞美话，但也许这句话的含义是非常含糊的！当一切宣告结束时，来波恩听我演讲的朋友赫尔曼·哈茨费尔特——玛里恩的外甥——开车接我去他在克罗托夫的具有历史意义的城堡，在那里我可以和朋友们一起放松一下。赫尔曼和我一边观看晚间新闻里我的演讲片段，一边用稀有的葡萄酒静静地庆祝这非凡的一天的结束。

第二天早上，整个世界似乎变了一个样：西德的保守派报纸就一位美国历史学家和犹太难民在联邦议院发表的演讲中所犯下的"令人震惊的错误"纷纷做了报道，这些错误为大多数人所指出。"这个于1938年同父母一起逃离布雷斯劳的六十一岁的犹太人，在他引人注目的演讲中也提到了联邦德国的政治发展"，有人这么说。《世界报》的头版头条是"斯特恩的演讲遭遇批评"。"耶宁格纠正了他的运动不是为了统一的说法。"（嗨，岂不知耶宁格的讲话在先，他如何能"纠正"我的话！）

引起这场风暴的仅仅是我的两句话：一句是我说的1953年的运动是为了更好、更自由的生活，而不是为了统一；另一句是一个未分裂的德国曾给德国人和全世界带来苦难。《世界报》的社论坚持认为，很长一段时间以来，大多数人明白东德对严苛的工作条件提出抗议，紧随着就呼吁为"自由、民主和统一"而斗争。《法兰克福汇报》义愤填膺，其头版报道和评论认为今年的联邦议院演讲者，一位（未具名）美国人，试图"拼老命地让人们的注意力脱离统一这个主题"，这是"可耻的"。这篇文章把焦点集中在我对德国的过去的批评之上，然而只字未提我所强调的德国人争取自由的斗争，我所认定的联邦共和国是德国历史上最成功的政体，以及我对正在悄悄保留反抗精神的东德人的敬意。对我的指控是我"对俾斯麦的统一做出了完全否定的判断"，事实上我对德国的过去和现在的看法完全是负面的。但是，与下个月出现的读者来信相比，《法兰克福汇报》的声音几乎还是很克制的。

那些最早挑起事端的人中有一个人指责我所宣称的"不是为了统一"这个主题，说"这是错误的，并以令人震惊的方式记录下了他对历史的无知以及他的精心操控的反德意图"。还有人暗示了一种引发骚动的动机：我的（不充分的民族主义者的？）言论显然反映了邀请我的政党的观点。很明显，在对社民党的激烈攻击中，我是一个很方便的中间目标。有位作者在提到科尔也鼓了掌时，指责说这表明联邦德国仍然是"一个（美国的）卫星国"。一位来自北莱茵威斯特伐利亚议会的代表，对我所说的关于一个"未分裂的德国"的危险表示十分愤慨。他强调，在和平的欧洲秩序中一个重新统一的德国对于整个欧洲，尤其是贫穷的东欧和苏联都将是"一件大好事"——"与弗里茨·斯特恩这类被驱逐的德国犹太人所期望的完全相反"。

公开的辩论仍在继续。一份左派自由报纸（《法兰克福评论报》）刊出了我的讲稿并加了一个副标题："犹太历史学家 F.

S. 从今天的视角为纪念辩护"。这条简短的介绍性说明把我的身份标示为一个"美国历史教授",所做演讲"在保守派圈子中"引起了批判性评论。非常正确！但为什么要特别描述为"犹太人"呢？我发现这很奇怪，我的第一反应是他们不假思索地使用了这个词，以此作为一种识别具有特殊背景的美国人的方式，或者作为一种暗示，表明为什么保守派有特殊的理由要持批判态度；抑或此事事关自豪，以此来吹嘘联邦议院邀请了一位如此陌生、如此饱经沧桑但又如此熟悉的人来做演讲。面对这来自友好的政党的言论，我感觉非常费解：我怀疑《法兰克福评论报》认为我的犹太人身份决定了我的观点，对此这份报纸本身无论如何是不会反对的。也许这一切表明犹太人问题仍然是不可同化的。另外，在第二天午餐时，兰布斯多夫伯爵向我提到，根舍曾问他是否还有其他国家在国庆节日邀请过外国人发表演讲的。根舍这样问是对的。德国人是独一无二的，有着独特的过去，然而他们中的一些人对这种独特的过去经常被外国人提出来而感到愤慨，尤其是这种外国人还令人不舒服地宣称有密切的关系。

在《法兰克福汇报》读者来信专栏中，大多为指责性的争论仍在继续着。7月13日，一名联邦议院议员抗议说，该报隐瞒演讲者的名字，将其略为"一个无名人士"，同时却不停地提到他演讲中"可耻的"内容："我极少看到（除了在激进的右翼报纸上）一个德国血统的犹太人被如此毫无保留地肆意贬低（abgemeiert）。"这位作者几乎听了过去十年中所有6月17日的演讲，然而"没有人能够像弗里茨·斯特恩那样给人留下如此深刻的印象"。尽管如此，负面的来信仍在继续出现——很快，一本关于历史学家论战的书重复了他们的指控，称我对"Mitteldeutschland"（"中德"，此词为右派的一个暗语，专指民主德国，以此表示对其以东的德国领土的进一步要求）发生的反抗所做出的评论是歪曲历史，并两次认定我是来自哥伦比亚大学的某个人，而这所大学恰恰是"法兰克福学派的流亡场所"。因联想而获罪（或不应得到的称赞）？有好心人寄给我一份来自马尔堡学生联谊会的传单，传单的大标题是"德国比联邦德国更伟大"。传单声称针对 6 月 17 日扭曲历史的高潮是伴随着我的演讲而来的，并哀叹没有哪个国会议员离席抗议这种"诽谤"。就在这次演讲结束后，赫伯特·赫普卡，来自基民盟的右翼修正主义西里西亚被驱逐者联盟主席，邀请我参加他们即将举行的年会。这是一个模棱两可的姿态：邀请我是把我作为一个前西里西亚人去接受庆贺呢，还是作为一个叛徒去接受诋毁呢？我谢绝了。

自由中间派《南德意志报》的直接评论是，这一演讲"为德国人提供了令人不快的真相"，而且"不是为了统一"这句话引起了不适，恰恰表明"久为人知的这种观点仍然没有渗透到所有基民盟政治家的思想中去"。最明显的支持来自刊登在《时代周报》头版的西奥·索默的文章，他认为对我的演讲的攻击表明西德人已"变得神经过敏"，并提醒读者，柏林工人们要求的是乌布利希下台，而不是请阿登纳前来："为什么要剥夺反抗的尊严？它是争取自由而不是德国统一的灯塔。"

还有许多私下的称赞。一位朋友和同事在同一天给我写了一封信，赞扬了我的这一"不拘泥的、果断的演讲，整个议院为此鼓掌，来自各方的掌声几乎同样经久不衰，热烈有力。构成这一切的基础不是民族和团结，而是自由、民主、西方和人权——这才是所传达的政治信息"。此话精确地表达了我的意图。还有很多人赞同我的演讲，认为我的演讲终结了对 6 月 17 日起源的

"传奇之说"。

我今天仍然记得的是，我这位六十一岁的犹太人对这些曲解、这些迟到的来自历史学家论战的攻击感到十分吃惊。我很担心我给我的朋友们和社民党帮了倒忙，但是针对批评的权威的反驳让我放下心来。汉斯－尧赫·沃格尔给我写了一封充满赞美之情的信，我的基民盟朋友中似乎也没有哪个因争议而感到些微的不安。似乎铭记在人们心中的不是争议，而是我是 6 月 17 日唯一在联邦议院发表演讲的外国人。

我的演讲译稿最终刊登在《纽约书评》杂志上，蒂莫西·加顿·阿什为此写了一篇介绍性文字，从他对东欧生活和异议的精细且无可匹敌的知识中我学到了很多东西。他同意我将 1953 年的事件与早期德国人对自由的要求相提并论，并且是东欧一系列事件中的第一个。他谈到了我在两个引起争议的句子中所表达的判断，"两者……都可能受到理性的质疑……然而，这些理性的反对意见几乎无法解释针对斯特恩教授观点的某些反应中的强烈以及——人们必然会说的——恶毒"。我认为我已经想让西德人牢牢记住自由是至善，还有保护人权是他们的特殊责任。我本应该进一步表达我的想法：1953 年东德呼吁自由选举几乎肯定会结束斯大林的统治，最终达到某种形式的统一。

回想起来，我必须承认，我很惊讶在写这篇演讲稿时，我自己并没有对这两句话有过怀疑。我主要关心的可能是不要让保守的德国人去挪用工人的或民主德国公民的英雄主义——好像他们想要的就只是统一。令我感到非常欣慰的是，我发现美国学者戈登·克雷格引用了我的争议性言论，他对德国历史具有最公平的观点，他指出我的这些言论引起了"一场抗议风暴，尽管这些事情的真实性无可置疑，或许正是因为它们是真实的，而政治家们不想由一位有资格说话的历史学家来说出这些实话"。

"爱国"的愤怒仍以惊人的规律和凶猛的方式爆发。举一个例子，2002年，亨宁·克勒出版了一本关于1890年以来德国历史的鸿篇巨制，书中他攻击了参与历史学家论战的哈贝马斯的左翼自由派追随者，声称他们强调了奥斯威辛的独特性，以便使德国的永久分裂合法化，将其视为对过去罪行的惩罚。在这一点上，他判定我就6月17日运动所做的解释"对一个历史学家来说是一个显著的判断失误"，显示出了一种重新解释历史的倾向，而且"完全否定了团结的意志"。他嘲笑了魏茨泽克5月8日的讲话，并把我与著名作家塞巴斯蒂安·哈夫纳一起提升到联邦共和国的"统一否认者"（Einheitsleugner）的地位。

我完全有理由对邀请我前往联邦议院表示感谢：这是一个充满启发性和特别感人的场合，即使对我持续攻击也是有益的。去亲耳聆听德国人辩论中相当恶劣的语调，去体验些许关于前德国犹太人的无名怨愤和潜在的关注，也会是一种启迪。有一句古老的德国谚语说得好，"Viel Feinde, viel Ehre"（敌人越多越荣幸）。好吧，就此我便去收集德国的对手好了。

到了20世纪80年代中期，令我担忧的就不仅是德国问题了，还有以一种不祥形式再次出现的美国问题：美国不断增长的国际力量在如何影响这个国家的内部？社会的变革和对国内议程的极端观点，尤其是我们的政治文化，我们的精神上的变化，是如何使我们的自由民主处于危险之中的？值得担心的事情有很多，但和往常一样，我的优先事项是明确的：当阴险的危险威胁到共和国时，一个人就会变得更加美国化。

到了1986年，美国的政治因为里根政府被揭露曾经安排向伊朗秘密运送武器而产生了混乱，从中所获利润都流向了尼加拉瓜的右翼反抗军，这支军队正在与解放派桑地诺民族解放阵线作战。这桩伊朗－反抗军丑闻不仅涉及秘密交易，违反了国会的法案，还连累了政府的最高层：最接近总统的人士被判有罪，他们撒谎并在其辩护中声称爱国主义胜过真理和对法律的尊重。被戏称为"铁氟龙总统"[*]的里根未受伤害，继续执政；他的和蔼可亲和朴实简单的作风保护了他。在许多方面，那是一个值得尊敬的鲁莽时代。

正是里根总统使我转变成一个活跃分子。1988 年 8 月在新奥尔良举行的共和党大会期间，里根承诺尽全力支持乔治·H. W. 布什赢取共和党选票从而具有候选人资格，以打败民主党人。他指责民主党人是"自由主义者、自由主义者、自由主义者"；他假装只是为了援引那"可怕的三个'自'字"就需要付出很大的勇气。他的讲话是 8 月 15 日《纽约时报》的头条新闻。我从拿到报纸并阅读那篇文章的那一刻起，就开始起草一篇回应——我仍然保留着那张我用铅笔做了笔记的报纸第一版。由总统亲自出马为自己的继任者担纲总统竞选，并攻击自由主义——在一个"自由主义者"早已成为新保守派知识分子所青睐的目标的时刻，这让我感觉非常危险。我的愤怒促使我把涂鸦之作转变成了一篇专栏文章，于 9 月 4 日发表在星期日《纽约时报》上。自由主义——我坚持认为是"美国最崇高的传统"之一，现在经常被定义为一种心态——曾几何时"改变了世界……其最伟大的胜利就是美国大革命，其最伟大的声明就是《独立宣言》，其最伟大的保障就是美国宪法和人权法案"。自由主义一直"代表着反对暴政的自由。在最好的情况下……它是一种变革和进步的力量，寻

---

* 意为不粘锅，没有东西能黏住他。——译者注

求体面的制度保护。在最糟糕的情况下，它受到阶级限制，或者说它将其精神的博大托付给了官僚权力的狭隘"。在美国的自由主义前提下，这个世界已经目睹了"西方最好的承诺"。我质疑里根声称自己是保守主义的主角，"这一伟大而互补的传统一直坚持着某些原则，其中包括尊重法律、国家和国际的神圣不可侵犯性；尊重独立的司法制度，这样的司法制度是以最大的慎重、诚实的言论，最重要的是财政责任和审慎所选择的"。对于新的右翼激进主义来说，里根是一个受欢迎的甚至具有超凡魅力的领军人物。我的希望是，在选举中人们要记住，"美国最优秀的公职人员一直既是自由派，又是保守派，或者是二者的轮替"，我们要以此传统为基础，去"创造更美好的未来"。

我将我所关心的每一方面都融入了这篇短文中。我研究了德国反自由主义的灾难，1968年我在美国和欧洲的左派中也曾经反对过那种相似的精神。我从自由主义的一些伟大的批评者身上，从尼采到莱昂尼尔·特里林，学到了很多知识，因此我很清楚某些形式的自由主义的缺陷和浅薄的乐观。我不是某项政治纲领的坚定支持者，而是自由主义精神的信徒，为捍卫独特的历史遗产而发声。

我收到的回信令我十分惊喜，绝大多数信件表示了支持。另外，诺曼·波德霍雷茨发表了一篇文章来纠正这位"杰出的历史学家"，这位历史学家不知道自由主义者须到自己身上去寻找失去人气的原因，而原因就在于他们屈服于1968年的激进分子，放弃了早先对遏制共产主义的支持，从而有助于"对第三世界马克思列宁主义革命者的普遍同情"，并支持反向歧视（即平权行动）。这是可悲的，但这种扭曲仍继续在美国为反自由主义精神提供营养，并带来可怕的后果，甚至新保守派都可能在某一天为他们的攻击而感到懊悔。

对我来说意义最大的回应来自 C. 范恩·伍德沃德的一封意外的信件。在这里引用此信就是传递那个时代的一种雄辩且沉稳的声音："所有美国历史学家都应感到羞耻，他们竟然不得不等待一个欧洲史的同行去奋起捍卫受到粗俗的反动派卑鄙攻击他们的传统、他们的国家和他们的事业。令我宽慰的是，他们中没有一个能做得如此之好……在学界，禁止使用这个词的仍然是左派的恐吓，而不是右派。正如你所说，在恐怖时代，威胁来自双方。"

我感到受宠若惊，但我很快写信去感谢他，从此我们便开始了通信往来，并且我提出了在《纽约时报》上刊登一则广告的想法，"就只是'自由主义'这个词及其历史和滥用此词的情况……或许不用公开支持任何一个候选人"。

我想到纽黑文去见范恩，他是一个有着谦逊的智慧和仁慈的人，充满讽刺、慷慨和力量的激情。他是迪克·霍夫斯塔特最亲密的朋友之一，这使我们之间建立了一种特殊的关系。我们一致同意广告是有用的，所以我们准备了一篇广告词，重申了"美国的自由主义传统"，并对总统的言论表示遗憾，他"带头诋毁我们最古老和最崇高的传统之一。我们对美国长期以来所珍视的美国的价值观和美国的传统受到侵蚀和贬低深表关切。在过去和情况最好的时候，自由主义一直寻求体面的制度的保护……自由主义政策需要不断的审视，有时需要做出修改。然而自由主义的原则——自由、宽容和保护每个公民的权利——是永恒的"。

我们的下一个任务是收集签名和资金！整版广告的花费是48000美元。在这两项努力上我花了六周时间，完全出于自愿参加实际工作。我们首先获得了哈佛大学、约翰·霍普金斯大学和宾夕法尼亚大学的校长以及普林斯顿高等研究院院长的签名（后来斯坦福大学的唐纳德·肯尼迪也加入了）。肯尼迪政府的成员们——比尔和麦克乔治·邦迪、罗伯特·麦克纳马拉、小亚瑟·M.施莱辛格和唐娜·沙拉拉也签了名，还有学术和公共领域内的一些知名人士，尽管我们排除了一些在位或寻求选任职位的人士。有些知名人士出于某些原因捐助了资金但不愿公开他们的名字，也有些人表示同情但未伸手相助。理查森·迪尔沃思，一位杰出的投资银行家，曾经是洛克菲勒兄弟基金会的成员，一位慈善家——而且是一位共和党人！——同意来瞧瞧我们想说些什么，我们就此事进行了交谈。"我同意你们所陈述的每一个字，但我不会给你们一分钱"，他说道。"为什么不呢？""因为这样做起不到任何好的作用，这个国家需要的是一场大灾难。"我即刻回应说："迪尔沃思先生，我就来自一个遭受过巨大灾难的国家。这就是为什么我认为事先采取行动会更好。"大约15%的签名者是从欧洲以难民身份来到美国的人。

与此同时，在竞选总统期间，乔治·H.W.布什继续攻击他的对手迈克尔·杜卡基斯，一位自由主义者——当时越来越少的美国人将自己定义为自由主义者。当我在10月下旬把广告发给《纽约时报》时，我们所交的资金略低于所需金额，但由于我们的信誉良好，于是广告在大选前一周的10月26日登出了。广告引起了轰动，被广泛转载，然后10月30日，杜卡基斯在竞选活动中首次宣布："我就是一个继承了富兰克林·罗斯福、哈里·杜鲁门和约翰·肯尼迪传统的自由主义者。"很遗憾，这句话说得太迟也太弱了。

我们被告知，白宫感到了不安，但拒绝发表评论。老保守派以及新保守派都直言不讳地大发雷霆。在大选前一天，威廉·巴克利严词谴责了"四五十位知名人士，他们的政治倾向只能通过对其中三人的提名才有所了解：约翰·肯尼斯·加尔布雷思、乔治·F.凯南和小亚瑟·M.施莱辛格。此三人中，一人是社会主义者，一人追求单方面裁军，还有一人是对任何问题都盲目支持中间偏左立场的党派人士，除了任何肯尼迪都是持中间派立场的问题之外"。两天后，玛里恩·登霍夫在《时代周报》头版专栏登出的文章中说："这种情况在美国是前所未有的：在《纽约时报》上用整整一个版面对总统进行猛烈抨击，并由六十位与竞选活动没有直接联系的知名人士签名，其中包括三名诺贝尔奖获得者……真是令人悲哀，如果西方世界的领袖必须要有人去提醒他那些赖以生存的基本原则的话——但是感谢上帝，这些价值观的守护者并没有长眠不醒。"假如我们早一个星期准备妥当就好了！但是这一努力使我明白了是什么激起了我作为一个公民的激情。德国的过去塑造了我；一个自由主义的美国拯救了我。

自由主义的诋毁者——乔治·H.W.布什和丹·奎尔——赢得了1988年的大选，说得委婉一点，这使人非常失望，但是自由主义希望在东欧的重新抬头是一个意想不到的同步的发展，可以让遗憾转变为谨慎的欣喜。到1989年2月，波兰的共产党代表与团结工会的代表围绕后来成为和平革命象征的圆桌而坐。几个月后，塔德乌什·马佐维耶茨基——持不同政见的知识分子、天主教爱国者和坚定的欧洲主义者——成为总理，在他的内阁中有四位共产党人。6月，在布达佩斯，1956年匈牙利反抗中被谋杀的英雄伊姆雷·纳吉被作为民族英雄重新得到正式的埋葬。

此后，波兰和匈牙利的共产主义政权做出了谨慎的退让，在事实和教义上都让出了权利。抗争的火花已成燎原之势，因为不满情绪具有传染性并跨越了国界。

在令人惊叹的 1989 年这一年里，所发生的剧烈变化的绝对速度令人震惊，人们不得不担心这一切将如何收场。我带着希望和忧虑去紧紧盯住每一个新的发展。最重要的是，我想亲临其境，去真实地目睹正在展开的戏剧性的革命，从远处观看是很难的。非同寻常的事件正在我童年的地方发生着；当年我守在收音机旁边听到的所有那些可悲的事件又在重演——但这次是不同的，这次有解放的承诺！

当然，在很大程度上取决于苏联，特别是米哈伊尔·戈尔巴乔夫个人，他代表着克里姆林宫里的一些截然不同的东西，我希望，他的"欧洲共同家园"这一备受瞩目的愿景会使他在下令再一次实施镇压之前犹豫不决。

到了 1989 年 5 月，东德人通过出境的方式来表达他们的反对意见——借道匈牙利，东德与匈牙利同是社会主义伙伴国家，所以进出匈牙利比较容易，而且匈牙利开放了与奥地利的边界。所有的社会主义国家都同意遵守彼此的出境规则，因此匈牙利当局有义务遣返被抓住的试图逃到奥地利的东德人，但他们并不情愿这样做。我们现在知道他们的行为是出于人道主义，并且在联邦共和国的知情和默许支持下。越境的人流在稳步增加。当然，东德政权将这一切视为匈牙利人的背叛。

到了 1989 年秋天，大约有 3 万名东德人通过其他社会主义国家来到了西德；柏林墙失去了它的一些实用性。所有这一切引起了两个德国的警觉：没有一方会有兴趣看到东德这个国家沦落成某种依赖他人的养老院。在联邦共和国，有许多人更喜欢舒适的缓和，而不愿意冒解放或革命的风险，他们担心欧洲会失去"稳定"。然而，东德人出境的数量不断增加，这就鼓励了那些留下来的人去参加越来越多的抗议并提高他们的嗓门，同时民主德国的支持者们则陷入了分裂和混乱。我们正在目睹一种设定，阿尔伯特·赫希曼在他的伟大分析中将其称为"退出、呼吁和忠诚"三者之间的辩证关系。

几个月来，东德的教会一直在举行和平守夜活动——严格遵守东德政权的路线，东德人是和平的使徒，这一点颇具讽刺意味。莱比锡的尼古拉教堂首先开始这种行动，到了秋天，全国各地都在举行这种守夜活动，为和平而示威的人们在街头举行烛光游行。游行队伍变得越来越庞大，以至于警察反复驱散他们。人们的要求也变得越来越大胆。

9月中旬，在波兰这个榜样的鼓励下，一些民主德国公民成立了一个名为新论坛（Neues Forum）的民间组织，要求与统一社会党进行公开对话，旨在确保自由和正义。令人钦佩的新的领导人脱颖而出，其中包括分子生物学家延斯·赖希和他的医生妻子。公民组织成倍增加，到处在进行大规模示威。人民的抱怨非常多，对于当局无处不在的秘密警察所掌握的权力，人民已经积聚了巨大的愤怒，在获知5月举行的地方选举是明显的欺诈行为之后，他们的愤怒被进一步激化了。

顽固坚持斯大林铁的纪律的埃里希·昂纳克下决心要保留他的强硬的指挥体系。但该党的年轻领导人明白需要立即进行改革，例如，德累斯顿的党的领导人汉斯·莫德罗以正直而闻名。因此，统一社会党被分裂为强硬派和现实派，强硬派视反对派为帝国主义煽动者的作为，须被武力镇压，而现实派则明白该政权在物质上和道德上已接近破产。

非常具有历史性讽刺意味的是，民主德国建立四十周年盛大的官方庆祝活动与自发的抗议活动同时发生：1989年10月7日，东德的统一社会党举办了一场华而不实的庆典，与此同时，警察却在使用武力镇压大规模的示威活动；正在东柏林出席庆祝活动的戈尔巴乔夫私下证实，影响东德的政策是柏林制定的，而不是莫斯科。对于具有改革思想的东德人来说，戈尔巴乔夫现在是个英雄人物，但克里姆林宫核心圈子以外没有人知道的是，他早在1986年就坚持认为苏联必须尊重东欧国家的不同经历。"认为我们能够去教每个人怎么做，"他曾经说过，"这是不允许的。没有人给我们这个权利。"（谦虚永远值得牢记！）

10月9日，一场大规模示威游行计划在莱比锡举行，没有人知道示威者是否会遭到屠杀；极少有人知道，执政党已经向当地医院仓促提供了额外的血液供应，以防万一。但是，近10万名纪律严明的德国人，决心要避免暴力，以和平的形式进行示威。莱比锡交响乐团的指挥家库尔特·马祖尔争取到了德累斯顿市长沃尔夫冈·伯格霍夫等党政官员的支持，在最后一刻进行了强有力的干预，帮助阻止了警察的镇压。这些年轻的党员希望维持一个清除了人与自然造成的腐败的制度（该国已成为世界上名列第二的最严重的生态灾区），并使其强大到足以干预和防止当地的流血事件，但他们离中央政权太远，难以挽救这个国家。

一周之后，政治局罢免了埃里希·昂纳克，他已经持续十六年担任党和国家的领导人，取而代之的是乏善可陈的埃贡·克伦茨，一个不那么教条主义的官员，总是言不由衷地念叨着含糊的改革观念。该党抛弃了他们的强硬派官员，并做出了让步，但让步太少且为时太晚。局势发展的速度是在大街上决定的：数百万东德人，时而有胆有识，时而义愤填膺，继续在大街上举行和平示威游行，同时数以千计的人逃往西德去了。

西德人带着几分忧虑在柏林墙的另一边关注着这种意外的骚乱，他们担心自己的正常生活可能会受到某种干扰。因此，许多西德人已经逐渐接受了所谓临时性的德国的分裂，并满足于看到东德人的命运得到改善，假如可能的话。但是，涌入的民主德国难民数量会继续增长吗？联邦德国将如何应对来势汹汹的变化？对于身处纽约的我来说，一个亟待解决的问题是，自由是否真的能赢得，监狱是否真的能被清空——一切以不流血的方式。在1989年秋天那紧张、充满激情的几周里，我两眼紧盯着新闻节目，完全陷入了时局的剧情发展之中。随着不寻常的事物变得日常化，看来政治奇迹也似乎将层出不穷。

运气迫使我尽力把这种剧情置于历史的角度之下去观察。10月下旬，我不得不为哥伦比亚大学11月1日举办的一次庆祝仪式准备演讲稿，作为标题，我选择了"欧洲大家庭：基于美国的视角"。在一个谨慎的、把握不定的喜庆日子里，我想要表明在看似单独的过程之间的内在联系，这些联系都指向了一个新的欧洲，我以愉快的带点刺激的口吻开始演讲，"由于所著书籍读者很少的黑格尔在这些日子里很受欢迎"——我脑子里想的是弗朗西斯·福山的论文《历史的终结》——"我用他的术语是想说'世界精神'在欧洲再次找到了一个临时的家园"。东德人正在挑战他们的政权："自从1848年以来，德国人就没有如此自发地、如此勇敢地，并且——就表面上来看——如此成功地出现在历史舞台上。"我希望人们能够理解所发生的事情的严重性。这些德国人"是为失败的战争付出了代价的人，他们是通过遭受剥夺和镇压，通过未减轻的单调乏味而付出代价的；他们遭受了苦难，而他们在另一个德国的富裕的堂兄弟们却享受着繁荣"。这是我的狭隘的观点，是我对民主德国公民第一次无差别的、对弱者充满了同情的总结性判断。我说话的口气就好像这些抗议者代表了大部分人，就好像他们可以补救过去几十年习以为常的行为。我还警告说，西德人可能不会太渴望与他们失散多年的堂兄弟们分享自己的繁荣。

与此同时，西欧也焕发出新的活力。在东方发生的历史性变革与西方新的生命力恰好吻合，正如改革后的欧洲共同体项目所表明的那样，这一地区有开放的边界且没有边防警卫。这些矛盾又协调的发展——在东方有民族主义的主张，在西方有超国家主义——有它们的模范人物，就像巨大的动荡发生时总会有的那样：波兰教宗、戈尔巴乔夫以及欧洲委员会主席雅克·德洛尔。戈尔巴乔夫模糊的术语"欧洲共同家园"夹杂着一种潜意识的和恶作剧的信息：美国被暗中排除在外，而原来的说法"西方"则包含在内。的确，戈尔巴乔夫就"来自大西洋彼岸'大众文化'的入侵所产生的威胁"提出过明确的警告。我满怀希望，或许在某种意义上甚至为欧洲的复苏感到骄傲，但我最后以谨慎的挑战来结束我的演讲："目前，有一件事情似乎是可以肯定的，那就是欧洲还没有共同的家园，而且我们就是其中的一部分。"

我的朋友英国历史学家大卫·卡纳丁在听众席里，在我不知情的情况下，给《纽约书评》杂志的罗伯特·西尔弗斯叙述了我的演讲。西尔弗斯决定予以发布，他给了我一个 11 月 9 日的截止期限来完成供发表的讲话稿。那天我花了一整天时间来做最后的修改。黄昏降临时，电话响了。来电话的是一家当地电视台，"柏林墙倒塌了"，一位记者告诉我。我目瞪口呆，百感交集，怀疑、忧虑又兴高采烈。我知道这个改变世界的大事件——一度是一个仁慈的惊喜——为历史画上了一个休止符。德国重新回到了全球议程之上。目前尚不清楚接下来会发生什么，但此时此刻东德人正在柏林墙上手舞足蹈，通向自由的死亡地带已被清除。柏林墙两边自发的欢乐景象让我想起了贝多芬创作的歌剧《菲德里奥》的最后一幕，囚犯们被从牢房中解救出来，但这是一个面向自由的无与伦比且不可逆转的开端。

民主德国一位部长为东德公民出台一项限制较少的旅行政策之后，柏林墙无意间被打破了。但看似意外的事件具有创造历史的意义，当晚成千上万的东柏林人如潮水般涌过边境，这赋予了意外事件以历史意义。维利·勃兰特为这个场合找到了最恰当的一句话："原本属一体，终究成一体。"

我几乎立刻惊喜地意识到，这一神奇的令人兴奋的事件发生在 11 月 9 日，这个日期在德国承载着最沉重的历史记忆：1918 年的这一天，数百万德国人走上街头，大声疾呼要求结束战争，要求一个更平等的未来，这一天德国皇帝匆忙出逃，这一天旧政权在破产中崩溃，一个共和国宣告成立；1923 年的这一天，希特勒在慕尼黑组织了未遂政变，并立即将这次失败转变成他的第一次盛大的当众作秀（在第三帝国，11 月 9 日是一个假日，用以纪念在失败的叛乱中被杀害的纳粹分子，一种一年一度的纳粹党和异教徒的殉道仪式）；还有 1938 年的这一天，纳粹策划了"水晶之夜"，当大多数德国人在忙着自己的事时，他们却对犹太人发泄出他们虐待狂般的愤怒。德国历史上这唯一成功的、和平的革命也发生在这个无情的日子里，真是命运的捉弄啊！

11 月 9 日也是我父亲的忌日。历史对于他这一代人是如此苛刻，但也许这个 11 月 9 日标志着以其空前的暴力开始的 1914 年以来的那个时代的结束；现在一场和平革命或许正迎来一个新的时代。在短暂的狂喜之中，我想我的孙辈将生活在一个更美好的世界里。

1989 年这神奇的一年以胜利的音符宣告结束。在柏林墙被推倒之后不久，捷克持不同政见的剧作家瓦茨拉夫·哈维尔脱离了波希米亚乡村软禁之地返回布拉格，帮助建立了一个新的俱乐部，名叫"公民论坛"。几天之内，他的团体就呼吁在捷克斯洛伐克终结旧的政权。哈维尔在他的作品中描写过有关无权无势的人们的力量以及人们对"生活在真实世界之中"的渴望，此时他成了人们心目中的英雄。12 月，受到惊吓的布拉格议会选举他为共和国总统——由他作为曾经出任首任总统并身兼哲学家和历史学家的托马斯·马萨里克的继承人，可谓众望所归。我童年时代的布拉格解放了，并且是在如此神奇和高尚的领导人的领导之下！

几乎与此同时，在东柏林，东德议会废除了赋予社会主义工人党在这个国家里占主导地位的宪法条款。圣诞节那天，在被拆除的柏林墙附近，伦纳德·伯恩斯坦指挥柏林爱乐乐团与东德音乐家演奏贝多芬第九交响曲及《欢乐颂》：难道还有什么其他更好的方式来庆祝德国第一次成功的革命吗？

但是喜气洋洋、充满戏剧性的局势无法解决两个德国所面临的令人惊愕的问题。在它们身上会发生什么——并且，对于半个世纪以来建立在德国分裂之上的欧洲秩序来说又将发生什么？这两个国家将如何构建它们的新关系？民主德国会受到什么影响？在西方，我们一直被灌输着民主德国是世界上第八或第十大工业经济体，却没有意识到在很大程度上它是靠西方国家不断增加的补贴支撑着的。事实上，东德已经处于无可挽回的破产状态，它的公民感觉到了，所以他们继续向西方艰苦跋涉，每天超过

1000 人越过现在已经开放的边界。起初，欢迎他们的是张开的双臂和物质帮助。

11 月下旬，按计划我应该在联邦德国各地去做各种演讲，在那里我感受到了人们的兴奋和困惑。当我第一次听到有些西德人在提到他们过去几十年时悲伤地说"感谢上帝有了这堵墙"，我真的非常震惊。以前生活非常简单，当时人们不必去直接面对民主德国的人道问题，当时对失散多年的兄弟姐妹有发自真心的感叹加上偶尔的圣诞礼包就足够了。我对慕尼黑听众提出了一个我特别关注的问题：鉴于两个德国之间存在的巨大的不平衡以及一方对另一方的明显依赖，我很担心，唯恐西德的监护会将东德人重新贬低至未成年期。我认为，后者的经验和希望也是很重要的。新的秩序，无论它是什么样的，都不应只包括西德的模式或支配，相互的给予和接受才切实可行，但最重要的是道德和心理上的观念。

11 月底，我第一次有机会在那些令人兴奋的日子里与奥托·莱因霍尔德和罗尔夫·瑞西格再次交谈，他们分别是统一社会党中央委员会的社会科学院院长和（更年轻的）副院长（事实上这是党的智囊团），我已经认识他们很多年了。反对派的代表和东德新教教会的领军人物维尔纳·克鲁舍也出席了会议。（这是在柏林举行的阿斯彭会议上。）讨论小规模地再现了民主德国的局势：在正式会议上，莱因霍尔德和瑞西格基本上意见一致——在党和反对派之间举行一次"圆桌会议"，前者放弃声称党拥有唯一的领导权，接受民主选举和媒体法律，并允许引入一些市场经济特征，但作为一个极少数的社会主义现实主义者，瑞西格私下告诉我需要更激进的改革，并邀请我去东柏林见他，以便讨论这些可能性。（我还不知道在 11 月初，他和他社科院的一些同事实际上就已经主张拆除柏林墙。很遗憾的是我没有时间接受他的邀请。）仅仅几周之后，社科院的研究人员就要求莱因霍尔德辞职，而瑞西格成了他的继任者。（最终，东德社科院的所有研究所都关闭了，瑞西格便成立了他自己的研究所。）

在我们的会议进行中途，落下了一颗重磅炸弹：11 月 28 日，科尔总理提出了"十点计划"。这令西德联邦议会感到震惊，该计划旨在逐步引领德国在一个新的"和平秩序"中实现统一。（我们现在知道尼古拉·波尔图加洛夫，我一度的争论对手和苏联中央委员会的德国问题专家，一周前曾告诉科尔的主要助手霍斯特·特尔切克，苏联——尽管仍然希望民主德国可以通过戈尔巴乔夫式的改革得以挽救——肯定反对快速的统一；科尔认为他的逐步统一的计划可能由此更容易被接受。）科尔提议进一步放宽两个德国之间的旅行规定，他承诺只要东德在政治和经济制度上采纳了根本性的和不可逆转的变革，就会向东德提供额外的经济援助："我们不想去稳定那些已经变得难以维持的状况。"东德的自由选举将产生新的合作形式，产生联合的机构，并最终可能产生一个议会。所有这些必须纳入全欧洲协议和安全考虑之中。最终会出现一个国家，他说，但是没有人"今天就能知道一个统一的德国最终会是什么样子"。尽管科尔的"十点计划"仍然含糊不清，但它清晰地并且第一次承认最终的目标是国家的统一。科尔本人认为实现这个目标至少需要十年时间。

他的声明震撼了世界，尤其是"十点计划"是在绝对保密的情况下准备的，甚至没有预先告知外交部长根舍。科尔也没有通知他的外国盟友；乔治·H. W. 布什总统，他最重要和最有影响力的伙伴，是唯一在发表讲话时获得通知的国家元首。科尔将政治家风度与无情的党派政治利益糅合在一起，因为他的眼睛在紧盯着 1990 年的大选。他冷酷无情地碾压既定的基民盟的竞争对手，并试图通过将社民党描绘为不够爱国来粉碎反对派。12 月，美国国务卿詹姆斯·贝克提醒布什总统，他担心科尔的"国内政治利益在统一问题上导致他走得太远、太快；他正在利用人们的情绪，而这种情绪一旦被调动起来就难以控制"。贝克是对的。在对德国和欧洲都至关重要的一个时刻，科尔屈从于他自己职业生涯的假定的重要性，从而轻视了这一时机。

科尔的计划显然需要与四个盟国进行谈判，这些盟国仍然拥有残存的权力，最重要的是，在德国领土上驻军；苏联在东德有 50 万士兵。对于这个成为"美国的德国"的国家，美国很高兴地保持着距离，保持着基本的信心，同时又采取更加放松的姿态，但是科尔正确地坚持即使德国统一了也要留在西方世界，这就加剧了苏联人的焦虑。然而欧洲国家，特别是那些亲身经历过德国的恐怖的国家，完全有理由对一个更大、更强的德国感到不安。考虑到它们不可避免的焦虑，我感到震惊的是，这"十点计划"丝毫没有提到如何保证波兰的西部边界不会再次改变，这在我看来是一种道德上的要求。后来，科尔蹩脚地声称，只有一个统一的德国才能就这个问题发表最终宣言。但事实上，他是不愿意去刺激在政治上有组织的西里西亚人和其他被驱逐者，他们起码想要承认他们失去了家园，也许还有赔偿。尽管如此，如果给予波兰最低限度的保证，重申德国将放弃任何形式的复仇，那么在政治上是谨慎的，尤其在波兰新领导人支持德国统一的情况下，而这种立场在他们的国家里实际上是非常不受欢迎的。

虽然科尔的声明表明民主德国将逐渐解散，但其公民定下了一个更快的步调。大规模的人员外流仍在继续，而留下来的人在获知了他们的领导人是如何生活在舒适环境中——住在封闭的大院里，屋里有游泳池，出行乘坐沃尔沃，享用着西方的奢侈品，还有专门的医疗服务等——之后，他们的愤怒愈加难以压抑。1990年1月，人们袭击了国家安全局"斯塔西"在柏林的总部，这个令人憎恨的、无所不在的旧政权堡垒，他们开始毁坏其秘密记录，直到公民反对派的成员阻止他们，告诉他们这些记录是未来对该政权进行清算的必要材料。斯塔西很可能是世界上败坏一个民族的最完美机构——比曾经的盖世太保更大，虽然没那么残酷，但更阴险。仍然留存下来的斯塔西档案长度超过100英里，展示了斯塔西的监视和恐吓手段，以及它从成千上万公民那里获得的帮助，这些人是被招募来监视朋友和家人的。随着愤怒和幻灭的蔓延，其士气在急剧下降。

在圆桌会议上，党和反对派正在就改革进行辩论，而统一社会党确实放弃了其作为国家最高权力机构的主张，取消了独裁结构，甚至采纳了一个更适宜的名称——民主社会主义党（PDS）；它还找到了一位新的领导人，一位名叫格雷戈尔·吉西的柏林律师，早年曾经为一些重要的持不同政见者提供辩护。吉西是一个著名的犹太家庭的后裔，其外表和举止与早先的共产党官员截然相反，他不拘礼节、诙谐、随性且非常聪明，但往往聪明过头。现在翻天覆地的变化每时每刻都在发生，已经成为常态——有从上的也有从下的，有公开的也有秘密的。对持续不断的斯塔西行动的共同愤怒公开爆发，同时波恩和东柏林两个政权之间的微妙谈判在秘密进行着；代表西德的主要谈判者是科尔总理府的克劳斯·杜伊斯伯格，他表现得非常机智和坚定。

东德的执政党和反对派同意在3月举行新的东德议会选举，自由选举本身就是一个新奇事物。民主社会主义党是为一个改革过但半独立的国家而竞选，而那些激发了公民运动的东德领导人则主张不同于资本主义的西德，也不同于伪社会主义的东德的某种东西：一种将资本主义效率与更大的社会正义相结合的社会政治制度，以及一种更平等的结构。与此同时，西德的政党——基民盟、社民党和自由民主党——组织并资助了他们在东德的类似组织，并专注于如何实现统一这个问题。

波恩1949年的"基本法"规定了两种方式：新的州可以通过接受"基本法"立即加入，或者可以在新宪法通过后加入。科尔在东部建立了一个由几个团体组成的联合体，名为德国联盟，其实就是一个露骨的基民盟组织，然后以快速路线为其竞选口号，并承诺在统一的德国"鲜花盛开的美景"将取代贫困的生态荒凉的灾区，即旧的民主德国。他没有给两个德国的公民提交一份实现这个梦想项目的法案，也没有号召他们做出任何牺牲。（赫尔穆特·施密特离开了办公室，突然去《时代周报》参加了一次会议，自1985年以来他一直是那家报纸的联合出版商，他发誓说："现在已经到了发表一个像丘吉尔那种充满'血、汗和泪水'的演讲的时候了！"）维利·勃兰特在为东部的社会民主党助选时受到了热烈欢迎（不得不说，最有效的竞选活动家还是西部人），他督促采纳较慢的路线，因为这将允许东德人参与新国家的规划。参加竞选的库尔特·比登科普夫在大选前一周的日记中写道，没有一个政党能够达到这个"历史性时刻"的要求。他是对的。不论是基督教民主联盟还是社会民主党都没有利用这一时刻进行现实的清算：科尔渴望快速统一，但不知道民主德国的真实情况；社民党了解的更多，但错误地认为较慢的步子更为可行。

民意调查预测左翼会胜利，社民党被认为是最受欢迎的。但是，超过90%的合格选民参加投票的结果却是预期的惊人逆转：

科尔的"联盟"得到 48% 的选票，社民党 22%，民主社会主义党 16%，其他党派得到了剩下的选票，代表公民运动的联盟所得票数不到 3%。简而言之，大多数东德人已经厌倦了前政权的承诺和实践，他们想要结束实验，他们想要他们所想象的另一个德国的人所拥有的一切。无产阶级想要资本主义的"成果"——并且立即就想要（虽然字面意思是"果实"，他们希望的是香蕉，富裕的西德人为此还嘲笑他们）。四十年的匮乏已经足够了。只有一个马克思列宁主义国家的现状，只有被称为"真正存在的社会主义"，才能促使莱比锡工人们把票投给基民盟。他们抛弃了他们自己的真正改革者以及改变和复兴的道德支持者，这种命运也落到了东欧其他地方的改革者头上。改革者们已经清理了通往希望之乡的道路，但是"讲究实际"的政客们——拥有巨额竞选资金——取代了他们。令人遗憾的是，改革者的早期失败预示着他们后来的边缘化，那时他们在公共生活中的存在原本是会产生重大影响的。

在 3 月大选之后，东德的第一个也是唯一一个民主选举的政府上台了，洛塔尔·德·迈齐尔担任州政府总理。迈齐尔是柏林的一名谦逊的律师，是持不同政见者的辩护者，也是新教教会中的一名积极分子，他参与政治更多的是出于责任而不是野心；他还是一位充满激情的小提琴手。与东德那段奄奄一息的日子里的许多其他政客一样，迈齐尔被指控与斯塔西有联系，但这些指控很快被证明是错误的。作为一名教会活动家，他一定会与普遍存在的国家安全部门有一定的联系，但这就是全部。我认为这些卓越的政治人物出现在现场是另一个较小的政治奇迹，特别是迈齐尔和吉西——一位是胡格诺派的后裔，另一位是犹太人，他们俩成了两个少数民族的代表，但这两个少数民族曾经对旧普鲁士的繁荣产生巨大的、有益的影响。

随着德国问题成为关注焦点，以及德国问题专家在各地成为"抢手货"，我的生活也开始有了变化——在情绪上和现状上。我的第一个冲动就是想去东德教书，去帮助学生克服他们的过去和现在的情况，去挑战他们所继承的扭曲的单纯性。我本来希望去追随我的朋友比登科普夫，一听到库尔特·马祖尔的恳求"我们需要你"，他就即刻前往莱比锡兼职教法律。我可能对民主德国的经济赤字了解得不够，但是在历史知识领域内的赤字我确实是很了解的。我认为帮助东德学生掌握他们的历史复杂性将是令人激动的（并且是很有用的）。我还会了解到遗忘的过程！东德的自我形象是一种英雄例外论，是德国生活中所有进步元素的体现，这个神话必须得到纠正。尼采曾经说，一个人必须要克服的羞耻感能增强获取知识的吸引力。苏联已经承认了在给过去重新排序上的困难：戈尔巴乔夫政权取消了苏联所有的历史考试，为期一年。比起用法令来中止，我无法再想出一种对历史的中心性程度更高的赞美了。

当时，我们中许多人在自问："接下来要做什么？"1990年的春天，我与乔治·索罗斯用了很长时间吃了一顿晚餐，他告诉我他计划在布拉格筹建中欧大学，这是他的政治慈善事业的另一个大胆倡议，既实际，又令人钦佩。盖雷梅克和我6月在华沙讨论过类似的问题。他说得非常直白。我们需要历史学家，他说，因为我们需要真理。

客观情况使我必须整天留在哥伦比亚大学，但要做的工作还有很多。我敦促德国马歇尔基金会董事会的同事们将东德人带到美国来参加一些项目，这些项目类似于那些在1945年后给西德人带来巨大机遇的项目。当然，经历会有所不同：较早的那批人是从一个饱受破坏和破产的国家来到一个胜利的和自信的美国。我们自己这个国家几乎没有早期的乐观信仰，而民主德国公民现在是与纳粹幸存者不同的一代人，但仍然有必要给他们一个机会。

一个重新统一的德国的幽灵困扰着许多人，特别是在欧洲，但当我被要求解释持续发展的剧情并猜测可能的结局时，我告诉人们，我认为东德的解放和一个统一的德国的出现，只要它是坚定地扎根于欧洲和西方的，就值得我们全力支持。并不是每个人都同意我的观点。回想起来，令我惊喜的是，我的观点维持了一种乐观的平静的基调。

东欧的一些持不同政见者，包括那些亲身遭受过德国野蛮暴行的人，肯定了他们对一个新的民主德国的信任，并承担了实现与之和解的风险。1990年1月初，瓦茨拉夫·哈维尔说："我们有责任向第二次世界大战后被（从我们国家）驱逐出境的德国人致歉。"他的共产党反对者对这个被称为非国家的或反国家的立场予以抨击，但是我要为其赞美，并在发表于《纽约时报》的一篇文章中把它称为"一个宽宏大量的姿态"；东欧不仅要将其现在，而且要将其过去从苏联的正统观念中解脱出来。将德国人从苏台德地区驱逐出去"常常是在残酷的条件下执行的"，它不仅伤害了纳粹分子，还伤害了反纳粹的德国人。（我举了一个苏台德的德国朋友的例子，一位死于流放途中的希特勒反对者——格雷特·库贝尔卡。）"道歉对于一个新欧洲来说是必要的条件"，我想，我还提到了东德因为参加了1968年华沙条约针对"布拉格之春"的行动而做出的正式道歉，以及苏联于1989年承认1979年对阿富汗的入侵是非法的。为了创建一个新的更好的秩序，每个国家——我把美国包括在内——需要诚实地面对过去，既不屈从于夸大的罪行，也不沉溺于记忆缺失。1990年，道歉尚未成为例行公事和毫无意义的姿态，但是我因为那篇文章而收到了令人难忘的攻击信函。斯洛伐克人写信告诉我，所有捷克人都是"猪"，只有斯洛伐克人曾经反对过希特勒——一个赤裸裸的谎言。一位拉比被激怒了，我居然只提到一位已经去世的苏台德德国妇女，难道我忘记了600万被杀害的犹太人？

几个星期后，我被召集参加一次讨论会——在评估德国的未来时德国历史的地位，并且惊讶地发现身处令人敬畏的同伴之中。1990年2月下旬，英国驻华盛顿大使馆询问我是否愿意接受撒切尔夫人的邀请前往首相别墅，按照撒切尔夫人的私人秘书查尔斯·鲍威尔的说法，同一些专家进行"一次完全非正式的谈话"，话题是从德国历史中吸取的教训，这些教训将有助于处理当前德国的统一问题和未来统一后的德国问题，"以及我们将如何确保统一能加强欧洲的稳定和安全"。3月下旬召开的这次会议将被作为"绝对机密"来对待。

我接受了——我怎么可能拒绝与英国首相见面的机会，而且在首相别墅，英国首相们的传奇住宅，丘吉尔的休息寓所，英国的"戴维营"。与会者名单令人望而生畏：戈登·克雷格是另一位美国人，还有三位英国历史学家——戴克勋爵（休·特雷弗·罗珀）、诺曼·斯通和蒂莫西·加顿·阿什，以及自由欧洲电台的记者和前任台长——乔治·乌尔班。

当戈登·克雷格和我于3月23日在伦敦相遇时，鲍威尔给了我们有关第二天会议的备忘录。会议开始部分针对的是德国的过去："关于讲德语的欧洲人的性格和行为，历史告诉了我们些什么？有无持久的民族特色？德国人在过去四十年（或八十年或一百五十年）中是否有所改变？"首相将"为此吸取每个参与者的智慧"。会议第二部分将讨论"德国在欧洲的未来角色及其可能要求我们在外交中做出的变化"。

撒切尔夫人慷慨地招待了我们，午餐时我就坐在她的丈夫丹尼斯·撒切尔身边，他是个很难交谈的人。撒切尔夫人则刚好相反，她以一种俏皮的娇媚方式在全场光彩夺目，散发着魅力和无限的自我肯定。外交大臣道格拉斯·赫德和做记录的鲍威尔则表现出典型的矜持态度。

首相亲自主持了会议，要求我们每个人做一个开场陈述。我拿出便条写了我的第一个话题："英德对抗：对20世纪的承诺造成的最大伤害"。我谈到了19世纪后期双方关系的对抗性逆转，当时德意志帝国超越了英国的工业实力并挑战其海军力量（主要是出于国内和声望上的原因），然后在恐怖的第一次世界大战中，每个国家都把对方看作致命的敌人。数以百万计的死伤者留下了一笔造成分裂的遗产：对一些人来说，是"再也不要"发动战争的强烈愿望；对许多人来说，是一方面对英国的虚伪，另一方面对德国的野心和侵略的严重不信任。

我补充说，误解可能会加剧这种对抗。英国人永远不会忘记，在接到英国于1914年8月4日的宣战，强调德国违反了比利时的中立时，德国总理贝特曼·霍尔维格说："这一切只不过是一纸空文。"这导致英国人认为德国人把条约仅仅看作一张废纸。我提出了一个不同的解读：也许针对英国没有像德国人所希望的那样保持中立并立即意识到由此造成的灾难的严重程度，德国总理一直在用不适当的语言来表达他的沮丧。也许，与其说这是对条约的判断，更不如说是一种悲叹，是对爱德华·格雷爵士的评论的一种笨拙模仿，"整个欧洲的灯光都熄灭了；在我们有生之年，我们将不会看到它们被再次点燃"。

当然，德国的过去是一个沉重的、不可避免的负担，但它与当前形势的关联是有限的，我们历史学家是这样认为。德国的过去导致了邻国对它的恐惧和德国人之间的暴力冲突。但德国人已经改变了，联邦共和国现在有了一个负责任的、以西方为导向的政治阶层，而且其早期的迫切的侵略性特征已经基本上消失了。虽然统一会带来巨大的问题，但德国最终会把握住它们。

当我们发现首相对德国人的怀疑和厌恶的程度时，我们这些"专家"更加强调了这种观点。这位具有历史意识的铁娘子冷静地固执己见，她确信，德国人会利用他们新近获得的力量来控制欧洲共同体，并在东欧实现他们原先自封的使命。她对德国人何时再次向东进军的疑问源于她深刻的信念。德国人有各种各样的美德，她说，比如纪律和勤奋，但根据传统和品格，他们是很危险的。她的怀疑和不信任似乎是不可动摇的。（赫德的偶尔介入表明了一个更加开放的思想：他是一个没有过度偏见的现实主义者。）

最后，首相用一个学校女生的姿势拍手向我们致谢，并略带戏谑地向我们保证："我会对德国人很友好的！我会对德国人很友好的！"几天后，科尔将访问伦敦，我心想，这两位领导人都代表了他们自己更愿意称为民族特性的一些不那么吸引人的特征。事实上，撒切尔夫人别无选择，只能"变得友好"，但她一直在勉为其难。在她的回忆录中，她承认，"如果要举一个例子说明我所执行的外交政策遇到了毫不含糊的失败，那就是我对德国统一的政策"。

在一次喝茶休息时，我坐到了撒切尔夫人身边，稍稍远离其他人，因此我们简短地聊了一会天。我说，如果她对德国人的感觉同她实际表现的那样，我会认为她愿意试图恢复法国和英国之间某种古老的友好关系。她让我知道她对法国人的看法，法国人都是相当令人失望的，她说，然后她还插入了一句对意大利人的看法，认为他们是轻浮的、不可靠的，并补充道："你唯一能信任的就是荷兰人。"我小心翼翼地说："首相，这可能还远远不够。"

当我们离开并回到汽车上后——是在喝了一轮她自己调配的饮料，并且给我们展示了一些她声称已经读过的我们写的书之后，我对蒂莫西·加顿·阿什说："她就差德国佬这个词没有用了！"撒切尔夫人的反德情绪根深蒂固，她未说出口的看法很可能就是丘吉尔的观点：德国佬总是卡在你的喉咙上或者跪在你的脚下。这些长期存在的偏见不受理性的影响。

撒切尔夫人无法像她希望的那样减缓德国统一的进程，它已经形成了自己的动力。但在欧洲，她的怀疑并不孤单。法国的弗朗索瓦·密特朗同样不愿意看到一个更大、更强的德国作为邻居——他可能与弗朗索瓦·莫里亚克的观点一致，这位小说家有一句名言：他非常爱德国，以至于两个德国他都想要。但科尔与密特朗一起参与推动了一项名为"马斯特里赫特1992"的计划，该计划设想将欧洲共同体转变为一个更具凝聚力的欧盟。科尔希望朝着更大程度的欧洲一体化迈进将减少德国统一的困难。

处理德国问题需要盟国的接受和两德之间的协议。为了防止出现谈判由盟国发号施令的情况，哪怕是一点苗头，有人发明了"2+4"的模式，这意味着两个德国将处理它们自己的内部问题，四个同盟国则在如何调解它们在柏林的剩余权利以及关于在德国期望自决的情况下它们的驻军问题这些方面达成协议。科尔显然是这两套谈判班子中的关键角色，他当时提出的策略和表现出的稳健令人印象深刻。他不可或缺的盟友是布什总统，因为美国的利益在于一个持久地与北约和欧洲共同体紧密联系在一起的强大的德国。

科尔还必须建立一种共同货币，他不顾德国央行的反对，决定在西德马克和东德马克之间以 1:1 的汇率进行大多数交易，从而大大高估了后者的价值，在这一方面他发现了一个政治上很方便的妥协。民主德国全面的经济崩溃可能还不明显，但人们已经感觉到，要把东德引入一个可行的统一的德国，并使其充分地繁荣以遏制进一步的移民，所要付出的物质代价将是巨大的。因此，事实证明，要想掩饰这项任务的重要性，实际上就是一种额外的精神上的代价。当时我对这些经济方面没有给予足够的重视，我担心的是人类或心理上的问题。饥饿是可以缓解的，我想，但羞辱造成的痛苦会更长久。我担心东德人会逐渐怀有一种失落感和怨恨感。

6 月，我有了一个机会去迈齐尔在柏林的家与他见面，这反映出他谦逊朴素的风格。（我忘记了是谁安排的这次探访，我认为这是一种特殊的待遇。）当我提到我认为统一的心理困难甚至比经济困难更大时，他立刻表示同意，"我不想把 1700 万心理不健康的人带进这个新的德国"，他说道。1993 年 12 月，他告诉我在重新统一的那一刻，他曾带着他刻薄的机智对科尔说："我很抱歉，我没有随身带来 1600 万婴儿。"这两种表述均表明迈齐尔感觉到西德人希望东德人在心理上要顺从和谦恭。

在这部戏剧中，这两位对比鲜明的演员身上有某种哀伤的象征性东西：科尔有着笨拙的仪表，巨大的自我满足感，以及莱茵河天主教徒温和敦厚的性情；而身体单薄、矮小的迈齐尔则是一个朴素甚至谦卑的新教徒。他们彼此不喜欢，而且迈齐尔对资本主义美德的怀疑使他难以同那位总理相处。

直言不讳反对统一的德国人也为数不少，其中最突出的是君特·格拉斯。他坚持认为国家的分裂是一种历史性的惩罚，奥斯威辛集中营构成了统一的道德障碍，并且欧洲的和平取决于德国的永久分裂。但是，我不明白，为什么这个国家三分之一的人要为此买单呢？还有一类人，在西德和东德都有，他们想要一个联盟的德国，其中改革后的有着混合经济的民主德国在资本主义和共产主义之间显示出一种"第三条途径"，这样的一个德国也将会存在一段时间。我认为这也是一种相似的不切实际的想法。民主德国已经错过了改革良机：人民已经失去了耐心。

在发生剧变的这几个月里，我接受邀请在许多不像首相别墅那么令人望而生畏的场合去做演讲，我的演讲内容在各处几乎如出一辙，只是侧重点可能有所不同：与非德国人谈话时是对统一做出自信的分析；在与西德人谈话时，就请他们以得体的态度和同情心来对待东德人。但我知道，很多欧洲人和美国人对于一个扩大的德国有很大的保留意见。尽管如此，这些谈话和会面有时也允许"向掌权者说出真相"，如果我可以擅自使用这种陈词滥调来描述公民难有的机会去向那些将权力与知识混淆在一起的高端人士进言的话。在 1990 年 4 月于华盛顿举行的后来证明是我最后一次参加的三边关系委员会的会议上，国防部长理查德·切尼感叹道，每当哈维尔或瓦文萨说话，他都会失去两个师——欧洲共产主义威胁的减少会鼓励国会采取节俭政策。他是在试图引人发笑，但我还是要提出反对：哈维尔和瓦文萨的政治存在肯定是要费力对付的，但无论如何，安全不应该仅仅根据师团的数量来衡量。（我几乎不可能知道，在十几年里，切尼在做出政策决定时，依靠的仅仅是无情的且往往是不适当的武力。）

德国统一的前景给美国犹太人带来了一个特殊的问题，其中一些人坚持对这个国家持一种坚决否定的看法，尽管多年来反德情绪已有所减弱。西德的官员做出了特别努力去接触美国犹太人，实际上是向他们讨好，总的来说这种和解工作也已取得了进展。尽管如此，对于许多人来说，德国还是被认为是个杀人犯众多的国家，就像爱因斯坦在 1953 年所标记的那样。1990 年初，世界犹太复国主义组织负责人埃德加·布朗夫曼想要向联邦议院陈诉犹太人对统一的立场，并为此征求我的建议。我持怀疑态度，难道真的有犹太人的立场吗？我敦促他首先向纽约的犹太听众陈诉他对统一的有条件的认可。最后他确实在柏林向德国听众发表了讲话，但几乎没有产生任何共鸣。

那年晚些时候，我原先的一个博士生，纽约犹太神学院院长伊斯玛·朔尔施邀请我在神学院年度朋友聚会上就德国统一发表演讲，那一年纪念的是格申·凯克斯特，一位捐助者以及一家公关公司的负责人。我犹豫了，这个话题适合这种活动吗？他是否知道我出生时受过洗？是的，他知道，他说道，而且我应该畅所欲言。

所以我再次谈到了 1989—1990 年这一时期的后果。我告诉他们，本－古里安在 1957 年做出的评论，"今天的德国不是昨天的德国"，在那几年中已经得到了充分的证实。西德政治家和作家承认德国对纳粹野蛮行为负有责任，德国的必胜信念（就像美国的那种"赢得冷战"的必胜信念）是不存在的。过去的受害者必须被记住，我说，虽然他们从未被利用过，对他们的怀念是神圣不可侵犯的。我添加了一个警示：把大屠杀作为最深刻的道德警告来理解是强制性的，但将其发展成为对未来德国后代的永久性的赔偿要求，或者让大屠杀的记忆去鼓励保持强硬态度，这听起来是一种危险的错误的观点。我们也不能忘记德国人在他们的罪行中有不可或缺的帮凶。德国犹太诗人保罗·策兰写下了一句经常被引用的诗:"死亡是来自德国的大师。"这句诗的力量有时会让德国的外国帮凶被人遗忘了。

原本我预计会有不同意见,但不论是在此地,还是从其他大多数持怀疑态度的听众那里,我一直没有遇到过。碰巧,1990年我有三本书在法国出版,另一本在荷兰出版,我也获邀去欧洲做演讲和采访。我在各个地方谈到了我们的忧虑,这些忧虑值得我们寄以希望;在一个不同的欧洲就有一个不同的德国。毕竟在1989年民族主义者已经显示出其杰纳斯*的两面面孔:在东欧,他们在有力地、仁慈地激励着不同意见;然而在处于瓦解中的南斯拉夫,他们则露出了丑恶又好战的嘴脸。

1990年7月中旬,科尔和戈尔巴乔夫在戈尔巴乔夫的高加索度假地敲定了有关德国的最终协议。一个统一的德国最终将拥有完全的主权,由此可以自由选择其联盟(即留在北约);苏联军队将在有限的时间内留在东德,在西柏林的盟军也一样。联邦德国国防军将被限制为一支35万人的军队,并且德国将放弃所有核武器和化学武器。联邦共和国还授权立即向苏联提供50亿德国马克信贷——后来甚至批准了更多,为从东德军营返回的士兵在苏联建造住房所需费用提供帮助。

与此同时,两个德国也达成了一项协议。事件发展的速度是由东德不断恶化的局势决定的:大批人员离境仍在继续,随着工业开始失去其出口东方的市场,经济正在逐渐失去活力,而共同的货币则允许东德人去购买他们长期渴望但被拒绝给予的西德商品。迈齐尔要求加快统一步伐。到10月3日,根据"基本

---

* Janus,古罗马两面神。——译者注

法"第23条，民主德国成为联邦共和国的一部分。这一天举行了隆重的仪式，但是没有那种得意扬扬的心态。德国在社会主义道路上的短暂且唯一的尝试（一度是一种本土产品！）变成了历史。在盟国的同意下实现统一标志着一项伟大的外交胜利，但我认为，要不是因为东欧持不同政见者和数百万走上街头的和平的东德公民，以及戈尔巴乔夫认识到苏联坦克既不能也不应该保留对外国的统治，这一切原本是不可能发生的。

在德国的成功不断发展的背景下，来自英国的一种愤怒的抱怨声引起了短暂的骚动。1990年7月，英国贸易大臣尼古拉斯·雷德利——撒切尔夫人内阁中最亲密的对欧洲持怀疑态度的盟友——在接受《旁观者杂志》采访时发表了一些冒犯性的反德言论，他暗示一个统一的德国将和平地获得希特勒借助武力为之奋斗的东西（插图是一幅留着希特勒式胡子的科尔的漫画）。雷德利被解职了，整个事件在德国并没有被认真对待，但它反映了英国亲欧洲和反欧洲两派之间的分歧，特别是在掌权的保守党人之间。

雷德利已经够糟糕了，但随后发生的事情更糟糕。我们与撒切尔夫人在首相别墅会面的一份误导性纪要被泄露了（显然是出自英国驻波恩大使馆），这份纪要看上去好像她的"专家们"都在抨击德国。查尔斯·鲍威尔的会议议程——我们从未见到过——出现在《明镜周刊》上，然后出现在英国媒体上。这个议程读起来就像反德主义者的一次秘密会议记录，当然这是与实际情况完全相反的。它用一句话列出了一个已经讨论过的不具吸引力的德国特征的列表，始于恐惧和侵略性，终于多愁善感。我们所有人对这个报道造成的错误印象感到特别恼火，并且担心我们的德国朋友会相信它。

蒂莫西·加顿·阿什是第一个做出回应的人，他在一家英国报纸上指出，实际上"争论的重要影响力绝对是正面的"，我们所有人——他们绝不可能会持有相同的观点——都强调联邦共和国确实代表着德国历史上一些全新的东西。"每个人都说出了自己的想法。弗里茨·斯特恩没有说任何他以前不会说的话——事实上，都已经说过了——在他著名的出版物中。"同样他也为自己做了辩解。我也添加了一个回应进行反驳，然后在给《法兰克福汇报》（在《华盛顿邮报》上转载）的一篇长篇文章中重申了他的观点，即鲍威尔总结的效果与我们的真实希望完全相反，我们的希望是有助于更好地理解全新的形势，更好地理解一个截然不同的、最后西化的新德国。我写这篇文章时，恰好是在科尔成功地与戈尔巴乔夫进行了会谈之后的几天，这实质上证实了西德对西方的依恋，但在风格上——例如，有些细节科尔没有透露给布什——暗示了一种德苏双边主义。科尔是否必须在高加索宣布"在德国统一之日，所有盟军权利将自动停止"呢？事实上是正确的，但这样做是否明智呢？

我补充说，统一代表着给德国的第二次机会，这对于国家和个人来说都是一份难得的礼物。德国的第一次机会是在 1914 年之前，当时它正处于成为欧洲最重要力量的顶端，但是第一次世界大战的爆发——与德国有缺陷的政治结构和不断增加的沙文主义疯狂行为不可分割——破坏了这一机会。它的第二次机会将是建立在联邦共和国的成功基础之上——这一次是和平的和谨慎的。

"第二次机会"这个词非常引人瞩目。《法兰克福汇报》将它用作我的文章的标题，从那以后这个词经常被引用。有时候，德国人介绍我时干脆就把我称为"第二次机会"之人。我仍然认为这个词是恰当的，既是庆祝，也是劝告之意：这个国家已经被赐予一个伟大的礼物，就需要加以保护。过去应该成为一个教训。

　　我认为可以界定一段历史性时期的这个短语也为我概述了一段最深刻的个人经历。我本人也在伸手去抓住第二次机会。在20世纪80年代初期，著名的图书编辑和出版商伊丽莎白·西弗顿寄给了我一本书的排版清样，让我写书评；我们建立了一种书信来往的友谊——在电子邮件面世之前的岁月里，信件是表达隐秘的思想和信心的工具——然后我们见了面。我以前从来没有遇到过如此富有魅力和生气勃勃的女性，在各方面具有天赋，从里到外透着美丽。她引人注目，充满活力，有着无止境的求知欲、天生的对生活和艺术持开放包容的态度。她是半个欧洲人，理解并鼓励我的欧洲导向，她的成长经历培养了她对政治的有力的承诺。她的母亲是个英国人，她已故的父亲莱因霍尔德·尼布尔是一位著名的神学家和社会评论家，我特别钦佩他的书《美国历史的讽刺》——除了他对纳粹主义的憎恶和他给欧洲难民提供的巨大帮助之外。我和伊丽莎白的兴趣和激情完全重合，并由此变成了一种激情绽放的爱情。我们的生活交织在一起，即便我们的脾气——以及环境的力量——偶尔会造成风暴。她是上苍赐予我的一个维系生命、提升生命品位的礼物：我的第二次机会。

　　我认为，我的潜意识最初是通过向我隐瞒公开表述与私人经历之间的联系为我提供服务的。如果我立刻认识到有关德国的第二次机会这种表述的起源与个人问题有关，那么我可能早就忍住了这种表述。历史学家经常会发现他们的生活和工作是有关联的，但我们也被教导不要让前者介入后者。在任何情况下，我的私人生活都会产生一定的压力。与佩吉离婚的过程是非常困难的，即使在最后的阶段一切都非常友好。分手或争论对我来说并不容易。

1983 年在我当教务长的最后几个月中，我的下背部就已经开始出现问题了，而且越来越严重，我试图通过锻炼来控制它。在 1990 年上半年结束时，我发现哪怕是走一小截路都会感到非常痛苦；经过多次检查，我被确诊为椎管狭窄，然后于 1991 年 1 月 15 日——我记得这个日子是因为这一天也是第一次海湾战争开始的日子——接受了椎板切除术。

我恢复得很快——快到那个夏天我可以去西尔斯·玛利亚并在那里做一些适当的徒步锻炼。（8 月，沿着西尔斯湖散步时，我听到了反对戈尔巴乔夫的政变被粉碎的消息！）长期以来，西尔斯在我生命中占据着一个特殊的位置，不仅因为它令人敬畏的美丽强化了我对父母和过去的回忆，在我童年时代我和他们一起住在阿尔卑斯山上，而且因为这是我自己的一块地方，在这里我可以见到并结交朋友，还可以不受政治困扰地再次使用我的母语。在阿尔卑斯山上徒步旅行对我来说已成为一种热爱，而且去西尔斯有双重功效：我可以在那里休息和恢复，但是它也促使我必须努力工作，这是到具有独特修复功能的阿尔卑斯山待上几周的物质先决条件。我的孩子们分享着我的感受，伊丽莎白和我的孙子们也是如此。它已成为我的第二个可选之家。

在西尔斯度假后不到一年，一天晚上，一阵胸痛催醒了我，而且——尽管我有自夸自大的医学基因——陷入了任性的幻想之中，认为我只是因为胃部不适而遭受痛苦。事实上，我是心脏病发作，到第二天快结束时，我才发现自己躺在哥伦比亚大学的医疗中心。在哥伦比亚大学一位朋友的帮助下，一位名叫杰瑞·格利克里奇的心脏病专家照顾着我，这位医生 1948 年出生在弗罗茨瓦夫以西 60 英里的一个小镇上！这位出色的医生不仅成为我的医生，而且成为我一位值得信赖的朋友：另一种意义上的回家！在他的照顾下，在伊丽莎白和我的孩子们了不起的支持下，我再次迅速地恢复了健康。我很高兴这两次危机发生的顺序是正确的：背部的手术使我能够进行心肌梗死发生后所需要的每日有规律的步行。

还躺在医院时，我想起了我父亲关注过高海拔对心脏病患者的影响，因此我对格利克里奇医生提出的第一个问题是我是否能再回西尔斯·玛利亚。他认为没问题，而且会相当快。我立刻就感觉好多了。事实上，在1992年的夏天，伊丽莎白和我在西尔斯度过了两个星期，快结束时——同我们的法国朋友罗杰·埃雷拉和他的妻子艾琳一起——我们设法完成了七个小时的徒步旅行，爬上了令人畏惧的顶峰，隆亨山口和塞普蒂默山口两条分水岭在此相交，然后沿着塞普蒂默山口一条石头路向下到达布雷加利亚山谷，这条山路是当年罗马人修建的，马丁·路德曾经走过。

我开始越来越多地参与新的德国的生活。较早的一次前往前德意志民主共和国的旅行是在1991年5月，当时德国语言和文学学会安排在精心挑选的文化圣地魏玛小城相聚，我是在1988年当选为其成员的。我发现，一下子能够见到那么多德国历史上的不同层面，实在是太令人震撼了：歌德故居和席勒博物馆；宁静古老的小城里铺着鹅卵石的小街小巷；原先民主德国破旧的楼房、撕毁的招贴，还有褐煤的气味（我还挺喜欢这种气味）；在小城中心，一条宽阔的街道两边都是新的商铺，出售着西方的商品。在城市的一端，人们可以参观古老的公爵宫殿，里面装饰得富丽堂皇，但是它的地面是荒芜的，在通往宫殿的路上，要经过一座很大的苏联的战争公墓。

学会的正式会议尽职尽责，专注学术，但同以往常见的那样，会议间隙偶然的对话和并肩散步使会议变得更有价值。学会还邀请了一些东德人参与讨论，但是西德人对他们所经历过的并且最终所赢得的一切几乎毫不关心。一位当地的牧师对我说："我曾经觉得自己像一个解放者（Befreier），现在我却觉得自己像个失败者（Besiegter）。"这句话深深地印在我的脑海里。

然而，一直铭刻在我的记忆中的是我独自前往布痕瓦尔德的一次旅行。布痕瓦尔德位于陡峭的山顶，离魏玛小城只有 5 英里；1938 年在"水晶之夜"被捕的犹太人被强迫走上或跑上位于山上的集中营。我们在布雷斯劳的一个邻居，就像大多数布雷斯劳犹太人一样，曾经被押送到那里。我马上想到，这样的磨难如果发生在我父亲身上会怎么样，他的健康和精神早已因第一次世界大战而受损。我再一次意识到，如果他也不得不要忍受这种恐怖，那么相比德国的过去，我自己的人生就将是截然不同的。

送我去集中营的那辆出租车经过了大片苏军的营房，他们仍驻扎在那里。位于山顶上的集中营实际所在地周围环绕着山毛榉树林（布痕瓦尔德），俯瞰魏玛时感觉有一种梦幻般的景象，颇有几分"浪漫"：将他们的野蛮的毒瘤放在德国古典文化的圣杯旁边，这是纳粹居心险恶的恶魔般的伎俩。在集中营里，一座座小屋还留有共产党人的标记，突出了那些在那里成功组织了一个地下抵抗团体的共产党英雄，并且还展示了一些纳粹文件，例如犹太囚犯的名单，附带着他们的职业头衔，医生或学者。（但是在 1945 年集中营被解放以后，我在那天晚些时候得知，苏联当局还用它来监禁其"敌人"，包括原先的社会民主党人。）

当我离开时，我因内心深受震撼而缄默不语，这时来了一辆旅游巴士，车里涌出来许多法国游客，包括一些也许是会讲法语的非洲人。我不禁想到，他们会怎样看待"西方文明"呢？那天晚上我打电话给我的儿子，告诉他那些令我心潮澎湃的情绪，他的祖父母和外祖父母也都牵涉其中，他把我这次访问称为"朝圣"，也许还真是的：一次面对恐怖势力的"朝圣"，同时怀有深切的感恩之情，感谢我全家人能够得以逃亡，感谢在最不幸的时刻我们能够获得这难得的好运。

通往德国统一的道路上可能有陷阱，这一点似乎很明显。对于统一，东德人有不同的称呼，最好听的是融合，最难听的是吞并。我经常说，德国人对待德国人的方式，政府如何对待自己的公民，这很可能被看成一个国家在海外行为的风向标。在统一后的德国，这是一个至关重要的问题：繁荣的西德将如何对待较贫穷的新来者？反之亦然。未来看起来既更明亮，又更黑暗，既更自由，又更不安全。西德担负起了主要的经济工作，例如，让那些庞大的国营企业和经营不善的工业联合企业私有化。在原先的西德，我在好几次不同场合中谈到了美国的经历，谈到了林肯在可怕的内战打得最激烈的时候表现出来的宽宏大量，但是没有提及战后这种宽宏大量是如何被北方唯利是图的投机者和南方的敌对抵抗力量背叛的。

科尔总理继续在掩盖统一带来的巨额开支。最后，1993年3月，联邦议院采纳了一项被称为团结协定的法案，征收新的税收以支付东部的重建费用，并预计在未来十年内将约7%的国民生产总值转移到东部各州，其中大部分用于新的道路和电信网络等切实可行的基础设施建设。但是，现代社会这些重要方面的创造并不能弥补由于拆除过时的、有时人浮于事的工厂而导致的大规模失业。

必须要拆除的还有很多，甚至整个国家机器——包括其公务员、教师和司法系统——都必须经过审查。但应该由谁来做，根据什么法律来做？人们该如何判断，或甚至找出那些出于某种原因会在勾结可怕的政权和有时又行为正派这两者之间交替变化的人呢？直到现在，不论是在东部还是在西部，每个人才开始了解斯塔西的恶行，其普遍的监控以及腐败的全部程度。真正有罪的又到底是谁呢？

我怀疑在 20 世纪 50 年代曾宽容对待有"褐色"历史的纳粹同谋的那些西德人会对有"红色"历史的人更加苛刻，而且我预计去斯塔西化将比去纳粹化要来得更加彻底。另外，有相当多的没有污点、有能力又没有任何恶意的西德人现在能够并且确实在东部各州担任一定职务。我关注着两位老朋友，库尔特·比登科普夫和伯恩哈德·沃格尔分别担任了萨克森州和图林根州总理的新职，并成为受到热烈赞誉的元勋。但是，东德人抱怨被"殖民"和被剥削也并不奇怪，同时西德人则抱怨东德人的自怜自艾和忘恩负义。（正如一位东德聪敏人士所讽刺的那样："如果有什么东西比被剥削更糟糕的话，那就不是被剥削了。"）在西德人逐渐称为清算（Abwicklung）的许多领域内都需要用上策略，清算是个官方术语（曾经被纳粹多次使用过），用来表示去结束一个过程。我问过一位朋友，他主持着一个西德评估东德学术机构和人员的委员会，为什么不邀请中立人士——一个瑞士人或奥地利人——来帮助进行裁定。西德当局甚至想都没有这样想过。

1993 年 6 月，一个新的名为德美学术委员会的组织，我也是其成员，与科尔总理进行了一次会面。在长时间的讨论即将结束时，我碰巧问了最后一个问题，那是我常谈的一个问题：已经如此糟糕的经济问题是不是可能不会比心理问题更加容易解决？科尔的一大堆杂乱无章的回答是以这样一句话结束的："只有蠢人才会认为我们的一切都是对的而他们的一切都是错的！"我立刻记下了这句话，并且想到，如果他在公开场合也能说出这样的一句话该多好啊！这是最需要的一个基调，但这种基调基本上不存在，就像没有人在道德－政治教育上做出任何努力一样。

令我感到心情黯然的是，在短短几年内，幻想破灭正在取代过高的期望。一些德国人打趣说他们的国家比以往任何时候都更加分裂，虽然在"新的"州里的进展是显而易见的（许多荒凉的小镇或社区已经焕然一新；新刷上的油漆给人的视觉和嗅觉是令人兴奋的），我开始意识到东德人正屈服于一种社会的反常状态，而这种反常状态总是归因于那些遭受过严酷的资本主义早期阶段痛苦的人。所谓东德情节（Ostalgie）的最初迹象显现了，这是对结合紧密的、熟悉的、破旧的民主德国，对其社会保障网络的模范象征等产生的一种怀旧情绪，一个例子就是其备受吹捧的儿童保育中心（Kinderkrippen），还有非常慷慨地允许母亲成为劳动大军的一部分。老一代人开始清理他们对民主德国不好的记忆，并心怀感激地记住其"社会主义"生活的地域隐私、缓慢节奏和可预测性——在许多方面比美国化的西德生活更加有"德国味"。在柏林，新论坛的一位负责人对我叹了口气，说道："难道我们没有为这个新国家带来任何东西吗？难道我们没有任何东西值得认可吗？"

赫尔穆特·施密特希望建立一个私人的无党派基金会，即德意志民族基金会，以便促进在一个一体化欧洲内部的德国国内的和解；最初他资助了这个项目，后来又争取到了别的基金会的资助。他邀请我加入这个新组织的理事会，理事会由来自东部和西部的德国人以及三个外国人组成，其执行委员会包括比登科普夫、马祖尔、莱玛·勒斯特和施密特本人。这个基金会在国家建设中有了发言权，决心不让民族情感再次成为被激进右派利用的一种激情。它的工作教会了我很多。但它的存在也证明了还有德国统一未解决的问题。*

即使在古老的民主国家中，眼睛盯着下一次选举的政客们也更喜欢恭维公众而不是去对公众指手画脚。例如，我对美国为论证在 1989 年的事件上美国的必胜信念时所援引的简单历史感到沮丧。在 1992 年 1 月的国情咨文中，布什总统宣称："凭着上帝的恩典，美国赢得了冷战……（我们）是地球上最善良的国家……世界把权力托付给我们……他们相信我们是站在正义的一边。"难道真的是这样?！我当时写道。美国已经做了足够的努力，因此其领导人有能力来承认东欧人自己在推翻旧政权这件事情上有显著的重要性。即使是对美国的力量和角色在语言上的夸大，在道德上也是令人厌恶的，在政治上更是危险的。我没有忘记布什在 1988 年的竞选活动中对自由主义的诽谤，我对这种统治的政治风格也感到不安：一个里根主义的世界创造了针对美国的伟大的一种歪曲看法和一种释放出来的贪婪的做法——欧洲委员会主席雅克·德洛尔将其称为"野蛮的资本主义"（capitalisme sauvage）。

因此，我对 1992 年比尔·克林顿的当选感到高兴。当瑞士电视台在选举后的早晨邀请我从华盛顿发表评论时，我并没有掩饰自己对民主党获胜的兴奋。在镜头前（采访是在美国劳工总会与产业劳工组织总部的楼顶上进行的），我指着我身后的白宫说道："这又是我们的了！"我还有一个短暂的庆祝时刻。

---

* 这个基金会也证实了私人或企业基金会在新的德国国内日益增长的重要性，它们丰富了这个国家的政治和文化素养。这些基金会经常有意识地模仿卡内基、洛克菲勒和福特等美国社团的运作。

　　几个星期后，我有了一次把克林顿介绍给德国听众的机会。约施卡·菲舍尔，时任黑森州环境部长，红绿联盟中的第一个绿党人士，邀请我去波恩参加正在进行的系列讲座"德国：下一步怎么走"，我的演讲将注重新德国的外交政策。我之前见过菲舍尔，发现他是个完全不因循守旧、非常聪明的人。演讲之前当我坐在我的酒店房间里再次浏览潦草写下的笔记时，我收到了一个电话短信，魏茨泽克总统也计划来参加讲座：对我来说准备工作是很困难的，而这个消息使我更加心生畏惧。

　　尽管如此，要强调我的主要观点还是很容易做到的，我的主要观点就是克林顿是一位国际主义者，他将继续保持他前任的美德之间的特殊关系。我提到了美国对德国在海湾战争期间提供的技术支持以及德国在波黑的联合国蓝盔部队中的存在感到满意。在国内，我说道，克林顿将不得不处理他继承的各种赤字；我提到布什总统对新近强大的基督教宗教激进主义团体的关心，并解释了他向最高法院提名克拉伦斯·托马斯一事的重要性。但是我还提到了德美关系中较早的一个刺激性因素：1991年12月，科尔不顾欧洲共同体和美国的意愿做出了一个草率的决定，承认克罗地亚独立。许多人担心这一举动会导致波黑也同样宣布独立，那样就将引发塞尔维亚人的攻击并使巴尔干地区陷入战争。（就在波恩采取这一行动的几天后，我碰巧见到了赛勒斯·万斯——卡特总统的国务卿，当时正在帮助联合国努力通过谈判实现巴尔干地区的和平。他告诉我，当外交部长根舍在电话里大喊大叫"你错了，你错了！"来回应他的批评时，他感到非常震惊。）美国人也因仇外暴力的爆发而感到沮丧，特别是在"新"的州里，尽管他们也知道有人组织了沉默的游行来抗议这种暴力。随后的讨论涉及德国政治阶层的一个很好的横截面。当令人尊敬的魏茨泽克，纯粹作为一个公民来出席讲座，在未系领带、穿着运动鞋的部长和我的陪同下走出会场时，我心想，这真的是一个新的德国！

1993年6月8日清晨，理查德·霍尔布鲁克打电话给我，国务卿沃伦·克里斯托弗刚刚告诉他克林顿总统想任命霍尔布鲁克为驻德国大使，霍尔布鲁克希望我马上知道这一点。（他曾经被告知会派他去日本，因为亚洲是他的主要兴趣所在，并且能胜任那里的外交官，但最后还是派沃尔特·蒙代尔去了东京。）霍尔布鲁克向我求助，他最迫切的问题是德国人会如何对任命一名东亚专家到波恩做出回应。让他们放心是很容易的，我说，如果他们有任何疑虑，那么可以告诉他们，克林顿选择具有全球知识的大使是对德国新的全球重要性的认可。此外，大使的价值可以通过他与总统的亲近程度来衡量，而霍尔布鲁克曾经是克林顿的竞选顾问。第二天，政府发言人在宣布该任命时列举了这两个原因！

霍尔布鲁克第一次和我见面是1969年在普林斯顿大学，当时他离开国务院休假来该校的伍德罗·威尔逊公共和国际事务学院，而我则在高等研究院。我们共同的朋友是普林斯顿大学的外交历史学家和政治学家理查德·乌尔曼，他为我们做了介绍；我立即对这位热情洋溢、经验丰富、知识渊博的二十九岁年轻人产生了好感。霍尔布鲁克从布朗大学毕业后进入了外交部门，他想在负责任的岗位上寻找方式来为国家效劳；他想制定政策并加以执行。他思考问题比较实事求是，但他的梦想太理想化了。在他的远大抱负之中，个人利益和国家利益是交融在一起的。如此年轻，如此精力充沛，如此聪明，如此渴望，并且迫不及待！"切入正题！"可以作为他的座右铭。我的资历更老，但他看起来更聪明。我们很快就在越南战争不利于我们的国家利益这一点上达成了共识（他去过越南并参加了1968年约翰逊政府和北越之间的巴黎谈判），我们一起去见克拉克·克利福德，共同商讨结束越南噩梦的方法。

在普林斯顿进修一年后，理查德要求担任驻摩洛哥的美国和平队的主任。在他许多颇具吸引力的优点之中，他还是一名亲法人士，尽管持有某种怀疑态度，他还希望能去法语国家提供服务。（我被告知，当他要求这份工作时，国务院官员仔细地向他核实了他一帆风顺的经历：大学、外交部门、越南、巴黎的越南谈判、普林斯顿——所有这些是在短短几年内完成的。"年轻人，"他说，"如果你想保持这种势头，就要悠着点。"）1970年圣诞节期间，我和我的家人去摩洛哥看望了他。在那里，我看到在志愿者面前他是一位很有说服力的指导者。这个职位给人一种地方总督的感觉，或许这仅是我的想象：我一直对最后一位法国驻摩洛哥首都拉巴特的伟大的总督赫伯特·利奥泰元帅非常着迷。我注视着理查德后来的职业生涯：担任《外交政策》杂志的编辑，成了金融界的一个成功的新手，又担任卡特政府的助理国务卿，然后又回到了金融界。（能轻易地进出政府机构仍然是美国政治中一个显著的有时也是腐败的方面。）我们经常见到对方并相互交换著作和手稿。

在他打来电话几天后，霍尔布鲁克带着一个非同寻常的想法再次打来电话：我应该和他一起去波恩，担任大使馆的"高级顾问"。我惊呆了，但非常高兴。抓住这个机会去我的祖籍国为美国政府服务？去了解外交工作的实际行为，并活跃于一个不同的世界之中？我对一位朋友说，这就像拥有美国战略情报局的经历却没有经历过战争，而且是在职业生涯快结束的时候。但我咨询了有经验的朋友以便最后确定，曾经两次在巴黎大使馆工作的杰出的法国历史学家戈登·赖特爽快地总结道："对美国有利，对德国有利，对你也有利。"刚刚因美国在南斯拉夫战争中的被动政策而从外交部门辞职的沃伦·齐默尔曼也给予了同样的鼓舞。但两人都警告说，使馆工作人员会把我——一个具有知识并与大使有特殊接触的侵入者——看成一个讨人嫌的人。德国的朋友们，特别是比登科普夫和伯恩哈德·沃格尔，都对此充满热情。

在实现这一令人兴奋的前景的过程中确实出现了一些负担，清除这些障碍只能由霍尔布鲁克亲自出马。霍尔布鲁克在国务院遇到了一些麻烦，因为他向官僚机构提出了某种前所未有的因此也不合情理的要求。我记得这个要求就是我会收到正式的住房和每日津贴，但不会出现在正式的工资单上。我还需要哥伦比亚大学批准一个学期的假期，霍尔布鲁克前去会见哥伦比亚大学校长乔治·鲁普，征求校长的同意，他后来称之为"租借卓越教授的计划"。（不久他必须再来一趟，因为出任印度大使的弗兰克·威斯纳想遵循霍尔布鲁克－斯特恩的先例，聘请我的同事安斯利·恩布里担任他的顾问。）我还必须要通过忠诚调查。我被批准列入"达到并包括秘密在内的级别"。偶尔也会出现一些其他麻烦事：当基辛格告诉他，一名基民盟的工作人员曾经警告他我同情社会民主党的左翼时，霍尔布鲁克感到有点不安。一位渴望得到这项任命的美国同事在一份全国性报纸上恶意地提出了与此相同的观点。然后，过了几天，基辛格告诉我，科尔对我的到来感到"欣喜若狂"，他自己也变得非常热心相助，最终他还告诉我其实整件事情都是出自他的想法。

一开始，我不得不在办公室的问题上做出选择，或者是要一间大的办公室，与大使的套房在同一楼层，或者是要一间小的办公室，就在大使的套房内。我选择了后者，结果证明选择这个办公室是非常正确的，此处也是极其有趣的。我谢绝了住在莱茵河边大使住宅的提议，尽管事实上我在那里度过了很多时间；我觉得霍尔布鲁克和我应该保持一定的距离，为我们两个人保留一些隐私。因此，我被安置在"小美国"的一套小公寓里，这块战后初期发展起来的美国殖民地位于普利特斯多夫，既属于波恩郊区，又相对独立，有商店、一所学校、一个社交中心和一座教堂。伊丽莎白帮我搬了进来，然后不得不返回纽约去接受一份新工作；我设法由我自己来处理一切，虽然有时候有点孤独。普利特斯多夫脱离了普通德国人的生活，这使得使馆工作人员及其家人过于依赖他们自己。位于巴特戈德堡的大使馆本身距离波恩就很远，在莱茵河上游几英里处，与住宅同在一栋巨大的综合楼里面，这座大楼是在20世纪40年代后期为美国占领军总部建造的。我很快就发现了在大使馆和普利特斯多夫的公寓之间有一条美妙的小路，挨着繁忙的河边；每天来回走在这条路上是我外交旅居生活中最快乐的经历之一。

驻波恩大使馆是美国在欧洲最大的大使馆，成为其工作人员，无论多么短暂，无论级别多么含糊不清，都使我内心充满愉悦。也许这是第二次归化行为吗？这么快地被接受，然后属于这支美国的团队，这是一种多么伟大又神奇的感觉——即使在某些时候我的特殊身份也会被人排斥；而且能够代表美国——这个提供了马歇尔计划和实施了柏林空运的国家——是一种自豪的来源。在德国，人们仍然非常感激麦克洛伊和艾奇逊。另外，还有那么多工作有待完成！

霍尔布鲁克马上全力以赴开展工作，不仅做好了领导大使馆的准备，而且要逐步了解德国政坛及其关键角色，以尽可能多的方式在尽可能多的方面代表美国的利益。他给他的德国对话者留下了深刻的印象。我认为，自20世纪50年代詹姆斯·科南特时代或20世纪70年代亚瑟·伯恩斯时代以来，他们没有见过这么一个如此有活力、知识如此渊博的大使。理查德几乎马不停蹄去与德国官员以及商界和媒体高层人士会面，与无数团体交谈，做着各种事情。我很喜欢看着他对这个国家和人民做出估计。他对德国生活中的一些僵化现象感到震惊，特别是劳动力市场；他认为其经济受到太多限制性规则的阻滞。例如，私下里，他不厌其烦地嘲笑德国商店必须过早打烊的规定，这对于那些同时也是购物者的劳动人民来说极其不便，不论这些规定如何保护了商店员工。我把德国资本主义的一些特点告诉了他，其中包括具有社会保护和商业保护主义的特征。

从一开始霍尔布鲁克就意识到美国在德国的实际存在将永久性地萎缩。美国兵以及他们的家属在原先的联邦共和国很受欢迎，并且在几十年中一直是两种文化之间的主要联系纽带，因此商定的裁减美国军队以及从柏林完全撤出美军将留下巨大的真空。1990年，美国在德国的军力为24.7万人；到1994年底，这一数量将降至8.3万人。与此同时，国会也要求削减外交存在。出于这些原因，霍尔布鲁克尽一切努力加强两国之间的非政府关系。（抵达波恩后不久，没带妻子、没带家人的他介绍了一个秘密武器——他的母亲。他的妈妈出生在汉堡一个富裕的"非雅利安人"家庭，在20世纪30年代初移居海外。战后她经常前往欧洲旅行，但从未返回过德国。现在她回来了，德国人接受了她，她的存在凸显了霍尔布鲁克与这个地方的联系，就像在他住处显眼地展示的身穿第一次世界大战德意志帝国军服的祖父的照片一样。）

在这个即时通信的时代，大使的任务不再像以前那样着重于外交上，现在更多的是要去建立这些非政府联系，并为他们所代表的国家塑造正面的形象。理查德在这两方面都非常擅长，我可以为他的努力提供帮助，把他介绍给德国公共生活和商业界以及学术界的朋友和熟人。或许我们是奇特的一对：他对媒体有充分的意识，而我对拍照机会和仪式场合的印象不深。但我们以不间断的速度愉快地在一起工作。

我在途中或远处见到过许多我们的大使馆，但我之前没有意识到大使馆是一个巨大的合成物，其中包括几乎所有美国政府机构的代表，不仅包括政治部门、经济部门和行政部门，当时还有美国新闻署和其他机构，每个部门都有很大的一套班子，各自守着自己的地盘。此外还有所谓的以"站"为名的单位，即情报小组。

霍尔布鲁克管理着一支效率很高的团队。他以一种能激发大家兴趣的方式每周召开一次工作人员会议（如果他在城里的话）。他的自信充满感染力，光芒四射，偶尔给使馆工作带来轻松愉悦的气氛。每个部门负责人都要就当务之急的问题做汇报，一直在逼视着的霍尔布鲁克很快就会提出表彰或斥责，有时是有效地将两者结合在一起："你们关于萨克森州初选的电报很好，但是你们在机场迎接 X 参议员时迟到了，这是不允许的，绝不能再发生。"

他想让工作人员形成更好的风气，想让外交人员队伍中的精英能做得更多更好，然而他倾向于无视一些落后者，私下里会嘲笑他们"没脑子"。他刚上任时，使馆政务工作人员给了他一份过分复杂的书面简报，开头是这么写的："变革是你开始担任大使时最能体现德国及其政治特征的一个词。"他给这份文件加了用词尖锐的旁注，然后去寻找他可以找到的最聪明的人——活跃、精力充沛、有能力——告诉他更多情况。可以说他是一位有魅力的人，善于鼓动，抑或简单甚至粗暴，但他总是在关注实质问题和国家利益，关注着华盛顿及其政治。他坚持追求完美，但不以恐惧为治理手段；他不会无故乱发脾气。但只有傻瓜才注意不到他对你的看法：他不喜欢去容忍傻瓜。

我不得不边干边学，同时要试图避免重大失礼。霍尔布鲁克优秀的副手罗斯玛丽·鲍利常常让我了解在日常计划和目标上做出的频繁、令人喘不过气来的变化。大使有一个雷打不动的迟到的习惯，因此在期待中总会有一定程度的紧张——尽管在会议间隙，他知道如何在他的大办公室里放松自己：脱下鞋子，脚搁在桌上，耳边听着电话，眼睛看着美国有线电视新闻，同时在没完没了的电话之间提供加了些笑料的有关世界历史的反思。他非常擅长判断人，尽管在极少数情况下，他会错得离谱。当然，他非常关注总理科尔的办公室，那是政府决策的所在地，对于外交部则过分忽视。因为他紧盯着科尔本人，德国外交部不免有些介意；即使在波恩，霍尔布鲁克也不乏批评者。

在大使馆内，他有最青睐的人。"行政"官员唐纳德·海斯是一位寡言少语的魔术师，他可以处理任何物流和维护问题；他不得不在国会强加的严格削减成本的情况下开展业务，而这正是在大使馆计划迁址柏林的时候，耗资必然巨大。国会有一种观点，认为德国应该支付这笔迁馆费——毕竟是我们帮助这个国家实现了统一。此外，海斯还负责劝说德国人为我们将要关闭的基地支付"附加值"，换言之，他们要为我们即将放弃的安装在基地里的改进设备提供补偿。海斯能以相等的、高效的冷静去处理微妙的国家问题以及人力物力损耗这类难以对付的问题。

使馆里还有一个理查德特别关注的人，名叫米尔顿·比尔登，他的那张神秘的面孔和女巫般的言论令我着迷，即使在我知道他所做的和所代表的事情之前。他的官方头衔是地区事务办公室参赞。他在给我的告别礼物上附了一张卡片，上面印有"美国驻波恩大使馆协调员和顾问敬赠"。但是每个人都知道他是那个站的站长，就是大使馆内中情局的负责人。几十年来，他一直是中央情报局的一个重要特工，最近负责美国武装阿富汗人与苏联进行斗争。在波恩一年多的时间里，比尔登已经在那里建立了一张重要的联系网，其中一人是科尔情报部门一个派头十足的负责人，名叫贝恩德·施密德鲍尔，还有他的助手鲁道夫·多尔泽。（施密德鲍尔曾经是个生态学家，现在负责指挥广泛的情报活动，特别是在中东地区，他与伊朗情报部门也有密切的联系。）比尔登非常精明，眼光敏锐，看上去很低调，有一位迷人的法国妻子。在我来到波恩的第一个星期里，有次晚餐时他告诉我斯塔西是如何从一开始就渗透进西德情报部门的；他认为德国还不是"一个真正意义上的国家"，他的意思是德国在国际事务中还不是一个全面参与者。此后不久，霍尔布鲁克和我有一次在比尔登的住所共进午餐——我记得，他住得非常远。我是一个新手，渴望学习；每个人都知道中情局有着巨大且往往是邪恶的力量，但我收集了以前我并不知道的实际细节。

我和站长谈论了德国的前景，并参加了他们的一些会议。我很感谢比尔登在我写这些回忆时和我进行的对话。当时，我不知道在霍尔布鲁克任职开始时，科尔非常生气，因为他想象到的是克林顿的手下正在手把手地教下次选举中他最可能的对手，例如莱茵兰－普法尔茨州的总理鲁道夫·沙尔平。认为反对派的竞选活动出自美国大使官邸的这种偏执的观念是完全没有道理的，但科尔的忧虑被传达给了比尔登，比尔登又转而向霍尔布鲁克提出了告诫，他建议霍尔布鲁克陪同德国总理对美国进行一次私人访问，去芝加哥观看世界杯比赛。与此同时，我与比登科普夫进行了一次对话，谈话中他高度评价了沙尔平，此人"打算告诉选民这个国家需要变革，这是一种有意识地模仿比尔·克林顿竞选的策略"。从中可以看出，个人的联系是多么重要，国内政治对外交政策的介入又是多么巨大呀！

围绕大使馆的事务，我扮演了一个多用途的角色。美国和德国的媒体暗示"那位常驻的历史学家"是在"提供有关过去历史的私人课程，以帮助霍尔布鲁克去读懂未来……（斯特恩的）人字斜纹软呢夹克和一头杂乱的白发，在大使馆走廊上衣着齐整的年轻外交官中特别显眼"。（这就是《纽约时报》对此事的看法。）在我们第一次"国家队"会议上，霍尔布鲁克把我介绍给了使馆工作人员，并且在没有任何警告的情况下，征求了我的意见。幸运的是，之前的星期天，有个"文化"事件给我留下了深刻印象，我认为其中具有隐藏的政治意义，尽管这个事件通常不会被那样解释。

这件事与选举魏茨泽克总统的继任者有关，他的任期将于1994年结束；科尔曾经提名史蒂芬·海特曼，他是东德基民盟的一位成员，因此显然是理想的候选人。但后来发现，海特曼来自一个不同的、原始民族主义的、反女权主义的世界。据说他说过这样的话："我们不需要来自世界犹太复国主义组织的教训。"那个星期天，我看了一场电视转播的在法兰克福圣保罗教堂举行的仪式。仪式上，弗里德里希·肖莱马——东德的一名牧师，因支持和平运动以及他咒语般的"铸剑为犁"的号召而闻名——获得了德国书业和平奖。肖莱马以雄辩的坦率谈到了德国的过去，回顾了奥斯威辛，并就德国的现状发表了见解，同时希望允许东德人保留他们社会中的一些好的方面。我认为他的演讲是对海特曼的含蓄回应，我想，海特曼的候选资格已经完蛋了。（最终，一位真正的自由－保守党派人士——罗曼·赫尔佐克，前联邦德国宪法法院法官，成为魏茨泽克的继任者。）

在后来的使馆工作人员会议上，我谨慎地做出了进一步的政治预测：如果1994年的议会选举没有产生明显的多数，那么很可能会形成一个大的联盟——在基民盟的议会领袖沃尔夫冈·朔伊布勒的领导下，我认为，因为社民党将同朔伊布勒这么一个强大的、才智超群的对手合作，而不会与科尔合作。这些都是基于我听到过的随意的评论或几乎未被人注意过的事件所做出的猜测。我会坐在大使旁边发表这样的看法，大使也经常求助于我，就一些当前问题的历史背景征求我的意见。但更为常见的是，理查德会在私下向我请教。

刚刚进入10月，霍尔布鲁克就很快意识到科尔的首席外交政策顾问约阿希姆·比特利希是一个关键联系人，他计划和此人一同前往莱比锡，参加纪念1813年10月"民族大会战"的一场特殊盛典，在这场战役中联军战胜了从莫斯科撤退途中的拿破仑的军队。这件事无关紧要，我大声提出质疑，一位新任驻德国大使去参加一个庆祝法国遭受决定性失败的庆典是不明智的，更重要的是，我提醒霍尔布鲁克不要去莱比锡这座东德的英雄城（Heldenstadt），以避免正式向这座城市在解放东方的过程中所发挥的关键作用表示敬意。他做到了。（比特利希的妻子是个法国人，因此他被认为更接近于法国立场而不是美国立场，所以霍尔布鲁克的参与是非常重要的。）

　　偶尔也有一些重要的令人忧虑不安的事件，有一些我被卷入其中，还有一些我只是听说过。在我最初到任的那几天里突然遇到的一个问题是柏林文献中心今后的命运，这是美国储存纳粹党成员个人档案的仓库——大约有 1100 万份！是盟军在 1945 年 4 月缴获的，这些文档为纽伦堡审判提供了重要信息。联邦议院曾大声疾呼要求将这个纳粹历史上独特的宝库归还到德国人手中，美国更是觉得有必要同意这么做，因为大规模的盗窃行为就在美国人的眼皮子底下发生。这些档案显然包含仍然活跃在公共生活中的德国人的潜在爆炸性材料。经过长时间的谈判，双方达成了转让协议，霍尔布鲁克希望我对这份协议进行审查——我后来发现，这正是最初令使馆政治处感到烦恼的事。

　　放弃这样一个宝库，我作为一名历史学家自然感到非常沮丧——数百万页啊！此外，我也对众所周知的德国档案馆的习惯持怀疑态度，他们总会找出一些理由（例如"隐私"限制）来推迟或妨碍获取敏感材料。尽管如此，该协议草案还是预想到了由美国来制作并保存所有文件的副本（尽管有些原件有不可复制的重要标记）。我敦促德国人应该遵循美国用户友好查阅政策，但在最后阶段很难再引入一些新的细小的条款，更不用说重新谈判了。后来，柏林文献中心主任大卫·马维尔带我参观了用来储存这些文件的巨大的建筑群，此地最初只是一栋楼，在戈林控制下用作监听中心。他向我展示了一些珍贵的收藏品，我还看到人们在这个地方嗡嗡作响地拍摄缩微文档。

　　我当时不知道只是最近才得知的是，美国也可以获得涉及潜入西德的斯塔西特工的斯塔西文档，这些材料曾经掌握在苏联人手中，但如何又到了美国人手中这点并没有披露出来。关于这批材料的故事有个德国代号，叫作"Rosenholz"（红木），并且有个相同名称的网站可提供进一步的信息。与德国情报部门分享这些材料，美国人可以帮助识别前斯塔西特工，但科尔很担心美国会扣留一些文件，这些文件很可能在他指控像沙尔平这样的潜在对手时发挥作用。

我不断地与使馆所有部门保持着联系，当时我还告诉我的同事们，我最主要关注的是美国在原先东德的存在，四十年来，反美主义在那里一直是教育和党的正统说教的一部分。美国外交官似乎意识缓慢，不能及时发现需要在那里做些什么，我则抓住一切机会去原先的东德做演讲和采访。我的演讲主要涉及德国的过去和美国的现在。

11 月 8 日至 9 日在莱比锡，即柏林墙倒塌五周年之际，我受邀参加在尼古拉教堂举行的纪念"水晶之夜"的和平祈祷仪式。在祷告仪式结束后，先是烛光游行至原先的犹太教堂遗址，随后在圣多马教堂有一个纪念仪式，伴奏的是莱比锡的犹太教堂唱诗班。在那个犹太教堂，我们遇到了一群愤怒的"反法西斯"年轻人，不知为何他们试图给我们的游行打上亲法西斯的标记。晚餐的地点是在奥尔巴赫－凯勒，这是《浮士德》中狂欢的地方。过去和现在的印象扑朔迷离，如同万花筒一般！而这一切又恰逢我父亲的忌日。

现任图林根州总理的伯恩哈德·沃格尔邀请我为州总理府落成典礼主持一个系列讲座，这是坐落在首府爱尔福特的一栋巴洛克风格杰作，系列讲座的题目是"来自国外的朋友从内部看德国"。爱尔福特是一座历史悠久、美妙绝伦的城市，我参观了马丁·路德曾经研习的奥古斯丁修道院，见到了路德住过的小房间和修道院藏书丰富的图书馆。我偶然发现了一些 19 世纪反犹太人的小册子（以及路德到罗马朝圣的一幅路线示意图，通过隆亨山口和卡斯塔塞格纳穿越阿尔卑斯山，这就是伊丽莎白和我最近走过的那条路线，以西尔斯·玛利亚为起点，这条路线是相当容易的）。我还去了波罗的海的旧港口罗斯托克，苏联人在那里修建的一些墙仍然阻挡住了城市通向大海的一些通道。对于我的每次访问，美国新闻署的当地办事处都会为我做好安排，行程都很紧凑，但许多非正式的联系使这一切非常值得。这是一个我为自己而学习同时又帮助他人"抛弃以前想法"的机会。

令人难忘的是对波茨坦当代历史研究中心的一次仓促的访问，我的朋友于尔根·科卡邀请我与他在那里的合作者进行一次非正式的交谈。该中心在财务上面临不确定的未来，任何外界的认可都可能会有所帮助。对于这次私下的会面，科卡期待着就第三帝国和东德做出一些即兴的反思，能含蓄地提出这两者之间令人困惑的比较，因为这个话题仍然不够成熟，所以往往会被避开不谈。抵达后，我发现了一群优秀的学者和前民主德国的公民，包括延斯·赖希、弗里茨·克莱因和约阿希姆·高克在内，这个阵容与我所期待的完全不同。

我概述了两个政权之间的一些相似之处，强调尽管国家社会主义确实深深地扎根于德国历史之中，但民主德国也不仅仅是外国强加的，在德国早期的工人运动和魏玛的历史中也能找到它的根源。我知道东德人坚持认为他们的政权不必为发动战争或种族灭绝屠杀负责，这是正确的。此外，伴随私下的抱怨，还有许多人将公共设施与私人空间混为一谈——也许这是人类团结的行为。但是民主德国只能在第三帝国造成的后果上加以解释；没有苏联对国家社会主义的胜利，一个德国的共产党政权几乎是不可想象的。

我大声地表示担心，斯塔西档案（现在高克是其官方管理人）会被偶尔且往往是非法地用于政治目的。高克确信所有斯塔西的合作者必须被追捕并受到起诉；他激烈地反对亚当·米奇尼克给波兰的建议——大赦，而不是失忆——这是玛里恩所青睐的，而且我也能理解。（高克后来到纽约拜访过我一次，并把玛里恩和赫尔穆特·施密特称为"敌人"。）他激烈地辩解道，那些前共产党邻国羡慕德国人，因为德国人保留了档案可以识别那些有罪的人。

然后，当我突然想到问一下大家"作为一种诱惑的早期民主德国"这种提法是否有意义，就像我曾经提到的国家社会主义那样，这下子把大家的火气全激发出来了。许多参会者纷纷谴责这一想法，并坚持认为东德政权一直被视为一个外国的毒瘤。还有一些人愤怒地逼问：为什么只提早期的民主德国？还有人一直相信平等主义的最终目标——一个公正的社会，对他们来说，诱惑就是相信这个遥远的目标需要做出当下的牺牲。我当然没有预料到这个问题在东德人和西德人的心目中是多么深刻、多么活跃，每一方都持相反的意见。我能够理解为什么人们会因为诱惑而堕落，但我的立场很明确：一个独裁统治就足够了。

在类似这样的场合中，无论是在东方还是在西方，我的讲话都是以历史学家或政治评论者的身份，丝毫没有外交官的幌子。我的基本文本是相同的，虽然在不同的地方，我会给它不同的侧重点。我担心的是德国内部统一的进展，我看到了一些我对西方监护的担忧得到了证实，尤其是东部的失业率至少是西部的两倍。科尔承诺的那些"鲜花盛开的美景"在哪里呢？我表达了希望和担忧。德国的"第二次机会"的成败取决于相互理解和接纳，取决于内部和解的程度。

有时，霍尔布鲁克会指派我作为一名付诸行动的历史学家去参加一场"专场演出"。10月，来自犹太联合募捐协会的一个大型代表团访问了德国，我相信这是第一次。（大使馆正在监督一项德国法律草案，该法律涉及归还原先因纳粹迫害而失去的东德的财产。犹太人对德国物质索赔联合会制定的草案的各个方面提出了有根据的反对意见，并且进行游说以便做出改动。）在柏林他们举行的宴会上，我谈到有必要了解德国犹太人处于各种复杂矛盾心理状态的过去，在希特勒之前的年代里，他们有着丰富的创造力，那时德国犹太人在文化歧视的背景下仍然被允许在众多领域中脱颖而出；去阻碍德国目前正在做出的接受其各种过去的努力，这不符合美国或犹太人的利益。

然而，那些主要的发言者却选择了一种截然不同的语气。他们紧紧抓住新纳粹分子和右翼极端分子的危险不放，他们的主题是"我们不会默不作声"。好吧！就让他们在那天晚上或其他场合不去默不作声吧！他们似乎在极其简单化地对德国的过去和现在妄加评论。我在日记中写下了"道德上的傲慢"这几个字。我担心我的反应也许反映了某种德国犹太人的屈从，对愤怒的德国非犹太人的危险的恐惧，抑或是对美国犹太人的立场是否会适得其反的合理担忧。几天后，我就此与以赛亚·伯林进行了长时间的交谈，他也对官方的美国犹太人在德国的行为感到遗憾。在接下来的一个场合中，我问霍尔布鲁克，他是否能向这些官方团体建议，只是出于开明的自身利益，请他们采取更多的保留或得体的态度；他即刻果断地驳回了我的要求。私下里，我很想知道，在某些方面与德国人早期对想象出来的犹太人力量所怀的偏执的反犹太主义恐惧相关的大屠杀，最终是否通过赋予犹太人更大的道德权威和对批评的暂时豁免反而增强了犹太人的力量。

　　无论德国国内问题是如何引人入胜，我还必须评估德国人是如何在国际上运作的。把联邦国防军这支西欧最强大的军队用在"区域外"的行动中是受到宪法限制的，但在1994年，联邦宪法法院放宽了这些禁令，然后在第一次巴尔干战争中，德国军队提供了各种形式的支持并且实施了在波黑上空的监视飞行。德国未来会以什么方式参与北约军事活动呢？作为一位深信不疑的欧洲人，科尔明白，努力建立一个更加紧密的欧洲联盟可以平息由德国统一引起的恐慌。但是德国也有义务保护新解放的东欧国家，在它们寻求加入西方阵营时，充当它们事实上的协调者。科尔也是一位坚定的大西洋主义者，而且和他的前任一样，必须以他基本上亲美的观点来平衡他的欧洲义务。他当之无愧地赢得了所有伙伴的尊重。

　　在大使馆内，我正在学习很多关于美国外交政策中有时会突然爆发的问题，而且我是在边干边学，每天都在把零碎的信息拼凑起来。有一次，当德国官员接待伊朗情报部门的负责人时，美国和英国都非常生气，但德国人坚持认为维持与伊朗的联系在很大程度上是为了帮助以色列的一名士兵获释。对伊朗的政策是一个间歇性的争议点。

　　霍尔布鲁克和当时的副国务卿、拥有俄罗斯专业知识的斯特罗布·塔尔博特在筹划另一个第一次——在波恩举行一次美、德、俄三方会议，旨在加强美、德在对俄罗斯和鲍里斯·叶利钦新政府的政策上的协调。11月，塔尔博特来到波恩会见了比特利希和一个强大的德国代表团，以及俄罗斯副外长。在霍尔布鲁克的晚宴上，我对原先的敌人和原先的盟友可以摒弃前嫌握手言和表示庆贺：这是新时代的承诺。（我不认为这一倡议在霍尔布鲁克于1994年夏天离开时能幸存下来。）在那个场合以及后来的其他场合，我都强烈支持塔尔博特的观点，即那些因位于德国和俄罗斯之间而在地理位置上受到惩罚的国家需要得到特别的保护，即使一开始冒着俄罗斯反对的风险。美国已经与几个东欧国家建立了"和平伙伴关系"，但我认为这是一种没有多少实质内容的华丽辞藻，对俄罗斯来说无论多么令其不悦，北约的成员资格都必须是最终的解决方案。

北约东扩成为一个更加紧迫也更有争议的问题。塔尔博特承认"几乎每一个我认识的来自学术界、新闻界和外交政策智库的人都反对"它。在我从波恩返回几年后的 1996 年 10 月，塔尔博特到哥伦比亚大学哈里曼学院做了一次演讲，在之后的晚宴上，北约东扩这个问题引起了激烈争论，尽管他在正式讲话中仅略微提及。当时已九十二岁的俄罗斯问题分析家乔治·凯南称克林顿的北约东扩计划是一个"潜在的空前巨大的战略失误"。其他人都加入了同一边，正如塔尔博特所回忆的那样："只有一个参与者表示赞成……而且，非常重要的是，这唯一的支持者其研究领域是中欧而不是苏联。此人就是弗里茨·斯特恩……为什么，他问道，波兰人、捷克人及匈牙利人就不应该和俄罗斯人一样得到安全和考虑，特别是他们有更多的理由去担心受到俄罗斯攻击而不是相反？"1997 年 1 月，塔尔博特见到了科尔，他担心出现"最坏的情况"。相反，"科尔自己的版本……则从一个简单的对公平的要求开始……实际上，就是弗里茨·斯特恩在 11 月提出的论点"。

从不羞于打破习俗的霍尔布鲁克有了另一个想法：美国驻巴黎和波恩的大使馆应该有更紧密的联系。为此他设计了让一些驻波恩的大使馆高级官员首次拜访他们的巴黎同行。（因为他的朋友帕梅拉·哈里曼在巴黎担任大使，这就使事情变得更加容易了。有一次理查德在解释德国的立场时，帕梅拉插话道："你还没入乡随俗呢，迪克？"这真是一个频繁常见的专业变体词。）

在两个使馆的工作人员联席会议开始时，我应该回顾一下当前的法德关系。一些美国外交官认为波恩－巴黎轴心过于接近是一种潜在的威胁，但我认为恰恰相反，这表明经过几个世纪的间歇性敌意之后，1945 年后的法德和解具有世界性的历史意义。我提到托马斯·尼佩代所著的权威的现代德国史，其开篇就是："起初是拿破仑。"（比尔登后来告诉我，他经常引用这句话。）实际上，我是从黎塞留的国家至上（raison d'État）原则开始的，该原则建立了一个非宗教、非意识形态的外交政策的法国传统。然后我概述了法国政治和文化的统治地位，从黎塞留时代到 1870 年至 1871 年普法战争之后出现的一个强大的统一的德国。我建议，只有牢记随后的第一次世界大战及其后果即第二次世界大战留下的恐怖记录，才能评估在我们这个时代法德协约的巨大成就。虽然大多数使馆工作人员可能想要了解更多关于科尔和密特朗之间最近一次会晤的内容，但他们是很宽容的，甚至是很专心的，并且最后还不断向我提出各种问题。法德和解这个主题对我来说是驾轻就熟的，但此处的环境对我来说很新奇：我还不习惯以雷诺阿和塞尚的画作为背景。霍尔布鲁克和我住在圣奥诺雷市郊路的大使官邸，即老罗斯柴尔德宫。在那个寒冷、灰蒙蒙的 11 月的周末，我感觉"宾至如归"，毕竟我已经同罗斯柴尔德家族打了多年交道！

然后，还有一个第一次：霍尔布鲁克在他位于波恩的住所安排了一次晚宴，并邀请了德国总理，这种事情从未发生过。那天晚上，科尔占了主导地位（唯一胆敢打断他说话的人是德国联邦银行行长汉斯·蒂特迈耶），而作为贵宾的亨利·基辛格却非同寻常的少言寡语。科尔非常和蔼可亲、豪爽健谈，偶尔会提供揭示性的旁白——和蔼可亲但不愿与人交往，相当轻视人，有明确的信念，那就是你永远不能指望人们会心存感激，偶尔还会做出粗鲁的性暗示。（当我在写这本书的时候，有人告诉我，应科尔的命令，比特利希曾敦促把我从客人名单中剔除出去，大概是因为我对他做了一些批评性评论，尽管不是在我的大使馆之旅中。霍尔布鲁克拒绝了。）

出席晚宴的还有美国驻欧洲部队副司令查尔斯·博伊德将军和联邦国防军参谋长克劳斯·瑙曼将军，两人非同寻常：博伊德曾经是多年的越南战俘，全身散发着深厚的个人威严；而瑙曼是一个钢铁般的、聪明的、坦率的军官，在某种程度上，是一个身穿制服的公民的缩影。

就像在波恩（以及在生活中）经常会发生的那样，那天晚上的一个小插曲导致了一场完全不同的冒险。瑙曼将军在晚餐时递给我一张纸条，提醒我，我们曾经有过一次谈话，涉及他为纪念7月20日反希特勒政变五十周年筹办的一次展览，"如果您能帮助我们打开美国的大门，我将不胜感激"，他写道。几天后，我去国防部拜会了他（即使政府搬迁到柏林之后，波恩附近的大部分设施仍然留在那里，因为这是一个更安全的地方）。他微笑着说他原本可以请他的朋友美国参谋长联席会议主席约翰·沙利卡什维利的，但考虑到沙利卡什维利有乌克兰背景，我可能是更好的中间人了。非常有趣！无论如何，我想助一臂之力，我认为由联邦国防军出面来纪念那些不惜违背誓言而试图拯救他们国家的人是合适的。这个展览地点位于班德勒大街上，就在施陶芬贝格和其他人被处决的地方，1954年我也曾经到那里参加纪念他们的仪式。我非常高兴能与瑙曼一起合作来安排在美国的展出，我的参与加深了我与这个标志性事件的关系，多年来这对我一直意义重大。* 瑙曼与我也建立了一种温馨的私人关系。

在波恩这段充满风风雨雨近五个月的时间里——自1938年离开以来，我在德国度过的最长一段时间——我的生活非常充实，不论是在大使馆内外，在我的办公室和路上，抑或与理查德一起或独自一人。我觉得我似乎生活在我的两个国家里，并试图将它们连在一起，不论是事实上还是在我的脑海里。我喜欢我的双重角色。而且去同他人建立联系也是非常有用的，这些人后来作为朋友在美国与我重逢。例如，沃尔夫冈·伊申格尔，当时的外交部政治主任，他博学又富有同情心，还是我认识的唯一持有滑雪教练证的外交官。（后来他成为德国驻华盛顿大使。）还有一位外交官迪特尔·卡斯特鲁普，我是在一次外交官的晚宴上认识他的，那次晚宴既特别又有代表性。卡尔·杜伊斯伯格——科尔在两德关系方面的特别助理，同时也是我的老朋友——当时邀请了我和他在外交部的一些同事。在餐桌上的谈话暂停期间，卡斯特鲁普以一种我感觉略带挑衅和讽刺的语气尖锐地向我提问："你在大使馆究竟做些什么？"我惊讶地回答道："我告诉他们你们（德国人）过去是什么，现在是什么，将来可能是什么。"在那次交锋之后，卡斯特鲁普和我成了关系密切的熟人，当他后来成为德国驻联合国大使时，我们经常在纽约见面。他是一位非常

---

* 1994年夏天，我帮助将展览带到了美国，安排在华盛顿的国会图书馆。展览第一天，在众多出席者中，克劳斯·冯·多纳尼，最令人钦佩的抵抗者之一的儿子，发表了一篇极其精彩的悼词。然而，《华盛顿邮报》和其他报纸认为图书馆不是用来办此类展览的地方。随后，展览就迁到了哥伦比亚大学和西点军校，在那里，我看到了学员们在面对为了服从更高的命令或需要而不惜违背誓言这个问题上所表现出的极其严肃的态度。

敏锐、令人印象深刻的观察者，他在帮助其失明的妻子时所表现出来的低调的优雅在我第一次与他们相遇时就深受触动。

我也逐渐认识了一些来自其他国家的外交官，并且我发现他们中的许多人是历史的业余爱好者，在同他们的谈话中，他们会穿插一些历史类比来鼓励我谈论德国历史。因此，在那短暂的几个月里，我进入了一个新的环境，每一个场合都略有不同，但所有这些场合充满生气。我有时觉得我要把这些愉快的场合都归因于我高估了我在大使馆的作用以及我对德国的了解，但是我很享受这些。

每当我想起我的老的还有新的德国熟人时，比如伊申格尔，我都会用英语称他们为"朋友"。但在德语中，这是冒昧的和误导性的。美国人更容易迅速地将陌生人转变成朋友。在德语中则有许多不同层次，当你说起一个亲近的熟人时，德语是"ein guter Bekannter"，这比朋友要远一些，然后你才能说"mein Freund"（我的朋友），虽然现在直呼其名变得更加容易了。我对这两种习俗驾轻就熟：美国人更善于为一个自由政体服务，而德国人则喜欢表达一定的深度并为人类喜剧增添一个额外的音符。

德国人的亲密关系可以在日常交往中体现出进一步的差异，同一个朋友在一起的时候，用第二人称单数，只有在特殊情况下可改用非正式的"du"（你）。伯爵夫人和我是多年的朋友，我们相互直呼名字，然后有一天她建议道："为什么我们不用'du'呢？"一旦挑明了并且为此碰了杯，感觉就很自然了。现在这种熟悉的模式在年轻的德国朋友中出现得更加频繁。（德国人也有或者曾经有与朋友"断交"的习俗，通过拒绝握手来表现友谊的终结。而德国人对友谊的崇拜，其热情洋溢的表述，很容易沦落为多愁善感。）

但无论习俗或语言如何不同，友谊都是巨大的财富。赫尔穆特·施密特曾经考虑将他撰写的一本有关和他关系密切的人的书取名为《友谊》，但他还是选择了《同伴》这个名字。尽管如此，他还是将自己关于友谊的想法包含其中，他认为友谊的一个标准就是诚实和真实，这是每个朋友都必须拥有的一种感觉，借此他可以信赖对方，从而自由地说出自己的想法。施密特在 2004 年 1 月给我写了一封信，信中署上了"你的朋友"。

在差不多忙碌了五个月之后，我离开了大使馆（尽管已经做出安排，我与他们的关系在一段时间内还零星地保持着），霍尔布鲁克为我举行了一个告别晚会。几天前，魏茨泽克总统召我到他的办公室并向我致意："你不受欢迎了……因为你要离开了！"——一个非常令人难忘的表述。理查德在评价我的时候不吝赞美之词，作为回报，我也表达了我的衷心感谢。在此种场合特有的高昂情绪中，特别是霍尔布鲁克也在场，我说道，我对这些出色的使馆工作人员只有一个愿望："如果总务主任唐·海斯能够每周切断大使的电话线路半小时，那就已经是很大的收获了。"他们哄然大笑起来。米尔顿·比尔登给了我一个信封，并指示我回家之后才能打开，他的礼物是一份（已解密的）报告，是 1955 年 7 月情报研究办公室写的，涉及的问题是一个"重新统一的中立的德国"。他还写了一行话："几乎快四十年了，但读起来很有趣。最诚挚的问候。"

在一次从大使馆单独步行回到公寓的路上，我沿着莱茵河边上的小路大约走了一个小时，河的对岸是七岭山脉连绵起伏的山峰（历史悠久的彼得斯贝格坐落在其中，现在那里是政府的宾馆）。莱茵河——如此生机勃勃，如此平静——河面上各个欧洲国家的驳船和轮船来来往往、川流不息，突然一阵深深的满足感充斥我的全身：这就是德国的景色，宁静而美丽，我的父母曾经属于它。我以前从未感受过这种情景交融的满足感，现在看来我似乎能更好地了解我的父母了。我能感觉到他们内心深处的失落，也许这是我以前从未有过的。在短暂的一瞬间，我在这里代替了他们，插上了想象的翅膀飞进了他们的世界。海涅的诗《罗蕾莱》浮现在我的脑海中，这首美丽的德国抒情诗即使是纳粹也无法将其抹去，从而不得不宣称其犹太作家为"佚名"。

> 不知道是什么困扰着我，
> 是什么整天让我心情难过，
> 一个古老的故事让我困惑，
> 一个咒语令我无法解脱。

在那个奇怪的兴高采烈的时刻，历史上许许多多不同的侧面全在我脑海中涌现。我意识到我作为一个美国人待在德国是多么的特别，我的生命的两个部分在这里融合为一。它标志着和解的一个新的阶段，在表面也在我内心深处。

在大使馆的生活是一次令人兴奋的冒险经历，它还表明历史学家在实际生活中也能发挥作用。但是经过四个月的奔波生活后，我很高兴又回到了"常态"，回到了纽约的生活中去，这个生活因伊丽莎白而变得格外丰富多彩——她曾经数次来到波恩并通过频繁的电话追踪那里的事态进展。然后我又回到了哥伦比亚大学，回到了这个经常惹人生气但那么多年我一直视为家的地方，而且对此地我感到既十分感激又负有责任。

也许可以凭借哥伦比亚大学出现麻烦（麻烦还不少）时我出于本能的出手相助来衡量我对它的依恋程度。多年来，哥伦比亚大学发生了很大变化，它似乎变得更大了，不那么以学院为主了。但教学是我的使命、我的事业，也是一条指定的学习途径：在我为赶上我的专业进展和我的学生所做的努力中，除了马不停蹄之外，也充满欢欣鼓舞。

尽管如此，1996 年，在我七十岁的时候，我决定要退休了。美国的大学已被迫放弃强制退休这一古老的习俗，我知道有人在担心，某些教授会永远坚持下去，这对年轻一代不利。我不想树立一个坏的典型——五十年的教学已经足够了。（事实上，我继续从教直到 1998 年初。）我肯定为成千上万的大学生介绍了现代欧洲史，即便到现在我还会遇到一些陌生人告诉我他们很久以前是我的学生。而帮助研究生应对威廉·詹姆斯所谓的章鱼博士学位对我来说更是具有特殊的、往往是很有回报的重要意义；我的许多研究生继续从事受人尊重的工作，其中还有许多同我保持着朋友关系，这反过来也给了我各种帮助和支持。

在我最后给学生上德国历史这门课的时候，有一次我是这样开始讲课的，"原本就没有'德国'史这样的东西"——这是一种煽动性的方式，用来坚持认为德国人的历史只能作为欧洲生活的一部分来加以把握。间歇性的民族主义谵妄可能已经掩盖了这一事实，但在任何时候，当然更加是在现代，德国人的生活与欧洲其他地区的联系是持续不断地形成的：德国的政治、文化、科学和物质发展与欧洲是不可分割的——有时相互冲突，有时也在创造力上互利互惠，但总是在进行关键性的交流。我总是以这种方式对待德国历史，所以在我的职业生涯中如此晚地提出这种程序性辩护是很奇怪的。我的这种态度不是在政治上对布鲁塞尔卑躬屈膝，而是 "wie es eigentlich gewesen"（如实地说明历史），用兰克的指令来说，就是尽可能 "按照真实情况" 来描述过去。

即使在我退休之后，我与哥伦比亚大学以及美国和国外学术界仍有联系。1998 年，哥伦比亚大学授予我一个荣誉学位，我非常高兴那一年同时获得此荣誉的还有联合国秘书长科菲·安南和好莱坞女星劳伦·巴考尔，这使我们成了"同学"。而且哥伦比亚大学将一直是我的"家"，即使在我辞世之后，因为我的论文（以及我父母的论文）将永远在那里。

甚至在退休之前，我就参与了霍尔布鲁克的一个梦想，即在柏林建立一个永久的文化存在，来取代半个世纪以来保护并丰富了这个城市的美国军队。他开始考虑在柏林设立一个美国科学院，有才华的美国人可以在那里从事长达一年的研究工作，并且通过他们的存在来增强在这个首都的德美两国的联系。我们曾经在大使馆谈过这个计划，我想起了一个德国的类似情景：在拿破仑大败普鲁士之后，哲学家兼政治家威廉·冯·洪堡敦促国王成立柏林大学，并借此"用精神手段来取代身体上的损失"。

凭借其一贯的能力，霍尔布鲁克动员了亨利·基辛格和理查德·冯·魏茨泽克共同出任主席，在这两个国家筹集资金，并为此找到了一个理想的家：坐落在柏林最豪华地段的一栋华丽的别墅，位于万塞湖上；在希特勒上台之前的十年里，这栋别墅属于汉斯·阿恩霍尔德。在随后的过渡期间，这栋别墅被用于各种目的，但是阿恩霍尔德的女婿斯蒂芬·凯伦因他的妻子在那里度过了多年的童年生活而对此别墅怀有很强的私人兴趣。斯蒂芬现在是纽约的阿恩霍尔德和 S. 布莱希罗德银行的总裁，我喜欢称该银行为"我的"银行，因为我写了有关它辉煌的开端那段历史。事实证明凯伦夫妇为霍尔布鲁克的计划提供了最大的支持。在成立了一个可靠的研究人员选拔委员会后，我也加入了董事会，并且亲眼看着学院的地位和影响力不断在增长——尤其是当两国官方关系恶化，原先被埋没在钦佩和感激之情之下的德国人对美国潜意识的猜疑被乔治·W.布什的华盛顿政府采取的傲慢的单边主义行为激化之时。该科学院的存在归功于许多捐助者，但一想到沃尔特·蒙代尔想去东京的愿望让霍尔布鲁克最后一次在德国的发明成为可能，再加上布莱希罗德在天之灵的祝福，就让人感到头晕目眩。一段意外被出色地利用之后便创造了历史！

应克林顿总统的要求，霍尔布鲁克于 1994 年返回华盛顿出任负责欧洲事务的助理国务卿，一年后他成为结束南斯拉夫战争的首席谈判代表。由于要在俄亥俄州代顿为这些难以置信的艰难谈判加班加点工作，他不得不取消了在纽约为利奥·贝克研究所成立四十周年做一次重要演讲的承诺。在最后一刻，我取代了他的位置，但我赞扬了他缺席的原因，并说"凭借他的智慧和精力，他的不屈不挠的现实主义，他的外交技巧和细致的理解能力（Fingerspitzengefühl）"，他是一个理想的和平使者。我沉迷于一个历史幻想之中：

> 他本来应该在 1914 年 7 月奥地利大公被谋杀之后就被派往贝尔格莱德。他本来可以告诉塞尔维亚人接受奥地利的最后通牒，然后再行欺骗之事。他本来可以穿梭到维也纳并告诉奥地利人，发动战争是疯狂的，德国人正在把他们推入这场冒险之中，而他们的帝国将因此不复存在。他本来可以去柏林并警告德国人，当欧洲的和平的绝对优势就掌握在他们手中之时，就奥地利大公事件诉诸战争是在玩俄罗斯轮盘赌——通过如此这般给最直接相关的国家提供明谏，他本来完全可以避免第一次世界大战。当然，在这种情况下，他和

他的匈牙利出生的妻子还有我就不会来到美国这个地方了。

　　我自己也在不断加深我在第五个德国中的参与程度。在慕尼黑大学和美因茨大学的短暂访问和较长时间的停留为我提供了观看和处理德国事务的平台。德国人有一种快速改变情绪的天赋，但从 1989 年的狂喜到焦虑的幻灭这两者之间迅速的摆动令人感到惊愕。（德国人有一个难以翻译的短语，用于他们迅速变化的情绪，"Himmelhochjauchzend, zu Tode betrübt"，字面意思是：欣喜若狂和悲痛欲绝。）这个国家正式统一了，但陷入了令人担忧的忧郁和自怜之中。当西德人抱怨东德的重建花费过于巨大，以至于他们的兄弟都难以承受自己的负担时，许多东德人却感觉在继续被殖民化、被迫屈尊俯就和被剥削，一种愤怒的傲慢态度油然而生。当然，在原先的民主德国，生活逐渐得到了改善——对一部分人而言，也可能对许多人而言；也许他们正在遭受我们所谓的提高期望值的革命带来的痛苦。

　　在政治方面，赫尔穆特·科尔在 1994 年赢得了另一场选举的胜利，尽管比起以前差额更小了。他以"统一"总理的身份参与竞选，同时暗示他的红、绿对手缺乏爱国主义。当他决定在 1998 年再次参选时，我认为这个正确地将他的成功归因于对手的低估的人现在却高估了自己。他失败了，而且他的伟大成就因他卷入基民盟竞选财务丑闻的细节被揭露而受到玷污。他将作为一个优秀的欧洲人、一个他的国家的统一者而被历史铭记，但他仍然是一个造成不和的统一者。

　　格哈特·施罗德，一位务实的社会民主党人，现在成为红绿联盟的领袖，约施卡·菲舍尔出任外交部长。（想一想这位菲舍尔，1968 年那个时代的一个暴力激进分子，现在成了德国最受欢迎的政治家！再想象一下，他在外交部那种历史悠久的古板正式的氛围中的样子应该是很怪异的。）新政府决定参与北约，阻止塞尔维亚的侵略并保护科索沃的人权。如果红党和绿党还是处于反对党位置的话，他们很可能出于对和平主义原则的忠诚，投票反对派遣德国士兵参加战争，但施罗德和菲舍尔有能力说服他们的政党，德国军队在巴尔干地区作为维和人员而不是残酷的征服者存在，是充分实现德国作为一个负责任大国的又一步骤。*

亲眼见到和亲自参与这些德国事务使我一度被卷入各种多重和解的任务之中。德国人必须要和解，包括他们自己之间的和解，东西方之间的和解，与他们的邻国的和解，与他们过去暴行的所有受害者尤其是犹太人的和解，以及与他们自己一直有争议的过去的和解。根据职业，还根据性情，我认为我是一个以和解为加强民主的手段的信徒，我特别热衷于将德国－波兰的和解作为一种政治和道义上的迫切需要。（鉴于我的布雷斯劳／弗罗茨瓦夫的关系，这也有一丝私人的考虑。）德国人开始要求我在正式场合谈论我自己的过去，我以为，他们是希望我作为过去事件的见证人和解释者，在此过程中，比起从远处，我开始更清晰地看待我自己，有点意识到公开参与其中的私人原因。

在我的学术研究中也是如此。结束大使馆工作之后，我回到了我计划中的弗里茨·哈伯和阿尔伯特·爱因斯坦这一双重传记的写作上，去写他们兄弟般的对立、他们不和谐的友谊以及德国

---

* 2005 年，当这个红绿联盟崩溃时，一个所谓的伟大联盟，基民盟－社民党取而代之，基督教民主党人安吉拉·默克尔成为德国首位女总理，而马蒂亚斯·普拉泽克则成为社会民主党的领袖。默克尔和普拉泽克都是在原先的民主德国长大的，我认为他们在权力上的晋升是对被解放了的古老东方的人才一种含蓄的认可，如果予以正确的理解的话，这种情况应该有助于德国的真正统一。

犹太人内部巨大的紧张和诱惑的故事。我又回到了档案馆，回到了1914年之前被毒害了的德国的黄金时代，回到了德国的"第一次机会"中去，其灾难性的结局是哈伯和爱因斯坦共同经历过的。但是，我被互补性的短程旅行分散了精力：我成了为其他伟大的德国科学家做巡回纪念演讲的人，这些科学家包括保罗·埃尔利希和马克斯·普朗克。当我接受邀请为马克斯·普朗克逝世五十周年官方纪念会做演讲时，它让我有机会去了解被私人和公共悲剧掩盖的另一种科学生活：普朗克在第一次世界大战中失去了一个儿子；另一个儿子埃尔文被作为7月20日密谋中一个假定的共犯而惨遭纳粹杀害。面对一群令人望而生畏的德国权威人士，我在演讲结束时这样说道，因"德国人的精神错乱"，普朗克失去了两个儿子，他的被谋杀的儿子应该同他受尊敬的父亲一起被永远记住。但我也不得不处理普朗克的有关纳粹政权的内心冲突；要成为一个老式的德国爱国者，习惯于为国家服务，同时又保持一个人的尊严，这是非常困难的。我试图利用这些机会将在和解性的理解上做出的努力与毫不掩饰的警告结合起来，也许德国人在利用我来说那些仍然太痛苦或太微妙以至于他们自己难以去表达的东西。

我对哈伯－爱因斯坦那一代科学家的关系网络越来越感兴趣了。这些人的科学工作已经被研究过了，但他们的生活以及他们的公共影响还没有人涉猎。接下来，当我在位于雷霍沃特的研究所举办的年度魏茨曼讲座做了演讲之后，我便将哈依姆·魏茨曼添加到了我要研究的科学家和政治家的名单上。1994年伊丽莎白和我在以色列度过了一个星期，我们在那个研究所宁静的庭院里花了一些时间，这是一个世界级的大学研究中心，其余时间就用于周游全国各地，包括西岸在内，在那里，大自然惊人的美丽和以色列占领下严酷的条件之间的冲突使我们再次受到强烈的震撼。

尽管如此,《奥斯陆协议》唤起了解决阿拉伯－以色列冲突的希望,这一希望曾经在1995年遭到破坏,当时伊扎克·拉宾被一个狂热的犹太人刺杀,这个犹太人的卑鄙行为受到了无情的右翼诽谤的驱使,罪魁祸首是一名致力于这个和平的机会的将军。我立刻想起了1922年德国的犹太人外交部长瓦尔特·拉特瑙被谋杀一案,民族主义狂热分子在政治右派发起仇恨运动将其视为"叛徒"之后杀死了他——我写下了这两个悲剧的相似之处,都出自民族主义者的狂热,都产生了可怕的世界性的历史后果。一年之后,我受邀在特拉维夫的一个专题研讨会上做了有关这个相似性的发言,这个研讨会是为了庆祝一个以拉宾为名并致力于研究以色列历史的研究所的落成而举办的。为这个场合我所选择的话题是:"现代国家和政治暗杀"。

于是伊丽莎白和我又来到了以色列,这一次的旅程比上一次更加令人难受,但我们的朋友哲学家阿维沙伊和埃德娜·玛格里特努力使气氛活跃了起来。阿维沙伊在大会上致了开幕词。以色列学者和出席的公众人物之间的紧张关系从一开始就显而易见,但只是在最后的小组讨论会上才公开爆发,小组会专门用来讨论拉宾遇刺给今天的以色列带来的后果。在充满激情的长串希伯来语中,我抓住了一个被反复使用的词,可勉强翻译为文化争端(Kulturkampf),指的是东正教、改革派和以色列的世俗犹太人之间的激烈争论。德国历史的回声再次成为在其他文明国家引发政治死亡事件的一个原始文本。

我论述拉特瑙的文章重申了我对魏玛及发生在其存在时期的意外事件的忧思。1998年,在我最中意的安静的工作场所之一——荷兰高等研究院，我又接受了一项邀请，去出席剑桥大学国王学院举办的持续时间较长的社会经济史研讨会，并在会上发言，主持研讨会的是艾玛·罗斯柴尔德和加雷思·斯特德曼－琼斯。多年来我一直非常钦佩艾玛，因此心中持有这样的自负：我的演讲的质量应该与主办者本身的著作的质量相匹配——或者更直白地说，因为我经常为某个特定人物写文章——我在为她的研讨会所准备的文章上下足了功夫，最后成了一篇关于"魏玛的死亡"的文章。在文章中，我探讨了魏玛初期有声有色的生活中的悲哀，当时死亡和残害是如此普遍。我也特别关注这么一个事实：一些魏玛共和国的关键保卫者在相对年轻的时候就相继辞世了——拉特瑙本人，还有（出于自然缘故）马克斯·韦伯、恩斯特·特罗尔奇、弗里德里希·艾伯特和古斯塔夫·施特雷泽曼——而魏玛的敌人却活到了八九十岁高龄。我再一次探索了我对相互交叉的传记和历史的兴趣，而不是意外事件；当时我正在读匈牙利作家彼得·纳达斯写的一本新书，其中作为一个主题的是在我们的生活中未发生的事情的重要性，我立刻想到这在历史上也是如此。

1998 年，我的书《爱因斯坦的德国世界》出版了，中心内容是关于哈伯和爱因斯坦两人交往的长篇故事。作为我的引言部分的题词，我摘录了莉泽·迈特纳 1945 年写给一位荷兰物理学家朋友的一封信中的话，这位出生于奥地利的物理学家曾经是奥托·哈恩的主要的（也是未公开承认的）合作者，直到她作为非雅利安人而被迫流亡，这句话是这样的："你问我对德国的态度是怎样的……我可以用一个比喻来做出最为恰当的表达：我感觉自己像个母亲，看到最喜欢的孩子已无可救药地误入歧途。"我认为，这句话最简洁、最辛酸地表达出许多德国犹太人对他们以前的家园所怀有的感情。

当我于 1993 年至 1994 年在波恩工作时，我遇到了波兰驻德国大使雅努什·赖特尔，他曾经是一位年轻的波兰记者，在 20 世纪 80 年代作为一个地下反对派成员而逐渐成熟。（他曾是玛里恩·登霍夫的第一批"被发现的"波兰人之一，并被她带到《时代周报》工作了一段时间。）波兰革命把他推向了这一高位，他是一位具有语言天赋和历史意识的外交官，对西方观念和制度持批判性开放态度。欧洲解放后最令人兴奋的感受之一就是发现了许许多多像赖特尔这样的年轻男女，他们迅速提升到有职权的岗位，并在那些岗位上工作得如鱼得水。在波兰这个国家里，这种情况更加引人注目：他们的长辈要么是德国和俄国野蛮暴行的受害者，曾试图摧毁这个国家的精英，要么被某种形式的庇护和共谋玷污。然而，这个新一代似乎从早年暴政的记忆中得到的是激励，而不是挫败。（2005 年，赖特尔成为波兰驻美国大使！）

赖特尔致力于为自己的国家和德国的许许多多曾经失去了家园的人寻找协调的方式。1995 年夏天，他在柏林组织了一次公开会议来讨论"失落的家园"这个痛苦的问题。他请我把这个问题置于欧洲的历史背景下来看待，虽然我有点怀疑他是否希望我回顾自己的经历。同我在一个讨论小组的成员包括玛里恩·登霍夫以及德国和波兰的内政部长，他们俩的家人，如伯爵夫人，和我一样都失去了自己的家园（碰巧的是，这两人还是在同一天出生的）。当然，几个世纪以来，欧洲人经历过驱逐和失败，尽管近代的事件特别暴力凶残。1933 年以后，德国人轮流成为驱逐他人者和被他人驱逐者。遭受驱逐的痛苦是显而易见的，在用来描述甚至程度更低的不幸损失的文字中也可以明显看出：乡愁、国破家亡、无家可归。我们大家都同意，在政治上利用私人的冤情会破坏那些暴行的恐怖，但我们也同意在不忘记过去的同时去重新开始，这样的经历是能够令人振奋的。

为了明确我所认为的会议应该具有的精神，我引用了玛里恩的信条，"爱的最高形式就是爱而不图占有"。我还提到了那位出色的瑞士历史学家赫伯特·吕特的话，他曾经写道，欧洲的一个新的和平秩序将要求人们"能够哀悼而不仇恨"。通过同时承认自己的和他人的痛苦，共同的和和谐的感觉就可能取代仇恨。在会议上，演讲者和听众似乎融合了激情和理智，共同体验到一种宽慰感，为这些问题可以在几十年来第一次公开地畅所欲言而兴奋不已。

第二天，赖特尔大使坚持要开车把伊丽莎白和我送往我的故乡，他知道那是我们的下一站。因此，我们就不必按原计划坐火车前往弗罗茨瓦夫，而是开车沿着希特勒的高速公路前往，我上一次开车走这条路还是在 1938 年 8 月，就在我父母、姐姐和我获得了美国移民签证之后。这是多么特别的一次回乡行程啊，由波兰大使（并且是我们的朋友）亲自带我们在旧政权结束之后第一次探访弗罗茨瓦夫，我可以带伊丽莎白去看看我快乐又痛苦的童年所在地。弗罗茨瓦夫仍然遍布着我在 1979 年所看到的所有战争破坏的痕迹，但是为重建而做出的巨大努力仍然令人震惊。多么生机勃勃的一座城市啊！而且波兰人现在承认弗罗茨瓦夫曾经有几个世纪的德国生活，这是多么坦诚啊！他们对其早先的辉煌感到多么自豪啊！弗罗茨瓦夫正在恢复它的历史，我觉得我也是。

1996 年春天，我们回到了弗罗茨瓦夫，我在那里获得了一年一度的西里西亚文化奖，这个奖项是在 1989 年之后设立的，用以表彰在西里西亚出生或居住过的人。奖金来自德国，庆祝活动由当地的波兰人举办，提名则由两个国家轮流进行。鉴于我亲波兰人的倾向，我特别高兴能被波兰人选中。庆祝活动在利奥波尔迪纳大学（布雷斯劳大学）美丽的巴洛克式的礼堂内举行，最大的惊喜是布罗尼斯瓦夫·盖雷梅克来给庆祝活动致辞。

我的儿子弗雷德在此次旅行中加入了我们，我们一起参观了我童年生活过的地方。弗雷德与我的父母特别亲近，并且是伴随着我母亲在布雷斯劳生活的许多故事成长的，因此他可以将现在的这个地方与那些快乐的回忆联系起来。在庆祝活动的正式午餐之后，他向赖特尔大使的助手透露，如果还有时间的话，他知道我会想去附近的山村佐布滕，我父母有几年在那里分租了一栋房子过周末；大使助理动用了地区总监的车把我们带到了那里。我找不到我们昔日的房子了，但无论如何，在晴朗的天气里进行的这次旅行非常精彩。我们沿着小路漫步，穿过宁静的田野和牧场，惊叹于果园里果实累累的樱桃树。在我们漫步后回到车上时，发现司机为我摘了一堆樱桃，让我再回味童年时的味道。我难以忘记那友好的姿态和稍纵即逝的深深的满足感，眼前的善意与过去那部分美好的回忆交融在一起了。

那年夏天晚些时候，我女儿凯瑟琳和她的家人同我一起又回到了弗罗茨瓦夫。凯瑟琳现在是我的一位历史学家同行，她与我的父母同样非常亲近，她和她的丈夫和孩子们现在也可以把她童年时代听到的故事与这个地方联系起来。她发现这座城市比她预期的更加宏伟，并且对它容纳两种文化的方式非常着迷。弗雷德和凯瑟琳都非常喜欢看到我们家在欧洲的生活部分消失的地方。他们能够理解。

那些年里几乎充满着欣喜的和解，大家都自发地去寻求真理，向邻居伸出友谊之手，在德国长期推迟承认的与波兰共享的边界问题上双方表达了相同的情感。然后，逐渐地，双方的关系再次出现了裂痕，波兰人感到失望的是，德国在欧洲不再那么支持其事业了。重新回到古老的偏见，回到民族主义上去是那么容易——容易但极具破坏性。

到了 20 世纪 90 年代中期，德国人正面对关于他们的历史的新的争议。年轻的学者们无情地揭露了国家社会主义时期普遍存在的罪责和共犯关系，这种对邪恶的道德上的冷漠往往源于野心和贪婪。其他国家的公民（只要考虑一下奥地利）表现得也如出一辙，这个事实并不能消除原始的污点：德国人一直是邪恶暴行的煽动作恶者。

美国政治学家丹尼尔·戈尔德哈根所著的《希特勒的自觉帮凶：普通德国人和大屠杀》于 1996 年出版时立即引起了轰动。戈尔德哈根对"为什么会发生大屠杀？"这个问题的回答很简单，就是德国人的反犹太主义，由于德国人几个世纪以来已经接受了一种"消除异己的思维定式"，并且想要在行动中表现出来。那就是戈尔德哈根的"分析框架"，随后是一个"实证"部分，其中他重构了大屠杀的三个特定的、扣人心弦的片段，显示了"普通"德国人的兽性，其中大部分是老年人，很少是纳粹分子。戈尔德哈根的推论是，其他德国人几乎可以取代他们中的任何一个。这本书是对整个民族的控诉，就像在 1945 年之后常常出现的那样。美国和德国的历史学家们——他们中有许多人曾为揭露纳粹政权的特殊恐怖做了大量的工作——批评了戈尔德哈根这种一概而论的笼统性，但这两个国家的民众还热情地购买他的这本书。

我发现戈尔德哈根对自由派德国历史学家中的他的批评者进行了侮辱性的攻击——这些历史学家自身也经常受到德国民族

主义分子的指责——这太可恶了。于是我也加入了这场论战，在《外交事务》杂志上刊登了一篇针对这本书的相当猛烈的批评文章，就这本书的推广，其优点和缺点做出了评论。我对这本书的道德和历史的还原论以及对背景和细微差别的漠视感到不安。德国的反犹太主义并不是以一种"消除异己"的形式出现的，而且它有自己的历史，有其自身的兴衰，这些都被戈尔德哈根省略了。即使是大屠杀也有一个特定的历史背景，并不仅仅局限于德国人：它发生在有组织的兽性的漫长的黑夜之中，在第一次世界大战结束后欧洲野蛮化最严重的时刻。我还注意到戈尔德哈根对他的批评者的非学术性攻击，举一个例子，他竟然试图让一个人闭嘴。我可能也怀有一种审慎的忧虑，担心他的原始主义可能挑动德国人对美国和犹太人的憎恶。我收到了一些作为回应的"砖块"，包括该作者的一篇长长的愤怒的答复，但也有不少令人愉快的赞扬。戈登·克雷格认为我的文章是"我读过的评论这本书和这场论战的最好的文章。我很高兴你能为德国历史学家们仗义执言，对于他们戈尔德哈根只是一味地蔑视"。

1999 年，当我接受邀请在雅各布·布克哈特的家乡巴塞尔做一次关于他的演讲时，我在不那么紧张的、更加愉快的环境中再次回到了这个主题上。（我被安排住进了有些陈旧的欧拉酒店，1934 年 1 月，弗里茨·哈伯在同我的父母谈过他们的移民计划之后，就是在这里因心脏病发作去世的。当晚我迟迟难以入睡。）我想要重新研究一下我之前就布克哈特对现代犹太人的批评观点所做的评论；我建议将我的演讲以"反犹太主义的用途与滥用"作为标题，很明显这是借鉴了尼采著名的论文《历史的用途与滥用》这个题目。布克哈特遗产的守护者也是我的东道主对此吃了一惊，因此我提出改用不那么刺激的"布克哈特、尼采和反犹太主义的诱惑"。但是当我提到我原来的标题时，来听演讲的听众坐直了身子：反犹太主义已经有"用途"了；做一个19世纪批判犹太人的人是一种认同古代"美德"的方式，是在追求利润和庸俗唯物主义的过程中反对现代性和贬低真正的价值观。在布克哈特时代，"反犹太主义"——其本身就是19世纪70年代的一个新词——涵盖了从温和的社会偏见到出于政治动机的暴力和煽动民心，但脱离了犹太少数民族在西方和中欧惊人的崛起这样的背景，其中任何一个都无法去理解。犹太人的崛起是一个在欧洲历史上可能没有类似情况的故事。最重要的是，我想要在布克哈特和尼采两人之间做区分，布克哈特在其私人通信中表达了他对犹太人的批评性评论，而尼采则在他个人生活中遇到了一些当时最激烈的反犹太主义者并谴责他们所有人，他认识到他们的仇恨的力量，那是一种致命的毒药，尼采是最先理解到这一点的人之一。对于巴塞尔贵族而言，这是一个微妙的主题，随后对此进行了激烈的讨论。

20世纪90年代，我与德国人有了更紧密和更经常的接触，部分是通过一系列特别的令人惊喜的事件。1994年，我被选入德国的勋章评选委员会，这是一个由四十位德国人和四十位外国科学家、学者和艺术家组成的永久机构。我并不是唯一对这种荣誉感到惊讶和敬畏的人，大多数成员承认这一点。例如，费利克斯·吉尔伯特在他公开的入职仪式上说，想到他的前辈，他就自忖道："我能在这里做什么？"我的感受就更不必说了。像所有新成员一样，在我第一次参加会议时，我必须要对我的人生和工作做一个非正式的陈述，我提到了特奥多尔·蒙森的警告，任何一个需要超过4小时睡眠的人都不适合以历史学为职业，还有兰克的观点，历史学家随着年龄的增长而变得更优秀。我希望我可以为他们的选择而辩护。在其他美国成员之中，还有乔治·凯南、戈登·克雷格和伟大的物理学家维克多·魏斯科普夫，我很乐意去赞赏别人——我认为，这是一种由发展良好的自我怀疑的痛苦所平衡的快乐——我对能身处他们之间而感到非常高兴。

勋章评选委员会邀请其成员以及合作伙伴参加半年一次的会议，在这些场合里，我们有机会就各种跨学科的主题进行非正式的聊天，其中点缀着来自许多国家和不同领域的男女之间轻松的玩笑和友情。如此一来，前往德国和欧洲其他国家的旅行成倍地增加，每年6—8次跨大西洋的航行几乎成了常规。奇怪的是，我童年时代的德国经历让我变成了欧洲人，我晚年时代的德国经历又帮助我回到了欧洲。

1998年10月，多产的德国作家马丁·瓦尔泽获得了德国书业和平奖，我在勋章评选委员会的活动中多次见到过他，因为他也是其中一个成员。德国书业和平奖是1950年设立的一个著名奖项。（马丁·布伯、特奥多尔·豪斯、保罗·蒂利希以及最近的瓦茨拉夫·哈维尔和乔治·塞姆朗，都是该奖的获得者。）颁奖仪式在法兰克福古老的圣保罗教堂举行，联邦共和国总统和许多政治家以及其他公众人物几乎悉数到场。这座教堂已不再是一座教堂，而是一个值得敬重的地标，是1848年德国第一个民主议会的所在地。瓦尔泽利用这个机会来解决记忆中的问题，他明确提到了大屠杀，由此隐约地涉及了计划中的柏林大屠杀纪念馆。

瓦尔泽暗示道，那些不断提醒德国人不要忘记他们的"耻辱"的作家，其所作所为部分是为了清除他们自己在邪恶历史中的帮凶行为，以此证明他们自己的清白或优越的道德判断，而且这样做是因为他们想要伤害"全体德国人"。近几十年来，他说道，德国人每天都在被人提醒他们的"无法消除的耻辱"。难道那些以搬弄是非、挑剔苛求为己任的"知识分子"和"批评家"在这样做的时候能够感觉自己得到了提升，能够远离作恶者而更接近受害者吗？（就像恩斯特·诺尔特一样，瓦尔泽通过反问、不列举姓名使他的讽刺不那么刺耳，但是大多数人知道他心目中有谁——格拉斯、哈贝马斯和其他"批评家"。）没有人怀疑奥斯威辛的存在或其恐怖，他承认，但是不断地去面对它，并且把这种耻辱作为一种反复利用的手段，那就会令人反感。他承认他被迫"扭头看别处"。"壮着胆子在颤抖着"，他宣称奥斯威辛不应该被用来作为一种恐吓手段，也不应该被用来作为惩罚所有德国人的一根"道德大棒"。或许，他戏谑地问道：是否存在善意的平心静气？

对他的演讲的直接反应是积极的，但在几天内，指控和反诉占据了德国报纸的主要版面。德国犹太人委员会主席伊格纳茨·布比斯愤怒地谴责瓦尔泽，其他一些评论家也是如此；论战迅速升级，收获的是恶意，失去的是实质，这在德国的公开辩论中是常有的事。瓦尔泽怒气冲冲地做出回应；布比斯称瓦尔泽的辩护人为反犹分子，即使是那些只是说了一句他有言论自由权的人。新当选的总理格哈特·施罗德最初对拟议中的柏林大屠杀纪念馆持批评态度，现在他宣布在瓦尔泽的演讲之后反对已是不可能的了。瓦尔泽的劝告所产生的意外后果是引人注目的。

我一开始以为瓦尔泽并不完全知道他在做什么，尽管他确实意图激起争端，但这种解释很难站得住脚。像他这样能巧妙运用语言并掌握语言细微差别的作家必须要意识到可能会出现的反应。布比斯宣称，他一生的和解努力全白费了。聪明、可怕的马塞尔·赖希－拉尼茨基是一位有着波兰犹太血统的文学评论家，他在德国作为一个"文化沙皇"具有非凡的影响力，他声称瓦尔泽的演讲证实了他的感觉，即犹太人再次成为公平的游戏。这种令人厌恶的狂热持续了好几个月。

当然，这个问题不会永久消失，但我认为瓦尔泽的演讲和随之而来的出于个人好恶的攻击是可悲的。与此同时，在柏林市中心，有争议的被杀害犹太人的纪念碑正在建造之中，这将永久性地提醒人们德国人勾结其他人犯下的独特罪行。瓦尔泽的争议恰逢欧洲对以色列的看法发生重大转变的时候：左翼人士对以色列占领约旦河西岸和加沙的愤怒在日益增加；在激进的右翼这边，通常的反犹太主义的敌意也得到了加强。反过来，一些犹太人将针对阿里尔·沙龙的利库德政府的所有批评与反犹太主义混为一谈，即使这种批评只不过重复了以色列批评者的观点而已。现在已经很难想象是否会有一天德国人能够轻松地谈论犹太人生活的方方面面。

但是，试图避免令人痛苦的事实绝不是一种选项。1999 年，我做了一个题为《"微妙的"沉默及其后果》的演讲，这个题目出自尼采的一句话，他提到了歌德可能对德国人的看法以及通常属于德国人的"深沉"，"但他从未就他周围的许多事物发表过清晰的看法，在他的一生中他都擅于保持一种微妙的沉默，很可能他有充分的理由"。从这方面去说真是太具有讽刺意味、太离经叛道了！

提出这样一个主题的并不只有我一个人。同样在 1999 年，马克斯·普朗克协会会长休伯特·马克尔在协会五十周年纪念日上宣布："有些人认为战争结束五十年后……已经过了（对于过去的行为）进行反省的时间……他们是被误导了。已经过去了的只是出于羞愧和无情的压抑而要保持沉默的时间，而保持沉默是为了不再受伤，以及战争刚结束后那个时代想要忘却的愿望。"

到现在为止，尼采的话经常在辩论中被引用。（同年，我选择它作为我在德国发表的一本论文集的标题。）

很快，围绕瓦尔泽演讲产生的问题也直接触及了我。1999年春天，我出席了在魏玛市由德国国家基金会组织的一个公共论坛，旨在重新评估八十年前起草的魏玛宪法。（我认为这对民主社会来说是一个合理的民主宪章；德国当时离民主距离尚远。）接下来是在柏林举行的一次会议，在那次会议上，一些瓦尔泽辩论中的主要参与者试图听从施罗德要双方和解的恳求。（几个月后，布比斯在怨恨中去世了，按照他的指示，他被埋葬在以色列。）那天晚上我回到酒店时，被告知有人留言给我，要我不管时间早晚都要打电话给德国书商协会的乌尔默先生。他的问题是：我愿意接受 1999 年的和平奖吗？评奖委员会为此一致推荐了我。

我惊呆了。我对幻想并不陌生，但这种事情我从未想过；以前从未有历史学家被选中的情况。我打电话给伊丽莎白告诉她这个消息，但在得到正式宣布之前，不可以向其他人提及此事。我高兴极了，突然想起那天还是我父母结婚八十周年纪念日。

在一段不长的时间里，这个奖改变了我的生活。当消息公开之后，很多人和作家认为这是对前一年瓦尔泽的挑衅做出的恰当回应。如果我是被作为一种他的解毒剂而当选的话，我不得不怀疑我的荣誉是否应该归功于瓦尔泽。我后来确信事实并非如此，但无论如何，我的生活变得一团糟，短期内，我变成了一个公众人物。

乌尔默先生同一位历史学家同行兼评奖委员会成员埃伯哈德·耶克尔一起来纽约拜访了我，我们共同讨论了颁奖人的挑选，此人将介绍获奖者、解释并证明授奖的理由。乌尔默提出了两三个出色的德国人的名字，并征求我的意见。我对他的建议感到受宠若惊，但是我最心仪的还是我的朋友兼历史学家同行布罗尼斯瓦夫·盖雷梅克，现在的波兰外交部长。我以为他会同意的可能性很渺茫——当我听说他愿意接受时，我感到更加高兴了。除了我的私人感情之外，他的存在会体现出多重的和解。

瓦尔泽的争议显然更加引起了对我是否以及如何回应这场辩论的兴趣。我自己也想知道，并且我的获奖感言也被证明特别难以准备，我不得不将历史和个人融为一体，我觉得这将可能是我能有的表达我的希望和忠告的最佳场合——而所有这一切局限在一个非常精确的时间段里面。

颁奖仪式于 10 月 17 日星期日举行，这样的场合本身就结合了兴奋和老友相聚的乐趣。盖雷梅克和我一起坐车前往圣保罗大教堂，那里被警察和摄影团队团团围住，因为在电视机前观看和平奖颁奖典礼的观众不仅包括出版商和作家，还包括政治人物。

长长的一队官员——以富有魅力的法兰克福基民盟市长佩特拉·罗特和联邦共和国总统约翰内斯·劳为首，最后是盖雷梅克和我——一起走进大厅。乌尔默朗读了正式的授奖词，其中提到了我通过在不同时期和人民之间建立理解的桥梁来促进和平，公平地描述了"犹太人在德国……生活中始终有争议的历史存在"，并且规范性地试图解决有关德国当前的问题。接下来是罗特市长，她强调了文学可及性的重要性，并呼应了我对新的德国的一些希望和担忧。令我非常高兴的是，她还引用了我曾经给"普鲁斯特调查问卷"的一个答案——这份调查问卷包括了非常著名的一系列有关价值观和经历的问题，为杂志编辑所青睐——我在答题时将自己最喜欢的活动描述为"在偶尔的亮光之下徒步旅行"（wander mit Einfällen）。我心中一直想念着西尔斯·玛利亚，但她极其慷慨地暗示我会经常在路上。难道不是这样吗！

盖雷梅克的讲话为历史的作用做出了极具说服力的辩护，他认为历史可以作为抵制遗忘过去的诱惑的重要解毒剂。他首先引用了保罗·瓦莱利的话，历史是大脑的化学作用发明的最危险的毒药之一。其次他引用了法国历史学家和抵抗烈士马克·布洛赫所说的历史可以被比作一把刀，用这把刀既可以切面包也可以杀人，盖雷梅克以心意相通的精确度涵盖了我的研究工作的主题，并说我是在切面包。我对他下面的这个说法感到特别高兴："弗里茨·斯特恩毫不犹豫地说出了关于德国人和犹太人的真相，而且恰恰是这些真相对今天的德国人来说是痛苦的，但对犹太人来说也同样如此。"在他值得接受的热烈欢呼声中，我们拥抱了，下面该轮到我出场了。

在向组织者特别是盖雷梅克表示了衷心的感谢之后，我很高兴地提请大家注意盖雷梅克是自托克维尔以来成为外交部长的第一位重要的历史学家。我认为这个奖项第一次授予一个历史学家是给予该学科本身的一项荣誉，也是对历史学家的责任的认可。我回忆说，当我第一次听到被授予这个奖时是在 4 月，欧洲和美国正站在科索沃新型战争的边缘，这项政策体现了一个民主联盟不愿意容忍残酷非人道而做出的决策。"用武力捍卫人权是一个新的现象。"类似的情况可能还会发生，对于这样的行动我们需要明确的指导方针："责任不应该仅仅落在世界上唯一的超级大国的肩上。"

当我谈到新的德国要采取一项积极的、谨慎的外交政策时，我强调其先决条件仍然是内部和解这一紧迫的道德任务。然而，东西德之间的隔阂似乎在增长。"在这个德国之内不应该还有空间专门去容纳二等公民或那些认为自己是二等公民的人，历史上已经有过太多的二等公民了，我自己也有过这样的经历。"这句话既是政治上的挑战，也是私人的表白，引起了第一阵打断了我演讲的掌声：我能感觉到大厅里的政治气氛越来越浓。我特别提到，瑞士联邦委员会主席露丝·德雷福斯最近呼吁在我们这个时代要以正确的精神去对待过去，她承认每当想到她的国家，她都是怀着"感激和痛苦"的心情。如果一个瑞士公民都能正确地说出这样的话，那么对于其他人，特别是对于德国人来说，其真实性就更加毋庸置疑。

奥斯威辛集中营将"不可避免地并且永远地"作为德国人野蛮残暴的象征而留存后世。在普里莫·莱维关于集中营生活的悲惨描述中，他写道，当他到达集中营时，他看到牢房窗外有一根冰柱，在极端干渴的驱使下，他伸手去抓那根冰柱，但是一个"身材高大在外面来回走动的警卫突然伸手残忍地从我手边夺走了它。'Warum（为什么）?' 我用蹩脚的德语问他。'Hier ist kein warum（这里没有为什么）'，他回答说，同时猛地把我推了进去"。这就是最主要的问题，我说道。《圣经》中约伯问道："你到何时才转眼不看我，才任凭我咽下唾沫呢？为何以我当你的箭靶子，使我厌弃自己的性命呢？"这种对"为什么"的拒绝是所有极权主义的真实表达，揭示了它的最深刻的含义，是对西方文明的否定。但它也应该提醒我们这些生活在脆弱的民主国家里的人，权力绝不应该脱离责任。太多的德国人，太多的20世纪的人，都未能去问一个"为什么"。我们这个世纪的特征很可能就是"他们不想看到或者不想知道"。

最后，我试图解释我对德国的持续关注。这不仅是因为国家社会主义是我政治教育中的决定性因素，不仅是在童年时代我看到过德国民主人士如何为自由而战并遭遇失败，也不仅是在 1945 年之后他们中的许多人回到了建设一个不同的国家这个任务上来。我对德国的关注，原因在于朋友们，是他们给了我与德国的精神联系，我只提到了一个人，她就是能够代表所有人的伯爵夫人玛里恩·登霍夫，"她的友情之礼在我的生命历程中起到了决定性的解放作用"。(《法兰克福汇报》第二天刊出了我的整篇演讲稿，只是省略了这一句有关与他们有竞争关系的报纸编辑的话！玛里恩对此非常愤怒，并斥责了他们，而且在一篇关于我的简短文章中也提到了这一点。我对更自由的文化冲突的希望便到此为止！)

德国人和美国人相互之间的理解对历史、政治和我的生活而言是一项原则。我的最后一句话是："我是一个国家的公民，但我的爱属于同样濒临危险的两种语言，属于同样被忽视的一种共同的文化。我的感激之情属于我的孩子和孙辈可以在其中自由成长的国家。因为我如此敏锐地感受到这种感激之情，并且经历了如此重大的友情之礼遇，所以我感谢这个曾经迫使我流亡并最终与之建立了新型关系的国家。"

精疲力竭、茫然失措的我迎来了长达好几分钟的起立鼓掌，我无法回忆起那一刻的精确感受——谦卑、麻木、空虚。但伴随着老朋友和我儿子弗雷德的亲切问候，伴随着真正的节日气氛，我的精神陡然高涨。离开大厅后，当我们同朋友们和官员们一起坐在一个房间里，在午餐前边喝着香槟边聊天时，我放松了。伊丽莎白低声对我说道："你快乐吗？"我随即回答："此时不快乐，何时才快乐？"

/ 尾 声

2002 年这一年进入了尾声，悲伤，最终愈合，这是一种生命循环的终结。就在元旦之前，玛里恩·登霍夫从克罗托夫给我打来了电话，她在那里和她的侄子赫尔曼一起过圣诞节。几年来，她的身体日渐衰弱，癌症反复发作——她坚强地忍受着疾病的折磨。初冬时分我去汉堡探望过她，当我在一天晚上见到她时，香槟酒能使她现在已经麻痹的手臂上的痛楚变得迟钝一些，但第二天早上又恢复了极度的痛苦。现在她想知道我什么时候回到欧洲。"3 月"，我说道，"去华沙，我们的城市"，去参加一本书的推介会以及与盖雷梅克和米奇尼克的座谈会。"我想那时我会好一些，"她说，"我也会去的。"

在接下来的几周里，我像往常一样经常给她打电话。2 月，她在家中摔了一跤，陷入昏迷，失去知觉，被送往医院。两周后，她醒了过来，她意识到自己现在极度虚弱，就要求把她送回克罗托夫。当获悉这些情况后，我计划在我到达欧洲时就去那里看望她。在华沙会议结束后，我去了西尔斯，就在第二天，赫尔曼打来了电话。玛里恩那天清晨去世了。她意识到大限已经临近，就告诉夜班护士，"打电话给赫尔曼"，然后平静地离去了。

于是我现在去克罗托夫参加她的葬礼。当我到达那里时，赫尔曼想让我去和她说声再见，就把我引到城堡内的私人小教堂。在那里，她的简洁的棺木搁在一块木板上，上面覆盖着一些鲜花。在大厅进行的悼念仪式中，玛里恩的一个牧师朋友做了一个简短的布道，家人和朋友们坐了三四排，都穿着黑色的丧服：登霍夫家族和哈茨费尔特家族四代人、魏茨泽克、特德·索默、达伦多夫、基辛格以及来自东普鲁士的她的老朋友克丽丝塔·阿姆斯特朗。我们跟着灵车走到了村里的墓地，在登霍夫家族的墓园一角，她的一个兄弟也被葬在那里。此时乌云突然散开了，整个现场沐浴在一道灿烂的春日阳光之下：敞开的墓穴位于一棵椴树底下，鸟儿在歌唱，我们每个人——包括她执拗的管家，带着玛里恩淘气的达克斯猎狗——一个接一个地走近，鞠躬，在棺木上放下一枝鲜花并撒下一把土。在她出生地朴素的传统仪式中我们告别了她：这是一种宁静的人类礼仪，那么纯洁，那么自然。然后我们回到城堡吃了一顿便餐，饭间孩子们有些碍事，不少人在私下交谈。整个气氛平静又兴奋，也许这是她的朋友们和家人们的最后一次相聚了。

几天后，在汉堡最大的新教教堂内为她举行了国葬，玛里恩是这座城市的一位荣誉市民。赫尔曼请我代表玛里恩的朋友同其他三位贵宾一起在葬礼上致悼词；市政府的官员早早地来接我，有一阵子，我独自坐在前排预留的座位上，思绪在不安的现在和低沉的过去之间交替。其他人逐渐来到了座位上：赫尔穆特·施密特和洛姬·施密特夫妇、施罗德总理和约翰内斯·劳总统（只有后者发言，因为德国礼仪禁止总理和总统在同一公共场合一起发言）。魏茨泽克先致悼词，然后是施密特，他代表《时代周报》，在他之后是我，我再次讲了我之前写的内容："如果说德国有一个地方再次成了我的家，那就是她的家和她的陪伴，一切尽在言和不言之中。"当我回到我的座位上时，赫尔穆特·施密特和夫人洛姬紧握着我的手，传达着无言的安慰。然而，我当时感到，并且现在也依然觉得，玛里恩一直稳定地存在于我的生命之中。伊丽莎白曾经偶然有一次称她为"你精神上的母亲"，这是一种新的想法，但非常恰当。同其他所有人都不一样，她以我无法表达的方式，不仅接触到了我的那颗童心，还把我这个成年人视为朋友和知识伴侣。

　　随着我年龄的增长，我更加频繁地想起我的童年，甚至我的身体也会提醒我。同年秋天，弗罗茨瓦夫大学 * 将庆祝其建校三百周年，波兰当局希望将这个庆典办成一个真正的国际性活动。大学理事院认定这所大学是"许多传统和文化的继承者和进步的守护者"，致力于"人民之间的开放、宽容、和平与理解的理想，以及再次复兴的波兰共和国完全回归欧洲"——这些文字非常可嘉，但鉴于共产党时期波兰人否认了这座城市的德国历史，这些话还表达了一种新的精神。在策划其三百周年纪念日期间，这所大学得到了德国波兰弗罗茨瓦夫大学之友协会的协助，这个协会是由汉堡的一个医生诺伯特·海希西创立的，他是布雷斯劳本地人。校方希望德国总统和波兰总统都能出席纪念活动。校方还邀请我在典礼上发言，我很高兴地接受了；我建议以"欧洲的复苏"为我的演讲题目，我隐约地对这个题目所含的双重意义感到高兴，既可以指民族主义的过度凶残之后欧洲的观念得到了复苏，也可以指 1945 年后西欧物质复苏的现实。我的有点随意的选择帮助确定了庆祝活动的主题——"欧洲知识分子的团结"——鉴于目前关于欧盟扩大的争论，这个主题是合适的。

---

*　这所大学是典型的中欧史的缩影。哈布斯堡皇帝利奥波德于 1702 年在布雷斯劳建立了一个耶稣会机构，这个时间一直被看作这所大学诞生的时间。1756 年，腓特烈大帝征服了西里西亚，将这所大学置于普鲁士－新教徒的统治之下。而在 1811 年，普鲁士在面对拿破仑的新军团时惨遭失败，随后当时的普鲁士国王和他的首席大臣威廉·冯·洪堡重建了这所大学，将其作为普鲁士改革时期民族文化复兴的一部分，我的曾祖父、祖父和父母曾经读的就是这所大学。1933 年后，这所大学变得超级纳粹化。然后，在 1945 年 11 月，来自利沃夫大学（利沃夫这座城市合并给了苏联的乌克兰）的波兰学者和教授同成千上万的波兰人一样，不得不向西迁移数百英里，在弗罗茨瓦夫大学重建他们的学院。

就我而言，让我这个土生土长的人作为主要的演讲贵宾——显然是用英语这门新的世界性语言——这样的想法是奇妙的。

纪念活动按部就班地开始了。11 月 15 日中午，也就是这所大学第一次开学整整三百年后，两位总统到达了，在肖邦伟大的《A 大调波兰舞曲》的乐曲声中，一支盛大的学者游行队伍进入了美丽的巴洛克式大礼堂。举着大学校旗的旗手走在前面，随后是教职员、院长、校理事院成员、波兰其他大学来访的校长——所有人穿着貂皮装饰的天鹅绒礼服并戴着礼帽，每个学院都有不同的颜色——弗罗茨瓦夫大学的校长在末尾。当我们全聚在前面时，合唱团演唱了《让我们欢乐吧》这首 18 世纪的学生歌曲。没有哪所德国大学能如此庄严：1968 年已经结束了这一切。

在德国总统约翰内斯·劳和波兰总统克瓦希涅夫斯基发表讲话之后，奥地利、捷克和匈牙利的代表们纷纷赞颂了大学在一个新的和平的欧洲的使命。我也庆贺了这一场合的独特性：第一次提出在整个中欧实现和平的设想。尽管我们了解"暴力，上个世纪释放的虐待狂"，尽管"在空间上我们更接近奥斯威辛集中营，而不是伊曼努尔·康德的哥尼斯堡……但在精神上我知道情况恰恰相反"。

当然，我的讲话不仅是作为一个土生土长的人，还作为一个美国人，我告诉听众，即使欧洲人自己被分为敌对阵营并顽固地陷于民族狭隘之中，甚至民族差异比共享的过去历史还要重要，但美国历史学家也仍然能够理解欧洲历史的共性。我们就是那些教"西方文明"的人，"西方文明"这个词恰当地包括了欧洲最杰出的后代在那个新世界中的历史。但是现在我们所有人可以聚在一起庆祝一所自由的大学，我们要牢记从 1933 年到 1989 年，这所大学曾经在两个政权中效力并遭受苦难。我们仍然面对着失望和新的危险，"没有哪个国家，我自己的国家也重点包括在内，能摆脱宗教激进主义者的不宽容"。但是我们应该记住，非暴力是 1989 年的基本要素。在这个背景之下，我提到了甘地的遗产，并引用了他对他所认为的"西方文明"这一问题的回应。这会是一个很好的想法，他应该说过这样的话。因此，我们的任务仍然是要将这一想法变为现实，去保存一个开明的欧洲的理想。我补充说，只要想一想我自己的国家，就可以明白一种谦逊的精神是适当的。

随后是热烈的讨论，两位政治家和我接受了其他人的提问，仪式结束时我们前往大学的教堂，那里飘荡着贝多芬的第九交响曲——非常应景，并且还有三个波兰合唱团用德语演唱了《欢乐颂》，我为之哽咽不已。最后，我们朝河边走去，观看从奥得河另一边升起的最壮观的烟火表演，五彩缤纷，光芒闪烁，照亮了整个夜空。

第二天下午举行了第二个仪式，弗罗茨瓦夫大学授予我一个荣誉学位。当我沿着大厅走向校长办公室时，我注意到墙上悬挂着各种肖像和特色展示，其中包括早先的荣誉学位获得者的照片（令我喜出望外的是，伟大的自由派思想家约翰·斯图亚特·密尔也在其中），还有布雷斯劳的诺贝尔奖获得者的照片，包括哈伯、埃尔利希和奥托·斯特恩。由此可见，这所大学的波兰主人们接受了这个地方古老的德国传统的荣誉。

校长办公室犹如一间 18 世纪的珍宝阁，房间里陈设的雕塑以及墙上挂着的油画美丽惊人。我遇到了我的官方学术东道主，这所大学资历最老的历史学家，他也是前任校长。之前我在访问弗罗茨瓦夫的时候见过他，而且当我获悉在苏联时期他曾经有一些可疑的——顺从的——记录时，我并不感到惊讶。现在他和我一起回忆起他作为校长的那个时期，并提到他曾经为另一位荣誉学位候选人提名，就是哲学家莱谢克·克拉柯夫斯基——但很困难，他说，因为克拉柯夫斯基曾经有"为五斗米折腰的经历"。此时提到克拉柯夫斯基从最初对苏联政权的依恋到随后早期的决裂是不是怀有恶意呢？这个形容词让我难以忘怀，这句话也很阴险。

我非常正式地穿上了黑色礼服并戴上了天鹅绒帽子，然后出发去加入同样的只是规模小一些的学者队伍，朝同一个辉煌的礼堂走去。我（有些摇晃地）走在队伍最后，就在校长前面，我非常喜欢这位校长，他是一位谦逊的、相当有智慧的化学家。为我指定的座椅位于三层讲台的一侧，前面有一个麦克风。没人给我介绍过仪式的程序，因此我感到有些孤独。身穿礼服的波兰学术界要人大多数坐在我身后，在我的前方，是座无虚席的大厅，心安神定的伊丽莎白坐在数百名德国人和波兰人中间。在一个女子合唱团演唱了《欢喜吧，波兰母亲》之后，校长严肃地宣布，根据历史和教育学院的建议，并经华沙大学理事会和波兹南亚当·密茨凯维奇大学理事会积极的一致的评价，弗罗茨瓦夫大学理事会决定授予我荣誉博士学位。我尝试着用一个效果不佳的耳机去听这篇褒奖词断断续续的翻译，先是拉丁语，然后是波兰语，但在某种程度上，我能否听懂并无多大关系，因为我神思恍惚。只是又一阵音乐插曲才让我清醒过来，我再次想起了我的父母，他们在我的脑海中出现，我感受到他们生命中的痛苦甚至超过了欢乐，我迷失在思绪和画面的云彩中，感觉是那么深沉，但并不具体。这为什么发生在我身上？

我在一个黄色的便笺本上写下了一些感谢的话，我用这些话来解释为什么这项荣誉打动了我的内心。我看了一眼这些笔记，然而后来我用发自内心的话谈到了我对这个地方的复杂感受，"此地养育了我，然而此地又驱逐了我"。然后我念了一段我为孩子们写的 1979 年回到弗罗茨瓦夫的回忆录，当我走进我祖母的别墅时，当时的住户，一名前骑兵军官，让我看了我祖母的起居室，在那里——令我震惊的是——墙壁上贴着集中营囚犯画的画，而且，我还未来得及开口，他就解开衬衫让我看他身上被刺的图案，"在奥斯威辛、比克瑙和布痕瓦尔德被关了五年"，他解释道。在一张桌子上，靠近我祖母常常坐的地方，有一尊科尔贝神父的木制雕像，他在集中营里自愿放弃自己的生命从而使另一个人幸免于难，教宗约翰·保罗二世参观奥斯威辛集中营时赋予了他特别的荣誉。在我童年时经常玩耍的可以俯瞰花园的阳台上，我们握了手。"这象征着一项所有权的转让，由我充满感激地、快乐地加以执行——突然之间，就是一个短暂的片刻，仿佛所有纠结的过去变得有意义了。我告诉他我很高兴他在那里……一瞬间我快乐地、充满感激地接受了这一切：在那个疯狂的世界里，总算也有些歪打正着的事情。"

在这个场合中，这种自发的某种东西回归了正道的感觉也充满了我的内心，这是一个和解的仪式。我祝愿这所大学在新的欧洲环境中好运连连并取得所有可能的成功；绚丽的烟花象征着学校师生们精彩的想法，不论是旧的还是未来即将出现的。我转向这块荣誉之地："尊敬的校长，您把我过去的一部分还给了我，我从内心深处感谢您。"

游行队伍离开了，校长和我在队伍的最后面。当我们交谈时，他说他被我的话感动了；他的父亲曾被监禁在奥斯威辛集中营和诺因加默（汉堡附近的一个恐怖营地）。他说，他希望我现在会认为自己是这所大学的一个成员——一个遥远的家？

他把我过去的一部分归还给了我。我一直希望能够得到公平，我也一直希望能够忠诚于我过去的那一部分，那一部分在尚未被摧毁之前将我与我的父母以及他们的世界联系了起来，我还要尊重其中正确的东西并理解它遭受的破坏。我回到了我的生命来源之地，我触摸到了一个塑造了我的世界。当时的感觉真好，现在仍然如此。

/ 致 谢

这本书有其自身的历史,且始于欧洲。1998 年,我在荷兰高等研究院度过了几个月,研究院院长、我的历史学家同行亨克·韦塞林决定让我在年终典礼上做一次演讲——话题不限。我说了我还有其他工作的托词,但他置之不理,只是给了我一个忠告:"要谈谈你的个人经历。"于是,我便说起了"我的五个德国",荷兰高等研究院公开发表了这个讲话稿。我以为,这一篇章就到此结束了。

回到美国,我给几位朋友看了这篇讲稿,其中有纽约法勒、施特劳斯和吉鲁出版公司的总裁罗杰·W. 施特劳斯。罗杰把这篇讲稿看作一本书的萌芽,并建议由他来出版这本书。我原以为是个短期任务的项目,因此签下了合同,但这本书发展成了自己的长期目标。我欠下了罗杰一个人情,而且我很遗憾他没能看到这本书的完成。

我很幸运由丽贝卡·塞尔坦作为我的第一任编辑,她很明智,善于劝告,直到她离开去另一家出版社担任新职。埃里克·钦斯基豪爽地承担起了繁重的未经消化的遗留任务,他文学上的敏锐和极好的教师般的幽默赋予了这个项目新的生命。读者和我都要十分感谢他的精简意识:现有的页面同已被删除的页面一样,都带有他半严半松的判断的印记。

朋友是不可或缺的。莱昂内尔·戈斯曼——一位文学普遍主义者——阅读了早期的章节,注意到了文体上的不适当之处,并发现了大的但只是部分得到了扩展的主题。他能理解我的意图,这就提升了我的士气。当文稿快要完成时,我请了三位朋友和同事做一次批判性的阅读:拉尔夫·达伦多夫以其精辟的评论重新启动了我们之间的合作传统，这个传统可追溯到近半个世纪之前；詹姆斯·希恩和于尔根·科卡的评论极有帮助地大大扩展了我们曾经的无数次对话。巴黎的罗杰·埃雷拉也给了我额外的建议和鼓励。几十年来，对于他们以及其他许多朋友，我已经累积欠下了一笔巨大的友情债务。我希望这本书是我一生中友谊的见证。

在整理家族文档以及相关杂务这类需要智慧的工作中，我得到了不可或缺的帮助：卡琳·勒佩尔在开始时提供了不可估量的帮助，乔斯林·维尔克耐心地整理了凌乱无序的文件，而乔纳森·谢宁则以良好的幽默感和专业知识为最终的手稿做了充分的准备。

这本书是献给我的孩子们的，他们的爱和支持是不可估量的礼物。他们牢牢扎根于美国，在我不时地涉足熟悉的外国土地时给了我精神上的维系。

我的妻子伊丽莎白·西弗顿自始至终在为我提升生活质量，她是欢乐无忧的，且富有判断力，这些在我的工作中给了我很大的启发。她理解我与我的祖先的家园的新关系，并乐于与我分享。她一直在我身边为我提供深刻和有先见之明的帮助，她偶尔坦率的恼怒起到了急需的刺激作用。我对她的感激之情是无限的。

在为这本平装书做准备的过程中，我能够有机会纠正原版中的一些错误。我很感谢提醒我这些细节的朋友们和读者们。在准备这个版本时，助理编辑吉娜·哈姆肖同以前一样，始终尽最大的努力，在文稿和精神上迅速地给予我帮助。

Auerbach-Keller 奥尔巴赫－凯勒

Aufbau《结构》

August 1968《1968 年 8 月》

Augusta 奥古斯塔

Aurora "阿芙乐尔号"

Auschwitz 奥斯威辛

Averell Harriman 埃夫里尔·哈里曼

Avishai 阿维沙伊

Axel Springer 阿克塞尔·斯普林格

Baader-Meinhof 巴德尔－迈因霍夫集团

Backing Hitler: Consent and Coercion in Nazi Germany《支持希特勒：纳粹德国的共识与胁迫》

Bad Godesberg 巴特戈德堡

Baden 巴登

Baden-Wü rttemberg 巴登－符腾堡州

Balfour Declaration《贝尔福宣言》

Balkans 巴尔干地区

Baltic Sea 波罗的海

Balzac 巴尔扎克

Bank Street College of Education 银行街教育学院

Barbara Ritter 芭芭拉·里特

Barlach 巴拉赫

Barnard College 巴纳德学院

Baron James de Rothschild 詹姆斯·德·罗斯柴尔德男爵

Barry Goldwater 巴里·戈德华特

Barry Hayward 巴里·海沃德

Barthold Niebuhr 巴特尔德·尼布尔

Barzun 巴尔赞

Basel 巴塞尔

Basler Nationalzeitung《巴斯勒民族报》

Bauhaus 包豪斯建筑学派

Bavaria 巴伐利亚

Bay of Pigs 猪湾事件

Beck 贝克

Begegnungen《遭遇》

Behemoth《巨兽》

Belo Horizonte 贝洛哈里桑塔

Bendlerstrasse 班德勒大街

Benno Ohnesorg 本诺·欧内索格

Bentley 本特利

Berchtesgaden 贝希特斯加登

Bergen-Belsen 卑尔根－贝尔森

Berkeley 伯克利

Berlin-Dahlem 柏林－达勒姆区

Berliner Ensemble 柏林剧团

Berlinguer 贝林格

Bernd Schmidbauer 贝恩德·施密德鲍尔

Bernhard Heller 伯恩哈德·海勒

Bernhard Naunyn 伯恩哈德·瑙宁

Bernhard Schottländer 伯恩哈德·肖特兰德

Bernhard Vogel 伯恩哈德·沃格尔

Bern 伯尔尼

Bertolt Brecht 贝托尔特·布莱希特

Bethmann Hollweg 贝特曼·霍尔韦格

Betty 贝蒂

Between Repression and Reform《镇压与改革之间》

Beveridge Report 贝弗里奇报告

Frederick II, Prussian king 普鲁士国王
腓特烈二世

Frederick the Great 腓特烈大帝

Fred 弗雷德

Free Corps 自由兵团

Free French 自由法国阵线

Free University of Berlin 柏林自由大学

Freiburg 弗莱堡

Freud 弗洛伊德

Fried von Bismarck 弗里德·冯·俾斯麦

Friedrich Ebert 弗里德里希·艾伯特

Friedrich Meinecke 弗里德里希·梅尼克

Friedrich Nietzsche 弗里德里希·尼采

Friedrich Schorlemmer 弗里德里希·肖
莱马

Friedrichsruh 弗里德里希斯鲁

Friedrichstein 弗里德里希施泰因

Friedrich-Wilhelms-Universität 弗里德里
希·威廉大学

Fritz Bauer 弗里茨·鲍尔

Fritz Demuth 弗里茨·德穆特

Fritz Erler 弗里茨·厄勒尔

Fritz Fischer 弗里茨·费舍尔

Fritz Haber 弗里茨·哈伯

Fritz Klein 弗里茨·克莱因

Fritz Kuhn 弗里茨·库恩

Fritz Stern 弗里茨·斯特恩

Fulton 富尔顿

Fürth 菲尔特

Fustel de Coulanges 菲斯泰尔·德·古郎士

Gail Potter 盖尔·波特

Gamal Nasser 贾迈勒·纳赛尔

Gamassi 加马西

Garden of Gethsemane 客西马尼花园

Gareth Stedman-Jones 加雷思·斯特德
曼－琼斯

Gaude, Mater Polonia《欢喜吧，波兰
母亲》

Gaudeamus igitur《让我们欢乐吧》

Gaza 加沙

Gdansk 格但斯克

GDR 德意志民主共和国

Gelya Gorelosa 格尔雅·戈尔罗沙

Gena Hamshaw 吉娜·哈姆肖

Geoffrey Barraclough 杰弗里·巴勒克拉夫

Georg Brandes 乔治·勃兰兑斯

Georg Eckert 格奥尔格·埃克特

Georg Quabbe 乔治·夸贝

George Bernard Shaw 乔治·萧伯纳

George Franklin 乔治·富兰克林

George Grosz 乔治·格罗茨

George Kennan 乔治·凯南

George Lichtheim 乔治·利希特海姆

George Marshall 乔治·马歇尔

George Orwell 乔治·奥威尔

George Rupp 乔治·鲁普

George Shultz 乔治·舒尔茨

George Shuster 乔治·舒斯特

George Soros 乔治·索罗斯

George Stigler 乔治·斯蒂格勒

George Urban 乔治·乌尔班

George W. Bush 乔治·W. 布什

Georges Castellan 乔治斯·卡斯泰兰

Georges Pompidou 乔治·蓬皮杜

Georgi Dimitrov 格奥尔基·季米特洛夫

Georgyi Arbatov 格奥尔吉·阿尔巴托夫

Gerald Ford 杰拉尔德·福特

Gerald Freund 杰拉尔德·弗罗因德

Gerhard Ritter 格哈德·里特尔

Gerhard Schröder 格哈特·施罗德

Gerhart Hauptmann 格哈特·豪普特曼

Gerhart Riegner 格哈特·里格纳

German Academy of Language and Literature 德国语言和文学学会

German Nationalist Party 德国国家人民党

German Parliamentary-Council 德国议会理事会

Germantown 日耳曼敦

Germany in a Semi-Gaullist Europe《在半戴高乐主义的欧洲中的德国》

Germany: A Winter's Tale《德国：一个冬天的童话》

Germany: To Be or Not to Be《德国：生存与毁灭》

Gershom Scholem 格肖姆·肖勒姆

Gershon Kekst 格申·凯克斯特

Gerson Bleichröder 格尔森·布莱希罗德

Gestalt psychology 格式塔心理学

Gestapo 盖世太保

Gilbert de Botton 吉尔伯特·德·波顿

Gladstone 格莱斯顿

Goddard Winterbottom 戈达德·温特伯顿

Godesberg Program《哥德斯堡纲领》

Goerke 戈尔克

Goethe 歌德

Golda Meir 果尔达·梅厄

Golo Mann 戈洛·曼

Gordon Craig 戈登·克雷格

Gordon Wright 戈登·赖特

Gordonstoun 戈登斯顿

Gorky 高尔基市

Gospel of St. John《约翰福音》

Gotha 哥达

Gotthold Ephraim Lessing 戈特霍尔德·埃夫莱姆·莱辛

Göttingen 哥廷根

Grand Inquisitor《宗教大法官》

Grayson Kirk 格雷森·柯克

Great Neck 大颈区

Great Soviet Encyclopedia《苏联大百科全书》

Green Mountains 青山山脉

Gregor Gysi 格雷戈尔·吉西

Gret Kubelka 格雷特·库贝尔卡

Grete 格蕾特

Grossinger's Hotel 格罗辛格酒店

Guadalajara 瓜达拉哈拉

Guadeloupe 瓜德罗普

Gulag Archipelago《古拉格群岛》

Günter Grass 君特·格拉斯

Günter Schwerin 君特·施韦林

Gustav Dahrendorf 古斯塔夫·达伦多夫

Gustav Doré 古斯塔夫·多雷

Gustav Neisser 古斯塔夫·奈塞尔

瓦尼克修正案》

Jacob Burckhardt 雅各布·布克哈特

Jacob Potofsky 雅各布·波托夫斯基

Jacob Taubes 雅各布·陶伯斯

Jacobo Timerman 雅各布·蒂莫蔓

Jacques Barzun 雅克·巴尔赞

Jacques Delors 雅克·德洛尔

Jacques Droz 雅克·德罗兹

James Baker 詹姆斯·贝克

James Billington 詹姆斯·比林顿

James Byrnes 詹姆斯·伯恩斯

James Chace 詹姆斯·蔡斯

James Conant 詹姆斯·科南特

James Franck 詹姆斯·弗兰克

James Joll 詹姆斯·乔尔

James Sheehan 詹姆斯·希恩

James Wolfensohn 詹姆斯·沃尔芬森

Jan Masaryk 扬·马萨里克

Janusz Reiter 雅努什·赖特尔

Janus 杰纳斯

Jay Winter 杰伊·温特

Jean Bruneau 让·布吕诺

Jean Jaurès 让·饶勒斯

Jean Mercier 让·梅西耶

Jean Monnet 让·莫内

Jean Moulin Club 让·穆兰俱乐部

Jean-François Revel 让－弗朗索瓦·勒维尔

Jeckes 耶克斯

Jens Reich 延斯·赖希

Jerome 杰罗姆

Jerry Avorn 杰瑞·埃冯

Jerry Gliklich 杰瑞·格利克里奇

Jerzy Dabrowski 耶日·达布罗夫斯基

Jewish Theological Seminary in New York 纽约犹太神学院

Jimmy Carter 吉米·卡特

Joachim Bitterlich 约阿希姆·比特利希

Joachim Fest 约阿希姆·费斯特

Joachim Gauck 约阿希姆·高克

Jobst 约布斯特

Jocelyn Wilk 乔斯林·维尔克

Joe Louis 乔·路易斯

Johan Huizinga 约翰·赫伊津哈

Johann Mikulicz 约翰·米库利兹

Johannes Gymnasium 约翰内斯文理中学

Johannes Rau 约翰内斯·劳

John Bowlby 约翰·鲍尔比

John Cannon 约翰·坎农

John Cowles 约翰·考尔斯

John Dewey 约翰·杜威

John F. Kennedy 约翰·F.肯尼迪

John J. McCloy 约翰·J.麦克洛伊

John Kenneth Galbraith 约翰·肯尼斯·加尔布雷思

John Oakes 约翰·奥克斯

John Palfrey 约翰·帕弗瑞

John Plamenatz 约翰·布莱梅尼茨

John Shalikashvili 约翰·沙利卡什维利

John Stuart Mill 约翰·斯图亚特·密尔

Johnny LaFarge 约翰尼·拉法基

Johns Hopkins 约翰·霍普金斯大学

Meiji restoration 明治维新

Mein Kampf《我的奋斗》

Menachem Begin 梅纳赫姆·贝京

Mercer Street 梅塞大街

Merseburg 梅泽堡

Messiah 弥赛亚

Metternich 梅特涅

Meyer Weisgal 迈耶·魏斯盖尔

Michael Dukakis 迈克尔·杜卡基斯

Michael Howard 迈克尔·霍华德

Michael Sovern 迈克尔·索文

Michel Jobert 米歇尔·若贝尔

Midge Decter 米奇·迪克特

Mieczyslaw Rakowski 米奇斯瓦夫·拉
科夫斯基

Mihailovitch 米哈伊洛维奇

Mikhail Gorbachev 米哈伊尔·戈尔巴乔夫

Mileva 米列娃

Milne 米恩

Milton Bearden 米尔顿·比尔登

Milton Friedman 米尔顿·弗里德曼

Mintz 敏兹

Mirabeau 米拉波

Mme. Defarge 德发日夫人

Moeller 穆勒

Mogadishu 摩加迪沙

Monte Carlo 蒙特卡洛

Montesquieu 孟德斯鸠

Moravia 摩拉维亚

Morgenthau Plan 摩根索计划

Moritz 莫里茨

Morningside Park 莫宁赛德公园

Mortimer von Falkenhausen 莫蒂默·冯·
法尔肯豪森

Moses Mendelssohn 摩西·门德尔松

Mueller 米勒

Mussolini 墨索里尼

Müth 穆特

My Path to History《我的历史之路》

Nadezhda Mandelstam 娜杰日达·曼德
尔施塔姆

Nahariya 纳哈里亚

Nahum Goldmann 纳赫姆·戈德曼

Nasser 纳赛尔

Nathan the Wise《智者纳旦》

Nathaniel Peffer 纳撒尼尔·佩弗

*National Communism and Popular Revolt
in Eastern Europe*《东欧的民族共产主
义和民众反抗》

National Democratic Party (NPD) 国家
民主党

National Socialism as Temptation《国家
社会主义的诱惑》

National Socialism 国家社会主义工人党

Naturwissenschaften《自然科学》

Naumburg 瑙姆堡

Negev desert 内盖夫沙漠

Nehru 尼赫鲁

Neissers 奈塞尔

Neisse 奈塞

Nelson Mandela 纳尔逊·曼德拉

Nelson Rockefeller 纳尔逊·洛克菲勒

713

Wodehouse 伍德豪斯

Wojciech Jaruzelski 沃伊切赫·雅鲁泽尔斯基

Wolf Jobst Siedler 沃尔夫·约布斯特·席德勒

Wolfgang Berghofer 沃尔夫冈·伯格霍夫

Wolfgang Friedmann 沃尔夫冈·弗里德曼

Wolfgang Harich 沃尔夫冈·哈里希

Wolfgang Ischinger 沃尔夫冈·伊申格尔

Wolfgang Kapp 沃尔夫冈·卡普

Wolfgang Mommsen 沃尔夫冈·蒙森

Wolfgang Sauer 沃尔夫冈·绍尔

Wolfgang Schäuble 沃尔夫冈·朔伊布勒

Wolfgang Steinitz 沃尔夫冈·施泰尼茨

Woodrow Wilson 伍德罗·威尔逊

Wordsworth 华兹华斯

Workers' Defense Committee, KOR 保卫工人委员会

World Jewish Council 世界犹太人委员会

Wrocław 弗罗茨瓦夫

Württemberg 符腾堡

Wyszynski 维辛斯基

Yeltsin 叶利钦

Yitzhak Navon 伊扎克·纳冯

Yitzhak Rabin 伊扎克·拉宾

Yom Kippur War 赎罪日战争

Young Plan 杨格计划

Ypres 伊普尔

Yuri Davydov 尤里·达维多夫

Yuri Gagarin 尤里·加加林

Yury Rubinsky 尤里·鲁宾斯基

Yvonne Mercier 伊冯·梅西耶

Zbigniew Brzezinski 兹比格涅夫·布热津斯基

Zinoviev 季诺维也夫

Zobten 佐布滕

Zyklon-B 齐克隆－B 杀虫剂

图书在版编目（CIP）数据

我的五个德国：历史与回忆／（美）弗里茨·斯特恩（Fritz Stern）著；季大方译. -- 北京：社会科学文献出版社，2020.10

书名原文：Five Germanys I Have Known：A History & Memoir

ISBN 978 - 7 - 5201 - 6295 - 1

Ⅰ.①我… Ⅱ.①弗… ②季… Ⅲ.①德国 - 历史 Ⅳ.①K516

中国版本图书馆 CIP 数据核字（2020）第 035787 号

我的五个德国：历史与回忆

著　　者／〔美〕弗里茨·斯特恩（Fritz Stern）
译　　者／季大方

出 版 人／谢寿光
组稿编辑／段其刚
责任编辑／周方茹
文稿编辑／李蓉蓉

出　　版／社会科学文献出版社·联合出版中心（010）59367151
　　　　　地址：北京市北三环中路甲 29 号院华龙大厦　邮编：100029
　　　　　网址：www.ssap.com.cn
发　　行／市场营销中心（010）59367081　59367083
印　　装／北京盛通印刷股份有限公司

规　　格／开　本：787mm × 1092mm　1/16
　　　　　印　张：46　字　数：551 千字
版　　次／2020 年 10 月第 1 版　2020 年 10 月第 1 次印刷
书　　号／ISBN 978 - 7 - 5201 - 6295 - 1
著作权合同
　　　　　／图字 01 - 2018 - 7154 号
登 记 号
定　　价／138.00 元

本书如有印装质量问题，请与读者服务中心（010 - 59367028）联系

▲ 版权所有 翻印必究